涉铁工程典型案例

上海东华地方铁路开发有限公司　编

中国铁道出版社有限公司

2024年·北　京

内 容 简 介

本书按照涉铁工程与既有铁路的位置关系，分为上跨、下穿、邻近既有铁路工程和既有铁路改建工程四大专题，共精选了23个涉铁工程典型施工案例，分别介绍了箱涵、U型槽、桥梁、盾构等下穿既有铁路施工技术，架桥机架设、步履式顶推法、拖拉法、转体法等上跨既有铁路施工技术，邻近铁路深基坑、桥梁、线路拨接、隧道爆破等工程施工技术，以及既有铁路改建新建工程施工技术。

本书可供涉铁工程设计、施工、管理等相关人员学习和参考。

图书在版编目(CIP)数据

涉铁工程典型案例 / 上海东华地方铁路开发有限公司编. —北京：中国铁道出版社有限公司，2024.3
ISBN 978-7-113-30866-7

Ⅰ.①涉… Ⅱ.①上… Ⅲ.①铁路工程-案例 Ⅳ.①U2

中国国家版本馆CIP数据核字(2023)第239202号

书　　名：涉铁工程典型案例
作　　者：上海东华地方铁路开发有限公司

策　　划：时　博
责任编辑：时　博　　**编辑部电话：**(010)51873065　　**电子邮箱：**crph@163.com
封面设计：刘　莎
责任校对：安海燕
责任印制：高春晓

出版发行：中国铁道出版社有限公司(100054，北京市西城区右安门西街8号)
网　　址：http://www.tdpress.com
印　　刷：北京联兴盛业印刷股份有限公司
版　　次：2024年3月第1版　2024年3月第1次印刷
开　　本：787 mm×1 092 mm 1/16　**印张：**25.25　**字数：**613千
书　　号：ISBN 978-7-113-30866-7
定　　价：98.00元

编　委　会

主　编： 陈利民　徐　雄

副主编： 王宏坤　李春平　李晓龙　王勤荣　陕　耀　廖炜炼

编　委： 刘锦军　金国海　王少果　蔡　翔　朱克宏　黄瑞堂
史忠贵　肖　飞　王　纲　宗维凯　王晓靖　陈　鹤
吴怿华　陈欣韵　江学全　吴　超　胡金刚　徐子邦
刘满意　关卫泽　鲁　超　罗国毅　李　鹏　王冠凯
狄宏规　宋福贵　张佳伟　夏　杰　刘　茜　董雅丞
林炜帆

前言

截至2023年底，全国铁路营业里程达到15.9万km，其中高铁营业里程达到4.5万km，长三角地区运营高铁里程超过7 100 km，占全路的六分之一。保障铁路运营安全尤其是旅客列车和高铁安全是摆在国铁企业面前的首要任务。近年来，随着交通强国战略和区域一体化发展战略的深入实施，交通基础设施建设高速发展，地方公路、市政道路、城市轨道交通、航道、管线等与既有铁路交叉的工程(简称涉铁工程)项目数量大幅增加，工程类型多样，施工技术难度不断增大，给铁路运营安全带来了严峻的挑战和压力。特别是高速铁路变形控制要求高，若涉铁工程施工控制不当，将会发生严重的行车安全事故。

涉铁工程具有项目点多面广、类型多样、涉及专业多、营业线施工安全风险高等诸多特点，这也决定了涉铁工程施工管理的复杂性。中国铁路上海局集团有限公司(简称上海局集团公司)管辖内涉铁工程建设需求逐年增加，近几年，平均每年在建的各类涉铁工程达300余项。上海东华地方铁路开发有限公司作为上海局集团公司涉铁工程归口管理单位，始终将保障铁路运营安全和服务地方经济社会发展作为职责使命，摆在突出位置，敢为人先，开拓创新，在涉铁工程建设管理方面积累了丰富的施工技术和营业线施工安全管理经验。为总结涉铁工程建设管理经验，上海东华地方铁路开发有限公司牵头组织编撰了《涉铁工程典型案例》，为今后的涉铁工程建设提供借鉴和宝贵经验，为项目管理人才培养提供技术支撑。

本书按照涉铁工程与既有铁路的位置关系，分为下穿、上跨、邻近既有铁路工程和既有铁路改建工程四大专题编写，分别选择了长三角地区不同施工工况、施工工法的施工技术难度大、营业线施工安全风险高的工程案例。全书共精选了23个涉铁工程典型施工案例，分别介绍了箱涵、U型槽、桥梁、盾构等下穿既有铁路施工技术,架桥机架设、步履式顶推法、拖拉法、转体法等上跨既有铁路施工技术,邻近铁路深基坑、桥梁、线路拨接、隧道爆破等工程施工技术,以及既有铁路改建新建工程施工技术。工程案例主要从工程概况、风险源分析、施工技术措施、安全卡控措施、监测措施和实施效果等方面进行撰写,总结提出每个工程案例的成功经验,为今后类似涉铁工程建设提供借鉴参考。

由于时间仓促,本书未能涵盖所有涉铁工程类型和施工工艺工法等,还需要进一步拓展和总结提升,这也是上海东华地方铁路开发有限公司接下来的任务。我们将以本书出版作为新的起点,发扬上海局集团公司“创新实干、精益卓越”的企业精神,再接再厉,为上海局集团公司建设一流现代运输企业、勇当服务和支撑中国式现代化建设的“火车头”贡献技术力量。希望本书的出版为全路涉铁工程建设管理提供有益的帮助。

本书由上海东华地方铁路开发有限公司牵头组织编写,中铁二十四局集团有限公司、同济大学参与编写。编写中得到了相关工程参建单位的大力支持,在此一并对各参建单位和全体涉铁工程建设者表示衷心的感谢。

由于编者水平有限,书中出现不当之处在所难免,恳请广大读者批评指正。

编　者

2024 年 1 月

专题一　下穿既有铁路施工

第 1 篇　箱涵或 U 型槽下穿既有铁路施工

第2篇 吊装法桥梁上跨既有铁路施工

第3篇 拖拉横移法桥梁上跨既有铁路施工

第4篇 步履式顶推法桥梁上跨既有铁路施工

第5篇 转体法桥梁上跨既有铁路施工

专题三　邻近既有铁路施工

第1篇　邻近既有铁路基坑施工

第2篇　近距离并行既有铁路桥梁施工

第3篇 邻近既有铁路爆破施工

第4篇 新建铁路与既有铁路拨接施工

专题四 既有铁路改建施工

第1篇 公铁两用桥维修改造施工

第2篇 简支梁桥改建为箱涵施工

专题一

下穿既有铁路施工

概　述

在本专题中，按工程的结构形式划分，下穿既有铁路施工主要分为箱涵下穿既有铁路、U型槽下穿既有铁路、桥梁下穿既有铁路与盾构隧道下穿既有铁路。按上述分类方法，本专题分为3篇，每一篇中的典型案例主要介绍了相应的风险源与设计施工技术措施。本专题也为不同类型的下穿既有铁路施工提供了相应的参考解决方案。

第1篇箱涵或U型槽下穿既有铁路施工部分包括4个案例。该类工程的风险源主要包括5个方面：工作基坑变形过大风险；汛期基坑与既有铁路路基坍塌风险；围护结构桩施工引起的路基变形风险；箱涵顶进施工引起既有铁路路基沉降风险和邻近既有铁路大型机械侵限风险。针对上述风险，解决方案一般为对工作基坑采用钻孔桩围护、高压旋喷桩围护或拉森钢板桩围护体系。钻孔灌注桩施工时应做好护筒跟进，谨防塌孔；在基坑拉槽内设置排水边沟，保证路基与基坑的排水；顶进施工前需要施工临时支墩与条形支墩，下穿铁路箱涵顶进前采用施工便梁加固线路；同时在顶进过程中应当严格控制，保证箱涵顶进施工的安全。在线路加固与顶进施工期间，既有铁路经过的列车需要限速，必要时进行封锁。

第2篇桥梁下穿既有铁路施工部分包括1个案例。该类工程的风险源主要包括5个方面：桥梁桩基缩径、塌孔风险；承台基坑坍塌风险；浮墩系统倾覆风险；船舶、机械设备等撞击既有桥墩风险；施工设备侵入铁路营业线风险。针对上述风险，针对本案例，解决方案一般为采用两艘1 200 t驳船拼接，并在驳船舱底铺设钢板加固，采用贝雷梁搭设，同时设置了主、被动两套纠偏系统对顶推过程中钢梁的横向稳定性加以严格控制。在桩基与承台施工中，采用360°全套管全回旋钻机钻孔成桩施工工艺，并设置钻孔桩围护，外围增设水泥搅拌桩做止水帷幕，另外在高铁桥面栏杆、排水施工过程中也需要对既有铁路封锁施工。

第3篇盾构隧道下穿既有铁路施工部分包括2个案例。该类工程的风险源主要包括2个方面：盾构隧道穿越复杂地层引起的地表及路基变形风险；盾构隧道掘进引起的既有铁路桥墩沉降与倾斜的风险。针对上述风险源，解决方案一般为对穿越段采用隔离桩防护、吊轨防护设计、高压旋喷桩和袖阀管注浆的地基加固设计，同时在盾构掘进过程中以理论计算为基础，加强盾构掘进参数控制，必要时采用克泥效工法及深孔注浆。在盾构穿越过程中，也应及时做好既有铁路变形监测，对运营线实行限速、封锁措施，并根据监测数据进行实时调整。

各类型下穿既有铁路施工相应的设计与施工技术措施在下面的案例分析中也分别进行了详细阐述。

第1篇　箱涵或U型槽下穿既有铁路施工

1　蚌埠市司马庄路下穿京沪铁路立交桥工程（箱涵顶进施工）

1.1　工程概况

1.1.1　案例背景

蚌埠市司马庄路下穿京沪铁路立交桥工程与京沪铁路交叉里程为K974＋038，道路与铁路交叉段为直线布置，交角为90°，标段里程为K0＋370～＋600，全长230 m。道路采用城市主干道标准，机动车道为沥青混凝土路面，双向六车道，设计速度为60 km/h，位于京沪铁路蚌埠东站西端咽喉。桥址处有京沪上、下行2股正线，京沪货线上、下行2股正线，蚌东联络线1股道，进库线1股道，出库线1股道，北牵线1股道，共8股道，如图1-1所示。桥址处为高路基，路基宽5.0～6.0 m。京沪下行线轨顶高程为27.18 m，京沪货线下行轨顶高程为27.06 m（8股中最低）。京沪铁路线、京沪货线、蚌东联络线为P60轨无缝线路，进库线、出库线、北牵线为有缝线路。铁路路基北侧为农田，坡脚无排水沟；南侧为厂房，坡脚设有排水沟。现有司马庄路与铁路交叉处有1-8.0 m箱形立交桥一座，使用净高4.0 m，自然排水，箱内常年积水。

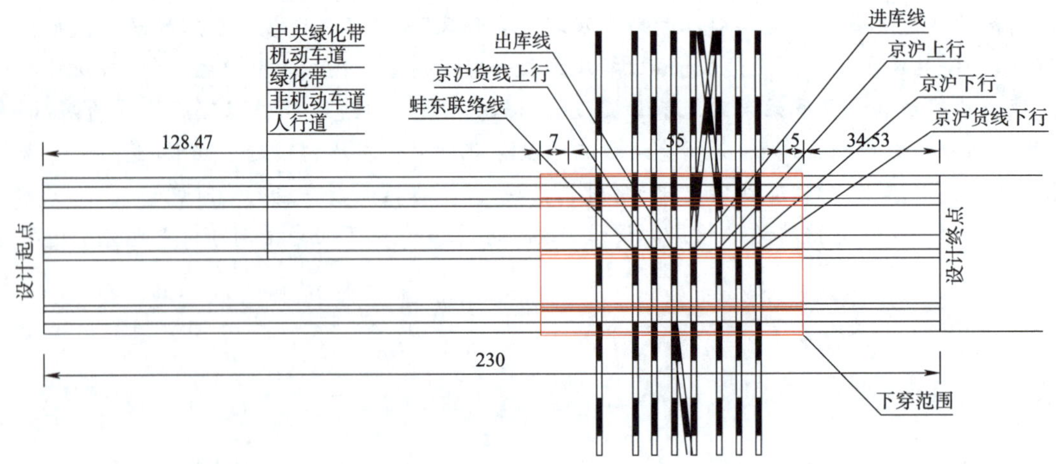

图1-1　下穿铁路立交桥工程平面示意（单位：m）

根据道路路幅划分，本工程采用 6.0 m+12.0 m+12.0 m+6.0 m 四孔分离式结构，各单孔间间距为 0.1 m，总宽度为 42.9 m。既有 1-8.0 m 箱体保留，新建立交桥与保留箱体间用 3 排高压旋喷桩加固，如图 1-2 所示。

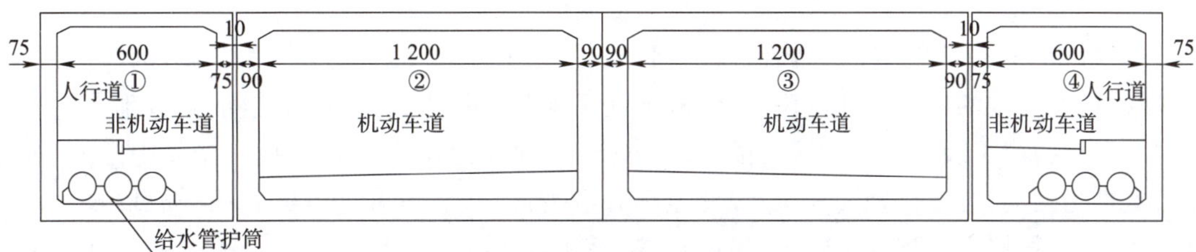

图 1-2　箱涵断面(单位:cm)

本项目顶进工作坑后靠背采用 22 根 ϕ200 cm 钻孔灌注桩，桩长 22 m，桩顶设宽 2 m×高 2 m 的 C30 钢筋混凝土冠梁，如图 1-3 和图 1-4 所示。

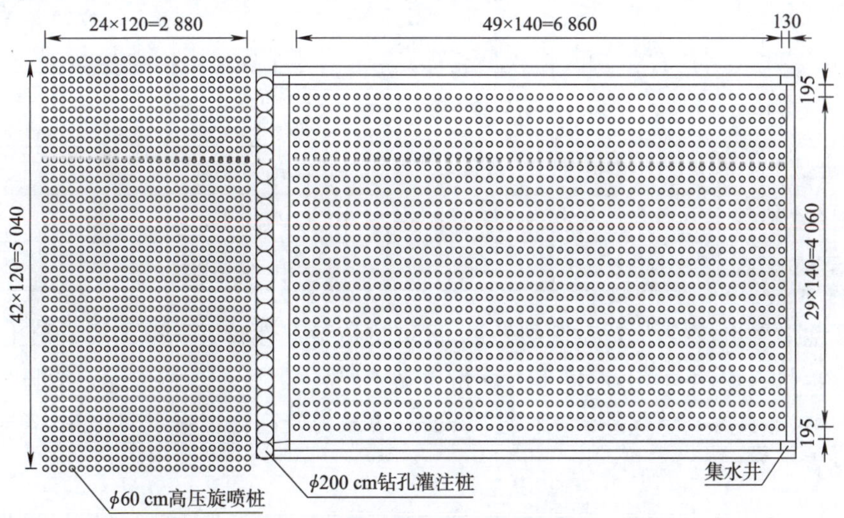

图 1-3　工作坑及后靠背高压旋喷桩加固(单位:mm)

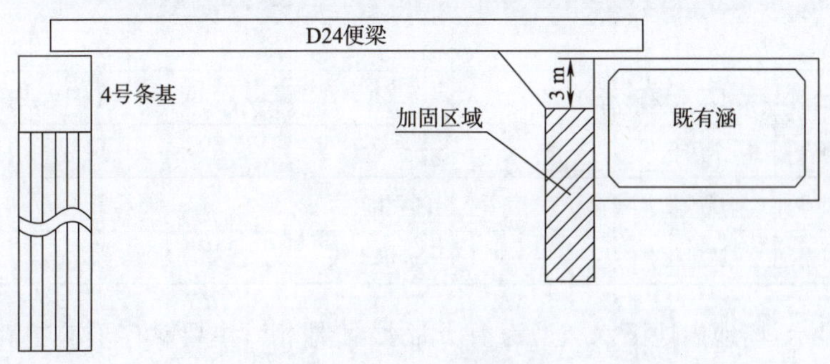

图 1-4　既有箱涵加固

顶进工作坑设在线路北侧，地表有 0.9～1.3 m 根植土，其下为棕黄色、黄褐色粉质黏土，上部稍松软下部局部夹砂浆，表层地基承载力不能满足预制箱体及顶进需要，故采用桩长

10 m、ϕ600 mm 高压旋喷桩，工作坑段间距 1.4 m，后背外间距 2 m。既有箱涵加固采用 ϕ600 mm 高压旋喷桩，桩长 8 m，互相咬合 20 cm，每根桩中间插入 ϕ25 mm 钢筋。

1.1.2 工程地质与水文地质

本项目位于蚌埠市区东部，沿线属淮河冲积平原工程地质区，地势平坦开阔，河流发育，沟渠纵横，道路沿线的地形呈北低南高之势，地面高程在 18.10～22.20 m 之间，沿线地段的地貌单元为淮河南岸Ⅰ级阶地。本场地的地震动峰值加速度为 0.10g，抗震设防烈度为 7 度，抗震设防类别为丙类，场地类别为Ⅱ类，设计地震分组为第一组，为可进行建设的一般地段。无不良地质发育，场地土类型为中软土，较适宜本工程的建设。

场地地层为全新世素填土层（Q_4^{ml}）、全新世河流冲积层（Q_4^{al}）、晚更新世河流冲积层（Q_3^{al}），下伏基岩为燕山期混合花岗岩，各层分述见表 1-1。

表 1-1 下穿铁路立交桥工程场地地层分布特征

层号	岩土名称	颜色	状态	结构构造	平均层厚
①	素填土层	灰黄色	松软	欠固结	0.90～1.30 m
③	粉质黏土	棕黄色、黄褐色	硬可塑～硬塑	上部稍松软 下部局部夹砂浆	最大揭露厚度 18.80 m
④$_1$	混合花岗岩	灰黄色～灰白色	全风化	原岩结构已破坏	—
④$_2$	混合花岗岩	灰黄色	强风化	中粗粒结构块状构造	—
④$_3$	混合花岗岩	灰白色	弱风化	中粗粒结构块状构造	未揭穿

桥位区地形平坦，附近无活动断裂经过，区域构造稳定性较好。第①层素填土属 Q_4 人工堆土层，松散，状态差，不均匀，厚度不大。粉质黏土层属 Q_3 河流沉积成因，硬可塑～硬塑状，中等压缩性，状态良好。下伏基岩工程性质较好，承载力较高。根据勘察结果，各岩土层主要设计参数见表 1-2。

表 1-2 下穿铁路立交桥工程场地各岩土层主要参数

层号	岩土名称	状态	渗透系数（cm/s）	基本承载力（kPa）	平均液性指数	平均层厚
①	素填土层	松软	—	80	0.39	0.90～1.30 m
③	粉质黏土	硬可塑～硬塑	1.7×10^{-6}	210	0.39	最大揭露厚度 18.80 m
④$_1$	混合花岗岩	全风化	—	300	—	—
④$_2$	混合花岗岩	强风化	—	450	—	—
④$_3$	混合花岗岩	弱风化	—	800	—	未揭穿

勘探资料显示，场地内地下水类型为上层滞水（阶地相），主要赋存于①层素填土和③层粉质黏土上部裂隙中。本层地下水受大气降水、地表水补给，埋藏浅，易蒸发，其水位、流量随季节变化明显。勘察期间，地下水初见水位与稳定水位埋深基本一致，在 2.80～3.30 m 之间。按正常年份，蚌埠地区 6 月至 9 月为丰水期，12 月至次年 3 月为枯水期，地下水位年变化幅度 1.00 m。地下水和土对混凝土结构及钢筋混凝土结构中的钢筋具有微腐蚀性。

1.2 风险源分析

本工程具有对周边环境及京沪铁路保护要求高的特点，为确保工程顺利安全实施并满足长期运营的相关要求，必须重点考虑以下存在的风险源：

1. 工作基坑变形过大风险

若基坑围护设计或开挖方案不当，如在基坑中上下方向不合理的力学支撑设计、支护结构不牢固等，都可能造成基坑变形过大，甚至坍塌，进而造成邻近铁路路基失稳，危及行车安全。

2. 汛期基坑与既有铁路路基坍塌风险

挖土过程中，由于施工、地质或天气原因，发生塌方或流沙等情况，危及线路安全。由于汛期施工便梁支座受浸泡失稳，导致路基受浸泡坍塌；基坑遭水浸使土的内摩擦角减小、主动土压力变大、水平和竖向位移增大、抗倾覆和整体稳定安全系数减小，使基坑及支护结构变形、开裂，严重的可造成基坑失稳坍塌，进而也会影响邻近的铁路路基的安全性。

3. 围护结构桩施工引起的路基变形风险

营业线钻孔桩施工均在铁路线路外侧，桩中心距离线路中心最小距离为 9.7 m。钻孔施工产生的扰动易引发软弱黏土的变形破坏，带来塌孔风险，进而导致既有铁路路基变形超限，影响既有列车行车安全。

4. 箱涵顶进施工引起既有铁路路基沉降风险

若箱涵顶进过程中控制不到位，会抬头、碰撞、挤压便梁，且顶进过程中顶进系统设备因受力不均或轴线不一致，会导致既有铁路路基几何尺寸的变化，进而导致中断行车、列车脱轨的事故。

5. 邻近既有铁路大型机械侵限风险

本工程在施工过程中会使用到大型机械设备如挖掘机、起重机等，由于地基承载力不足或平整度不够，操作人员对施工环境不熟悉，大型机械设备操作不规范，可能会倾覆进入营业线，直接影响到营业线运营安全，造成人员伤亡或者设备损坏。

1.3 对策措施

1.3.1 施工技术措施

1. 总体施工方案

根据该工程特点及各分部分项工程相互制约的关系，本工程分为 3 个施工阶段。

(1)工作坑施工阶段

工作坑后背桩施工及地基加固桩施工→工作坑开挖及后背土方填筑→滑床板及后背梁施工→箱体预制和养生→箱体＋U 型槽同时顶进。

(2)线路施工阶段

线路慢行→5 股正线应力放散→道岔拆除换铺直股→临时支墩施工→便梁架设→条基施工→箱体顶进→现浇两箱体间混凝土→便梁纵移搭板施工→拆除便梁道岔原位恢复→上砟起道逐级恢复线路。

(3)道路、附属结构施工阶段

敞开段结构物施工、排水管敷设→路基及路面工程施工→道路附属工程等施工。

2. 围护桩与地基加固施工

(1)钻孔灌注桩

针对风险源3,为避免围护结构桩施工引起的路基变形,本工程钻孔灌注桩施工拟选用2台GPS-15型循环钻机,采用正循环泥浆护壁的成孔工艺,二次循环清孔方法,采用导管进行水下混凝土灌注成桩的施工方法。在设备评估方面,倾覆的影响范围判定最大高度取30 m立杆,安全评估时倾覆范围取30 m半径计算,倾覆时未侵入铁路30 m范围以内。钢筋笼安装及钻孔桩灌注施工循环钻施工工艺流程如图1-5所示。

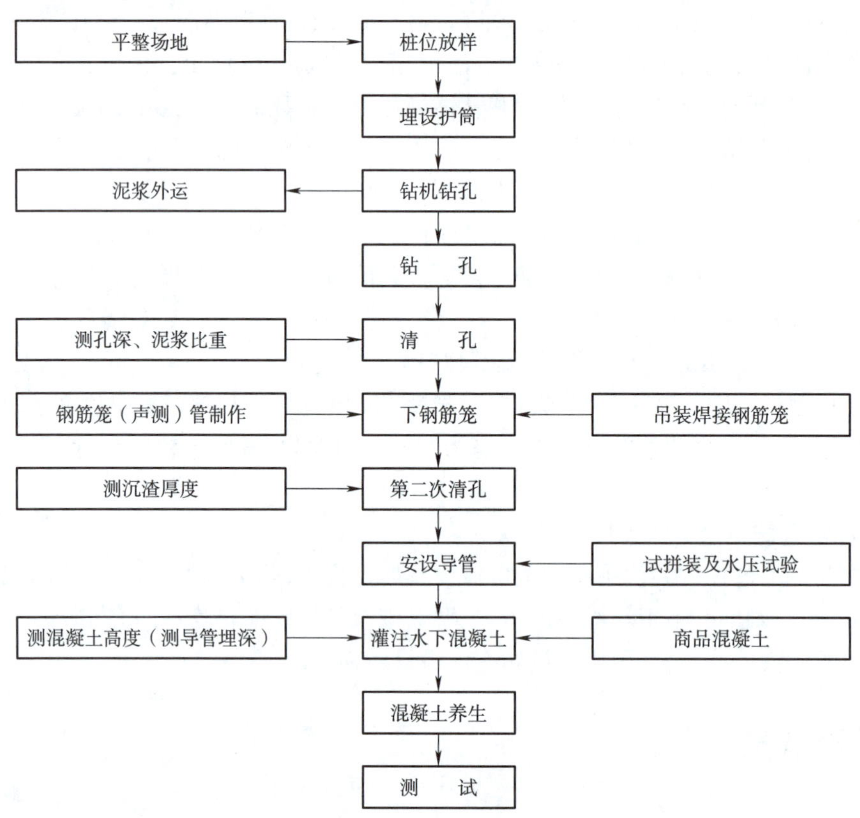

图1-5　下穿铁路立交桥工程钻孔灌注桩施工流程

钻机就位时,钻杆必须对准桩位中心。钻进开始阶段采用正循环成孔,开钻时,先慢速钻进,待导向部位钻入土内后,方可全速推进。钻孔过程中随时注意地质的变化,及时调整钻速、泥浆比重、钻头和配置,甚至机型。钻孔施工过程中需注意的各项技术措施如下:

成孔钻进开始时轻压慢钻,小泵量循环泥浆,防止钻头剧烈振动造成护筒的偏移。黏土层钻进时,采用在钻孔内自制低黏度泥浆,大泵量快速钻进,进尺时可上下数次划眼,压实孔壁,冲刷钻头包泥。淤泥质黏土层钻进时,增加泥浆黏度,泵量中档,慢速钻进,一次通过,不要划眼,以免过于扩大孔径。砂土层钻进采用加黏土制造高黏度泥浆,慢速钻进,钻进时注意回转拔车,操作精心,预防事故。

成孔钻进时,在钻杆上做好残尺标记,以便施工中进行观察,钻杆下放前认真丈量钻具,做好记录,终孔后采用测绳校核孔深,并经常测定钻机平台的水平高程,以保证桩底高程符合要求。

在不均匀地层、软硬变层地层中钻进时,要合理控制钻进参数,钻进时要轻压慢钻,以防钻孔偏斜,并经常检查钻杆倾斜度,确保垂直,成桩孔位偏差必须控制在 5 mm 以内。

采用优质泥浆护壁是防止桩孔缩径和坍塌的有效措施,为使孔壁稳定性良好,钻进成孔时要针对地层变化进行泥浆性能的及时适当调整。同时严格遵守工艺流程,加快施工进度,避免缩径和塌孔。

为了保证清孔质量,须适时调整泥浆比重。清孔采用二次清孔工艺,第一次清孔采用钻具,第二次清孔采用导管。清孔后由专人用测绳(带 1.5 kg 重锤)测定孔底沉渣厚度,直至满足设计规定的沉渣厚度才能灌注混凝土。

邻近营业线钻孔桩施工均在铁路线路外侧,桩中心距离线路中心最小距离为 9.7 m,则邻近营业线钻孔桩钢筋笼长度根据施工现场条件采用 9 m 及以下钢筋笼。钢筋笼的运输应绑牢固定可靠,平行于铁路线放置。起重机架设时须先将地基压实整平处理,并按要求设置好马腿垫板,确保支腿安全可靠,防止倾覆。起吊时先在远离营业线侧平行铁路将钢筋笼拎起竖直,平稳后再转动起重机大臂平移至孔口下放,平移前在钢筋笼下口设置缆风绳,派工人拉住缆风绳同步收放控制,防止钢筋笼晃动,实现平稳吊放。起重机吊装过程中安排专职指挥人员,指挥起重机平稳转动,控制转动角度、速度和大臂高度等,防止意外倾覆,确保足够的安全距离。钢筋笼吊装过程中在起重机和线路之间安排大机施工防护员进行“一机一人”防护,起重机驾驶室安装工程机械声光预警装置,当列车接近时发出预警暂停施工,待列车通过后恢复正常施工。

钢筋连接根据规范要求进行,根据钢筋型号拟采用搭接焊和套筒机械连接,钢筋焊接搭接长度,单面焊不小于 $10d$(d 为钢筋直径),双面焊不小于 $5d$,钢筋笼的主筋与加强箍筋点焊固定。钢筋笼安装过程中根据设计要求同步安装声测管,并灌入清扫和用木塞塞紧,防止泥浆进入堵塞声测管。

钢筋笼要垂直缓慢吊放,防止撞击孔壁引起塌孔。钢筋笼安放到位后,用四根定位筋将钢筋笼顶悬挂在护筒或地面上。

(2)人工挖孔桩

人工挖孔桩在慢行条件下方可进行开挖施工,施工工艺流程如图 1-6 所示。

井体采取分节开挖,开挖深度视地质情况而定,土层较好时,一般 1 m,软弱土中 0.5~0.8 m,开挖一节做一节护壁。土质较软时,采用锹镐挖掘;硬土及软石采用风镐及钢钎挖掘。开挖出来的土石用手摇绞车吊出井外,弃至井口下方的指定地点。当相邻挖孔桩在浇灌桩芯混凝土时,原则上要停止掘进,以防井筒在较大侧压力下土体失去稳定而坍塌。

挖孔桩支护采用钢筋混凝土护壁形式,护壁由弧形钢模板拼装而成,拆上节支下节,循环周转使用,上下设两半圆组成的钢圈顶紧,不另设支撑,混凝土用吊桶运输人工浇筑,混凝土达到 1 MPa 即可拆模。

(3)高压旋喷桩

本工程高压旋喷桩地基铁路加固共计 3 处,工作坑及后靠背地基加固和既有箱涵加固,其中既有箱涵加固在便梁底下施工,净工作高度 3 m,综合考虑,施工设备选择小型低净空高压旋喷桩机(3 m 工作净空),此种设备重心底、使用安全。铁路 30 m 范围以内既有箱涵加固施

图 1-6　下穿立交桥工程人工挖孔桩施工流程

工的安全措施，仍按照大机施工安全防护管理措施管理。

高压旋喷桩施工流程如图 1-7 所示。

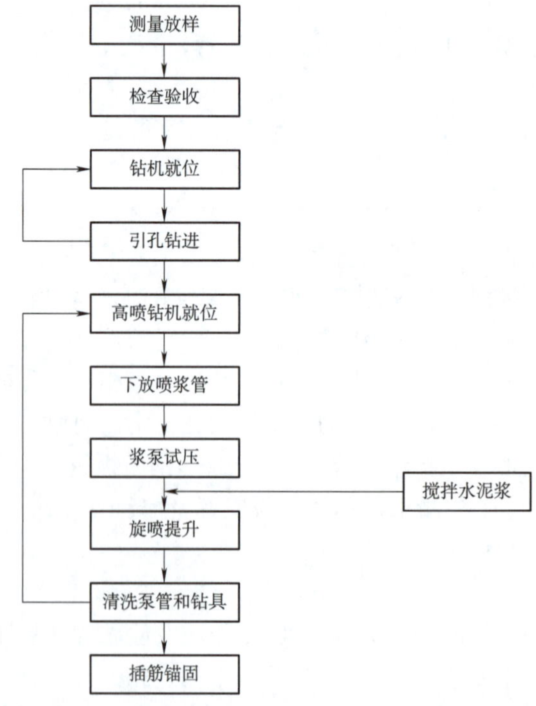

图 1-7　下穿立交桥工程高压旋喷桩施工流程

在高压旋喷桩施工过程中应当注意以下施工要点:

正式注浆后切勿随意中断,力求连续作业,以保证成桩质量。认真记录钻孔及注浆情况,做到全面、准确、及时、如实地反映情况。施工中如实记录高压喷射注浆的各项参数和出现的异常现象。在高压喷射注浆过程中若出现压力骤降,上升或大量冒浆等异常情况时,应查明产生的原因并及时采取措施。

条形基础地基加固高压旋喷桩在拉槽内施工,对线路影响较小,施工仍需对线路和便梁支墩进行观测,做好线路养护工作,如出现线路持续抬升,应分析原因,必要时采用引孔措施,即高压旋喷桩正式施工前先在相邻一排桩位处打一排压力释放孔(打孔不喷浆),然后再回过来打这一排正式桩喷浆,从西向东一排一排依次施工。

3. 工作基坑开挖施工

本工程地下水主要赋存与①层素填土和③层粉质黏土上部裂隙中。本层地下水受大气降水、地表水补给,埋藏浅,易蒸发,其水位、流量随季节变化明显。地下水位与稳定水位埋深基本一致,在 2.80～3.30 m 之间。针对风险源 2,为避免汛期基坑坍塌,本工程主要采取截水沟配合基坑集水井收集后明排水法。顶进工作坑坡顶四周设排水沟,排水沟以 C20 混凝土浇筑,边坡挂网混凝土防护,防止地表水的直接渗透土层内浸泡路基。滑床板周围设置排水沟,沟两端设集水井,将基坑水经排水沟汇集到集水井内,用水泵抽走。基坑排水委派专人进行抽水和清理,确保工作坑内干燥与排水畅通。

基坑开挖过程如发现地下水水位高出坑底,暂停开挖。采用局部管井降水的方法降低地下水水位。在对应的基坑周边按 20 m 间距布置内径 400 mm 的降水管井进行降水,管径深度根据开挖深度设置 10～15 m。稳定水位降至坑底 1 m 以下继续开挖。管井降水贯穿整个施工过程,以确保地下水位降至坑底设计高程以下 1 m。

但是铁路营业线内严禁管井降水,施工排水采用孔内抽水方式,井下人员应注意观察孔壁变化情况,如发现塌落或护壁裂纹现象应及时采取支撑措施。如有险情,应迅速撤离,并尽快采取有效措施排除险情。挖孔过程中如遇流沙,应立即停止挖孔,及时回填处理,并加强做好路基和便梁支墩的沉降观测。

针对风险源 1,为避免工作基坑变形过大,顶进工作坑后背采用 ϕ2.0 m 钻孔桩加 2.0 m×2.0 m 冠梁。顶进工作坑滑床板下采用 ϕ60 高压旋喷桩加固地基,桩间距为 1.4 m,桩长 10 m。顶进后背侧原状土采用 ϕ60 高压旋喷桩加固地基,桩间距为 2 m,桩长 10 m。铁路侧及东西两侧按 1∶2 和 1∶1 放坡挂网喷混凝土防护。东侧因既有司马庄路限制采用浇筑钢筋混凝土挡墙护坡,确保边坡稳定。

基坑开挖采用机械结合人工的方法进行。机械挖土至设计高程 20 cm 时,采用人工进行修底,严禁基坑超挖。为保证铁路侧边坡及路基的稳定性,严格按照设计图纸要求的坡度(1∶1.75)进行放边坡,并及时在边坡上制作 8 cm 厚挂网细石混凝土,同时做好防雨水冲刷、防边坡开裂的措施,如雨天采用彩条布进行覆盖等。

工作坑后背钻孔桩施工完成后,地基加固高压旋喷桩完成,养护 7 d。因实际基坑开挖深度较浅,基坑开挖前一周检查地下水深度,周边设置降水,并确保基坑降水降至基底以下 1 m。

之后进行工作坑开挖,开挖完成后挂喷钢筋网混凝土防护坡面。基坑开挖过程及完成后,及时设置及完善硬性物理防护措施,以保证施工安全。硬性物理隔离设置高度为 1.2 m。同时,按设计要求及时设置坡顶截排水沟和边坡防护,及时做好排水工作。

施工过程中应注意控制挖土深度，严禁超挖回填土。土方开挖过程中，基坑边缘外 10 m 内荷载不得大于 20 kPa，并严格限制不均堆载。为防止基坑开挖扰动基坑底部原状土，在坑底高程上 200 mm 土应由人工挖除。工作坑开挖要防止出现超挖现象，在工作坑周边设置排水沟和集水井，认真做好排水工作，保证基底承载力。

4. 铁路排水设置

铁路水系在施工范围自东向西流向，线路拉槽施工阶段将造成铁路排水沟中断，其他线间排水同时中断。针对风险源 2，为避免汛期既有铁路路基坍塌，此时在拉槽内设置排水边沟，将铁路排水沟引入槽内边沟，再沿槽内排水边沟排出到铁路外，铁路外有自排水条件的地方利用明沟排除，没有自排水条件部位设置集水坑进行抽水排除。

在箱涵顶进施工前，在既有箱涵西侧施工一道横穿所有股道的横向过轨沟，如图 1-8 所示。此水沟与铁路排水联通，有效排除施工期间上游雨水，同时也是永久排水设施。施工区下游水系用原铁路排水沟自排，作为永久措施。

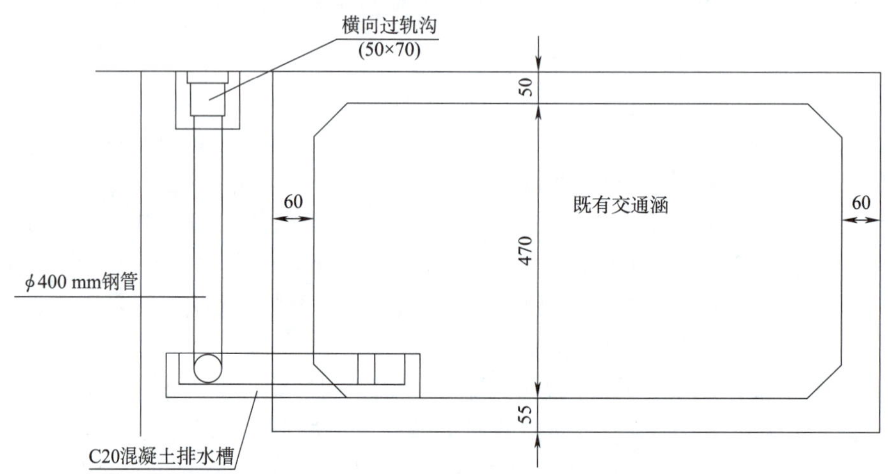

图 1-8　横向过轨沟立面(单位:cm)

5. 临时支墩与条形支墩施工措施

针对风险源 4，为避免顶进施工对既有铁路产生影响，施工前按规定线路限速 45 km/h。支墩采用 C20 钢筋混凝土制作，平面尺寸为 2.0 m×3.0 m，厚度 1.0 m。支墩顶底部各设一层 ϕ8 mm@100 mm 的钢筋网片，以防止支墩受力集中导致破坏及均匀分布荷载。采用人工开挖基槽，施工时对既有线路道床利用临时挡板防护，防止道床坍塌导致轨枕“吊板”。混凝土浇筑采用劳动车配合人工搬运。

当便梁架设于箱体顶面时，箱顶支墩采用独立支墩形式，模筑现浇，平面尺寸按 1.0 m×1.0 m 设置，厚度以调整便梁高度为准。施工时，必须将箱体保护层顶面刷毛并清理干净后施工，以增加其表面摩擦力，防止支墩整体位移。箱体顶进前浇筑到位。

独立支墩施工期间，所有机具、材料应及时进行清理或整齐摆放，严禁侵入限界。施工时，根据便梁架设尺寸要求，对位预埋短钢轨或 16 号型钢作为便梁限位装置，便梁架设后利用枕木头塞紧，防止便梁架设后的横向和纵向位移。

条形支墩采用高 3.0 m×宽 3.0 m×长 48 m 的 C30 钢筋混凝土结构形式。施工前利用独立支墩、便梁加固线路防护，在便梁下按 1∶1 放坡开挖路基，开槽采用小型机械配合人工从两头进行掏挖，然后地基加固和支模现浇制作条形基础，待混凝土达到一定强度后即可进行线路回填及恢复。

3 号、4 号条基东西两侧及 2 号条基东侧为临时回填，临时回填采用碎石材料。2 号条基西侧为永久回填，永久回填采用 C30 混凝土回填。

条形支墩限位装置采用在支墩浇筑混凝土时预埋短钢轨，便梁架设到位后，预埋短钢轨与便梁之间采用枕木和杂木板刹紧。

对于部分条基在顶进过程中需要拆除，过程中采用镐头机凿除，条形基础凿除时，必须有防护员防护，防止挖机碰到便梁，影响线路及行车，并且施工时，严禁无关人员靠近。

在进行 3 号条基施工时，因 3 号条基距离 83～84 号软横跨立柱较近，施工前需要对立柱进行适当加固，并对其进行垂直度及沉降观测，发现问题及时处理。

6. 便梁架设、拆解、纵移施工

(1)便梁架设

第一步：利用封锁点内将便梁范围内轨枕盒内道砟依次清除，调整便梁范围内轨枕间距，由一端向另一端依次边方枕边穿入钢枕。穿入钢枕时需对准事先的钢枕定位线，其中一根钢轨下垫大块绝缘橡胶板，防止轨道电路短路。钢枕间距按 67 cm 准确定位后对已穿入地段进行线路养护，保证线路稳定与几何状态良好。每次施工封锁时间 120 min。

第二步：再次封锁线路 120 min，进行 D24 便梁主梁的装卸。利用轨道吊从蚌埠东站进入施工地点将便梁主梁运送到预定位置，置于独立支墩上，主梁联结肋与钢枕中线基本对应，内侧利用 4 块牛腿与小梁初步联结，防止便梁倾覆。

第三步：在封锁点内安装牛腿及螺栓，将主梁与钢枕充分联结，并将螺栓上满上紧。施工过程中随时检查，上紧松动的螺栓。

第四步：在慢行点内进行钢枕定位器与扣件安装，并养护线路。拼装钢枕前应进行大胶垫绝缘性能测试，杜绝不合格部分上道使用。联结时，应先上一股然后上另一股，并要时刻检查轨道电路，严防出现红光带。架设后立即进行线路几何尺寸调整，确保行车安全。

第五步：纵横梁联结完毕后逐段扒除道砟，安装斜杆和所有联结系统。

(2)纵横限位桩

纵横限位桩采用预埋 P60 短钢轨，短钢轨与便梁限位采用轨距拉杆制作连接杆固结，如图 1-9 所示。

(3)便梁绝缘及接地措施

安装、拆卸便梁时钢枕与钢轨之间用绝缘垫隔离，拼装钢枕前应进行大胶垫绝缘性能测试，杜绝不合格部分上道使用。连接时，应先上一股然后上另一股，并要时刻检查轨道电路，严防出现红光带。

(4)便梁拆解

第一步：箱体顶进后，及时回填线路道砟，养护线路；

第二步：利用封锁点内将便梁主梁与钢枕联结牛腿及零件拆解；

第三步：封锁线路 120 min，纵移施工；

第四步：封锁线路 120 min，将定位器拆除，将钢枕从一端至另一端依次抽出，并调整轨枕间距及穿入抽出的轨枕，至轨枕间距均匀。及时回填道砟，并进行线路捣固等养护工作，达到

图 1-9 便梁纵向横向限位

开通线路条件后开通线路。

7. 箱涵顶进施工工艺

针对风险源 4，为保证箱涵顶进过程中的施工安全，需要设计合理的箱涵顶进方案，箱涵顶进流程如图 1-10 所示。

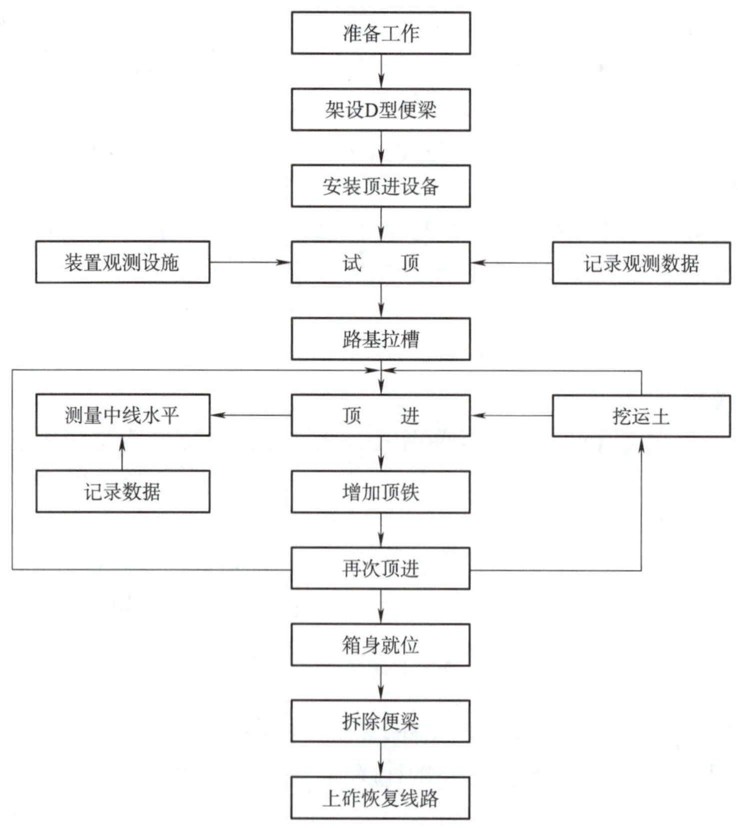

图 1-10 箱涵顶进施工工艺流程

顶进前先进行既有线基坑拉槽，槽宽为箱涵两侧各收进 1 m(既有箱体侧至箱边)，线路两侧保留出土通道。拉槽开挖时路基侧根据现场情况采用放坡处理(初步拟定路基侧边坡坡率 1∶1)。顶进挖土传递分别采用中、小两种型号挖机进行。

顶进作业时，每一顶程(100 cm)，开挖一个顶程工作面，做到边挖边顶，确保箱涵切土，禁止超挖。箱涵底板部位土方严禁挖深，每次挖土深度控制在底板底部以上 20 cm 左右，防止扎头。

列车通过时不挖、机械设备发生故障时不挖、较长时间不顶进时不挖、交接班前不挖。挖土工作应与观察人员紧密配合，随时根据箱身顶进的偏差情况改进挖土方法。

施工过程中必须严格遵守“吃土顶进、严禁超挖”的原则，预防土方坍塌，保证行车及人身安全。挖土时如发生坍塌，影响行车安全时，应迅速组织抢修加固。

为保证箱形桥顶进质量，必须对顶进过程中的高程和轴线方向进行严格测控，以确保两孔箱形桥处于同一水平面上，同时要确保两孔的轴线符合设计要求。在箱体顶进到位后即可进行线路回填、箱体间隙回填和拆除便梁。

顶进过程中加强对箱涵的沉降及位移进行观测，及时调整方向。对箱身的行进路线进行推算，提前控制箱身行进趋势，防止箱身碰触便梁底部。

在箱身顶进过程中，加强对箱体两侧路基的处理以减少箱体对路基的扰动，确保顶进质量及线路的安全。箱体顶进后，箱体边侧的二角区及时回填。

要备足钢轨桩、木板、麻袋等防护用品，防止边坡塌方。

箱体顶与铁路轨底最小距离仅为 0.8 m，在箱体顶进期间，每顶进一顶程，测量高程变化并及时反馈至挖土指挥人员，指挥挖机挖土，避免箱体“栽头”或“抬头”，保证箱体不碰到便梁，从而保证线路安全。

1.3.2　施工安全卡控措施

为确保邻近既有线施工安全，在施工范围内的线路外侧，设置明显的警告标志。在邻近线路施工范围与线路之间，按照铁路限界要求，设置隔离装置，拟采用钢管基础和钢丝网片围栏。严格控制施工机具、路材路料侵限。

工程处地下水比较丰富，故施工期的排水、降水、抗洪等项措施，应予以重视。降水过程中应每天 24 h 不间断观测路基变化，保证线路养护正常。同时顶进作业全过程应随时降排水，保持基底干燥不被浸泡。如遇大雨，立即停止一切作业，并用备用篷布将开挖面盖好，使雨水不致浸湿土体，防止塌方，以保行车安全，并派人值班，加强对路基的观测和便梁的养护工作。

发现设备故障危及行车安全时，施工领导人除采取紧急措施排除故障外，并应立即命令防护员显示停车信号，拦停列车，并迅速通知车站值班员，故障处理后由工务人员确定行车条件。

顶进过程中加强线路和地表沉降观测，如遇较大渗漏、塌方、危及行车安全时，立即与车站值班员联系，并全力以赴组织抢修，停止顶进进行压浆封堵，架设枕木支垫加固线路，确保行车安全。为此现场应提前备有足够的抢险材料。

在基坑开挖过程中，开挖前先探明地下有无管线，垂直铁路方向人工开挖探沟，一经发现及时与有关部门联系处理解决。工作坑开挖过程中严禁将土方堆放在现场，全部采用机械运输至基坑边坡以外，防止基坑边缘受荷载造成基坑坍塌。

箱涵顶进施工过程中，必须针对支墩制定特殊的监测制度，及时掌握支墩的位移沉降信息。在便梁装卸、拆除过程中配备专职的线路巡检小组，负责线路的保养养护工作；配备专职便梁养护小组，确保便梁施工期间的安全和梁上扣件状态良好。施工期间要随时监测轨温，必要时采取线路浇水，以防胀轨。便梁支墩处积水必须及时排除，确保支墩的稳定。

便梁拆装及保养严格执行单边施工，不得同时施工。每次拆装做好便梁与线路的绝缘工作，保证信号电路畅通。便梁组装完成后、线路开通前，请电务部门用专用设备测量电路，以防红光带，每次便梁拆装都要做好便梁接地。

在人工挖孔桩施工过程中，现场技术管理人员应向施工人员仔细交代挖孔桩处的地质情况和地下水情况，提出可能出现的问题和应急处理措施。挖孔桩设置的防护围栏、施工工具、钢筋材料等应注意摆放位置、高度，严禁侵入铁路各项限界和限高，挖出土方及时运走，避免堆积。

经常检查支架、滑轮、绳索是否牢固，下吊时要挂牢，挖出的土方应及时运离装孔口，不得堆放在孔口四周1.5 m内。当天挖孔，当天浇筑护壁，离开施工场地时，要把孔口盖好，并设立明显警戒标志。施工过程中加强对孔口和周边地表进行观测，发现异常及时撤离，采取加固措施。

钢筋笼和混凝土浇筑过程中严格控制施工限界，不得侵入铁路限界，并设专人防护，列车通过时临时暂停施工，列车通过后恢复施工。

针对风险源5，为避免邻近铁路大型机械施工引起的风险，项目部对进场作业人员进行营业线施工安全交底、教育并考试合格后方能进入，同时制定切实有效的安全施工方案。邻近铁路桩基施工，桩机设置缆风绳，防止机具倒塌侵限。设置有效的物理隔离。严格落实大型机械"一机一人"防护制度。落实驻站联络员严格按要求进行登、销记，施工过程中加强和现场防护员的联系。邻近营业性施工严格按照规定申报施工计划，并按批准计划实施，建立邻近营业线大型机械核准制，以书面派工单方式，明确作业范围、注意事项，严禁擅自动用大型机械。同时安排线路工24 h检查线路情况，发现问题及时停工整治。

本工程线路加固及顶进施工期间，列车需限速45 km/h，计划慢行时间为2019年3月1日至2019年9月30日。顶进施工完成慢行结束，依据《普速铁路工务安全规则》，施工期间限速45 km/h，结束后第一列45 km/h，不小于12 h，60 km/h、80 km/h各不少于24 h，之后120 km/h恢复常速。

本工程支柱吊装、软(硬)横跨安装等上部施工时需对线路进行封锁，共计需申请天窗点59个，需要蚌埠枢纽1、2、3、4、5、6供电单元停电。蚌埠东站站内17号、19号、21号、23号、25号等5组道岔进行迁改施工及道岔前后线路起整、曲线调整等施工。更换京沪正线道岔封锁时间210 min，道岔焊接180 min。D型便梁加固线路期间，规定实施主梁吊、纵移、抽穿钢枕、吊轨梁装拆、拆除扣件、轨枕复位等项目时需对线路进行封锁。

道岔迁改封锁使用小型养路机械捣固完成后，开通第一列35 km/h，第二列45 km/h，不小于4 h，以后限速60 km/h，至次日捣固后第一列限速60 km/h，第二列起限速80 km/h，至第三日捣固后第一列限速80 km/h，第二列限速120 km/h，至第四日捣固后恢复常速。

1.3.3 监测、控制与实施效果

1. 监测整体要求

本工程中基坑开挖施工、条形基础施工、线路下拉槽、地基加固和箱涵顶进施工过程中对

线路、接触网立柱安全存在一定影响,为确保施工和线路安全,须对既有司马庄道路、地面沉降、铁路条基、既有接触网支柱、便梁支墩位移和铁路线性等进行监测。

施工前在基坑影响范围内的线路路肩处,按 20 m 间距布置沉降观测桩。工作坑支护桩按每边 3 处布设沉降、位移观测桩。线路加固施工期间,于每处支墩(或条基两端)及便梁端头设置沉降、位移观测桩。既有路基拉槽前,于既有电化杆立柱基坑开挖侧各设置 1 处沉降(位移)观测点。路基观测桩及接触网立柱观测桩拟采用 10 cm×10 cm 的混凝土墩内预埋钢筋。工作坑支护及便梁、支墩观测桩直接于混凝土浇筑期间预埋观测钢筋,并对桩进行编号,读取原始数据。具体监测方法和内容见表 1-3。

表 1-3 施工监测内容和方法

施工项目	监测项目	监测点设置	监测频率	监测精度	监测报警
基坑施工	既有司马庄路地表沉降观测	每 10 m 设 1 点,单边≥3 点	①开挖前期,1 次/2 d ②开挖到底至结构底板浇筑后 3 d 内 1 次/d ③底板浇筑完 3 d 后到回填,3 次/周	水平位移测量精度 1.5 mm 垂直位移测量精度 0.3 mm 地下水位测量精度 ±1 cm	速率>3 mm/d 或累计>30 mm
	基坑周边监测	每 20 m 设 1 点,地下管线上加密			速率>5 mm/d 或累计>1 000 mm
(邻近)营业线施工项目	钢 轨	施工区及两端各 50 m 范围内每 5 m 设 1 点	①基坑开挖抽水前期间及挖孔桩施工孔内抽水期间 6 h 一次,趋于稳定后每 12 h 一次 ②高压旋喷桩、拉槽挖土和顶进施工时 4 h 一次,持续变化时 2 h 一次 ③监测至施工结束后至少 3 d	水平位移测量精度 1.5 mm 垂直位移测量精度 0.3 mm	速率>2 mm/d 或累计>10 mm; 轨间距+6～−4 mm; 水平高低>6 mm
	路 基	施工区及两端各 50 m 范围内每 10 m 设 1 点			
	支墩和便梁	每个便梁支墩设一个点			速率>5 mm/次或累计>20 mm
	条 基	每个支墩点对应条基			
	既有箱涵	箱涵两端、箱涵内每 10 m 设 1 点	①既有箱涵高压旋喷桩加固施工期间 4 h/次 ②在 4 号箱涵顶进期每一顶一次,顶进暂停期每 6 h 一次	水平位移测量精度 1.5 mm 垂直位移测量精度 0.3 mm	垂直速率>2 mm/顶或累计>10 mm;水平速率>2 mm/顶或累计>10 mm

针对本工程,还进行了铁路立交工程施工形变控制综合自动化监测系统研发及应用的课题研究,建立了具备监测成果网络发布、形变超限自动报警等功能的监测平台系统,可实现现场形变情况的远程、便捷查询及掌控,确保工程施工区间铁路的安全运营。该监测系统在白天/夜晚、高温/低温、风雨环境下均可以正常工作,不仅可以对铁轨、便梁、条基、路基、接触网立柱等多种构筑物对象进行实时监测,也可以用于对铁路沉降地带进行局部重点监控。相关系统界面如图 1-11、图 1-12 所示。

2. 应急预案

(1)胀轨跑道

若无缝线路发生胀轨跑道,首先应立即在胀轨跑道两端设置停车信号防护,并通知车站扣停列车。迅速组织人员在枕木头堆砟夯实,制止轨道变形进一步扩大。同时应进行浇水等方法降低钢轨温度,使线路恢复原状。在长时间浇水降温后,还不能恢复线路时,使用切割机具,

图 1-11 数据采集系统界面

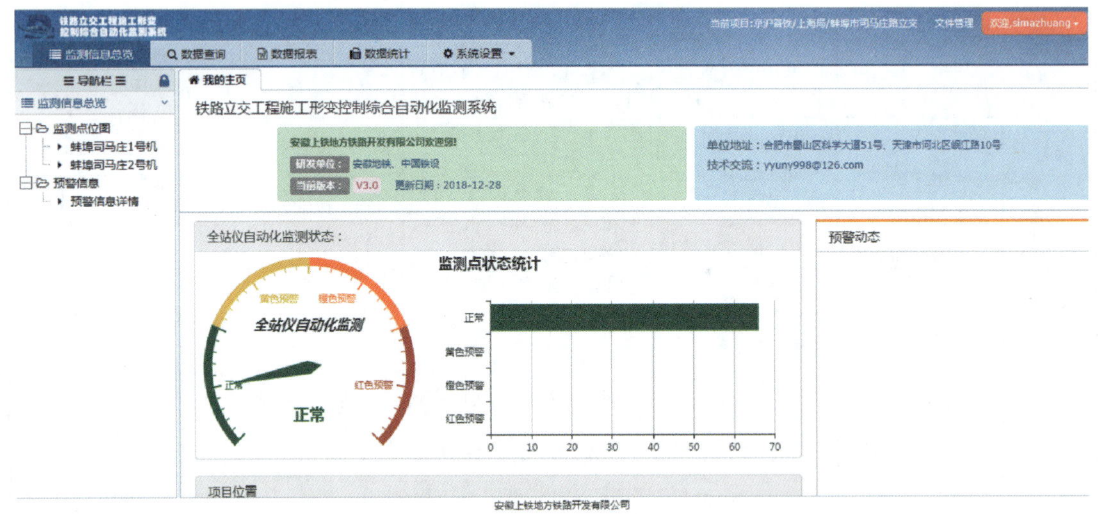

图 1-12 数据发布平台界面

及时将一端左右股钢轨同时切割，将胀轨部分及前后各 50 m 的线路扣件松开，以释放应力，使用拨道机具将胀出的线路拨回原位，整理回填夯实道床，再重新锁定线路，切割另一端钢轨，使轨缝控制在 30 mm 以内，及时上好夹板和急救器，确认线路无异状，方可开通线路。有条件时应在原位焊复，否则应在胀轨地段设置缓冲区（长度不短于 50 m，保持二轨三缝），缓冲区接头用 10.9 级螺栓拧紧，在胀轨地段及前后各 50 m 范围内拧紧扣件，按正常速度放行列车，但不得大于 160 km/h。

（2）断轨

当钢轨断缝不大于 50 mm 时，应立即进行紧急处理。在断缝处上好夹板或臌包夹板，用急救器固定，在断缝前后各 50 m 拧紧扣件，并派人看守，放行列车速度不超过 15 km/h。如断缝小于 30 mm 时，放行列车速度为 25 km/h。有条件时应在原位焊复，否则应在轨端钻孔，上好夹板或臌包夹板,拧紧接头螺栓,然后可适当提高行车速度。

(3)线路晃车

确认原因,及时处理,开通线路。如确认晃车点无危及安全的病害,立即联系驻站联络员销记。如轨道几何尺寸存在超过临时补修管理值的偏差,可以根据规范进行处理。

(4)便梁倾覆

卸便梁和移便梁时若发生便梁倾覆,危及行车安全时,立即封锁线路,拦停来车,并立即向车站值班员汇报,通报工务和运输部门及设备管理单位,同时立即组织吊车、油顶、葫芦等设备到位,组织抢修人员(以线路施工人员为主)到位,在最短的时间内将便梁扶正固定。

(5)红光带

在慢行施工时,由于人员操作不当,极易出现联电,产生红光带,影响列车的正常运营,为防止出现类似情况,在施工前与电务施工部门进行联合现场勘查,避免出现乱动电务设备引起联电。

(6)大型机械倾覆

当作业人员发现机具侵限时,应立即向施工负责人和车站信号楼汇报,并执行紧急情况防护办法,设置移动停车信号。项目部立即启动应急预案,向上级部门汇报现场情况,同时组织现场清理侵限机具、设备,检查线路恢复情况,及时开通线路。事后组织项目部全体成员分析侵限事故原因,总结经验教训。

1.4 实施效果

按照上述提出的设计施工措施、施工要点,施工得以顺利进行,最终既有铁路线路基变形未超限,满足要求,保证了既有铁路的运营安全。线路恢复现场如图 1-13(a)所示,主体施工完成现场如图 1-13(b)所示。

(a) 线路恢复

(b) 主体施工完成

图 1-13 蚌埠市司马庄路下穿京沪铁路立交工程现场

1.5 小　结

本章以安徽省蚌埠市司马庄路下穿京沪铁路立交桥工程为例,介绍了市政道路下穿既有铁路的风险源及安全风险防控措施。本工程中工作基坑选用了钻孔灌注桩＋人工挖孔桩的围护结构和路基加固措施，加上合理的箱涵顶进方案，可以有效减少对既有铁路路基和桥梁的影响，同时辅以有效合理的监测方案，达到了安全施工、不影响既有线安全运营的目的。

市政道路下穿既有铁路的风险源主要包括5个方面：工作基坑变形过大风险、汛期基坑与既有铁路路基坍塌风险、围护结构桩施工引起的路基变形风险、箱涵顶进施工引起既有铁路路基沉降风险和邻近既有铁路大型机械侵限风险。针对上述风险源，从施工管理、监测两个角度采取相应的技术及安全卡控措施。

(1)在施工技术措施方面，为避免工作基坑变形过大风险，提出钻孔灌注桩＋人工挖孔桩的围护方法，并采用高压旋喷桩加固工作坑地基。在保证工作坑自身变形控制要求的同时，还应保证既有铁路路基的变形控制要求。铁路侧及东西两侧及两侧按1∶2和1∶1放坡挂网喷混凝土防护，东侧计划浇筑钢筋混凝土挡墙护坡，确保边坡稳定。基坑开挖采用机械结合人工的方法进行。

(2)在施工技术措施方面，为避免汛期既有铁路路基坍塌，在拉槽内设置排水边沟，将铁路排水沟引入槽内边沟，再沿槽内排水边沟排出到铁路外，在箱涵顶进施工前在既有箱涵西侧施工一道横穿所有股道的横向过轨沟。保证既有铁路路基安全。

(3)在施工技术措施方面，为避免箱涵顶进时引起的既有铁路路基变形风险，顶进施工前需要施工临时支墩与条形支墩，下穿铁路箱涵顶进前采用施工便梁加固线路。为保证箱涵顶进质量，必须对顶进过程严格控制，以确保两孔箱涵处于同一水平面上，同时要确保两孔箱涵轴线平行且符合设计要求。

(4)在施工安全卡控措施方面，为避免邻近既有铁路大型机械侵限风险，邻近铁路桩基施工，桩机设置缆风绳，防止机具倒塌侵限，并设置有效的物理隔离。邻近营业性施工严格按照规定申报施工计划，并按批准计划实施，建立邻近营业线大型机械核准制，保证邻近既有铁路施工的安全。同时为确保既有线列车运行的安全，线路加固及顶进施工期间，列车需限速45 km/h，支柱吊装、软(硬)横跨安装等上部施工时需对线路进行封锁。

(5)在监测与控制技术方面，建立了具备监测成果网络发布、形变超限自动报警等功能的监测平台系统，可实现现场形变情况的远程、便捷查询及掌控。同时制定了完备的应急预案，若发生突发事件或监测数据超限，及时进行处理，保证了施工过程既有铁路的运营安全。

安徽省蚌埠市司马庄路下穿京沪铁路立交桥工程采用上述措施之后效果良好，在箱涵顶进过程中保证了施工安全，未影响既有线的正常运营。该方案为类似箱涵下穿既有铁路路基施工面临的风险提供了一种参考解决办法。

2　南京市中央北路拓宽改造工程（箱涵顶进施工）

2.1　工程概况

2.1.1　案例背景

南京市中央北路(中央门立交至和燕路段)拓宽改造工程南起中央门立交桥北口，下穿京沪铁路至和燕路交叉口，全长 615 m。本次新建内容有：下穿京沪立交箱涵、红山南路喇叭口道路、护坡工程、南京商厦内部道路、围护桩施工、老桥拆除、桥墩加固、检测施工等，其中下穿箱涵位于白宫大酒店和金盛百货间。箱身中轴线与京沪下行线交叉处里程为 K1149＋304，与京沪上行线交叉处里程为 K1149＋135。

原有立交桥上共有 4 股线路，从北向南分别为京沪下行线、T3 站线、京沪上行线、南京客线，京沪铁路为国铁Ⅰ级繁忙干线，施工区段线路为直线，桥上线路均为 60 kg/m 钢轨，混凝土轨枕，电气化牵引，无缝线路，线间距由北向南分别为 5.05 m、5.05 m 和 4.95 m。项目概略位置信息如图 2-1 所示。

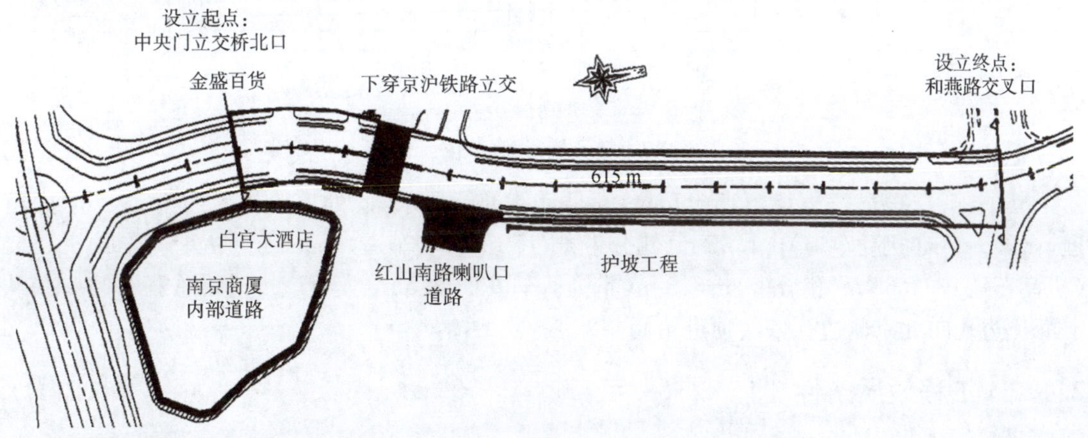

图 2-1　中央北路拓宽改造工程施工概略位置

箱身中心线与京沪铁路正交布置。中孔箱身箱顶位于南京客线轨顶以下 1 m、京沪上行线轨顶以下 1.17 m、南京货线以下 1.15 m、京沪下行线轨顶以下 1.21 m；边孔箱身箱顶位于南京客线轨顶以下 1.3 m、京沪上行线轨顶以下 1.47 m、南京货线以下 1.45 m、京沪下行线轨顶以下 1.51 m。南京客线中心线距工作坑前口放坡线 8 m。中孔箱涵与铁路相对位置关系如图 2-2 所示。

新建箱身结构采用 4 孔(7＋15＋15＋7)m 分离式钢筋混凝土框架结构下穿铁路。箱身采

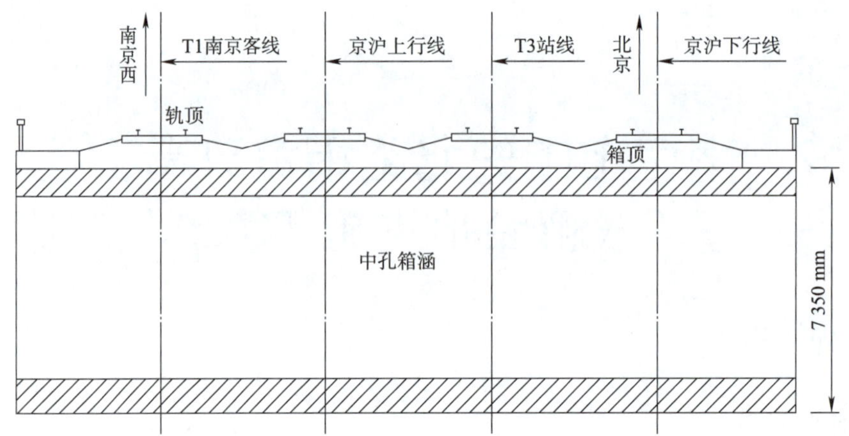

图 2-2　中孔箱涵与铁路相对位置关系示意

用 C40 钢筋混凝土，抗渗等级 P8。中孔箱身顶板厚 0.85 m，边墙厚 0.95 m，底板厚 1.00 m，结构净高 5.5 m；边孔箱身顶板厚 0.55 m，边墙厚 0.60 m，边板厚 0.65 m，结构净高 7.00 m，如图 2-3 所示。

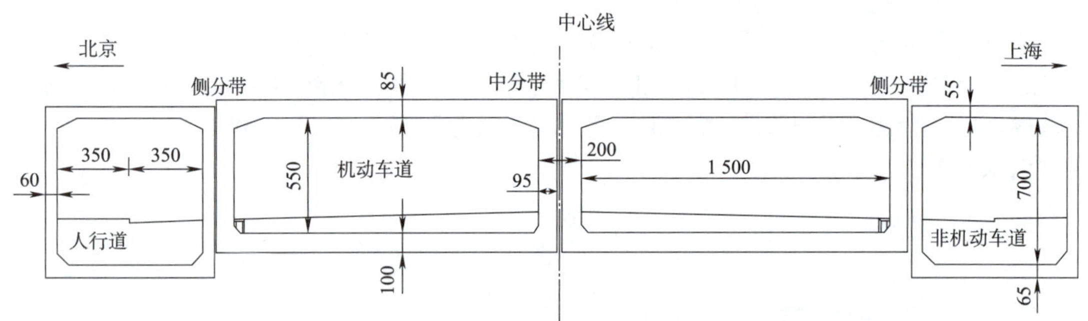

图 2-3　箱涵横断面(单位：cm)

其中，箱身净宽(7+15+15+7)m，满足道路通行要求，此处道路横断面为 3.5 m(人行道)+3.5 m(非机动车道)+1.65 m(侧分带)+15 m(机动车道)+2.0 m(中央分隔带)+15 m(机动车道)+1.65 m(侧分带)+3.5 m(非机动车道)+3.5 m(人行道)，道路总宽 49.3 m。从上海侧边孔向北京侧边孔依次顶进箱涵。

2.1.2　工程地质条件

根据相关岩土工程勘察资料，场地地基土层可分为 8 层，地质剖面如图 2-4 所示。

土层名称与性质分别描述如下：

①$_1$ 杂填土：灰褐～灰色，松散，主要由碎砖、碎石及少量粉质黏土填积，表层为 15～20 cm 厚的沥青路面，场区普遍分布，厚度 0.4～1.2 m，平均 0.61 m；层底高程 11.14～14.76 m，平均 12.39 m；层底埋深 0.4～1.2 m，平均 0.61 m。

①$_2$ 素填土：灰色～灰黄，软～可塑，由粉质黏土混少量碎砖填积，场区大部分地段分布，厚度 0.3～1.8 m，平均 0.83 m；底层高程 10.01～11.53 m，平均 10.85 m；层底埋深 0.8～2.6 m，平均 1.53 m，承载力基本容许值为 80 kPa。

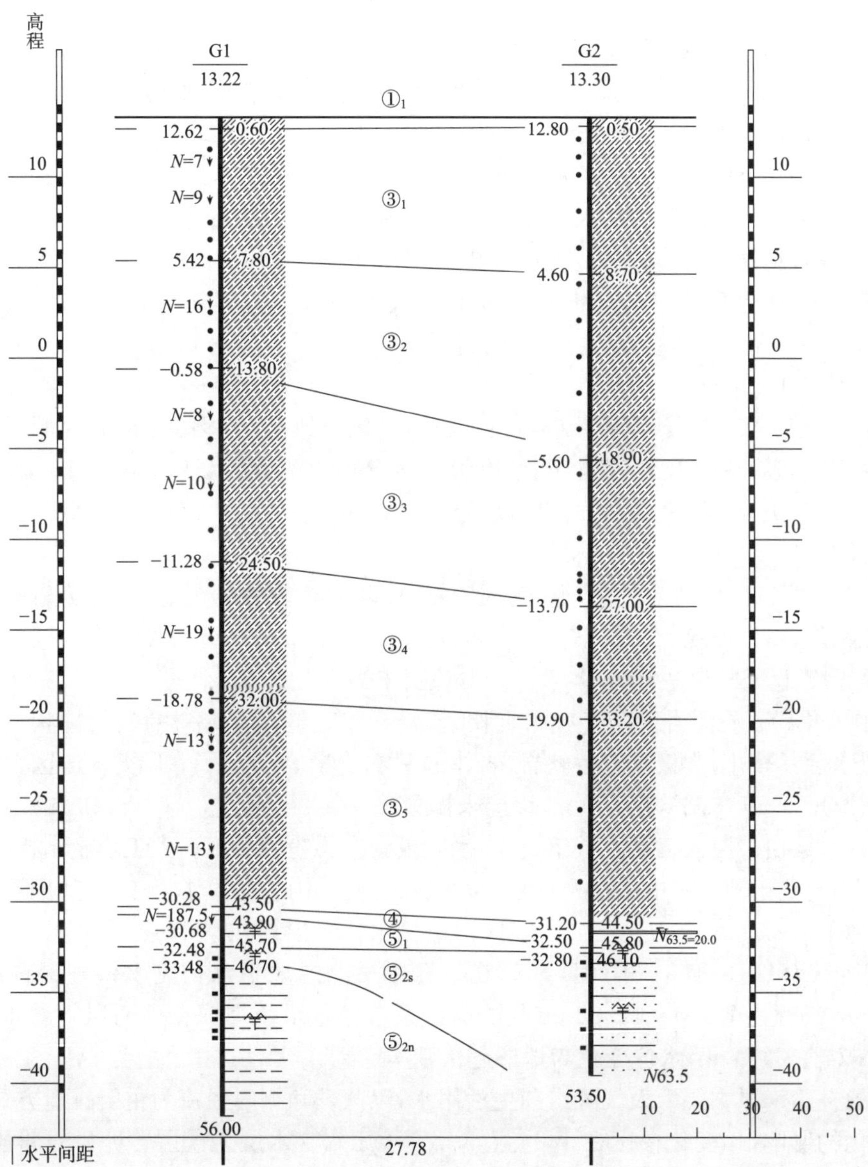

图 2-4 中央北路地质剖面(单位:m)

③₁ 粉质黏土:褐黄色,可塑,局部软塑,含少量铁锰氧化物,切面稍有光泽,韧性、干强度中等,场区普遍分布,厚度 3.5～8.2 m,平均 5.54 m;层底高程 4.6～8.14 m,平均 6.4 m;层底埋深 4.7～8.7 m,平均 6.6 m。承载力基本容许值为 150 kPa,该层为箱身基底持力层。

③₂ 粉质黏土:黄褐～褐黄色,可～硬塑,夹少量灰白黏土条和铁锰结核。切面稍有光泽,韧性、干强度中等,场区普遍分布,厚度 6～14.5 m,平均 12.11 m;层底高程－7.99～－0.58 m,平均－5.96 m;层底埋深 13.80～20.60 m,平均 18.56 m,承载力基本容许值为 210 kPa。

③₃ 粉质黏土:灰黄色,软～可塑,含少量铁锰氧化物,夹粉土,局部地段夹少量粉砂颗粒,呈低塑性,韧性、干强度中等偏低,场区普遍分布,厚度 8.10－13.10 m,平均 11.09 m;层底高程－19.35 m。

③$_4$ 粉质黏土:褐黄~灰色,可~硬塑,局部为黏土。夹灰白黏土条和铁锰结核,切面稍有光泽,韧性、干强度中等偏高。场区普遍分布,厚度 2.90~7.50 m,平均 4.70 m;层底高程 −23.32~−18.78 m,平均−21.65 m;层底埋深 32.00~35.50 m,平均 34.28 m。

③$_5$ 粉质黏土:灰色,可塑,部分地段混团块状粉细砂,局部富集,层底附近含少量卵砾石,韧性、干强度中等偏低。场区普遍分布,厚度 5.10~11.50 m,平均 8.77 m;层底高程 −31.20~−28.42 m,平均−30.17 m;层底埋深 40.60~44.50 m,平均 42.87 m。

④含卵砾石粉质黏土:灰黄~灰色,可塑,混少量粗砂。卵砾石成分以石英砂岩为主,呈亚圆形,含量为 10%~30%不等,分布不均,粒径一般为 2~5 cm,部分大于 10 cm。场区普遍分布,厚度 0.40~1.30 m,平均 0.85 m;层底高程−32.50~−30.68 m,平均−31.59 m;层底埋深 43.90~45.80 m,平均 44.85 m。

⑤$_1$ 强风化粉砂质泥岩、泥质粉砂岩:黄灰色,风化强烈,呈土及砂土状,手捏易散碎,遇水软化,层底部附近夹中风化岩碎块,基本质量等级分类为Ⅴ级。场区普遍分布,厚度 0.30~1.80 m,平均 1.05 m;层底高程−32.80~−32.48 m,平均−32.64 m;层底埋深 45.70~46.10 m,平均 45.90 m。

⑤$_{2s}$中风化泥质粉砂岩:灰色,泥、钙质胶结,以软岩~较软岩为主,局部为较硬岩。岩体节理、裂隙稍发育,以泥化物、石膏充填,岩体较完整,基本质量等级为Ⅳ类。场区大部分地段分布,揭露厚度 1.00~5.90 m,平均 3.45 m,该层未揭穿。

⑤$_{2n}$中风化粉砂质泥岩:棕红色,泥质胶结,岩石较完整,岩芯呈柱状、长柱状,锤击声哑,有凹痕,浸水后易软化,为极软岩~软岩,岩体的基本质量等级为Ⅴ~Ⅳ类。场区大部分地段分布,揭露厚度 5.80 m,平均 5.80 m,该层未揭穿。

潜水含水层由①层人工填土层组成,隔水底板为③层粉质黏土。人工填土结构松散、孔隙大且厚度大,有利于地下水的渗透及汇集,含水较为丰富,雨季时出水量较大,属弱透水地层。

南京地下水最高水位一般在 7~8 月份,最低水位多出现在旱季 12 月份至翌年 3 月份。野外勘探时间为 2016 年 9~10 月,期间在钻孔中量测的地下水初见水位理深在地面以下 0.2~0.4 m,高程为 11.94~12.92 m(吴淞高程系),稳定水位埋深在地面以下 0.4~0.6 m,高程为 11.74~12.72 m,水位变化与地形起伏基本一致。

潜水的补给来源主要为大气降水和生活用水,以蒸发和侧向径流为主要排泄方式,水位受季节性变化的影响,年变化幅度在 1.0~1.5 m。承压水含水层为④层含卵砾石粉质黏土,该含水层渗透性较好,属弱透水层,隔水顶板为土覆黏性土。根据勘探期间承压水头观测结果,含水层水头埋深在地面下 4.6~5.5 m,高程为 7.58~7.72 m(吴淞高程系),较潜水位低,水位随季节不同有升降变化,年变幅在 0.5~1.0 m。

本工程箱涵底面位于③$_1$ 粉质黏土层,基本承载力为 150 kPa;基坑支护桩、新建桥墩加固桩及桥墩支护桩桩底均位于③$_2$ 粉质黏土层,基本承载力为 210 kPa;道路工程路基底层位于杂填土层和素填土层,边孔箱涵底高程为 8.73 m。

2.2 风险源分析

1. 工作基坑变形过大风险

由于南京地区土层含水较为丰富,雨季时出水量较大,属弱透水地层。若工作基坑围护或开挖方案不当,易造成基坑坍塌,进而造成邻近铁路路基失稳,危及行车安全。

2. 围护结构桩施工引起的地基变形风险

沪宁城际 14 号墩南侧人工挖孔桩中心距离京沪下行线线路中心线 5.2 m,距离承台边最近为 4.8 m;钻孔灌注桩中心距离京沪下行线线路中心线最近为 6.7 m,距离承台边最近为 5.8 m。沪宁城际 13 号墩南侧单排人工挖孔桩中心距离京沪下行线线路中心 5.2 m,距离承台边最近为 10 m;西北侧单排钻孔灌注桩中心距离京沪下行线线路中心线最近为 7.6 m,距离承台边最近为 3.6 m。顶进工作坑侧人工挖孔桩中心距离南京客线线路中心 4.4 m,围护钻孔灌注桩中心距离南京客线线路中心线最近为 7.2 m。所以桩基施工产生的扰动易引发土层的变形破坏,带来塌孔风险,进而导致既有铁路变形超限,危及既有运营铁路的行车安全。

3. 汛期基坑坍塌风险

由于汛期施工便梁支座受浸泡失稳,导致路基受浸泡坍塌;基坑遭水浸使土的内摩擦角减小、主动土压力变大、水平和竖向位移增大、抗倾覆和整体稳定安全系数减小,使基坑及支护结构变形、开裂,严重的可造成基坑失稳坍塌,进而也会影响邻近的铁路路基的安全性。

4. 箱涵顶进时引起的既有铁路路基变形风险

若箱涵顶进过程中控制不到位,会抬头、碰撞、挤压便梁,且顶进过程中顶进系统设备因受力不均或轴线不一致,会导致既有铁路路基几何尺寸的变化,进而导致中断行车、列车脱轨的事故。

5. 邻近铁路大型机械施工

本工程中施工大型机械涉及回旋钻机、顶进设备等,应当注重设备安全管理,否则极易发生铁路保护区大型机械作业倾覆侵限事故,影响列车正常运营。在拆除老桥时,由于拆除工艺复杂,大型机械施工过程中可能触碰便梁,影响行车安全,增加施工风险。

2.3 对策措施

2.3.1 施工技术措施

1. 总体方案

本工程分涉铁工程和其他工程两部分,本案例中重点关注涉铁工程,以老桥拆除、管线迁改、线路加固、箱涵顶进为控制重点。涉铁施工总体流程为上海侧边孔→上海侧中孔→北京侧中孔→北京侧边孔,逐孔施工。总体规划分为三阶段。

第一阶段:线上改造及上海侧两孔顶进,包括维管段接触网迁改(8 个基础及立杆),桥工段(应力放散、19 号、21 号渡线纵移、25 号、29 号道岔原位换铺,钉闭 31 号、27 号),路基支护挖孔桩,便梁支墩 A、B、C、D 施工,铁路给水套管、箱涵预制,老桥拆除及顶进。

第二阶段:北京侧中孔施工,包括地方管线迁改、维管段接触网迁改(8 个基础及立杆)、箱涵预制、老桥拆除及顶进。

第三阶段:北京侧边孔施工,包括桥工段 11 号、17 号道岔拆除原位换铺、箱涵预制、便梁支墩 D 拆除及顶进、线上附属、安装护轮轨、逐级提速。

2. 围护结构桩施工工艺

根据箱涵下穿既有铁路风险源的分析,以及京沪铁路路基与沪宁城际桥墩容许变形值为主要参考因素，同时兼顾整体工程的经济性，针对风险源1为防止工作基坑变形过大，经过相关分析与论证，对箱涵顶进区域提出下述支护方法，如图2-5所示。

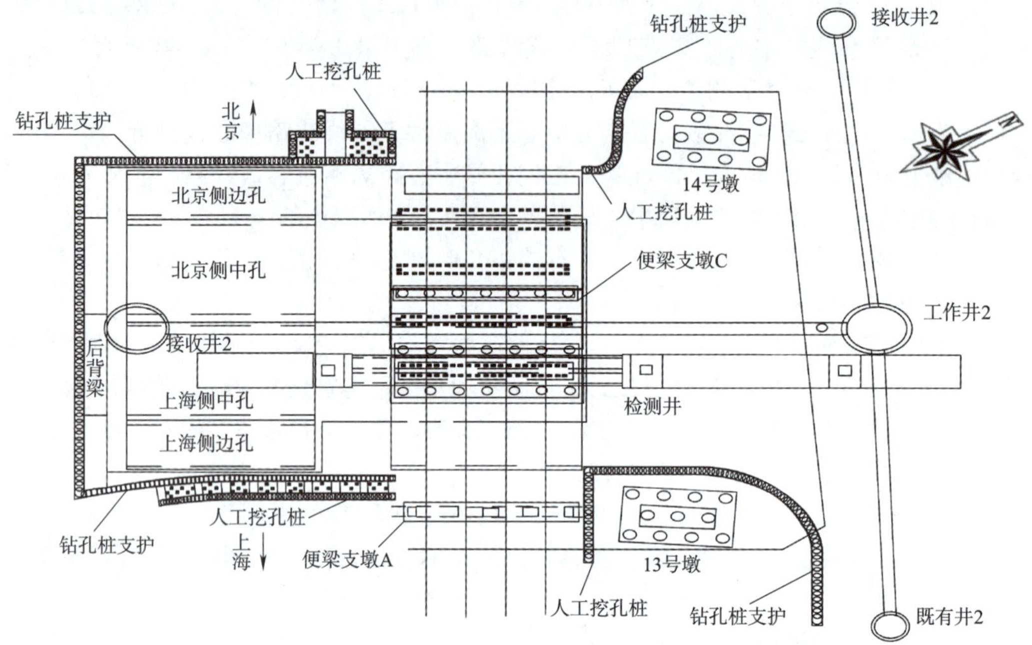

图2-5　箱涵顶进区域支护结构平面示意

箱涵顶进工作坑两侧部分采用单排 ϕ1.0 m间距1.2 m钻孔桩支护，工作坑两侧靠近南京客线采用双排 ϕ1.0 m间距1.2 m钻孔桩支护。沪宁城际13号墩南侧部分、14号墩西侧和北侧采用单排 ϕ1.0 m间距1.2 m钻孔桩支护。工作坑两侧靠近南京客线部分采用双排 ϕ1.0 m间距1.5 m人工挖孔桩支护。

沪宁城际14号墩南侧靠近京沪下行线部分采用1根 ϕ1.0 m人工挖孔桩支护，沪宁城际13号墩南侧采用单排 ϕ1.0 m间距1.5 m人工挖孔桩支护。

便梁支墩B、C加固采用21根 ϕ1.25 m人工挖孔桩进行地基加固。便梁支墩D加固采用5根1.25 m人工挖孔桩进行地基加固。下穿京沪铁路便梁支墩D挖孔桩间设置双排 ϕ60 cm高压旋喷桩，桩长4 m。各围护结构桩的技术参数及数量见表2-1。

表2-1　各围护结构桩的技术参数及数量

序号	桩类型	部　　位	数量(根)	桩长(m)	桩径(mm)
1	钻孔灌注桩	顶进工作坑	155	15～22	1 000
2		高铁围护桩	67	15	1 000
3	人工挖孔桩	工作坑支护	8	22	1 000
4		沪宁城际13号、14号墩支护	13	15	1 000
5		既有路面挖孔桩	21	15	1 250
6		便梁支墩D挖孔桩	5	8	1 250
7	高压旋喷桩	支墩D挖孔桩间	10	4	600

针对风险源 1、2,为了保证工作基坑变形过大和围护结构桩施工引起的地基变形风险,本工程根据不同位置的工程条件,选用钻孔灌注桩、人工挖孔桩和高压旋喷桩三种类型的桩进行施工。

钻孔桩成孔采用回旋钻施工,钻孔桩施工采用泥浆护壁成孔,孔口采用钢护筒,钢护筒采用 5～8 mm 的钢板卷制而成,护筒内径大于相应桩径 20 cm,同时现场储备足够数量黏土等制浆材料。施工工艺流程如图 2-6 所示。

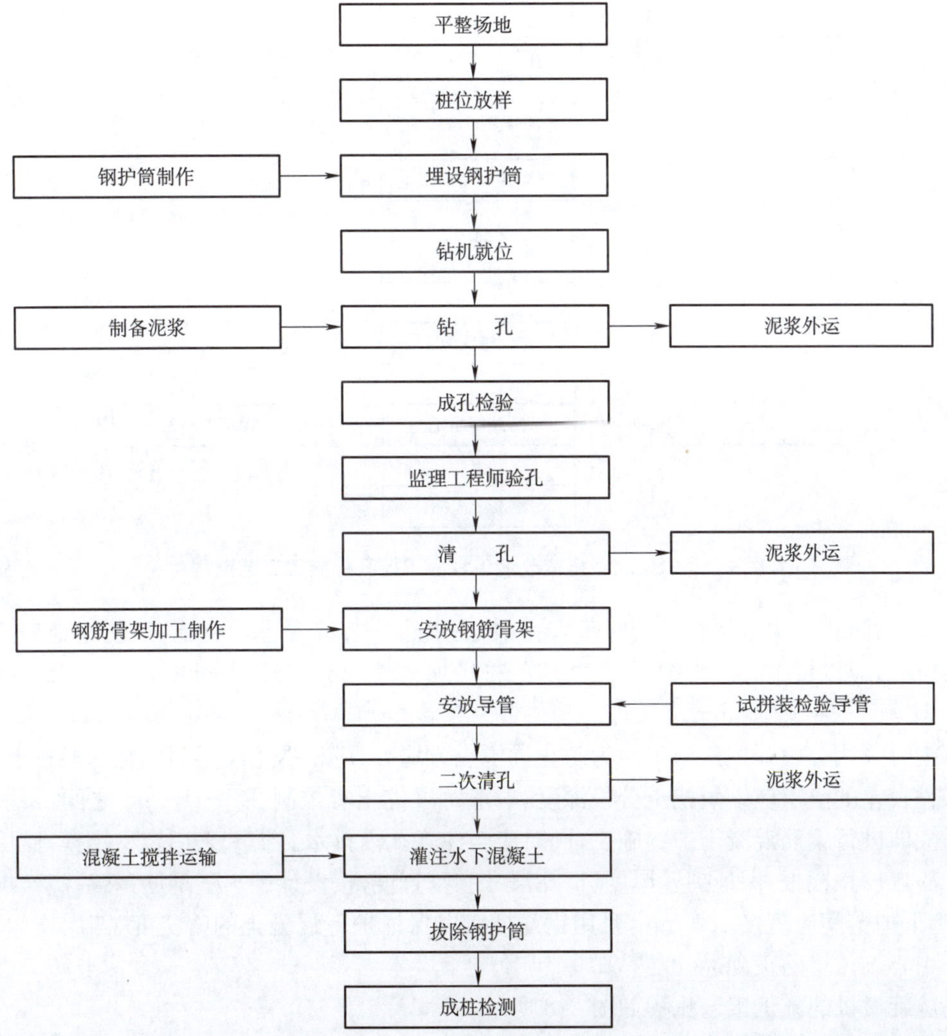

图 2-6　中央北路拓宽改造工程钻孔灌注桩施工工艺流程

其中,应当注意在终孔检验合格后,立即进行清孔作业,采用换浆法清孔。清孔过程中必须始终保持孔内原有水头高度,以防塌孔。水下混凝土的灌注采用导管法。灌注混凝土之前,对孔内进行二次清孔,使孔底沉淀层厚度符合规定,清孔结束后,尽快灌注混凝土,且一次连续浇筑完成,中途不中断,并控制在 6 h 内浇完,以保证整根桩混凝土的均匀性。

人工挖孔桩采用短镐、锄头类工具挖掘,弃土采用吊桶装载,用人力绞架垂直提升到井口。具体施工工艺流程如图 2-7 所示。

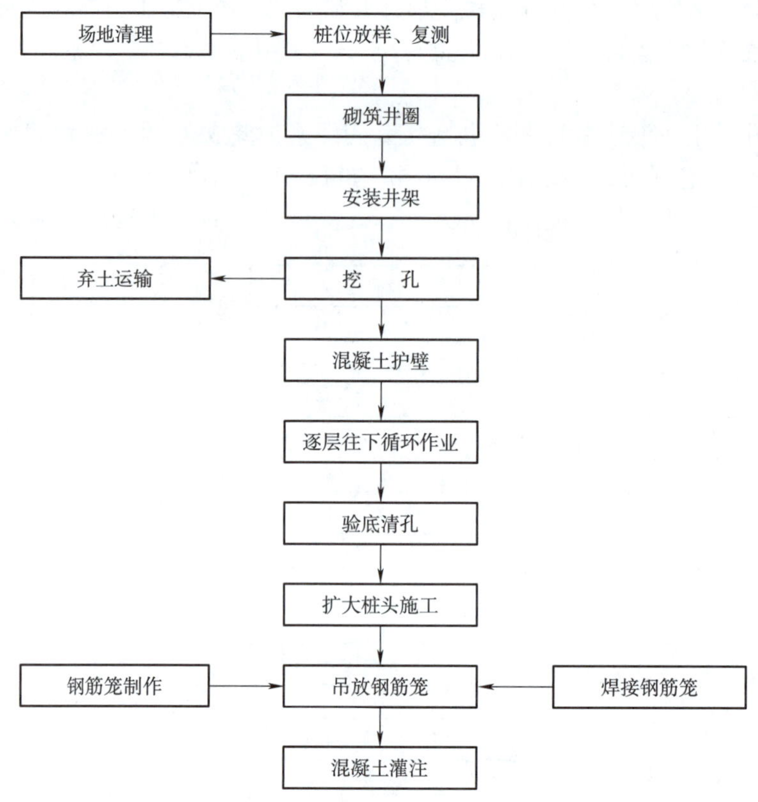

图 2-7　中央北路拓宽改造工程人工挖孔桩施工工艺流程

其中,为防止井边杂物在开挖时落入孔中,便于第一节混凝土护壁施工,防止地表水进入井内,开挖前应以桩中心点为中心,按相应的桩径加大 40 cm 用砖砌一圈,宽度为 120 mm,高出井周围地面 150～200 mm。

开挖时采用分段开挖法施工。为防止周围土方塌方,应根据土层不同调整每段挖土深度,地质条件较差的土层应缩短挖土分段深度,一般每段挖土宜控制在 1～1.2 m 之间,每段挖土完成后立即进行钢筋混凝土护壁施工,同时应当注意孔内排水。护壁采用定型钢模,然后根据桩孔中心点校正模板,保证护壁厚度、桩孔尺寸和垂直度,按设计配护壁钢筋,然后浇筑护壁混凝土,上下护壁间应搭接 100 mm,且用钢筋插实以保证护壁混凝土的密实度,四周均匀浇筑,以保证中心点位置的正确。

高压旋喷桩的施工工艺流程如图 2-8 所示。

为保证高压旋喷桩的成桩质量,应当注意以下几方面:

在下插注浆管过程中如遇到阻力,无法顺利下插时,可上下窜动注浆管,使其下插至设计深度;如此法仍不能达到目的,跳喷下一根桩,此桩位重新成孔。

在高压喷射注浆过程中出现压力骤然下降、上升或大量冒浆等异常情况时,应查明原因及时采取措施,处理完故障后,接桩时应在停喷点以下向下加深 1.0 m 重复喷射接桩。为防止浆液凝固收缩影响桩顶高度,必要时可在原孔位采用冒浆回灌或第二次注浆等措施。

3. 顶进工作坑施工工艺

针对风险源 1,为避免箱涵顶进时引起的既有铁路路基变形风险,设计如下工作坑开挖方

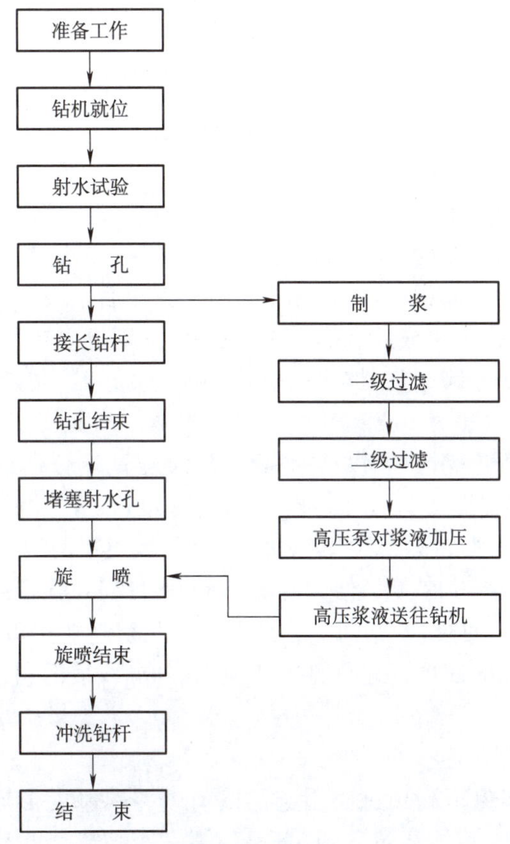

图 2-8　中央北路拓宽改造工程高压旋喷桩施工工艺流程

案:工作坑边孔开挖深度为 3.5 m,中孔开挖深度为 2.65 m,待围护桩强度到达设计要求后进行土方开挖。先开挖上海侧边孔工作坑,上海侧和后靠背采用钻孔灌注桩支护,采取垂直开挖不放坡,靠近既有道路侧采用 1∶2 放坡开挖,靠近铁路侧按 1∶1.5 两级放坡开挖。

上海侧边孔顶进完成后,采用级配碎石回填边孔工作坑至高程 9.58 m,然后开挖上海侧中孔工作坑,后靠背采用钻孔灌注桩支护,采取垂直开挖不放坡,靠近既有道路侧按 1∶2 两级放坡开挖,靠近铁路侧按 1∶1.5 两级放坡开挖。

上海侧中孔顶进完成后,开挖北京侧中孔工作坑,后靠背采用钻孔灌注桩支护,采取垂直开挖不放坡,靠近既有道路侧采用 1∶2 放坡开挖,靠近铁路侧按 1∶1.5 两级放坡开挖。

北京侧中孔顶进完成后,施工北京侧边孔工作坑,北京侧和后靠背采用钻孔灌注桩支护,采取垂直开挖不放坡,靠近铁路侧按 1∶1.5 两级放坡开挖。

靠近铁路侧边坡采用钢筋网混凝土护坡,钢筋网规格为 ϕ8@250 mm,挂网后喷射 6 cm 厚混凝土。

基坑开挖采用机械结合人工的方法进行,计划分一层开挖成型。基坑开挖至底高程 20 cm 时,采用人工找平,严禁超挖。同时顶进工作坑内设置有滑床板及锚梁、后靠背及基坑内排水、集水设施。

针对风险源 3,为避免汛期及地下水浸泡导致的基坑坍塌风险,坑底部设置排水沟及集水井。顶进工作坑在基坑两侧设排水沟,基坑拐角设置集水井,集水井内设置污水泵,派专人对工作坑进行抽水，确保基坑内干燥，对工作坑内水沟及集水井进行清淤。集水井中积水通过水泵向附近水系排出。

4. 线路加固施工

针对风险源 4，为了避免箱涵顶进时引起的既有铁路路基变形风险，下穿铁路箱涵顶进前采用 D 型施工便梁加固线路。共计投入 D24、D16 型便梁各 4 组。

步骤一：在便梁支墩 A 和便梁支墩 D 处，四股道分别架设 4 组 D16 型和 4 组 D24 施工便梁，便梁基础采用钢筋混凝土结构，铁路给水套管采用 D500 钢筋混凝土管。在便梁底采用小型挖机拉槽出土，拉槽至设计高程后，进行施工。施工完成后采用 C20 混凝土回填。

步骤二：便梁支墩 A 施工完成后，纵移 D24 便梁，分别设立在便梁支墩 A 和便梁支墩 B 上，分别拆除 4 号桥台和 3 号跨 π 梁，拆除完毕后，顶进上海侧边孔，就位后箱涵上海侧三角区采用 C20 混凝土回填。

步骤三：上海侧边孔顶进完成后，纵移 D24 便梁，便梁两端分别设立在上海侧边孔和便梁支墩 C 上，拆除 2 号、便梁支墩 B 以及 1 号跨、2 号跨 π 梁，顶进上海侧中孔。

步骤四：上海侧中孔顶进完成后，便梁纵移 D24 便梁，便梁两端分别设立在上海侧中孔和便梁支墩 D 上，拆除 0 号桥台、1 号墩、便梁支墩 C 和 0 号跨、1 号跨 π 梁，顶进北京侧中孔。

步骤五：纵移 4 组 D24 便梁，便梁两端分别设立在北京侧中孔和便梁支座上，拆除便梁支墩 D，顶进北京侧边孔三角区回填。北京侧边孔顶进完成后，吊拆剩余 4 组 D24 便梁，恢复线路，逐级提速。

5. 箱涵浇筑及顶进施工工艺

针对风险源 4，为了避免箱涵顶进时引起的既有铁路路基变形风险，设计顶进箱涵采用 C40 混凝土，抗渗等级 P8。箱体浇筑分两次进行，第一次浇筑底板及部分侧墙（梗肋上 20～50 cm），侧墙的接缝不位于同一平面上，第二次浇筑剩余侧墙及顶板。箱涵预制前注意预埋混凝土边沟、泄水管等预埋件。顶进过程中也应注意地方管线迁改施工。

施工流程：底板钢筋掷扎→底板及侧墙模板→底板混凝土→顶板支架→侧墙内模及顶板底模→侧墙及顶板钢筋→侧墙外模→侧墙及顶板混凝土→混凝土养护。

箱涵施工完成后，架设 8 组 D 型施工便梁加固线路，顶程为 33.77 m。从上海侧往北京侧依次顶进。顶进施工工艺流程如图 2-9 所示。

为保证箱涵顶进质量，必须对顶进过程严格控制，以确保两孔箱涵处于同一水平面上，同时要确保两孔箱涵轴线平行且符合设计要求。在箱体顶进到位后即可进行线路回填、拆除便梁。

6. 桥墩加固

原立交桥由四跨组成，每跨分别是 7.3 m+8.46 m+8.46 m+7.3 m，其中两边跨用来满足行人和非机动车通行需要，中间两跨满足机动车通行。采用重力式实体桥墩，墩长 20.6 m，墩上宽 1.3 m，墩下宽 1.4 m，墩高 4.5 m，墩帽 0.3 m 厚，墩基础采用宽 3.4 m，厚 1.5 m，长 22.4 m。桥台基础宽 3.8 m，厚 1 m，长 22.4 m，桥台高 5.6 m，为重力式 U 型桥台。上面主梁采用 π 梁，长度为 7.3 m 和 8.46 m 两种，每种长度各 16 片梁，全桥共 32 片梁，宽 2.42 m，高 0.8 m。

针对风险源 4，为了避免箱涵顶进时引起的既有铁路路基变形风险，对原有的桥墩进行加固。根据本工程顶进作业流程，在 1 号墩承台上海方向，新建便梁支墩 C。便梁支墩 B、便梁支墩 C 与梁交接处梁体加固均采用植筋现浇钢筋混凝土加固，在梁与梁之间预埋 PVC 管，便于绳锯穿插切割加固梁。为加强新老混凝土连接，应在既有的混凝土表面涂一层界面剂。

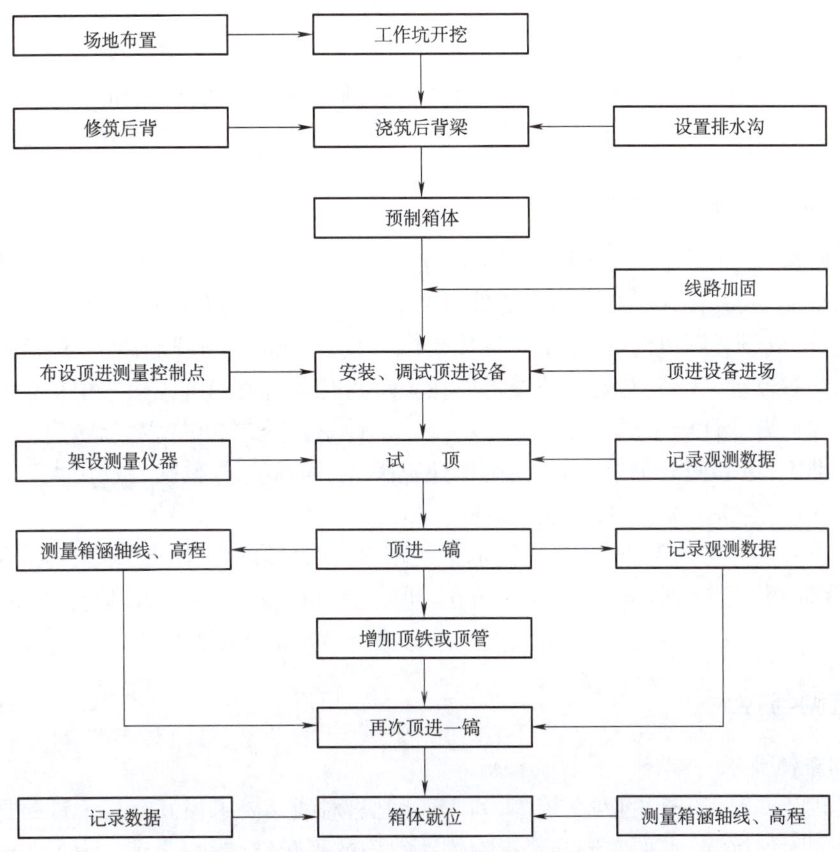

图 2-9 中央北路拓宽改造工程箱涵顶进施工流程

π 梁底部加固是在侧面立模留孔,利用空压机注入微膨胀混凝土。

7. 老桥拆除

本工程老桥拆除工程量大,老桥分 4 跨,每跨 8 片 π 梁,共 32 片梁,3 个桥墩,2 个桥台。针对风险源 5,为避免邻近铁路大型机械施工引起的风险,经专家论证,本次老桥拆除主要采用移动式顶升设备,最大顶力为 400 t,每片 π 梁最大重量约 22.62 t,设备搭设完成后顶住 π 梁,利用绳锯在梁端切割 2 道,切割完成后下落 20 cm,横移出线路,利用 70 t 吊机、炮头机和装载机配合,逐片拆除。桥台、桥墩采用炮头机就地拆除。主要工序流程如下:

第一步:破除上海侧边孔老桥,架设 D24 型施工便梁加固线路,搭设移动顶升设备顶住 3 号跨 π 梁,顶升完成后,用绳锯根据 4 道切割线切割 π 梁,横移顶升设备移出线路吊运破除,本跨 8 片 π 梁依次类推逐序拆除。π 梁拆除完成后,在桥台腰间再切割一道,利用炮头机和装载机,拆除桥台和剩余 π 梁,最后拉槽顶进上海侧边孔。

第二步:破除上海侧中孔老桥,纵移 D24 型施工便梁加固线路,搭设顶升设备顶住 π 梁,顶升完成后,用绳锯根据 8 道切割线切割 π 梁,横移顶升设备移出线路吊运破除,两跨共 16 片 π 梁依次类推逐序拆除。π 梁拆除完成后,利用绳锯在加固梁底切割 1 道,然后每片梁之间继续切割,切割完成后,在桥墩腰间再切割一道,利用炮头机和装载机配合,拆除桥墩和桥墩上剩余 π 梁,最后拉槽顶进上海侧中孔。

第三步:破除北京侧中孔老桥,纵移 D24 型施工便梁加固线路,搭设顶升设备顶住 π 梁,顶升完成后，用绳锯根据 4 道切割线切割 π 梁，横移顶升设备移出线路吊运破除，本跨 8 片 π 梁依次类推逐序拆除。用绳锯根据 2 道切割线切割 π 梁，梁底采用废旧轮胎做缓冲。π 梁拆除完成后，加固梁底同样切割一道，在桥墩腰间再切割一道，利用炮头机和装载机配合，拆除桥台、桥墩和桥墩上剩余 π 梁，最后拉槽顶进上海侧中孔。至此老桥拆除工作全部结束。

2.3.2 施工安全卡控措施

针对风险源 5，为避免邻近铁路大型机械施工引起的风险，项目部对进场作业人员进行营业线施工安全交底、教育并考试合格后方能进入。同时制定切实有效的安全施工方案，邻近铁路桩基施工，桩机设置缆风绳，防止机具倒塌侵限。设置有效的物理隔离，严格落实大型机械“一机一人”防护制度。落实驻站联络员严格按要求进行登、销记，施工过程中加强和现场防护员的联系。邻近营业性施工严格按照规定申报施工计划，并按批准计划实施，建立邻近营业线大型机械核准制，以书面派工单方式，明确作业范围、注意事项，严禁擅自动用大型机械。安排线路工 24 h 检查线路情况，发现问题及时停工整治。

结合本工程实际特点及施工工艺，制定了线路慢行、封锁施工计划。本工程涉及的封锁施工等级均为Ⅲ级，且计划 2019 年 5 月 6 日开始慢行限速 45 km/h，地点为京沪下行线 K1149＋254～＋354(100 m)，2020 年 1 月 9 日恢复常速，慢行天数共计 249 天。

2.3.3 监测与控制

1. 监测总体要求

本工程涉及铁路线开行的列车较多，列车速度快，对线路要求极其严格。铁路保护范围路桥墩(箱涵)的附加沉降、水平变形导致影响铁路轨面的平顺性，影响通车。为了实时对施工过程的动态控制，掌握地层与结构体系的状态及施工对既有铁路的影响，必须进行现场监控量测。根据反馈监测信息，优化施工组织设计，及时指导调整施工参数或采取相应的工程措施，指导各项施工，保证铁路运营安全和周围地层的稳定。

同时，监测内容应当全面反映工程施工中结构的特征变化，设置的监测点能反映所监测内容中各要素的特征变化；采取的测试方法、测试仪器得当，符合规范、规程要求，能及时、准确地满足信息化施工的要求。

2. 监测点布置

本工程主要对施工影响段铁路路基的垂直位移、水平位移(横向、纵向)进行了全时全方位自动监测。对应铁路里程：京沪铁路上行线 K1149＋850～＋650、下行线 K1148＋800～K1149＋800；南京客线上行线 K0＋000～K2＋150，下行线 K2＋150～K0＋000。对应监测区域长度约 410 m，宽度约 100 m。对沪宁城际 2 个桥墩(13 号、14 号墩)、京沪铁路 3 个桥墩(箱涵)的垂直位移、水平位移和倾斜情况进行监测。

第一阶段路基监测点沿京沪铁路沿线，每个断面布设 6 个监测小棱镜(垂直位移、水平位移监测共点)，共布设了 5 个断面共 30 个监测棱镜(ZYBLA1、ZYBLA2、…、ZYBLA6；ZYBLB1、ZYBLB2、…、ZYBLB6；ZYBLC1、ZYBLC2、…、ZYBLC6；ZYBLD1、ZYBLD2、…、ZYBLD6；ZYBLE1、ZYBLE2、…、ZYBLE6)。

第二阶段路基监测点在第四孔箱涵顶进时，之前四个断面的监测点位遭到破坏。监测小组于 2020 年 4 月 10 日重新布设监测点，共布设 8 个监测点，编号 ZYBLA2～A4，ZYBLB1～B5。

路基垂直位移、水平位移自动化监测布点如图 2-10、图 2-11 所示。

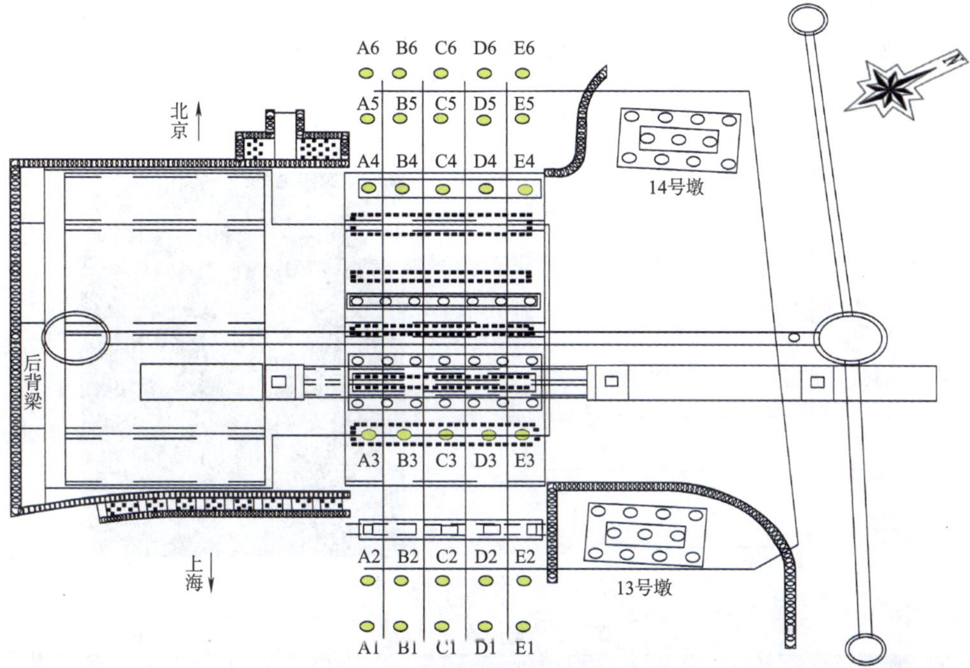

图 2-10 第一阶段路基监测布点

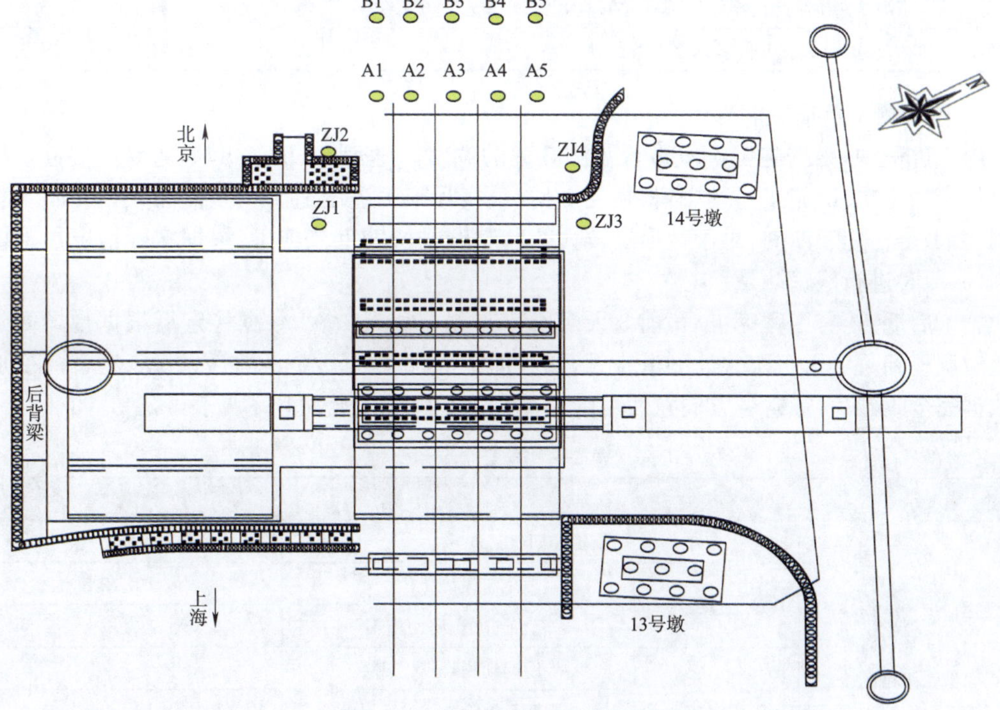

图 2-11 第二阶段路基监测布点

对施工影响范围内沪宁城际铁路2个桥墩(13号、14号桥墩)进行监测,每个桥墩布设4个垂直位移监测点、2个水平位移监测点和1个倾斜监测点(共计14个点,水平位移与倾斜共用测点),工作基点强制对中墩2个,后视基准点5个。对京沪铁路3个桥墩(箱涵)进行监测,每个桥墩(箱涵)布设1个垂直位移监测点、1个水平位移监测点(共计6个点)。桥墩布点如图2-12所示,总的监测点统计见表2-2。

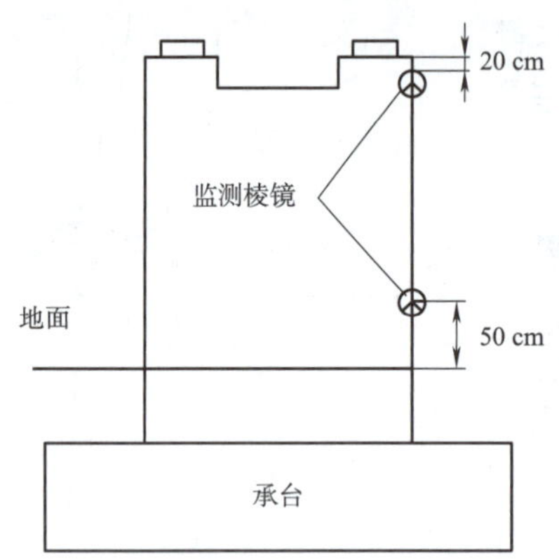

图2-12 桥墩布点示意

表2-2 监测点统计汇总

序号	监 测 位 置	监测点数量(个)	备 注
1	沪宁城际高铁桥墩沉降/位移监测/倾斜	14	13号、14号桥墩
2	京沪铁路桥墩(箱涵)垂直/水平位移监测	6	箱 涵
3	京沪铁路路基垂直/水平位移监测	30	路 基

3. 监测频率及报警值

施工过程中,根据施工阶段进行监测频率的调整,一般为1次/2 h,如遇变形接近预报警值时加密为1次/h(施工过程中,根据变形情况、实际施工进度适时调整监测频率并满足相关监测要求)。在施工期间,对于变形量较大的监测点或特殊工艺施工,根据实际情况加密监测频率,必要时进行跟踪测量。

施工后期监测,工程完工后,前3天对所有监测点每天1次,数据稳定后根据现场实际情况适时调整到每2天1次共计测量4天,如数据正常后,根据数据的收敛情况,待沉降、变形监测数据完全收敛后,征得各方同意后可结束监测。具体施工监测频率见表2-3。

表2-3 施工监测频率

<table>
<tr><th>监测墩号</th><th colspan="2">监测阶段</th><th>监测频率</th></tr>
<tr><td rowspan="6">沪宁城际高铁桥墩
(13号、14号)
京沪铁路箱涵</td><td colspan="2">施工前期(15 d)</td><td>3次</td></tr>
<tr><td rowspan="2">施工过程中</td><td>桩基施工</td><td>1次/2 h</td></tr>
<tr><td>箱涵、顶管、路面施工</td><td>1次/2 h</td></tr>
<tr><td rowspan="3">工程完成后</td><td>后期延测阶段(7 d)</td><td>1次/d</td></tr>
<tr><td>后期延测阶段(8~15 d)</td><td>1次/2 d</td></tr>
<tr><td>后期延测阶段(16~30 d)</td><td>1次/5 d</td></tr>
</table>

设定由于施工过程中不确定性因素多,本次报警值的设计应根据设计要求及营业线(邻近营业线)施工确保工务设备安全规定设置。为确保施工过程中铁路运营安全,必要时进行同步跟踪监测,本工程的监测报警值见表 2-4。

表 2-4　监测报警值(mm)

序号	监 测 项 目	警 戒 值		
		24 h变化量		累计变化量
		预警值	报警值	报警值
1	桥墩水平/垂直变形	±0.8	±1.0	±1.0
2	京沪铁路路基水平横向位移/沉降	±1.6	±2.0	±10.0

4. 应急预案

(1)路基塌方

若在挖土过程中,由于施工、地质或天气原因,发生塌方或流沙等情况,危及线路安全,现场人员(施工队长、工班长或员工骨干)应迅速向施工负责人报告、通知驻站联络员及防护人员,并立即向公司调度汇报情况,驻站联络员应立即向车站值班员汇报情况,防护人员应遵循“先防护,后处理”的原则,将防护标志及用具向外侧延伸,拦停一切驶向施工现场的列车。施工负责人组织制定抢险方案,并立即组织抢险人员、设备(泥浆泵、挖机等)、物资(枕木、草包、道砟等)到位,及时抢修,安排监测人员对事故位置的路基边坡进行连续不断的观测。

(2)路基下沉

按规范对线路进行路基沉降观测,如日累计沉降量≥10 mm 时,需立即停止邻近京沪线 30 m 范围内施工,增加路基沉降观测频次,并安排足够作业人员养护线路,进行拨道、起道、补足道砟,保证线路几何状态良好。在日累计沉降量达到平稳值且不大于 10 mm 后,逐步恢复邻近铁路 30 m 范围内施工。如沉降量继续增大,需及时向工务段汇报,以取得技术指导和人力、物力的支持,并视情况决定是否增加封锁点。

(3)挖断电缆

若在挖土过程中,不慎挖断电缆或破坏了其他管线设备,立即停止施工,现场施工员通知安全员,确认电缆性质,然后通报设备管理单位,由设备单位组织抢修,施工单位不得隐瞒,也不得擅自处理。

(4)接触网故障

接触网发生故障后,执行“先防护,后处理”的原则,执行紧急情况下防护办法,并立即通知车站及设备管理单位,抢修工作由设备管理单位实施。

大型机械倾覆、胀轨、断轨、线路晃车、红光带、便梁倾覆等突发状况应急预案见 1.3.3 节。

2.4　实施效果

1. 沪宁高铁桥墩监测数据分析

施工影响范围内的高铁桥墩,包括沉降及水平位移监测,以下根据高铁桥墩沉降及水平位移累计变化历时曲线图对数据进行分析。沪宁城际沉降累计变形历时曲线如图 2-13 所示。

监测过程中,2019 年 11 月 1 日,沉降累计最大为 0.7 mm(QC7),2019 年 11 月 1 日,横向

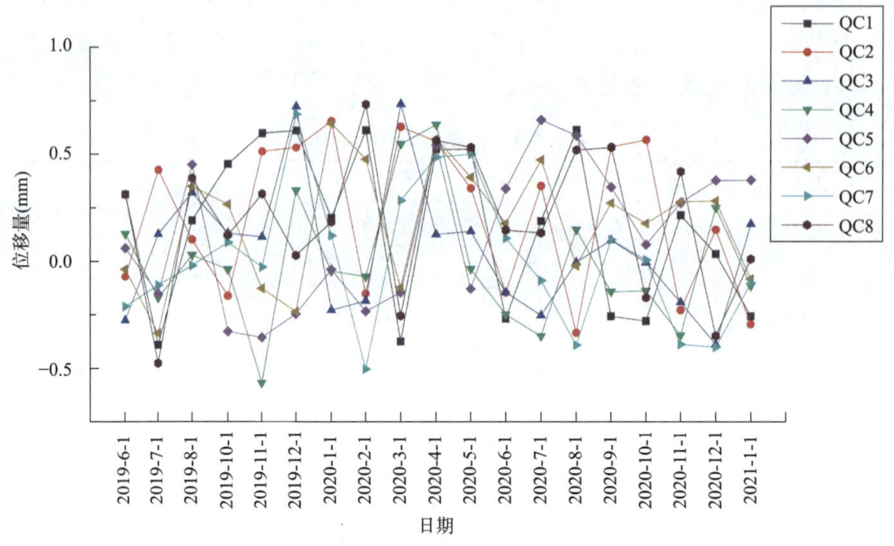

图 2-13　沪宁城际高铁桥墩沉降累计变形历时曲线

注:沉降"+"代表隆起,"−"代表沉降;横向水平位移"+"代表垂直于铁路向北的位移,"−"代表垂直于铁路向南位移;顺向水平位移"+"代表沿铁路向东的位移,"−"代表沿铁路向西位移。

水平位移累计最大为 0.7 mm(QS3),2020 年 1 月 1 日,顺向水平位移累计最大为 0.7 mm(QS2),2019 年 11 月 1 日,横向倾斜位移累计最大为−0.017%(QX2),2020 年 8 月 1 日,顺向倾斜位移累计最大为−0.010%(QX2),施工过程中监测数据无达到报警值,施工对高铁桥墩变形影响较小。

2. 京沪铁路桥墩(箱涵)监测数据分析

施工影响范围内的桥墩(箱涵)沉降及水平位移监测,以下根据箱涵沉降及水平位移累计变化历时曲线图对数据进行分析。京沪铁路沉降累计变形量历时曲线如图 2-14 所示。

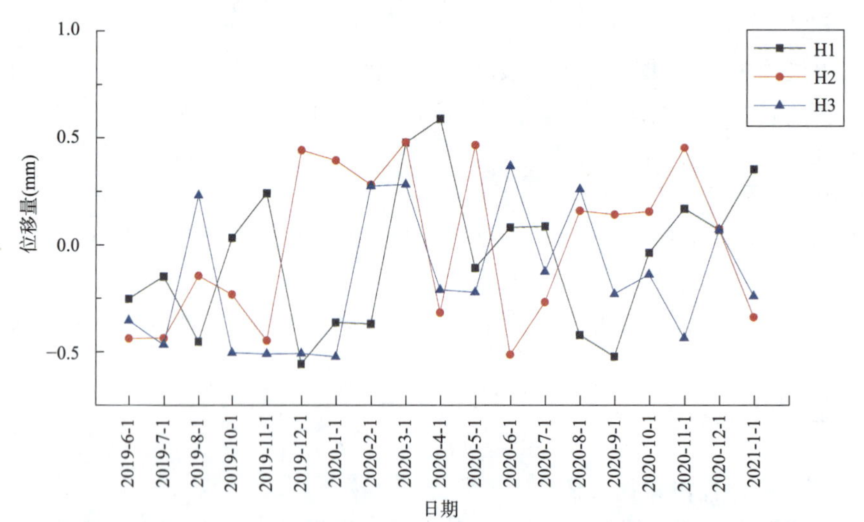

图 2-14　京沪铁路桥墩(箱涵)沉降累计变形历时曲线

注:沉降"+"代表隆起,"−"代表沉降;横向水平位移"+"代表垂直于铁路向北的位移,"−"代表垂直于铁路向南位移;顺向水平位移"+"代表沿铁路向东的位移,"−"代表沿铁路向西位移。

监测过程中，2019 年 11 月 1 日，沉降累计最大为－0.6 mm(H1)，2019 年 10 月 1 日，横向水平位移累计最大为－0.6 mm(H2)，2019 年 12 月 1 日，顺向水平位移累计最大为 0.6 mm(H2)，施工过程中监测数据无达到报警值，施工对铁路箱涵变形影响较小。

3. 京沪铁路路基监测数据分析

施工影响范围内的京沪铁路路基，包括沉降及水平位移监测，以下根据高铁桥墩沉降及水平位移累计位移量数据及变化历史曲线图进行分析。京沪铁路路基垂直位移累计变化量如图 2-15 所示。

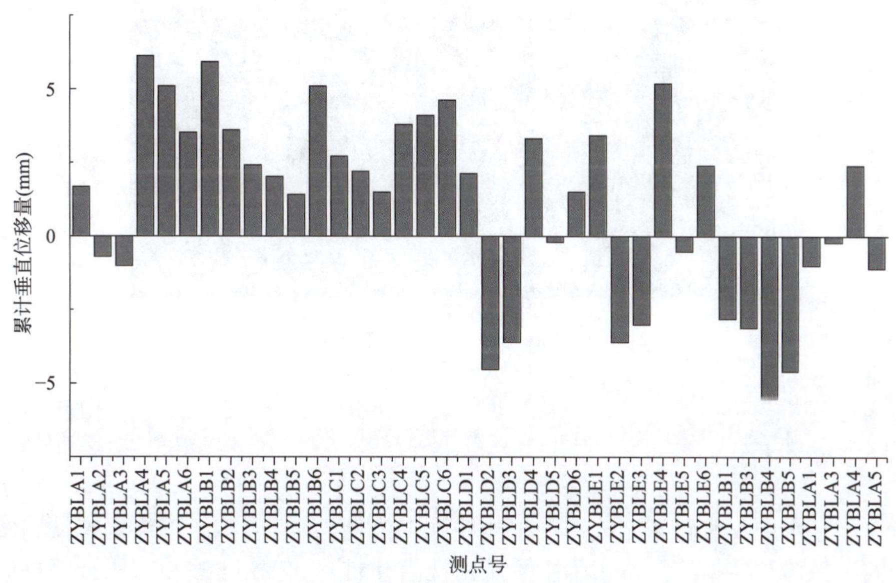

图 2-15　京沪铁路路基垂直位移累计变化

由监测结果可知，在第一孔箱涵施工期间受土方开挖影响，铁路路基沉降变化较大，整体呈下沉趋势且较为明显；至第二、三孔箱涵施工期间，施工方做了相应的加固措施，各监测点垂直位移虽有起伏但总体保持平稳状态。第一孔箱涵开挖施工之后，水平位移变化量随之增大，处于开挖一侧的监测点横向水平位移方向为朝向施工区域位移，而纵向水平位移变化则相对较缓慢，沿铁路向西南侧位移的点数比沿铁路向东北侧位移的监测点多且变化量更大；第二孔、第三孔箱涵施工期间，除个别点纵向水平位移(如 ZYBLD5)累计变化量较大且持续沿铁路向西南侧位移外，各监测点水平位移变化趋于平缓，累计变化量有一定程度的增加，但均在预警值范围以内。

综上所述，整个施工过程中，沪宁城际桥墩沉降最大累计变量为 0.7 mm，水平位移最大累计变量为 0.7 mm，施工对高铁桥墩变形影响较小，监测数据稳定可靠。京沪铁路处桥墩(箱涵)沉降最大累计变量为－0.6 mm，水平位移最大累计变量为－0.6 mm，施工对铁路箱涵变形影响较小，监测数据可靠。京沪铁路路基垂直位移最大累计变形量为－5.5 mm，最大变形速率－0.020 mm/d；铁路路基横向水平位移最大累计变形量为－7.2 mm，最大变形速率为－0.026 mm/d；纵向水平位移最大累计变形量为－5.1 m，最大变形速率为－0.018 mm/d。各测项变化速率均在稳定控制值范围内。

同时经过施工过程及工后人工现场巡视，施工现场无异常情况，未发现对铁路路基有明显影响的施工现象存在。故可判定本次监测确保铁路路基变形在可控范围,对可能发生的事故提供了及时、准确的预报,避免了恶性事故的发生。施工完成通车后现场如图 2-16 所示。

图 2-16 中央北路完工现场

2.5 小 结

本章以南京市中央北路拓宽改造工程涉铁施工为例,介绍了箱涵下穿既有铁路线的相关风险源及安全风险防控措施。本工程中采用钻孔灌注桩、人工挖孔桩和高压旋喷桩结合的工作坑围护结构以及合理的箱涵顶进方案,可以有效减少对既有铁路和高铁的影响,同时辅以有效的监测方案,达到了安全施工的目的。

箱涵下穿既有铁路线的风险源主要包括 5 个方面:工作基坑变形过大的风险、围护结构桩施工引起的地基变形风险、汛期基坑坍塌风险、箱涵顶进时引起的既有铁路路基变形风险、邻近铁路大型机械施工的风险。针对上述风险源,从施工管理角度采取相应的技术及安全卡控措施。

(1)在施工技术措施方面,针对围护结构桩施工引起的地基变形风险,提出钻孔灌注桩、人工挖孔桩和高压旋喷桩的混合工作坑支护方法,在保证工作坑自身变形控制要求的同时,还应保证既有铁路路基和高铁桥墩的变形控制要求。围护结构桩应当严格按照施工流程进行施工,避免产生的扰动易引发土层的变形破坏,带来塌孔风险。针对工作基坑变形过大的风险和汛期基坑坍塌风险,设计合理的放坡开挖方案,并在坑底部设置排水沟及集水井,基坑拐角设置集水井,集水井内设置污水泵,派专人对工作坑进行抽水,确保基坑内干燥,保证工作坑在施工过程中的安全。

(2)在施工技术措施方面,为了避免箱涵顶进时引起的既有铁路路基变形风险,下穿铁路箱涵顶进前采用 D 型施工便梁加固线路。为保证箱涵顶进质量,必须对顶进过程严格控制,以确保两孔箱涵处于同一水平面上,要确保两孔箱涵轴线平行且符合设计要求。同时对原有的桥墩进行加固,在新建便梁支墩与梁交接处梁体采用植筋现浇钢筋混凝土加固。

(3)在施工技术措施方面,针对邻近铁路大型机械施工的风险,制定切实有效的安全施工方案,提出了优化后的老桥拆除方案,利用 70 t 吊机、炮头机和装载机配合,逐片拆除桥梁、桥台和桥墩。同时邻近铁路桩基施工,桩机设置缆风绳,防止机具倒塌侵限,并设置有效的物理隔离。邻近营业性施工严格按照规定申报施工计划,并按批准计划实施,建立邻近营业线大型机械核准制,保证邻近既有铁路施工的安全。

(4)在施工安全卡控措施方面,为避免邻近铁路大型机械施工引起的风险,项目部应制定切实有效的安全施工方案,严格落实大型机械"一机一人"防护制度。为确保既有线列车运行的安全,本工程涉及的封锁施工等级均为Ⅲ级,且计划 2019 年 5 月 6 日开始在京沪下行线施工范围内限速 45 km/h,限速慢行天数共计 249 天。

中央北路拓宽改造工程涉铁施工在采用上述措施之后总体实施效果良好,在箱涵顶进过程中保证了施工安全,且未影响既有线的正常运营。该方案为类似箱涵下穿既有铁路路基施工面临的风险提供了一种参考解决办法。

3 上海市涞坊路—沪星路道路新建工程（箱涵顶进施工）

3.1 工程概况

3.1.1 案例背景

本项目涞坊路—沪星路(九曲港—华宝路)道路新建工程位于上海市闵行区,西起九曲港(K0+263.5),东至华宝路(K0+874.546),道路全长约611 m,道路红线宽度为16～28 m,其中隧道长度约550 m,具体为140 m敞开段U型槽+269 m暗埋段箱体+141 m敞开段U型槽,两侧与道路工程连接。隧道依次下穿小涞港河、嘉闵高架桥、沪昆铁路和沪杭高铁。箱涵顶进位置与既有铁路相对位置平面如图3-1所示。

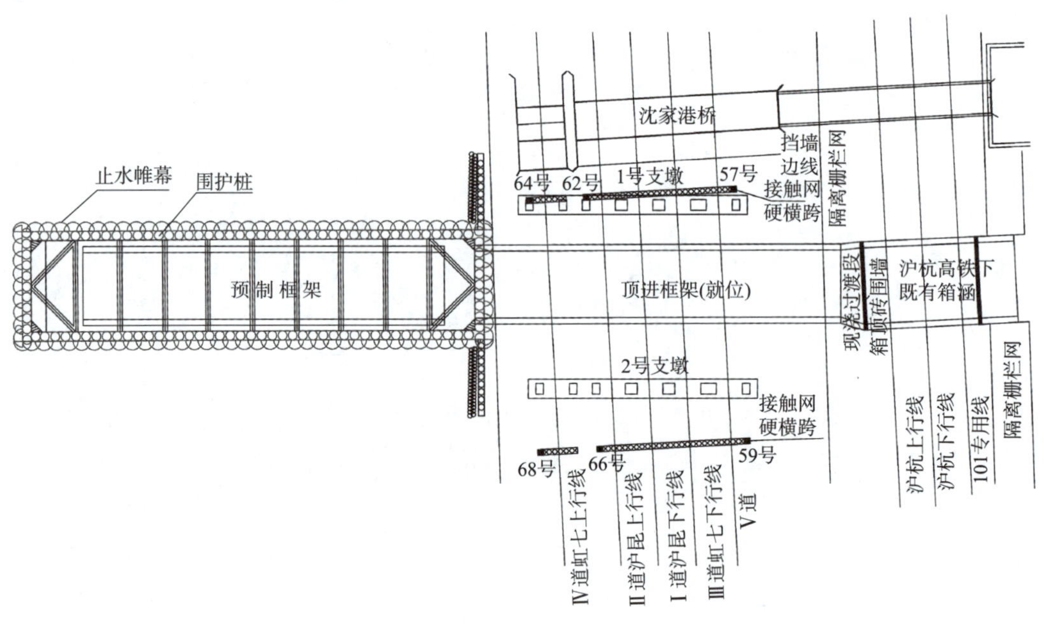

图3-1 箱涵顶进位置与既有铁路相对位置平面示意

本工程主要施工内容包括:道路工程、隧道工程、桥梁工程、排水工程、照明、绿化、交通标志标线等附属工程、穿越小涞港河及新建姚浜竖河桥两侧规划河道断面的驳岸土建工程。

下穿沪昆铁路箱身结构为新建一孔1-8.8 m框架结构,道路中线与铁路法线交角为斜交3.14°,箱身采用"斜交正做法"施工,箱身长49 m,通过架设施工便梁加固线路,采用顶进法施工,箱身西侧与现浇隧道暗埋段相接,东侧与高铁预留箱涵相接,顶进箱涵与预留箱涵之间现浇施工。

现状嘉闵高架东侧有沪昆铁路、沪杭高铁上下行线、铁路 101 专用线，同时规划有磁悬浮杭州方向线位及机场快线。拟建工程主要穿越线路属于七宝站内，站场既有普铁线路 5 股(自西向东依次为虹七上行线Ⅳ道，沪昆上行线Ⅱ道，沪昆下行线Ⅰ道，虹七下行线Ⅲ道，5 道)，高铁线路 2 股(其中高铁线路下已经预留 1-10 m 箱涵，箱涵长度为 14.6 m 框架＋6 mU 型槽)以及 101 专用线。普铁线路均为路基形式，有砟轨道，线间距依次为 7.51 m、5.0 m、5.02 m、5.56 m，5 道与沪杭高铁上行线的距离为 20.95 m。其中沪昆铁路设计速度 160 km/h，道路中线与沪昆铁路法线交角为斜交 3.14°，与沪昆铁路交点里程为上行 K30＋248.52，下行 K30＋232.81。

3.1.2　工程地质与水文地质

1. 地质条件

根据地质勘察报告揭露，勘探区内陆域部分浅部发育的土层主要为①$_1$ 层杂填土、①$_2$ 层素填土、①$_3$ 层河底淤泥、②层粉质黏土、②$_3$ 层粉砂、③层淤泥质粉质黏土、④$_1$ 层淤泥质黏土砂质粉土互层、④$_2$ 层砂质粉土、⑤$_1$ 层粉质黏土夹砂质粉土、⑤$_2$ 层粉、细砂、⑤$_3$ 层粉质黏土、⑥层暗绿色粉质黏土、⑦$_2$ 层灰色粉砂。主通道箱身基底位于③层淤泥质粉质黏土层。

2. 地下水类型和地下水位

场地内地下水主要为潜水和微承压水，潜水主要赋存于浅部土层中，其补给来源主要为大气降水，地下潜水位较高，埋深一般在 0.8～2.25 m。微承压水主要赋存于⑤$_2$ 层粉、细砂中，呈不连续分布，局部与承压水连通，微承压水头埋深一般在 3～11 m 之间，土层埋深 26.15～33.22 m。

3. 地质构造及地震

拟建场地抗震设防烈度为 7 度，设计地震基本加速度为 0.1g，所属设计地震分组为第二组，场地土类型为软弱土，场地类别为Ⅳ类场地。

3.1.3　工作坑围护设计方案

顶进工作坑设置在沪昆铁路西侧，嘉闵高架桥下，开挖深度 9～11 m，基坑宽度 12 m，长度 60 m。工作坑四周采用钻孔灌注桩＋MJS 工法桩的围护形式。为确保顶进挖土过程中线路路基稳定，顶进工作坑四周采用 ϕ1 200 mm 钻孔灌注桩，间距 140 cm，桩长 20 m。靠线路侧工作坑外路基防护采用 ϕ800 mm 钻孔灌注桩，间距 100 cm，桩长 17 m。ϕ1 200 mm 钻孔桩冠梁尺寸为 1.2 m×0.8 m，ϕ800 mm 钻孔桩冠梁尺寸为 1 m×0.8 m。顶进工作坑四周止水帷幕采用 ϕ2 400 mm MJS 工法桩(半圆形)，搭接施工，桩长 19 m。顶进工作坑坑底采用 4 m 厚 ϕ600 mm 高压旋喷桩满堂加固；线路下框架就位位置基底采用 ϕ600 mm 高压旋喷桩加固，间距 90 cm，有效桩长为 8 m；条形支墩下采用 ϕ600 cm 高压旋喷桩，间距 90 cm，有效桩长为 16 m。

基坑四周地表布设截水沟防止地表水流入基坑，基坑底四周设置排水沟及集水井，水泵将积水排至基坑外管道。基坑内降水采用井管 ϕ300 mm，井径 600 mm 井管降水，管井间距 10 m，管井进入坑底≥6 m，在基坑范围均匀布置。具体布置如图 3-2 所示。

本工程铁路东侧共 7 节敞开段 U 型槽，铁路西侧 7 节敞开段 U 型槽、6 节暗埋段箱体，均采用 C35 · P10 抗渗防水钢筋混凝土结构。根据设计要求，K0＋310～＋785 区段设置抗浮桩，抗浮桩采用钻孔灌注桩，直径 0.8 m，桩长 10 m、15 m、20 m、25 m。敞开段 U 型槽地基加

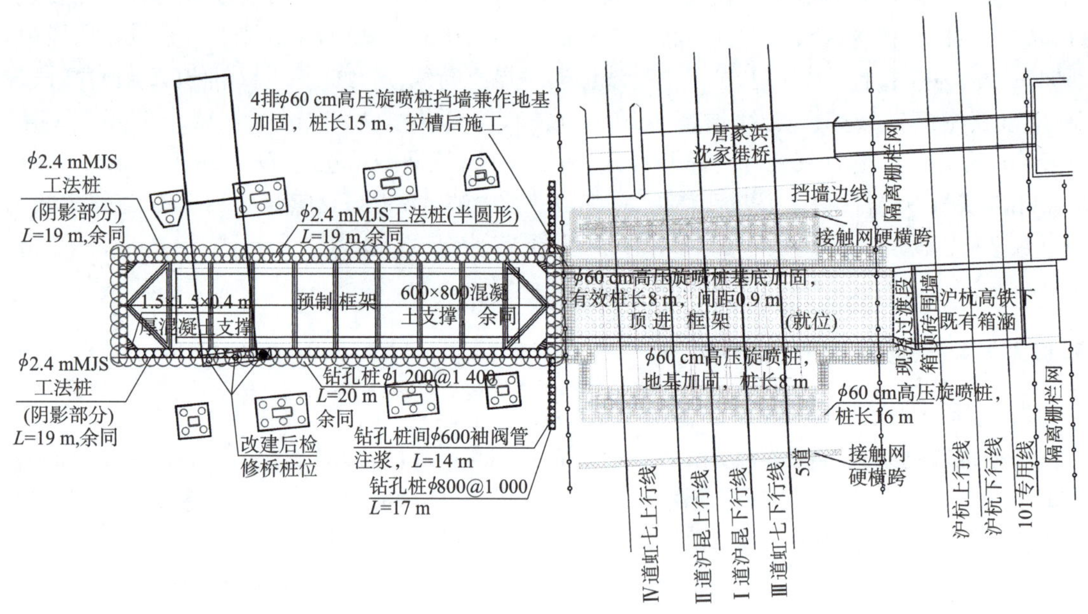

图 3-2　顶进工作坑平面布置

固采用 ϕ700 mm@1200 搅拌桩、暗埋段箱体段地基加固采用 ϕ700 mm@500 搅拌桩，有效桩长均为 3 m。基坑支护根据基坑深度采用不同的支护形式。

3.2　风险源分析

1. 顶进工作坑变形过大风险

由于上海地区土层含水较为丰富，雨季时出水量较大，属弱透水地层。若顶进工作坑围护或开挖方案不当，易造成基坑坍塌，进而造成邻近铁路路基失稳，危及行车安全。

2. 汛期顶进工作坑坍塌风险

顶进工作坑遭水浸使土的内摩擦角减小、主动土压力变大、水平和竖向位移增大、抗倾覆和整体稳定安全系数减小，使基坑及支护结构变形、开裂，严重的可造成基坑失稳坍塌，进而也会影响邻近的铁路路基的安全性。

3. 围护结构桩施工引起的既有铁路变形风险

桩基施工产生的扰动易引发土层的变形破坏，带来塌孔风险，进而导致既有铁路路基与桥墩变形超限，危及既有运营铁路的行车安全。

4. 箱涵顶进时引起的既有铁路路基变形风险

若箱涵顶进过程中控制不到位，会抬头、碰撞、挤压便梁，导致既有铁路路基几何尺寸的变化，进而引发中断行车、列车脱轨的事故。

5. 邻近铁路大型机械施工

本工程中施工大型机械涉及回旋钻机、挖掘机等，应当注重设备安全管理，否则极易发生铁路保护区大型机械作业倾覆侵限事故，影响列车正常运行。同时大型机械施工过程中可能触碰便梁，影响行车安全，增加施工风险。

3.3　对策措施

3.3.1　施工技术措施

1. 钻孔灌注桩施工技术措施

针对风险源3,为避免桩施工引起的既有铁路变形风险,考虑邻近既有线施工安全及工程地质条件,本工程钻孔灌注桩施工拟选用4台GPS-15型循环钻机,先施工顶进工作坑围护桩,再施工隧道基坑围护桩、抗浮桩。钻孔灌注桩施工流程如图3-3所示。

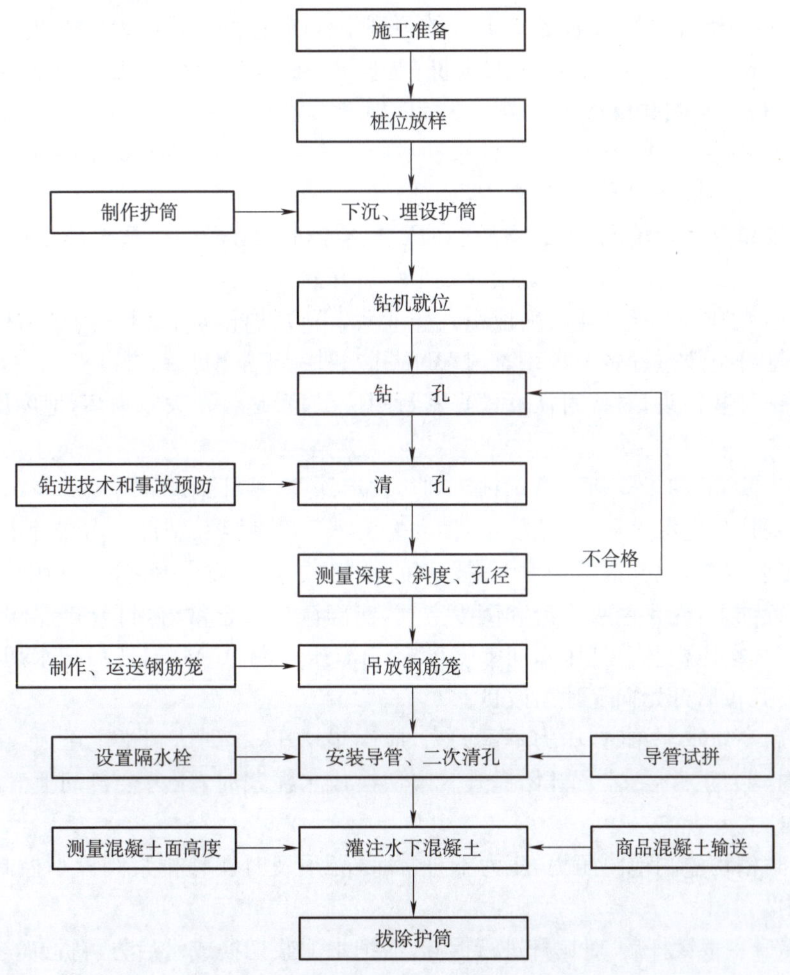

图3-3　上海市新建道路下穿铁路工程钻孔灌注桩施工流程

铁路保护区内钻孔桩,一律采用回旋钻机施工,同时,钻孔桩作业时采取相应的防侵限、倾覆等细化要求。

采用正循环泥浆护壁的成孔工艺与导管进行水下混凝土灌注成桩的施工方法。

孔口护筒是保护孔口、隔离杂填土的必要措施,也是控制定位、高程控制的基准点。因此,每个桩孔就位前均必须埋设护筒。护筒采用壁厚5 mm的钢板卷制而成,高1～2.0 m,埋设深度必须能隔离杂填土层，护筒四周间隙用黏土回填并捣实，以确保护筒的稳定，防止地表土的坍塌。

2. MJS工法桩施工技术措施

MJS工法又称全方位高压喷射工法，MJS工法在传统高压喷射注浆工艺的基础上，采用了独特的多孔管和前端造成装置，实现了孔内强制排浆和地内压力监测，并通过调整强制排浆量来控制地内压力，使深处排泥和地内压力得到合理控制，使地内压力稳定，也就降低了在施工中出现地表变形的可能性，大幅度减少对环境的影响，而地内压力的降低也进一步保证了成桩直径。和传统旋喷工艺相比，MJS工法减小了施工对周边环境的影响。

考虑施工场地及条件等的制约性，针对风险源3，为避免桩施工引起的既有铁路变形风险，本工程采用MJS工法施作直径2.4 m的顶进工作坑止水帷幕兼做与桥桩之间的隔离桩。顶进工作坑止水帷幕 ϕ2.4 m MJS工法桩（半圆形）桩长19 m，间距170 cm，共进场2台MJS-40VH桩机及其配套设备进行施工。具体施工工艺如下：

（1）连接电源、数据线、各路管线、钻头和地内压力监测显示器连接，确认在钻头无荷载的情况下清零，管线连接确保密封，使管内没有空气。

（2）检查设备的运行情况，确保主机、高压泵、空压机、泥浆搅拌系统、MJS管理装置等都能正常工作状态下进行主机就位，机架放置平稳后开始校零。

（3）施工前先进行引孔作业。完成引孔作业后，下放钻杆，即在引孔内将钻杆下放至设计深度，如果在钻杆下放过程中下放困难，打开削孔水进行正常削孔钻进。

（4）对接钻杆和钻头，对接时认真检查密封圈情况，看是否缺失或损坏，地内压力是否显示正常。

（5）重复步骤(3)和步骤(4)，直到钻头到达预定深度，钻杆到位。

（6）钻头到达预定深度后，开始校零，使动力头零刻度、喷嘴、钻杆上白线处于同一条直线，然后设定各工艺参数，包括摇摆角度、引拔速度、回转数等等，设定好之后，开始改良。

（7）定位置喷射，先开倒吸水流和倒吸空气，在确认排浆正常时，打开排泥阀门，开启高压水泥泵和主空气空压机。首先用水向上喷设50 cm，压力为10 MPa，然后把水切换成水泥浆，钻杆重新下放到位后开始向上喷射改良。

（8）在开启高压水泥泵时，压力不可太高，应逐步增压，直到达到指定压力，在达到指定压力并确认地内压力正常后，才可开始提升。水切换成水泥浆时，压力会自动上升，压力有突变时方可调节压力。

（9）施工时密切监测地内压力，压力不正常时，必须及时调整排浆阀大小控制地内压力在安全范围以内。

（10）当提升一根钻杆后，对钻杆进行拆卸，需把水泥浆切换成水后方可拆卸，当水泥浆泵压力有下调趋势，说明水流已经到达喷嘴位置，此时关闭水泥浆泵、主空气、倒吸空气和倒吸水流。

（11）注意在拆卸钻杆的过程中，认真检查密封圈和数据线的情况，看是否损坏，地内压力显示是否正常，如有问题应及时排除方可继续喷浆。拆卸钻杆后，需及时对钻杆进行冲洗及保养。

（12）重复以上步骤，直到施工结束。施工结束后，对设备进行冲洗和保养。

3. 高压旋喷桩施工技术措施

本工程顶进工作坑、线路下、泵房处地基加固均采用 ϕ600 mm高压旋喷桩。高压旋喷桩施工流程如图3-4所示。

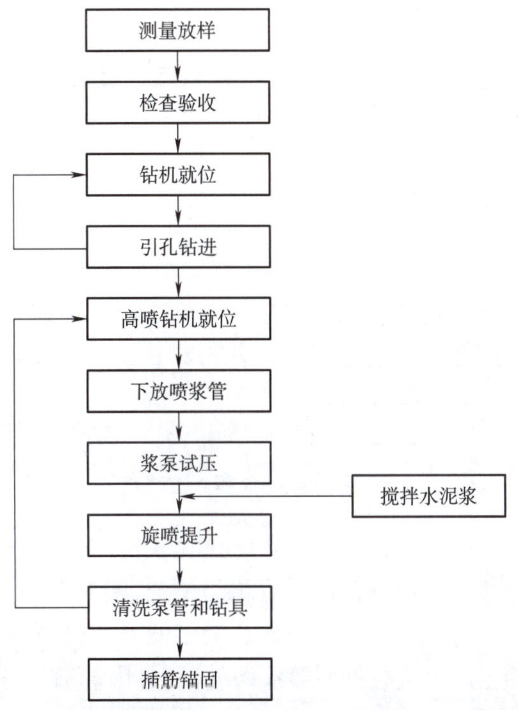

图 3-4 上海市新建道路下穿铁路工程高压旋喷桩施工流程

邻近铁路及线路下高压旋喷桩施工,为防止高压旋喷桩施工时产生的压力对铁路路基造成扰动破坏,采取以下施工措施:

(1)在拟施工的高压旋喷桩外侧进行孔钻引孔作为应力释放孔,孔直径 60 cm,孔深与邻近桩长一致,间距 60 cm。

(2)线路下桩基施工时,待便梁架设完成后,采用小型挖机拉槽,两侧土 1∶1 放坡开挖,槽底与便梁之间净空 2.8 m,保证高压旋喷桩作业空间。

(3)施工时对附近铁路路基进行同步不间断监测,监测数据及时反馈给项目部,当日变量达到或超过警戒值立即停止高压旋喷桩施工,进行引孔作业。每施工完 1 根都要对观测数据进行分析,确保隆起量不超过警戒值后方可进行下一根桩的施工。

4. 线路加固施工

线路加固施工流程如图 3-5 所示。

针对风险源 4,为避免箱涵顶进时引起的既有铁路路基变形风险,线路加固前需对施工范围内无缝线路进行应力放散,须提前办理应力放散委托手续,委托上海工务段组织应力放散施工。锁定轨温根据应力放散结果确定。

临时支墩采用 C20 钢筋混凝土制作,平面尺寸有 2.0 m×2.5 m、2.6 m×3.0 m、3.0 m×3.0 m、2 m×3.0 m,厚度均为 1.0 m。线路应力放散及通信、信号、电力线等迁移或过渡完成,线路慢行后,采用挡砟板防护线路道床,开挖临时支墩土方及道砟,浇筑混凝土便梁临时支墩,混凝土浇筑采用劳动车配合人工搬运。

独立支墩施工期间,所有机具、材料应及时进行清理或整齐摆放,严禁侵入限界。

经现场调查,唐家浜河道上的沈家港框架桥外墙边距离顶进就位箱边墙距离约 13.3 m,

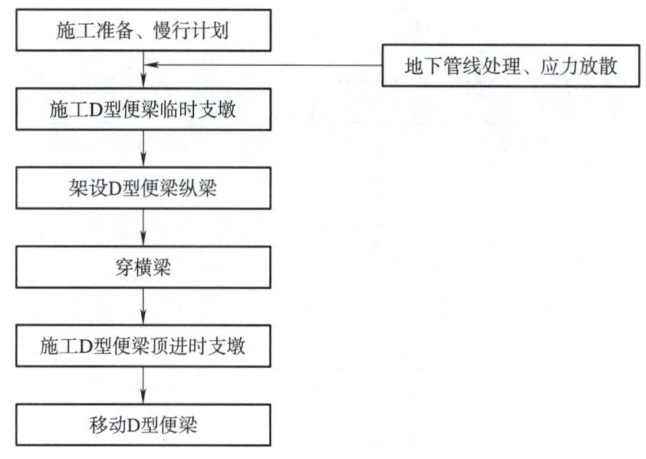

图 3-5 线路加固施工流程

沈家港桥为 1-4 m 的混凝土框架桥，垂直线路方向的宽度为 4 m，箱涵侧墙后面为 3.6 m 长的浆砌片石挡墙作为路桥过渡段。根据顶进就位箱的位置，施工 1 号条形基础的便梁临时支墩设于浆砌片石挡墙上，因挡墙宽度仅有 4 m，无法满足便梁架设条件，需对既有挡墙进行加宽处理。加宽作业前需对相应部位进行袖阀管注浆处理，再用浆砌片石进行加宽，最后浇筑临时支墩。

便梁条形支墩基础长 31 m，宽 2.5 m，高 2.3 m。条形支墩施工时采用 D24 便梁加固线路，在便梁下横向开挖 3.5 m 宽条型槽，离便梁底不小于 2.5 m。条形支墩下部为 16 m 长 D60 cm 高压旋喷桩基础，上部为 2.5 m×1.5 m 的 C30 钢筋混凝土条形基础加 0.8 m 高支座形式，支座位置预埋 50 cm×50 cm×1 cm 钢板，便梁架设时采用硬质竹胶板进行抄垫。

根据箱型桥箱身便梁支墩施工顺序和基础位置，计算便梁支墩条型基础准确位置，架设便梁加固线路，按设计要求拉槽开挖支墩基础，挖至高程，立即绑扎钢筋，浇筑混凝土条型基础，混凝土达到设计强度后方可架设便梁。

条形支墩限位装置采用在支墩浇筑混凝土时预埋 P50 短钢轨，永久性便梁条形支墩两侧采用 C15 素混凝土回填。

本工程条形支墩施工、箱体顶进施工期间，须进场 24 m 便梁 5 组，利用封锁点架拆、移动便梁共计 15 架次。施工便梁利用铁路专用平板车及轨道吊运入现场装卸，抽换钢枕，架设便梁。便梁架设期间线路慢行 45 km/h。便梁装卸、移梁及抽换钢枕、方枕、扣件拆除施工时，需对线路进行封锁，装卸及纵移便梁时事先对轨道吊司机进行交底，明确工作内容及注意事项，在作业过程中设专人进行跟班防护，防止吊装过程中触碰作业人员。

便梁架设施工前，对无缝线路应力放散区段两端各 75 m 范围内的线路扣件复拧加固，均匀石砟，保证道床饱满，尤其是便梁端部不能缺砟造成线路空吊，及时消灭轨面高低、水平、方向等Ⅱ级以上超限，提前将轨枕间距做好标记，做好方枕准备，预留好安装横梁的位置，严格控制轨道几何尺寸。具体施工步骤如下：

第一步：线路限速后，利用慢行点内施工便梁混凝土独立支墩，然后利用封锁点内将便梁范围内轨枕盒内道砟依次清除，调整便梁范围内轨枕间距，由一端向另一端依次穿入钢枕；穿入钢枕时需对准事先的钢枕定位线，其中一根钢轨下垫大块绝缘橡胶板，防止轨道电路短路。

钢枕间距按 67 cm 准确定位后对已穿入地段进行线路养护,保证线路稳定与几何状态良好。每次施工封锁时间 120 min。

第二步:再次封锁线路 120 min,进行 D24 便梁主梁的装卸。利用轨道吊从七宝站进入施工地点将便梁主梁运送到预定位置,置于支墩上,主梁联结肋与钢枕中线基本对应,梁体外侧利用临时斜撑固定,内侧利用 4 块牛腿初步联结,防止便梁倾覆。

第三步:在慢行点内安装牛腿及螺栓,将主梁与钢枕充分连接,并将螺栓上满上紧。施工过程中随时检查,上紧松动的螺栓。

第四步:在慢行点内进行钢枕定位器与扣件安装,并养护线路。扣件安装前应进行大胶垫绝缘性能测试,杜绝不合格部分上道使用。连接时,应先上一股然后上另一股,并要时刻检查轨道电路,严防出现红光带。架设后立即进行线路几何尺寸调整,确保行车安全。

便梁架设后,应立即设置纵横向位移及支墩下沉的观测桩,并做好书面的观测记录,发现问题时及时消灭处理。便梁纵横限位桩采用预埋 P50 短钢轨,中间用木板填塞,如图 3-6 所示。

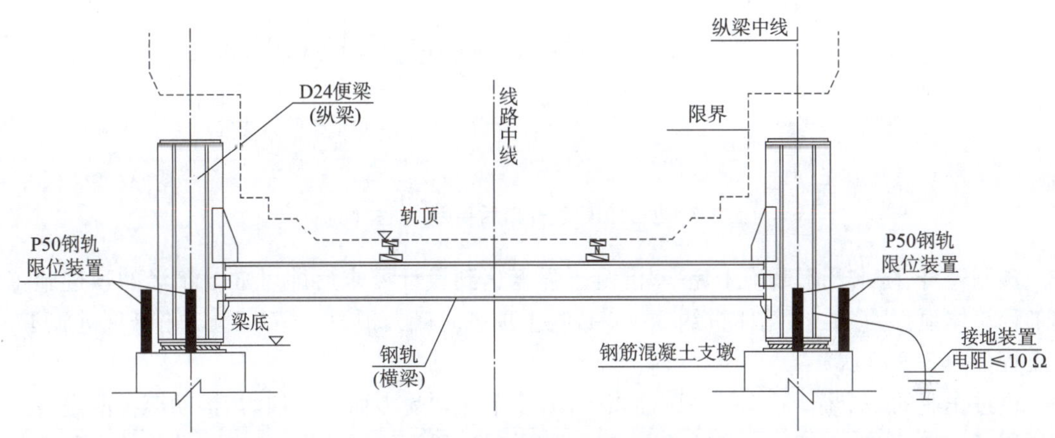

图 3-6 便梁限位、接地示意

箱体顶进后,及时回填线路道砟,养护线路。之后封锁线路 120 min,将便梁主梁与钢枕联结牛腿及零件拆解,进行 D24 便梁装卸作业,利用轨道吊从七宝站进入施工地点,将便梁主梁吊装至平板上运送至指定地点。

然后再封锁线路 120 min 将钢枕从一端至另一端依次抽出,并调整轨枕间距及穿入抽出的轨枕,至轨枕间距均匀。及时回填道砟,并进行线路捣固等养护工作,达到开通线路条件后开通线路。

便梁加固期间,根据施工需要,对便梁进行纵移,纵移便梁主梁时利用封锁点内进行施工,每次封锁 120 min,其余架设、拆除等工序同上。便梁纵移采用自制一辆小车进行移梁。

5. 箱涵顶进施工

顶进箱涵为预制,箱身混凝土采用商品混凝土,混凝土汽车运输,泵送到工作面,每一个分两次浇筑完毕,振捣采用 ϕ50 振动棒(加长型)振捣密实,模板采用木模,箱内模板支撑采用普通钢管脚手架搭设作为支撑架。

本工程顶进工作坑四周采用钻孔灌注桩围护,结合箱体顶进工艺,待完成线路加固后(前方铁路采用钢便梁托起),箱体顶进前,工作坑前端钻孔桩、冠梁及 2 道斜撑需拆除。因拆除基坑前端冠梁及 2 道斜撑，改变了基坑的支撑体系，为确保基坑稳定，利用顶进工作坑前端两侧的路基防护桩及冠梁与保留的基坑围护形成整体，提供相应的拉力，确保基坑稳定。顶进工作坑开口后平面布置如图 3-7 所示。

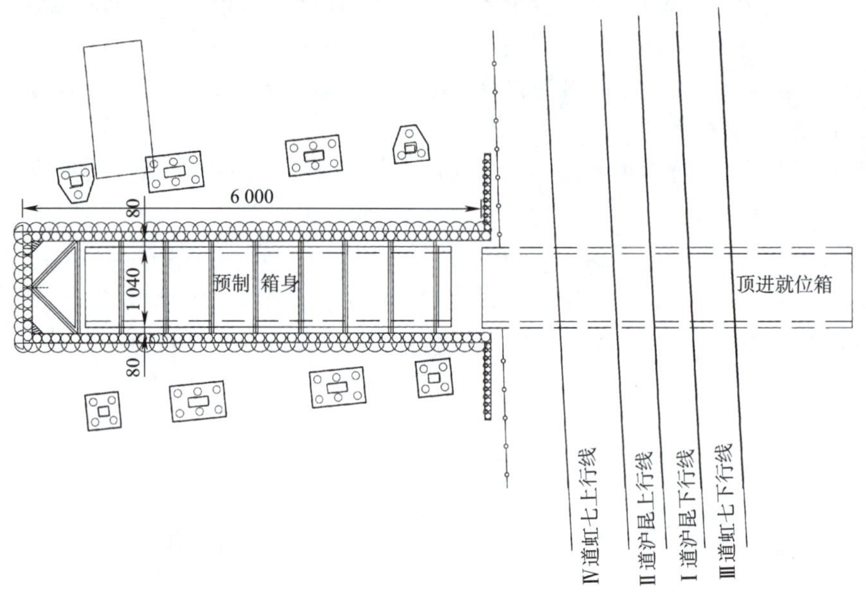

图 3-7　顶进工作坑开口后平面(单位：cm)

预制箱身、防水及附属施工完毕，混凝土强度达到设计要求后即可准备箱涵的顶进施工，本工程箱体顶程为 53 m，箱体重约 3 000 t，吃土顶进时最大顶力 2 077.2 t。箱涵顶进施工工艺流程如图 3-8 所示。

顶进作业的一个循环如下：高压油泵工作，使千斤顶受力而产生顶力，推动箱身前进，每一个顶程通常在 750～1 000 mm，箱身前进后，使千斤顶的活塞回复原位，在空档处填塞顶铁，以待下次开顶，如此完成一个循环，如图 3-9 所示。

要使箱身顶进方向不致偏斜，布置千斤顶时应严格根据箱身斜交情况计算的千斤顶布设位置进行布设，使千斤顶合力作用线与道路中线平行，并与箱身阻力的作用线重合。

箱身在空顶阶段容易发生方向偏差，可利用导向墩进行纠正，设专人加换左右两侧与导向墩间的滚楔铁板，一顶一调整。箱身入土后，应注意挖土断面正确，使顶进所挖的土孔与箱身方向一致。

若箱身方向左右偏差，可以采用如下方法调整：

(1)增减一侧千斤顶的顶力，即开或关一侧千斤顶阀门，增加或减少千斤顶顶力数。如向左偏，即关闭减少右侧千斤顶，向右偏则反之操作。

(2)开动两边高压油泵调整，如向左偏就开左侧高压油泵，向右偏就开右侧高压油泵。

(3)后背顶铁(柱)调整。在加换顶铁时，可根据偏差的大小，将一侧顶铁楔紧，另一侧顶铁楔松或留 10 cm 左右的间隙。如箱身前端向右偏，则将左侧顶铁预留间隙，开泵后，则右侧先受力顶进，左侧不动。调整时应摸索掌握规律性，并注意箱身受力不均时产生的变化状况。

(4)前端左右两侧刃脚前，可在一侧超挖，另一侧少挖土或不挖来调整方向。如箱身前端向右偏，即在右侧刃脚前超挖 20～50 cm，左侧保持刃脚吃土 20 cm，由于顶进中的两侧刃脚阻

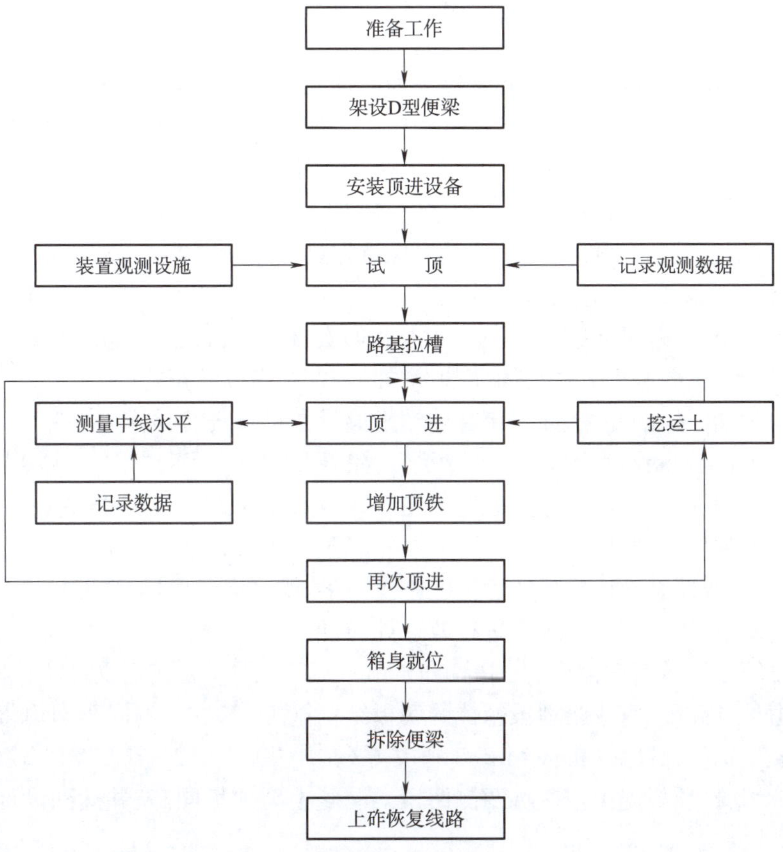

图 3-8　箱涵顶进施工工艺流程

图 3-9　顶进施工实例

力增减差别而达到纠偏的目的。

若两侧挖土不够宽,易造成箱身“抬头”,故可在两侧适当多挖。箱身“抬头”量不大,可把开挖面挖到与箱底面平。如“抬头”量较大,则在底板前超挖 20～30 cm,宽度与箱身相同,在顶进中逐步调整,在接近设计高程时,便应酌情停止超挖以免又造成箱身“扎头”。

箱涵开始顶进时,首先是沿着工作坑底板的上坡度前进,当箱身前端顶出底板的 1/3 后,由于箱身自重,造成底板前端的土壤压缩,而此时箱身端部正进入线路,由于受力不均匀使底板端部下沉，出现裂纹，箱身开始低头，在箱身重心移出工作坑底板后，低头更为显著。而当箱身继续前进，尾部脱离底板前后，往往底板断裂，箱尾下沉，使坡度逐渐回升，然后比较平稳地前进，直至就位。在这过程中，为了防止过大的方向及高程误差，除加强观测，认真预防外，还必须及时校正。倘若造成过大偏差后再行校正则较为困难。可采用下面的方法进行校正：

适当增加抬头力矩，即增加上刃脚的阻力，使上刃脚和中刃脚多吃土，侧刃脚稍加吃土量，底刃脚前不得超挖，逐步顶进调整。

吃土顶进：挖土时，人工修平开挖面基底保持在箱身底面以上 5～30 cm，切土顶进时将高出部分土壤挤入箱底，纠正“扎头”。

如基底土壤松软时，可换铺 20～30 cm 厚的卵石、碎石、混凝土碎块、混凝土板、浇筑速凝混凝土、打入短木桩、砂桩等方法加固地基，增加承载力，借以纠正“扎头”。

增加箱身后端平衡的办法，改变箱身前端土壤受力状态，达到纠正“扎头”的目的。但应注意增加重量后要逐步卸载，否则会出现“抬头”现象，同理亦可用于纠正“抬头”现象。

利用箱身前端底板设置的“船头坡”，将箱身底板前端的土方欠挖，造成一个上坡的趋向。

箱体顶进就位后立即进行三角区的回填、箱涵顶部道砟回填。三角区回填采用浇筑素混凝土，地泵灌注。线路补充道砟捣实后拆除施工便梁，线路恢复后，加强养护。

箱身顶进结束后，还需对基坑需进行改造处理，侵入主通道结构的滑板在现浇箱涵施工前需凿除。恢复第 2、3 道钢支撑后（其中 K0＋588～＋612 段第 3 道钢支撑不恢复），凿除滑板至暗埋段隧道设计高程，完成暗埋段箱体的底板结构施工，基坑两侧同步回填素混凝土（同底板厚），待混凝土达到强度后，拆除第 2、3 道支撑（其中 K0＋552～＋570 段第 2 道支撑不拆除），进行箱体墙身、顶板施工。基坑两侧回填素混凝土至顶板同高，并达到设计强度后，拆除剩余支撑。

3.3.2 施工安全卡控措施

针对风险源 5，为避免发生铁路保护区大型机械作业倾覆侵限事故，桩机进场前，对施工场地进行平整，对场地内建筑垃圾、杂填土及地表植物清理，采用机械进行碾压。确保桩机施工及移动时机械稳定。邻近既有线钻孔桩施工过程中严格执行大型机械“一机一人”防护制度，邻近既有线施工要有物理隔离。施工前必须确认钻机作业高度，并拉缆风绳，防止钻机倾覆侵限或砸坏行车设备。缆风绳采用钢丝绳，每台机械设置 3 根，与地面夹角为 45°。

进行钻孔桩施工作业时，先进行试孔，根据现场地质具体情况，确定合理参数。施工中，应做好护筒跟进，谨防塌孔，同时，要做好防塌孔应急准备工作。钻孔桩钢筋笼分节制作，每节长度不大于 6 m，安装时在钢筋笼下方设置缆风绳，并安排防护员监控防止侵限。吊放钢筋笼时正面不得面对铁路，吊笼过程中控制猛烈碰撞。列车通过时停止吊笼作业。

邻近既有营业线施工制定详细的施工方案及安全措施，优化施工组织，尽可能减小对既有线行车的干扰。对不良地质区段，要认真计算、分析基础施工对铁路设备稳定可能造成的影响，充分考虑安全保障系数，确保行车安全。

开挖临时支墩使用的机具、材料堆放整齐不超限，现场备足装有沙土的蛇皮袋，一旦发生坍塌，影响线路稳定时，立即停止施工，及时回填，加强线路养护，确保行车、人身安全。

本工程线路加固及顶进施工期间，列车需限速 45 km/h，线路恢复后需根据运输计划，逐级限速，施工结束后第一列 45 km/h(12 h)，60 km/h(24 h)、80 km/h(24 h)、120 km/h(2 h)

后恢复常速。计划慢行时间为2018年4月1日至2018年6月4日(65天)。

本工程D型便梁加固线路期间，实施轨枕盒内道砟清除、调整枕距、钢枕穿入、主梁吊装、主梁纵移、抽移钢枕等项目时需对线路进行封锁。主梁采用铁路专用平板车运输，轨道吊配合装卸。投入D24 m便梁5组，施工进行便梁架拆、移动共15架次。便梁进场卸车和出场装车采用轨道吊，接触网须停电配合，须同时封锁其邻线5～15 min。具体封锁与限速措施见表3-1。

表3-1　既有线封锁与限速措施

序号	施工程序	施工作业项目	类别划分	序号	施工程序	施工作业项目	类别划分
1	架梁准备	定位放线	限速45 km/h	5	便梁拆解及吊装或纵移	牛腿拆除	Ⅲ级封锁
		轨枕盒内道砟清除	Ⅲ级封锁			主梁吊装或纵移	Ⅲ级封锁
		调整枕距	Ⅲ级封锁			扣件拆除	Ⅲ级封锁
		钢枕穿入	Ⅲ级封锁			定位器拆除	限速45 km/h
		定位器安装	限速45 km/h			抽移钢枕	Ⅲ级封锁
		扣件安装	限速45 km/h			轨枕复位	Ⅲ级封锁
2	临时支墩	支墩制作	限速45 km/h	6	箱体顶进	拉槽挖土	限速45 km/h
3	便梁安装	主梁吊装就位	Ⅲ级封锁			便梁下平联安装	限速45 km/h
		钢枕定位细调	限速45 km/h			箱体就位处高压旋喷桩施工	限速45 km/h
		牛腿安装连接	限速45 km/h			挖土顶进	限速45 km/h
4	条形支墩	基坑开挖	限速45 km/h	7	线路恢复	线路回填和捣固	限速45 km/h
		高压旋喷桩	限速45 km/h			逐级提速至恢复常速	限速45 km/h
		条基制作及养生	限速45 km/h				

3.3.3　监测与控制

1. 监测总体要求

本工程下穿铁路线5股道(沪昆铁路2股道、虹七线2股道，七宝站5道1股道)，邻近沪杭高铁，顶进工作坑(基坑深9～11 m)位于嘉闵高架桥下，距高架承台3.28 m，沿线管线较多，特别是铁路上的相关设施。为保证工程施工安全、经济、顺利进行，在施工过程中积极改进施工方法、施工工艺和施工参数，最大限度减小地层变形，确保工程安全，保护周围环境，需要对施工全过程进行监测。

通过监测，认识各种因素对地表和土体变形的影响，以便有针对性地改进施工工艺和施工参数，减小地表和土体变形，保证工程安全；同时预测施工引起地表和土体变形，根据地表变形发展趋势和周围建(构)筑物、地下管线沉降情况，决定是否需要采取保护措施，并为确定经济、合理的保护措施提供依据；确保地表构筑物及地下管线的安全，特别是确保铁路行车安全。

2. 监测点布置

七宝站内虹七上下行线2股道、沪杭高铁上下行线2股道、101专用线每股道各布置5个轨道监测点。顶进箱涵中线上方以及两侧每隔6 m、16 m各布置一个轨道监测点。虹七上下行线每股道轨道监测点位置铁路路基处各设置一个路基监测点，每股道设置 5 个，两股道共计 10 个路基监测点。具体测点布置如图 3-10 所示。

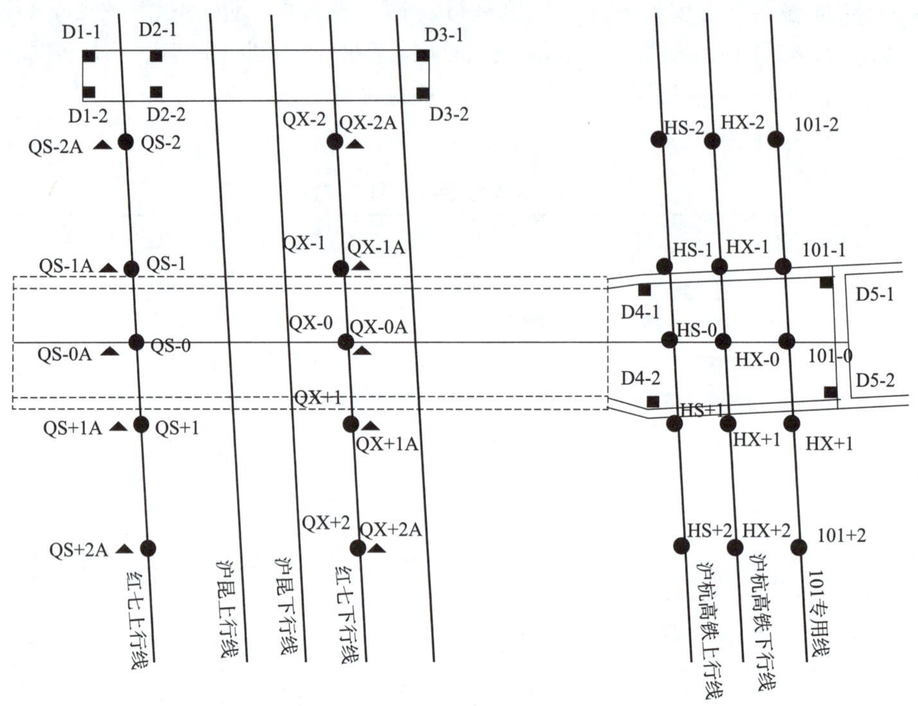

图 3-10　铁路监测点布置

3. 监测频率与报警值

既有铁路监测报警值见表 3-2 和表 3-3。

表 3-2　沪杭高铁、虹七上下行线预警值及报警值(mm)

监测项目	预警值	报警值
轨面(路基)沉降	±0.8	±1
轨面(路基)水平沉降	±0.8	±1

表 3-3　接触网立柱监测预警值与报警值(mm)

监测项目	单日预警值	单日报警值	累计量报警值
两接触网立柱沉降差	2	4	8
立柱顺、横线路方向偏斜	0.1%	0.2%	0.5%

其中，虹七上下行线施工期间监测频率见表 3-4。

表 3-4　虹七上下行线施工期间监测频率

铁路监测	施　工　阶　段			
	基坑围护结构施工	开挖基坑	便梁施工	顶进箱身
监测频率	4 次/d	6 次/d	6 次/d	12 次/d

沪杭高铁、101 专用线加固期(沪杭高铁坡脚及沪昆线与沪杭线之间地基防护加固)监测频次为 6 次/d,基坑开挖 6 次/d,顶进箱身期间,监测频次为 12 次/d。

4. 应急预案

在施工过程中尽量缩短线路架空时间,对于敏感地段(如便梁支墩,拉槽坡面等)指派专人设置观测点负责观测,并做好观测记录,观测人交接班应做好交接记录,随时掌握重点观测部位的变化。对于观测中发现有明显变化,观测人应及时报告现场施工负责人,现场施工负责人应及时采取措施,利用既有人力、材料、机具将隐患消灭,杜绝危情、险情,不得瞒报或不处理。

施工前从物资堆放场地到线路位置,预留抢险通道,并要保持畅通。若在挖土过程中,由于施工、地质或天气原因,发生塌方或流沙等情况,危及线路安全,联络员立即通报工务和运输部门,采取措施防止列车发生事故。总指挥组织制定抢险方案,并立即组织抢险人员、设备(泥浆泵、挖机等)、物资(枕木、草包、道砟等)到位,及时抢修,安排监测人员对事故位置的便梁支墩和线路进行连续不断的观测。要求在短时间内控制险情解决问题。

大型机械倾覆、路基下沉、挖断电缆、接触网故障、胀轨、断轨、线路晃车、红光带、便梁倾覆等突发状况应急预案见 1.3.3 节、2.3.3 节。

3.4 实施效果

根据监测数据显示,整个施工阶段,虹七上、下行线轨道各测点竖向沉降波动较为明显,基坑开挖阶段,各测点主要呈下沉趋势,最大沉降量为 0.6 mm,尤其便梁加固施工期间对线路扰动较大,线路路基呈隆起趋势,最大隆起量为 0.3 mm。箱涵顶进阶段呈隆起趋势,隆起量最大为 0.6 mm。各测点竖向沉降累计变化量均未超过报警值,最终竖向沉降趋于稳定,最大为 0.6 mm。轨道及路肩各测点水平位移波动也较为明显,基坑开挖阶段及箱涵顶进阶段水平位移有较大变化趋势,最大水平位移为 0.6 mm,未超过报警值,最终水平位移趋于稳定。

接触网立柱竖向位移降最大为 0.4 mm(隆起)、累计横向水平位移及顺向水平位移降最大分别为 0.6 mm、0.7 mm。整个施工阶段接触网立柱变形波动较为明显,但变化速率较小,各测点竖向位移及水平位移累计变化量均未超过报警值,最终趋于稳定。

加固施工阶段,沪杭高铁轨道各测点竖向位移呈隆起趋势,隆起量最大的为 HS+1 测点,最大隆起量 0.7 mm,接近预报警值。基坑开挖阶段呈下沉趋势,最大沉降量为 0.3 mm。箱涵顶进阶段呈隆起趋势,隆起量最大为 0.6 mm。整个施工阶段竖向位移波动较为明显,但变化速率较小,各测点竖向位移累计变化量均未超过报警值,最终竖向位移趋于稳定,最大为 0.7 mm。轨道各测点水平位移呈朝向东侧位移趋势,最大位移量为 0.6 mm。基坑开挖阶段最大位移量为 0.6 mm。箱涵顶进阶段位移量波动最明显,最大位移量 0.7 mm。整个施工阶段水平位移波动较为明显,但变化速率较小,各测点水平位移累计变化量均未超过报警值,最终水平位移趋于稳定,最大为 0.6 mm。

将整个施工过程中铁路各监测项目变形最大值和施工结束后最终累计值统计见表 3-5。

通过对监测数据分析可以看出,在整个施工过程中,各观测目标的最大变形值均未超过 1.0 mm,均未达到预报警值。整个监测过程中仪器采集数据工作正常,并进行了实时传输;各个监测点没有出现大的异常,在整个施工过程中严格按照监测方案实时观测,实施效果较好,达到了预期效果。完工后现场如图 3-11 所示。

表 3-5　各监测项目累计位移最大值(mm)

铁路名称	监测项目	累计变化最大值	最终值	位　置
虹七上下行	轨道竖向位移	+0.6	+0.6	QS-1
	轨道水平位移	−0.7	−0.7	QX+2
	路基竖向位移	+0.7	−0.4	QS-2A
	路基水平位移	−0.7	−0.7	QS+1A
	箱涵竖向位移	+0.7	+0.7	D3-2
	箱涵水平位移	+0.7	+0.4	D3-2
	接触网立柱竖向位移	+0.4	+0.3	6B
	接触网立柱水平位移	+0.6	−0.4	6B
沪杭高铁	轨道竖向位移	+0.7	+0.6	HS+1
	轨道水平位移	−0.7	+0.6	HS+1
	箱涵竖向位移	+0.7	+0.5	D4-1
	箱涵水平位移	+0.6	+0.5	D4-2
	接触网立柱竖向位移	+0.7	+0.5	41 号
	接触网立柱水平位移	−0.7	−0.6	42 号

注:竖向位移"+"代表隆起,"−"代表沉降;横向水平位移"+"代表垂直于铁路向西的位移,"−"代表垂直于铁路向东位移;顺桥向水平位移"+"代表沿铁路向南的位移,"−"代表沿铁路向北位移。

图 3-11　道路工程完工现场

3.5　小　　结

本章以上海市涞坊路—沪星路道路新建工程涉铁施工为例,介绍了箱涵下穿既有线施工安全风险防控,本工程中采用钻孔灌注桩、MJS 工法桩和高压旋喷桩结合的工作坑围护结构以及合理的箱涵顶进方案,可以有效减少对既有铁路路基与桥梁的影响,同时辅以有效的监测方案,达到了安全施工的目的。

箱涵下穿既有铁路线的风险源主要包括 5 个方面:顶进工作坑变形过大的风险、汛期顶进工作坑坍塌风险、围护结构桩施工引起的既有铁路变形风险、箱涵顶进时引起的既有铁路路基变形风险、邻近铁路大型机械施工的风险。针对上述风险源,从施工管理角度采取相应的技术及安全卡控措施。

(1)在施工技术措施方面,针对围护结构桩施工引起的既有铁路变形风险,采用钻孔灌注桩、MJS工法桩和高压旋喷桩结合的工作坑围护结构,并设置坑顶截水沟、坑底排水沟及集水井抽排,围护结构应当严格按照施工流程进行施工,其中钻孔灌注桩施工时谨防塌孔。避免施工过程产生的扰动易引发土层的变形破坏,带来塌孔风险。

(2)在施工技术措施方面,针对箱涵顶进时引起的既有铁路路基变形风险,为了避免箱涵顶进时引起的既有铁路路基变形风险,下穿铁路箱涵顶进前采用D型施工便梁加固线路。为保证箱涵顶进质量,必须对顶进过程严格控制,以确保两孔箱涵处于同一水平面上,同时要确保两孔箱涵轴线平行且符合设计要求。若空顶阶段发生方向偏差,可利用导向墩进行纠正;若发生箱身"抬头",可在两侧适当多挖;若发生"扎头"现象,可以采用增加抬头力矩、吃土顶进等方法,并在箱体顶进就位后立即进行三角区的回填,待线路恢复后,加强养护。

(3)在施工技术措施方面,针对邻近铁路大型机械施工的风险,邻近既有线钻孔桩施工过程中严格执行大型机械"一机一人"防护制度,邻近既有线施工要有物理隔离。施工前必须确认钻机作业高度,并拉缆风绳,防止钻机倾覆侵限或砸坏行车设备,确保桩机施工及移动时机械稳定。

(4)在施工安全卡控措施方面,为确保既有线列车运行的安全,邻近既有营业线施工制定详细的施工方案及安全措施,优化施工组织,尽可能减小对既有线行车的干扰。对不良地质区段,要认真计算、分析基础施工对铁路设备稳定可能造成的影响,充分考虑安全保障系数。在线路加固及顶进施工期间列车需限速45 km/h,在D型便梁加固线路期间,实施轨枕盒内道砟清除、调整枕距、钢枕穿入、主梁吊装、主梁纵移、抽移钢枕等项目时需对线路进行封锁。

上海市涞坊路—沪星路道路新建工程在采用上述措施之后总体实施效果良好,在箱涵顶进过程中保证了施工安全,且未影响既有线的正常运营。所以该方案为类似箱涵下穿既有铁路路基施工面临的风险提供了一种参考解决办法。

4 上海市申北四路下穿铁路立交桥工程（U型槽施工与箱涵顶进施工）

4.1 工程概况

4.1.1 案例背景

本工程申北四路为城市次干路，路段红线宽 40 m，北起春九路路口，南至银都路路口，起止桩号为 0＋000～＋534.315，全长 534.315 m，沿途经站前路、金山支线铁路、沪昆铁路、沪昆高铁；春九路路段红线宽 30 m，起止桩号为 0＋000～＋200，全长 200 m；明中路路段红线宽 36 m，起止桩号为 0＋000～＋200，全长 200 m；站前路路段红线宽 24 m，起止桩号为 0＋000～＋300。其中，申北四路、明中路和春九路在沪昆铁路北侧通过 U 型槽结构实现互通，站前路相交申北四路 U 型槽段为上跨桥梁。工程平面布置如图 4-1 所示。

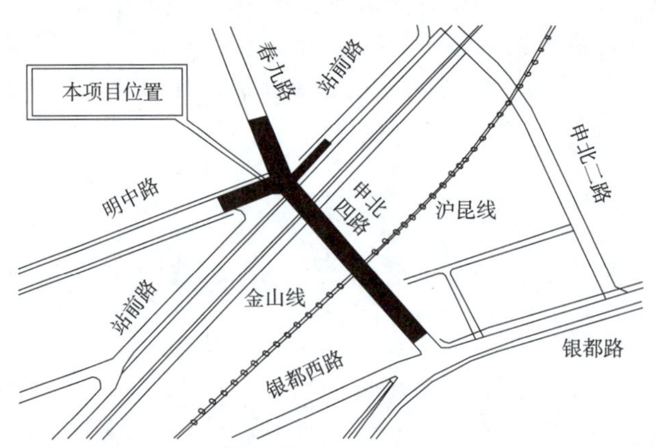

图 4-1 申北四路下穿立交工程平面布置

本工程与既有铁路位置关系如下：

营业线施工范围约 100 m，即在沪昆上下行 K39＋800～＋980、沪春上下行 K10＋050～＋230、金山上行 K10＋000～＋315、金山下行 K10＋090～＋270、沪昆高铁 K11＋030～＋900 范围。

U2 型槽连接下穿箱涵与 U1 型槽，基坑外侧为金山上行线 43 号、46 号墩，距离基坑边最近处约为 17 m，U 型槽顶高程为 4.83 m，金山上行线梁底高程为 7.563 m。

本工程道路中心线法线与沪昆铁路中心线夹角约为 11.4°。顶进箱涵位于沪昆线春申站站内 K39＋887 处施工，桥位处既有铁路现状 7 股道，条形支墩开挖Ⅱ道长期封锁、5 道拆除。

工作坑围护钻孔桩至金山下行回流线最小距离 2.42 m，U2 基坑围护钻孔桩至 8 道回流线最近距离 3.24 m。止水三轴搅拌桩与金山下行线中心最小距离 14.13 m。U2 型槽下穿处金山上行线为桥梁段,机动车道在 44 号、45 号墩之间下穿,非机动车道及人行道分别在 44 号、45 号墩外侧下穿。具体施工与既有线的平面位置关系如图 4-2 所示。

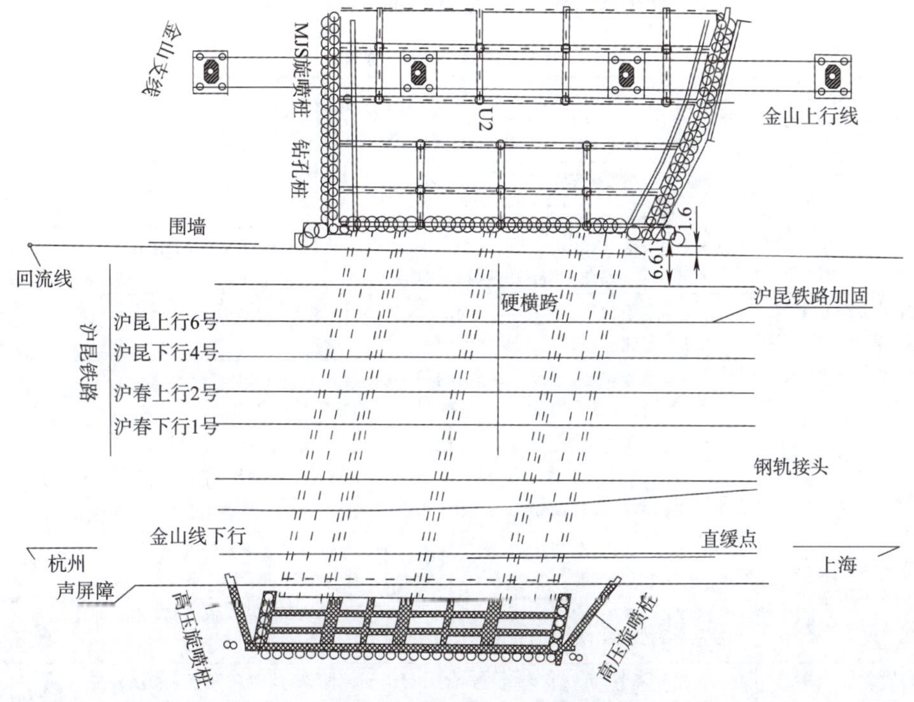

图 4-2　申北四路下穿立交工程施工与既有线平面位置关系(单位:m)

从安全、经济的角度出发,结合各单体基坑的周边环境、基坑自身开挖深度、施工周期等因素,按照上海地区常规设计,基坑总体思路上采用板式支护和一道支撑的围护体系,根据本基坑开挖深度及规模,本项目的板式围护结构可考虑采用钻孔灌注桩、拉森钢板桩两种围护形式。由基坑开挖深度可知,基坑深度变化幅度大 4.45～8.37 m,若采用同样类型围护形式将造成很大浪费,因此根据 U 型槽深度围护形式分别采用拉森Ⅳ型钢板桩、钻孔灌注桩围护。金山支线桥梁下部止水采用 MJS 工法桩。

顶进工作坑各个区域围护、止水、地基加固设计如下:

U1 区域:上部按 1∶1.5 的坡率放坡卸载,坡高 2 m,下部采用 ϕ100 cm@120 cm 的钻孔灌注桩＋800 mm×800 mm 的混凝土支撑＋ϕ65 cm@45 cm 三轴搅拌桩,围护桩桩顶设置 120 cm×80 cm 冠梁,钻孔灌注桩桩长 27 m,搅拌桩桩长 14 m。

U2 区域:上部按 1∶1.5 的坡率放坡卸载,坡高 2 m,下部采用 ϕ150 cm@180 cm 的钻孔灌注桩＋800 mm×800 mm 的混凝土支撑＋ϕ65 cm@45 cm 三轴搅拌桩,围护桩桩顶设置 180 cm×80 cm 冠梁,钻孔灌注桩桩长 28 m,搅拌桩桩长 14 m。其中位于金山铁路桥梁下方范围内止水桩采用 MJS 工法桩,桩径 2.2 m,半圆,搭接 0.7 m,桩长 14 m。平行于沪昆铁路方向采用整圆 MJS 工法桩。

4.1.2　工程地质与水文地质

施工地点位于上海市松江区,地貌单元属滨海平原地貌类型。拟建道路两侧以道路、厂房、住宅等为主，地形总体平坦，实测勘探点的地面高程在 3.034～5.396 m 之间，高差 2.362 m。

根据本次勘察资料，场地地基土在勘察深度范围内均为第四系松散沉积物，主要由饱和黏性土及粉性土组成。具体土层情况见表 4-1，地质剖面如图 4-3 所示。

表 4-1　地层分布及特性

层号	土 层 名 称	土 层 描 述	层顶高程(m)
①$_1$	人工填土 Q_4^3	松散，含碎石、石块、垃圾、植物根茎等，场区均有分布	3.62～4.87
②$_1$	粉质黏土 Q_4^3	褐黄色，可塑状态为主，零星软塑，含氧化铁锈斑及铁锰结核，中压缩性，干强度中等，韧性中等，夹少量铁锰质氧化物	2.52～4.02
②$_2$	粉质黏土 Q_4^3	灰黄色、很湿，软塑状态，含铁锰质斑点、云母、粉砂等，高压缩性，干强度中等，韧性中等，夹少量铁锰质氧化物	1.11～3.27
③$_2$	淤泥质粉质黏土夹粉土 Q_4^2	灰色，流塑状态，含云母、夹薄层粉土，夹层厚 3～5 cm，土质不均匀，高压缩性，干强度低，韧性低，摇振反应中等	−4.38～0.37
③$_{2A}$	淤泥质粉质黏土 Q_4^2	灰色，流塑状态，含云母、有机质等，高压缩性，干强度中等，韧性中等，切面稍有光泽，局部夹朽木、螺贝壳碎片和姜结石等杂物	0.28～2.06
③$_3$	淤泥质粉质黏土 Q_4^2	灰色，流塑状态，含云母，夹薄层粉砂、有机质等，夹层厚 3～5 cm，高压缩性，干强度中等，韧性中等，切面稍有光泽，局部夹朽木、螺贝壳碎片和姜结石等杂物	−6.36～−0.15
⑤$_1$	淤泥质黏土 Q_4^1	褐灰色、灰色，流塑状态，均匀性差，局部为粉质黏土，含有机质、夹泥、钙质结核，半腐芦苇根茎，高压缩性，干强度中等，韧性中等	−25.0～−27.2
⑥$_1$	粉质黏土 Q_3^2	暗绿色、青灰色，可塑状态为主，含氧化铁斑点，偶夹钙质结核，中压缩性，干强度中等，韧性中等	−22.33～−20.00
⑦$_1$	粉质黏土与粉土互层 Q_3^2	草黄～灰色，可塑状态为主，含云母，土质不均匀，中压缩性，干强度低，韧性中等，摇振反应中等	−26.37～−23.3
⑦$_2$	粉砂 Q_3^2	灰色，中密～密实状态，由石英、长石、云母等矿物颗粒组成，土质较均匀致密，无光泽，中低压缩性	−30.75～−27.15
⑦$_3$	粉砂夹粉质黏土 Q_3^2	草黄～灰色，中密状态，含云母，夹薄层状黏性土，层厚 3～5 mm，土质不均匀，中压缩性，干强度低，韧性低，摇振反应迅速	该层未钻穿

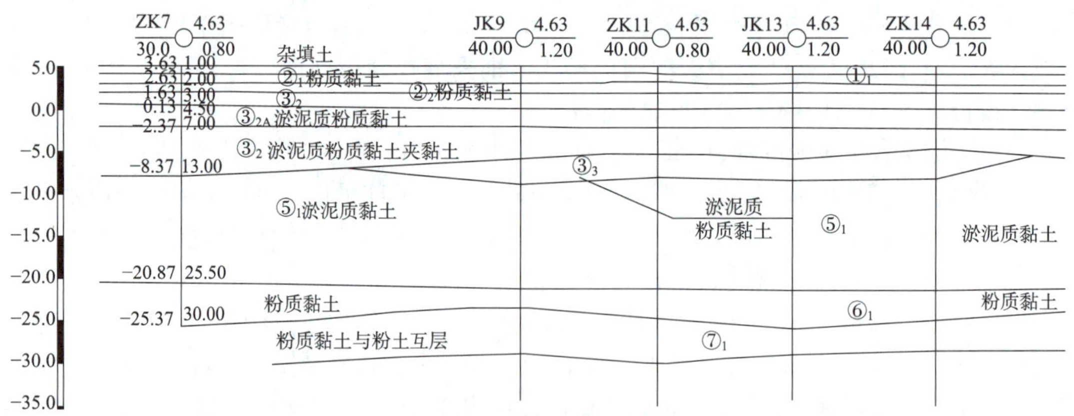

图 4-3　申北四路地质剖面

拟建场地属滨海平原地貌单元，本场区对有影响的地下水类型主要有浅部土层中的潜水及⑦层中的承压水，勘探期间测得潜水稳定地下水位为地表下 0.50～1.80 m，其相应高程为 3.40～3.92 m，建议地下潜水最高水位按地面下埋深 0.50 m 考虑。

潜水主要赋存于②$_1$、②$_2$、③$_2$、③$_{2A}$、③$_3$、⑤$_1$ 层中，一般水位埋深 0.8～～1.5 m，⑦层中的

承压水含水量丰富,承压水水位低于浅部水位,一般水位埋深 5.0～6.0 m,局部与潜水层连通,补给来源为大气降水及地表径流,并以蒸发、向附近沟、塘等地形低洼处侧向排泄为主。潜水、微承压水、承压水水位主要受降雨、潮汛、地表水影响,深部承压水以侧向补给为主。

4.2 风险源分析

本工程特点为基坑开挖深度大,基底地质条件复杂,开挖面积大且邻近既有沪昆铁路,地面管线众多,地形受限,三条道路深基坑在金山上行线附近交汇于一点,施工难度大,安全风险高。为确保工程顺利安全实施并满足长期运营的相关要求,本工程必须重点考虑以下风险源:

1. 工作坑施工引起既有营业线变形较大的风险

顶进工作坑设计深度 8.4 m,南北方向长约 70 m,基坑面积达到 3 500 m^2 左右,且邻近为既有沪昆铁路群,基坑开挖时,对既有营业线位移沉降影响较大。

U1 型槽为申北四路、春九路、明中路三条道路交叉起点,U 型槽宽度基坑形状不规则。春九路宽 33.5 m,明中路宽 40.1 m,申北四路 58.5 m,开挖面积约 3 500 m^2,开挖深度 7.9 m。U2 型槽连接下穿箱涵与 U1 型槽,距离铁路路基坡脚 4.7 m,且基坑外侧为金山上行线 43 号、46 号墩,距离基坑边最近处约为 17 m,44 号、45 号墩位于基坑内,可能引起铁路路基和桥墩承台位移过大的风险。

2. 深基坑自身变形较大的风险

顶进工作坑和 U1 基坑开挖深度分别为 8.4 m、7.9 m,深度较大,极易产生安全风险。若基坑支撑体系和围护措施设计不当,极易使得深基坑自身变形过大,甚至导致坍塌事故。

3. 钻孔灌注桩施工塌孔风险

本工程地处软土地区,软土承载力低、灵敏性高,钻孔施工产生的扰动易引发软弱黏土的变形破坏,带来塌孔风险,进而导致既有铁路路基和桥墩变形超限,影响行车安全。

4. 箱涵顶进施工引起既有铁路路基沉降风险

箱涵与既有线路相交,交角 78.6°,铁路箱涵纵向长 57.0 m,总宽度 42.52 m,顶进过程中箱涵的横向、竖向角度控制难度大。顶进段下穿既有线 7 股道,须施作高压旋喷桩及条基并架设钢便梁,架设便梁以在便梁中心位置下顶进箱涵,跨线长度大,对既有营业线路基沉降影响大,施工安全风险高。

5. 邻近既有铁路大型机械施工

本工程在施工过程中会使用到大型机械设备如挖掘机、起重机等,由于地基承载力不足或平整度不够,操作人员对施工环境不熟悉,大型机械设备操作不规范,可能会倾覆进入营业线,直接影响到营业线运营安全、造成人员伤亡或者设备损坏。

4.3 对策措施

4.3.1 施工技术措施

1. 总体方案

(1)既有沪昆铁路管线迁改过渡、接触网硬横跨迁改、信号机、地方管线等迁改完成。

(2)施工 U7～U9 型槽,施工完成后对其回填。

(3)顶进工作坑开挖、封底、滑板、润滑层、导向墩等施工,再进行箱涵主体预制。

(4)线路加固施工:架设 6 孔便梁依次施工 2 号、3 号条基;架设 12 孔便梁同时施工 1 号、4 号条基,并在完成①、④箱涵顶进后退场 6 孔;利用剩余的 6 孔便梁依次顶进③、②箱涵。便梁临时支墩设置 60 个,支墩达到设计强度后架设 D24 便梁,便梁采用高位进行架设。临时支墩在慢行期间施工,轨枕盒内道砟清除、调整枕距、钢枕穿入、主梁吊装就位等施工在封锁点内作业。

(5)顶进箱涵就位后,施工 U2、U5～U6 型槽。

(6)U2 型槽施工完成后同步施工 U1 型槽及站前路桥。站前路桥 1 号、2 号承台在 U1 型槽底板施工前完成,立柱及上部结构与 U1 型槽同时施工。

(7)U1 施工完成后,U10～U13、U14～U17 型槽同步施工。

(8)U 槽段排水管道在施工 U 型槽时同步施工,沉井在箱涵顶进完成后施工,沉井完成后施工水泵房、生活管理用房及相应设备安装。

(9)雨污水管道与路基填筑可同步施工,分层压实,站前路道路待站前路桥施工完成后填筑。再统一摊铺水稳层及沥青面层。

施工的整体流程如图 4-4 所示。

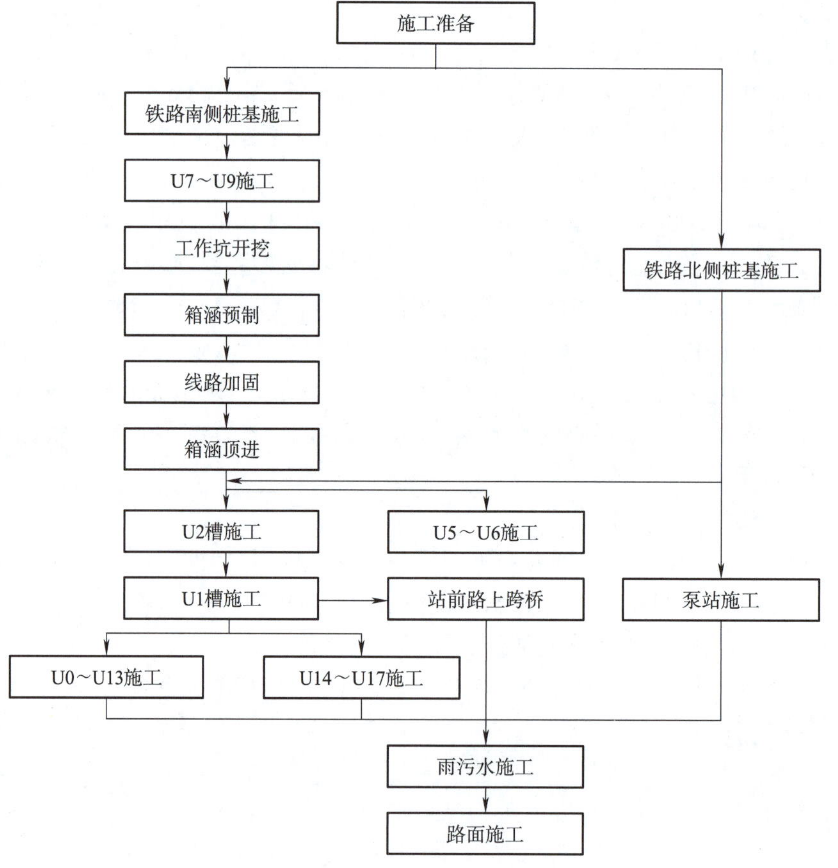

图 4-4　申北四路工程施工整体流程

2. 顶进工作坑施工

针对风险源1、2,顶进工作坑线路侧围护止水桩采用ϕ60 cm@50高压旋喷桩作为止水帷幕,桩长18 m,连续布置。U3～U6顶进工作坑钻孔桩与三轴水泥搅拌桩之间加设高压旋喷桩止水帷幕。顶进工作坑前端止水及地基加固高压旋喷桩施工前在线路外侧设置应力释放孔,孔径500 mm,孔深6 m,间距1 500 mm。应力释放孔设置好后,与线路加固一起施作。然后对冠梁及支撑进行施工。

针对风险源3,为避免钻孔灌注桩成桩施工的塌孔风险,钻孔灌注桩采取间隔跳打的方式施工,成桩施工中采用膨润土泥浆护壁,围护桩施工前进行试成孔以确定围护桩的施工参数。同时施工单位应在施工前提交围护桩施工方案,经相关各方审查通过后方可实施。

针对风险源2,基坑开挖时需划分区域并确定各区域开挖顺序,以达到控制变形,减小周边环境影响的目的。在平面上进行合理的土方分块分层,分块的原则是根据基坑平面形状、基坑支撑布置等情况,按照基坑变形和周边环境控制要求,将基坑划分为若干个周边分块和中部分块,制定分块施工先后顺序,并确定土方开挖的施工方案。土方分块开挖后,与相邻的土方分块形成高差,应根据土质条件和周边保护要求进行必要的限制,按可形成的土坡自然高度,范围在1.5～3.0 m。

滑板施工:滑板采用C30钢筋混凝土,厚30 cm,在滑板下夯实20 cm碎石垫层,在上采用M10水泥砂浆抹面2 cm,在水泥砂浆表面涂机油调滑石粉润滑层一层,厚3 mm,再上铺塑料薄膜隔离层,顶进时采用平坡顶进,滑板面均在统一高程位置。滑板施工时注意钢筋保护层设置,尤其是后背梁与预制箱涵位置之间必须严格控制,必要时增加钢筋密度,同时滑板主筋与后靠背钢筋焊接成整体,防止顶进时滑板开裂。

后靠背施工:后背采用直径1 m,间距1.2 m钻孔桩,桩长27 m,冠梁顶高程2.3 m;与基坑内侧围护结构形成整体。后背梁采用台阶形式,第一台阶长38.13 m,第二台阶6.19 m,C30钢筋混凝土结构,施工时与后靠背钻孔桩浇筑成整体。

支撑拆除:顶进工作坑横向支撑约47 m长,内支撑为800 mm×800 mm钢筋混凝土支撑,施工完成后,挖机降土至设计高程,待结构施工过程中,混凝土填充和底板施工完成达到设计强度80%后即可拆除混凝土支撑。内支撑采用链锯+叉车+吊装拆除(绳锯置于坑内,吊机停靠基坑两侧)。叉车插入梁底,向上托紧混凝土块,用链锯及气割切割好支撑,叉运混凝土块至吊装位置,堆砌整齐,再吊运装车外运。

导向墩施工:导向墩为控制箱涵顶进过程中的附件,起着导引方向的作用。滑板施工前在箱涵顶进路线两侧外10 cm每隔5 m设置钢筋混凝土导向墩,导向墩在滑板底部,深度100 cm,宽度50 cm。本项目由四个独立的箱涵组成,最外侧按设计要求设置混凝土导向块,对中间箱涵顶进时的导向块采用箱涵外侧10 cm每隔5 m处预埋一块钢板,顶进前,焊钢导向块。由于箱体过重,顶程较长,顶管可能出现爬行现象,在导向墩的位置每隔10 m,预埋一块钢板,顶进时在顶管上设置槽钢固定在预埋钢板上,保证顶管稳定。

转正块设置:申北四路四个箱涵与既有线路斜交,箱涵内角为78.6°,在顶进过程中为保持千斤顶与箱涵在同一方向,在箱涵后端设置转正块,转正块采用钢筋混凝土结构,混凝土等级同箱涵等级。钢筋采用HRB400直径12 mm,间距为15 cm一道,纵向钢筋提前预埋至框架底板内。转正块端部根据千斤顶布置位置预埋500 mm×500 mm×20 mm钢板。在①、④号箱涵设置2个直角梯形式转正块,第一级台阶以左侧墙外为起点,垂直长度3 m,短边宽

0.3 m,长边宽 0.9 m,第二级台阶垂直长度 4.4 m,短边宽 0.3 m,长边宽 1.19 m。在②、③号箱涵设置 6 个直角梯形式转正块,第一级台阶以左侧墙外为起点,垂直长度 2.30 m,短边宽 0.3 m,长边宽 0.76 m。第二、三、四、五、六级台阶与第一级台阶尺寸相同。

3. 便梁架设与线路加固施工

针对风险源 4,为避免箱涵顶进施工引起既有铁路路基沉降过大,总体施工顺序从杭州至上海方向依次为①、②、③、④条基,1 号、2 号、3 号、4 号箱涵,条基制作顺序为②→③→①→④,箱涵顶进顺序为 1→4→3→2。具体箱涵顶进施工分三步。

第一步:封头钻孔桩、围护桩等桩基施工,基坑开挖,箱涵预制。

第二步:制作临时支墩,共 60 个,临时支墩可以交替施工,架设 6 孔 D24 型便梁,便梁架设完成后施工地基处理高压旋喷桩。

第三步:线路加固完成后,进行箱涵顶进施工,顶进行程 68.4 m,线路振捣稳定后拆除 D24 型便梁,之后进行线路养护施工。

临时支墩施工:在要制作的条形支墩两侧各施工 12 个临时支墩;待支墩达到设计强度后分别架设 D24 便梁 6 孔,便梁采用高位架设。临时支墩尺寸 250 cm×170 cm×60 cm,采用 C30 混凝土进行施工,临时支墩浇筑前将便梁限位轨头固定牢固。支墩制作时,在放样好的路肩位置,修挖路基土至所需深度,在枕木端外用铁管或 ϕ25 mm 短钢筋做靠挡,竖向采用胶合板(超过 50 cm 的采用 2 块)做挡砟板。铁管或 ϕ25 mm 钢筋上部与枕木面平,上端采用绝缘措施的绳索进行稳固,有效控制轨下道床稳定。临时支墩位置关系如图 4-5 所示。

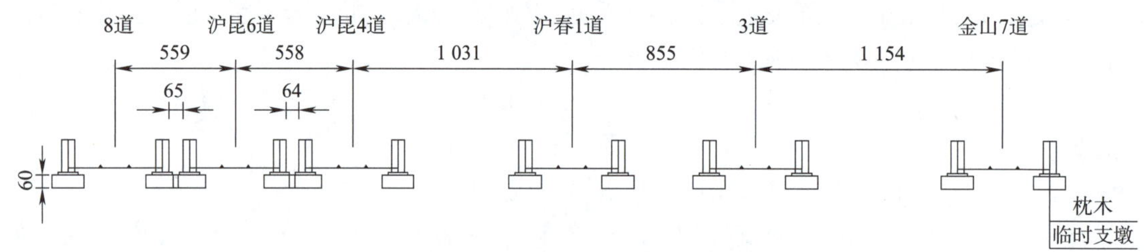

图 4-5　临时支墩位置关系立面图(单位:mm)

便梁施工:采用轨道车牵引平板车进行运输,每次装 1 孔(2 片)。运输车提前 1 天将便梁运至临近施工区域车站(春申站),次日线路封锁后运至工地。落梁时线间距小于 6.5 m 的邻线需要临时停电 10~15 min。便梁移梁采用轨道式重物移运器人工移梁。便梁施工流程如图 4-6 所示。

便梁架设完成后,进行地基加固,对线路下进行放坡拉槽,采用人工配合机械挖除,挖机使用限位装置,避免挖机在挖土过程中因机械臂碰撞线路。拉槽底部宽度 4.5 m,边坡坡比 1∶1,高 2.45 m。人工配合机械施工,挖到 2.23 m 高程时,使用 2.7 m 高度的高旋喷桩施工便梁支墩基础,高压旋喷桩直径 60 cm,搭接 10 cm,桩长 26 m,便梁支墩长 52 m,宽 2.8 m。桩头插 60 cm 长 ϕ28 mm 短钢筋(插入 30 cm,外露 30 cm),高压旋喷桩桩身强度达到设计要求后绑扎便梁支墩钢筋。为缩短地基加固的时间,计划使用 2 台高压旋喷桩机施工,预计 7 天完成。

条基施工:第一层结构为通长设置,其中①、④条基尺寸为 52 m×2.8 m×1.5 m,②、③条基尺寸为 52 m×2.8 m×1.2 m。采用钢筋混凝土结构,混凝土等级为 C30。②、③条基底部预埋 ϕ3 cm 的 PVC 管,间距 0.5 m,用于在箱涵顶进前切割影响顶进的条基。第二层结构只

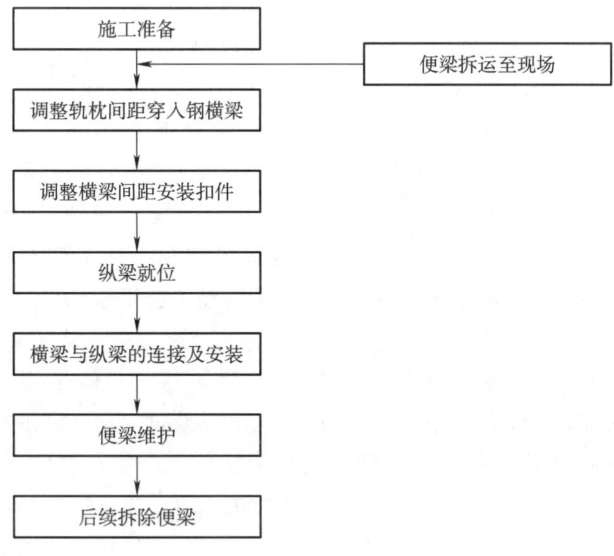

图 4-6 便梁施工流程

在便梁纵梁支点下设置，其中，②、③条基的支墩尺寸为 1 m×1.2 m×1.5 m，且同一组支墩之间用 20 cm 厚的钢筋混凝土墙连接，以起到挡土作用，在支墩顶部及底部预埋 ϕ3 cm PVC 管一道，用于切割支墩；①、④条基的支墩尺寸为 1 m×1.5 m×1 m。第二层结构在施工时应根据施工误差及轨底高程相应调整，采用钢筋混凝土结构，混凝土等级为 C30，仅在与便梁接触面设置 ϕ20 mm HRB400 钢筋，间距 15 cm 一道。混凝土浇筑时采用地泵接长浇筑条基，严格控制混凝土坍落度。道砟外运时用小袋装砟运至线路外侧，并在便梁支墩第二层结构之间设置 20 cm 混凝土挡墙，防止道砟溜塌，在其他位置可采用小袋堆砌。

4. 箱涵顶进

针对风险源 4，对箱涵顶进施工工艺进行重点设计。箱涵顶进顺序为 1→4→3→2，均采用 24 m 便梁施工。在条基制作及箱涵预制完成后，开始顶进箱涵。箱涵顶进使用单个顶力为 500 t 的液压千斤顶，固定在转正块上跟随箱体一起前进。在正式顶进前进行预顶，以便对千斤顶调校，从而保证顶进质量。1 号箱涵利用①、②条基顶进，4 号箱涵利用③、④条基顶进，3 号箱涵利用已就位 4 号箱涵和②条基顶进，2 号箱涵利用已就位 1 号箱涵和 3 号箱涵顶进。

箱涵下地基加固施工与条基下地基加固处理相同，在 2 号、3 号箱涵地基加固时计划使用 3 台高压旋喷桩机。

顶进施工：油泵控制台放置在转正块上，7 个油顶依次排列。施工流程为准备工作检查→安装顶力设备→试顶→顶进→更换顶铁→加放管桩→测量校正→挖土→运土→顶进。挖土时由一台挖机在拉槽内边退边挖土装机，运渣车倒进箱涵内装土，外运至弃土场，在千斤顶部位采用钢支撑和钢垫板保护千斤顶。

顶进挖土：分成两部分，在 D24 m 便梁架设后，对便梁下拉槽，施工箱涵地基处理桩，两侧可采用水泥浆粉刷边坡以防止雨水冲刷，第一次拉槽至高程 2.6 m 处，以减少顶进时二次出土量，提高顶进效率。第二部分即顶进时挖土，挖机置于顶进箱涵前端的挖土通道中开挖箱涵前端 1 m 的土方，在箱涵内装车运出，挖至箱涵外形尺寸两边及底部各留有 10 cm，随后技术员测量后进行第一次修整，用人工修整到位，修整过程中土体要用水平仪测量。条基破除采用人工+链锯的方式，把链锯穿过预埋的 PVC 管，将条基分段切割，然后用叉车叉出，以加快破除速度。在轨枕底设置挡板，以防止链锯断裂损伤钢轨，影响线路运行安全。

顶进按照挖土→运土→顶进→换顶铁→测量校正→下一顶进循环的程序进行施工。在转正块上布置相应的 500 t 油顶，顶铁、顶杆布置于后靠背上，中间放置 5 cm 厚钢板保持受力均匀。每次顶进 1.5 m 后接长顶杆、油顶收缩，循环往复进行顶进，每更换 4 根 1.5 m 顶杆后则使用 6 m 顶杆进行替代，以保证顶管在轴线上传力，防止爆管。顶进过程中 1 台 1.5 m^2 挖机在箱涵前段挖土，由高度 3.5 m 左右的土方车从既有申北四路框架往外出土。更换顶铁时采用 80 t 吊机进行吊装，查询 80 t 吊机性能参数表，其最大作业半径为 31 m，能满足顶铁更换的要求。

1 号、4 号条基三角区采用素混凝土回填，2 号、3 号条基三角区采用道砟回填。箱涵顶进就位后，在拆除加固设施前，按需要备足道砟和上砟工具、劳力，安排好抽换横梁的施工作业程序。便梁装卸、跨越线路横移作业必须在批准的封锁计划内进行，按规定办理封锁施工有关手续并设好防护，确保行车安全。并对线路进行全面检查养护，直至达到标准。

5. 路基注浆

针对风险源 4，为保证既有铁路路基的安全，在箱涵顶进到位后，需对箱涵两侧及底部进行注浆。本工程在箱涵两侧沿线路方向注浆长度为 17.8 m，深度为 9.9 m，注浆孔间距≤1 m。

水泥浆管利用在钢轨下预设的 ϕ100 mm PVC 管过轨，控制注浆压力在 0.3 MPa 内，且注浆孔与光电缆间距保持在 0.5 m 以上。本工程注浆均在封锁点内进行，注浆期间加强线路及路基监测，确保轨道几何状态及路基可控。

6. U1、U2 基坑施工

针对风险源 2，为保证基坑开挖自身的安全与既有铁路桥梁的安全，在金山上行线桥梁下方拉槽围护桩基的施工空间，拉槽深度 2 m，底部宽度 5 m，两侧放坡坡率 1∶1；围护桩基施工完成后，在基坑范围内再次进行降土以施作地基加固桩，本次开挖深度 2 m。

冠梁及支撑施工：土体压实后浇筑 100 mm 厚素混凝土垫层，严格控制垫层顶高程，特别要保证混凝土支撑几何尺寸的平整，同时在垫层上铺设油毡隔离层。主筋接长采用单面搭接焊，焊缝长度不小于 10d；围护桩主筋锚入冠梁长度不小于 35d，且末端设置 135°弯钩，弯钩内径 4d，弯后直段长度 5d。钻孔灌注桩桩顶锚入冠梁 100 mm，圈梁模板采用木模，模板加固采用 ϕ48 mm 脚手架钢管双根双向配合拉杆进行加固，钢管水平向 2～3 道，竖向间距不大于 1 m。U1、U2 冠梁及支撑混凝土浇筑采用地泵。浇筑后，上面覆盖麻袋或草包，并进行保湿养护。混凝土强度达到要求后进行下一步的基坑开挖。

U1 段共设置 7 口降水井，U2 段共设置 4 口降水井，采用 1 型降水井，降水井深度为 11 m，降水井需避开抗拔桩，穿越底板时需设置止水装置。U2 降水期间加强监测，降水水位不可低于金山上行线 44 号、45 号承台底。

U2 基坑开挖：如图 4-7 所示，从已就位箱涵前端向 U1 开挖第一层 2 m 土体，在距离三轴水泥搅拌桩 2.68 m 位置处开始放坡。进入桥墩范围后，先开挖 A 区域，再开挖 B 区域，最后开挖 C 区域，在桥墩 1 m 范围内采用人工开挖的方式；U2 基坑分 3 层开挖，第一层深度 2 m，第二层深度 3 m，第三层深度 3.08 m，开挖顺序与第一层相同。在 U1 部分放坡，第一层坡率 1∶1.5，台阶宽度 3 m；第二层坡率 1∶1.5，台阶宽度 2 m；第三层坡率 1∶1.5，坡底距离金山上行线承台边4.82 m。另外需要严格分层分区开挖,按照平面图尺寸分层分区下挖至设计高程,每开挖完一个区域即对其进行封底。封底完成后用硬隔离对基坑内金山上行线两个桥墩围护,墩身上贴反光标志。待底板浇筑后,优先施工桥墩外围竖墙,防止后续施工中碰撞桥墩。U2施工期间,应对44号、45号桥墩采取保护措施,以保证金山上行线的运行安全。在桥墩周围0.5 m范围内搭设钢管支架对其进行保护,钢管支架随降土一同下降直至基坑开挖完成。

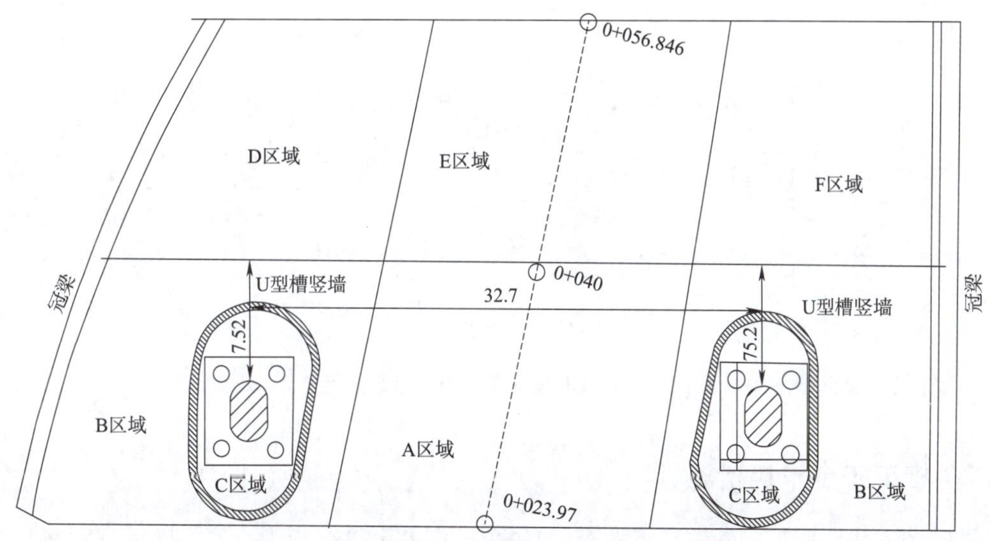

图4-7　U2基坑开挖施工平面分区(单位:m)

U1基坑开挖:如图4-8所示,在U2型槽全部施工完成后,再进行U1基坑的施工。首先将机械运至D1区域进行开挖,开挖深度2 m,与周边区域边坡坡比为1∶1.5,集水井设置在三角形角边上,尺寸为500 mm×500 mm×800 mm,开挖至设计高程;然后对G1区域进行开挖,开挖深度2 m,与周边区域边坡坡比为1∶1.5,开挖至第一层设计高程;对A1区域进行开挖,开挖深度2 m,与周边区域边坡坡比为1∶1.5,开挖至第一层设计高程位置;对B1、C1区域进行开挖,开挖深度2 m,与周边区域边坡坡比为1∶1.5,集水井设置在三角形角边上,尺寸为500 mm×500 mm×800 mm,开挖至设计高程;对E1、F1区域进行开挖,开挖深度2 m,与周边区域边坡坡比为1∶1.5;第一层土体开挖完成后,进行第二层土体开挖,第二层开挖深度为2 m,开挖顺序及方式与第一层开挖顺序及方式相同;第二层土体开挖完成后对第三层土体进行开挖,第三层土体开挖深度为1.9 m。开挖顺序及方式与第一层土体开挖顺序及方式相同,每个区块开挖至基坑底后在24 h内对其进行封底。

U1区域混凝土横向支撑最长约62 m(为本工程最长混凝土支撑),内支撑为800 mm×800 mm钢筋混凝土支撑,施工完成后,挖机降土至设计高程,待结构施工过程中,混凝土填充和底板施工完成达到设计强度80%后即可拆除混凝土支撑。支撑方法同工作坑,采用链锯+叉车+汽车吊的方式。因U2位于金山上行线桥梁下方,其两侧不具备吊车作业条件,所以将U2拆除的支撑用叉车运至U1范围内后再用汽车吊吊出。U1、U2基坑混凝土支撑拆除顺序为1→13(拆除对称支撑→14→21(拆除对称支撑)→22→29(拆除对称支撑)→30→36(拆除西南角外围第一道支撑)→37→43(拆除西南角外围第二道支撑)→44→47(拆除西南角外围第三道支撑)。

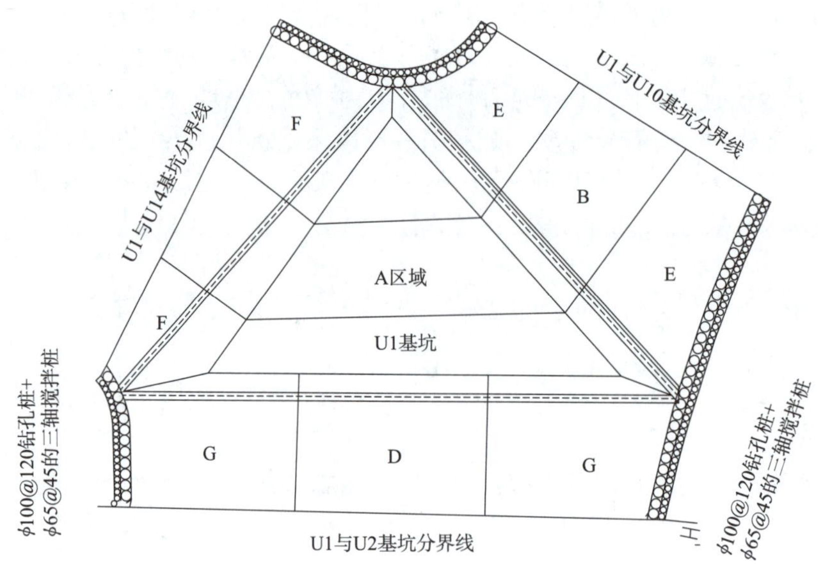

图 4-8　U1 基坑开挖施工平面分区

4.3.2　施工安全卡控措施

针对风险源 5,应加强施工现场调查,对每个操作人员进行详细交底。作业前对场地进行平整、加固,施工、监理单位加强现场检查确认。严格按操作规程作业,执行一机一人防护制度,按规定落实缆风绳、保护接地等安全措施,营业线来车停止作业。邻近营业线施工落实物理隔离措施。

另外请设备管理部门核查既有设备,对地下管、线、电缆设施的位置等予以确认,划定防护范围,经设备管理部门同意后施工,邻近既有线施工中,必要时请各设备管理单位派员监护。既有线施工中,经常监视与保持线路、通信、信号等建筑物和设备处于完好状态,发现异常立即停工处理。施工地段既有线设备发生损坏时,及时请设备管理单位进行抢修,并做好配合工作,尽快恢复正常使用。

在顶进施工过程中,既要有明确的分工,又要相互协作、要听从指挥,服从管理。施工技术人员作为一线施工的中心班组,负责整个施工的过程监控,内容主要包括:顶进箱体方向的测量及预测;箱体顶进过程的顶力过程监控;顶进前端土质的监控;指挥挖土班组的挖土;指挥顶进千斤顶班组的开停顶力设备;根据拟定的方案进行交底等工作。监控过程原则上为每 1 m 顶程作为一次记录,并根据记录数据进行分析箱体的运行趋势,发现问题及时采取措施进行纠正,顶进过程中各监控点用对讲机沟通,保证及时有效施工。

由于申北四路工程涉及既有线、邻近既有线施工,安全压力、风险较大,应做好相应的铁路安全管理防护工作。

在顶进工作坑前端高压旋喷桩施工过程中,既有金山下行线限速 45 km/h,顶进工作坑开挖、降水及支撑拆除过程中,金山下行线限速 60 km/h。

在 U1、U2 围护及地基加固过程中,钻孔灌注桩下放钢筋笼的时候对 8 道线路进行封锁。U1、U2 基坑开挖及降水过程中,对金山上行线限速 60 km/h。

在线路加固及箱涵顶进过程中,对6股道、沪昆下行线、沪昆上行线、沪春上行线和金山下行线分别采取临时封锁和限速45 km/h的措施。施工完毕后,逐级提速恢复至正常速度。

4.3.3 监测与控制

1. 监测总体要求

为保证邻近营业线工程施工安全顺利进行,在施工过程中积极改进施工方法、施工工艺和施工参数,最大限度减小变形,确保工程安全,并保护周围环境,应对施工全过程进行监测。

基坑开挖过程中,必须保证支护结构的稳定性,以确保基坑施工安全,从而不危及基坑周边建筑物和既有构筑物、地下管线等。为保证防汛安全,对下穿既有线基坑围护位移、沉降变化监测。顶进段施工必须保证铁路的安全,保证列车的安全运行。

为了及时收集、反馈和分析周围环境及围护结构在施工中的变形信息,实现信息化施工,确保施工安全。根据施工现场环境条件,确定本工程设置的监测内容有围护桩顶的竖向和水平位移、桩身深层水平位移、地表竖向位移、坑外水位观测孔、支撑轴力、立柱竖向位移、建筑物水平及竖向位移、管线和铁路水平及竖向位移。

2. 监测点布置

金山线监测点布置为43号(K10+086)、44号(K10+119)、45号(K10+152)、46号(K10+185)桥墩水平、沉降位移监测。

申北四路与沪昆铁路相交,交叉处里程为沪昆铁路下行K39+880。本次监测路基,以沪昆线下行K39+830～+930两侧按照20 m一个监测点布设共计布设12个路基监测点,监测点位置布设在8股道最外侧路基上,测量水平、沉降位移,箱涵顶进期28个支墩水平沉降位移和区域内接触网立柱水平沉降位移。其中,路基测点布置如图4-9所示,金山线桥墩位移监测点布置如图4-10所示。

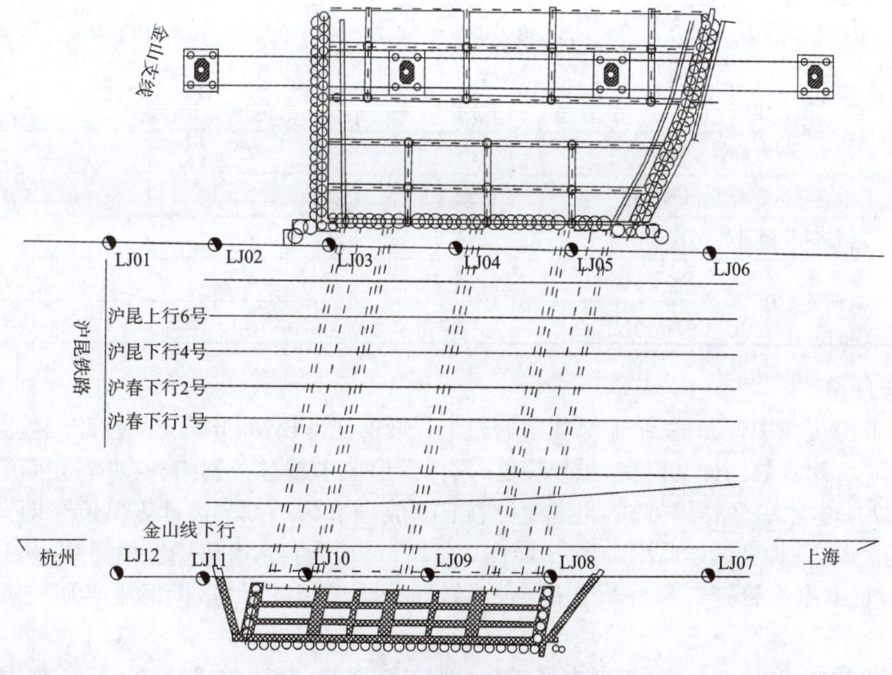

图4-9 路基监测点布设示意

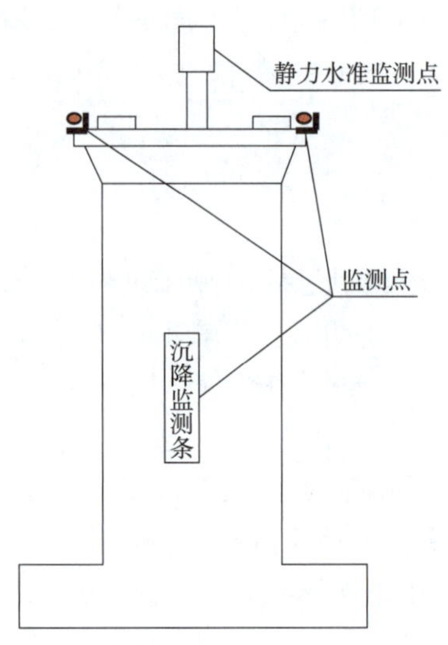

图 4-10　金山线桥墩位移监测点布设示意

3. 监测标准、频次及预警值

根据施工安排，对地基有扰动的施工采取 1 次/2 h 一次的监测频率原则。对地基基础扰动影响较小施工阶段采取 1 次/6 h 的监测频率。在施工期间，对于变形量较大的监测点或特殊工艺施工，根据实际情况加密监测频率，必要时进行跟踪测量。在工程完工后，前 7 天对所有监测点 1 次/d，数据稳定后根据现场实际情况适时调整到 1 次/3 d，如数据正常后，调整为 1 次/5 d。

铁路变形监测预测值与报警值见表 4-2。

表 4-2　铁路变形监测预警值与报警值(mm)

序号	检　测　项　目		警　戒　值		
			24 h 变化量		累计变化量
			预警值	报警值	报警值
1	高铁无砟桥墩水平、沉降位移		±1.6	±2.0	±2.0
2	普速有砟桥墩水平、沉降位移		±2.4	±3.0	±3.0
3	普速路基、接触网水平、沉降位移		±1.6	±2.0	±10.0
4	条基、便梁支墩	水平位移	±3.2	±4.0	±4.0
		沉降位移	±1.6	±2.0	±10.0

4. 应急预案

实施监测过程中，及时总结监测数据随施工开展的变形规律，并重点关注监测数据变形情况是否正常。出现数据异常突变，虽预警值、累计变形值未超过控制指标，也需立即启动应急预案，立即通过电话、短信等方式，报送建设、施工、监理、设备管理、设计等单位立即安排加密进行现场监测，并加密后续监测频率不少于 1 次/30 min 监测频率监测。根据数据变形情况，适时报请业主组织召开专家分析咨询会，并做好分析汇报的准备，同时配合研究相关应对措施。

大型机械倾覆、路基下沉、挖断电缆、接触网故障、胀轨、断轨、线路晃车、红光带、便梁倾覆等突发状况应急预案见 1.3.3 节、2.3.3 节。

4.4　实施效果

1. 沪昆铁路路基变形

沪昆铁路路基各监测点在基坑桩基施工、箱涵顶进施工、U1 和 U2 基坑施工完成后位移随时间的变化情况如图 4-11～图 4-13 所示。

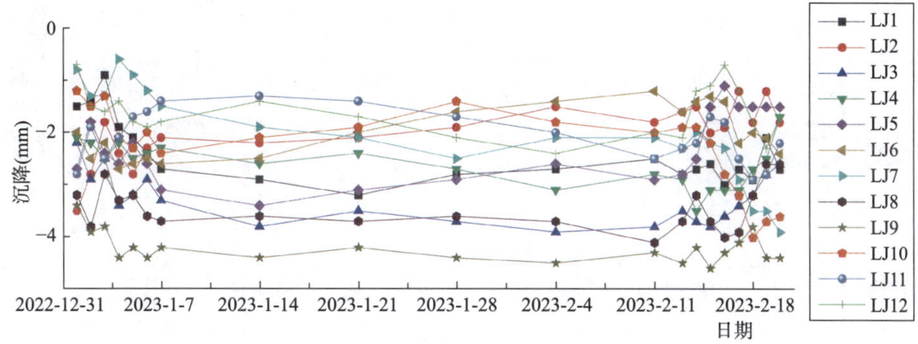

图 4-11　沪昆铁路路基沉降

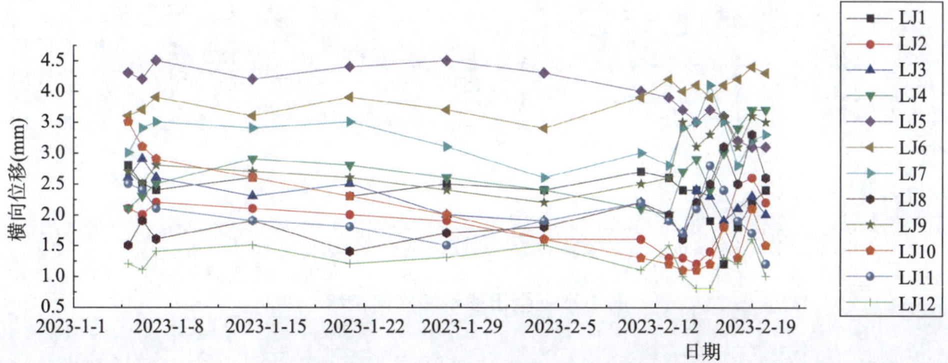

图 4-12　沪昆铁路路基横向位移

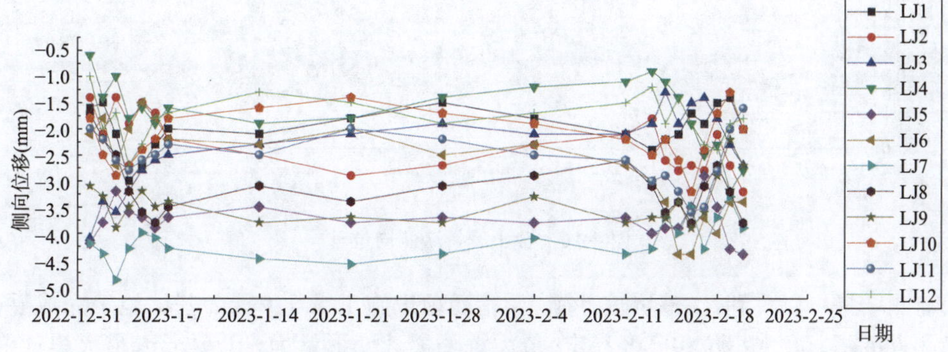

图 4-13　沪昆铁路路基侧向位移

由监测结果可以看到，在基坑桩基施工、箱涵顶进施工、U1 和 U2 基坑施工完成后，沪昆铁路路基测点沉降以及水平位移已经稳定，最大沉降累计变形量为−4.6 mm，最大累计横向位移为 4.5 mm，最大累计顺向位移为−4.6 mm，均未超过报警值 10 mm。

2. 金山线桥墩变形

金山线桥墩各监测点在基坑桩基施工、箱涵顶进施工、U1 和 U2 基坑施工完成后位移随时间的变化情况如图 4-14～图 4-16 所示。

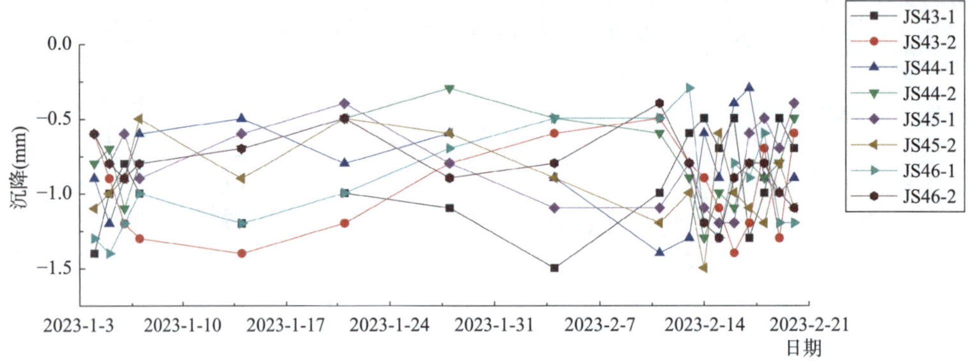

图 4-14　金山线桥墩沉降

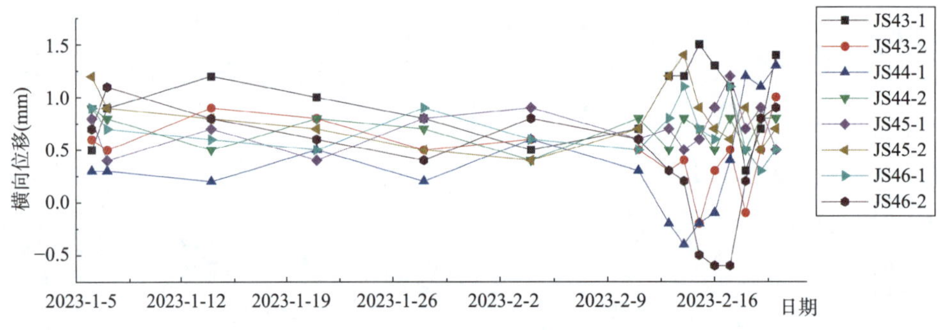

图 4-15　金山线桥墩横向位移

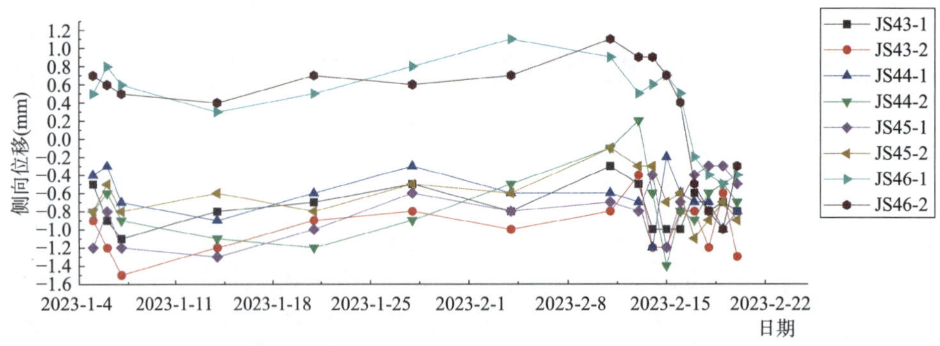

图 4-16　金山线桥墩侧向位移

由监测结果可以看到，在基坑桩基施工、箱涵顶进施工、U1 和 U2 基坑施工完成后，金山线桥墩测点沉降以及水平位移已经稳定，最大沉降累计变形量为−1.5 mm，最大累计横向位移为 1.5 mm，最大累计顺向位移为−1.5 mm，均未超过报警值 3 mm。

综上所述,按照既有U1、U2的基坑开挖方案、围护结构设计、箱涵顶进方案以及路基加固方案,施工得以顺利进行,最终的既有铁路路基变形与既有铁路桥墩变形均未超限,保证了施工与既有铁路运营的安全。

4.5 小　结

本章以申北四路下穿铁路立交桥工程为例,介绍了市政道路下穿既有铁路的风险源及安全风险防控措施。本工程中选用合适的围护形式以及合理的箱涵顶进方案和路基加固措施,可以有效减少对既有铁路路基和桥梁的影响,同时辅以有效合理的监测方案,达到了安全施工,不影响既有线安全运营的目的。

市政道路下穿既有铁路的风险源主要包括5个方面:工作坑施工引起既有营业线位移较大的风险、深基坑自身变形较大的风险、钻孔灌注桩施工塌孔风险、箱涵顶进施工引起既有铁路路基沉降风险、邻近既有铁路大型机械施工的风险。针对上述风险源,从施工管理角度采取相应的技术及安全卡控措施。

(1)在施工技术措施方面,针对钻孔灌注桩成桩施工的塌孔风险,钻孔灌注桩采取间隔跳打的方式施工,成桩施工中采用膨润土泥浆护壁,围护桩施工前进行试成孔以确定围护桩的施工参数。

(2)在施工技术措施方面,针对工作坑施工引起既有营业线位移较大的风险,顶进工作坑开挖时需划分区域并确定各区域开挖顺序,以达到控制变形,减小周边环境影响的目的,并在工作坑中进行滑板、后靠背、支撑拆除、导向墩施工和转正块设置。

(3)在施工技术措施方面,箱涵顶进施工方案第一步为封头钻孔桩、围护桩等桩基施工,基坑开挖,箱涵预制;第二步为制作临时支墩,共60个,临时支墩可以交替施工,架设6孔D24型便梁,便梁架设完成后施工地基处理高压旋喷桩;第三步为线路加固完成后,进行箱涵顶进施工,线路振捣稳定后拆除D24型便梁,之后进行线路养护施工。在箱涵顶进到位后,需对箱涵两侧及底部进行注浆。在箱涵顶进施工过程中需要注意在轨枕底设置挡板,以防止链锯断裂损伤钢轨,影响线路运行安全。

(4)在施工技术措施方面,针对深基坑自身变形较大的风险以及工作坑施工引起既有营业线位移较大的风险,在金山上行线桥梁下方进行拉槽,留出围护桩基的施工空间,围护桩基施工完成后,在基坑范围内再次进行降土以施作地基加固桩,采用分层开挖。施工期间,应对44号、45号桥墩采取保护措施,以保证金山上行线的运行安全。在桥墩周围0.5 m范围内搭设钢管支架对其进行保护。

(5)在施工技术措施方面,针对邻近既有铁路大型机械施工的风险,应按规定落实缆风绳、保护接地等安全措施,营业线来车停止作业,同时邻近营业线施工应做好物理隔离措施。

(6)在施工安全卡控措施方面,既有线施工中,经常监视与保持线路、通信、信号等建筑物和设备处于完好状态,发现异常立即停工处理。不同施工阶段对金山线采取限速措施,对既有沪昆铁路实行限速和封锁措施。在施工完毕后,逐级提速恢复至正常速度。

申北四路下穿铁路立交桥工程在采用上述措施之后总体实施效果良好,在箱涵顶进与基坑开挖过程中保证了施工安全,未影响既有铁路的正常运营。该方案也为类似市政道路下穿既有铁路施工面临的风险提供了一种参考解决办法。

第 2 篇　桥梁下穿既有铁路施工

5　杭州市余杭区崇贤至老余杭连接线下穿宁杭高铁桥孔工程(浮托顶推法)

5.1　工程概况

5.1.1　案例背景

本工程高架主线桥,起止桩号 ZK5＋612～ZK7＋764,全长 2.152 km,全线高架,由东侧引桥、主桥和西侧引桥组成。主桥下穿宁杭高铁及上跨京杭运河,东侧引桥上跨杭宁高速。主桥采用桥面分幅形式,桥面宽 2×13.5 m;引桥采用整幅桥形式,标准断面桥面全宽 26.5 m。A 匝道桥,起止桩号 AK0＋101～＋376,共 275 m;B 匝道桥,起止桩号 BK0＋231.787～＋446.787,共 215 m。

主桥采用(40＋80＋180＋80＋40)m 钢混组合连续梁,主跨 180 m,其中跨中 88 m(不含两端 2.5 m 的格构室)范围采用钢箱梁,其余均采用预应力混凝土箱梁。其中跨中及边跨梁高为 4.1 m,中支点处梁高为 9.1 m,梁底按照 1.8 次抛物线进行变化。钢箱梁位于曲线半径为 870 m 的圆曲线上,顶面设 3%横坡,纵桥向为 1.1%的下纵坡。建成后桥面与宁杭高铁梁底最小距离为 6.431 m。

钢箱梁分左右两幅,材质为 Q345qD,左右幅桥钢箱梁重量为 1 898.6 t。采用两侧带挑臂的等高度单箱单室结构,平面位于圆曲线上,外侧箱梁中心线圆曲线半径 877.25 m,内侧箱梁中心线圆曲线半径 862.75 m。钢箱梁主要由顶板、底板、腹板、横隔板、横肋及各自的加劲肋组成,外形几何尺寸与混凝土箱梁保持一致,桥面设 3%单向横坡,横坡指向曲线内侧,箱梁中心线处梁高 4.1 m。单幅钢箱梁部分分为 3 个节段,分别为钢混结合段 GL1 和 GL1′梁段、跨中合龙段。钢混结合段总长 5 300 mm,重 70 t。左幅跨中合龙段长 83 133 mm,右幅长 81 667 mm。箱体及节段间连接全部采用焊接。

5.1.2　桥跨设计方案

主桥下穿宁杭高铁,同时上跨京沪大运河,为保证主桥施工的安全性,针对上述风险源,采用(40＋80＋180＋80＋40)m 钢混混合连续梁,主跨 180 m,其中跨中 88 m 范围采用钢箱梁,其余均采用预应力混凝土箱梁。主桥桥跨布置如图 5-1 所示。其中跨中及边跨梁高为 4.1 m,中支点处梁高为 9.1 m。梁底按照 1.8 次抛物线进行变化。

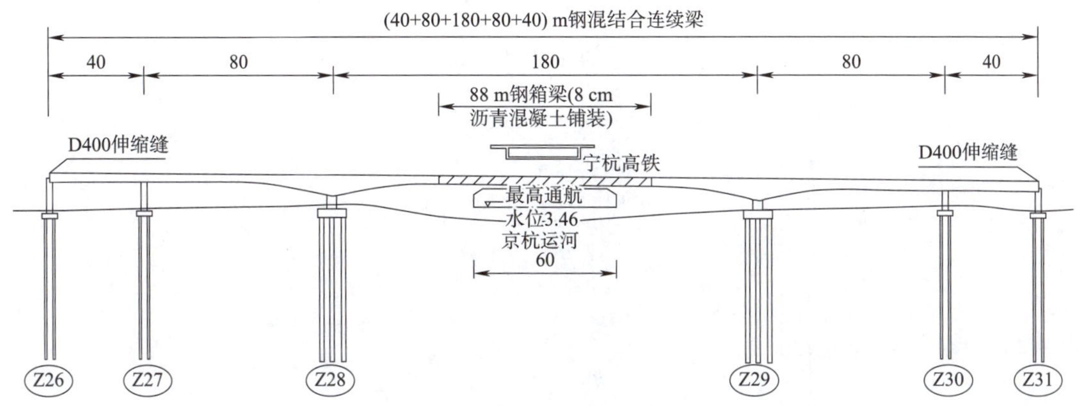

图 5-1 主桥桥跨布置立面(单位:m)

5.1.3 工程地质与水文地质

本项目桥区水系属于运河水系,桥位位置介于拱宸桥水文站和余杭塘栖水文站之间。运河水系水流平稳,水位稳定。洪水期水流由杭州市区、余杭镇、闲林镇、獐山镇方向流经塘栖,然后转入嘉兴、湖州或自武林头转入德清雷甸方向。枯水期可获得太湖水调节、补充,水流方向由嘉兴、湖州或德清方向流向杭州。常水位期基本无流速,常水位期约占全年的三分之二。京杭运河水位主要受季节和大气降水控制,据余杭塘栖水文站统计资料,历年最高水位 3.7 m,历年最低水位 0.19 m,多年平均水位 1.46 m。

杭州市属于亚热带季风气候区,四季交替明显。冬季受蒙古高压控制,盛行西北风,以晴冷、干燥天气为主,是低温少雨季节;夏季受太平洋副热带高压控制,以东南风为主,海洋带来充沛的水气,空气湿润,是高温、强光照季节;春季降水丰富,且降水时间长。

根据原疏港大道和 15 省道改建项目的地质勘察资料,并结合区域地质资料,测区前第四纪地层主要有白垩统朝川组(K_1c)紫红色粉砂岩、砂岩和上侏罗统下段(J_3a)凝灰岩、流纹岩;测区第四纪地层主要有海积淤泥质土、粉质黏土、黏土,冲海积粉质黏土、粉土、粉砂、冲湖积粉质黏土及局部分布的冲洪积粉质黏土、砂砾等。本工程第四纪地层厚度大,钻探未揭示断层等,区域地质构造对本工程影响较小,总体构造稳定性较好。地层岩性分为 11 个工程地质层,各层根据其物理力学性质差异、强度差异、岩石风化程度等,又分为若干亚层。地层主要为杂填土、素填土、淤泥、淤泥质黏土、黏土、粉质黏土、粉土、粉砂、砾砂、圆砾、全风化凝灰岩、强风化凝灰岩、中风化凝灰岩。以 Z28 号主墩为例,地质剖面如图 5-2 所示。

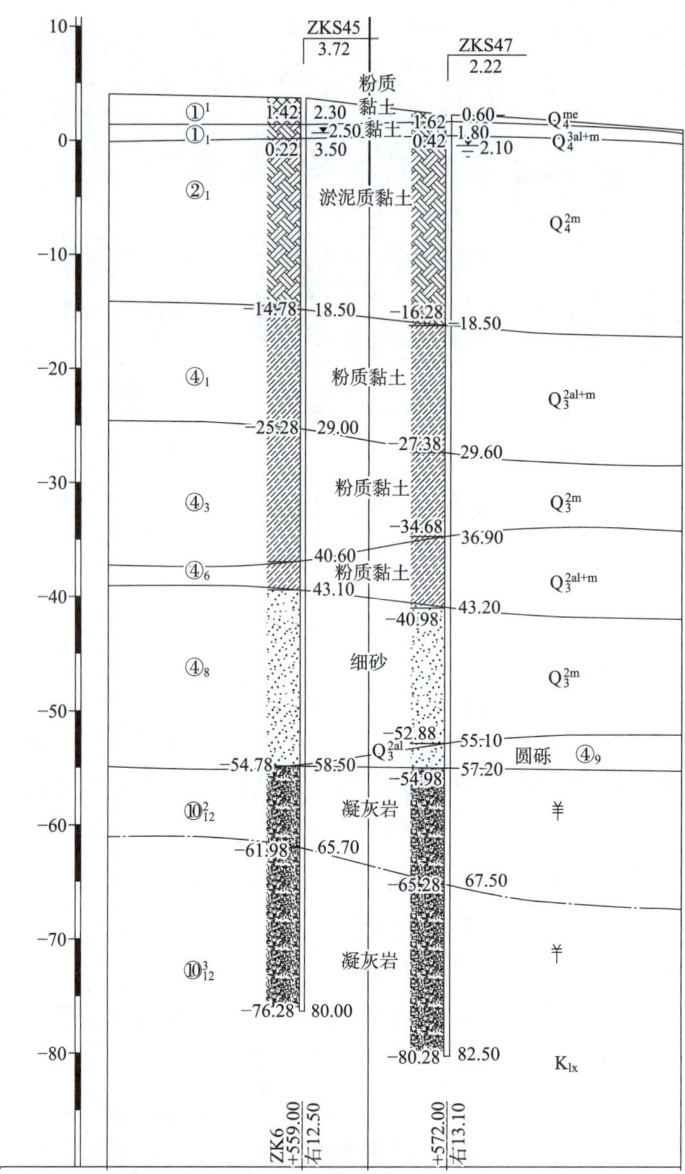

图 5-2　Z28 号主墩地质剖面(单位:m)

5.2　风险源分析

本项目上跨京杭大运河,须采取顶推浮托架设,具有施工场地狭小、周边铁路、航道等运营线路多等特点。为确保工程顺利安全实施并满足长期运营相关要求,必须重点考虑以下存在的风险源。

1. 桥梁桩基缩径、塌孔风险

桥梁基础上部软土厚度较大,具有高压缩性,桩体易出现缩径、塌孔现象,应加大泥浆稠度,若施工不当,还易发生塌孔、漏浆,影响桩体质量和施工进度。钻孔作业时为避免可能发生钻孔塌孔,导致周围土体变形过大影响既有铁路稳定,施工时采用钢护筒跟进、合适的泥浆配比等措施进行处理,以确保施工过程和成桩前不塌孔。泥浆池设置于远离高铁一侧,避免泥浆浸泡高铁地基。

2. 承台基坑坍塌风险

基坑开挖较深(最深 5.0 m),若未按规定放坡或支护,或通过不同土层时没有根据土的特性分别放成不同的坡度或设置支护结构,致使边坡(或基坑)失去稳定而造成塌方。在基坑的两侧,堆放大量土方或施工便道离基坑过近,在重力或外力影响下使坡体内剪切应力增大,土体失去稳定而塌方。在地下水和地表水的作用下,由于排水、降水措施不当,一方面土层受水的影响而湿化,内聚力降低,另一方面由于土方的流失,在重力作用下失去稳定。在挖方时由于操作方法不当出现掏空现象,使土体失去稳定。桥址处地质上部软土层较厚,性质差,压缩性高,由于开挖方法不适宜、支护不及时或施工不完善以及外力影响也容易导致基坑围护失稳坍塌,进而导致周围土体变形过大影响既有铁路稳定。

3. 浮墩系统倾覆风险

京杭运河常水位距离顶推时钢箱梁底面约 15 m,因此中间合龙段顶推过程浮墩支架搭设高度大,承受荷载大,施工过程中浮墩系统存在横向失稳及倾覆风险,须严格加以设计及管理控制。

4. 船舶、机械设备等撞击既有桥墩风险

桥位上跨京杭运河航道,同时下穿宁杭高铁,宁杭高铁桥上跨京杭运河桥梁主墩位于河道内,且距离新建主线桥最近约 33 m,钢箱梁运输要用到运输驳船,受潮汐、波浪、不良天气及通航船舶影响,施工期间潜在船舶走锚、船撞风险较高,需注意对现有宁杭高铁桥墩和天然气栈桥的保护。

5. 施工设备侵入铁路营业线风险

顶推时高度为 5.4 m,距离高铁梁底最小距离为 1 m,箱梁距离上方宁杭高铁净空为 6.431 m,吊机顶部距离宁杭高铁地面距离约 1.431 m。顶推过程施工控制难度较高,且设备制造过程存在几何尺寸上的精度误差,因此存在顶推施工设备侵入铁路营业线风险,影响铁路桥梁结构和铁路运营安全。

同时钢混结合段及钢箱梁节段提升采用平行式双主桁架轻型桥面吊机,两侧钢混段距离宁杭高铁最近距离为 25 m,钢箱梁位于混凝土大悬臂前端,存在偏向起吊造成桥面吊机倾覆的风险。材料吊装倒运时,吊机触碰高铁梁体或接触网,混凝土浇筑时,泵管触碰高铁梁体或接触网,均有对既有铁路运营安全产生风险。

5.3 对策措施

5.3.1 施工工艺及措施

1. 施工方案分析与比选

钢箱梁架设方法大致可分为 3 类:悬臂拼装法、顶推法、浮运吊装法等。根据施工方式的不同,悬臂法又分为全悬臂拼装、半悬臂拼装和对称平衡拼装,顶推法又分为半悬臂纵向顶推、全悬臂纵向顶推、横向顶推,浮运法又分为纵向拖拉浮运、横向拖拉浮运等。钢箱梁段拼装架设方案应充分考虑现场施工环境及条件,还要保证施工技术的可操作性、安全性以及施工成本投入的经济性等。在实际施工中，一般选择两种或两种以上方法。

(1)悬臂拼装法

悬臂拼装法是在钢梁上直接施工，对本项目而言，均为水上施工，这在通航河道上难以实现，无论施工进度，还是施工安全都难以保障。

若采用全悬臂拼装法，必须设置平衡梁，需大量拆装式钢梁作配重，而平衡梁与钢梁连接、应力最大区段加强等施工难度都很大。由于钢梁自重大，其结构设计无法承受悬臂端重量，并且悬臂施工也不易控制，同时因施工场地下穿宁杭高铁沿线，若施工时对高铁线路造成影响，后果无法想象。

若采用半悬臂拼装法，必须在运河上设置临时墩或者临时膺架，其施工局限性与全悬臂法类似，同时因施工场地处于京杭运河浙江段，属于三级航道，来往船只较多，采用半悬臂拼装法需要的封航时间较长且不易控制，易对社会效益与经济效益带来极大损害，故此方法并不适用于本项目。

若采用对称平衡法，从桥孔中的某个桥墩开始，按左右两侧重量大体平衡的原则，同时向左右两个方向对称悬臂拼装。为保证能够承担悬拼期内可能产生的不平衡弯矩，桥墩顶面的钢梁节段应具有较大的稳定性，一般须在墩顶埋设锚杆承受拉力或在桥墩两侧组立牛腿式墩旁托架，借以加长墩顶钢梁节段的支托距离，施工将长时间占用航道，缺点与半悬臂拼装法相似，故也不可取。

(2)浮运吊装法

浮运吊装法的前提是具备浮运条件，一般在较宽、较深河面用于多跨钢梁架设，其施工便利性、经济性较高。针对本项目，场地及河面条件较为受限，不利于施工进度和施工安全控制。

若采用纵向浮运法，可先将钢梁在桥位后方的便道上拼装完成，然后利用一组浮船将钢梁前端浮托至对岸墩位处，钢梁末端直接在岸边墩位就位，这样就将钢梁两端全浮运变为某端半浮运。

若采用横向浮运吊装法或转体吊装浮运法施工，则必须设置满足拼装要求的临时码头，工作量大，成本投入也大，对浮船承载能力要求很高，且需要起重量大的起重设备，技术较为复杂。因工程下穿宁杭高铁，上跨京杭大运河，吊装过程中操作较为复杂，须同时兼顾两者不受损坏及影响，同时对工期有一定影响，故不适合本项目。

(3)顶推法

顶推法施工在钢梁架设中适用性最强，其施工进度、施工安全相对容易控制。针对本项目，因钢梁预设孔位附近场地不利，前端锚固点不便设置，同时为避免在钢梁梁体上设置锚固点，可以考虑采用顶推法施工。

若采用半悬臂顶推法，针对河床断面及水深情况，需在岸边设置临时支墩，以利于支承钢梁前端，但由于施工场地处于京杭运河浙江段，属于三级航道，来往船只较多，若在航道中设置临时支墩，会长时间占用航道，对社会民生经济造成的影响较大。

若采用全悬臂顶推法，则与悬臂法施工类似，需要投入大量临时拼装式钢梁作为导梁，而且要解决导梁连接、应力过大等问题，其施工安全性、经济性也不高。

综合以上多种顶推方法分析，钢箱梁施工的最优方案是：利用后方场地进行钢箱梁整体拼装，然后采用改良的半悬臂顶推法，把其中涉及的临时支墩通过特制的浮墩装置替换，采用前端浮托后端顶推的方式(浮托顶推法)将钢箱梁纵移至预定桥位。这种方法不仅能够充分合理地利用现有场地进行施工,而且能有效地减少施工对航道的影响,施工进度安全且容易控制,成本投入也相对经济,对社会民生经济影响最小。

2. 总体施工流程

根据本项目特点分析,围绕关键工程主桥安排各施工工序、顺序。首先选择 4 台钻机分别布置在跨京杭运河两岸的 Z28 号、Z29 号桥墩(考虑 2 台/墩)和跨杭宁高速公路的 Z46 号、Z47 号桥墩进行桩基钻孔作业,其余 4 台钻机分别从标头、标尾及其他桥墩开始平行施工作业,T 梁联和直架现浇箱梁联,优先开始支架现浇箱梁联施工。邻近营业线施工内容主要为 88 m 钢箱梁悬拼、桥面附属以及一个节段挂篮施工。其中钢箱梁高铁桥下悬拼施工是本工程最大的特点和施工重难点。铁路营业线施工内容主要为新建桥梁范围内高铁桥面栏杆、排水等改造施工,需进行线路封锁施工。

3. 桩基与承台施工工艺措施

本项目桥梁基础均采用钻孔灌注桩基础,共计 328 根,其中 ϕ1 200 mm 钻孔桩 8 根,桩长 36～39 m/根,ϕ1 500 mm 钻孔桩 254 根,桩长 52～66 m/根,ϕ1 800 mm 钻孔桩 66 根,桩长 50～64 m/根,均为嵌岩桩,嵌岩(中风化)深度为 2 倍桩径。主线桥 Z13、Z14、Z15 号墩 18 根 ϕ1 500 mm 钻孔桩,A 匝道 A7 号、A8 号墩 4 根 ϕ1500 mm 钻孔桩,B 匝道 B3 号、B4 号、B5 号、B6 号墩 8 根 ϕ1500 mm 钻孔桩处于河道中,为水中桩。采用 C35 水下混凝土灌注。

针对风险源 1,两主墩钻孔作业时为避免可能发生钻孔塌孔,导致周围土体变形过大影响既有铁路稳定,采用 360°全套管全回旋钻机钻孔成桩施工工艺,施工时采用钢护筒跟进,以确保施工过程和成桩前不塌孔。全套管钻孔法是利用钻机装有液压驱动的抱管、旋转、压入(或拔出)机械,成孔过程中将套管边旋转边压入土中,同时利用冲抓斗在钢套管中挖掘取土或砂石,直至钢套管旋压至设计深度,成孔后灌注混凝土同时将入岩部分钢套管拔出,土层部分保留不拔出。整体工艺流程如图 5-3 所示。

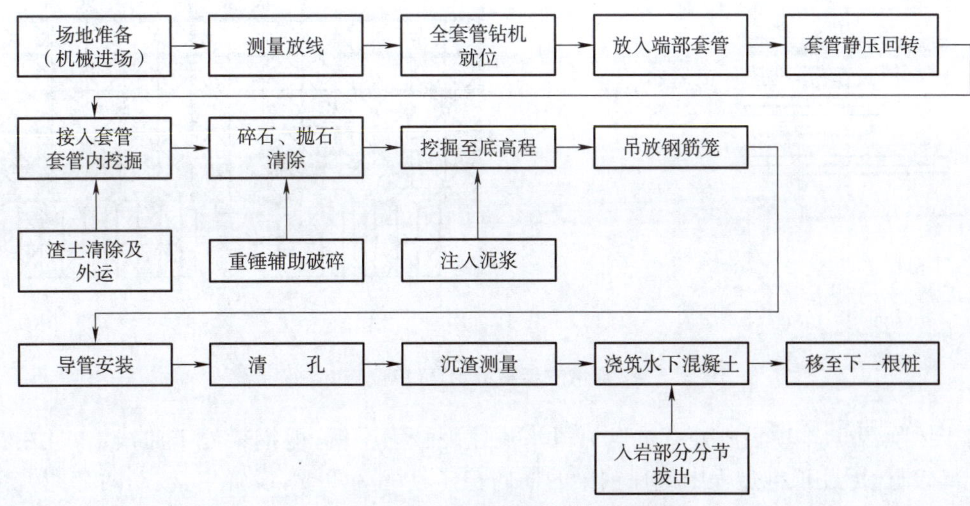

图 5-3 全护筒跟进施工流程

根据项目区水文地质情况,采用 6 台 XR360 型旋挖桩机、4 台冲击钻为主施工钻孔灌注桩。如施工中因地质原因进度较慢,随时增加钻机。钢筋笼在钢筋加工场内集中分节制作,用平板车运输到现场,汽车吊吊装就位安装,采用钢筋套管连接,桩基混凝土采用导管法连续灌注水下混凝土。钻孔施工区域设置可循环周转泥浆池，尽可能多利用原有泥浆，减少泥浆外排，废弃钻渣及泥浆及时外运至指定的弃渣场。桩基成桩后，待混凝土强度满足设计要求后，采用声波透射法检测桩基的完整性。

针对风险源 2，为避免承台基坑坍塌风险，保证既有铁路桥墩安全，跨京杭运河两侧 Z28 号、Z29 号主墩采用 20 m 长 ϕ1.0 m 钻孔桩围护，外围增设水泥搅拌桩作止水帷幕，此防护措施在涉铁桥墩承台基坑开挖前完成。

其余承台开挖深度 4.0～4.8 m，地下水位距地表约 2 m，为保证基坑安全，承台施工采用拉森Ⅳ型钢板桩围堰作承台基坑挡土防水的支护结构，承台钢板桩长 9～12 m，顶口设置一道双拼 I40 工字钢做支撑。围堰每侧均比承台设计尺寸大 1.0 m，底部浇筑 30 cm 厚 C20 混凝土垫层。桩头采用环切法施工，钢筋在钢筋厂加工，现场绑扎，模板采用钢模板。

4. 浮墩设计

京杭运河常水位距离顶推时钢箱梁底面约 15 m，因此浮墩支架较高。针对风险源 3，为增大浮墩支架稳定性，采用两艘 1 200 t 驳船（总长 55.0 m×船宽 10.8 m×型深 3.3 m）拼接，在驳船舱底铺设钢板加固，采用贝雷梁搭设。支架系统按顶推过程中共同承受 800 t 荷载进行设计，由分配梁传导至贝雷梁。共设置 3 道分配梁，每道分配梁上在钢箱梁腹板位置设置支撑点。支撑点由底座、千斤顶、侧向限位组成，千斤顶行程为 1.2 m，在浮墩开始顶撑钢箱梁时将行程调至最大，随钢箱梁不断前移时逐渐回缩，使钢箱梁始终保持梁面纵坡，如图 5-4 所示。

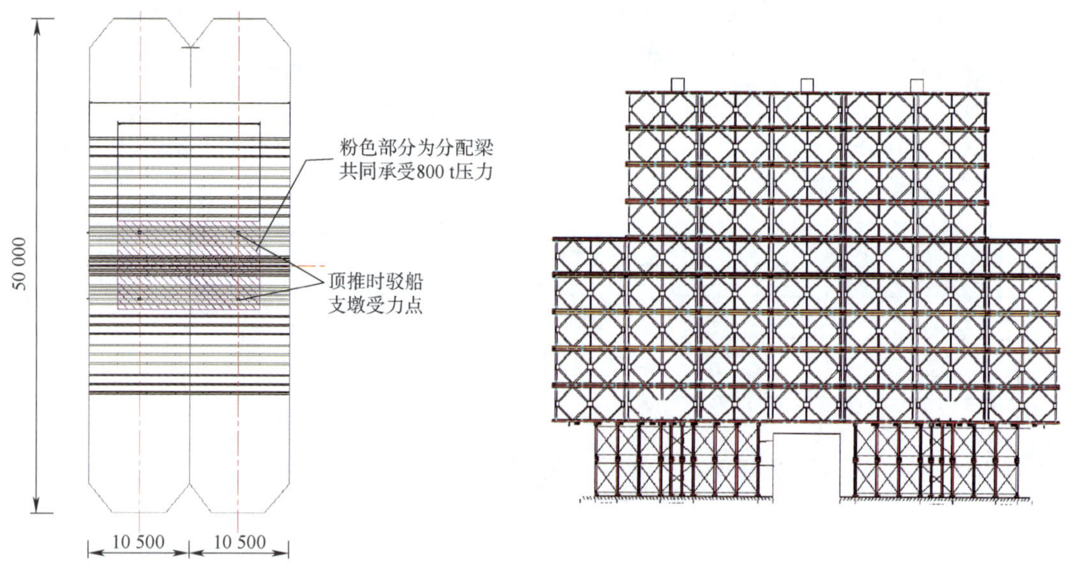

图 5-4　浮墩支架布置示意（单位：mm）

对于风险源 5，本项目所处京杭运河段水流速度较为平缓，但钢梁处于曲线上，且左右幅钢梁距离较近，因此顶推过程中确保钢梁的横向稳定性尤为重要，设置主、被动两套纠偏系统加以控制。

（1）被动纠偏系统

在载重小车履带结构前后端左右两侧分别设置导向滚轮，以此来控制载重滚动小车方向。当钢箱横向偏移较大时，导向滚轮与钢轨间挤紧，阻力较大，顶推时发出异响或后端顶推力明显增大，此时须立即停止顶推，通过调整后端顶推千斤顶的位置或者缆索进行纠偏。

(2)主动纠偏系统

顶推施工前在桥梁上游 50 m 及下游 50 m 两侧河岸上设置四个地锚,通过钢丝绳连接船舶方向控制缆(绞车),钢丝绳直径为 60 mm。钢箱梁浮托顶推过程中,借助岸上地锚,利用船舶自带方向控制缆辅助稳定浮墩运行方向或纠正运行方向。一般情况下,船舶通过岸上设备顶推缓慢纵向移动,基本不需要调节浮墩运行方向。

地锚设置:在相对平坦和密实的原地基上人工开挖长 2.5 m×宽 0.5 m×深 2 m 的地龙坑,地龙坑方向基本垂直浮托船作业区域,在地龙坑中心顺浮托船作业区方向开挖千斤头沟,沟宽 30 cm,内侧深与地龙坑相同,外侧深按 1∶2.5 坡度顺延至地面。将地锚钢管系好千斤头钢丝绳后放入坑中,将千斤头顺千斤头沟铺放沟底,然后坑内用优质土填夯密实。

5. 钢混组合连续梁桥施工工艺措施

针对风险源 4,本工程为减少封航次数及水上高空作业时间,保护既有航道和既有铁路桥墩,主桥单幅 88 m 钢箱梁共划分为 9 个节段,两端为钢混结合段,在钢梁厂一次加工进行,水运至现场,桥面吊机起吊安装。中间合龙段采用在相邻现浇箱梁联桥面上拼装、整体顶推浮托进行架设。考虑公路运输,受长、宽、高等限制,拟划分为 7 个节段,每个节段分为 6 片,最大块件重约 25 t,钢混过渡段总重 215 t(含填充混凝土重量)。桥面吊机委托专业单位进行设计、安装。

主要施工步骤包括钢箱梁制作、钢箱梁运输、钢混结合段安装、钢箱梁付托顶推及体外预应力施工。

钢梁板单元在工厂内采用纵向分段、横向分片的方法制作。所有板单元可按类型在专用胎架上形成流水作业制造,实现生产规范化、产品标准化、质量稳定化。钢箱梁节段均在中铁重工武汉制造基地进行制作加工,主桥左右幅共 4 个钢混结合段在基地内一次性加工完成,码头装船,由 1 100 t 载重的驳船经水路运输至桥位处。中间合龙段分段分块采用公路运输至施工现场第九联桥下,吊机转运至桥面上进行拼装。

钢混接头段是刚构混凝土悬臂与跨中合龙段钢箱梁的连接段,安装精度直接影响到主跨钢箱梁的安装及合龙精度,必须加以严格的控制。根据施工实时温度、设计给出的钢梁接口处各点的变位,编制详细的施工程序和技术措施。考虑到施工和制造中出现的几何尺寸上的精度误差,若采用把钢箱梁合龙阶段一次制作成设计长度并合龙焊接风险性较大,对桥梁成桥内力状态和线型也会存在不利影响,因此钢箱梁合龙节段制造时应预留一定长度的配切量,设计值为每端 100 mm。悬拼施工顺序:运梁船抛锚定位→桥面吊架起吊钢箱梁→钢箱梁临时匹配→钢箱梁精确定位锁定→浇筑填充混凝土→张拉体外预应力悬臂束→顶推合龙段。

钢混结合段及钢箱梁节段提升采用平行式双主桁架轻型桥面吊机,吊机委托专业单位进行设计制作,单个桥面吊机整机重量为 42 t,满足设计不得超过 800 kN 的要求,悬浇混凝土节段满足承载要求。两侧钢混段距离宁杭高铁最近距离为 25 m,桥面吊机高约 6 m。

针对风险源 3,为避免浮墩系统倾覆,对浮墩系统的承载力、横向稳定性委托专业单位进行设计及验算,满足要求。

针对风险源 5,为避免施工设备侵入铁路营业线,顶推部分为中跨钢箱梁部分(不包括钢混结合段部分钢箱梁),顶推方向为从小桩号侧向另一端顶推。先将钢梁整体向前顶推 30 m,封锁航道,浮墩驶入指定位置顶撑钢箱梁,带动钢梁到达对面,利用在箱梁顶面设置的钢导梁落梁就位,完成架设。整个顶推由滑道系统、顶推系统、浮墩系统、纠偏系统和落梁系统五大系统组成。浮托顶推施工前再次测量复核高铁梁底高程，实测顶推轨道、台车、钢梁及钢导梁高度（总高度为 5.3 m），确保钢梁穿越宁杭高铁桥孔时安全距离大于 1 m。

根据施工工况建立多种边界条件，通过 Ansys 有限元软件建立大跨混合梁桥钢箱梁节段模型，对浮托顶推过程中的最大支反力、挠度及应力进行加载与计算，并对钢箱梁落梁稳定性进行验算，如图 5-5 所示。

通过最大支反力结果分析，支反力不但是桥梁施工过程中控制结构安全性的重要因素，同时也是施工过程中控制千斤顶和浮船的主要依据。其荷载包括钢箱梁对顶推装置的压力和摩擦力、顶推油缸的支反力，这些荷载构成了顶推装置及浮船的支反力。因此控制顶推装置及浮船的支反力是浮托顶推施工成功的重要控制参数。根据对钢箱梁浮托顶推施工过程，选取重要的施工工况进行分析，见表 5-1。

图 5-5　钢箱梁与导梁构件有限元模型

表 5-1　钢箱梁浮托顶推施工工况

工　况	施工状态
阶段 1	钢箱梁处于最大悬臂状态
阶段 2	导梁距离宁杭高铁约 2 m
阶段 3	钢箱梁距离对岸 11.5 m
阶段 4	钢箱梁距离对岸 3 m
阶段 5	钢箱梁初步顶推就位

随着浮托顶推过程的进行，相应施工阶段的最大支反力也在不断发生变化。

浮托顶推在阶段 1 时，顶推装置最大支反力逐渐增大，这是因为此时钢箱梁和导梁处于最大悬臂状态，此时浮船还未参与顶推过程，受力主要集中在顶推装置上，最大支反力为 2 759.3 kN。当施工进行到阶段 2 后，浮船支撑装置参与受力，这时顶推装置的荷载大小开始从千斤顶向浮船转移，千斤顶支反力逐渐减小，浮船的支反力逐渐增大，当阶段 2 结束时，最大支反力为 3 406.6 kN。当施工达到阶段 3 时，此时后方顶推装置只有 1 号台车，浮船的支反力达到最大值，为 4 475.7 kN。随着浮托顶推施工的进行，当进行到施工阶段 4 时，此时浮船所受支反力逐渐减小，受力由后导梁下部 8 根支撑钢管与浮船共同受力，大小为 1 261.3 kN。当施工进行到阶段 5 后，此时钢箱梁进行初步顶推就位，准备落梁，受力由前后导梁下部支撑钢管共同承担，最大支反力为 1 184.8 kN。钢箱梁前后两端受力均匀，结构处于稳定状态。

钢箱梁在浮托顶推过程中，表现顶推受力特性的重要特征值就是梁体的竖向挠度值，因此，梁体位移在顶推过程中的变化必须进行严格的测控。浮托顶推过程中将钢箱梁下部结构的挠度变化作为施工控制的特征值，根据模型分析结果，提取钢箱梁跨中下部的挠度变化结果。取顶推过程中最不利工况和初步顶推就位阶段进行分析。

当浮托顶推进行到阶段 5 后，钢箱梁初步顶推到位，当钢箱梁置于前后导梁下部支撑钢管上时，钢箱梁跨中挠度达到最大值，最大值为 19.73 mm。根据《钢结构设计规范》(GB 50017—2017)，一般情况下钢结构挠度控制在 l/400，即 89 600/400＝224 mm，满足设计标准要求，保证了结构的安全性。

对应力结果分析可知，当浮托顶推过程到达阶段 3 后，即钢箱梁距离对岸 11.5 m 时，此时为浮船支撑装置和 1 号台车共同受力，钢箱梁应力值达到最大值，为 248 MPa，且最大值位于钢箱梁与浮船支撑装置相接处，并且在各个施工阶段时应力最大值通常出现在顶撑位置处。

因此,各阶段主要的安全控制段都应把控在相应的顶撑支点。根据《公路钢结构桥梁设计规范》(JTG D64—2015),Q345qD 材料钢箱梁容许应力值为 275 MPa>248 MPa,满足设计规范要求,导梁与钢箱梁连接处受力结构达标。

同时针对风险源 5,为避免施工设备侵入铁路营业线,施工中须严格控制桥面吊机自重、顶推和落梁过程中对混凝土梁段的下压力。钢混结合段吊装时驳船将钢混段运至桥位正下方时,需防止偏向起吊造成桥面吊机倾覆。

6. 既有铁路附属设施施工工艺

对影响范围(跨越公路前后共 100 m 桥长)高铁桥梁附属设施进行改造,包括更换影响范围高铁桥梁栏杆,拆除影响范围高铁桥梁外挂排水管和封堵影响范围高铁桥面竖向泄水管。施工封锁范围为宁杭高铁 K237+615.5~+785.5。施工通道利用距离项目最近 K236+400 的高铁通道。

施工顺序:上行改造范围段排水管拆除、更换纵向排水管→检查既有预埋螺栓、对无法利用的打孔植筋→上行段拆除 50 m 混凝土栏杆、安装镀锌栏杆→上行段拆除剩余 50 m 混凝土栏杆、安装镀锌栏杆→下行改造范围段排水管拆除、更换纵向排水管→检查既有预埋螺栓、对无法利用的打孔植筋→下行段拆除 50 m 混凝土栏杆,安装镀锌栏杆→下行段拆除剩余 50 m 混凝土栏杆,安装镀锌栏杆。

5.3.2 施工安全卡控措施

钢箱梁安装浮拖时,均存在高处坠落的安全隐患。施工人员必须佩戴安全帽、系好安全带,上下门支架平台时必须设置栏杆和警示牌等,切实做好安全防护工作、防止坠落、跌落事件发生。

起重机使用过程中的钢杆件吊装、机具调运装卸等吊装作业,均可能发生起重伤害。要求起重作业人员“四证”齐全,按章操作,统一指挥,协调配合,严格执行“十不吊”,闲杂人员不得进入吊装作业现场。

针对风险源 5,为避免施工设备侵入铁路营业线风险,应建立大型机械设备核准制:施工负责人以书面派工单方式,把施工作业计划范围、方法、注意事项书面告操作司机,操作司机凭派工单动用施工机械,严禁擅自动用。大型机械作业水平投影距离接触网立柱外缘必须大于 2 m。

当列车通过时,必须停止吊装、回转等作业,并由防护员检查现场状况,确保无施工机具、材料侵入限界。施工前检查吊车各部技术状况处于完好状态,重点检查操作装置、液压装置和钢丝绳等,符合安全达到标准方准使用。严禁吊车带病作业。吊车起步前应观察车辆四周情况,确认安全后(气压式制动的车辆待气压表读数达到规定的数值)鸣笛起步。司机在操纵作业中必须与起重工密切配合,听从指挥人员的信号指挥。

钢混结合段吊装时驳船将钢混段运至桥位正下方时,为防止风险源 5 桥面吊机偏向起吊发生倾覆,需短暂封航,驳船进行精确定位,并抛锚及设置地锚将船固定,此道工序耗时约 1.5 h。然后进行航道管制,桥面吊机挂钩起吊钢混段至设计位置并临时锁定,驳船撤出,此道工序耗时约 1.5 h,因此每个钢混段吊装需封航 1.5 h,管制 1.5 h。

营业线施工内容主要为新建桥梁范围内高铁桥面栏杆、排水等改造施工,需进行线路封锁施工,封锁时间为 0:00~4:00。线路封锁施工计划见表 5-2。

表 5-2 宁杭高铁线路封锁施工计划

序号	等级	线别	施工地点	行别	施工里程	施工类型	施工项目	施工日期	施工时间	施工内容及影响范围
1	Ⅲ	宁杭高铁	德清站至杭州东站区间	上行	K237+615.5～+785.5	封锁	桥面改造	2021-4-5～4-8	00:00～04:00，240 min	上行 100 m 范围桥面栏杆更换、排水管更换及排水口封堵
2	Ⅲ	宁杭高铁	德清站至杭州东站区间	下行	K237+615.5～+785.5	封锁	桥面改造	2021-4-12～4-15	00:00～04:00，240 min	下行 100 m 范围桥面栏杆更换、排水管更换及排水口封堵

5.3.3 监测与控制

1. 监测总体要求

宁杭高铁桥墩距离两侧新建桥梁桥墩分别为 65.9 m 及 49.9 m，高铁对基础变形下沉的控制要求非常高。由于施工过程中同时有钻孔灌注桩施工、基坑开挖、墩台施工、现浇箱梁施工、悬浇连续箱梁施工、T 梁施工、钢混结合连续梁施工等，可能会使高铁桥墩产生一定的沉降和位移。因此在施工过程中，需采用先进、可靠的仪器及有效的监测方法，对立交下穿宁杭高铁 523 号、524 号桥墩在施工期间进行变形监测，从而使工程处于受控状态。另外在本工程施工期间，需对既有宁杭高铁桥墩进行现场巡视，防止施工机械对铁路桥墩造成意外伤害。因此必须加强监测，消除施工隐患，并根据监测成果及时调整施工速率及改进施工方法，确保高铁行车安全。同时监测成果也可验证施工设计理论，为以后的设计提供依据，并可积累一定的施工监测经验。

2. 监测点布置

需监测的主跨宁杭高铁桥墩 523 号及 524 号在水中，均为双墩，一共包含 4 个桥墩。每个桥墩上均需要布设变形监测点。具体布设位置：正对新建桥梁桥墩 28 号墩的 4 个高铁桥墩的侧面各布设一个变形监测点，正对新建桥梁桥墩 29 号墩的 4 个高铁桥墩的侧面也各布设一个变形监测点，共 4 个桥墩 8 个水平位移监测点，桥墩竖向位移监测点与水平位移监测点共用一套。布设的测点应在汛期的历史最高位以上 2 m，以专用棱镜作为桥墩的水平位移变形监测标志，利用强力胶将棱镜固定在桥墩上，采用高精度的全站仪进行监测。监测点布置如图 5-6 所示。

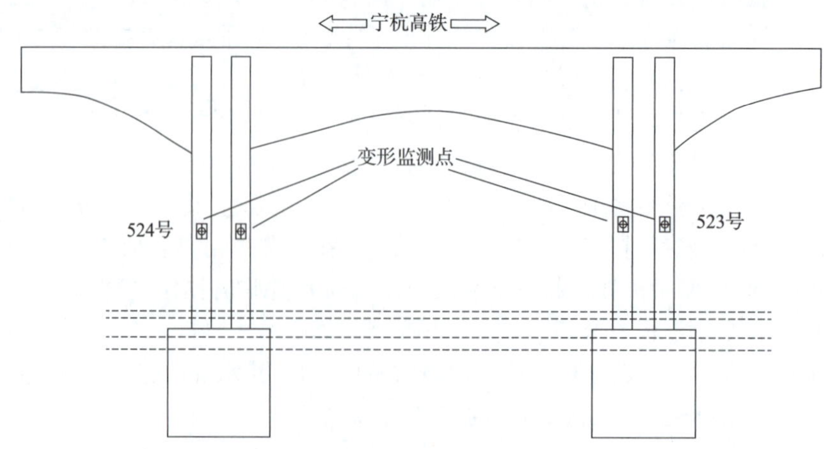

图 5-6 宁杭高铁桥墩监测点布置

3. 监测标准、频次和预警值

监测频率原则上按表5-3进行,具体可根据现场实测数据收敛情况,加密或适当降低监测频次。当变形监测数据发现异常时,需增加监测频率直至连续监测。在施工完成后,继续进行相关监测,直至变形数据收敛后,停止监测。

表5-3　宁杭高铁监测频率

监测对象	施工内容	监测频率
宁杭高铁	钻孔灌注桩施工、基坑开挖、墩台施工、箱梁施工、悬浇连续梁施工、钢混箱梁施工、T梁施工等	铁路30 m范围内钻孔灌注桩施工、基坑开挖施工、给水管下穿施工:1次/2 h,其他施工:1次/6 h
		竣工后:1次/12 h(2次/d)变形收敛,监测数据稳定后停测

根据变形监测等级及高铁监测精度要求,设计本项目的监测变形控制值见表5-4。

表5-4　宁杭高铁变形监测预报警值(mm)

序号	监测项目	次变化量		累计变化量
		预警值	报警值	
1	桥墩水平位移	±0.8	±1.0	±1.0
2	桥墩竖向位移	±0.8	±1.0	±1.0

4. 应急预案

项目经理部应成立施工安全事故应急救援领导小组,组建5个施工意外事故应急响应行动小组,即现场协调组、物资抢运组、医疗救护组、运输保障组、善后处理组。事故发生后必须遵循"先防护,后处理"的原则,1 h内上报上级单位。施工现场负责人第一时间通知项目领导,项目领导及有关人员到现场后,立即组成现场临时抢险指挥小组,研究现场救援方案的可行性,或另外确定更安全有效的救援方案;对第一现场用拍照、摄像、书面记录等方法取证,并妥善保管有关物证;立即组织配合救援的人员、机具、材料赶赴现场,并组织安全、有效、快速的救援,减少人员伤亡和财产损失。

当发生大型机械倾覆时,观察机械倾覆是否对支架造成影响,支架系统是否稳定,确保组织人员救援时无安全隐患;调配大型吊车,及时将倾覆机械清理出施工现场,同时根据大型机械设备倾覆事故特点,配备必要的救援器材和设备,建立设备器材清单,并放置在指定场所,确保应急时可以快速调用。

在顶推滑移过程中,若出现突发情况,按表5-5进行处置。

表5-5　顶推滑移应急预案

序号	突发情况	应急预案
1	桥和滑道发生相对位移	暂停滑移,加固彼此间连接
2	顶推油缸不同步	暂停滑移,调节油管出油速度,确保油缸同步
3	轨道断裂	立即更换该段轨道
4	浮托支架高度不够,无法将钢梁顶起	浮托支架和钢梁间加垫块
5	浮托支架高度过大,船无法移动至钢梁下方	在不超过浮船警戒水位的前提下,继续往船舱内压水使船降低;如支架高度过高,无法通过压水达到目的,则应拆除一层支架
6	水陆协同滑移时横向位移超过100 mm	暂停滑移,通过船头船尾的卷扬机调节横向偏差

续上表

序号	突发情况	应急预案
7	水陆协同滑移时,浮托上两侧支点高差超过 5 cm	暂停滑移,通过改变船头和船尾的仓存水量调整高差
8	桥和浮墩发生相对位移	暂停滑移,增加彼此间的限位
9	封航时间已到,但滑移尚未完成	提前和海事沟通,延长封航时间,并抓紧滑移

5.4 实施效果

截至 2020 年 7 月 27 日,各监测点累计位移值如图 5-7 所示。

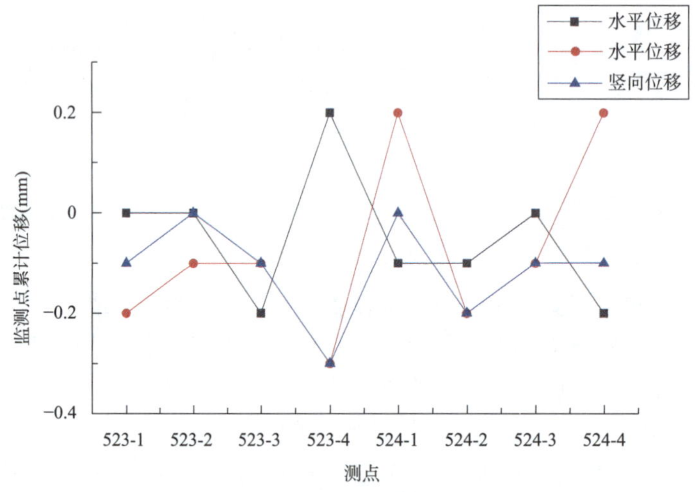

图 5-7　宁杭高铁各监测点累计位移

图 5-7 的监测数据表明,所有宁杭高铁变形测点的监测数据累计变化值均在 0.5 mm 范围内,小于 0.8 mm 的预警值,工程施工对宁杭高铁桥墩未产生影响。工程竣工后现场图片如图 5-8 所示。

图 5-8　下穿宁杭高铁工程竣工后现场

5.5 小　　结

本章以杭州市余杭区崇贤至老余杭连接线下穿宁杭高铁桥孔工程为例,介绍了桥梁下穿既有铁路桥梁的相关风险源及安全风险防控措施。本工程采用 360°全套管全回旋钻机钻孔成桩施工工艺和浮托顶推施工技术。在工程实施过程中,综合运用了多种手段和方法,可以有效减少对既有铁路桥梁的影响,同时对既有铁路桥墩进行有效监测,达到安全施工的目的。

桥梁下穿既有高铁线施工风险源主要包括 5 个方面:桥梁桩基缩径、塌孔风险,承台基坑坍塌风险,浮墩系统倾覆风险,船舶、机械设备等撞击既有桥墩风险,施工设备侵入铁路营业线风险。针对上述风险源,从施工管理角度采取相应的技术及安全卡控措施。

(1)针对桥梁桩基缩径、塌孔风险和承台基坑坍塌风险,采用 360°全套管全回旋钻机钻孔成桩施工工艺,施工时采用钢护筒跟进,以确保施工过程和成桩前不塌孔。跨京杭运河两侧 28 号、29 号主墩采用 20 m 长 ϕ1.0 m 钻孔桩围护,外围增设水泥搅拌桩作止水帷幕,保证基坑稳定性不影响既有铁路桥墩。

(2)为保证主桥施工的安全性,针对浮墩系统倾覆风险,采用两艘 1 200 t 驳船拼接,并在驳船舱底铺设钢板加固,采用贝雷梁搭设。支架系统按顶推过程中共同承受荷载进行设计,由分配梁传导至贝雷梁。针对施工设备侵入铁路营业线风险,设置了主被动两套纠偏系统对顶推过程中钢梁的横向稳定性加以严格控制。

(3)为减少封航次数及水上高空作业时间,主桥单幅 88 m 钢箱梁共划分为 9 个节段,两端为钢混结合段,在钢梁厂一次加工进行,水运至现场,桥面吊机起吊安装。中间合龙段采用在相邻现浇箱梁联桥面上拼装、整体顶推浮托进行架设。

(4)针对机械设备等撞击既有桥梁风险,需顶推的中跨钢箱梁部分顶推方向为从小桩号侧向另一端顶推。先将钢梁整体向前顶推 30 m,封锁航道,浮墩驶入指定位置顶撑钢箱梁,带动钢梁到达对面,利用在箱梁顶面设置的钢导梁落梁就位,完成架设。浮托顶推施工前再次测量复核高铁梁底高程,实测顶推轨道、台车、钢梁及钢导梁高度,确保钢梁穿越宁杭高铁桥孔时安全距离大于 1 m。

(5)在施工安全卡控措施方面,为保证施工过程中既有线运营的安全,当列车通过时,必须停止吊装、回转等作业,施工过程中也要保证人员与机械的安全。在高铁桥面栏杆、排水等改造施工过程时,需进行线路封锁施工。

杭州市余杭区崇贤至老余杭连接线下穿宁杭高铁桥孔工程在采用上述措施之后实施效果良好,桥梁桩基施工与浮托顶推法施工未影响到既有线与航道的正常运营。浮托顶推法施工技术可广泛运用到大跨度、大吨位钢梁架设施工中,对同类施工具有指导和借鉴意义,该方案为类似桥梁下穿既有铁路桥梁施工面临的风险提供了一种参考解决办法。

第3篇　盾构隧道下穿既有铁路施工

6　嘉兴市域外配水工程下穿盾构隧道铁路工程（克泥效工法）

6.1　工程概况

6.1.1　案例背景

嘉兴市域外配水工程盾构隧道下穿铁路工程位于杭州市临平区。施工内容主要包括：D5、D6 工作井的围护结构和主体结构；D4-1～D5、D5～D6 隧洞盾构开挖衬砌，隧洞全长 4.858 km，如图 6-1 所示。

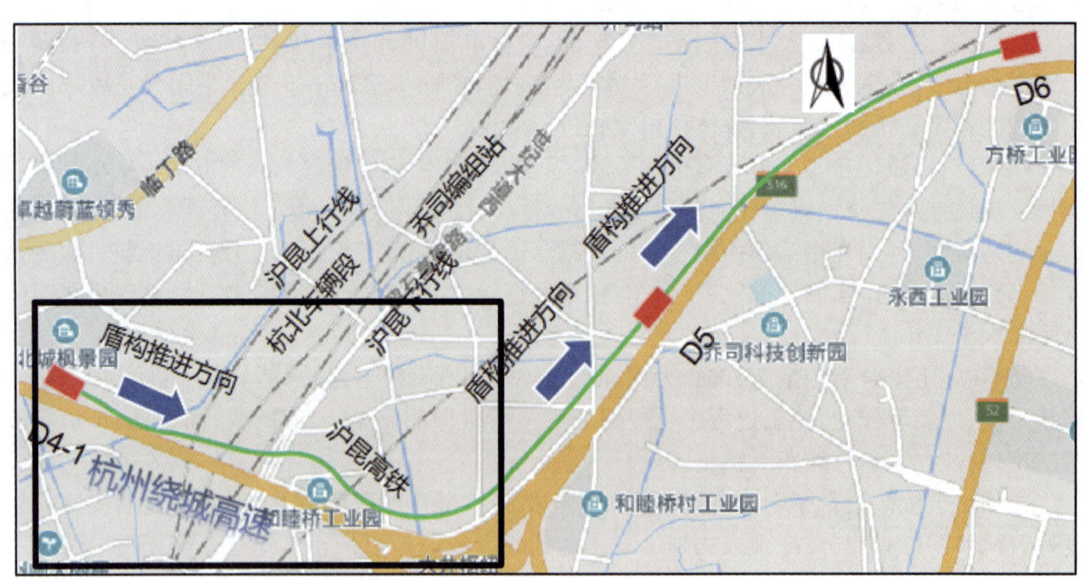

图 6-1　盾构隧道下穿工程总平面

其中，D4-1～D5 区间隧道设计起点～终点里程为 KF0＋000～KF2＋957.677，区间长度为 2 957.677 m，设计管片 2 465 环，隧道埋深 13.3～39.7 m，采用 1 台日本小松土压平衡盾构机进行施工，盾构从 D4-1 工作井向 D5 工作井推进。区间线路最小转弯半径为 300 m，最大埋深 39.7 m，隧道开挖直径 6 360 mm。区间依次穿越沪昆铁路上行线 2 股道约 25.1 m、杭州北车辆段 17 股道（含道岔）约 170.7 m、乔司编组站出发场出发线 11 股道约 76 m、沪昆铁路下行线 2 股道约 18.1 m，全长 383 m；本段供水线路下穿沪昆高铁段里程为 KF1＋191.952～

＋284.33,全长92.4 m,下穿沪昆高铁(沪杭段)473号桥墩与474号桥墩。隧道管片外径6 200 mm、内径为5 500 mm、宽度1 200 mm、厚度350 mm,混凝土强度等级C50、抗渗P10(深埋、超深埋抗渗P12)。

6.1.2　工程地质条件

工程位于杭州市临平区,场地地貌单一,属杭嘉湖平原区,地表水系发育。场地地形受人类活动影响,地表建筑物形式多样,地面交通路况复杂。区间隧道除穿越铁路轨道群外沿线还穿越铁路高架桥、铁路配套用房、厂房及民居群、城市道路、燃气管线等重要设施。地质剖面如图6-2所示。

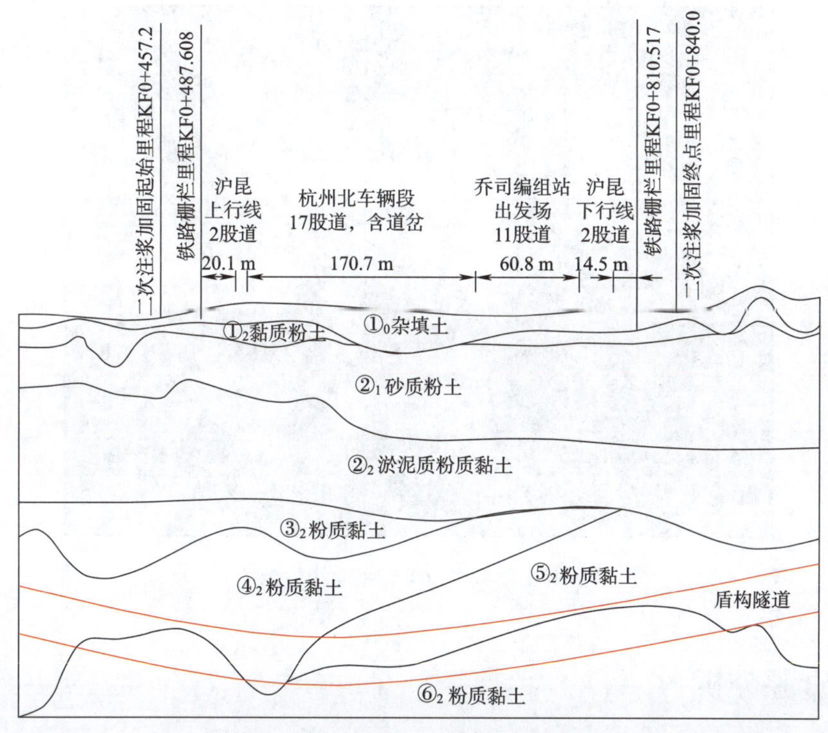

图6-2　盾构隧道下穿工程地质剖面

铁路区段地层自上而下主要有②$_1$ 砂质粉土,②$_2$ 淤泥质粉质黏土,③$_1$ 粉质黏土(夹粉土),③$_2$ 粉质黏土,④$_2$ 粉质黏土,⑤$_2$ 粉质黏土(含粉土),⑥$_2$ 黏质粉土(含粉土)。其中,③$_2$ 粉质黏土、④$_2$ 粉质黏土土质较软,土性与软土相近。场地内软弱土层主要物理力学指标如下:

②$_2$ 淤泥质粉质黏土层:ω=40.3%,e=1.127,ω_L=37.6%,ω_p=22.1%。

③$_1$ 粉质黏土层:ω=37.4%,e=1.054,ω_L=37%,ω_p=21.8%。

③$_2$ 粉质黏土层:ω=38.5%,e=1.09,ω_L=38.7%。

④$_2$ 粉质黏土层:ω=37.0%,e=1.048,ω_L=38.5%。

上述土层土质软弱,天然含水量高、孔隙比大,具有高压缩性,高灵敏度,低透水性,承载力低,抗剪强度低的特点,具流变及触变性,对盾构掘进影响大,沉降控制难度高。

6.1.3 线路设计方案

为减少对既有铁路的影响，根据穿越区铁路轨道群分布特点，对隧道平面曲线进行专项设计，充分利用铁路区外有利地形，调整隧道线路与铁路轨道交角近于90°，类正交穿越以减少穿越铁路影响范围。同时穿越区范围内隧道线形设计为直线，有利于施工期间盾构掘进姿态控制。

平面线位选择避开杭北车辆段咽喉区影响，设计线位于车场中间，避免与目前电气化改造工程交叉，并加大隧道埋深至36.7～39.7 m，避开了③$_1$ 粉质黏土(夹粉土)，③$_2$ 粉质黏土等软弱地层。平面线位示意如图6-3所示。

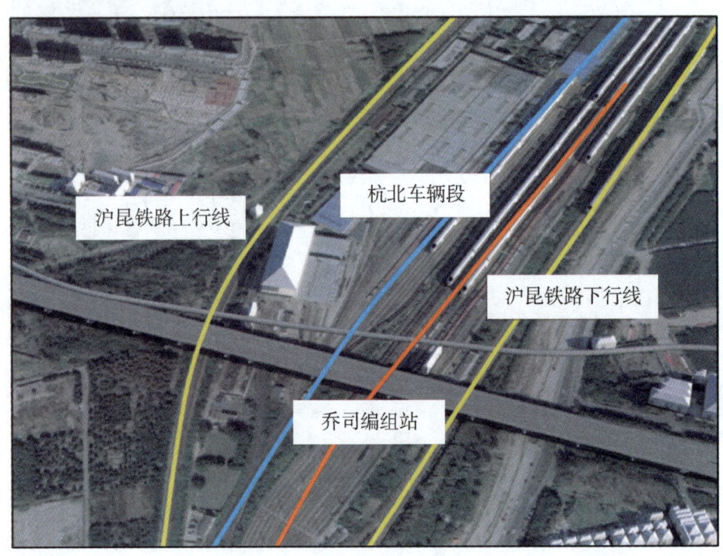

图6-3 盾构隧道下穿平面线位示意

6.2 风险源分析

本工程盾构隧道下穿杭州北车辆段、乔司编组站、沪昆铁路和沪昆高铁，具有穿越运营线路多，穿越土层土质较差，周边环境保护要求高等特点。为确保工程顺利安全实施并满足长期运营相关要求，本工程必须重点考虑以下存在的风险源：

1. 杭州北车辆段、乔司编组站铁路路基变形风险

受地基土特性、土仓压力、盾构推进速度和盾构推力等因素影响，盾构隧道施工与运营铁路对土体变形影响大，在盾构隧道掘进期间，因铁路减速运行直接作用于周围土体，会加剧周边土体的变形，进而导致杭州北车辆段、乔司编组站铁路路基的变形，对铁路运营造成影响。

2. 既有沪昆高铁桩基沉降与倾斜风险

施工之前桩基础与周围土体在长期的外荷载作用以及固结排水过程中已达到平衡，隔离桩施工及盾构掘进有可能会对邻近桩基的平衡状态产生扰动。在桩基础周围土体的影响下，桩基会产生一定的附加变形和内力，如果变形过大，可能会引起较大的桩基沉降或倾斜，降低

桩基础的承载力。

3. 施工机械对既有沪昆高铁桩基扰动的风险

施工现场重型车道临近原有高铁高架桥墩,在施工过程中,存在大量来往的重型车辆,由此产生的动态荷载会对桥墩基础附近的土体结构产生影响,使土体结构的受力状态发生改变,间接增加桩基础承受的荷载,进而威胁高铁桥梁的结构安全。

6.3　对策措施

6.3.1　施工技术措施

1. 总体施工方案

(1)盾构下穿沪昆高铁之前,在 K15+640.8～+673.3 范围施工隔离桩及冠梁支撑进行防护,顶部由混凝土冠梁连接,设置混凝土支撑。在杭州北车辆段、乔司编组站及沪昆铁路区域进行吊轨防护施工和路基加固工作。

(2)进行盾构穿越铁路施工,施工工序流程如图 6-4 所示。

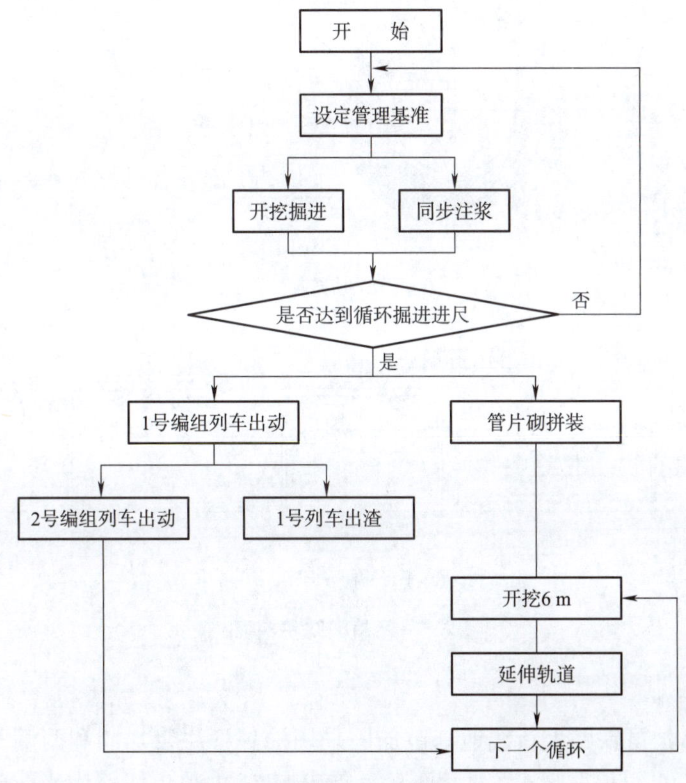

图 6-4　盾构下穿铁路施工工艺

(3)针对性制定盾构掘进施工参数(土压、出土量、同步注浆量),并及时调整盾构姿态。

(4)盾构下穿沪昆铁路上下行线、杭州北车辆段、乔司编组站时采用克泥效工法,以控制盾构机开挖及通过过程中的土体下陷。

(5)在穿越铁路隧道管片上增设注浆孔(增设 10 个/环),范围为专项建筑物边界外

30 m(25 环),并对该范围内管片施作整环、纵缝嵌缝,及时二次补浆,抑制工后沉降对铁路运营的影响。

(6)盾壳脱离管片 4～5 环,及时打开注浆孔进行二次补充注浆,进一步抑制既有构筑物变形。

2. 吊轨梁防护措施

针对风险源 1 施工期乔司编组站 11 股道、杭州北车辆段 19 股道、沪昆正线 4 股道采用吊轨梁防护,如图 6-5 所示,防护长度为盾构影响破裂角外各 5 m。

线路 P50 采用 P43 钢轨做纵梁,线路 P60 采用 P50 钢轨做纵梁,3-5-3 扣进行吊轨,每间隔 3 根轨枕间穿入 3.6 m 长木岔枕,横梁与纵梁用 U 型螺栓连接,每隔 1.5 m 用扣轨卡将纵梁束夹紧锁牢,所有配件不能高出轨面。

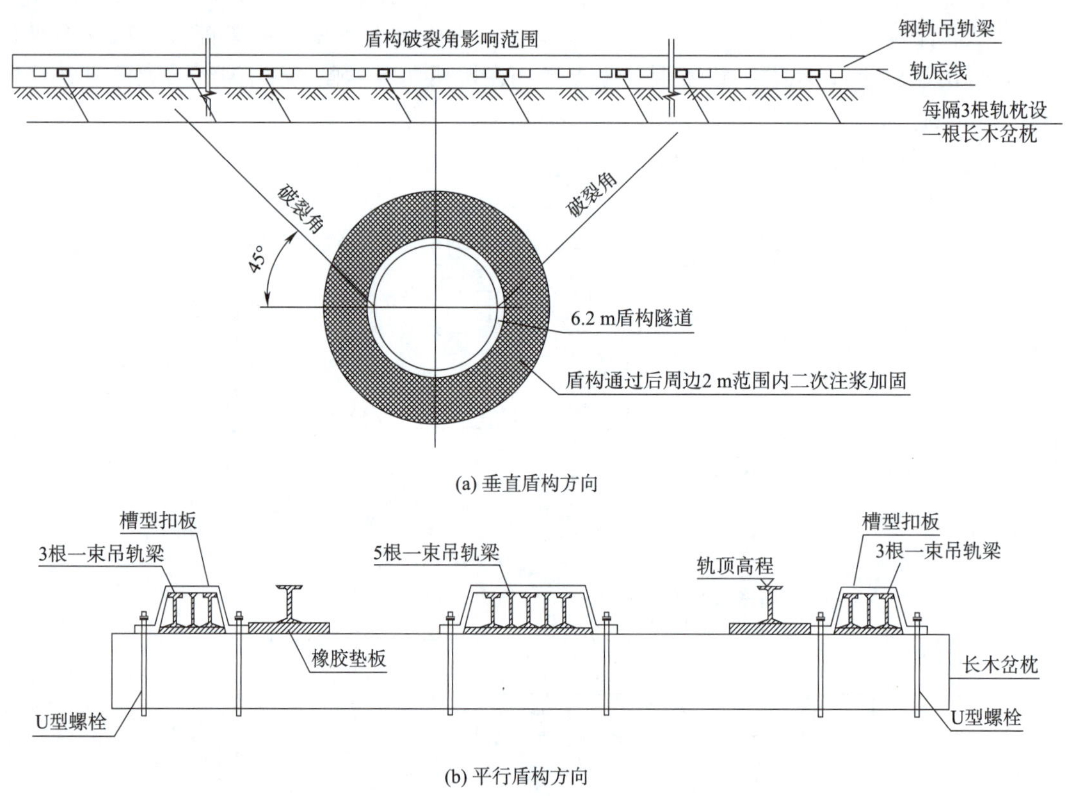

图 6-5　吊轨梁防护剖面

3. 地基加固措施

针对风险源 1,沪昆铁路上行线地基主加固采用袖阀管注浆加固和两侧 2 m 范围采用高压旋喷桩加固。袖阀管注浆加固范围:纵向(沿盾构方向)为超出线路中心线外 10 m 范围;横向(沿铁路线路方向)为盾构隧道外破裂角与淤泥质土地面外 2.0 m 范围;竖向为铁路下淤泥质土部分。

加固范围内分为高压旋喷加固区和袖阀管注浆加固区(图 6-6)。注浆加固施工时,宜先对旋喷加固区的土体进行预加固,防止主加固区加固时地面冒浆,然后再对袖阀管加固区进行加固。高压旋喷桩及袖阀管加固过程中应对路基进行沉降监测,避免注浆压力过大造成路基隆起。

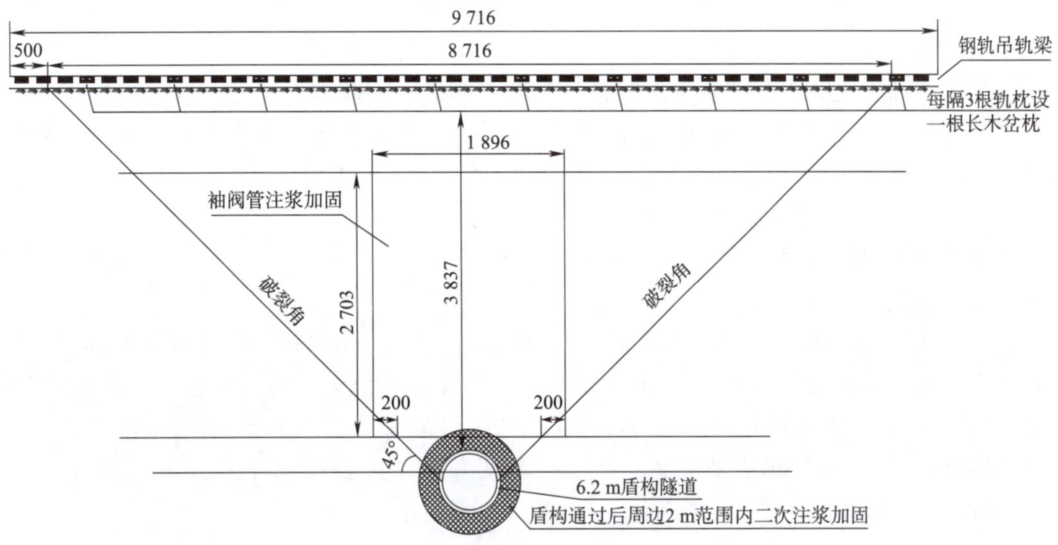

图 6-6　沿盾构掘进方向地基加固横断面(单位:cm)

4. 隔离桩防护方案

针对风险源 2,盾构下穿高铁之前,在 K15＋640.8～＋673.3(下穿沪昆高铁段)范围内盾构隧道采用门式墩进行隔离防护,其两侧采用直径 1 m、间距 1.2 m 的钻孔灌注桩,桩间采用 ϕ0.6 m 的袖阀管进行注浆止水,桩顶设置 1 m×1 m 的冠梁。冠梁之间采用 0.6 m×0.6 m@3 m 的混凝土支撑连接。新建隔离桩(钻孔桩)中心与沪昆高铁 473 号桥墩桩基中心的最近距离 9.36 m,与沪昆高铁 474 号桥墩桩基中心的最近距离 9.45 m,满足最小桩间距不小于 6d(6.0 m＝1.0×6)。隔离桩加固平面如图 6-7 所示。

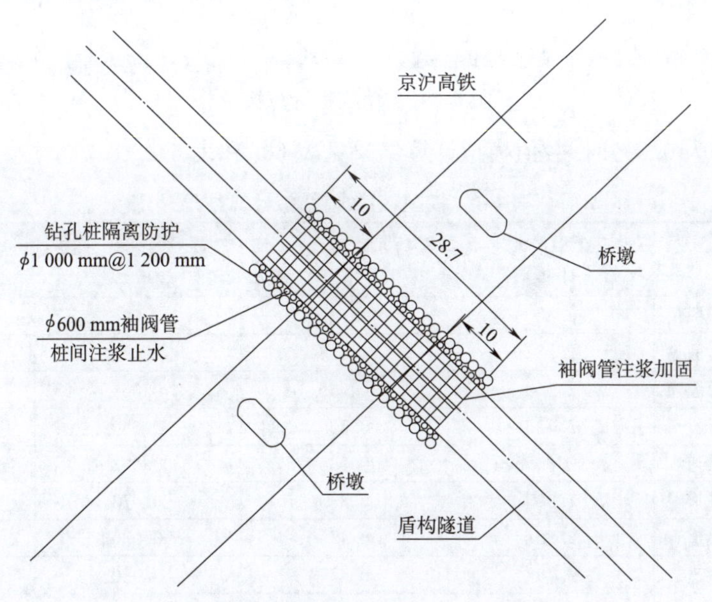

图 6-7　隔离桩加固平面(单位:m)

隔离桩加固范围:纵向(沿盾构方向)超出高铁桥承台外 10 m 范围;横向(沿铁路线路方向)为盾构隧道外缘外 1 m 范围;竖向为盾构隧道下缘 4.0 m 范围。

隔离桩内部盾构穿越范围采用袖阀管注浆对土体进行地基加固,加固范围为:纵向(沿盾构方向)与隔离桩长度范围一致;横向(沿铁路线路方向)为盾构隧道外缘外 1 m 范围(隔离桩内部);竖向为盾构管片顶部以上 3 m、盾构隧道下缘 4.0 m 范围进行加固。

为验证上述吊轨防护、地基加固和隔离桩防护方案是否对杭州北车辆段、乔司编组站及沪昆铁路路基以及沪昆高铁桥梁桩基产生影响,采用 PLAXIS 软件,建立两个三维有限元模型对该设计方案进行数值模拟分析。

模型中几何模型底部施加完全固定约束,两侧施加竖直滑动约束,模型表面为自由边界。土体采用小应变土体硬化模型模拟,土层计算参数结合本工程地质勘察报告和相关的工程经验进行取值,同时结合土层特点和施工经验,在数值计算中拟采用 0.5%的地层损失率来计算。模型(a)总长度 190 m,总宽度 220 m,深度约为 50 m;模型(b)尺寸为总长度 100 m、总宽度为 60 m,深度为 41 m。模型(a)与模型(b)如图 6-8 所示。

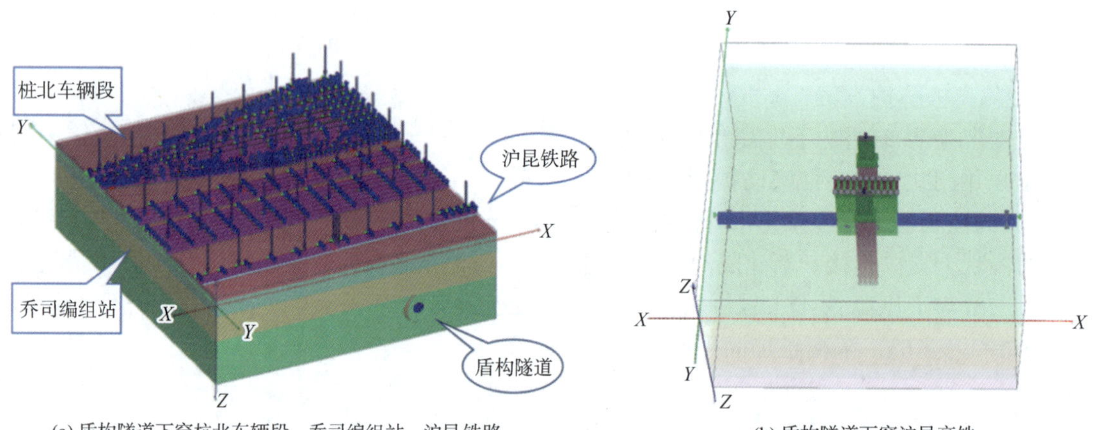

(a) 盾构隧道下穿杭北车辆段、乔司编组站、沪昆铁路

(b) 盾构隧道下穿沪昆高铁

图 6-8 数值模拟计算模型

地层损失率为 0.5%时,数值模拟计算结果见表 6-1 和表 6-2。

表 6-1 模型(a)数值模拟计算结果

项　目	路基顶面最大沉降(mm)	路基沉降速率最大值(mm/d)	轨面最大高低不平顺(mm)	轨面最大水平不平顺(mm)
沪昆铁路下行线 1 号股道	2.885	0.513	0.095	0.117
沪昆铁路下行线 2 号股道	2.822	0.513	0.095	0.117
沪昆铁路上行线 1 号股道	2.550	0.529	0.060	0.064
沪昆铁路上行线 2 号股道	2.536	0.529	0.060	0.064
乔司编组站 1 号股道	2.855	0.330	0.073	0.077
乔司编组站 2 号股道	2.905	0.330	0.073	0.077
杭北车辆段 1 号股道	2.823	0.475	0.080	0.083
杭北车辆段 2 号股道	2.797	0.475	0.080	0.083
杭北车辆段 3 号股道	2.593	0.475	0.080	0.083
杭北车辆段 4 号股道	2.567	0.475	0.080	0.083

表 6-2 模型(b)数值模拟计算结果(mm)

项 目	墩顶最大顺桥向累加位移	墩顶最大横桥向累加位移	墩顶最大竖向累加位移	承台顶最大顺桥向累加位移	承台最大横桥向累加位移	承台最大竖向累加位移
沪昆高铁473号桥墩	−0.641	0.238	−0.319	−0.378	0.171	0.317
沪昆高铁474号桥墩	0.634	0.239	−0.386	0.384	0.174	−0.385

由表6-1可知,按地层损失率为0.5%计算时,隧道贯通后各段路基顶面的最大沉降均小于10 mm,满足控制标准;各工况的路基沉降速率均小于2 mm/d,满足控制要求。盾构隧道下穿乔司编组站路基过程中,各轨道的几何状态也均满足控制指标。

由表6-2可知,按地层损失率为0.5%计算时,盾构隧道下穿沪昆高铁施工过程中引起沪昆高铁473号和474号桥墩均未超过横向、纵向及竖向位移在2 mm以内控制标准。数值模拟试验验证了该设计方案的可行性,可以有效解决盾构穿越过程中既有铁路路基和高铁桥墩变形控制问题。

5. 盾构掘进施工工艺

(1)掘进参数控制

穿越铁路区域前100环设置试验段,模拟穿越铁路工况,以理论计算为基础,结合实际监测数据,不断调整各项掘进参数。通过系统分析,选择最适宜的掘进参数,确保穿越前各项指标达到控制指标要求。

(2)合理控制土仓压力

根据土层特性和隧道埋深等参数和土压力计算公式可得盾构穿越轨道群理论土压力应控制在0.34~0.39 MPa,实际穿越时压力控制值分布在0.35~0.37 MPa,停机阶段为保证掌子面稳定,土压力设定略高,控制在0.36~0.40 MPa之间,施工过程中按照此土压力进行控制,地表沉降情况稳定,满足规范要求的允许沉降值。值得注意的是掘进速度及推力的选定应以保持土仓压力为主,实际掘进速度20~40 mm/min,推力2 000~2 200 t,并在推进过程中保持匀速、姿态平稳。

(3)严格控制出土量

计算每环理论出土量40 m^3,盾构推进工程中实际出土量控制在理论出土量的95%~98%,即38~39.2 m^3,剩余2%~5%的渣土作为补偿开挖扰动土体等原因可能造成的地层损失。实际穿越施工过程中,出土量控制在38~38.2 m^3,地层稳定,地表沉降情况良好。

(4)严格控制同步注浆量

同步注浆量决定了盾尾建筑空隙的填充是否饱满。同步注浆量以管片壁后理论建筑空隙量为基础,结合地层、线路及掘进方式等选择填充率。每环管片与开挖土层之间的建筑空隙理论值为1.89 m^3,按填充率1.5~1.8计算,理论注浆量为2.84~3.4 m^3。实际施工同步注浆量控制在3~3.6 m^3,最大累计沉降量均控制在2.5 mm以内,满足铁路相关控制标准要求。

6. 克泥效工法

克泥效工法是将高浓度的泥水材料与塑强调整剂(即水玻璃)两种液体分别以配管压送到指定位置,再将此两种液体以适当比例混合成高黏度塑性胶化体后,再通过径向孔注入的一种新型工法,如图6-9所示。混合后的流动塑性胶化体不易受水稀释,且其黏性也不随时间而变化,有效控制盾构推进时所引起的地表沉降。

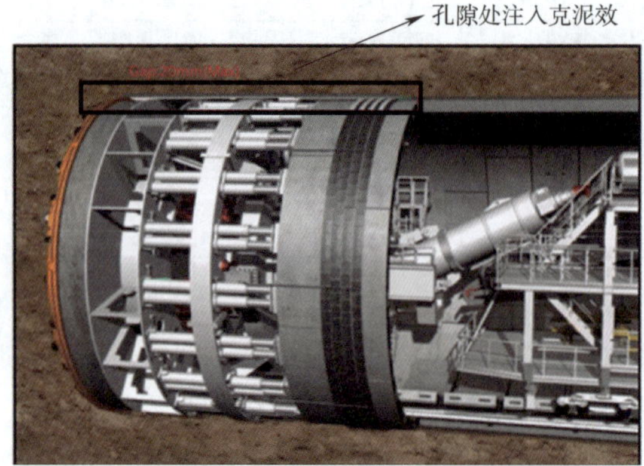

图 6-9　克泥效工法示意

克泥效 A 液配比为克泥效∶水＝400∶825，B 液为水玻璃(Be40)∶水＝1∶1。A、B 液混合注入比例为克泥效 A 液∶水玻璃 B 液＝20∶1(体积比)。

浆液注入孔点位布置在前盾径向孔处。受盾体自重影响，盾构机推进时盾体下部会紧贴土体，因此开挖间隙主要集中在上部点位，注入点位选择在前盾 1、11 点以上位处的径向孔，均可保证上方 2/3 圆填充密实，如图 6-10 所示。

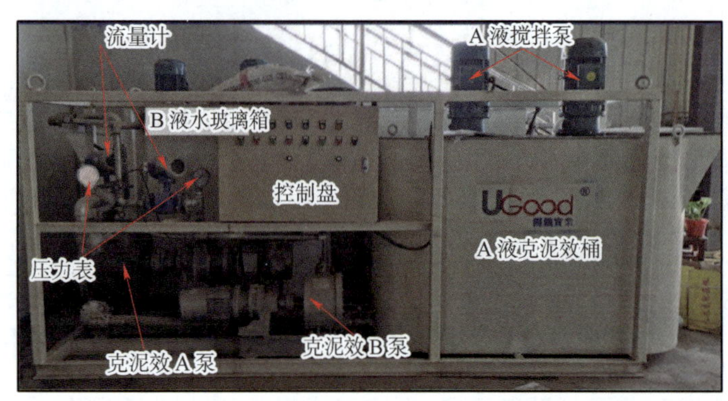

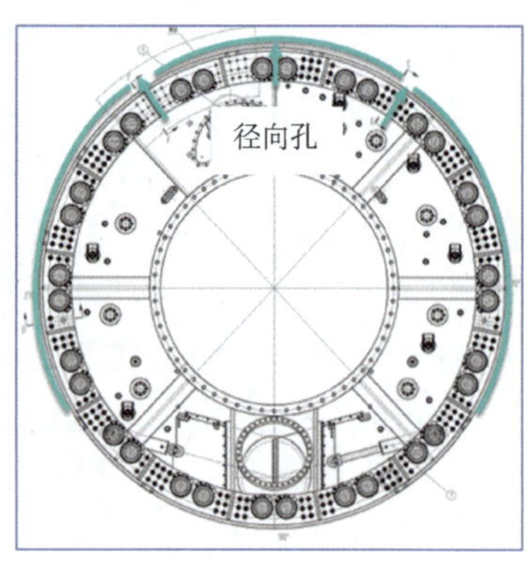

图 6-10　克泥效工法注浆机(左)与注浆孔位示意(右)

浆液注入压力控制在 0.3～0.5 MPa，注入量控制在 0.8～1.2 m^3，并根据盾构掘进的速度、掘进时间，适当的调整克泥效注入速度、注入时间，保证掘进、注入同步。对该段沉降数据进行分析，克泥效工法能及时填充开挖面与盾壳之间的空隙，有效控制盾体正上方的地层沉降。

7. 二次注浆及深孔注浆

同步注浆浆液的收缩变形及土体裂隙渗透等导致同步浆液无法完全填满建筑空隙，是造成工后沉降的主要原因。通过二次注浆对管片壁后补充浆液，通过深孔注浆固结管片周边土体、填充裂隙，从而降低穿越区轨道群路基的工后沉降。

在管片脱出盾尾后 5～8 环处从隧道上部注浆孔进行二次注浆，浆液为水泥、水玻璃双液浆。水泥浆水灰比 1∶1.5(质量比)，水玻璃与水按 1∶4(体积比)比例稀释。水泥浆与稀释后的水玻璃(Be 40)体积比＝1∶1，胶凝时间约为 30 s，注浆压力控制在 0.3～0.45 MPa。二次注浆以控制压力为主,注浆量为辅,遵循少量多次原则,减小对管片壁后土体的扰动。

穿越铁路区段衬砌环管片增设注浆孔,每环共有16个注浆孔,盾构推进后对地表沉降较大的区段进行全段面深孔注浆(图6-11),加固范围为管片外2 m。浆液为水泥-水玻璃双液浆(体积比1∶1),注浆压力不大于0.5 MPa,加固后土体强度q_u为0.2～0.3 MPa,并有良好的均匀性,深孔注浆加固采用多点、多次、少量进行。

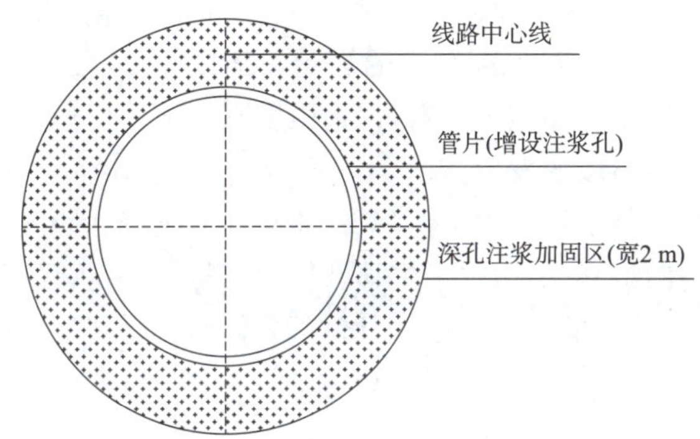

图6-11　深孔注浆施工示意

6.3.2　施工安全卡控措施

为了保证下穿处施工质量和减少对铁路的影响,在下穿前先做好姿态调整从而避免下穿处因意外等造成大的偏离及相应的纠偏,也可以保证此处管片拼装质量,避免运营期可能出现的地下水渗漏。同时做好机械设备保养,及时检查刀具磨损量,有磨损应立即更换。避免长时间停机、换刀、机械设备维修、消耗物品停机更换;做到稳步掘进、顺利穿越。

穿越铁路期间应保证各项措施及施工参数落实到位。坚持每天早晚各1 h的设备检查、保养、维护等制度,保证设备运转正常,同时应当保证管片、水泥、水玻璃等物资供应。施工过程中要及时了解指令的执行情况,对工程技术、质量、安全、资源配置、材料和设备保障、工序作业时间和衔接中存在的问题实施全面监控,实施动态管理,根据变化对指令作出相应的调整。在盾构下穿铁路期间安排专人负责和铁路部门进行沟通联系。

铁路段施工期间,以确保掘进质量稳定,注浆及时、到位,地面沉降得到有效控制为根本原则,绝对不允许出现单纯抢进度,造成地面沉降超标的现象,地下的掘进施工绝对服从现场指挥部指挥,指挥部为确保铁路设备及行车安全有权停止掘进施工作业。

实施责任制度、监控制度和奖罚制度。对每一流程,每一工序都有专人负责,都有专人监控,保证各工序之间衔接紧密,确保盾构施工的连续性,使盾构尽可能快的穿过铁路,减少意外风险。

盾构掘进施工前应与铁路有关部门做好协调工作,建立紧密的联系机制,要做好相关施工组织设计。施工期间至施工结束后至少1个月内(应观测到铁路线路变形稳定为止),需要进行同步跟进实时监测。

施工期间穿越段内,为保证既有铁路运营安全,铁路实行限速措施,乔司编组站11股道及杭州北车辆段内19股道不限速,其中杭州北车辆段内11号、15号、25号道岔临时停用,利用停用时间穿越,穿越完毕后检测合格再允许列车通过。沪昆正线列车最大运行速度不得超过

60 km/h，沪昆高铁列车限速 200 km/h，并根据监测数据及时调整。

6.3.3 监测与控制

1. 监测总体要求

根据工程环境特点以及过铁路建构筑物相关规程，为保证盾构施工期间既有铁路的安全，应对其进行全方位监测。通过监测工作的实施，掌握在该项目施工过程中各结构的变化，为建设方及相关方提供及时、可靠的数据和信息，评定施工对工程结构的影响，及时判断工程的结构安全，并在施工过程中积极改进施工方法、施工工艺和施工参数，最大限度减小地层变形，对可能发生的事故提供及时、准确的预报，避免恶性事故的发生。

监测内容应全面反映工程施工中地下管线沉降及管线水平位移、铁路段地表沉降、管片结构净空收敛和差异沉降、轨道沉降变形、桥墩竖向沉降、桥墩水平位移及倾斜等特征变化，设置的监测点能反映监测内容中各要素的特征变化，采取的测试方法、测试仪器得当，符合规范、规程要求，能够及时、准确满足信息化施工的要求。

2. 监测点布置

根据设计文件，本盾构的标准断面各监测点布置如图 6-12 所示。

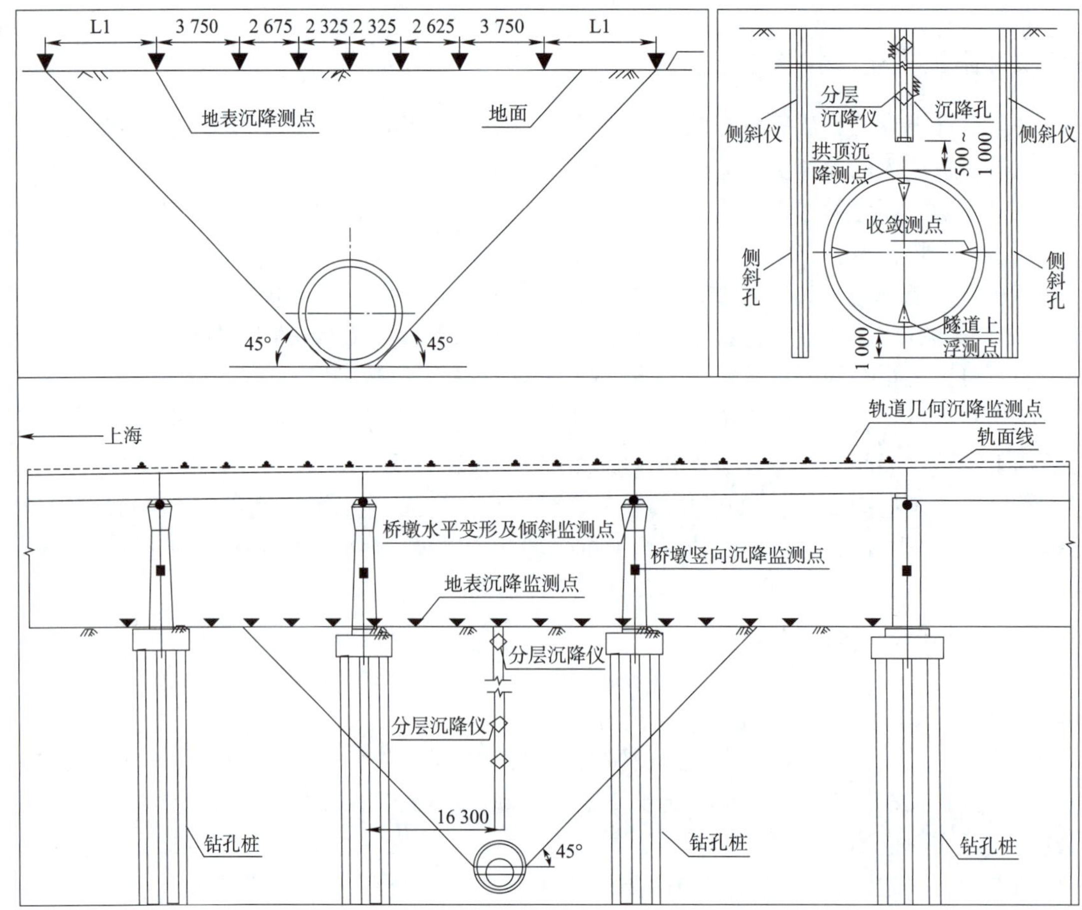

图 6-12 盾构标准断面监测点布置示意（单位：mm）

3. 监测标准、频率及预警值

本盾构各监测项目及预警警戒值见表 6-3,监测频率见表 6-4。

表 6-3 盾构监测项目及预警警戒值

序号	监测项目		预警警戒值
1	管片结构竖向位移	坚硬、中硬土	累计值 10 mm、20 mm,变化速率 2 mm/d
2		中软、软弱	累计值 20 mm、30 mm,变化速率 3 mm/d
3	管片结构差异沉降		0.04%L_s(L_s 为沿隧道轴向两监测点间距)
4	管片结构净空收敛		累计值 0.2%D,变化速率 3 mm/天(D 为隧道开挖直径)
5	地表沉降	坚硬、中硬土	累计值 10 mm、20 m,变化速率 3 mm/d
6		中软、软弱	累计值 10 mm、25 m,变化速率 3 mm/d
7	地表隆起		累计值 10 m,变化速率 3 mm/d
8	建筑物的沉降、倾斜		累计值 20 m,倾斜 2/1 000
9	地下燃气管道		累计值 10 mm、30 m,变化速率 2 mm/d
10	普铁路基沉降和位移		累计值 10 mm,变化速率 2 mm/d
11	高铁桥墩沉降和位移		累计值 2 mm,预警值 1 m

表 6-4 盾构监测频率

监测部位	监测对象	开挖面至监测点或监测断面的距离	监测频率
开挖面前方	周围岩土体和周围环境	$5D<L\leqslant 8D$	1 次/(3~5 d)
		$3D<L\leqslant 5D$	1 次/2 d
		$L\leqslant 3D$	1 次/1 d
开挖面后方	管片结构、周围岩土体和周围环境	$L\leqslant 3D$	(1~2 次)/1 d
		$3D<L\leqslant 8D$	1 次/(1~2 d)
		$L>8D$	1 次/(3~7 d)

注:D 为隧道直径;L 为开挖面至监测点或监测断面的距离。

4. 应急预案

(1)铁路变形过大

施工过程中一旦发现铁路轨道允许偏差超标,立即联系铁路有关部门进行轨道的整治修护,将损失控制在最小限度内。其线路维修基本作业包括:起道、捣面、拔道、改道、整正及调整轨缝等,及时通知设计单位及铁路等相关部门,研究对策,以防影响铁路的正常运营。同时立即停止盾构掘进,并保持土仓压力,有效控制地表继续沉降。在沉降尚未控制、原因尚未分析清楚、沉降控制措施尚未到位的条件下,严禁盾构机继续掘进,待地表沉降稳定并已处理完成后,盾构机方可继续掘进。已拼装成形的盾构隧道,对盾尾后一定范围内的管片及时进行二次补浆,在此期间提高监测的频率,及时绘制随时间的变形曲线图,加强与上级单位和铁路有关部门的沟通,以便根据变形发展情况采取相应措施。

(2)盾尾密封刷损坏,发生漏浆

可采用海绵条来防止漏浆,如果漏浆比较严重,可选择更换盾尾密封刷。更换盾尾密封刷时,要提前选择盾构机停放的位置,做好土体加固。密封刷只能更换前两道,第三道密封刷不可更换。土体加固后,盾构机运行到选择好的地点后进行更换。更换过程中,需要将更换密封刷的地点处用盾构机的千斤顶将整环管片向前拉，以便漏出盾构机盾尾处的密封刷。管片拆下后要立即更换，以防时间过长而漏水。

(3)掘进过程中前方遇到不明坚硬物

现场出现的情况判断为盾构机推进扭矩过大，推进速度过慢，设备在推进过程中有颠簸现象。出现这类情况时盾构司机应当立即作出明确判断，停止掘进并及时上报。现场施工人员做好注浆管清理工作，防止堵管，并时刻观察盾构机的姿态等各参数情况。

(4)地面、路基下沉

适当提高土仓压力、减缓盾构推进速度、减小纠偏幅度、减小土仓内改良剂的注入量等避免对土体进行过分的扰动，避免沉降的进一步恶化。提高浆液注入量弥补土体损失，同时通过该位置后，加强此范围内隧道内二次注浆，进一步控制地面后期沉降。严格控制出土量，必要时人工控制出土，强制减小出土速率从而减小地层损失。增加沉降区域施工监测频率与观测期。

6.4 实施效果

盾构下穿过程中各项目监测数据变化较小，累计变化量和日变量均在允许范围内，未发生监测预警情况。其中，穿越过程中隧道内管片总体变形较小，均为超过预警值 21 m，隧道横竖收敛也未超过预警值。最大地表沉降为 3.67 mm；铁路建筑物最大沉降为 3.08 mm；路基最大沉降为 3.5 mm；电气化立柱最大沉降为 2.7 mm，均满足营业线施工技术指标要求。具体沉降曲线如图 6-13～图 6-16 所示。

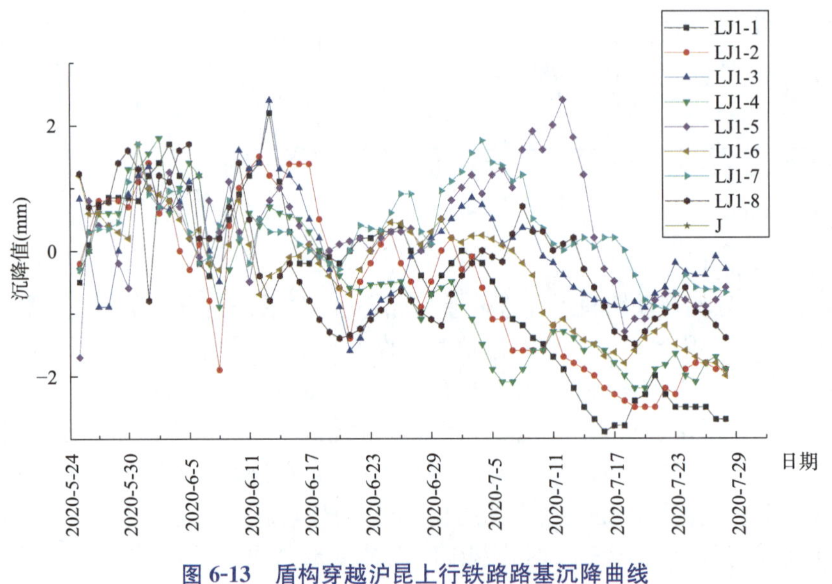

图 6-13　盾构穿越沪昆上行铁路路基沉降曲线

随着盾构机穿越掘进完成，路基测点逐沉降变化趋势逐渐稳定。盾构穿越时上方轴线地表呈轻微上抬的变化趋势，工后又呈缓慢下沉的趋势，工后两周变化趋缓稳定。

盾构下穿沪昆高铁桥墩时高铁桥墩最大累计变形量为－0.4 mm，未超过预警值，高铁桥墩监测正常，变形较小。

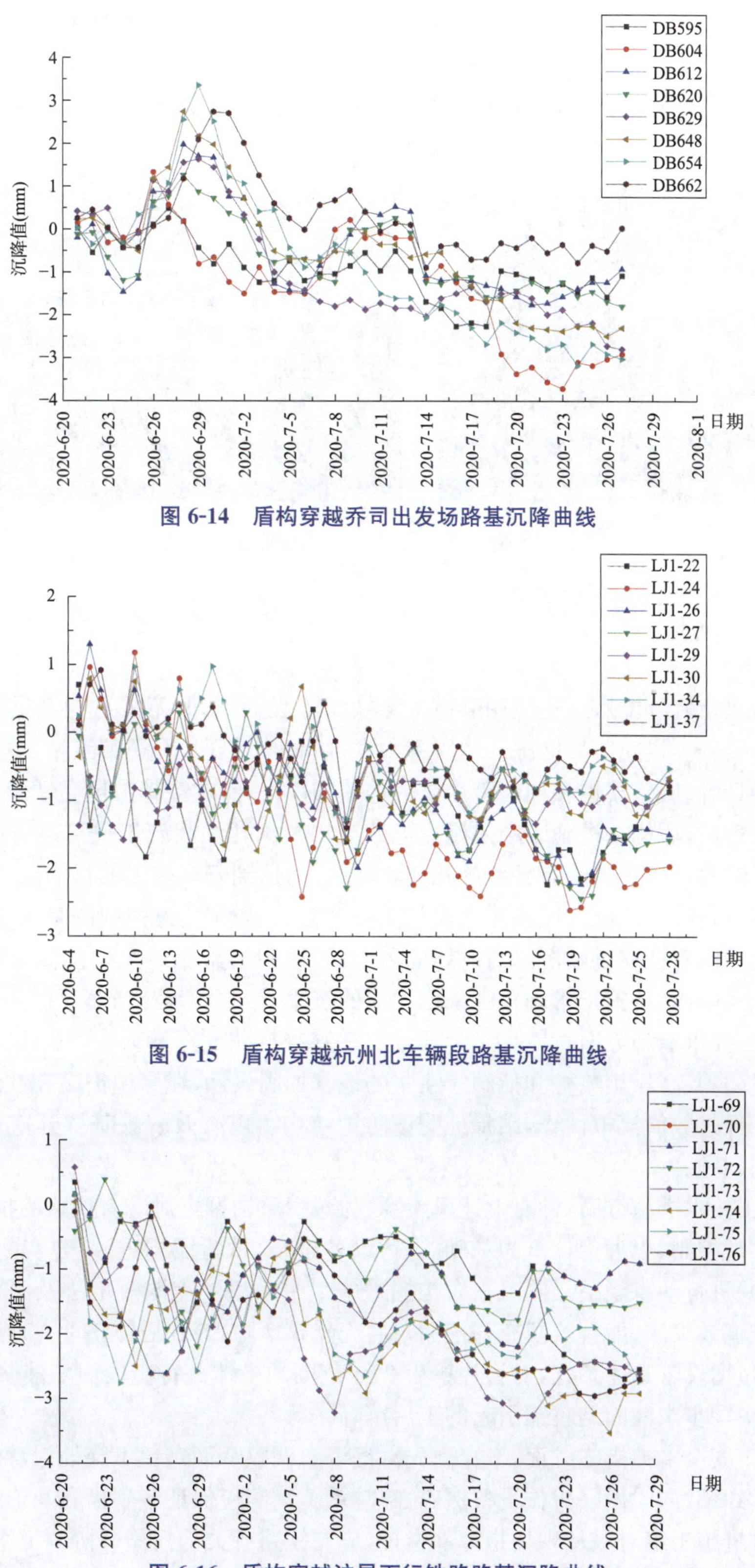

图 6-14 盾构穿越乔司出发场路基沉降曲线

图 6-15 盾构穿越杭州北车辆段路基沉降曲线

图 6-16 盾构穿越沪昆下行铁路路基沉降曲线

综上所述，在杭州北车辆段、乔司编组站、沪昆铁路段采用吊轨梁防护设计和地基加固设计对既有铁路路基保护效果总体较好，克泥效工法及深孔注浆也能够减少同步浆液固结收缩引起的工后沉降。在穿越沪昆高铁段采用隔离桩防护设计可以有效减小盾构掘进对既有沪昆高铁桥墩的影响。施工完成后盾构隧道内部现场如图 6-17 所示。

图 6-17　盾构隧道内部现场

6.5 小　结

本章以嘉兴市域外配水工程质构隧道下穿铁路工程为例，介绍了盾构隧道穿越既有线施工相关风险源及安全风险防控措施。本工程中在杭州北车辆段、乔司编组站、沪昆铁路段采用吊轨梁防护设计、高压旋喷桩和袖阀管注浆的地基加固设计，在穿越沪昆高铁段采用隔离桩的防护设计是合理的，盾构掘进施工中采用克泥效工法及深孔注浆施工也可以有效减少对既有线的影响。同时也应当加强既有铁路的几何状态监控，达到安全施工的目的。

盾构隧道穿越既有线施工风险源主要包括 3 个方面：盾构隧道引起的路基变形风险、盾构隧道掘进引起的既有铁路桥墩沉降与倾斜的风险、桥墩附近施工时大型机械对既有桥墩的影响。针对上述风险源，从施工管理角度采取相应的技术及安全卡控措施。

（1）在施工技术措施方面，针对上述风险源，在穿越杭州北车辆段、乔司编组站、沪昆铁路段采用吊轨梁防护、高压旋喷桩和袖阀管注浆的地基加固设计，在穿越沪昆高铁段采用隔离桩的防护设计。经过数值模拟计算，结果证明该防护结构可以有效解决基坑开挖过程中既有铁路的变形控制问题。

（2）在施工技术措施方面，针对上述风险源，为减少盾构掘进对既有铁路的扰动影响，加强了盾构推进参数控制，以理论计算为基础，进行设备选型、试验段掘进，结合实际监测情况，完成参数选择，并进行动态调整。同时在盾构掘进施工中采用了克泥效工法及深孔注浆。通过径向孔注入克泥效浆液，能有效填充开挖面与盾壳建筑空隙，减少盾体正上方地层扰动引起的地表沉降；通过增设管片注浆孔，对管片壁后 2 m 范围的土体进行全段面双液浆加固，能有效固结土体，减少同步浆液固结收缩引起的工后沉降。

（3）在施工安全卡控措施方面，下穿前先做好姿态调整从而避免下穿处因意外等造成大的偏离及相应的纠偏，同时做好机械设备保养，穿越铁路期间应保证各项措施及施工参数落实到位。地下的掘进施工绝对服从现场指挥部指挥，应与铁路有关部门做好协调工作，建立紧密的联系机制，以保证施工过程的安全。为确保盾构隧道穿越既有线施工和既有线列车运营的安全,编组站部分道岔需要临时停用,既有铁路与高铁采取限速措施,并根据现场施工情况对相关措施进行实时调整。

嘉兴市域外配水工程盾构隧道下穿铁路工程在采用上述措施后总体实施效果良好。在盾构掘进施工期间保证了施工安全,且未影响既有线正常运营,本案例风险源范围大距离长,盾构隧道埋深较深,施工难度及风险极大,该工程在同类工程中具有一定的代表性,该工程案例也为类似盾构隧道下穿既有线施工提供了一种参考解决方法。

7 南京地铁 7 号线盾构隧道下穿铁路工程（浅覆土、小半径工况盾构施工）

7.1 工程概况

7.1.1 案例背景

南京地铁 7 号线盾构隧道下穿铁路工程位于南京市雨花台区西善桥街道，施工内容包括西善桥车站、出入场线、西善桥停车场土建工程，共 1 站 1 场1 区间。

南京地铁 7 号线盾构下穿宁芜铁路正线（K33＋984.64～K34＋137.89）。地铁盾构出西善桥站后，沿宁芜铁路（宁芜公路平行且邻近宁芜铁路）向西南前行，下穿宁芜铁路，天保立交，然后到达西善桥停车场。盾构区间左线在宁芜线 K34＋032 位置斜穿铁路，盾构区间右线在宁芜线 K34＋095 位置斜穿铁路，与铁路斜交角度约 22°。地铁盾构内径 5.5 m，盾构左线下穿 4 号、5 号、6 号条基，盾构右线下穿 1 号、2 号、3 号条基。西善桥停车场出入场线区间平面如图 7-1 所示。

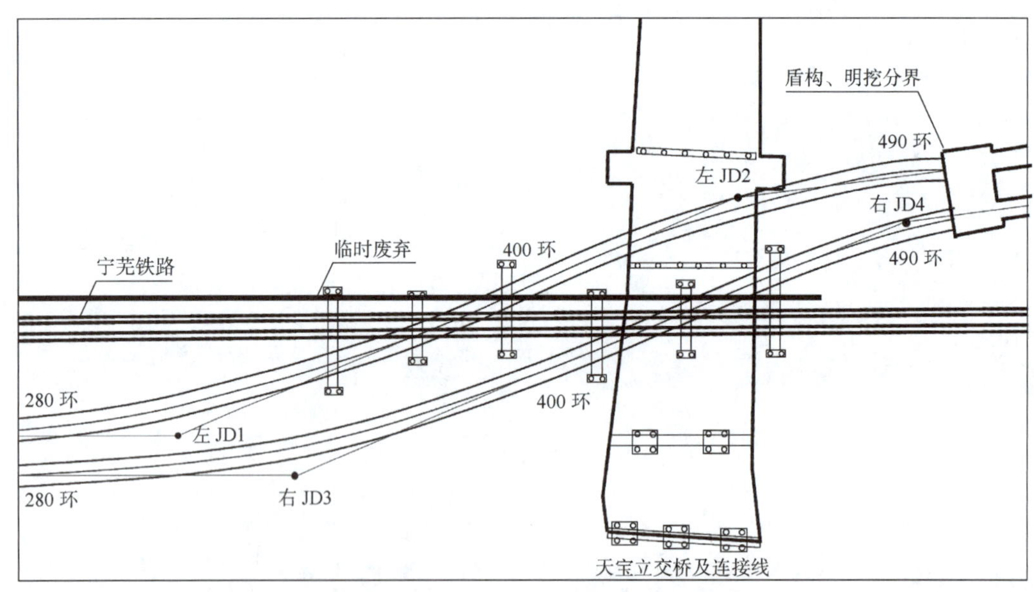

图 7-1 西善桥停车场出入场线区间平面示意

宁芜铁路为客货共线铁路，股道间距 5.0 m，采用有砟轨道，枕木碎石道床，无接触网，时速 105 km。斜穿位置路基宽度约 16 m，共 3 股道，由北往南分别为 9424 专用线（50 轨）、宁芜铁路（60 轨）及车站牵出线，线间距均为 5.0 m，位于直线段。宁芜铁路及 9424 专用线铁路运行繁忙,日运行客车21对,货车20对。车站牵出线盾构穿越地段目前未见列车使用情况,轨面有锈蚀,轨道中间有杂草。铁路施工段如图7-2所示。

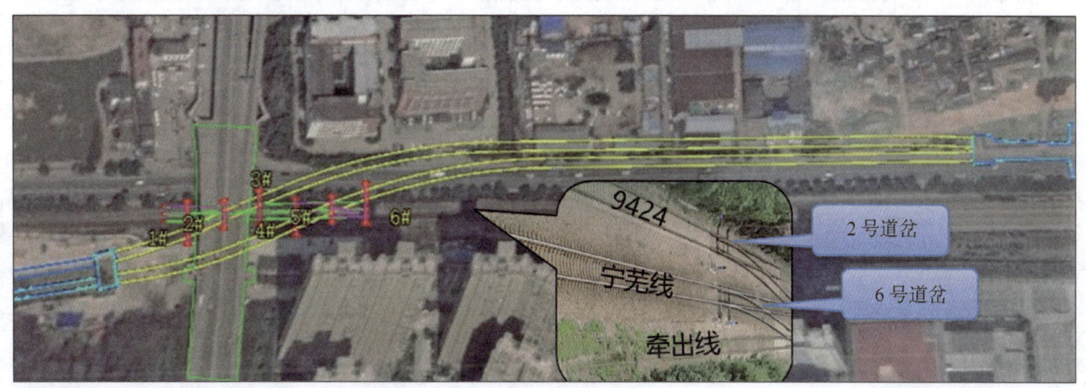

图7-2 铁路施工段示意

7.1.2 工程地质与水文地质

区间盾构隧道掘进范围内土层主要为①$_1$杂填土、①$_2$素填土、②$_{1b2}$粉质黏土、②$_{4d3}$粉砂、④$_{1b1}$粉质黏土、④$_{2e1}$粉质黏土混卵砾石、K_{2p}-2b强风化砂质泥岩、K_{2p}-3b中风化砂质泥岩。盾构区间穿越地层主要以②$_{4d3}$粉砂层、K_{2p}-2b、K_{2p}-3b砂质泥岩层为主。以西善桥停车场出入场线区间左线为例,地质剖面如图7-3所示,具体地质特征见表7-1。

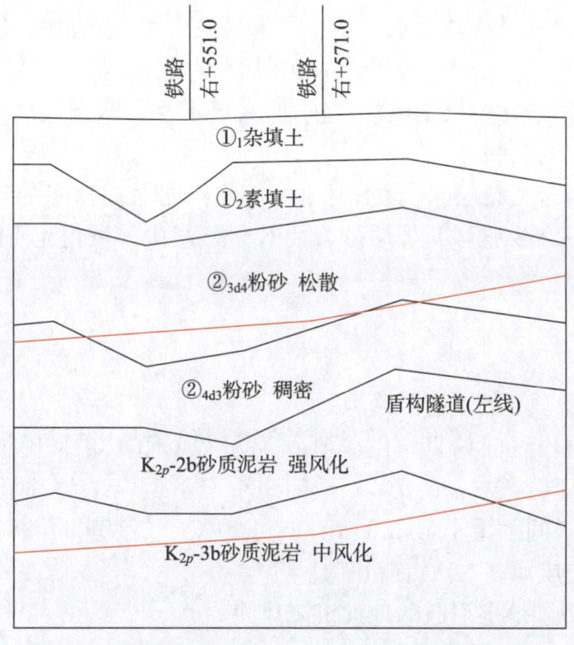

图7-3 西善桥停车场出入场线区间左线地质剖面

表 7-1　西善桥停车场地质特征

层　号	地层名称	颜　色	状　　态	厚度(m)	厚顶高程(m)	承载力特征值 f_{ak}(kPa)
$①_1$	杂填土	杂　色	松软、局部稍密	0.50～11.20	10.36～51.08	—
$①_2$	素填土	灰黄色	结构松散	0.50～9.30	10.15～47.47	70
$②_{1b2}$	粉质黏土	灰黄色	可　塑	0.5～7.60	8.22～46.65	160
$②_{2b3}$	粉质黏土	灰褐色	软　塑	0.60～5.90	8.60～28.37	90
$②_{3d4}$	粉　砂	灰黄色	松　散	0.80～4.10	6.08～10.62	100
$②_{4d3}$	粉　砂	灰黄色	稍　密	0.70～5.10	4.39～10.00	150
$③_{1b2～3}$	粉质黏土	灰褐色	软塑～可塑	2.40～4.10	1.95～3.52	130
$④_{3b1}$	粉质黏土	褐黄色	硬　塑	0.50～8.90	−0.45～46.99	230
$④_{4e1}$	粉质黏土、混卵砾石	褐黄色	硬　塑	0.50～13.60	−8.15～49.88	250
$④_{5e1}$	卵石混圆砾	杂　色	密　实	0.50～12.00	16.91～44.91	280
K_{2p}-1b	砂质泥岩	紫红色棕红色	全风化	0.50～3.50	3.29～38.26	250
K_{2p}-2b	砂质泥岩	棕红色	强风化	0.80～12.90	−7.58～38.61	330
K_{2p}-3b	砂质泥岩	棕红色褐红色	中等风化	1.80～15.20	−10.52～33.81	560
K_{2p}-1c	泥质砂岩	棕黄色灰黄色	全风化	0.50～3.50	3.78～36.67	300
K_{2p}-2c	泥质砂岩	灰黄色灰白色	强风化	0.50～10.00	1.88～40.29	400
K_{2p}-3c	泥质砂岩	灰黄色灰白色	中等风化	23.20～23.20	−8.60～38.69	700

根据地下水赋存条件，沿线地下水类型主要为松散岩类孔隙潜水及基岩裂隙水。孔隙潜水近地表分布，含水层岩性主要为①填土层、③粉质黏土层，①填土层呈松散状，透水性和赋水性较好，③粉质黏土层由于含水层组成颗粒较细，其透水性和赋水性均较差，该含水层水位埋深受地表水和地形地貌的控制。

基岩裂隙水为碎屑岩类裂隙水，含水岩组岩性为白垩系浦口组的碎屑岩类组成，分布广泛。该层含水层为 K_{2p}-2c 层强风化泥质砂岩及 K_{2p}-3c 层中等风化泥质砂岩。

7.2　风险源分析

1. 盾构小间距始发引起的地表沉降风险

西善桥出入场线盾构区间始发端隧道在线路里程 CRDK0＋110.004～＋136.284 范围内，隧道外方净间距小于隧道直径的 70%(线间距小于 4.34 m)，线净间距为 2.84～4.34 m，属于为小净距施工，隧道间距最小为 2.84 m，小间距施工长度为 26.28 m，处于右线第 1～22 环。推进过程中容易造成地表二次沉降风险。

2. 盾构穿越上软下硬地层引起的地面沉降风险

区间穿越上软下硬地层，其中上部以粉砂为主，下部为 K_{2p}-2b 强风化砂质泥岩和 K_{2p}-3b 中等风化砂质泥岩。尤其盾构在宁芜铁路区间穿越涉及地层包括$②_{4d3}$粉砂、K_{2p}-2b 强风化砂质泥岩和 K_{2p}-3b 中等风化砂质泥岩。在这种地层掘进，可能发生盾构机偏移或被卡住、蛇行推进,注浆不及时易产生地面沉降甚至塌陷、隧道管片破损以及盾构机损坏等许多难以预料的问题。

3. 小半径、大纵坡、浅覆土盾构施工风险

区间隧道接收端为出入场线盾构井,连接停车场明挖段,覆土仅3.6 m,且根据隧道纵断面布置情况,该处隧道呈35‰上坡,为避免对铁路造成影响区间接收处于300 m的小半径上。

盾构穿铁路段使用钢条基和混凝土条基进行脱换施工,2号条基底部距离盾构管片上沿距离只有0.56 m,为保证盾构施工期间对既有铁路安全不受影响,在2号条基施工完成后对2号条基下方20m土体进行刨除。盾构刀盘外径为6.47 m,与盾构隧道存在13.5 cm的间隙,上方土体刨除20 cm后,盾构掘进覆土为22.5 cm。

剩余1号条基刀盘上部覆土为0.525 m,3号条基刀盘上部覆土为2.295 m,4号条基处覆土为2.145 m,5号条基处覆土为1.735 m,6号条基处覆土为3.025 m。覆土最深处不足3 m。

小半径、大纵坡、浅覆土盾构施工时盾构对外侧地层是挤压的状态,因盾尾空隙的发生会使地层向隧道内侧和下部位移,回填压注压力也会使隧道产生位移,同时由于在小曲线地段的盾构,是用管片和地层反力掘进的,因此推进力的反力会使隧道向曲线外侧位移。小半径、大纵坡、浅覆土地段的轴线控制难度较大,接收难度大。大纵坡容易是盾构机姿态和管片姿态上浮;浅覆土对注浆控制要求高,容易造成冒顶。若控制不当,会导致既有铁路路基沉降甚至塌陷。

7.3　对策措施

7.3.1　施工技术措施

1. 既有铁路加固措施

针对上述风险源,本工程通过架设D型钢便梁,保证地铁盾构施工时,铁路运营安全。线路安全防护由D型钢便梁、钢条基(混凝土条基)、支座、承台、桩基组成。其中1号、3号、4号、6号条基为钢条基,下接桩基础、承台、支座。2号、5号条基为钢筋混凝土条基,下接桩基础。

每股道采用5孔D24型军便梁防护铁路路基,另外在1号条基大里程侧设置一孔D16型军便梁作为托梁,每股道防护为D16+D24+D24+D24+D24+D24军便梁架空体系,军便梁下设6道条型基础,其中1号、3号、4号、6号为钢箱梁条基,结构宽度2.5 m,高度2.0 m。2号、5号为混凝土条型基础,结构宽度3 m,高度3 m。每根钢条基两端下部均设置2根ϕ1.2 m桩基+承台基础,混凝土条基下设2根ϕ1.2 m桩基础。

左线隧道依次穿越6号～4号条基(图7-4),其中6号、4号为钢箱梁结构,结构尺寸2.5 m宽×2 m高。5号条基为混凝土结构,结构尺寸3 m宽×3 m高。6号、5号、4号条基底部距离隧道顶埋深分别为3.16 m、1.87 m、2.28 m。

右线隧道依次穿越3号～1号条基(图7-4),其中3号、1号为钢箱梁结构,结构尺寸2.5 m宽×2 m高。2号条基为混凝土结构,结构尺寸3 m宽×3 m高。3号、2号、1号条基底部距离隧道顶埋深分别为2.43 m、0.56 m、0.66 m。

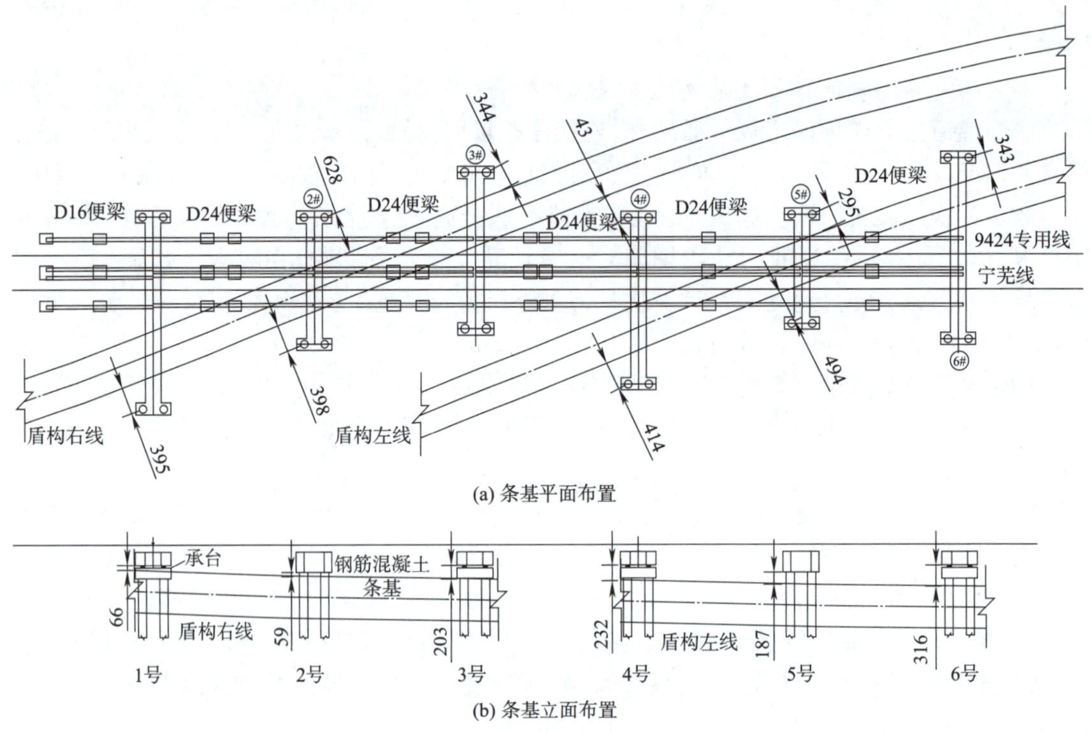

(a) 条基平面布置

(b) 条基立面布置

图 7-4　涉铁加固平面示意(单位:cm)

2. 既有铁路加固施工流程

总体施工流程:由于盾构先掘进左线区间,间隔 20 天再掘进右线区间,因此拟计划分两阶段,第一阶段:施工 3～6 号条基;第二阶段:施工 1～2 号条基。

第一阶段:施工 3～6 号条基桩基础→施工 3 号、4 号、6 号条基承台→3～6 号条基 8 组便梁架设→钢条基顶进工作坑施工及条基线下拉槽→混凝土条基施工及钢条基顶进→8 组便梁纵移,新进 2 组便梁→地铁盾构左线。

第二阶段:施工 1～2 号条基桩基础及天保桥钻孔防护桩→施工 1 号条基承台→钢条基顶进工作坑施工及条基线下拉槽→混凝土条基施工及钢条基顶进→便梁纵移→地铁盾构右线。

其中,条基桩基础采用正循环施工工艺,邻近盾构侧,钻孔灌注桩钢护筒跟进至盾构底下缘,钢护筒跟进后不拔除。承台基坑开挖在钢条基顶进工作坑支护,顶进工作坑开挖支护完成后,实施承台施工。

同时为保证掘进过程中,掌子面上部土体稳定,在 1 号、2 号、5 号梁下浇筑 50 cmM5 砂浆稳定上部土体。

在下穿铁路施工时,由于上部有列车动载时,需要对铁路钢筋混凝土管片配筋进行加强,在管片中添加钢纤维以提高管片强度和抗裂性能,掺量为 60.0 kg/m^2。为增强其抗裂性,普通管片设置 6 个注浆孔,针对盾构下穿铁路段,增设 10 个注浆孔,满足必要时注浆需求,如图 7-5 所示。

3. 小间距始发施工措施

针对风险源 1,为减小后施工隧道对先行隧道的影响,避免盾构小间距始发引起的地表沉

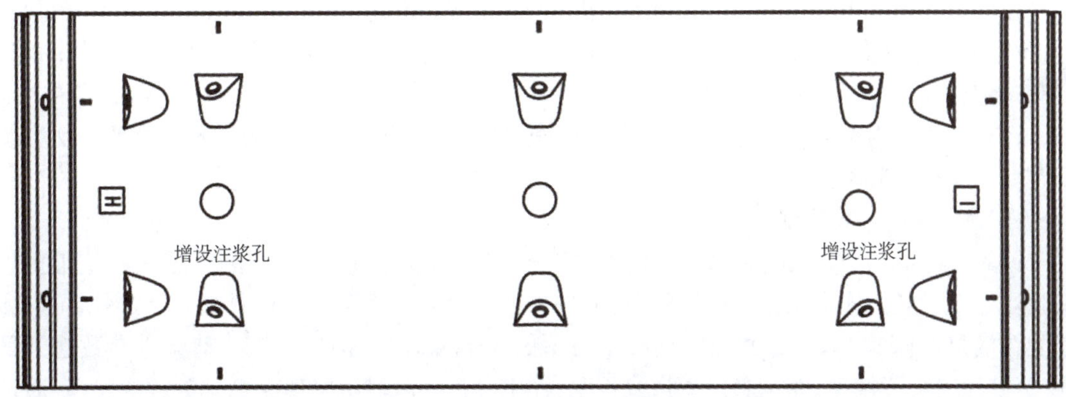

图 7-5 多孔管片示意

降风险,待先行隧道始发掘进 100 m 后,后施工隧道再进行始发作业,留好足够的安全距离,如图 7-6 所示。

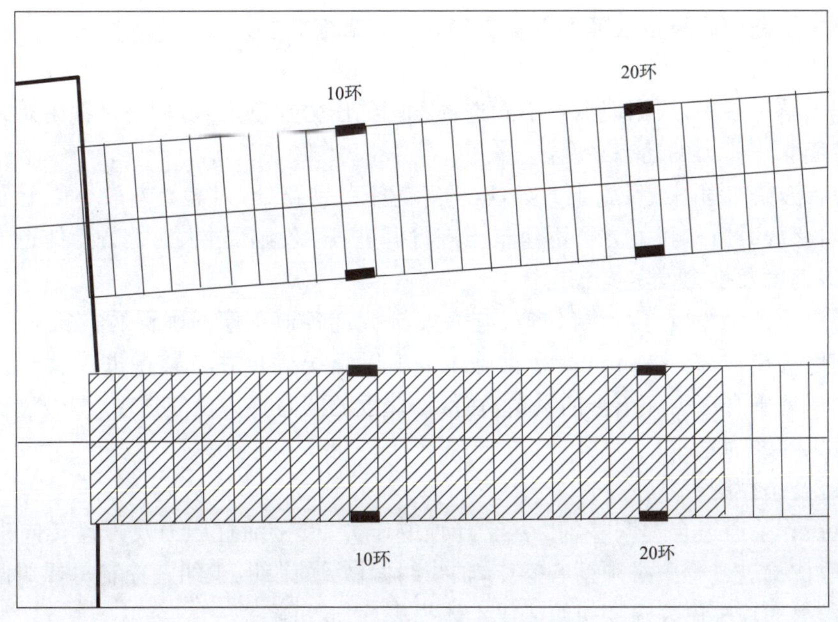

图 7-6 小间距施工范围平面示意

先行盾构始发后,在先行隧道小间距范围内设置管片纵向拉紧装置,沿环向 6 道(每块管片 1 道,在同一排螺栓处)。拉紧装置是用 M36 螺栓将 14b 槽钢固定在 25 环管片上(完成后发线 50 环后,可拆除 11～25 环拉紧装置)。先将 14b 槽钢开 4 cm 的孔洞,再松管片螺栓,接着将开完孔的槽钢套在螺栓上,并用垫圈和螺母拧紧固定,防止管片变形。

待先行隧道通过小间距范围后,通过隧道管片注浆孔,对隧道夹层注浆加固。对 CRDK0＋110.004～＋136.284 范围内管片二次注浆加固。通过范围进行注浆加固。注浆环号为 1～25 环,注浆点位结合监测数据尽量选择在掘进方向的左侧,避开封顶块。注浆浆液为水灰比 1∶1 水泥浆,注浆压力控制在 0.3 MPa 以下。注浆量应遵循"少量多次"原则,注浆过程中要密切注意洞内管片的变化,若发生管片错台、裂缝等情况,要及时停止注浆。

在区间加固区附近设置5口降水井，用于始发时发生涌水、涌砂事故时应急之用(单独设置，不重复利用车站降水井)。加固区中间设置1口，加固区两侧各设置2口，降水井孔径273 mm。

在先行隧道内设置监测点位，实施监测隧道拱顶拱底沉降、管片收敛等数据变化。加密监测频率，根据监测情况调整盾构推进参数，确保盾构顺利通过小间距施工段。

4. 盾构掘进参数控制

针对上述风险源，为确保盾构下穿铁路安全，将穿越铁路前30 m定为穿越铁路施工掘进试验段。为了验证施工掘进参数，通过对掘进参数及地面沉降监测进行系统分析，判断掘进参数能否满足沉降控制要求，并及时调整不合适的参数，确保盾构进入铁路前掘进参数达到最优，总结地表沉降规律，在试验段掘进过程中，详细分析各阶段沉降值与掘进参数的关系，通过有针对性的调整掘进参数，确保地表沉降得到有效的控制；控制好盾构轴线，盾构掘进中的纠偏会增大土体的扰动，盾构在试验段掘进中，必须将盾构姿态调整到最佳，确保盾构下穿铁路期间不进行纠偏；总结注浆施工注浆压力对地面变形的影响，在避免地面下沉的前提下严防地面隆起；调整盾构机的性能，在试验段阶段磨合好盾构机的各项性能，同时加强盾构机的维保，降低盾构下穿铁路期间设备故障率。主要参数控制措施如下：

(1)土压控制

在穿越铁路过程中，根据埋深的不同选择不同的压力控制模式，掘进过程中始终保证土仓压力与作业面水土压力的动态平衡。

根据现有涉铁加固图纸及施工方案，盾构穿越宁芜铁路处，刀盘上方最小覆土为0.225 m，覆土非常浅，必要时盾构机上方可不建土压进行掘进，避免土压过大对上方土体造成破坏。

(2)推进速度及推力设定

区间掘进至铁路段后，要保持匀速，有序安排掘进各道工序。确保盾构机安全穿越铁路段。掘进速度控制在20～30 mm。根据施工的实际情况确定并调整掘进速度及推力。选取适当的速度保证土仓压力和出土的平衡，在保证速度的同时推力也应适中，掘进过程中推力以不超过10 000 kN为宜。

(3)掘进姿态控制

盾构机操作手通过合理调整各分区千斤顶的压力、铰接油缸压力及刀盘转向来调整盾构机的姿态，盾构掘进过程中必须精心操作，轴线纠偏做到"勤纠、少纠"，控制每环纠偏量不大于4 mm(垂直、水平)，避免大幅度纠偏造成土体损失、引起沉降。

以平衡的推力、速度、扭矩控制掘进，尽量降低盾构掘进对地层的扰动，采取各技术参数平衡法掘进，始终以平衡的推力、速度、扭矩掘进，避免其中的一个或者两个参数突出性异常。而当地层发生变化时，也要尽量控制掘进速度保持稳定，适当的调整推力及刀盘扭矩。

加强盾尾间隙的控制，盾尾间隙尽量保持四周均匀，最小处应大于25 mm；加强管片的选型控制，油缸的行程差不应大于50 mm。

(4)出土量控制

为了控制地表沉降，减小地表变形，需要保持密封土舱内的进土量和出土量相互匹配。盾构开挖过程中以每环49～52 m^2 控制，需要根据实际情况实时调整螺旋输送机的转速来控制出土量。

(5)同步注浆与二次注浆

盾构在宁芜铁路区间穿越地层包括②$_{4d3}$粉砂、K_{2p}-2b强风化砂质泥岩和K_{2p}-3b中等风化砂质泥岩,其中上部以粉砂为主,实际注浆量取值为理论方量的150%～200%,缩短浆液凝结时间,控制在6 h以内。穿越期间安排专人在现场盯控,根据现场情况和监测数据实时调整注浆参数,保证盾构施工过安全穿越铁路。

掘进完成后根据监测数据及现场情况进行二次注浆加固,以提高管片强度和稳定性,减少后期沉降。管片背后二次深孔加强注浆浆液采用水泥-水玻璃双液浆,径向注浆时需要严格盯控,二次注浆采用双液浆,水泥浆:水玻璃=1∶1。并根据实际施工情况及地表监测情况调整注入量。

(6)其他盾构施工控制工艺

针对风险源2,为避免盾构穿越上软下硬地层引起的地面沉降风险掘进过程中不断观察出土情况,并结合推力、扭矩、速度、土压,以及渣土中石块的比例和大小,判断硬岩的比例,及时调整掘进参数。

盾构机选型时选择复合型刀盘,以岩石的强度来进行刀具配置;掘进时采用土压平衡掘进模式,根据隧道顶部地质情况选择合适土压力,适当降低土压,有利于提高刀具的寿命。

盾构机在上软下硬地层中掘进时,盾构姿态容易向上抬,为了保持正确的掘进线路,应该合理控制上下千斤顶的推进油压;此时边缘滚刀承受最大的破岩压力,应选用重型破岩刀具。在上软下硬地段应该采用低转速,以减少滚刀与岩土分界面的冲击。

加大发泡剂比例和刀盘喷水,以改善土体的流动性和土仓的温度,降低土仓温度有利于减少刀具磨损和偏磨。

日常加强盾构机的维保工作:盾构机作为隧道掘进设备必须保持良好的安全运行与备用状态,才能更有效地发挥设备的效率,形成最为合理的掘进运行方式,防止各种不正常故障的出现。

区间覆土较浅,盾构机姿态容易上浮,为保证隧道线型,使用超挖刀对下部岩层进行超挖,确保盾构机姿态,保证隧道线型。对下部超挖容易多出土,应该根据盾构机姿态合理控制超挖量。同时根据出土量调整同步注浆量,确保注浆量充盈,避免沉降。

加强盾构掘进过程中地表沉降变化的巡查和监测。严格按设计及规范要求进行隧道影响地面范围内进行布置沉降观测点,掘进过程中加强管理巡查及加大监测频率做好沉降值与盾构机掘进参数之间关系的对比分析,总结出适应该地层掘进参数和注浆参数。及时收集相关信息进行对比分析。及时调整推进参数,减少对地层的扰动,控制地面沉降。

针对风险源3,为避免小半径、大纵坡、浅覆土盾构施工产生的风险,采取以下措施:浅覆土段管片设置拉紧装置,盾构顺利穿越与安全接收;使用铰接式盾构机,增加盾构的灵敏度,对隧道的轴线控制更加方便以及改善管片外弧碎裂和管片渗水等情况;调整同步注浆配比,加快浆液初凝时间,确保地面沉降控制;隧道内辅助措施,进行壁后注浆加固、隧道内设纵向拉紧装置,加强螺栓复紧。

同时对隧道上方进行配重反压,使用混凝土支撑对接收场地范围内进行反压,保证埋深大于0.7倍洞径;在盾体内部、拼装机行走梁、盾尾后2～9环管片位置使用钢板、钢锭进行配重,在设备桥前段安装配重台车,增加管片脱出盾尾后的自重,以保证隧道线型,抵抗隧道上浮。

5. 压载

针对风险源3,盾构穿越期间,盾构区间于地铁设计里程范围为CRDK0＋110.004～

CRDK1＋510.908(对应宁芜铁路里程范围为 K33＋997.438～K34＋119.84)约 122 m 范围下穿宁芜铁路，盾构埋深较浅，埋深未满足 1 倍洞径，在盾构穿越段利用现场废弃股道进行堆载，确保盾构上部负载，减小隧道上浮。

直接采用砂袋堆叠方式进行配重反压。砂袋容量为 0.8～1.0 m^3。每堆完 1 层砂袋后，在砂袋缝隙处填入细砂，再用水密法浇湿砂袋及缝隙位置。砂袋及缝隙位置稳定后再用细砂将凹陷下去的部位补平，再浇水密实。压载界限为废弃轨道外侧 2 m，高度不超过 3 m。压载范围如图 7-7 所示。

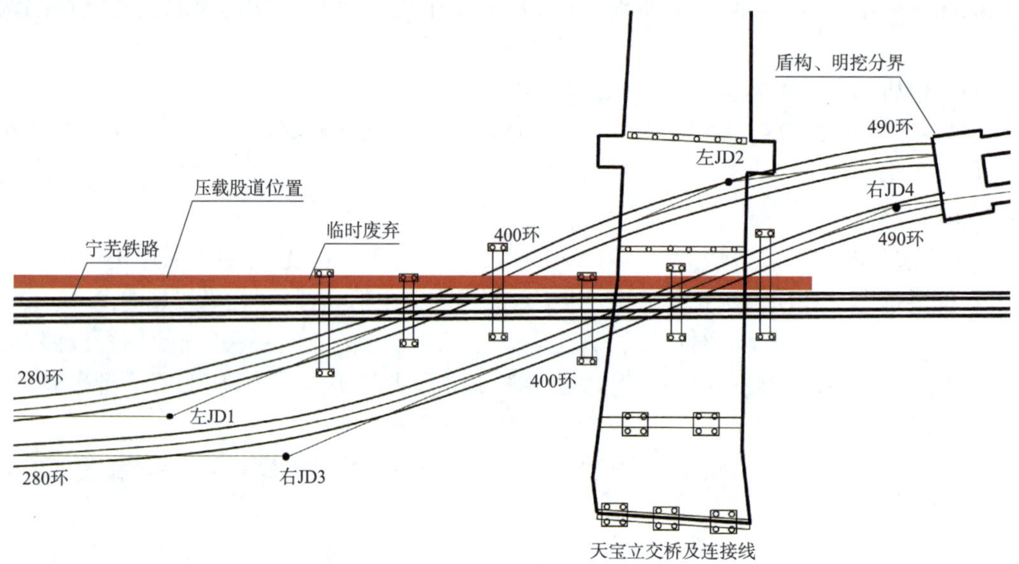

图 7-7　压载范围示意

7.3.2　施工安全卡控措施

盾构施工期间列车限速 60 km/h。严禁超速行驶，并根据监测数据及时调整。

既有线路加固阶段，限速范围为宁芜铁路及 9424 专用线 K33＋984.64～K34＋137.89 (166.124 m)；限速时间为 2021 年 8 月 3 日至 2021 年 12 月 31 日(150 天)。根据施工主要内容，施工封锁与慢行方案见表 7-2。

表 7-2　宁芜铁路施工封锁与慢行方案

序号	施工等级	施　工　项　目	备　注
1	慢行 45 km/h	便梁及线路养护	
2		道砟清理、砟包防护	
3		线下开挖拉槽	
4		混凝土条基施工	地泵浇筑混凝土
5		钢条基顶进、焊接、注浆、切割	
6		条基三角区回填	
7		道砟回填	
8		宁芜线逐级提速	

续上表

序号	施工等级	施工项目	备注
9	Ⅲ级封锁	宁芜线应力放散	封锁 1 次
10		列车报警器安装	封锁 1 次
11		车站牵出线增设车挡、增设硬隔离	封锁 1 次
12		沉降、位移观测点布置	封锁 3 次
13		便梁临时支座基础开挖、支墩制作	封锁 7 次
14		便梁架设前调整枕距、抽穿钢枕;便梁架设安装、拆解、吊装、纵移、轨枕复位	封锁 40 次

7.3.3　监测与控制

1. 监测总体要求

为保证南京地铁 7 号线盾构下穿宁芜铁路线路加固工程施工期间宁芜铁路的安全,应对既有线路轨道与路基结构进行全方位监控量测。通过监测工作的实施,掌握该项目在施工过程中对既有线路轨道与路基结构引起的变化,为铁路管理方提供及时、可靠的数据和信息,评定施工对既有线路轨道与路基结构的影响,及时判定既有结构的安全,对可能发生的事故提供及时、准确的预报,避免恶性事故的发生。

2. 监测点布置

该工程监测范围为并行段影响宁芜铁路 K33＋590～＋997 及盾构穿越影响宁芜铁路 K33＋997～K34＋168 对应路基及轨道,两侧分别外扩 20 m。监测内容包括影响范围内既有线路轨道及路基的沉降、水平位移。监测点布置如图 7-8 所示。

3. 监测标准、频次及预警值

具体铁路轨道、路基变形监测频率与报警、预警值见表 7-3、表 7-4。

表 7-3　盾构下穿宁芜铁路监测频率

序号	监测项目	监测频率	
		盾构施工期间	跟踪期
1	铁路轨道、路基沉降变形	1 次/2 h	施工结束后首周 1 次/4 h 施工结束第二周 1 次/8 h 施工结束第三周 1 次/12 h 后续至跟踪期结束 1 次/1 d
2	铁路轨道、路基水平位移		

表 7-4　宁芜铁路变形监测预警值、报警值和控制值(mm)

线路名称	监测项目	控制标准				
		24 h 变化量		累计变化量		
		预警值	报警值	累计量预警值	累计量报警值	控制值
宁芜铁路	路基沉降变形	±1.6	±2	±6	±8	±10
	路基水平位移	±1.6	±2	±4.2	±5.6	±7
	轨道沉降变形	—	—	+1.8 −4.8	+2.4 −6.4	+3 −8
	轨道水平位移	—	—	±4.2	±5.6	±7

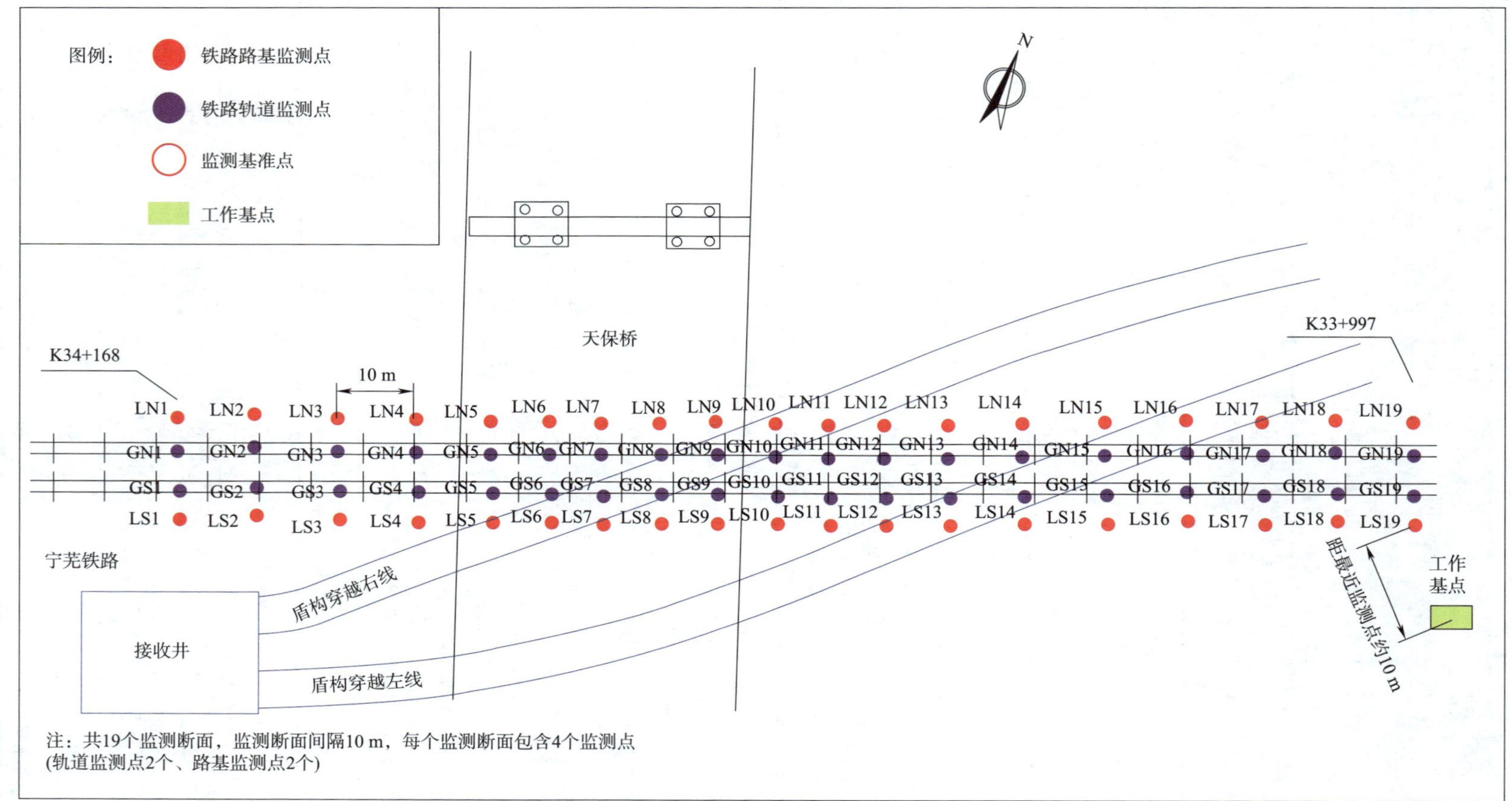

图7-8　盾构下穿宁芜铁路监测点平面布置示意

4. 应急预案

如果发生路面沉降,引起路面、管线和房屋的沉降速率过大,而且没有减缓和稳定的迹象,启动应急程序,及时上报项目部领导,监理、业主及交管部门,并通知盾构机司机停止掘进,从隧道内进行二次注浆,同时组织人员准备从地面上填充注浆。根据情况,对受影响的管线及时进行保护。

如果地面沉降速率过快,即将威胁到地面行车安全时,迅速派紧急疏散指挥员到现场值勤,组织专车把预备的钢板运到现场,在沉降大的地方铺设钢板,同时加强地面监测。如果沉降继续发展,快速立好交通导改标志,并上报交管部门,破开路面,进行回填注浆或灌注混凝土,同时在隧道内采取二次注浆。

线路加固可能产生的大型机械倾覆、路基坍塌、便梁倾覆等突发事件,制定应急预案。

7.4　实施效果

铁路路基累计垂直位移—时间变化曲线如图7-9所示。由图7-9可知,整个监测过程中,垂直位移变化量较小,最大变化量为-2.2 mm(LN11,下沉)。至监测结束,监测区段内路基垂直位移变化量分布均匀,所有垂直位移监测数据均未达到预警值,监测数据无显著波动。

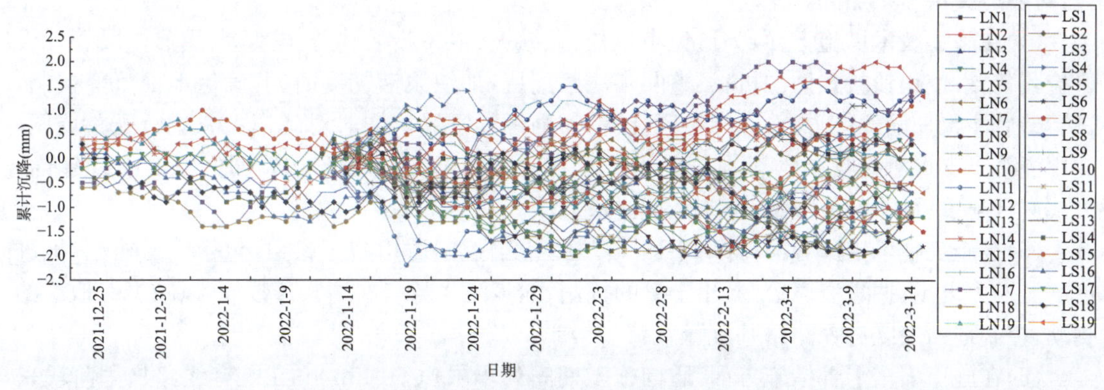

图7-9　铁路路基累计沉降变化量曲线

水平位移—时间变化曲线在此不再展示,轨道、路基水平位移累计变化量较小,最大累计位移量为2.3 mm(LN18,测点沿铁路线路向西侧位移,2022年3月4日)。至施工完成监测结束,监测区段内轨道及路基水平位移变化量分布均匀,所有水平位移监测数据均未达到预警值,监测数据无显著波动。

根据上述南京市地铁7号线西善桥停车场出入场线盾构下穿宁芜铁路防护工程线路加固、盾构穿越铁路监测项目数据的统计与分析成果得出结论:该项目从线路加固至右线穿越结束,各测项变形量均小于报警值,且数据变化平缓,无显著变形趋势,项目段轨道、路基结构受临近施工的影响不明显。

7.5 小　　结

本章以南京地铁 7 号线盾构隧道下穿铁路工程为例，介绍了盾构隧道穿越既有线施工的相关风险源及安全风险防控措施。

该工程中盾构隧道穿越既有线施工的风险源主要包括 3 个方面：盾构小间距始发引起的地表沉降风险，盾构穿越上软下硬地层引起的地面沉降风险，小半径、大纵坡、浅覆土盾构施工风险。针对上述风险源，从施工管理角度采取相应的技术及安全卡控措施。

(1)在施工技术措施方面，针对上述风险源，本工程通过架设 D 型钢便梁，保证地铁盾构施工时，铁路运营安全。线路安全防护由 D 型钢便梁、钢条基(混凝土条基)、支座、承台、桩基组成。

(2)在施工技术措施方面，为避免对既有铁路路基产生扰动，条基桩基础采用正循环施工工艺，邻近盾构侧，钻孔灌注桩钢护筒跟进至盾构底下缘。钢护筒跟进后不拔除。承台基坑开挖在钢条基顶进工作坑支护，顶进工作坑开挖支护完成后，实施承台施工。

(3)在施工技术措施方面，为避免盾构小间距始发引起的地表沉降风险，待先行隧道始发掘进 100 m 后，后施工隧道再进行始发作业，留好足够的安全距离。先行盾构始发后，在先行隧道小间距范围内设置管片纵向拉紧装置，待先行隧道通过小间距范围后，通过隧道管片注浆孔，对隧道夹层注浆加固。

(4)在施工技术措施方面，为避免小半径、大纵坡、浅覆土盾构施工风险，浅覆土段管片设置拉紧装置；使用铰接式盾构机；调整同步注浆配比，加快浆液初凝时间，确保地面沉降控制；进行壁后注浆加固、隧道内设纵向拉紧装置，加强螺栓复紧。同时对隧道上方进行配重反压，使用混凝土支撑对接收场地范围内进行反压，在盾构穿越段利用现场废弃股道采用砂袋堆叠方式进行配重反压，保证隧道线型，抵抗隧道上浮。

(5)在施工技术措施方面，针对上述风险源，应当控制盾构施工参数，包括土压控制、推进速度及推力设定、掘进姿态控制、出土量的控制、同步注浆与二次注浆参数等，以减少对地层的扰动，控制地面及既有铁路路基沉降。

(6)在施工安全卡控措施方面，盾构施工期间列车限速 60 km/h；在既有线路加固阶段采取合适的封锁与慢行方案，并根据监测数据及时调整。

南京地铁 7 号线盾构隧道下穿铁路工程在采用上述措施后总体实施效果良好，线路加固施工未对既有铁路造成影响，且保护效果总体良好，在盾构掘进期间也选取了合适的盾构掘进参数，保证了施工安全，未影响既有铁路正常运营。该工程也为类似盾构隧道穿越既有铁路施工提供了一种降低施工风险的方法。

专题二

上跨既有铁路施工

概　述

目前，上跨既有线施工的主要结构形式是桥梁，故本专题以不同施工方法为分类标准进行介绍，分为五篇，分别为步履式顶推法施工、架桥机铺设法施工、拖拉横移法施工、吊装法桥梁施工、转体法施工。前四篇各选取了一个典型案例，最后一篇转体法桥梁施工选取了3个案例，这三个案例各有特色，分别为小曲率半径桥梁转体法施工、V构桥梁转体法施工和钢箱梁T构桥平衡转体施工。每一篇中的典型案例也主要介绍了相应的风险源与设计施工技术措施。

在桥梁施工过程中，关键的施工步骤为桩基、桥墩施工，临时支墩施工以及梁体吊装、顶推、拖拉横移、桥梁整体转体的过程控制。

对于桥梁桩基、桥墩施工，主要风险源包括2个方面：钻孔桩缩径、塌孔风险，钻孔桩施工和基坑开挖过程中引起既有铁路桥墩或路基变形风险。针对上述风险源，主要措施为采用全套管跟进的钻孔灌注桩施工工艺，必要时使用水泥搅拌桩建立止水帷幕，并提高护筒埋设质量稳定护筒位置；邻近铁路的基坑开挖设计则采用全方位围护结构，进而避免影响既有铁路的安全运营。

第1篇架桥机铺设桥梁上跨既有铁路施工部分包括1个案例，选取了润扬北路互通式立交工程。该类工程的风险源主要包括4个方面：预制箱梁架设施工风险、钢箱梁吊装风险、高支模施工风险及大型施工机械失稳风险。针对上述风险源，解决方案一般为预制箱梁架设采用现场预制梁场集中预制；铁路跨架梁后进行桥面系施工时，湿接缝采用通长钢板兜底，防撞墙采用移动防护棚架，每道工序封锁施工以确保铁路行车安全。

第2篇吊装法桥梁上跨既有铁路施工部分包括1个案例，选取了南通港通海港区至通州湾港区铁路专用线一期工程。该类工程的风险源主要包括4个方面：吊装侵入既有线风险、钢横梁对位不精准风险、现场浇筑与焊接等污染既有线风险、大型施工机械侵入营业线风险。针对上述风险源，解决方案一般为采用门式墩横梁与既有铁路垂直布置；吊装过程采用“钢横梁二拼后整体吊装”的原则进行；架梁及现浇工程利用天窗点完成所有上跨施工；钻机应垂直营业线方向并对钻机进行限位加固。

第3篇拖拉横移法桥梁上跨既有铁路施工部分包括1个案例，选取了苏州星塘街北延工程。该类工程的风险源主要包括2个方面：钢箱梁吊装时倾覆侵限风险；拖拉、横移过程中钢箱梁倾覆风险。针对上述风险源，解决方案一般为东西幅盖梁之间需搭设横移支架平台作为钢箱梁横移轨道支撑平台；采用回旋钻机、正循环成孔施工工艺避免钻孔桩施工过程引起既有铁路变形；每道工序封锁施工以确保铁路行车安全。

第4篇步履式顶推法桥梁上跨既有铁路施工部分包括1个案例，选取了上海市北横通道上跨铁路咽喉区工程。该类工程的风险源主要包括4个方面：结构稳定性风险、施工操作风险、第三方设施损伤风险以及安全事故风险。针对上述风险源，解决方案一般为主桥采用下承式钢结构拱桥，适应铁路跨越条件；顶推支墩设计优化，使用钢筋混凝土扩大基础和钢管桩增强稳定性；调整施工顺序，实施“先建后拆”策略，减少对交通的干扰；采用钻孔灌注桩减轻对铁路路基的影响；在顶推施工中采取有效的监测和动态控制措施；施工期间实施铁路封锁控制措施以保障既有线列车运营安全。

第 5 篇转体法桥梁上跨既有铁路施工部分主要包括 3 个案例，本篇选择了三种不同桥梁结构形式的转体桥梁施工，分别为小曲率半径桥梁转体法施工、V 构桥梁转体法施工、超宽异形钢连续梁 T 构桥平衡转体施工。上述 3 种案例普遍的风险源为高空坠物、大型设备侵限风险；桥梁结构转体施工过程中倾覆风险，还有转体梁端下挠过大和临时索塔扭曲变形风险。针对上述风险源，3 种案例的解决方案各有特色，下面为各种转体法施工桥梁的设计与施工技术措施。

小曲率半径桥梁转体法施工的解决方案一般为设置防护棚架预防护；大型设备作业时采取防侵限措施；邻近铁路的基坑开挖设计采用全方位围护结构；施工过程中对影响铁路安全的关键活动采取严格的时间控制。

V 构桥梁转体法施工的解决方案一般为严格进行转体的平衡控制，同时在高铁线附近使用悬臂挂篮法和液压菱形挂篮进行施工。转体施工过程中也需要对既有铁路实行封锁。

钢箱梁 T 构桥平衡转体施工的解决方案一般为钢—混凝土墩梁固结节点构造此 T 构桥钢—混凝土墩梁固结节点采用格构式密布剪力钉及 PBL 键，同时设置竖向预应力钢筋的设计形式；在精确称重前预估不平衡力矩，并对桥梁实施预配重，转体前、预配重安装完成后再次进行平衡配重。转体施工过程中采取相应控制措施，比如防倾保险体系、限位控制体系。转体施工过程中需要对既有铁路实行封锁。

各类型上跨既有铁路施工相应的设计与施工技术措施在下面的案例分析中也分别进行了详细阐述。

第1篇　架桥机铺设桥梁上跨既有铁路施工

8　扬州市润扬北路互通式立交工程（预制梁架桥机架设施工）

8.1　工程概况

8.1.1　案例背景

本工程为扬州市江平西路二期工程(润扬北路互通式立交)，是扬州市"五横七纵"快速路网中的重要组成部分，位于江平路与润扬路交汇处，采用双Y型枢纽互通形式实现江平路与西环润扬路的快速沟通，共包括二条主线高架桥、四条互通匝道桥及地面道路、雨污水管道、涵洞等工程。工程范围：江平路桩号 JK2＋012～＋415，全长 403 m，润扬路桩号 RK0＋940.404～RK2＋630，全长 1689.596 m，有4条互通匝道。工程施工位置如图8-1所示。

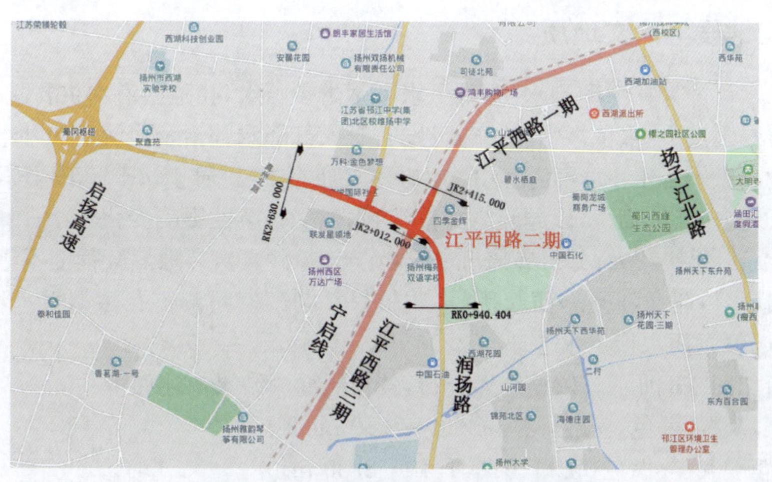

图8-1　润扬北路互通式立交施工位置

工程所处位置位于宁启线扬州站和扬州北站区间，润扬路高架上跨宁启线交叉点铁路里程为下行线 K90＋240(上行线 K90＋617)，距扬州站约 4.4 km，距扬州北站约 9 km。既有宁启线为国铁Ⅰ级双线电气化客货共线铁路，旅客列车设计行车速度为 200 km/h。桥址处宁启线线间距 8.5 m，均位于直线地段，60 kg/m 钢轨，无缝线路，混凝土轨枕，跨现状润扬路为桥梁，其余为填方路基，路基填筑高度约 10 m，如图 8-2 所示。

本工程桥梁工程以现浇箱梁为主，跨宁启线采用预制梁，互通区域立体交叉采用钢箱梁，全线共计 2 联预制梁、4 联钢箱梁、31 联现浇箱梁，共计 37 联箱梁。涉铁施工段范围为润扬路主线高架第 13 联～第 14 联及相应区域的地面辅路系统，江平路北幅部分地面辅路系统，A 匝道 A1～A5 联第一跨，B 匝道 B2 联，C 匝道 C3 联，江平路段 200 m 长防护桩。

本工程共计四联钢箱梁，分别为润扬路主线 RZ13 联、匝道 A5 联、B2 联、C4 联，四联钢箱梁均集中在润扬路与江平路交叉口处，相互立体交叉，其中 RZ13 联位于 A5 联上方，C4 联位于 A5 联上方，如图 8-2 所示。原则上按照先下后上的顺序进行钢箱梁吊装。其中 RZ13 联钢箱梁距宁启铁路水平距离为 16 m，属于邻近营业线施工范围。

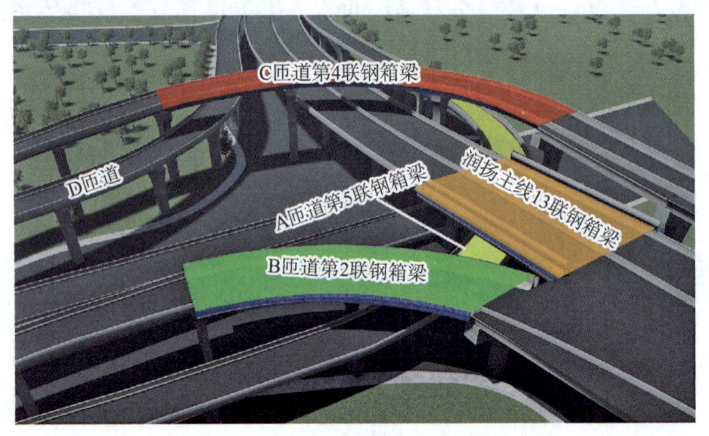

图 8-2　钢箱梁平面布置

8.1.2　工程地质与水文地质

区内地下水可分为孔隙型潜水、微承压水和基岩裂隙水，孔隙型潜水主要赋存于全新统表土、软土、粉质黏土层中，水位埋深浅，富水性弱，受大气降水补给及河流侧向补给，排泄方式主要为自然蒸发。微承压水主要赋存于⑪$_1$ 粗砾砂夹卵石中(桩号 JK4＋000～JK5＋566 段)，该层水量丰富，以侧向补给为主，以越流方式排泄，水位受季节性影响变化较小；沿线基岩埋深一般大于 60～80 m，起伏较大，分布碎屑沉积岩(泥岩、粉砂岩)，裂隙发育程度不等，裂隙水富水性很不均匀，其水位埋深随基岩面起伏，水质较好。勘察期间测得孔隙型潜水稳定水位埋深 0.40～3.40 m，微承压水稳定水位埋深 2.00～5.00 m。

地质断面如图 8-3 所示。依据钻探资料，各土层勘测结果描述如下：

①素填土，灰、灰黄色，松散，层厚 0.60～7.50 mm；

②粉质黏土，灰、灰祸色，软塑，层厚 1.10～8.30 m；

③粉质黏土，灰黑色，流塑，层厚 0.90～9.50 m；

④粉质黏土，灰黄色，可塑，层厚 2.00～4.40 m；

⑤粉质黏土：灰色，可塑，层厚 4.00～5.30 m；

⑥粉质黏土：灰黄色，硬塑，层厚 2.40～9.40 m；

⑦粉质黏土：黄褐色，可塑，层厚 1.50～6.00 m；

⑧粉质黏土：灰黄色，硬塑，层厚 1.70～16.60 m；

⑨粉质黏土:褐黄色,硬塑,层厚 12.30～32.8 m;

⑩粉质黏土:祸黄色,硬塑,层厚 3.00～18.20 m;

⑪粉质黏土:灰黄色,硬塑,层厚 1.60～10.10 m;

$⑪_1$ 粗砾砂夹卵石:灰黄色、灰祸,饱和、密实,层厚 1.60～10.10 m。

图 8-3　润扬北路立交工程地质剖面

8.1.3　预制梁设计方案

本工程预制梁上跨既有宁启铁路施工工程部分,润扬路主线 R14 联和匝道 C3 联为预应力预制组合箱梁,体系为结构简支、桥面连续,R14 联共计 27 片梁,C3 联共计 12 片梁,合计 39 片,其中,R14 联第 1 跨和 C3 联第 2 跨跨越宁启铁路,主线和铁路夹角 89°,匝道与铁路夹角 85°。R14 联平曲线位于缓和曲线和直线的交汇处,曲线半径很大,竖曲线位于圆曲线上,R39 号盖梁顶高程为 35.724 m,R40 号盖梁顶高程为 35.564 m,R41 号盖梁顶高程为 35.004 m,最大纵坡为 1.4%;C3 联平曲线半径为 500 m,第 1、2 跨预制梁架设纵坡为 5%,第 3 跨于竖曲线的圆曲线上,C08 号和 C09 号盖梁高差为 1.2 m,纵坡约为 3.3%。

预制梁为单箱单室,斜腹板断面,腹板斜率 6.5∶1(图 8-4)。标准箱梁顶板设 2%横坡,存在超高变化的部分预制箱梁顶板采用 1%、0%横坡,底板均为水平。箱梁跨中顶底板厚 20 cm,腹板厚 20 cm,梁端底板厚 36 cm,腹板厚 32 cm,底板、腹板变厚段长度 4 m。一跨箱梁设置 2 道端横梁、2 道跨中横隔板,端横梁厚 25 cm,跨中横隔板厚 20 cm。箱梁各道横梁断面严格保持铅垂。每片箱梁横向设置 2 个球钢支座,支座间距 0.7 m。

主线钢箱梁采用全焊单箱五室断面、匝道钢箱梁采用全焊单箱双室断面的结构形式;主线桥面设双向横坡,匝道桥面设单向横坡;两侧翼缘板均采用 2.6 m 长悬臂,端部高度 0.3 m,根部高度 0.7 m,相关参数见表 8-1。

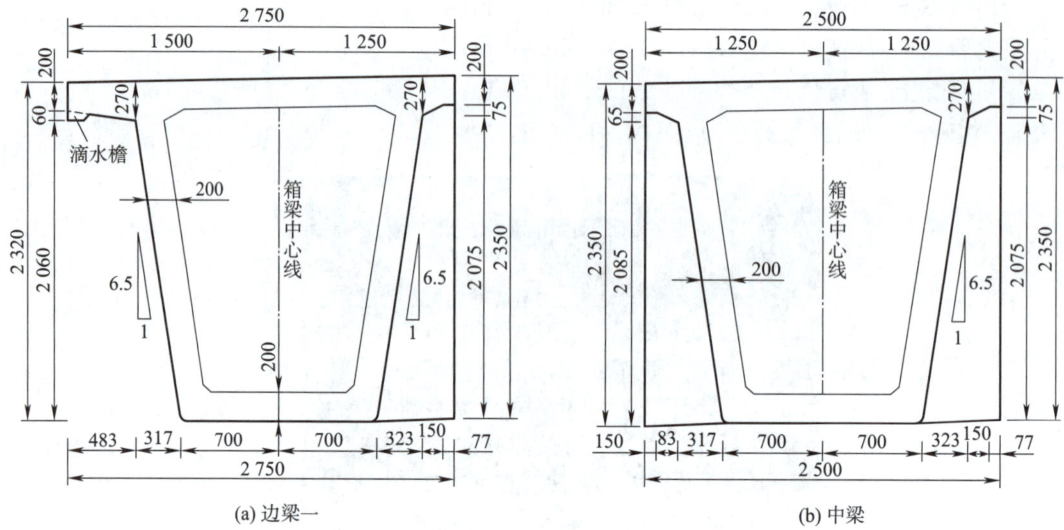

(a) 边梁一　　(b) 中梁

图 8-4　预制梁跨中断面(单位:mm)

表 8-1　钢箱梁主要参数

序号	联　号	跨度×桥宽(m×m)	梁高(m)	重量(t)	备　注
1	RZ13 联	(38.5)×29.2	2	689.4	简支梁
2	A5 联	(39+43+39)×10.5	2	721.6	连续梁
3	B2 联	(28.394+28)×14.5	1.8	475.2	连续梁
4	C4 联	(37+43.5+37)×10.3	2	714.2	连续梁
	合　计			2600.4	

8.2　风险源分析

本工程属于营业线施工、邻近营业线施工，施工工艺包括预制梁架设、钢箱梁吊装、互通区立体交叉施工、高支模、全套管跟进钻孔灌注桩施工等。为保证施工期间既有线行车安全，确保工程顺利安全实施，本工程必须重点考虑以下存在的风险源：

1. 预制箱梁架设施工风险

预制梁上跨既有宁启铁路施工工程部分，空间狭小，尤其是边梁施工空间受限于匝道盖梁，R14 联两跨预制箱梁呈扇形布置，每片预制梁的长度和角度均不一样，施工时还需不断调整架桥机角度；C 匝道桥梁纵坡大，履带吊和运梁车站位困难，施工工期紧，施工安全风险高。

2. 邻近铁路基坑开挖风险

邻近铁路基坑开挖施工时，易发生边坡失稳垮塌风险，对铁路路基造成扰动，影响铁路运营安全。部分承台采用钢板桩围堰施工时，钢板桩刚度或稳定性不足时容易发生变形等异常情况，影响铁路运营安全。因此钢板桩应具有足够的强度、刚度和稳定性。

3. 钢箱梁吊装风险

本工程互通区共计 4 联钢箱梁，总重约 2600 t，拟采用工厂加工，陆路运输至现场后采用履带吊进行吊装。钢箱梁吊装吨位重(最大节段重 182.3 t)、吊装高度高(最高吊装高度

30.6 m),且主线13联和B2联位于铁路30 m范围内,施工过程中可能会因为吊装用具松动、施工机具、材料坠落,砸到下方接触网或其他行车设备,吊装施工对铁路安全存在着较大的影响风险。

4. 高支模施工风险

本工程互通区有较多高墩柱,最高墩柱高度30.6 m,高度18 m以上的有31个,高度12~18 m的有90个,C7和C8分别位于铁路两侧,高度分别为26.3 m和28.9 m,距线路最近距离为13.9 m,墩柱及箱梁支架施工均属于邻近营业线施工,施工难度大、安全风险高。

5. 大型施工机械失稳风险

预制梁架设施工时主线桥面采用架桥机安装,可能会因为安装支腿支垫不稳或支垫间距过大、支腿未设支撑或缆风绳、架桥机、门吊结构体系未安装完成提前拆除支撑等原因导致架桥机失稳;匝道桥采用履带吊双机抬吊施工,可能会因为履带吊拼装过程中有误,操作不当等导致其失稳。

8.3　对策措施

8.3.1　施工技术措施

1. 跨铁路预制箱梁架设施工

预制箱梁采用现场预制梁场集中预制,待强度等指标满足要求后运至桥跨处,利用铁路封锁点,采用场内吊装或架桥机架设。针对风险源1,为避免预制箱梁架设时大型机械侵入既有营业线风险,关键位置处架桥机布置施工安排如下:

(1)主线第14联邻跨跨架桥机布置:主线第14联邻跨跨径为38 m,与铁路夹角为89°,确定架桥机以与铁路夹角89°布置。架桥机临时支腿距离线路中心最近距离为9.3 m,不影响线路,按B类监督进行施工。

(2)主线第14联铁路跨架桥机布置:主线第14联铁路跨跨径为40 m,与铁路夹角为89°,确定架桥机以与铁路夹角89°布置。

(3)C匝道北侧邻跨架桥机布置:C匝道北侧邻跨跨径为40 m,与铁路夹角为90°,确定确定架桥机以与铁路夹角90°布置。架桥机临时支腿距离线路中心最近距离为9.3 m,不影响线路,按B类监督进行施工。

(4)C匝道铁路跨架桥机布置:C匝道铁路跨跨径为40 m,与铁路夹角为85°,确定架桥机以与铁路夹角85°布置。

(5)C匝道南侧邻跨架桥机布置:C匝道南侧邻跨跨径为36 m,与铁路夹角为85°,确定架桥机以与铁路夹角85°布置。南侧邻跨箱梁架设时,铁路跨已完成湿接缝施工,不影响线路,按B类监督进行施工。

针对风险源5,架梁封锁施工步骤:①在铁路北侧邻跨(已架设好的润扬路第14联第二跨)的桥面平台上调试好架桥机,准备过孔。②封锁线路,封锁时间为120 min,封锁期间架桥机主梁前移40 m,临时支腿到达RYL39号墩盖梁,然后将前支腿前移40 m,落位于RYL39号墩盖梁上,前支腿加固后,调整后支腿及后油缸并加固,做好架梁准备。③封锁线路,封锁时间为120 min,封锁期间,前后吊梁天车吊运梁片架设就位,即完成第一片梁架设。④随后,其他梁在该梁上过孔，利用每次封锁 120 min 横移落梁 2 片。

润扬路主线第 14 联铁路跨共 14 片预制箱梁，根据架桥机平面位置，架梁顺序为：7 号→8 号→9 号→6 号→5 号→10 号→11 号→4 号→3 号→12 号→14 号→1 号→2 号→13 号。C 匝道第 2 联铁路跨共 4 片预制箱梁，根据架桥机平面位置，架梁顺序为：1 号→4 号→3 号→2 号。

先封锁线路架完第一片梁后，其他几片梁纵移过轨时，均从第一片梁顶面通过，纵向到位后再利用封锁时间横移、落梁。

架桥机按规定在导轨敷设时设置接地线，架设第一片梁后及时用大于 ϕ16 钢筋将梁片主筋与接地线连接，其后将小箱梁主筋逐片进行焊接，形成整体。

履带吊须经技术监督局鉴定，确保大型机械设备性能完好，装吊工等需持证上岗，由监理确认并形成书面记录。

绑扎构件的吊索、吊具、吊环等须经计算，绑扎的方法应正确，防止吊装中吊索破断，引发事故，钢丝绳、吊具、吊索等都要经常逐一检查，不得带病作业。架梁施工过程中在每片梁架设前，施工及监理单位要对履带吊吊索、吊具进行检查并做好签认记录，发现问题必须及时采取措施进行处理，处理后经检查确认后方可进行架梁作业。

吊装前对每片梁进行检查，将梁上的所有杂物清除干净。吊装作业设专人负责，各类操作人员必须按指挥的各种信号和口令进行操作。施工前统一信号和口令。跨铁路架梁前对箱梁及履带吊进行检查，清除梁上多余的物体，防止在架梁时坠落到营业线上。

起吊构件时，吊点要与梁轴线保持一致，提升与下降平稳不得发生紧急制动和冲击现象。

跨铁路架梁前将履带吊进行接地，并请供电段相关人员确认，高压线下架梁时请地方供电部门确认，防止产生静电伤人；跨铁路架梁时履带吊架梁都利用封锁点作业，同时接触网停电配合。

遇下列情况应停止履带吊起吊、拆移作业：自然条件恶劣，大雨或 6 级以上大风；操作人员不全，影响工作进行；设备运行异常，未经查明，处理好前。

2. 全套管跟进钻孔灌注桩施工

针对风险源 2，为保证铁路运营安全，减小对铁路路基的影响，RYL39 及辅墩、RYL40 及辅墩、C07 号墩、C08 号墩、A07～A10 号墩需采用全套管跟进的钻孔灌注桩施工工艺。

成孔机械采用 DTR2005H 型全回转钻机，施工特点有：环保效果好，噪声低，振动小；成桩和成孔质量高；配合合适抓斗，适用于各种土层。吊装设备选用日本住友 LS248RH5 型 150 t 履带吊，主臂长 18.29 m，最小工作半径为 5 m。一般段钢套管采用 Q235 钢板卷制而成，壁厚 2 cm，直径与桩径相同为 160 cm。每节钢套管长度为 6 m，钢套管之间连接采用高强合金材质做成的阴阳接头并通过高强螺栓进行连接。最下一节钢套管（筒靴）用作为固定合金刀头，壁厚采用 4 cm，刀头数量为 24 个，凸出护筒 1～2 cm。施工流程如图 8-5 所示。

3. 主墩承台、地系梁施工

针对风险源 2，为避免临近铁路基坑开挖施工时，发生边坡失稳垮塌风险，当承台基坑底边缘与铁路路基边坡底距离小于 8 m 时，基坑开挖应采用钢板桩支护，钢板桩应布置在承台向外 1 m 处。本工程拟采用 9 m 长 SP-Ⅳ 型拉森钢板桩进行支护。施工工艺流程如图 8-6 所示。

基坑支护设计：以 RYL39 号墩为例，承台尺寸为 14.6 m×6.6 m×3.0 m，基坑平面尺寸为 16.6 m×8.6 m，地面高程为 15.719 m，承台底高程为 11.352 m，基坑开挖深度为 4.467 m。

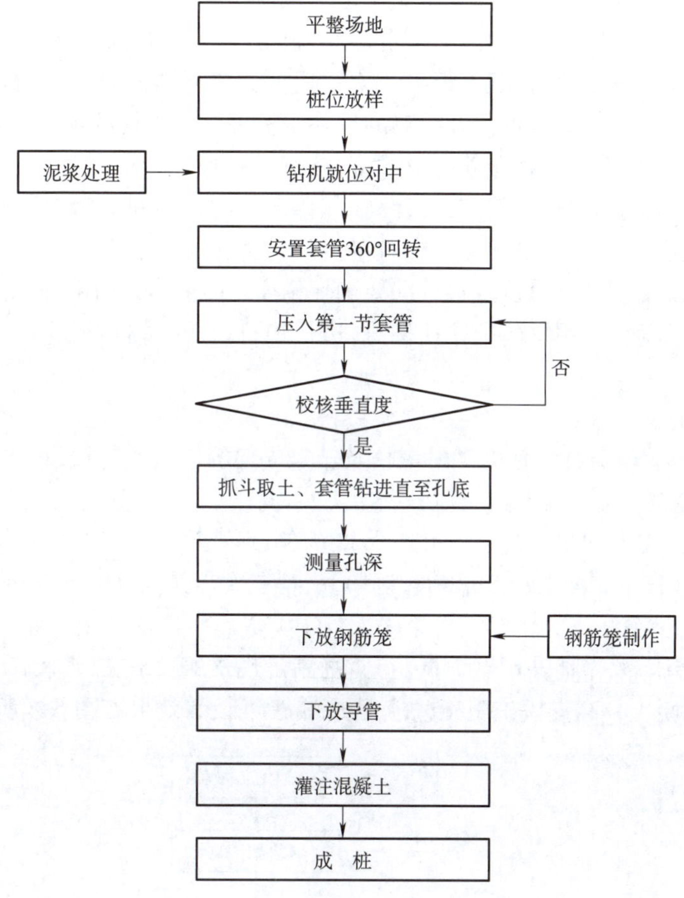

图 8-5 全套管跟进钻孔桩施工流程

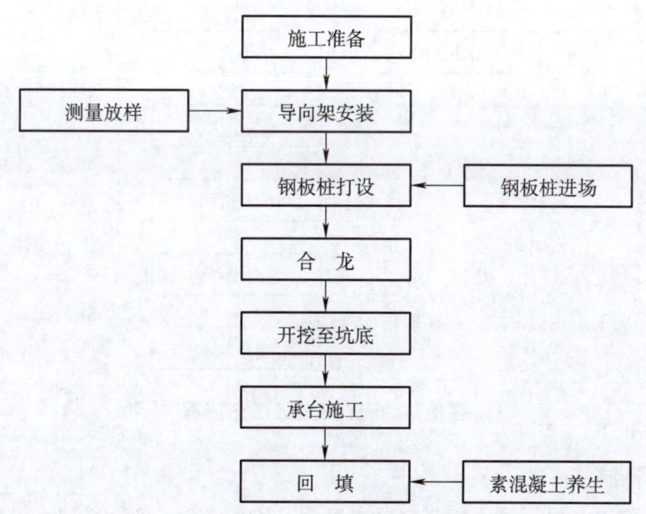

图 8-6 钢板桩支护施工流程

拉森钢板桩打设:拉森钢板桩打拔采用 BY-VH330 型履带式打拔桩机。在板桩运至现场在打设前,应对其进行检查,板桩立面应平直,锁扣符合标准,对锁扣不合的进行修整合格的再用。同时应将桩尖处的凹槽底部封闭，避免泥土挤入锁扣应涂以黄油。

打拔桩机停在离打桩点就近的施工平台，侧向施工，便于测量人员观察。液压钳夹住一根拉森钢板桩，锁口抹上润滑油，拎起钢板桩。待钢板桩尖离开地面 30 cm 时，停止上升。转动打拔桩机，使拉森钢板桩转至打桩位置。对准拉森钢板桩与定位桩的锁口，向下插打至地面以下一定深度不能下降为止。开动振动向下插打，控制插打速度，尽可能使桩保持竖直，以便锁口能顺利咬合，提高止水能力。板桩至设计高度前 40 cm 时，停止振动，振动锤因惯性继续转动一定时间，打桩至设计高度，松开液压夹口，打第二根桩。

第一、二根拉森钢板桩打设位置和方向要确保精度，起导向板作用，每入土 1 m 测量一次，板桩打设桩身发生倾斜时，用钢丝绳拉住桩身，边拉边打，逐步边打，逐步纠正，以上类推至打完所有桩。

4. 高支模施工

针对风险源 4，为避免高墩柱施工时墩柱及箱梁支架等侵入既有线，将本工程高度 12～18 m 的墩柱分两次浇筑，18 m 以上的墩柱分三次浇筑，高于 18 m 的墩柱，采用抱箍法施工，施工时，墩柱支架与箱梁支架同步设计。以 C10 号墩为例，墩柱高度为 26.9 m，计划分三次浇筑，第一次浇筑高度为 11 m、第二次浇筑高度为 10 m、第三次浇筑高度为 5.9 m，第一次采用支架法，第二、三次采用抱箍法支立钢模板。第一次施工完成后回填承台至原地面高程，夯实，并用振动压路机进行碾压，并做地基承载力试验，使之满足现浇箱梁施工对地基承载力的要求，再浇筑 20 cmC25 混凝土。高支模施工工艺流程如图 8-7 所示，效果如图 8-8 所示。

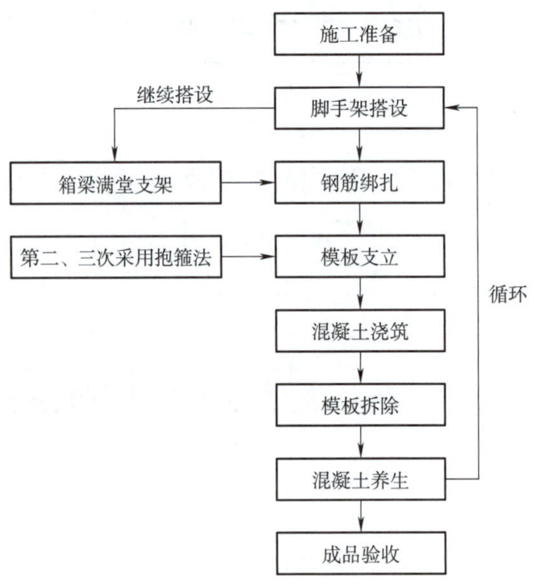

图 8-7　高支模施工工艺流程

5. 邻近铁路支挡施工

江平路高架与宁启线并行段挖方较大的桩号 JK2＋200～＋400 区间设有 200 m 长路基支挡防护，支挡形式为距人行道外边 26 m 处设置单排 ϕ1000@1200 钻孔桩，钻孔桩外侧 1.5 m 处设置一道 ϕ800@600 高压旋喷桩止水帷幕，如图 8-9 所示。根据现场实际情况，铁路线路南侧江平路道路堆放大量土方，目前土方与铁路路基保持受力平衡，为后续土方分阶段外

图 8-8 高支模支架效果图

运,施工时先施打高压旋喷桩止水帷幕,后施工钻孔灌注桩,钻孔桩桩顶设置通长 1.2 m×1.2 m 混凝土冠梁,确保外侧卸载时,线路路基稳定。

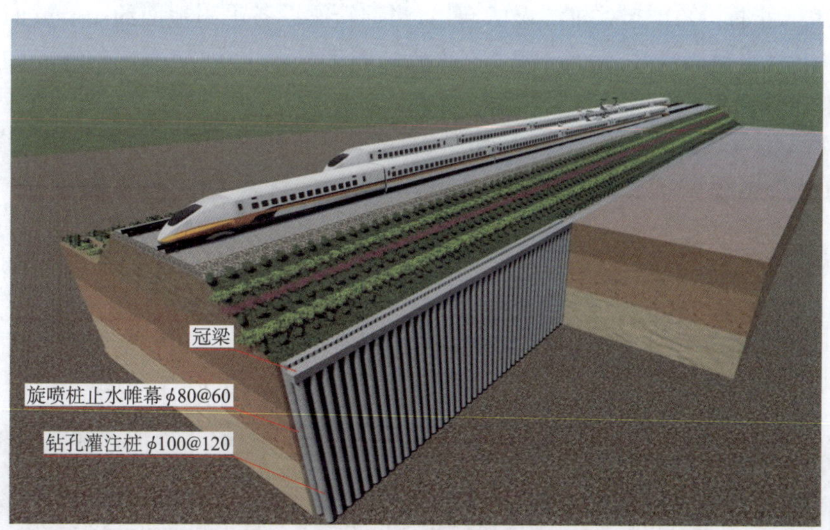

图 8-9 临铁路侧支挡效果图

钻孔桩采用 FXZ-250 型钻机,高压旋喷桩采用二重管法进行施工,二重管法是将水和水泥浆液两种介质搅拌混合加固的方法。其加固原理是:用一个喷射管使高压水横向喷射,并切割地基土体,与此同时另一个喷射管将水泥浆以较低的压力喷射注入被切割、搅拌的地基中,使水泥浆与土混合达到加固目的,施工机具主要采用高压旋喷桩机。

6. 钢箱梁吊装施工

针对风险源 3,为避免钢箱梁吊装施工时吊装用具松动、施工机具、材料坠落,砸到下方接触网或其他行车设备,威胁既有线安全,钢箱梁采用工厂加工,为方便后续现场吊装作业,顶板、腹板及底板应有相应错位,根据吊装的先后顺序,先行吊装的节段在拼接处应设置成"上口顶板凹、下口底板凸",后吊装的节段在拼接处相反设置。根据施工图纸及运输条件将箱梁划分为若干小节段。

润扬路主线RZ13联和匝道A5联第1跨采用贝雷梁平台的支撑体系，其余匝道钢箱梁仅在分段环口位置架设临时支架，临时支架采用ϕ609×10 mm钢管和[16槽钢组成格构式钢支架，ϕ609钢管采用自带法兰盘螺栓连接，钢管顶部横桥向设置一道400 mm×400 mm H型钢作为主分配梁，钢管底部地面浇筑高度0.5 m的钢筋混凝土扩大基础，平面尺寸根据钢管布置形式而定。RZ13联和A5联第1跨的贝雷梁平台采用单层“321”型贝雷，每组横桥向间距为90 cm，架设在400H型钢主分配梁上，小节段钢箱梁在贝雷梁平台上进行组拼。

以A5联钢箱梁A5-JDd7节段吊装为例，在A14号墩北侧2号拼装场地上拼装场地拼装成形，总重量为172.9 t。

履带吊移至就近墩位处，在临时地基上铺好路基板，将CC2500-1型500 t履带式起重机，按要求组对好主机、履带板，挂设好160 t后配重和40 t车身压重及超级提升配重装置，同时接好60 m主臂。

选用4根ϕ83 mm，6×61股(1+6+12+18+24)钢丝绳吊索，4只各能承载65 t卸扣卡锁在钢箱梁的4个板式吊耳上。

此时的500 t起重机在主臂长60 m，作业半径16 m，挂设超级提升配重装置后的额定吊装载荷为310 t，指挥500 t起重机缓慢的起吊，当钢箱梁设备吊离地面约10 cm时停止，检查500 t起重机的受力是否良好；检查500 t起重机的履带是否下沉；检查钢丝绳吊索、卸扣的受力是否完好。

指挥500 t起重机开始试吊，缓慢地起吊、变幅、松落，同时始终保持钢箱梁设备离地不超过20 cm，直至将钢箱梁试吊到半径26 m时停止。此时的500 t起重机额定吊装载荷为226 t。

检查500 t起重机的受力是否良好，检查500 t起重机的履带是否下沉，检查钢丝绳吊索、卸扣的受力是否完好。如正常则试吊完成，指挥500 t起重机缓慢地再变幅，将作业半径变至18 m。

指挥500 t起重机缓慢回转，当钢箱梁设备临近桥墩或脚手架时，停止。指挥500 t起重机缓慢的起吊，直至将钢箱梁吊离超过桥墩高后，再进行回转，最后将钢箱梁设备吊到桥墩的正上方。

稳住钢箱梁跨高架大节段找正方位，按要求指挥500 t起重机将钢箱梁梁段缓慢的松落在临时支架上。再进行检查，经确认安全无误后，将钢箱梁梁段稳固好后，指挥500 t起重机缓慢的松下吊钩、摘除吊索、卸扣。

所有梁段完成现场焊接连接后，经检查整梁位置、桥面高程及支座与箱梁连接合格后，解除临时固定设施，拆除支架、缓慢落梁，形成连续钢箱梁结构。钢箱梁落梁采用FCD200落梁千斤顶，对称布置于墩顶或盖梁顶，同步将钢箱梁顶升2 cm后拆除临时支座，安装永久支座，然后同步缓慢落梁至永久支座上，实现箱梁受力体系转换。钢箱梁吊装如图8-10所示。

边梁架设时，由于跨铁路箱梁带19 m范围内HB级钢护栏和SS级混凝土护栏一起架设，需要在边梁内侧设置拉锚点，拉锚点采用在盖梁内预埋环形ϕ32圆钢，埋深大于80 cm，圆钢与盖梁里的钢筋焊接一起，在箱梁内侧用5 t手拉葫芦或花篮螺丝拉在圆钢上。架设次边梁时拆除手拉葫芦或花篮螺丝，同时，在外侧用撑木顶于盖梁挡块顶面并顶紧，挡块顶面要预凿适当深度的凹坑，撑木下端置于凹坑内防止滑动造成边梁外翻；边梁内侧的横隔板要加良好的

图 8-10 钢箱梁吊装示意

支垫以防边梁内翻,在后续中梁的安装时严防对边梁产生碰撞造成边梁翻倒。

匝道梁架设时,匝道桥首片梁是边梁,需要在边梁内侧设置拉锚点,拉锚点采用在盖梁内预埋环形 $\phi32$ 圆钢,埋深大于 80 cm,圆钢与盖梁里的钢筋焊接一起,在箱梁内侧用 5 t 手拉葫芦或花篮螺丝拉在圆钢上。架设次边梁时拆除手拉葫芦或花篮螺丝,同时,在外侧用撑木顶于盖梁挡块顶面并顶紧,挡块顶面要预凿适当深度的凹坑,撑木下端置于凹坑内防止滑动造成边梁外翻;边梁内侧的横隔板要加良好的支垫以防边梁内翻,在后续中梁的安装时严防对边梁产生碰撞造成边梁翻倒。中梁架设就位后,边梁和中梁的横隔梁钢筋和湿接缝钢筋焊接三道。由于匝道纵向坡度达到 5%,盖梁施工时,在距盖梁中心线大里程 1 m 位置设置一排预埋环形 $\phi32$ 钢筋,钢筋埋深大于 80 cm,箱梁架设就位后,使用 5 t 手拉葫芦或花篮螺丝将箱梁端横梁钢筋与预埋钢筋连接在一起防止梁体滑移。相邻两跨箱梁完成架设后,箱梁端部的缝隙采用三角木楔塞紧,防止箱梁往下溜。

8.3.2 施工安全卡控措施

施工前必须对机械操作人员进行岗前安全教育培训,并针对作业内容进行现场了解,熟悉后上岗。架梁前需提供架桥机的年检报告以及架桥机安装、调试后的安全检测报告,同时应做好架桥机的试车工作,否则严禁架梁施工。吊机吊装时支腿必须稳固,严禁超载吊装,构件吊装时准备两道拉绳控制其稳定性及准确度。施工道路设置边线,警示牌,施工车辆必须严格按照施工道路行走。夜间施工必须保持良好的照明条件。

1. 架桥机防风、防倾覆措施

当架桥机处于非工作状态以及大风天气时,应对架桥机采取稳定措施,防止架桥机倾覆。除对架桥机反滚轮处设置安全装置及横移轨道边沿设置限位装置外,还应在每侧主桁设置两个 5 t 手拉葫芦与主体桥梁或盖梁拉紧。前支腿横移轨道支立高度不超过 0.5 m,安装完毕后采用手拉葫芦与支腿或盖梁进行拉紧加固。

2. 预制梁防倾覆措施

龙门吊起运落梁。龙门吊起吊前由作业人员仔细检查吊具,钢丝绳有无伤痕,卷扬机刹车是否可靠,龙门吊行走系统是否正常,在确认一切正常的情况下方可使用。

运梁炮车在移动过程中安排专人观察梁体情况,梁底与运梁炮车之间抄垫平整,运输路线检查平整无塌陷、软弱层。

架桥机起吊前仔细检查作业工况，检查钢丝绳有无伤痕，检查钢丝绳吊点位置及两端长度，确保预制梁重心位置正确。

3. 履带吊防风防雷措施

履带吊上安装测风仪，在风力大于 6 级时，严禁进行架梁作业。履带吊四周严禁安装一切标语标牌，严禁悬挂一切条幅。

4. 桥面施工防坠落措施

对于桥梁钢护栏施工时，容易造成高处坠物影响铁路行车，在进行钢护栏施工前先采用通跨移动防护棚架进行防护，再进行钢护栏螺栓连接。所有作业完成后，方可移开移动防护棚架。按照设计要求设置防护网，并设置警示标志严禁从高处向下扔东西，防止伤害列车或行人、车辆。在桥面施工过程中，必须有项目部管理人员在场监控，作业队也必须安排 2～3 名管理人员到现场进行必要的安全防护和监控，没有项目部管理人员在场禁止施工。高空作业做好防护工作，防止工器具高空坠落。施工完毕后桥面的机具和杂物应及时清理，保持梁面整洁、干净，防止大风把杂物吹落到接触网，影响铁路行车安全。

邻近营业线的上部结构临边防护不能采用密目网，邻近营业线上部结构施工作业时，安排一名防护人员对距离铁路中心线 50 m 范围内塑料袋、工具袋、养护用土工布等轻质物品进行检查，发现轻质物体没有采取措施固定，立即进行处理。每天对于距离铁路中心线 30 m 范围内的地面现场也要进行检查，发现类似于塑料袋等轻质物体收集起来集中处理，防止轻质漂浮物进入铁路营业线范围。

5. 既有铁路封锁措施

宁启线扬州段日通行列车 32 对，天窗时段为 23：20～2：20。本工程营业线施工内容利用天窗时段进行施工，不影响跨局列车及行车设备的正常使用。

跨铁路架梁、横隔梁、湿接缝、HB 级钢护栏施工根据相关营业线施工安全文件规定，均须对线路区间进行封锁施工。具体封锁计划见表 8-2。

表 8-2 宁启铁路封锁计划

序号	等级	线路	行别	施工项目	施工日期	施工地点	施工时间
1	Ⅱ	宁启线	上/下	架桥机过轨（主线）	2020-10-13	扬州—扬州东 上行 K90+569～+972 下行 K90+288～K89+885	封锁 120 min
2	Ⅱ	宁启线	上/下	首片箱梁架设（主线）	2020-10-14	扬州—扬州东 上行 K90+569～+972 下行 K90+288～K89+885	封锁 120 min
3	Ⅲ	宁启线	上/下	主线箱梁架设、桥面系施工	2020-10-15～10-21	扬州—扬州东 上行 K90+569～+972 下行 K90+288～K89+885	封锁 120 min
4	Ⅲ	宁启线	上/下	主线桥面系防撞护栏施工	2020-10-19～11-3	扬州—扬州东 上行 K90+569～+972 下行 K90+288～K89+885	封锁 120 min
5	Ⅲ	宁启线	上/下	主线桥面系湿接缝、横隔梁施工	2020-10-19～11-3	扬州—扬州东 上行 K90+569～+972 下行 K90+288～K89+885	封锁 120 min

续上表

序号	等级	线路	行别	施工项目	施工日期	施工地点	施工时间
6	Ⅱ	宁启线	上/下	架桥机过轨(匝道)	2020-11-11	扬州—扬州东 上行 K90+569～+972 下行 K90+288～K89+885	封锁 120 min
7	Ⅱ	宁启线	上/下	首片箱梁架设(匝道)	2020-11-12	扬州—扬州东 上行 K90+569～+972 下行 K90+288～K89+885	封锁 120 min
8	Ⅲ	宁启线	上/下	匝道箱梁架设、桥面系防撞护栏施工	2020-11-13～11-14	扬州—扬州东 上行 K90+569～+972 下行 K90+288～K89+885	封锁 120 min
9	Ⅲ	宁启线	上/下	匝道桥面系湿接缝、横隔梁施工	2020-11-15～11-30	扬州—扬州东 上行 K90+569～+972 下行 K90+288～K89+885	封锁 120 min

8.3.3 监测与控制

1. 监测总体要求

路基变形监测包括水平横向位移监测和垂向高差变化监测。

观测桩的设置数量应结合具体工程影响程度确定。一般情况下沿线路纵向至少每 20 m 应设置一个观测断面(或观测桩),并根据路基变形观测结果适当加密,在路基横断面上观测桩的设置应结合施工对路基变形的影响。桥梁监测包括施工影响范围每个基础、桥墩(台)、梁体等部位的水平纵向位移监测、水平横向位移监测和垂向高差变化监测,具体监测部位、观测频次和变形允许值根据实际情况在施工组织设计方案中应进行明确,设计方案中应提出指导性意见。

2. 监测点布设

本工程江平路段与铁路并行段长度为 403 m,位于铁路南侧,沿全线每 20 m 设置一个观测点,观测点位于铁路栅栏外侧边缘,JK2+200～+400 共计 200 m 长防护桩段的观测点进行加密,每 10 m 设置一个观测点。跨润扬路既有铁路桥墩及桥台上各设置一个观测点,如图 8-11 所示。

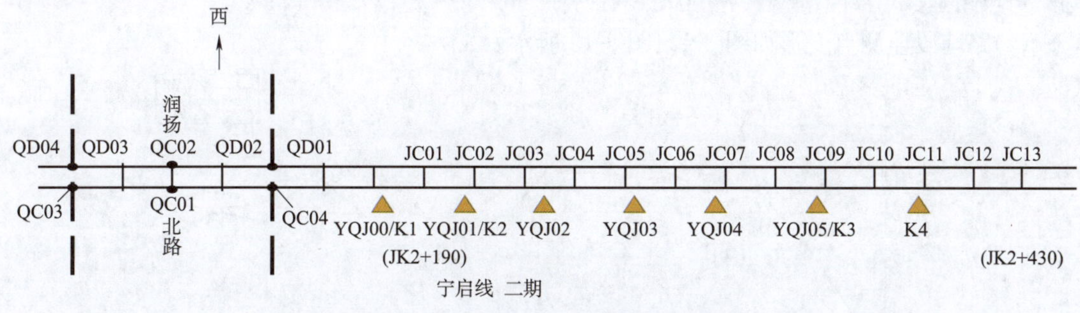

图 8-11 江平西路二期监测点位布置

3. 监测频率与预警值

观测结果在预定的变化范围内时,观测频次为 1 次/2 h,路基有持续缓慢变形时,应加密观测频次，为 1 次/h。

铁路路基水平横向位移或垂向位移变化速率大于 2 mm/d(施工时间大于 3 天后按最近 3 天平均值计算)，或累计水平(或垂直)变化量大于 10 mm 时应暂停施工，立即对线路轨道几何状态进行检查，按规定做好养护工作，确保状态合格。项目建设单位应及时组织施工、监理等单位有关人员进行分析，查明原因，采取相关措施，待路基稳定后方可继续施工。发现路基或桥梁设备有突变现象时应立即停止施工，启动相关应急抢修预案进行抢修。

4. 应急预案

(1)架桥机、履带吊倾覆

一旦发生倾覆事故并危及铁路行车安全时，按照“先防护、后处理”的原则，首先在事故地点两端设置移动停车信号，及时拦停列车。同时，向两端车站值班员、调度室、设备管理单位、行车组织单位、公司主管领导等，及时如实地上报，配合相关单位进行抢修。

(2)坍塌事故

一旦发生桩基塌孔，或基坑涌水、涌砂等情况，必须果断采取措施，立即停止施工，第一发现人员首先高声呼喊，及时通知现场负责人和现场安全员，如桩基塌孔(流沙)、基坑涌水量大、涌砂严重等应直接回填处理。如现场有人受伤，需拨打抢救电话向当地医院求救，现场可视情况进行包扎、止血等应急处理。

(3)接触网倒杆

倒杆极可能发生导线及相邻杆塔受损，应对故障点至两端耐张杆范围踏勘，全面查清设备损失情况。抢修指挥者在组织人员进入现场时，首先设法与供电调度取得联系，同时按规程要求做好防护。尽快拆除已断支柱上的接触悬挂；清除线路上断支柱残骸，同时在断杆旁立一根临时抢修支柱，请维管段负责对接触悬挂进行支撑定位。若时间紧迫时，拆除接触悬挂，清除断杆，检查具备送电条件后，联系车站立即消令送电，让电力机车降弓通过故障区段。

8.4 实施效果

对施工期间及施工完成后的上跨宁启铁路交叉范围内的铁路路基及铁路桥墩承台变形进行监测，主要包括润扬路中桥墩台及台后铁路路基 150 m 合计 300 m 范围内的路基，以及开挖支护段路基段(JK2＋200～＋400)。

(1)路基段监测点变形如图 8-12、图 8-13 所示。

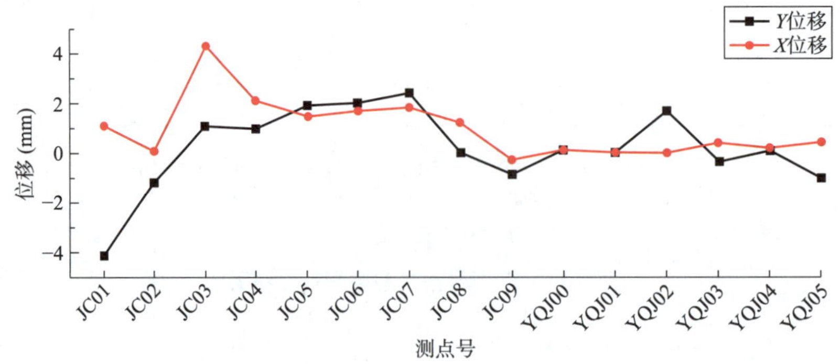

图 8-12　施工期间路基位移累计变形

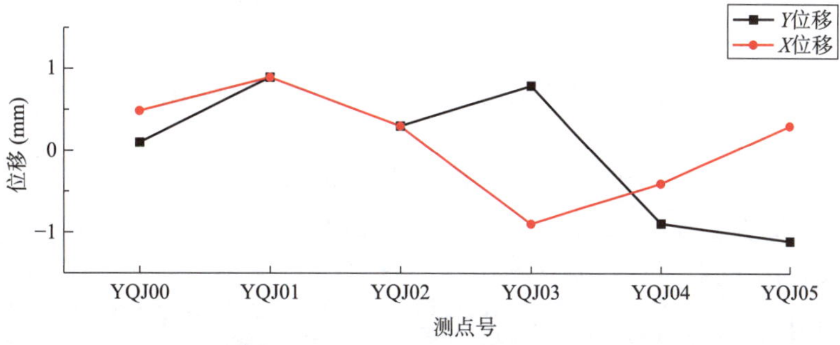

图 8-13 施工完成后路基位移累计变形

施工期间监测区域内路基最大累计 X 位移量为 4.39 mm,对应的监测点为 JC03(K090+814),对应的监测时间是 2020 年 8 月 28 日;最大累计 Y 位移量为−4.29 mm,对应的监测点为 JC01(K090+705),对应的监测时间是 2020 年 7 月 7 日;最大 H 累计变形量为−5.55 mm,对应的监测点为 JL02(K090+749),对应的监测时间是 2020 年 8 月 15 日。施工完成后监测区域内路基最大累计 X 位移量为−0.85 mm,对应的监测点为 YQJ03(K090+910),对应的监测时间是 2021 年 8 月 21 日;最大累计 Y 位移值为−1.05 mm,对应的监测点为 YQJ05(K090+970),对应的监测时间是 2021 年 8 月 24 日;最大 H 累计变形量为−1.91 mm,对应的监测点为 JL11(K090+929),对应的监测时间是 2021 年 8 月 21 日。

(2)桥梁段在施工期间监测点变形如图 8-14、图 8-15 所示。

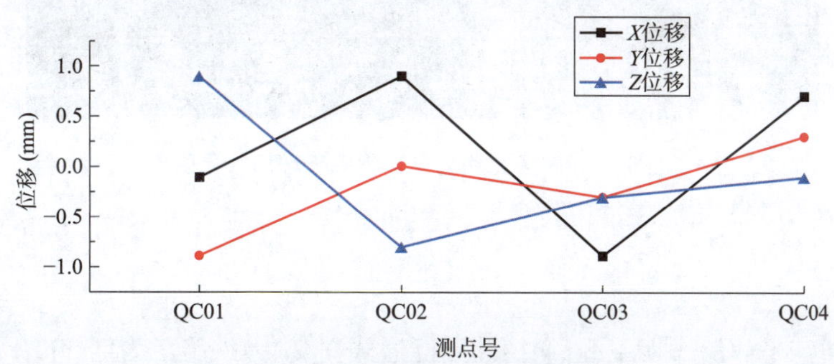

图 8-14 施工期间桥墩累计变化

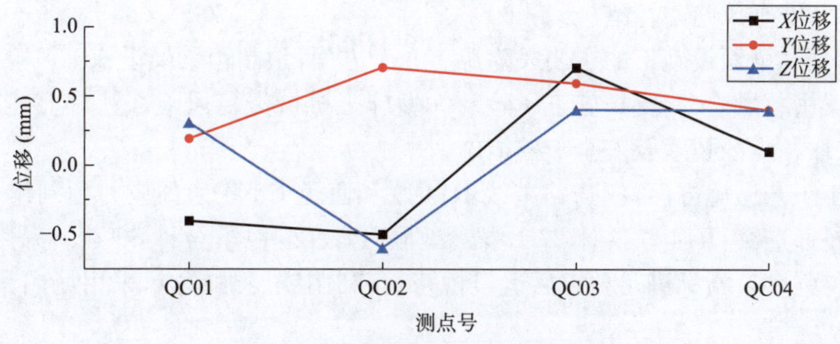

图 8-15 施工完成后桥墩累计变化

在此期间，桥墩最大累计 X 位移量为－0.93 mm，对应的监测点为 QC03，对应的监测时间为 2020 年 6 月 4 日；最大累计 Y 位移量为－0.90 mm，对应的监测点为 QC01，对应的监测时间为 2020 年 6 月 16 日；最大累计 H 变形量为 0.93 mm，对应的监测点为 QC01，对应的监测时间为 2020 年 6 月 22 日。施工完成后，桥墩最大累计 X 位移量为 0.71 m，对应的监测点为 QC03，对应的监测时间为 2021 年 3 月 27 日；最大累计 Y 位移量为 0.72 mm，对应的监测点为 QC02，对应的监测时间为 2021 年 3 月 18 日；最大累计 H 变形量为－0.58 mm，对应的监测点为 QC02，对应的监测时间为 2021 年 3 月 31 日。

上述监测结果表明，在 2020 年 3 月 26 日至 2021 年 9 月 5 日扬州江平西路二期路基、桥墩及电气化立柱监测区域内，所有监测点在施工及工后期间均未发生异常形变，且未达到相应的预、报警值，整个施工及工后期间监测区域监测数据稳定，施工未对既有铁路设备设施造成影响，线路行车安全可控。施工完成后现场效果图如图 8-16 所示。

图 8-16　润扬北路立交工程完工现场效果图

8.5 小　　结

本章以扬州江平西路二期工程(润扬北路互通式立交)涉铁施工为例，介绍了架桥机过轨、预制梁架设、湿接缝施工、外护栏施工等营业线施工以及铁路 30 m 范围内桩基、承台开挖、墩柱、现浇箱梁、钢箱梁吊装、邻跨预制梁架设、地面道路路基和雨污水管道等邻近营业线施工所涉及的风险源及安全风险防控措施。

上跨铁路预制梁假设施工的主要风险源有 5 个方面：预制箱梁架设施工风险、临近铁路开挖风险、钢箱梁吊装风险、高支模施工风险及大型施工机械失稳风险。针对上述风险源，从施工管理角度采取相应的技术及安全卡控措施。

(1)在施工工艺措施方面，润扬路主线 R14 联和匝道 C3 联为预应力预制组合箱梁，体系为结构简支、桥面连续，R14 联共计 27 片梁，C3 联共计 12 片梁，合计 39 片。采用现场预制梁场集中预制，待强度等指标满足要求后运至桥跨处，利用铁路封锁点，采用场内吊装或架桥机架设。

(2)在施工工艺措施方面，为保证铁路运营安全，减小对铁路路基的影响，RYL39 及辅墩、RYL40 及辅墩、C07 号墩、C08 号墩、A07～A10 号墩采用全套管跟进的钻孔灌注桩施工工艺。

当承台基坑底边缘与铁路路基边坡底距离小于8 m时,基坑开挖应采用钢板桩支护,钢板桩布置在承台向外1 m处。江平路高架与宁启线并行段挖方较大的桩号JK2+200~+400区间设有200 m长路基支挡防护,支挡形式为距人行道外边26 m处设置单排ϕ1000@1200钻孔桩,钻孔桩外侧1.5 m处设置一道ϕ800@600高压旋喷桩止水帷幕。

(3)在施工安全卡控措施方面,现场落实各项安全措施,按照封锁计划组织施工,做好与铁路各部门配合工作,现场配备好各项施工机具材料和应急物资。如铁路跨架梁后要进行桥面系施工,湿接缝采用通长钢板兜底,防撞墙采用移动防护棚架防止杂物坠入线路,为确保铁路行车安全,每道工序都要封锁施工。

江平西路二期工程上跨宁启铁路涉铁施工的成功开展,形成了一套详细的施工技术和施工方法,在施工中的关键工序进行科技攻关、工艺创新、优化、资源合理配备,既节省了工程成本、提高了工效,又保证了工程的安全、质量、工期和环保目标的实现,对今后的同类上跨铁路施工有着很好的指导和借鉴意义。

第2篇　吊装法桥梁上跨既有铁路施工

9　南通港通海港区至通州湾区铁路专用线工程（钢箱梁吊装）

9.1　工程概况

9.1.1　案例背景

南通港通海港区至通州湾区铁路专用线工程位于江苏省南通市海门区境内，线路自宁启线海门站南通端北侧引出后，并行宁启线走行至叠港路后折向南，沿既有高压走廊、规划中俄天然气管道走行至通海港区，线路全长24.481 km，起讫里程为DK000＋563.17～DK024＋631.78，正线长24.047 km。

标段内正线共设桥梁19.225 km，其中跨宁启铁路特大桥，桥梁全长13818.48 m，77～82号墩起讫里程为DK3＋109.617～＋273.217（对应宁启线里程K302＋761.19～＋921.97），采用门式墩钢盖梁形式上跨既有宁启线（图9-1），门式墩横梁与既有宁启铁路垂直布置，门式墩墩中心线与之对应线路里程处的法线夹角为12°，架梁方向为通海港站至海门站方向，线路坡度0‰，架设第82～77号墩，共计5跨32.6 m单线简支T梁（单片T梁重139 t）。78～81号墩对应宁启线区间范围内为路堤，填方高约5.40 m，宁启线轨面高程为8.464 m，营业线外侧采用临时防护栅栏全封闭。

图9-1　南通港专用线与宁启线线间位置

营业线施工主要工程数量:架设5跨32 m简支T梁,每孔桥梁横向连接焊接20块、现浇横向连接18处、湿接缝32.6 m、预应力钢棒40根、封锚36处、防水32.6 m、保护层32.6 m等。

邻近既有线施工主要工程数量:桥梁架设121孔、横向连接浇筑121孔、翼缘板浇筑43孔,铺轨4.2 km,营业线30 m范围内(2~75号墩除外)物料运输均为邻近营业线施工,上砟1.03万 m^3;非邻近营业线桥梁架设71孔,横向连接浇筑71孔,铺轨2.3 km,上砟0.57万 m^3。

宁启线属于电气化铁路,南通东站至海门站客车运行速度160 km/h,每天通行25对旅客列车;货车运行速度80 km/h,每天通行2对货物列车。

9.1.2 工程地质与水文状况

1. 工程地质

沿线揭露地层主要为第四系全新统、上更新统地层,地质剖面如图9-2所示。

第四系全新统(Q_4):沿线零星分布有第四系全新统人工堆积层填土;广泛分布有冲积层粉质黏土、粉土、局部分布有淤泥质粉质黏土;海陆交互沉积层粉土、粉质黏土、粉砂、粉质黏土与粉砂互层,一般厚度10~20 m,局部厚度达35 m。

第四系上更新统(Q_3):沿线广泛分布于第四系全新统之下,岩性主要有粉质黏土与粉土互层、粉土、粉砂、细砂、中砂。

2. 水文情况

(1)地表水分布及特征

线路位于长江北岸。沿线地表水系发育,线路通过地区主要河流有圩角河、新江海河。各河流水位、流量随季节变化均较小,常年有水,水量丰富。地表水主要接受大气降水及地下水补给,向下游及低水位地下水排泄。

(2)地下水分布及特征

沿线气候湿润,雨量充沛,地势低平、水渠纵横交错,地下水发育。根据含水岩组的岩性,组合关系以及地下水的赋存条件、水理性质、水力特征等,沿线的地下水类型主要为第四系松散岩类孔隙水。第四系松散岩类孔隙水又分为孔隙潜水、孔隙承压水。

根据区内各含水层的时代、成因、水质、水力联系等水文地质特征,区内地下水含水层次多,水质复杂,可分为两层水。

上层水:属孔隙潜水、半承压水,赋存于第四系松散孔隙潜水主要赋存于全新统的粉砂、粉质黏土与粉土互层中。潜水水位埋藏深度一般0.5~2.5 m,变化幅度1~2 m。矿化度一般3~10 g/L,部分地段大于10 g/L,为咸水或半咸水。受大气降水的影响,在1~3 m以浅接近地表部位水质明显淡化,矿化度1~2 g/L。主要接受大气降水、地表水和下部含水层的越流补给,埋藏深度受降水季节影响较大。

下层水:属孔隙承压水,赋存于第四系上更新统粉砂层中。含水层顶板埋深40~230 m。矿化度一般多小于1 g/L,局部为1~3 g/L,为淡水或微咸水。富水性好,水量丰富。以侧向径流和下部含水层的越流补给为主。

9.1.3 设计方案

为了减少门式墩横梁跨度,减少对既有宁启铁路的影响,采用门式墩横梁与既有宁启铁路

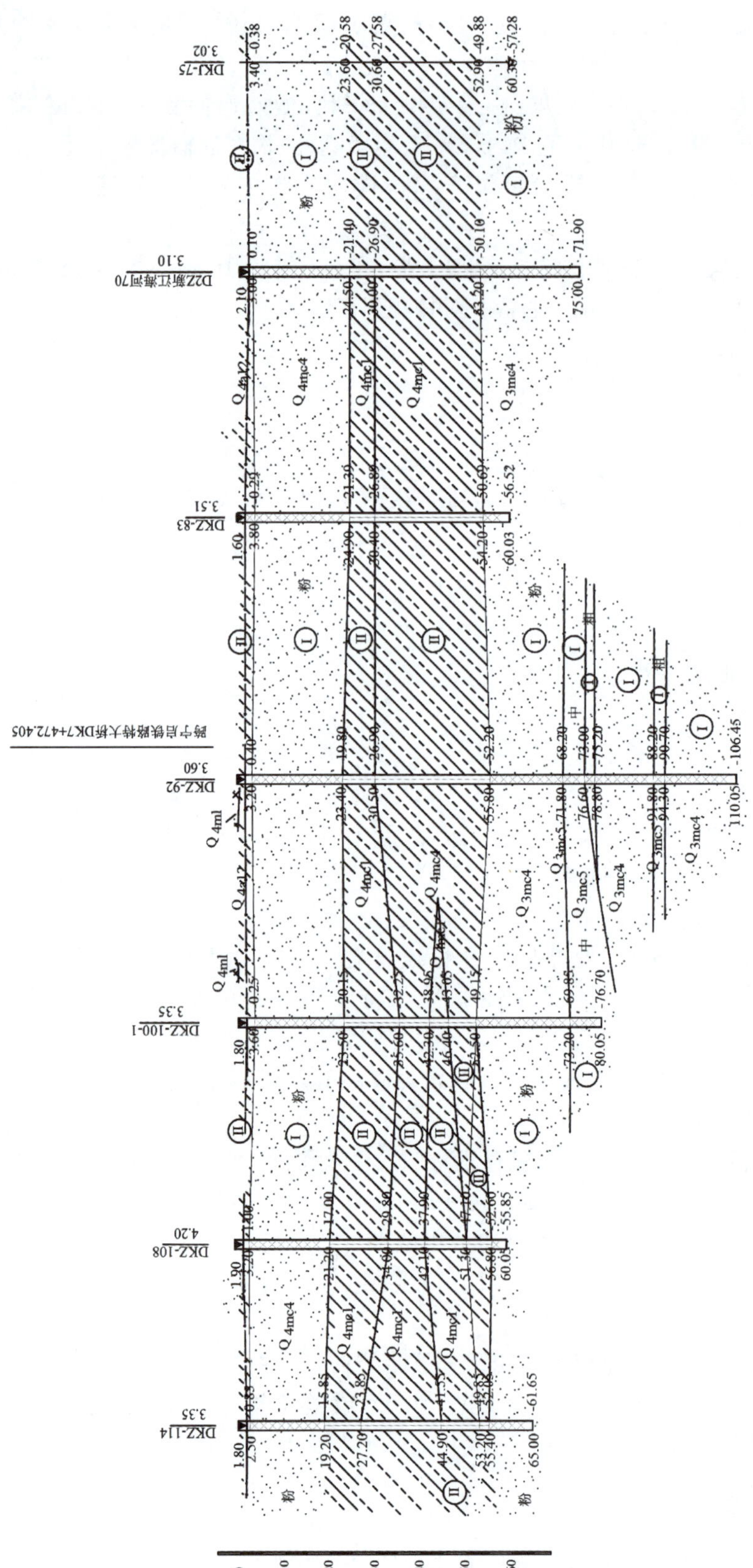

图 9-2 跨宁启铁路特大桥位置地质剖面

垂直布置,门式墩墩中心线与之对应线路里程处的法线夹角为 12°。78 号、79 号门式墩位于直线上,80 号、81 号门式墩位于曲线半径 1 200 m 的缓和曲线上,桥面纵坡为平坡。门式墩断面如图 9-3 所示。

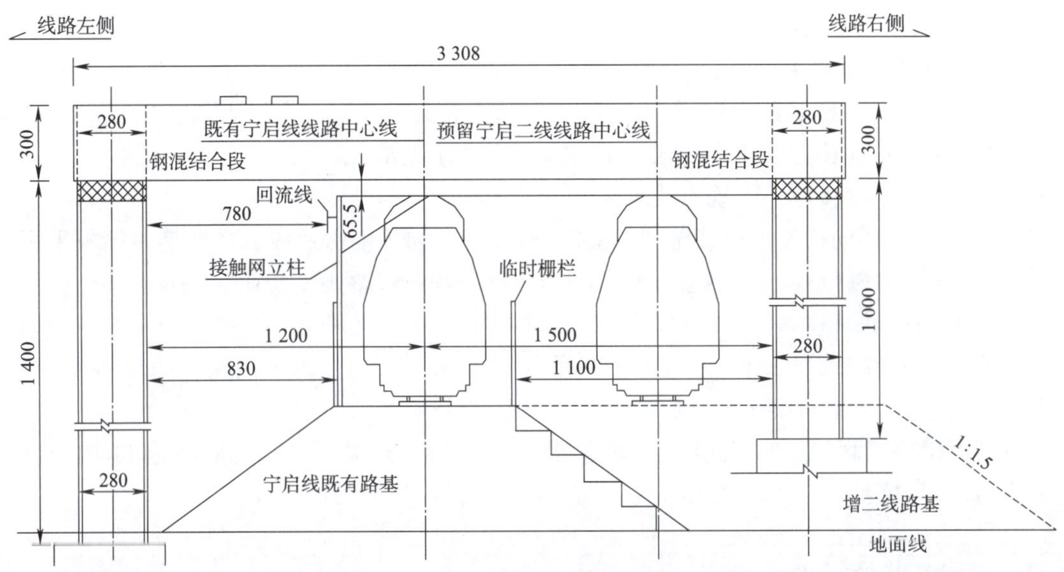

图 9-3　门式墩断面(单位:cm)

钢箱梁截面尺寸为 3080 mm×3030 mm,长度为 33 080 mm;梁截面加劲肋统一采用板肋,顶底板加劲肋厚 20 mm,高 240 mm,腹板加劲肋厚 16 mm,高 150 mm;与墩顶对应横梁截面加劲肋统一采用板肋,加劲肋对称布置。各门式墩尺寸见表 9-1。

表 9-1　门式墩尺寸

墩号	横梁中心跨(m)	横梁高(m)	横梁宽(m)	左墩柱高(m)	右墩柱高(m)	钢箱梁重量(t)
78	30	3.03	3.08	14	10	138
79	30	3.03	3.08	14	10	145
80	30	3.03	3.08	14	10	145
81	30	3.03	3.08	14	10	138

9.2　风险源分析

本工程属于南通港通海港区至通州湾港区铁路专用线一期工程跨宁启铁路特大桥施工,包括运梁、架梁、桥面系施工、铺轨工程等一系列邻近既有线施工内容。为保证施工期间既有线行车安全,确保工程顺利安全实施,本工程必须重点考虑以下存在的风险源:

1. 钻孔桩、承台施工引起既有铁路桥墩变形风险

跨宁启特大桥桥墩距既有宁启铁路较近,采用回旋钻钻孔施工时可能会发生塌孔等不利因素;同时施工对地层产生的扰动,引起既有宁启铁路路基和轨道结构的变形。

2. 吊装侵入既有线风险

78～81 号门式墩对应宁启线的里程为 K302＋909.385～＋811.245，共进行 4 次吊装钢箱梁作业，单次最大吊重 145 t；现场吊装区域环境较为复杂，跨既有线施工限制条件比较多，吊装时对既有线路、电气化设备有侵害的风险。

3. 钢箱梁对位不精准风险

钢箱梁截面尺寸较大，钢箱梁高度 3.03 m，宽度 3.08 m，最大长度为 33.08 m，考虑运输受限，构件采用钢箱梁分段制作，钢构件精度要求高，对预埋件施工及钢结构加工、安装精度要求非常高，且受场地限制等因素影响，存在钢横梁对位不精准风险。

4. 现场浇筑、焊接等污染既有线风险

本工程 T 梁横向连接及湿接缝现场浇筑，易掉落杂物污染营业线。横向连接钢板采用焊接连接，现场钢材为 Q345qD 焊缝质量要求高，也存在焊渣掉落污染营业线风险。

5. 大型施工机械侵入营业线风险

跨宁启铁路特大桥上跨段，距通海港端桥台 11.1 km，天窗点内无法保证两片 T 梁供应，且每次上跨运梁，大型运梁车均会通过营业线上方，有影响既有线运营的风险。

在进行铺轨工程施工时，需要运用大型机械进行铺砟、运梁、养护、捣固等施工，由于场地限制条件较多，极易存在大型施工机械侵入营业线或发生作业倾覆侵限事故。

9.3 对策措施

9.3.1 施工技术措施

1. 桩基与承台施工工艺措施

针对风险源 1，为避免钻孔桩、承台施工引起既有铁路桥墩变形风险，跨宁启铁路特大桥 0 号台～200 号墩钻孔桩桩径采用 1.0 m 及 1.25 m 桩径。全桥钻孔桩用主要采用回旋钻钻孔施工，钻孔桩施工优先安排连续梁墩台及跨宁启线门式墩处钻孔桩基础施工，钻孔桩护筒采用 6～8 mm 钢板卷制，直径比桩径大 20～40 cm，钢筋笼在钢筋加工场加工，汽车吊安装。混凝土由拌和站集中生产，罐车运输，导管法灌注水下混凝土。

由于地质、地理条件以及邻近宁启线，本桥承台基础除了采用放坡开挖的方式还采用钢板桩围堰防护施工的措施。其中部分承台高程较低且邻近既有线，施工完毕后拔除拉森钢板桩可能会影响宁启铁路路基及线路，故在承台施工完毕后森钢板桩不拔除。

承台施工采用人工配合机械开挖，基坑开挖时，备足抽水设备，及时排除地下水。承台模板采用大块定型钢模板，混凝土一次浇筑成型，插入式振动棒分层振捣密实，混凝土采用拌和站集中生产，罐车运输，泵送入模。大跨度连续梁承台施工时要做好主墩防撞设施等预埋件的预埋，以便于后期的正常施工。

混凝土浇筑完毕后，按要求在承台洒水并用麻袋覆盖，拆模后加强养护。施工用混凝土采用低水化热水泥，配合比、原材料及施工、养护严格按照现行规定要求实施，施工时严格按规定要求控制入模温度。

承台基坑采用拉森钢板桩围堰支护。钢板桩采用打拔桩机施工。针对基坑实际情况，在基坑底部远离既有线侧设置两个长宽各 0.4 m，深 1 m 的集水井，集水井中安设排水泵，在基坑底部四周设 30 cm×30 cm 排水沟，将水引入集水井。基坑上口设置排水天沟，防止降雨时周围汇水流入基坑。

排水设备采用大扬程潜水泵排除基坑外，防止乱排产生回渗。保证施工现场排水流畅通，不集水，四邻地区不倒灌。

承台基坑开挖时对既有线路堤边坡采取安全可靠的防护措施后方可进行开挖。本工程承台埋深较浅，且距离接触网立柱 2 m 外且三面采用防护桩进行了防护，基坑开挖采用 1∶1 放坡开挖，基坑顶设置环形挡水埝。

2. 吊装施工措施

针对风险源 2，为避免吊装时对既有线路、电气化设备侵害的风险，为了确保吊装过程的安全性，本方案采用“钢箱梁二拼后整体吊装”的原则进行。在地面布设马凳，在马凳上拼装钢箱梁，拼装完成后进行环缝焊接，其中对接焊缝按照 UT100%进行探伤检测，接着整体吊装钢箱梁，吊装完全合格后对钢箱梁顶部的垫石进行浇筑。

钢箱梁在设定时间内进场，进行钢箱梁吊装，分 4 个封锁点吊装，1 个封锁点浇筑垫石混凝土。总体施工顺序为：78 号墩吊装→79 号墩吊装→履带吊拆卸转场→80 号墩吊装→81 号墩吊装→78 号～81 号支承垫石浇筑混凝土。整体安装工艺流程如图 9-4 所示。

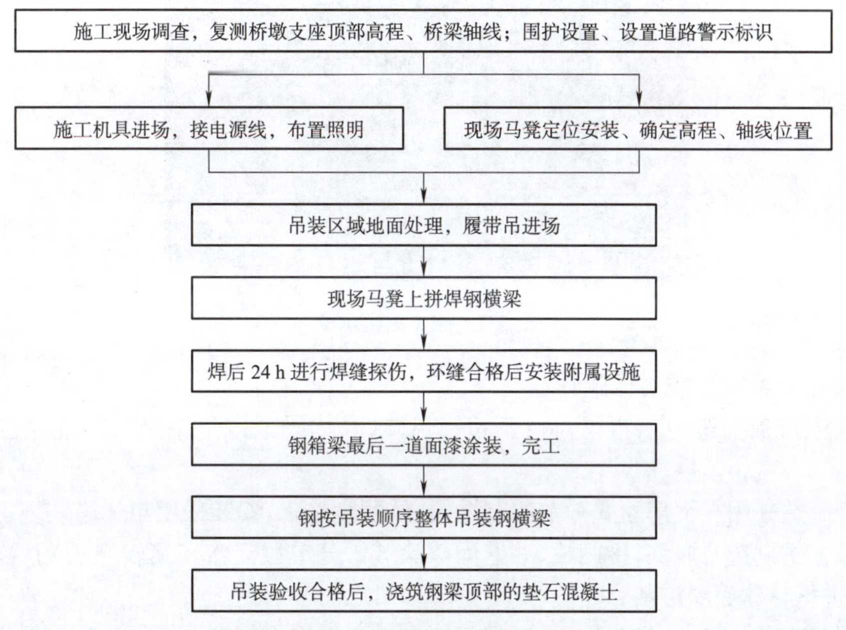

图 9-4　吊装工艺流程

在宁启线路左侧，新建铁路 78～79 号墩之间规划设置 1 处 25 m×24 m 钢梁吊装场地供 78 号和 79 号钢梁吊装、80～81 号墩之间规划设置两处 25 m×24 m 钢梁吊装场地供 80 号和 81 号钢梁吊装。钢箱梁吊装平台需进行换填处理，换填按照从上至换填面依次为：C25 混凝土→改良灰土→原状土。

宁启线南侧设置 3 个二拼拼装场地，拼装场地上设置 16 个钢筋混凝土马凳基础，马凳基础尺寸为 5 m×1 m×0.6 m，目的是吊装前对钢箱梁二次拼装、附件安装及补涂处理，基础下部换填 0.8 m 厚碎石。C30 混凝土基础内部设置直径 14 mm，间距 120 mm 的双层双向钢筋网。

钢箱梁加工完成，运至现场施工区域集中存放于门式墩一侧位置，现场拼接，组拼设置拼装马凳平台。马凳采用 2HN600×200 作承重梁。

钢箱梁吊装过程中，作业人员需在墩顶位置调整钢箱梁就位，需搭设墩身辅助操作平台（图 9-5），78～81 号墩采用双排盘扣式脚手架，搭设脚手架前，对超出承台以外搭设脚手架处地基进行平整夯实，铺垫 20 cmC25 混凝土，立杆下垫 20 cm×5 cm 脚手板。脚手架采用盘扣钢管支架，立杆顺桥向间距(90×2+120×2+90×2) cm，横桥向间距(90×2+120×2+60) cm，具体根据现场实际适当缩小立杆的间距，横杆步距 150 cm，脚手架高出墩顶 1.2 m，为防止脚手架倒向线路一侧，影响营业线行车安全，利用原墩身施工模板的对穿精轧螺纹钢与脚手架刚性连接。顶部用跳板铺设操作平台，脚手架依据搭设高度设置斜撑。人员上下通道搭设在双排架之间，采用定尺梯步。紧贴支架底部设置 1.8 m 高栅栏网片非作业时间全封闭管理防止非作业人员进入。高靠近营业线路的一侧搭设时严防机具设备侵限。脚手架搭设完成后，脚手架邻近线路侧应采用密目网封闭，避免机具材料等坠落影响行车。

图 9-5 施工平台示意

3. 钢箱梁精准对位控制措施

针对风险源 3，为避免钢箱梁对位不精准风险，具体采取以下钢箱梁精准对位质量控制措施。

钢箱梁制造采用在工厂立式分节段制造，整体预拼施工，安装采用整体吊装施工。制造厂内完成节段组拼制造及底漆、中间漆、一遍面漆涂装。分节段经汽车运输至现场后，现场二拼合龙，最后进行整体面漆涂装。

板单元制造完成后，在拼装区进行梁段组拼制造。根据本钢箱梁的结构特点及拼装场地实际情况，采用卧式分节段组装、焊接和预拼装同时完成的制造方案。具体拼装流程如图 9-6 所示。

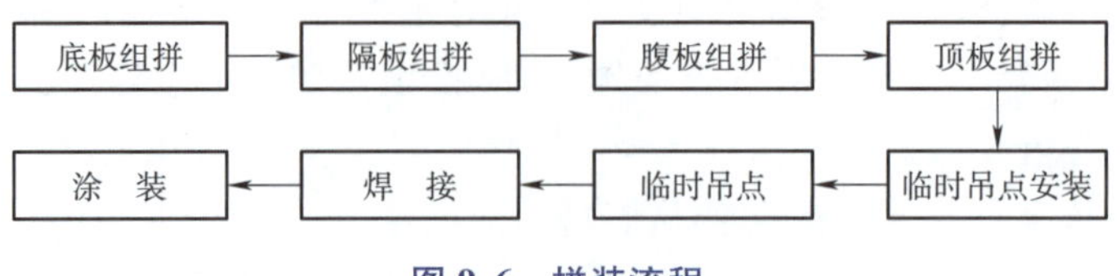

图 9-6 拼装流程

根据类似钢箱梁吊装经验,钢箱梁加工前,项目技术人员与钢箱梁加工厂家协作将墩柱顶上的预埋板安装精确,并将实际安装数据报给生产厂家,确保销轴与钢箱梁底垫板能够精确对位,厂家在钢箱梁一侧底垫板在厂内加工完成,另一侧底垫板在现场焊接。

钢箱梁吊装前,再次测量墩柱上的销轴之间的距离,并把实际数据投射在钢箱梁上,现场焊接一侧底垫板,确保钢箱梁安装后两侧的销轴与底垫板精确定位。

技术人员提前测量放样出预埋件的中心十字线,吊装前用记号笔划出钢箱梁上底垫板中心线,以保证确保就位精度。

提前在预埋板上焊接落梁方便定位和防止滑移时的定位板,待梁体落位定位全部完成后,将定位马板与钢箱梁焊接,起到临时固定作用,如图 9-7 所示。

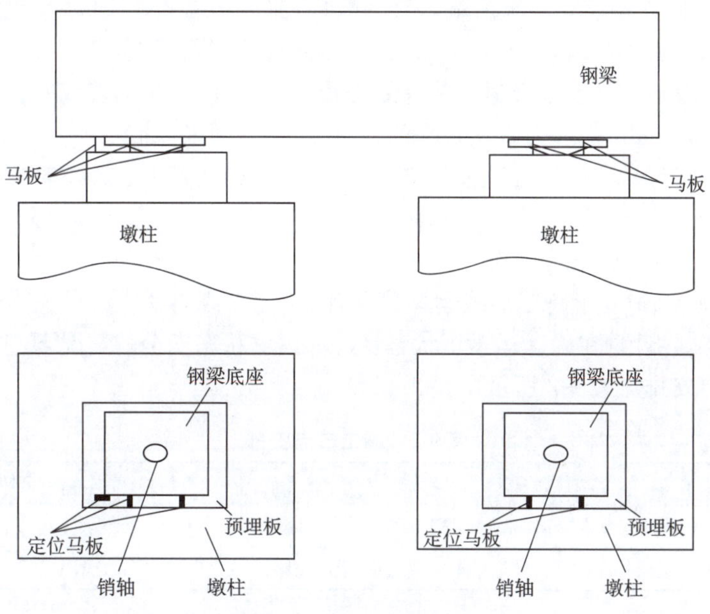

图 9-7　钢横梁固定示意

4. 铺架工程施工工艺措施

针对风险源 5,为避免大型机械侵入既有营业线风险,铺轨工程施工需具体采取如下施工工艺措施。

根据铺轨进度计划及设计要求,做好轨料供应计划,轨料进场后,按照设计要求进行清点,确认规格、型号、数量无误后,及时入库保存。采用轨道平板车将轨排运输至施工地点,龙门吊配合人工铺轨排,做到"一机一人"防护,对龙门吊进行限位装置改造,确保邻近营业线施工安全。

组织测量队对轨道中线及轨顶高程进行复测,加密中线桩,并在线路两侧布设起拨道桩。龙门吊配合轨道平板车铺设轨排。

铺轨前应具备批准的施工设计文件和有关基础工程竣工资料,要检查线路中桩和临时线路标志埋设情况;检查路基整修情况;检查龙门吊通过时的界限,以建筑接近限界为标准进行实际丈量。

铺轨之前,路基应有线路中桩,直线地段每 50 m 一个,圆曲线地段每 20 m 一个,缓和曲线地段每 10 m 一个。查路基整修情况，在铺轨前应逐段检查路基纵、横断面是否符合设计要求。龙门吊通过时的限界，以建筑接近限界实际丈量。

横跨路基的高压线、通信线、广播线，堆放在路肩的建筑材料、施工机械等都有可能阻碍或影响铺轨作业的进度和安全。因此，必须在铺轨前进行处理。

运输轨排及轨料必须严格按照行规和站细规则实施作业。运输过程中加强瞭望，押运人员及车长必须注意轨排及轨料的串动情况及横移情况，如有影响安全行车的情况发生，应立即停止行车，进行处理。

龙门吊起吊轨节后，自行走到已铺轨节前端适当的位置停下对位，在下坡地段铺轨时，必须有防滑措施。轨节对位，龙门吊吊轨节走行到位时，应立即停止，并开始下落，轨节距地面约 0.3 m 时，稍稍停住，然后缓缓落下后端，与已铺轨节前端对位上好夹板后，即可通过摆头设施使前端对正中线，如有不顺直之处，再由人工拨正，方可落到路基上。

铺轨过程中，应检查轨节铺设里程与计划是否相符，如因积累偏差或差错可能影响前方曲线轨节布置或钢轨接头可能进入禁止接头的地点时，应立即采取措施加以纠正。当天收工时，应将最后铺设的轨节号，连同实际铺设的终点里程，报告铺轨基地。铺轨时预留轨缝由现场技术交底。

5. 上跨宁启铁路运梁施工措施

针对风险源 5，为避免上跨宁启线运梁对既有线安全的影响风险，对桥梁运输节点加以控制，每次上跨运梁，各计划在确保运梁车状态良好和运输状态安全的情况下进行通过营业线上方，具体施工节点安排见表 9-2 所示。

表 9-2 施工节点安排

施工步骤	工程项目(工作内容)	工程数量	工作时间	作业点
1	对运梁车的性能及梁体、架桥机的周边环境进行全面检查	—	无须要点	提前
2	运梁车驮运梁体和架桥机及运梁车空载通过(宁启铁路)	(165+1+164)次	5 min	—

运梁车通过时间：每孔 T 梁运输通过前必须经过驻站联络员、监督管理人员、现场防护人员、监理人员共同确认，在确保运梁车安全状态的前提下，运梁车驮运梁体或架桥机通过营业线上方，驮运梁体在天窗点内通过，驮运桥机在天窗时间内通过宁启铁路。

运梁车运梁通过：施工单位防护员和现场监督员分别接到各自驻站联络员放行通知，施工单位现场负责人、监理工程师共同确认梁面上杂物清理干净和装载物品捆绑加固好后，现场监督员开锁放行，通行距离为 163 m(宁启铁路)通行速度为 5 km/h，通行时间为 5 min。通过后立即锁闭防护门，运梁车通行时前后各安排一名安全员和指挥人员，当发现紧急情况或红外报警器报警时提醒运梁车司机合理止动，并在运梁车四个角安放止轮器。

运梁车错车：在 104～105 号墩间支立一台 100 t 吊车，首片梁架设开始前将下一片待架梁停放至 106～107 号墩上，放好运梁车止轮器，首片梁前后天车同时起吊后，运梁车空车返回至 104～105 号墩(5 min)，通过吊车起吊至施工便道上，末片梁往桥机运输(10 min)。

在运梁、喂梁、落梁施工过程中，应注意以下控制要点：

运梁：运梁车行走前重点检查制动装置、操作面板、轮胎压力、驱动轮等重要部位是否处于完好状态，并清除运行界限内障碍物。运梁车重载时行走速度控制在 5 km/h 以内、空载时行走适度控制在 15 km/h 以内。运梁车载梁起步应缓慢平稳，严禁突然加速或急刹车。在运行过程中加强巡视,观察桥面变化情况、T 梁平衡状态,轮胎受力状态等。运梁车行至架桥机 30 m 处减速至 1 km/h,调整其方向使运梁车、架桥机纵向轴线对正,接近架桥机时 30 cm 时应停车,安放止轮器,在得到指令后才能喂梁。

喂梁:运梁车喂梁对位时,注意观察架桥机尾部有无障碍物与运梁车碰撞,运梁车开至架桥机腹内喂梁,前端行至离后支腿 300 mm 左右时停止并安放止轮器,防止运梁车溜车碰撞后支腿;前起重小车就位,落下吊具。此时吊具中心距后支腿中心不应大于 5 m。

落梁:T 梁架设之前,检查落梁千斤顶,确保各种设备的性能及状态满足架梁要求;落梁前在桥墩上安置好千斤顶,千斤顶安置在支座内侧,前后、左右须对称,以确保准确;同步落梁过程中须保持梁体两端平衡;设专人负责前支腿,观察 T 梁落梁情况,防止冲击和撞伤前支腿;落梁过程中,支座垫石上、梁下严禁站人;纵向调整 T 梁位置时,起重小车必须以低速走行,以单台起重小车交替走行来调整 T 梁纵向位置。落梁速度不应超过 0.5 m/min。

梁体就位:落梁就位时,严禁反复纵横向顶、拉 T 梁,防止梁体与前支腿碰撞。

6. 桥面系及附属设施施工措施

针对风险源 4,为避免桥面系伸缩缝施工、现场浇筑、焊接等工艺施工污染既有线风险,具体采取如下桥面系及附属设施施工工艺措施。

本标段桥面系防水层施工采用防水卷材、水泥基胶基层处理剂、聚氨酯防水涂料,主要施工流程为先对桥面进行清理,保证无油脂、杂物且桥面平整的条件下涂刷基层处理剂,隔 1 天时间等基层处理剂干了之后进行防水卷材预铺、划线,然后用喷灯烤化防水卷材进行铺设,用滚筒进行压实。

保护层 2101 系列 T 梁采用 C40 纤维混凝土,厚度应符合设计要求,防水层加保护层的厚度达到 60 mm。为避免保护层表面出现收缩裂缝,可间隔 4 m 设置宽 1 cm,深 1~2 cm 的横向断缝。当保护层混凝土强度达到设计强度的 50%以上时,用聚氨酯防水涂料将断缝填满,并不得污染保护层及梁体,并与保护层面平齐。

保护层顶面的流水坡应符合设计要求,其表面应平整,排水通畅。施工时用具、材料等必须轻吊轻放,严禁碰伤已铺设好的防水层。

纤维混凝土保护层强度等级应符合设计要求,振捣采用平板式振动器振捣密实,抹面应在初凝时进行,保护层制作完毕后,应用草帘覆盖,上用遮阳网遮盖,洒水养护。冬季施工时,应添加防冻剂,施工完毕后用薄膜加棉布覆盖,有条件情况下通蒸汽养护。

伸缩缝安装前对预埋螺母套进行检查,清理杂物并配齐螺栓,挡砟钢板表面按要求进行防腐处理。橡胶止水带铺设时与梁端不等边角钢螺栓孔接触位置提前进行钻孔,止水带在梁端缝处应做成 U 型,深度不得小于 2 cm。钢压板安装时螺栓孔与梁端预埋角钢螺栓孔对齐,用镀锌 M16 螺栓上紧,将钢压板及橡胶止水带密贴牢固,每侧螺栓数量为 16 个,不得少放或漏放。浇筑 C40 细石混凝土,浇筑高度与桥面保护层高度平行,浇筑完成后,其表面应平整。挡砟钢板分两部分安装,第一步安装横向挡砟钢板。横向挡砟钢板运输至工地后进行铺设,铺设时应做成与梁端坡度一致的人字形,铺设完毕后两块钢板焊接牢固,焊缝饱满,焊接完后敲出焊渣。竖向挡砟钢板摆放到指定位置后与横向挡砟钢板连接牢固。

桥面系钢结构(人行道、吊围篮、检查梯)全部采用工厂加工,完成后现场栓接安装,将加工好的人行道钢结构、吊围篮装运至施工现场,先安装桥墩、台的吊篮和围栏,安装时利用汽车吊配合上墩顶安装，然后安装墩顶检查梯，最后安装人行道钢结构。

检查梯采用角钢和钢筋焊接而成，角钢采用 Q235-B. Z 钢材，钢筋采用 HPB300 钢筋，检查梯上端与梁底用膨胀螺丝连接，下端与墩顶凹槽处预埋角钢用螺栓连接。

围栏支架安装采用拉直线方式，适当调整螺栓垫块，与保证支架安装时上下一条直线，排列整齐一致。

人行道支架由钢横梁和栏杆扶手角钢组成，安装时要平直成线，按设计高度，用铁丝，线绳或其他方法，测量扶手角的平直方向，边测量边安设。

安设墩台围栏及吊栏时，立柱要垂直，扶手角钢直线部分要平直，弯头部分弯度要圆滑。

步行板和挡砟块用车运至桥下，利用简易摇头电动吊具上桥，进行人工安装。吊篮步行板在未架梁之前利用脚手架或长楼梯安装吊篮、围栏时进行安装。

铺设人行道步板要平稳牢实，铺纵向钢筋混凝土步行板时，在板接头缝间，要有水泥砂浆填塞。铺设人行道步板，要整齐，板间缝隙要均匀，须安装牢固，并保证在灌注砂浆捣固时不得变位，其表面必须平整，防止铺设时发生三条腿现象。挡砟块主要施工范围为角钢支架 T 梁曲线外侧安装挡砟块。

人行道步板、挡砟块均采用 C30 混凝土，模板自制钢模，采用集中拌制混凝土，进行梁场内预制，预制完成后，场内进行分类堆码，运输过程中注意步行板的防护，防止碰伤、缺角掉块。

待桥面板施工完毕后（即桥面预应力施工完毕后），进行现浇挡砟墙施工，主要有钢筋绑扎、模板安装、混凝土（C40）浇筑，计划采用木板进行模板安装，安装过程中注意控制挡砟墙高度与宽度，宽度控制计划采用对拉杆进行控制，因挡砟墙高度不一致，模板安装完毕，进行高度放线。

施工前对结构物底面进行凿毛处理，钢筋根部凿毛至钢筋外侧 1～2 cm，并将表面杂物和浮渣清理干净露出新鲜混凝土面。把预埋钢筋调整顺直，保证钢筋保护层厚度满足设计要求。立模加固挡砟墙外侧采用竹胶板制作，内侧模板用竹胶板拼装，背面采用木方（50 mm×50 mm）加固。混凝土浇筑应连续进行，其间歇时间应小于前层混凝土的初凝时间或能重塑的时间。新浇混凝土与邻接的已硬化混凝土或岩土介质间的温差不得大于 20 ℃。

9.3.2　施工安全卡控措施

1. 钢箱梁施工安全卡控措施

针对风险源 5，为避免大型施工机械侵入营业线风险，钻机安装前先将桅杆放倒，待钻机就位后经检查场地及机具无异常情况方能支立桅杆，该程序利用列车运行间隙进行。施工时钻机垂直营业线方向，并对钻机进行限位加固。

钻机在远离既有线一侧设置两根八字形缆风绳（直径不小于 9 mm 的钢丝绳），一端设置在地锚上。地锚采用 C25 混凝土浇筑，其尺寸为 1 m×1 m×1 m，埋深为 1.5 m，地锚布置间距不大于 15 m。缆风绳采用直径不小于 15.5 mm 的钢丝绳，一端系于地锚，另一端系于钻机钻桅约 2/3 处，每端安装卸扣数量不少于 3 个，方向错开。地锚浇筑混凝土时，在中间放置顶端焊接吊环、底端设 90°弯钩的 ϕ16 钢筋作为拉筋。混凝土内放置钢筋网片，网片采用 ϕ10 钢筋，纵横各放置 4 根，吊环插入混凝土内网片下边不小于 60 cm。为确保缆风绳安全，加固机械的缆绳一律采用 6×7 型、直径不小于 15.5 mm 的钢丝绳，主要在远离营业线方向设置。每台桩机设置两道成一定角度的加固缆绳，保证机械的稳固。当远离营业线方向存在自闭、贯通线路时,在机械两个方向都采取同样的措施来保证桩机的稳固,缆绳一端加固在钻机钻桅 2/3 处,一端加固在地锚的拉筋吊环上。

在跨宁启铁路特大桥 84 号墩、75 号墩处安装营业线通道门,钥匙由防护员和监理人员保管。营业线外侧采用临时防护栅栏全封闭,设置隔离设施并安装警示标志,架梁期间安排专人进行巡视,严禁无关人员进入施工区域。84 号墩桥面通道门位置安排专人对封锁点内施工人员进行点名,严禁无关人员进入,封锁点结束后再次进行点名,确认人员全部退出后,对通道门上锁,封锁点外禁止人员进入上跨架梁区域。

由于钢箱梁吊装属上跨铁路线施工,需进行封锁作业,吊装作业均上跨宁启线,4 座门式墩钢箱梁吊装为Ⅱ级施工,钢箱梁上支承垫石混凝土浇筑为Ⅲ级施工。吊装施工中严格按评审方案执行,严格执行国家、国铁集团、上海局集团公司相关法规、规章制度、文件。

2. 喂梁安全卡控措施

运梁车喂梁对位时,注意观察架桥机尾部有无障碍物与运梁车碰撞,运梁车开至架桥机腹内喂梁,前端行至离后支腿 300 mm 左右时停止并安放止轮器,防止运梁车溜车碰撞后支腿;前起重小车就位,落下吊具。此时吊具中心距后支腿中心不应大于 5 m。喂梁作业前要检查运梁车与架桥机的电气接口是否调试妥当,是否达到设计上关于同步与控制的要求,发现不同步行走及控制异常现象,立即停车,排除故障后方可继续作业。

梁体吊起时,逐步加载,控制梁体底面距下部物体顶面 10 cm 左右,进行两次试制动后,全面详细检查架桥机,保证一切正常。同时时刻注意 T 梁底部高度,避免 T 梁与后支腿碰撞。小车运行接近前行极限位置时降速缓慢前移。吊梁作业严禁高速挡工作。

起升过程中应注意观察四台卷扬机的同步性,并注意观察结构和机构的变化,发现异常及时停车。吊具严禁过度下放,接近到位时微调,吊具不能全松,吊具吊梁下平面距梁体上平面之间的间距保证留有 4～5 cm,保证钢丝绳有一定的张力,以防钢丝绳跳槽、卷扬机排绳混乱。

3. 架梁安全卡控措施

检查各类限位器是否灵敏可靠;检查卷扬机、减速器的控制是否可靠;检查钢丝绳、绳卡及其排列情况;检查液压、电气的联结情况,判明正确动作方向。以上情况如有异常,应及时有效处理。

在吊梁纵移时,要有专人观察 T 梁的运行位置,绝对禁止 T 梁碰刷架桥机的任何部位,如发现异常情况,立即停车检查处理。当接近落梁位置时要提前减速,必要时点动对位。每次点动时必须等上一次晃动平稳后方可再次点动,禁止连续起、停动作,以免架桥机纵向晃动过大,控制纵移速度不超过 3 m/min。

落梁过程中,要有专人监视吊梁小车上的卷扬机、制动器。下落 T 梁与已架 T 梁不得相碰并保持水平,落梁速度控制在不超过 0.5 m/min。

4. 架桥机施工安全卡控措施

针对风险源 5,为防止架桥机倾覆侵入既有铁路线,首先对架桥机进行抗倾覆验算,考虑了架桥机的三种工作状态,分别按 5 级风(过孔工况)、6 级风(架梁工况)、11 级风(静止待架工况),进行了架设 32 m、24 m T 梁时过孔纵向稳定性计算、架梁状态的整机纵向稳定性计算、非作业状态下的整机纵向倾覆稳定性计算、非作业状态下的整机横向倾覆稳定性计算以及风缆验算。验算的安全系数都满足规范要求。

根据验算结果,为了进一步保证既有营业线的安全,上跨营业线架梁架桥机的防护措施如下：在架桥机过孔时辅助腿前行过程中，将前支腿上端两侧与已架桥梁采用钢丝绳交叉拉紧，如图 9-8(a)所示。辅助支腿到位后，将后支腿上端两侧与已架桥梁采用钢丝绳交叉拉紧，采用精轧螺纹钢将后支腿下横梁与已架桥梁拉紧，前支腿走行到位，如图 9-8(b)所示。将前支腿枕梁调平至与垫石密贴，将枕梁两侧螺旋支腿与墩帽支垫牢固，再将后支腿走行到位。架梁作业时，将架桥机后支腿枕梁两侧与已架桥梁 T 钢固结，并采用精轧螺纹钢将后支腿横梁中部与已架桥梁拉紧。

(a)

(b)

图 9-8　架桥机过孔防倾覆措施

当桥机过完孔停放在既有线路上方，应采用两幅 5 t 导链将后支腿与已架梁进行固结，并采用精轧螺纹钢将后支腿横梁中部与已架桥梁拉紧。采用两幅 5 t 将前支腿与已架梁进行固结；将架桥机后支腿枕梁两侧与已架桥梁 T 钢固结，并采用精轧螺纹钢将后支腿横梁中部与已架桥梁拉紧，如图 9-9 所示。

图 9-9　非作业状态架桥机过孔防倾覆措施

过孔前,检查梁体固结到位,检查架桥机各部件处于正常状态。提前清理辅助支腿上活动物件,并将薄木板、小工具等物品绑定在辅助支腿横梁上。

后车走行过程中应对前支腿水平力的大小进行实时监控,如发现架桥机前进而数字不变,或无显示说明监控系统无效,此时必须检查修复后方可作业。如果过程中出现卡、别,则监控数据会迅速增大,当斜杆内力达 100 kN 时系统报警,立即停车检查,修复安全可控方可继续作业。

走行即将到位时及时降速,提前停车,然后点动前行到规定位置;到位后迅速楔紧大车走行轮铁鞋或拧紧钢轨卡轨器,保证其与车轮密贴;架桥机主机纵走到位后,检查后支腿走行轮前端与梁端距离为 80 cm,确保两侧支垫横梁全部受力;检查前支腿枕梁与垫石前边缘距离是否都在 10～20 cm 范围内,确保枕梁全部受力;检查前支腿垂直,枕梁水平,桥机纵向水平保持在 0～6‰。

5. 既有铁路封锁

封锁施工提前 90 min 进场后,由现场总指挥进行班前讲话,讲话内容必须包含现场安全交底及技术交底,严禁封锁点开始前人员上道作业,严禁超计划超范围施工,见表 9-3。

表 9-3　钢箱梁施工封锁

序号	等级	吊装墩号	跨越线别	施工里程	施工类型	施工时间	施工内容及施工影响
1	Ⅱ	78 号	宁启线	K302+909.385	封锁	180 min	78 号钢箱梁吊装,需同时封锁宁启线对应 26 号停电单元
2	Ⅱ	79 号	宁启线	K302+876.685	封锁	180 min	79 号钢箱梁吊装,需同时封锁宁启线对应 26 号停电单元
3	Ⅱ	80 号	宁启线	K302+843.980	封锁	180 min	80 号钢箱梁吊装,需同时封锁宁启线对应 26 号停电单元
4	Ⅱ	81 号	宁启线	K302+811.245	封锁	180 min	81 号钢箱梁吊装,需同时封锁宁启线对应 26 号停电单元
5	Ⅲ	78 号、79 号、80 号、81 号	宁启线	K302+909.385～+811.245	封锁	180 min	钢箱梁上垫石,需同时封锁宁启线对应 26 号停电单元

9.3.3　监测与控制

1. 监测总体要求

本项目对于进线不便段路基、桥墩采用自动化全站仪采集监测点三维坐标的方法以保证能快速进行监测数据的采集,来指导工程的施工确保运营安全。水平位移监测采用 0.5"级测量机器人,以减少观测误差,提高观测精度需建立观测墩,将观测中的系统误差减到最小,达到提高精度的目的。观测实行“五固定”原则,即“固定基准点及工作基点、固定人员、固定测量仪器、固定监测环境条件、固定测量路线和方法”,以提高观测数据的准确性。

2. 监测范围

本案例中主要关注 77～82 号墩对应的宁启铁路路基监测,起讫里程为 DK3+109.617～DK3+273.217(对应宁启线里程 K302+761.19～K302+921.97),见表 9-4。

巡视检查内容:既有铁路设施、设备有无变形或裂缝出现,已有裂缝有无发展;基准点、观测点有无破坏现象,有无影响观测的障碍物等。

表 9-4　监测点编号与里程对照

新建施工里程	新建墩号	点　　号	宁启线里程	备　　注
DK3+011～DK4+239	74～113 号墩	LJ01～LJ70	K303+040～K301+813	路　基
DK3+011～DK4+239	74～113 号墩	JCW01～JCW21	K303+040～K301+813	接触网立柱
DK4+272～DK5+213	114～143 号墩	QL01～QL60	K301+780～K300+839	桥　墩
DK4+272～DK5+213	114～143 号墩	QLC01～QLC30	K301+780～K300+839	人工沉降

3. 监测点布设

本案例中路基监测点布设：自动化监测点核心元器件为小棱镜，观测点棱镜通过螺栓与 L 型支架进行连接，并将 L 型支架通过膨胀螺栓与方形钢板连接。本项目监测周期较长，为保障监测点牢固性减少维护次数、保证监测点稳定以及避免脱落给铁路带来的安全风险，远离轨道大于 1.2 m，保证倾倒不侵入铁路轨道。既有铁路施工一侧路肩或坡脚外 2～10 m 处设置观测桩，进行水平位移和沉降观测；观测桩宜采用直径不小于 30 mm 的钢筋或 150 号钢筋混凝土预制，长度 150～200 cm，钢筋混凝土顶预埋半圆耐磨测头，埋设深度不小于 100 cm。监测点沿线路纵向至少每 20 m 应设置一个监测断面。路基监测点布置如图 9-10 所示。

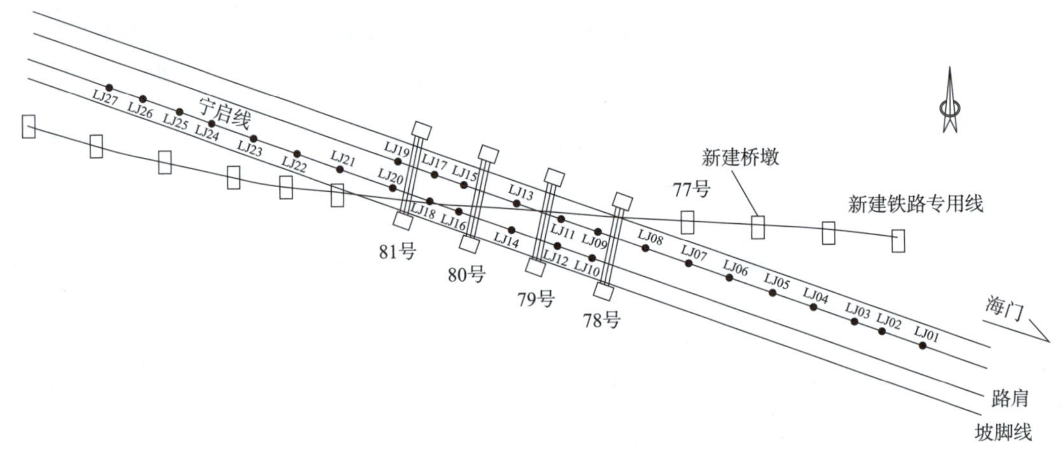

图 9-10　路基监测点布置

4. 监测频率

本项目监测周期分施工前、施工过程中、施工后三个阶段进行监测。控制点和基准点以及监测点需在监测任务开始前 15 天内埋设完毕。

根据要求，施工前对所有监测点观测至少 3 次，取其平均值作为初始值。

施工过程中，所有监测点预计按照表 9-5 监测频率，具体实际按照评审后方案执行，持续时间约 12 个月。在施工期间，对于变形量较大的监测点，根据实际变形情况如出现突变或预警应加密监测频率 1 次/30 min，必要时进行跟踪测量，并将监测结果及时反馈给建设、施工、监理、设备管理单位，在遇到春节等节假日或阶段性停工期间，根据现场工况进行一个星期的跟踪监测。同时，根据数据收敛稳定情况，充分征求铁路设备管理单位意见和建议，明确节假日或停工期间监测频次及相关要求。主体施工结束是指新建桥架梁架设完成，根据数据的收敛情况，待沉降、变形监测数据完全收敛后，征得各方一致同意后可结束监测。

表 9-5　监测频率

分　类	监测项目	工程实施阶段		
		施工前两周	施工期间	
既有路基	路基水平、沉降位移监测	4 次	灌注桩施工、承台开挖期间	1 次/2 h
			墩身施工、桥梁架设期间	1 次/6 h
既有路基水平、沉降位移		墩身施工完成至架梁前		1 次/12 h
新建桥梁架梁完成				1 次/3 d

注：根据监测数据收敛情况确定是否继续监测及降频。

5. 监测报警值

监测工作必须事先确定预警值与报警值，根据相关政策文件，高速铁路轨道结构、框架桥、桥梁墩台顶横向、纵向水平位移、竖向位移有砟轨道不大于 3 mm，无砟轨道不大于 2 mm，单日预警值按单日报警值的 80％控制，见表 9-6。

表 9-6　监测预警、报警值分级标准（mm）

监测项目	控 制 标 准			
	日变量		累计量	
	预警值	报警值	预警值	报警值
铁路路基水平、沉降位移	±1.6	±2.0	±8.0	±10.0

6. 应急预案

若焊渣、混凝土污染接触网及既有线路，现场防护员立即通知现场停止施工，对污染源进行控制，并立即通知驻站联络员报告车站，汇报事故发生地点、事故原因及现场目前情况。现场防护人员按相关规定设置防护措施，并发出紧急停车信号（如短路铜线、信号旗等），并安排现场作业班长在原地监视。

9.4　实施效果

本监测项目 2021 年 07 月 03 日完成初始数据采集，自 2021 年 07 月 05 日开始上报监测数据，至 2022 年 11 月 23 日，共历时 506 天。

施工前期完成了工作站、控制网、路基棱镜安装工作。根据要求，施工前对所有监测点观测不少于 3 次，取其平均值作为初始值。

整个工程共完成监测日报 472 次，所有监测工作自始至终都有条不紊地的进行。为便于分析各监测内容在各施工阶段的变化趋势及变化量，通过对大量监测数据的汇总，并选取具有代表性的数据绘制了历时曲线图，如图 9-11 和图 9-12 所示。下面结合施工工况进行分析。

路基共计布设 70 个监测点。本案例中涉及的监测点包括从 LJ1～LJ27，从各监测点的变化曲线图可以看出，整个监测周期内监测点的位移较为稳定，其中水平位移在－4.1～4.3 mm 之间波动，沉降位移在－5.5～3.7 mm 之间波动。水平位移最大值－4.1 m、沉降位移最大值－5.5 mm 均出现于门式墩路基填筑和承台开挖阶段，在后续施工阶段逐渐趋于稳定，且未超过规定的预警值 8.0 mm。结合整个监测数据看路基总体位移在可控范围内。

南通港通海港区至通州湾港区铁路专用线一期工程跨宁启特大桥 74～143 号墩到 2022

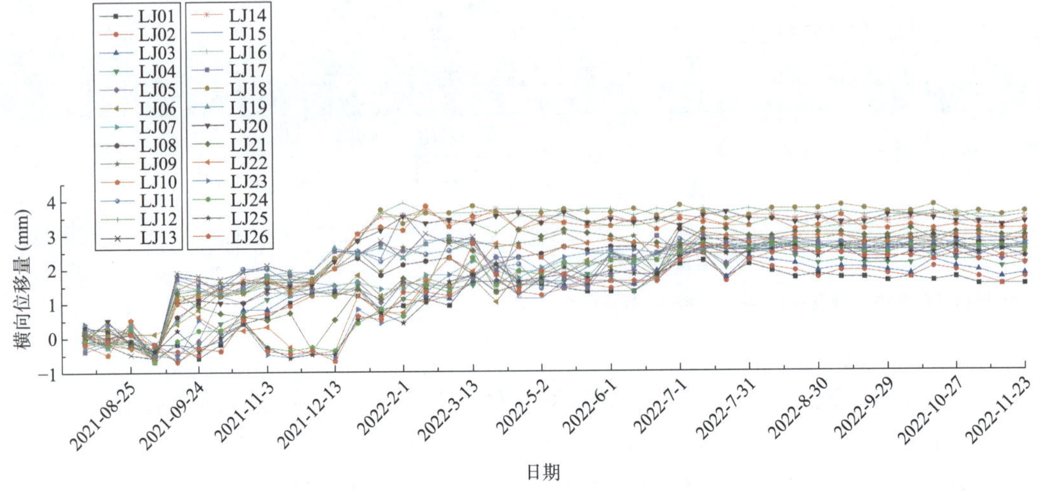

图 9-11　路基横向位移累计变化趋势

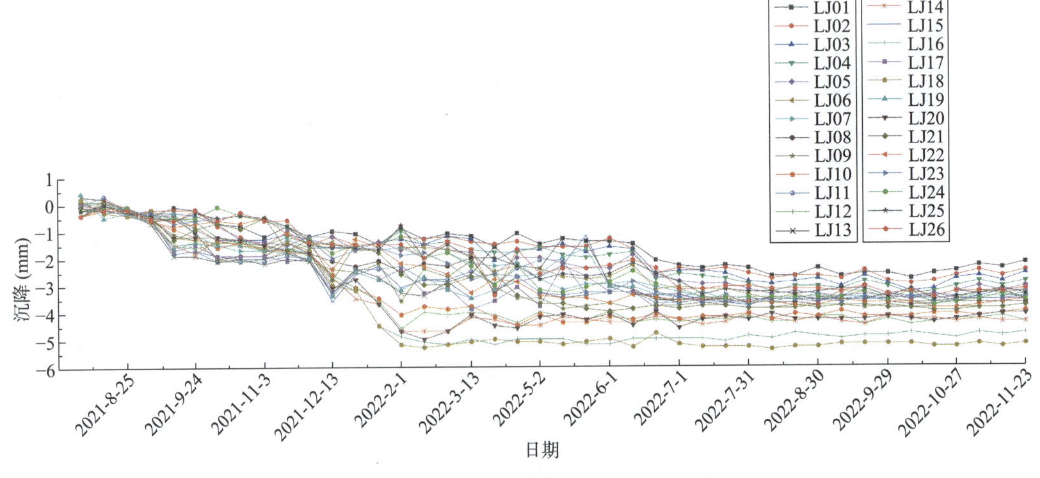

图 9-12　路基沉降累计变化趋势

年 11 月 23 日，整个监测过程中现场采集了大量数据，其中位移量峰值出现于桥墩承台开挖、门式墩路基填筑和门式墩承台施工阶段，但所有数据均未超过预设的警戒值，且在影响较大的施工节点结束后变形均趋于稳定，说明上述设计施工措施保证了既有铁路的运营安全。竣工现场如图 9-13 所示。

图 9-13　铁路专用线竣工现场

9.5　小　　结

本章以南通港通海港区至通州湾区铁路专用线工程为例，介绍了上跨宁启线运梁、架梁、钢箱梁拼装及吊装、铺轨等施工的相关风险源及安全风险防控措施。

主要风险源有5个方面：钻孔桩、承台施工引起既有铁路桥墩变形风险，吊装侵入既有线风险，钢箱梁对位不精准风险，现场浇筑与焊接等污染既有线风险，大型施工机械侵入营业线风险。针对上述风险源，从施工管理角度采取相应的技术及安全卡控措施。

(1)在施工工艺措施方面，为避免钻孔桩、承台施工引起既有铁路桥墩变形风险，全桥钻孔桩用主要采用回旋钻钻孔施工。由于地质、地理条件以及邻近宁启铁路，本桥承台基础除了采用放坡开挖的方式还采用钢板桩围堰防护施工的措施，并在承台施工完毕后森钢板桩不拔除，同时做好基坑排水措施。

(2)在施工工艺措施方面，为避免吊装过程侵入既有线的风险，本工程采用“钢箱梁二拼后整体吊装”的原则进行。钢箱梁吊装过程中，需搭设墩身辅助操作平台，为防止脚手架倒向线路一侧，影响营业线行车安全，利用原墩身施工模板的对穿精轧螺纹钢与脚手架刚性连接。脚手架搭设完成后，脚手架邻近线路侧应采用密目网封闭，避免机具材料等坠落影响行车。

(3)在施工工艺措施方面，为避免钢箱梁对位不精准风险，钢箱梁吊装前，再次测量墩柱上的销轴之间的距离，提前测量放样出预埋件的中心十字线，提前在预埋板上焊接落梁方便定位和防止滑移时的定位板，待梁体落位定位全部完成后，将定位马板与钢箱梁焊接，起到临时固定作用。

(4)在施工工艺措施方面，为避免现场浇筑与焊接等污染既有线风险，架梁及现浇工程利用天窗点完成所有上跨施工，架梁前，安装纵向缠绕梁腹板$\phi 8$钢丝绳(用于防跳板掉落和挂安全带)，钢丝绳位于梁中部，湿接缝施工第一个天窗点安装梁间跳板，用铁线将每块跳板与缠绕梁腹板钢丝绳连接，防止其掉落；跳板布置完成后表面满铺一层篷布，防止杂物掉落既有线上。

(5)在施工工艺措施方面，为避免大型施工机械侵入营业线风险，施工时钻机应垂直营业线方向，并对钻机进行限位加固。钻机在远离既有线一侧设置两根八字形缆风绳，每台桩机设置两道成一定角度的加固缆绳，保证机械的稳固。当远离营业线方向存在自闭、贯通线路时，在机械两个方向都采取同样的措施来保证桩机的稳固。

(6)在施工安全卡控措施方面，为避免大型施工机械侵入营业线风险，在架桥机施工前，首先对架桥机进行抗倾覆验算保证既有营业线的安全。在过孔过程中将前支腿上端两侧与已架桥梁采用钢丝绳交叉拉紧，辅助支腿到位后，将后支腿上端两侧与已架桥梁采用钢丝绳交叉拉紧，采用精轧螺纹钢将后支腿下横梁与已架桥梁拉紧，架梁作业时，将架桥机后支腿枕梁两侧与已架桥梁T钢固结，并采用精轧螺纹钢将后支腿横梁中部与已架桥梁拉紧。

(7)在施工安全卡控措施方面，对钢箱梁吊装上跨铁路线等施工进行封锁作业。在跨宁启铁路特大桥84号墩、75号墩处安装营业线通道门，营业线外侧采用临时防护栅栏全封闭，设置隔离设施并安装警示标志，架梁期间安排专人进行巡视，严禁无关人员进入施工区域。

南通港通海港区至通州湾区铁路专用线工程的成功开展，形成了一套详细的施工技术和施工方法，在施工中的关键工序进行科技攻关、工艺创新、优化、资源合理配备，既节省了工程成本、提高了工效，又保证了工程的安全、质量、工期和环保目标的实现，对今后的同类上跨铁路施工有着很好的指导和借鉴意义。

第3篇　拖拉横移法桥梁上跨既有铁路施工

10　苏州市星塘街北延工程上跨铁路立交工程(拖拉横移法施工)

10.1　工程概况

10.1.1　案例背景

苏州市星塘街北延工程上跨铁路立交工程的起点里程为 XTNK0＋805.204,终点里程为XTNK1＋292.00,全长 486.796 m,共 15 联。上跨铁路桥梁段分别与沪宁城际、京沪铁路、规划通苏嘉城际铁路三条铁路相交,交叉角度均为 68.8°。钢箱梁施工地点中心与沪宁城际相交里程为 K071＋238.5,位于沪宁城际阳澄湖至苏州园区区间;与京沪铁路上行线相交处里程为K1380＋982,与京沪铁路下行线相交处里程为 K1380＋882,位于京沪铁路外跨塘至唯亭区间。

铁路跨上部结构为两跨一联(38＋43) m 连续钢箱梁,采用双幅桥左右错孔,斜交斜做。钢箱梁拼装、拖拉承重支架设置于东侧 13 号～16 号墩之间,拟采用东幅单幅重型钢管支架作为拼装钢箱梁操作平台。先将西幅钢箱梁在东幅支架上拼装完成后,采用拖拉法将钢箱梁由沪宁城际北侧拖拉至京沪铁路南侧就位,之后再向西横移施工至西幅钢箱梁桥垮位置,完成西幅钢箱梁架设就位,同时进行东幅钢箱梁的现场拼装施工,拼装完成后进行跨铁路拖拉、落梁施工就位。

10.1.2　与既有线相对位置关系

11 号墩位于京沪铁路南侧,桥墩距京沪铁路上行线接触网回流线的最小距离为 10 m,距京沪铁路南侧防护栅栏最小距离 8.7 m。12 号墩位于沪宁城际与京沪铁路之间,距沪宁城际上行线接触网 AF 线的最小距离 16.5 m,距京沪铁路下行线回流线最小距离 12.2 m,距京沪铁路北侧防护栅栏最小距离 7.8 m。12 号墩北侧辅助墩距沪宁城际南侧 AF 线最小距离 7.2 m。13 号墩位于沪宁城际北侧,与沪宁城际下行线接触网 AF 线的最小距离 10 m。

钢箱梁安装就位后梁底高程 20.53 m,梁底至沪宁城际、京沪铁路轨顶(桥下净高)分别为10.53 m、16.83 m,梁底至沪宁城际接触网立柱顶净距为 2.03 m、至京沪铁路接触网立柱顶净距 8.33 m。桥梁与铁路平面关系如图 10-1 所示。

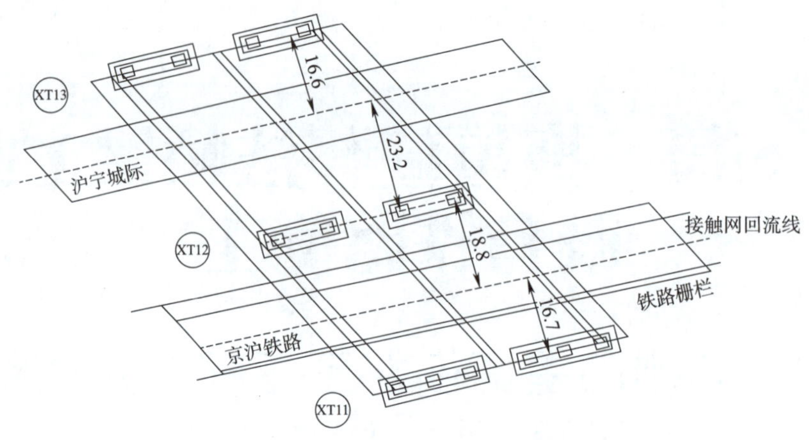

图 10-1　桥梁与铁路平面关系(单位:m)

10.1.3　工程地质与水文地质

沿线土层分别为填土层、黏土层、粉质黏土层、粉土层、粉砂层、中粗砂层、粉、细砂层。本工程位于长江三角洲南缘,属三角洲冲,湖积平原,地势平坦、开阔,地面高程为 2.18～3.41 m。

勘探揭示,拟建场地地面水主要为渠、河及沟塘,地下水主要为浅层潜水,储存于表层填土层中,地下水埋深一般在 1.0 m 左右。根据民井调查资料显示,一般民井在雨季时水位普遍上涨,梅雨季节水位接近地面,而在旱季,井水位下降,水位年变幅 0.5～1.1 m。潜水的补给来源主要为大气降水及地表水体(河、沟、渠、塘),排泄以蒸发、侧向径流、农作物生长的蒸腾为主。根据水质分析成果,地下水对混凝土结构、钢筋混凝土结构中的钢筋具有微腐蚀性。

10.2　风险源分析

1. 钻孔灌注桩施工引起的既有铁路变形风险

XTW/E11～13 号墩跨跨越沪宁城际铁路、京沪铁路,13 号墩位于沪宁城际北侧,中心距铁路接触网 12.6 m;12 号墩位于京沪铁路与沪宁城际中间位置,中心距沪宁城际接触网 19.4 m,距京沪铁路接触网 13.9 m;11 号墩位于京沪铁路南侧,中心距接触网 12.8 m。在钻孔桩钻孔过程中,若施工方法不当,可能会出现护筒下陷、移位,卡钻,钢丝绳断裂、钻头销子断裂,孔壁坍塌、孔壁倾斜等问题,引起既有铁路路基或桥墩变形超限,进而影响既有铁路的运营安全。

2. 钢箱梁吊装时倾覆侵限风险

钢箱梁拖拉、横移施工前需完成 13 号、12 号墩及 12 号墩北侧辅助墩顶操作平台设置、支座垫石制作、支座安装、重物移运器和油顶设备的吊装,均在沪宁城际天窗点内施工。若吊装施工时未做好防护措施或控制不当,极易发生钢箱梁倾覆侵入既有线风险。

3. 拖拉、横移过程钢箱梁倾覆风险

钢箱梁在拖拉过程中由于左右之间的摩擦系数可能出现偏差,造成钢箱梁行进轴线偏移现象。同时当钢箱梁在卷扬机施力作用下行进至设计位置时立即关闭卷扬机电源,此时在惯性和钢丝绳拉紧力作用下,钢箱梁不能马上停止行进,会有略微向前移动情况。若控制不当,在拖拉和横移过程中极易发生钢箱梁倾覆的风险,进而影响既有线运营安全。

10.3 对策措施

10.3.1 施工技术措施

钢箱梁拼装位于沪宁城际 30 m 保护区外,不涉及邻近营业线施工,故本节对钢箱梁拼装不做介绍。

1. 桥墩钻孔灌注桩施工技术措施

XTW/E11～13 号墩跨跨越沪宁城际铁路、京沪铁路,13 号墩位于沪宁城际北侧,中心距铁路接触网 12.6 m,共计 10 根钻孔桩,桩径 1.2 m;12 号墩位于京沪铁路与沪宁城际中间位置,中心距沪宁城际接触网 19.4 m,距京沪铁路接触网 13.9 m;11 号墩位于京沪铁路南侧,中心距接触网 12.8 m。

钻孔桩施工属于隐蔽工程施工,桩基的质量是桥梁后期施工的前提和保障,钻孔桩施工前根据本标段的实际情况,组织技术人员对钻孔灌注桩施工方案进行了讨论和论证,确保施工的可实施性和安全性。桩基工程最大特点是施工质量控制受人为因素影响较大,对质量要求百分之百的合格,要达到这样高的要求唯有按全面质量管理办法,通过加强施工现场的施工技术管理和质量监控,建立施工质量保证体系,使整个工程的施工质量,自始至终处于良好的动态控制之中,才能达到保证质量的要求。

根据本标段地质资料,钻孔桩主要位于粉质黏土层中,针对风险源 1,为保证钻孔桩施工过程中既有铁路的运营安全,综合考虑采用 GPS-20 型回旋钻机,正循环成孔施工工艺。钻孔灌注桩整体施工工艺流程如图 10-2 所示。

护筒采用钢护筒,对制作钢护筒的钢板,在普通作业场合及中小孔径条件下,其厚度要求不小于 5 mm;在深水、复杂地质及大孔径等条件下,其厚度要求不小于 8 mm;同时,为增加钢护筒刚度,可在护筒上下两端和接头外侧焊加劲肋。所有护筒顶部均要求设置护筒盖。

因钻孔桩护筒埋设时采用导向架定位,施工前可将钻孔桩中心线放样在导向架上,然后以此来确定护筒中心的位置。护筒中心竖直线应与桩中心线重合,平面允许误差为 50 mm,竖直线倾斜不大于 1%;护壁顶高宜高出地面 0.3 m。埋设后用全站仪进行复核,保证桩位准确,做好资料,请监理复核认可后,钻机就位。

开钻时应慢速钻进,待导向部位或钻头全部进入地层后,方可加速钻进。正循环钻孔采用加压钻进,即钻机的主吊钩始终要承受部分钻具的重力,而孔底承受的钻压不超过钻具重力。

吊钻头的钢丝绳必须选用同向捻制、柔软优质、无死弯和无断丝者,安全系数不应小于 1.2。钢丝绳与钻头间须设转向装置并联结牢固,钻孔过程中应经常检查其状态及转动是否正常、灵活。主绳与钻头的钢丝绳搭接时,两根绳径应相同,捻扭方向必须一致。

为防止由于钻孔振动导致邻孔孔壁坍塌或影响邻孔已浇筑混凝土强度,应待邻孔混凝土抗压强度达到 2.5 MPa 后方可开钻。钻孔作业分班连续进行,单桩不中断施工。在升降钻具时,保证操作平稳,钻头提开时,防止发生碰撞护筒、孔壁及掉挂护筒底现象发生。在钻孔因故

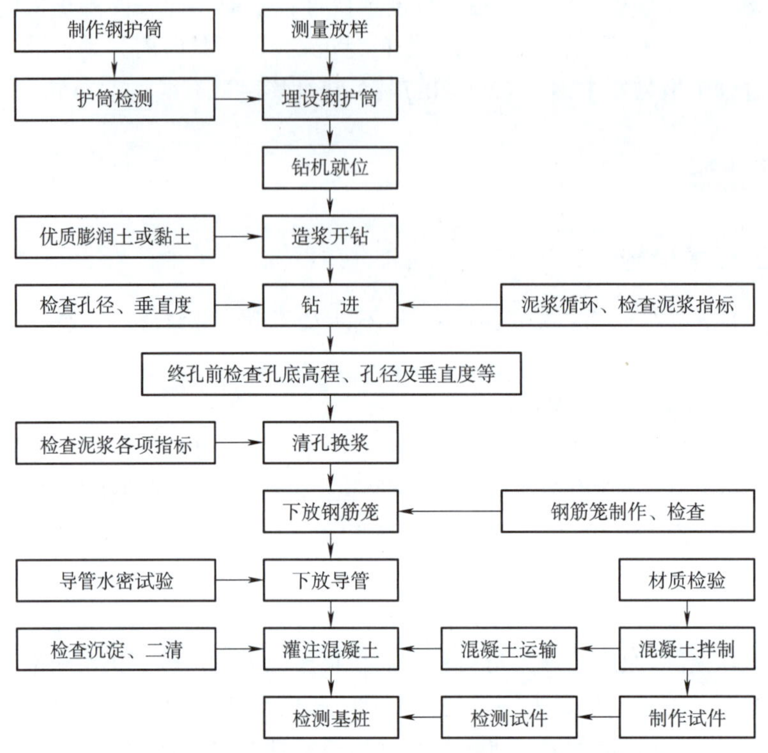

图 10-2　星塘街上跨铁路立交工程钻孔桩施工工艺流程

障停钻时，钻头上提上地面，以防钻渣沉淀而埋住钻头，同时确保孔内水位及相应比重的泥浆，防止塌孔。钻孔中采用减轻钻进，使孔底不全部承受钻具重力，以避免斜孔、缩孔等现象。在粉砂层中钻孔时加大泥浆比重和放慢进尺速度。在黏土层中控制中等转速大泵量稀释泥浆，防止泥浆比过大。在淤泥层中钻进速度不宜过快，以防缩颈。当钻孔达到设计深度时，及时停机，对孔径、孔深、孔斜率进行检查，自测合格后，报监理复测，同意后，开始清孔。

钻孔至设计高程，经对孔径、孔深、孔位、垂直度进行检查确认钻孔合格后，即进行清孔，清孔抽渣时清孔过程中，必须及时补给足够的泥浆，并保持孔内浆液面的稳定。

2. 钢箱梁拖拉、横移总体施工方案

跨沪宁城际、京沪铁路钢箱梁采取在工厂分段焊接加工，经公路运输至现场进行拼装焊接后在沪宁城际天窗点与京沪铁路封锁点重叠时间段内拖拉跨线路就位。

钢箱梁现场拼装场地位于13～16号墩跨间，单幅81 m钢箱梁一次拼装完成，(38＋43) m钢箱梁和18 m前导梁和6 m后导梁的拼装连接，形成共计105 m的拖拉施工节段。拼装段钢箱梁前端部设置在13～14号墩跨间上，钢箱梁按照斜口形式自13号墩向16号墩依次拼装，同时可利用导梁前端至13号墩靠沪宁城际侧的8 m距离作为试拖拉验证段。

钢箱梁拖拉、横移采用统一高程，在高程水平状态下施工，高程为21.10 m，钢箱梁拼装时在砂箱上，砂箱顶高程为21.185 m，钢梁整体拼装完成后进行整体落梁0.085 m至重物移运器顶为21.10 m，即拼装支架顶重物移运器顶和13号、12号、11号墩盖梁顶重物移运器顶高程为21.10 m，13～16号桥梁跨间拼装支架纵梁顶面高程19.96 m，钢箱梁拖拉完成后进行横移施工转换，西幅钢箱梁横移时梁底高程亦为21.10 m。

拖拉段按封锁施工计划在沪宁城际天窗点和京沪铁路封锁点重叠时间段内进行 4 次拖拉、3 次横移、3 次落梁就位(西幅为例)。西幅钢箱横移、落梁完成后进行东幅钢箱梁拖拉施工,施工工艺流程如图 10-3 所示。

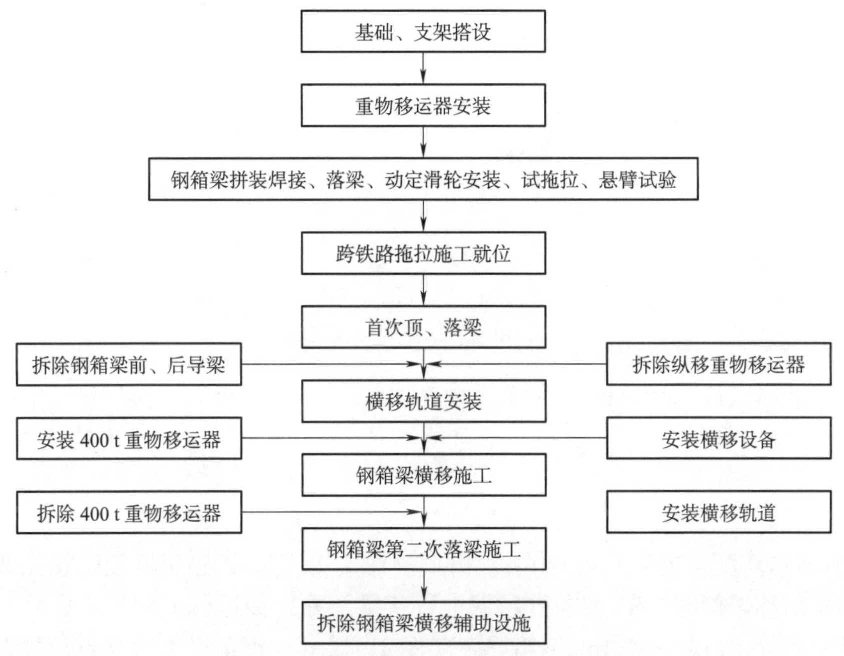

图 10-3 钢箱梁拖拉横移施工工艺流程

3. 钢箱梁吊装施工

现场吊装分为钢管支架吊装和钢箱梁节段、导梁吊装,采用 320 t 履带吊,除 13～14 号墩跨间钢管支架、钢箱梁节段和导梁吊装可能会造成侵限,其余跨间钢管支架、钢箱梁节段吊装对沪宁城际线不影响。针对风险源 2,为避免吊装过程中钢箱梁或其他构件侵限,吊装过程先吊装外侧纵梁分段,再吊装内侧挑臂分段。

吊耳设置在钢箱梁分段隔板和筋板相交处的钢箱梁分段顶面,一个钢箱梁分段设置 4 个吊耳,4 个吊耳的对角线交点应是钢箱梁分段自身的重心位置。

吊点吊耳形式均采用船用通用吊耳,吊耳的等级、制作、焊接及吊点局部加强等须符合工艺。为保证吊装过程施工安全,吊点部位设置 16 cm 加强筋板补强顶板,避免局部失稳。吊耳焊接完毕 24 h 后还需进行 100%磁粉探伤。吊耳型号为 B-30 型吊耳,安全负载 30 t,如图 10-4 所示。

吊耳设置采用三维 CAD 整体建模,通过模型属性查询,直接定出重心位置;根据重心位置,结合钢箱梁构造、索具长度、采用的卸扣等相关尺寸,确定吊耳的位置。

钢箱梁拼装焊接完成后,需将钢箱梁下落至重物移运器上(重物移运器顶面高程 21.10 m),下落高度为 6.5 cm(考虑 2 cm 不锈钢),采用多组砂箱从导梁端头位置横向整排向后方同步落梁。

具体步骤为:测量放样→地基处理(设置钢管支架预埋件,地面高程 3.30 m)→安装钢管支架(顶高程 19.96 m)→设置 400 t 重物移运器(顶面高程 21.10 m,该高程为拖拉、横移高

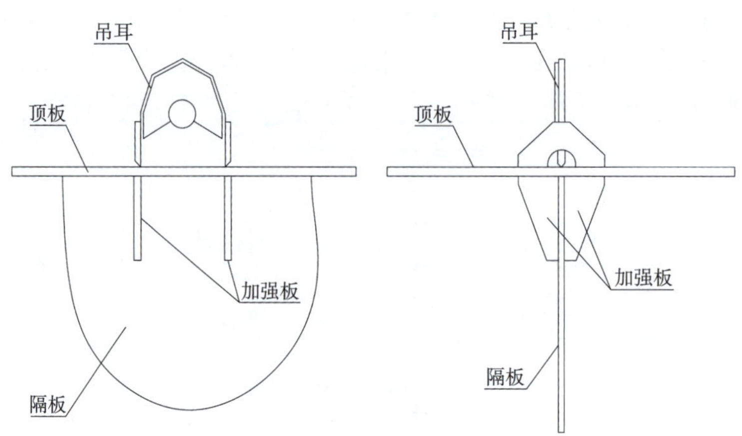

图 10-4　吊耳补强措施

程)→设置多组砂箱、H 型钢临时支撑(顶面高程 21.185 m)→吊装、焊接钢箱梁节段→割断 H 型钢、多组砂箱横向整排向后同步落梁至重物移运器上(考虑 2 cm 厚不锈钢板,下落高度 6.5 cm)。

支架上设置短头 H 型钢作为临时支座,其高度高于重物移运器顶面 8.5 cm,同时在其侧面设置砂箱,砂箱高度与短头 H 型钢高度相同高程 21.185 m,钢箱梁安装焊接完成后自导梁端头向后整排对称熔割短头 H 型和砂箱钢进行落梁至重物移运器上钢箱梁底面下不锈钢板落至重物移运器上,高程 21.10 m,钢箱梁底高程 21.12 m。钢箱梁临时支点设置在钢箱梁腹板、隔板交叉部位,为了避免局部钢板失稳变形,在其内侧增补 16 cm 加强板补强,如图 10-5 所示。

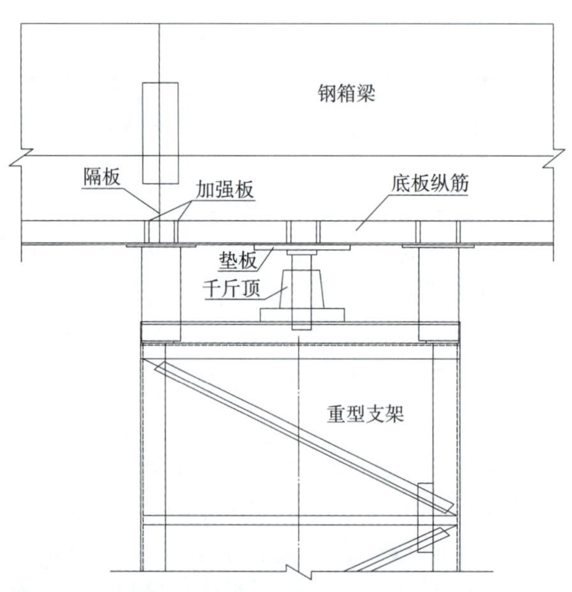

图 10-5　临时支架支撑点加固示意

钢管支架顶端 I450 mm 工字钢纵、横梁上设置短头 H 型钢,其与支架焊接成一体。吊装松钩前在钢箱梁底支撑型钢内侧焊接 T 型侧向防滑挡块,确保钢箱梁稳定、不致倾覆。

邻近铁路吊装吊机站位布置如下:11 号、12 号、13 号墩及辅助墩、横移支架、设备吊装选用 70 t 汽车吊,站位位置分别位于 13 号墩北侧,吊机中心距沪宁城际下行线接触网 AF 线水平距离 21 m,吊机大臂回转半径 23.3 m,吊装过程中回转半径距沪宁城际下行线接触网 AF 线最小距离水平距离 7.4 m,吊机作业时全部向北侧 14 号墩方向回转,避免侵入沪宁城际铁路范围。考虑 12 号墩北侧需设置辅助墩,吊机站位位于桥位线两侧并靠沪宁城际一侧,吊机中心分别据沪宁城际接触网 AF 线水平距离 10.2 m,距京沪铁路下行线接触网回流线水平距离 15.4 m,吊机大臂回转半径 22 m,回转最大角度为 45.8°,吊装过程中回转半径距沪宁城际上行线接触网 AF 线最小水平距离 4 m,距京沪铁路下行线接触网回流线水平最小距离为 5.4 m。11 号墩吊装设置在 11 号墩南侧,吊机中心距京沪铁路上行线接触网回流线 18 m,吊机大臂回转半径 26 m,吊装过程中回转半径范围距京沪铁路上行线接触网回流线水平最小距离为 6.5 m,吊机作业时全部向南侧 10 号墩方向回转,避免侵入京沪铁路范围,如图 10-6 所示。

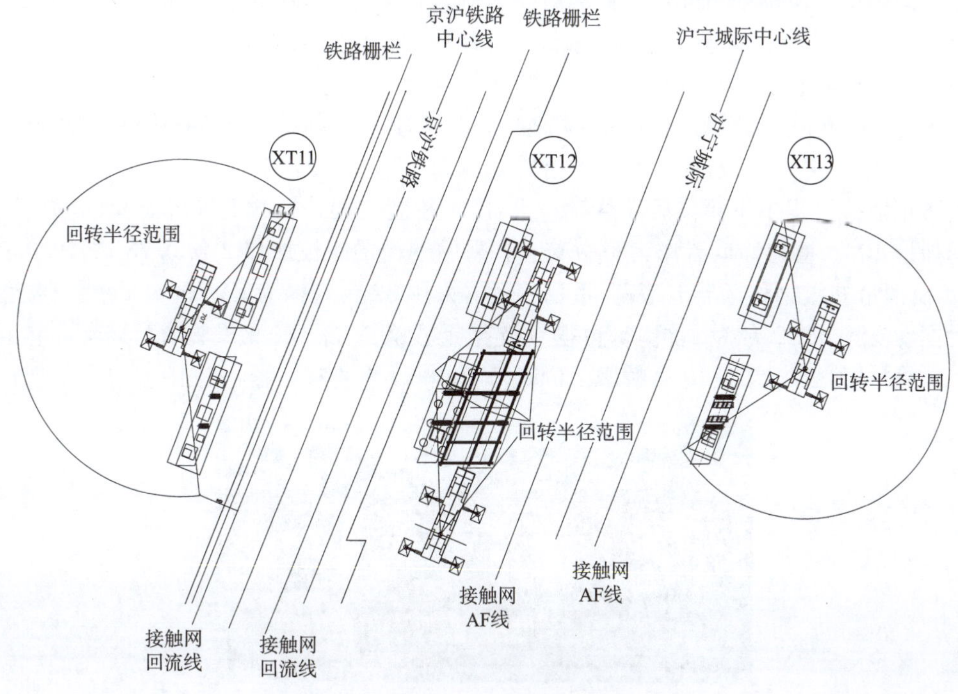

图 10-6　邻近铁路吊装吊机站位

为确保吊装过程中最大限度保证接触网安全和不侵入京沪铁路限界,采取慢起吊、慢回转、调角度、慢下放的原则,70 t 吊机就位后顺线路方向伸出吊臂,调整吊臂角度,此时下方吊钩进行重物起吊,起吊前由一名司索工和一名带班人员共同对挂钩是否挂牢、保险装置是否有效,所吊物品是否存在不稳定部件,是否全部绑扎牢靠,待全部检查确认后方准许起吊重物,起吊过程中重物上升速度不大于 0.5 m/s,听司索工响哨为准,待重物上升至安全高度后暂停直至重物没有大的摆动幅度情况下方能回转大臂,大臂回转时严格按照司索工指挥慢回转,以重物不出现大幅度摆动为准,待大臂回转对准 11 号、12 号、13 号墩盖梁上方后稍停至重物停稳后方可调整大臂角度下方重物,施工人员解下绳索后不能马上松开,等吊钩上升将绳索拉紧后方能松开绳索,防止绳索下摆打到回流线。

4. 钢箱梁拖拉施工

钢箱梁拖拉段总长 105 m,即(43+38) m 长钢箱梁,18 m 长前导梁,6 m 长后导梁。按封锁施工计划在沪宁城际天窗点与京沪铁路封锁点重叠时间段内进行 4 次拖拉、3 次横移、2 次顶落梁就位(以西幅桥为例)。

针对风险源 3,为保证钢箱梁拖拉、横移过程中的安全,西幅钢箱梁跨越沪宁城际、京沪铁路拖拉、横移安装就位共有 7 个工作步骤:第 1 步导梁前端过孔到 12 号墩北侧辅助支架顶重物移运器上;第 2 步导梁前端过孔到京沪铁路上方未侵入京沪铁路下行线正上方位置(临时封锁点内多次拖拉);第 3 步导梁前端到达 11 号墩;第 4 步钢箱梁南侧端头到达 11 号墩就位;第 5 步导梁拆除和钢箱梁顶起 10 cm、拖拉设备拆除、横移轨道及设备安装;第 6 步西幅钢箱梁横移施工;第 7 步西幅钢箱梁就位后钢梁顶起、横移设备拆除、落梁施工、顶梁设备、操作平台拆除吊装。

东幅钢箱梁在西幅钢箱梁拖拉完成后立即进行拼装焊接,在沪宁城际天窗点和京沪铁路封锁点重叠时间段内拖拉跨越沪宁城际、京沪铁路安装就位,共需 5 步:第 1 步导梁前端过孔到 12 号墩北侧辅助支架顶重物移运器上;第 2 步导梁前端过孔到京沪铁路上方未侵入京沪铁路下行线正上方位置(临时封锁点内多次拖拉);第 3 步导梁前端到达 11 号墩;第 4 步钢箱梁南侧端头到达 11 号墩就位;第 5 步导梁拆除和钢箱梁顶、落梁施工。

为防止拖拉过程中钢箱梁后端悬挑过大,即在拼装支架处桥墩上设置 400 t 重物移运器,桥跨间加设 400 t 重物移运器作为跨中支点。采用钢箱梁底板加焊 2 条 0.75 m×0.020 m×81 m 不锈钢带在重物移运器上滚动,重物移运器采用 32 台规格为 ZWY400 t 重物移运器,设置 6 台摆动支架,每 2 台为 1 组,每台摆动支架上设置 2 台 400 t 重物移运器,固定 14 号、13 号、12 号桥墩盖梁上,在 19 号桥墩上固定 2 台 400 t 重物移运器,如图 10-7 所示。

图 10-7 重物移运器

本次拖拉工程采用滑轮组型号为 50 t 级 6 门滑轮组,钢箱梁底共设置 5 处安装动滑轮组预留位置,动滑轮安装在钢箱梁底反力架上,反力架与钢箱梁底采用电焊连接,动滑轮第一次安装位置离导梁端头 22 m,第二次安装位置离导梁端头 44 m,第三次安装位置离导梁端头 70 m,第四次安装位置距导梁端头 95 m,第五次安装位置距导梁端头 105 m,如图 10-8 所示。

拖拉系统采用两套 80 kN 卷扬机和动、定滑轮组组成,两台 80 kN 卷扬机固定在地面混凝土基础上,在 13 号墩边的承台基础上固定两只 80 kN 的导向滑轮。为使实际拖拉施工中两套动力系统能够统一,采取两套动力系统钢丝绳串联方式,以保证两套动力系统施力的同步性,以确保钢箱梁行走按照预定轴线,大大减少实际拖拉过程中的纠偏工作量,以保证每阶段拖拉施工时间缩短能在封锁点内完成。

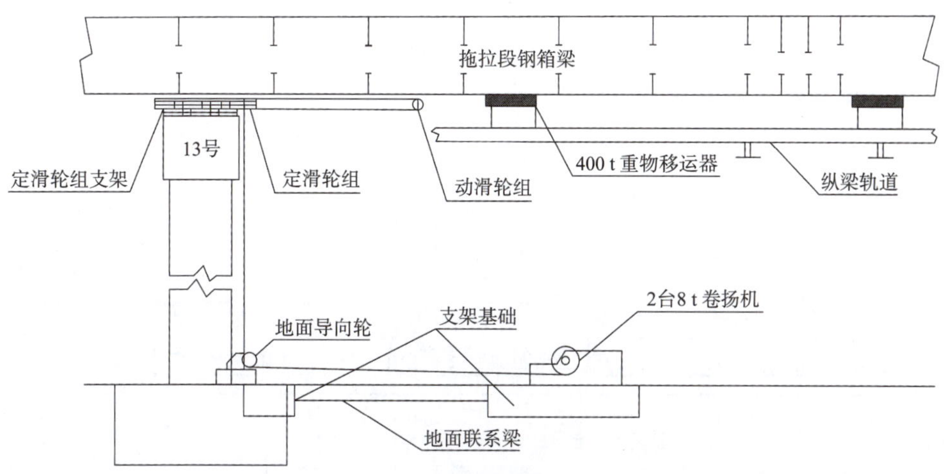

图 10-8　拖拉结构整体示意

实际拖拉施工中,钢箱梁下方两条行走轨迹出现不平衡摩擦情况时,钢箱梁可能出现偏转情况,此时采用扣件将 5 t 转向轮处钢丝绳扣紧,可以将原本为一体的动、定滑轮组拖拉系统转化成两套独立动、定滑轮组施力系统,此时通过开、停左右两套动、定滑轮组施力系统对钢箱梁进行纠偏。

钢箱梁在拖拉过程中由于左右之间的摩擦系数可能出现偏差,造成钢箱梁行进轴线偏移现象,所以必须在钢管支架、桥墩上设置钢箱梁拖拉可调节的导向装置,共设置 28 套,分别设置在 14～16 号墩间重型支上的重物移运器外侧、13 号、12 号桥墩上。其中设计加工 4 台可拆解式纠偏导向轮,其设置位置分别在 12 号墩北侧辅助支架和 11 号墩顶盖梁上,其主要作用为钢箱梁在拖拉过程中导梁最先接触重物移运器,为减少后端对钢箱梁的纠偏力且保证导梁前移过程中按照预定轴线行进,该导向轮对导梁起到横向限制作用,当钢箱梁主梁进入可纠偏范围内时将该导梁纠偏导向轮进行拆解。

纠偏导向轮为横向可调式,分为前端可伸缩导向滚轮和后端固定底座,利用前后端正反丝螺旋杆施加横向纠偏力,在钢管支架重物移运器侧安装时,底座与横桥向工字钢焊接;安装在桥墩上时底座与预埋钢板焊接。其中固定式纠偏导向轮如图 10-9 所示。

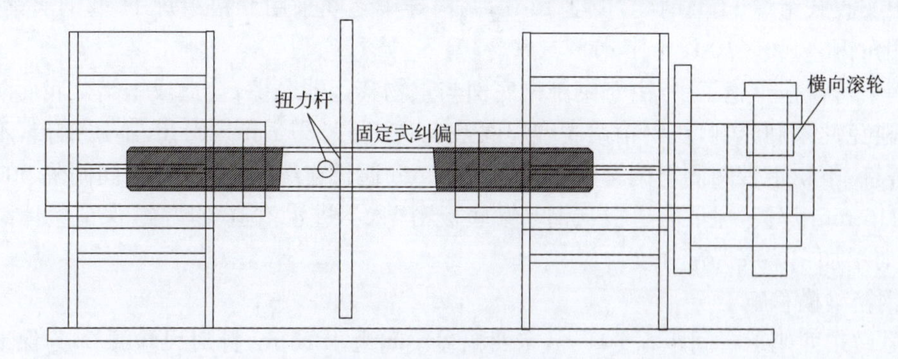

图 10-9　纠偏导向轮结构

导向轮固定在桥墩上的预埋件上,用电焊连接,两导向轮内侧横断面间距为 13.86 m。为避免导向轮在导向纠偏过程中与钢箱梁侧腹板接触力过大，造成钢箱梁侧腹板变形，因此要严格控制导向轮安装高度，使导向轮施力点在钢箱梁底板侧边缘。导向装置滚轮与钢梁底板间隙控制在 2 cm，横断面如图 10-10 所示。

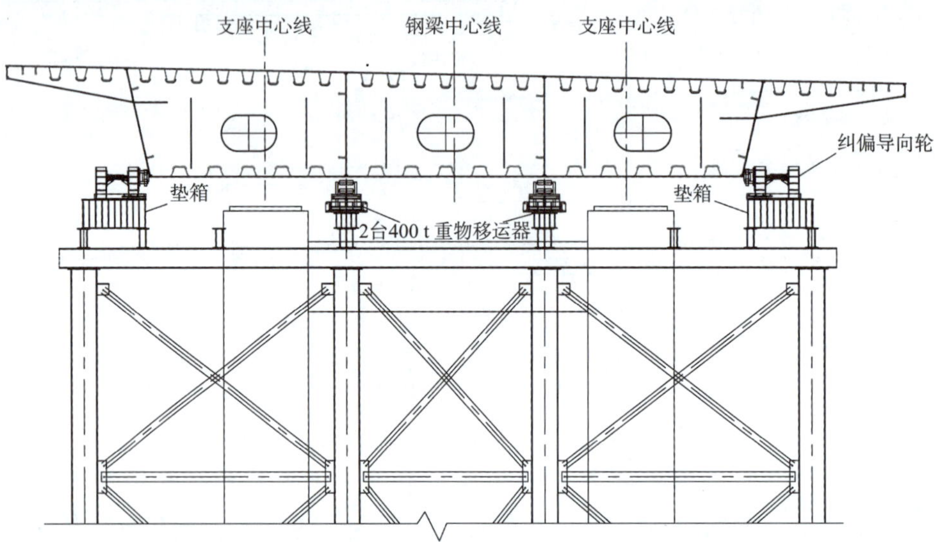

图 10-10　桥墩上导向轮横向布置

当钢箱梁在卷扬机施力作用下行进至设计位置时立即关闭卷扬机电源，此时在惯性作用下，钢箱梁不能马上停止行进，会有略微向前移动情况。为防止钢箱梁拖拉过头，钢箱梁第三次拖拉施工前在钢箱梁后端焊接两块纵移挡板，在钢箱梁拖拉到位后挡板抵住 13 号墩盖梁，落梁完成后割掉挡板并对梁底进行打磨、喷涂处理。

为防止钢箱梁出现滑溜现象，在钢箱梁后导梁尾部加挂钢丝绳，提前在 14 号墩顶安装一台 80 kN 卷扬机，在拖拉步骤四完成后加挂钢丝绳与后导梁连接，拖拉过程中后端卷扬机保持通电运转，与拖拉卷扬机协同操作，为更直观显示后端钢丝绳拉力，增加一台拉力计表，与拖拉力计表同步协调操作。

钢箱梁前端设置 18 m 长前导梁，钢箱梁后端设置 6 m 长后导梁，钢导梁按照设计图纸，采用两根实腹式组焊 H 型钢梁，长度 18 m，两根导梁之间采用 9 根组焊 H 型钢次梁连接，上平面采用角钢∠100×10 设十字水平支撑。

钢箱梁跨铁拖拉施工中，由于钢箱梁底面与重物移运器摩擦，会造成钢箱梁底面防腐涂装损坏，为避免此不利影响，在钢箱梁底增焊两条 750 mm×20 mm×81 m 不锈钢带，不锈钢板与梁底焊接，不锈钢带两侧与钢箱梁底板采用 8 mm 通长连续贴角焊缝，中间间隔 500 mm 开塞焊孔 ϕ16 mm 焊接，保证轨道板与钢箱梁底板密贴，不进水汽避免腐蚀，保证整体结构的耐久性，同时增加钢梁底局部强度。

5. 钢箱梁横移施工

11 号墩东西幅承台间距 5.704 m，东西幅盖梁间距 4.25 m，针对风险源 3，为保证钢箱梁拖拉、横移过程中的安全，在东西幅盖梁之间需搭设横移支架平台作为钢箱梁横移轨道支撑平台。在承台上浇筑 6.9 m×3.5 m×1 m 的钢筋混凝土基础，混凝土基础顶面高程为 3.63 m，中间位置东西幅承台间 5.704 m×3.5 m×0.5 m 与上部混凝土同时浇筑，混凝土基础横向中心线往 12 号墩方向偏移 80.9 cm。在混凝土基础上安装 2 排 4 列共 8 根 ϕ609×12 mm 的支撑钢管,在混凝土基础顶面安装 ϕ609 钢管位置需要事先安装预埋件,预埋件采用 16 mm 厚的钢板和 ϕ16 mm 圆钢制作。支撑钢管横向、纵向间距为 1.5 m,钢管之间剪刀撑采用 16 号槽钢与 ϕ609 钢管连接耳板焊接,增强支撑钢管的稳定性,在支撑钢管上方焊接双拼 44 号 H 型钢,并于东西幅盖梁侧面顶紧密贴,在 H 型钢上方中间位置焊接钢垫箱轨道,轨道长度 5.25 m,两端 50 cm 搭在东西幅盖梁上并于盖梁顶预埋件焊接。在西幅盖梁的西侧设置 2 根 35 号 H 型钢纵梁,在纵梁上焊接 60 t 横移千斤顶反力架,如图 10-11 所示。

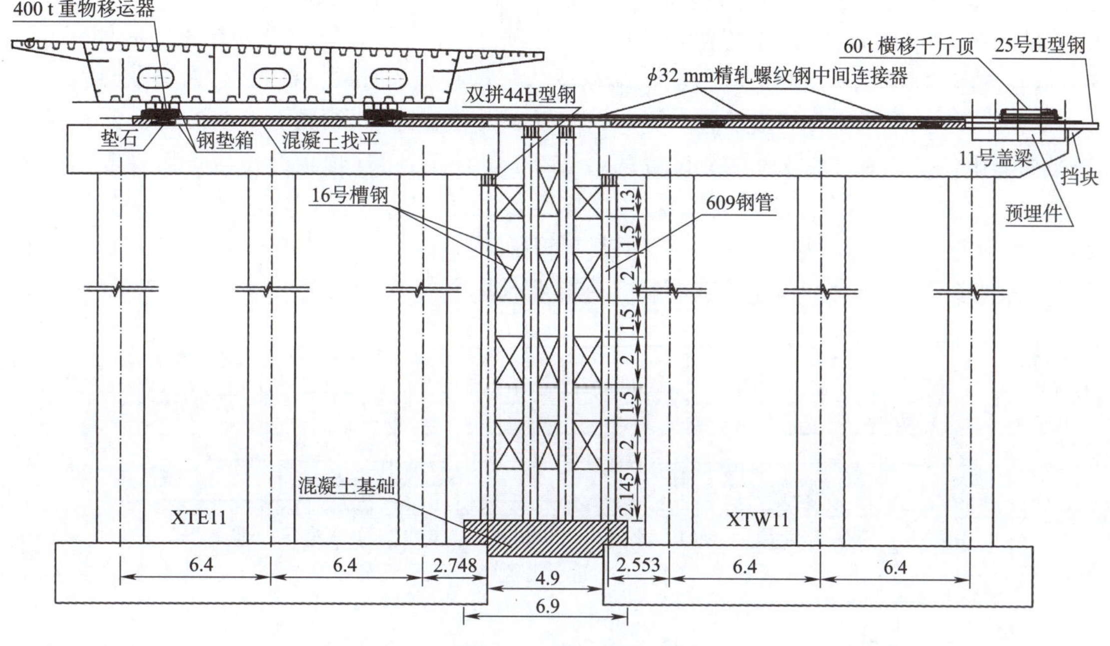

图 10-11　11 号桥墩支撑架横断面(单位:m)

12 号墩东西幅承台间距 7.23 m,东西幅盖梁间距 4.25 m,在承台上浇筑 10.6 m×3.5 m×1 m 的混凝土基础,混凝土基础顶面高程为 4.24 m,中间位置东西幅承台间 7.23 m×3.5 m×0.5 m 与上部混凝土同时浇筑,混凝土基础横向中心线往 13 号墩方向偏移 50 cm。在混凝土基础上安装 2 排 7 列共 14 根 ϕ609×12 mm 的支撑钢管,在混凝土基础顶面安装 ϕ609 钢管位置需要事先安装预埋件,预埋件采用 16 mm 厚的钢板和 ϕ16 mm 圆钢制作。支撑钢管横向、纵向间距为 1.5 m,钢管之间剪刀撑采用 16 号槽钢与 ϕ609 钢管连接耳板焊接,增强支撑钢管的稳定性,在支撑钢管上方焊接双拼 44 号 H 型钢,在 H 型钢上方中间位置设置钢垫箱轨道,轨道长度 5.25 m,两端 50 cm 焊接在东西幅盖梁顶预埋件上。

13 号墩东西幅承台间距 7.112 m,东西幅盖梁间距 4.248 m,在承台上浇筑 10.6 m×3.5 m×1 m 的混凝土基础,混凝土基础顶面高程为 4.37 m,中间位置东西幅承台间 7.112 m×3.5 m×0.5 m 与上部混凝土同时浇筑,混凝土基础横向中心线往 12 号墩方向偏移 11 号桥墩中心线 75.9 cm。在混凝土基础上安装 2 排 4 列共 8 根 ϕ609×12 mm 的支撑钢管,在混凝土基础顶面安装 ϕ609 钢管位置需要事先安装预埋件,由于钢管法兰支架为 800 mm,在法兰圆周位置安装 6 件预埋件,每件预埋件夹角 600,预埋件采用 16 mm 厚的钢板和 ϕ16 mm 圆钢制作。支撑钢管横向、纵向间距为 1.5 m，钢管之间用 16 号槽钢当作剪刀撑，增强支撑钢管的稳定性，在支撑钢管上方焊接双拼 44 号 H 型钢，在 H 型钢上方中间位置钢垫箱滑道，滑道长度 5.25 m，分别有 50 cm 搭在东西幅盖梁上。在西幅盖梁的西侧需要搭设横移千斤顶反力架，同时作为人员操作平台。0.5 m 厚 4.5 m×4.5 m 基础与上部 4 m×4 m 同时浇筑混凝土基础，在其上方安装 3 排 2 列共 6 根 ϕ609×12 mm 的支撑钢管，支撑钢管横向间距 2 m，纵向间距 1.5 m，钢管之间用 16 号槽钢当作剪刀撑，增强支撑钢管的稳定性，在支撑钢管上方先用 44 号 H 型钢，在 44 号 H 型钢上方设置 2 根 35H 型钢纵梁，在纵梁上焊接 60 t 横移千斤顶反力架。

针对风险源 3，为保证钢箱梁拖拉、横移过程中的安全，钢箱梁纵移就位后，拆除钢箱梁前后辅助导梁，在 11 号盖梁上设置两台 350 t 千斤顶，千斤顶顶升位置设置在支座内侧 0.9 m 位置，与支座的横向中心线对齐(钢箱梁端横梁)，如图 10-12 所示。在 12 号盖梁上设置两台 500 t 千斤顶，千斤顶顶升位置设置在支座内侧 0.9 m 位置，纵向偏离支座中心线 0.5 m，即钢箱梁横隔梁位置。在 13 号盖梁上设置两台 350 t 千斤顶，千斤顶顶升位置设置在支座内侧 0.9 m 位置，支座横向中心线对齐(钢箱梁端横梁)。依次从 11 号→12 号→13 号顶升钢箱梁 2 cm，共顶升 10 cm，再用型钢顶铁抄垫顶紧钢箱梁。拆除 11 号、12 号、13 号盖梁顶面的纵移 400 t 重物移运器，12 号、13 号墩盖梁上摆动支架不拆除。

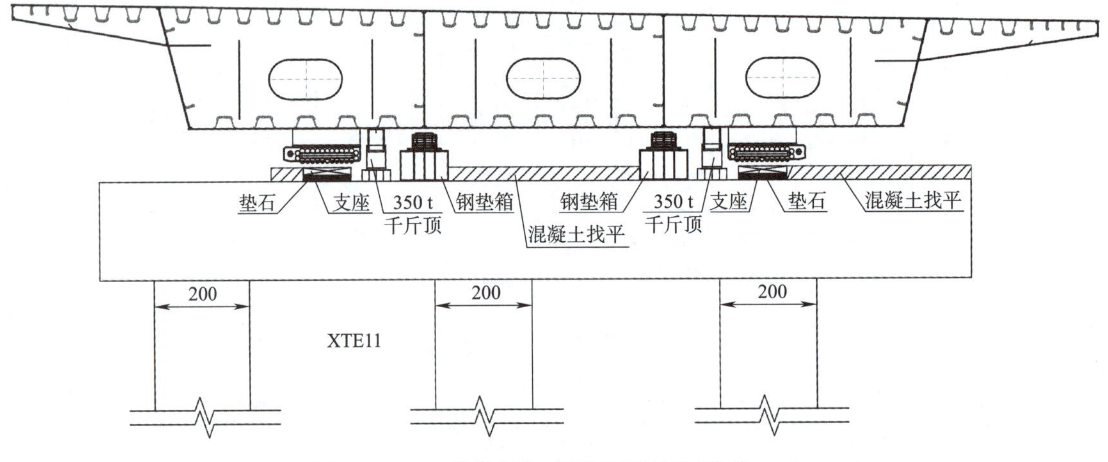

图 10-12　11 号墩拖拉、横移步骤转换(单位:cm)

先将 11 号墩东幅盖梁上纵移的 400 t 重物移运器以及下方的抄垫钢垫箱都拆除，在支座位置以及外侧 1.0 m 混凝土基础上节段铺设 60 号槽钢，并将 400 t 重物移运器翻身滚轮朝下，安装至钢箱梁底板对应支座位置，重物移运器的长度方向中心线与支座的横向中心线对齐，并在四个方向分别用 2 块钢制挡块焊接在钢箱梁底板进行限位，防止钢箱梁横移时重物移运器摆动，西幅盖梁上混凝土基础以及东西幅盖梁之间的钢垫箱轨道在横移施工前安装完成。通过 350 t 千斤顶将钢箱梁落在 400 t 重物移运器上，移除 350 t 千斤顶，在此位置安装最后一段钢垫箱及 60 号槽钢轨道。

同理将 12 号墩东幅盖梁上摆动支架上的 2 台 400 t 重物移运器拆除，在支座位置及外侧 1 m 混凝土基础上节段铺设 60 号槽钢，并将 400 t 重物移运器翻身滚轮朝下，安装至钢箱梁底板对应支座位置，重物移运器的长度方向中心线与横隔梁的横向中心线对齐，并在四个方向分别用 2 块挡块限位，防止钢箱梁横移时重物移运器摆动，西幅盖梁上混凝土基础以及东西幅盖梁之间的钢垫箱轨道在提前安装完成。通过 500 t 千斤顶将钢箱梁落在 400 t 重物移运器上，再移除 500 t 千斤顶，在这个位置安装最后一段钢垫箱及 60 号槽钢轨道。

先将 13 号墩东幅盖梁上摆动支架上的 2 台 400 t 重物移运器拆除，在支座位置以及东面 1 m 钢垫箱上铺设 60 号槽钢，并将 400 t 重物移运器翻身滚轮朝下，安装至钢箱梁底板对应支座位置，重物移运器的长度方向中心线与支座的横向中心线对齐，并在四个方向分别用 2 块挡块限位，防止钢箱梁横移时重物移运器摆动，西幅盖梁上混凝土基础以及东西幅盖梁之间的钢垫箱轨道提前安装完成。通过 350 t 千斤顶将钢箱梁落在 400 t 重物移运器上，再移除 500 t 千斤顶，在这个位置安装最后一段钢垫箱及 60 号槽钢轨道。

钢箱梁横移通过设置在 11 号、13 号两根盖梁上的横移轨道上，在 400 t 重物移运器耳环上连接 ϕ32 mm 精轧螺纹钢连接反力架，在横移轨道端头焊接横移千斤顶反力架。ϕ32 mm 精轧螺纹钢布置位置高出 60 号槽钢内侧 185 mm，精轧螺纹钢筋总长 26 m，共分 6 段，分别为 5 根 4 m 和 1 根 6 m。

11 号墩西幅桥盖梁上的预埋件设置 5 道共 10 块预埋件，60 t 横移千斤顶反力架必须与盖梁上的预埋件满焊牢固，达到钢箱梁横移所需的反力要求。13 号墩西幅盖梁上的预埋件设置 3 道共 6 块预埋件，60 t 横移千斤顶反力架必须与盖梁上的预埋件满焊牢固，并与西幅桥盖梁西侧的钢支撑架平台焊接牢固，达到钢箱梁横移所需的反力要求。钢箱梁横移拉力分别在 11 号、13 号桥墩上横移轨道上设置 60 t 横移双作用千斤顶，千斤顶行程为 1.0 m。

西幅钢箱梁在东幅拖拉完成后，进行从东向西横移施工，横移距离为 22.38 m，通过同步加载 11 号、13 号桥墩上的横移 60 t 双作用千斤顶，由于千斤顶行程为 1 m，每次横移距离为 1 m，通过油泵自动顶升和回缩。同样操作 4 次，钢箱梁横移距离达到 4 m 后，松掉中间连接器，去掉中间一节 4.5 m 长的 ϕ32 mm 精轧螺纹钢。这样重复操作，直到横移到位为止。

钢箱梁横移时统一指挥，保证两边拖拉钢箱梁时速度的一致性，确保钢箱梁两端行程相同。拖拉全过程采用测量仪器进行同步监控测量，横移前在每个横移轨道上设置两个控制点，在横移全过程对这 4 个点进行监控，如发现控制点产生位移立即停止横移操作，进行纠偏调整后再进行横移施工。

本工程钢箱梁在铁路上方横移施工，横移动力来自于两台 60 t 横移千斤顶，分别设置在 13 号、11 号墩西幅盖梁西侧，根据以往施工经验总结，千斤顶虽然顶升速度比较慢，但为了防止钢箱梁横移过度，必须在 11 号、13 号桥墩西幅桥盖梁钢箱梁底板就位线位置设置 H300 限位型钢，H300 限位型钢焊接在钢箱梁底板就位线位置，由于钢箱梁两侧边腹板为斜置结构，需严格控制限位型钢高度，避免限位型钢顶角与钢箱梁斜置边腹板碰撞，故 11 号墩上 H300 限位型钢高度 1.0 m，13 号墩上 H300 限位型钢高度 0.78 m，以 11 号墩上 H300 限位型钢为例，如图 10-13 所示。

6. 钢箱梁落梁施工

第一步，钢箱梁横移就位后，先拆除不在 400 t 重物移运器受力位置的混凝土基础，先用气割将西幅盖梁上混凝土基础上的 60 号槽钢和混凝土基础的预埋件焊接部分分割开，11 号、13 号墩上的混凝土基础用 25 t 汽车吊停在临跨直接从钢箱梁底下拖出，从盖梁上吊至地面。12 号盖梁上混凝土基础拆除时利用钢箱梁底板的牵引受力吊耳，混凝土基础拆除吊耳设置在 12 号墩两侧对应钢箱梁底，与梁底焊接牢固，前后吊耳分别用 2 t 倒链葫芦挂于吊耳板上将混凝土基础分节段从盖梁上拖出，每节段长度为 1 m，前后倒链葫芦配合一个松绳一个拉绳，防

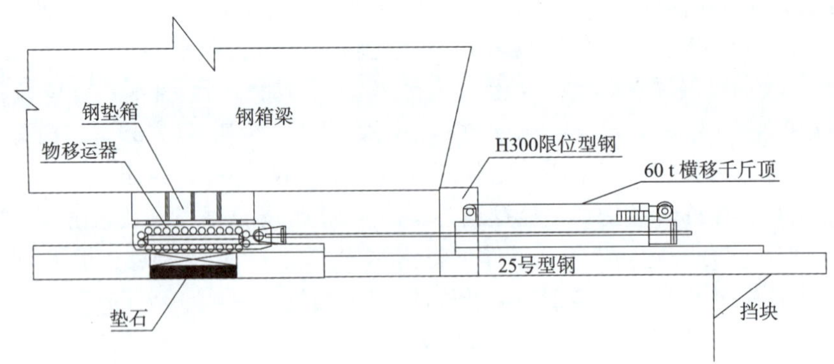

图 10-13　限位型钢示意

止混凝土块脱离盖梁顶面时出现大的摆动,混凝土块脱离盖梁后垂直于底面后,再用倒链葫芦下放至地面。

第二步,在 11 号墩盖梁上设置两台 350 t 千斤顶,千斤顶顶升位置设置在支座内侧 0.9 m 位置,与支座的横向中心线对齐(端横梁位置)。在 12 号盖梁上设置两台 500 t 千斤顶,千斤顶顶升位置设置在支座内侧 0.9 m 位置,纵向偏离支座中心线 0.5 m(横隔梁位置)。在 13 号盖梁上设置两台 350 t 千斤顶,千斤顶顶升位置设置在支座内侧 0.9 m 位置,与支座横向中心线对齐(端横梁位置)。依次从 11 号→12 号→13 号顶升钢箱梁 2 cm,共顶升 10 cm,再用型钢顶铁抄垫顶紧钢箱梁,在 11 号、13 号墩盖梁顶各设置 2 个钢箱梁纵向限位型钢,限位型钢采用 H300 与盖梁顶就位线位置预埋钢板焊接牢固,H300 限位型钢高度 1.0 m,横向间距 12.5 m。拆除 400 t 重物移运器以及相应位置的横移轨道。

根据计算,中间桥墩顶升千斤顶最大反力为 298.1 t,采用 500 t 千斤顶,边跨最大反力为 117 t,采用 350 t 千斤顶,安全系数 K 都大于 1.5,满足安全使用要求。

第三步,钢箱梁横移时钢箱梁底板高程为 21.1 m,钢箱梁顶起 10 cm 后高程为 21.2 m,落梁就位后,11 号桥墩位置钢箱梁底板高程为 20.63 m,楔形块高度 0.22 m,12 号桥墩位置钢箱梁底板高程为 20.74 m,楔形块高度 0.09 m,13 号桥墩位置钢箱梁底板高程为 20.86 m,楔形块高度 0.16 m,所以钢箱梁横移就位后 11 号、12 号、13 号盖梁上对应点落梁距离分别为 57 cm、46 cm、34 cm。千斤顶行程为 15 cm,钢箱梁落梁时每次下落 2 cm,每次抽掉一块 2 cm 厚的抄垫钢板,依次从 11 号→12 号→13 号桥墩上落梁,考虑钢箱梁顶升时造成的挠度,每个千斤顶行程可以落 12 cm,循环下落直到钢箱梁设计底高程位置,对应各永久支座位置加塞焊接楔形钢垫板。

10.3.2　施工安全卡控措施

(1)针对上述风险源,在铁路营业线两侧组拼桩机、吊放钢筋笼及浇筑混凝土时应注意吊钢筋、料斗、导管时竖起的方向,避免侵入铁路限界。桩机背向铁路方向采用 2 根缆风绳八字形加固,防止机身倾斜。缆风绳地锚必须牢固(地锚采用脚手管,埋深 2 m)。桩机采用大于 ϕ16 的多股铜线按规定安装接地线。在施工中经常检查,保持接地良好状态。

(2)桩基吊装钢筋笼和灌注混凝土作业原则上在白天进行,做到"一机一人"防护。指定具有资质施工员现场指挥,施工现场设 1 名防护员,做好现场防护。

(3)钢箱梁横移必须配备专职安全员，横移千斤顶、泵站必须专人操作，施工前必须经过技术培训后方可上岗作业，施工过程中不能随意更换人员。操作人员不得站在横移千斤顶正前方，避免精轧螺纹钢断裂弹出造成人身伤害。

(4)精轧螺纹钢中间连接器安装时，两根精轧螺纹钢端部伸入长度一致，并伸到中间连接器中间位置为止。

(5)在 11 号、13 号盖梁上横移滑道上做好刻度标记，顶升行程为：终止刻度－起始刻度＝1.0 m，使 11 号、13 号盖梁上千斤顶顶升行程一致，以免造成错位。

(6)横移机构安装时，重物移运器上的反力架上精轧螺纹钢与 60 t 横移千斤顶反力架上的精轧螺纹钢中心线一致，高程偏差控制在 5 mm 之内。钢箱梁横移之前，横移千斤顶以及泵站必须调试完成。

(7)盖梁顶设备吊装及拆除、钢箱梁拖拉和落梁、设备拆除吊装等作业项目均须在沪宁城际天窗点和京沪铁路封锁点重叠时间段内作业。封锁时间段内接触网需停电配合。

(8)封锁施工时，按铁路技术规程要求在施工区间设立移动停车信号防护，现场除按要求做好各项防护外，还应在车站与施工地点分别设专职联络人员和防护人员，用电话联系。施工防护人员应站在距施工地点 800 m 附近瞭望条件较好的地点，显示停车手信号。施工地点与防护人员间瞭望条件不良又无电话联系时，应增设中间防护人员。

(9)本工程涉及封锁施工项目主要有：钢箱梁跨铁路拖拉施工(Ⅱ级封锁施工)；钢箱梁横移施工、顶落梁(Ⅲ级封锁施工)和监测网安装施工(Ⅲ级封锁施工)。计划封锁时间见表 10-1。

表 10-1　计划封锁时间

序号	作业项目	封锁等级	封锁次数	每次封锁时间(min)	计划封锁日期(2017 年)	说　明
1	西幅钢箱梁拖拉	Ⅱ级	4	180、90、90、90、	10-15、10-17、10-18、10-20	沪宁城际天窗点与京沪封锁点重叠时间，电化停电配合(拖拉跨京沪铁路线时间，根据运输处所给临时封锁点调整)
2	西幅钢箱梁首次顶、落梁，拖拉设备拆除、横移设备安装	Ⅲ级	3	90、90、90	10-22、10-23、10-24	沪宁城际天窗点与京沪封锁点重叠时间，不需要停电配合(根据运输处所给临时封锁点调整)
3	西幅钢箱梁横移	Ⅲ级	3	60、60、60	10-25、10-26、10-27	沪宁城际天窗点与京沪封锁点重叠时间，不需要停电配合(根据运输处所给临时封锁点调整)
4	西幅钢箱梁顶、落梁，设备拆除，支座安装；东幅盖梁顶拖拉设备安装	Ⅲ级	5	90、90、90、90、90	10-28、10-29、10-30、10-31、11-01	沪宁城际天窗点与京沪封锁点重叠时间，不需要停电配合(根据运输处所给临时封锁点调整)
5	东幅钢箱梁拖拉	Ⅱ级	4	180、90、90、90、	11-15、11-17、11-18、11-20	沪宁城际天窗点与京沪封锁点重叠时间，电化停电配合(拖拉跨京沪铁路线时间，根据运输处所给临时封锁点调整)
6	东幅钢箱梁顶、落梁，拖拉设备拆除，支座安装	Ⅲ级	5	90、90、90、90、90	11-21、11-22、11-23、11-24、11-25	沪宁城际天窗点与京沪封锁点重叠时间，不需要停电配合(根据运输处所给临时封锁点调整)
7	11 号～13 号监测网安装	Ⅲ级	4	60	12-5～12-8	沪宁城际天窗点与京沪封锁点重叠时间，电化停电配合(根据运输处所给临时封锁点调整)

10.3.3 监测、控制与实施效果

1. 监测总体方案

钢箱梁拖拉过程中做好导梁前端下挠度、钢箱梁行进轴线偏移和施工前后支架沉降的监测工作。钢箱梁拖拉过程中每行进 2 m 需对相关测点进行一次数据读取记录。同时加强既有铁路的监测，消除施工隐患，并根据监测成果及时调整施工速率及改进施工方法，确保既有铁路运营安全。

2. 应急预案

当预计到不能在规定的封锁时间内完成施工任务时，驻站联络员提前 30 min 向行车室报告，提前 20 min 在《行车设备施工登记簿》登记完成，根据施工调度命令安排作业，该次封锁作业完成后组织相关人员认真分析，积累经验，对于在该封锁时间内未完成的工作在下次封锁点前重新调整实施方案，合理安排下次封锁施工中的作业任务。

当现场出现毁伤钢轨、接触网、线路等情况时，立即汇集车站、工务段等相关人员，研究制定抢修方案，动用抢修队和现场的吊机等抢修机械及时进行抢修作业。如需延长要点时间，则立即通知相关车站联络员。抢修完毕后，需仔细检查线路是否已经恢复正常，让相关部门确认已经达到放行列车条件后，办理相关手续后方可通知车站恢复线路行车。

若发生物体坠落，中断铁路交通，应按铁路技术规程要求，设置中断交通信号，第一时间通知车站、车务段、电务段和紧急救援领导小组，启动紧急救援流程，展开救援工作。

若钢箱梁顶推过程中出现信号设备事故后，首先要和电务段、车站的协调人员根据现场实际情况立即研究抢修方案，同时告知车站发生的具体情况，并确定是否延长区间封锁时间，抢修队按照抢修方案积极组织抢修，及时修复遭破坏的信号设备。

3. 实施效果

按照上述设计施工措施及相关施工要点，施工得以顺利进行，均取得了满意的结果，最终的既有铁路路基与轨道变形均未超限，保证了既有线的安全。完工后的星塘街现场如图 10-14 所示。

图 10-14　星塘街上跨铁路立交工程现场

10.4　小　　结

本章以苏州市星塘街北延工程上跨铁路立交工程为例,介绍了桥梁上跨既有线施工安全风险防控,介绍了在既有铁路线上方进行钢箱梁拖拉、横移的设计施工技术措施,并总结了所涉及的风险源与安全防控措施。

桥梁上跨既有线施工的主要风险源主要有 3 个方面:钻孔灌注桩施工引起的既有铁路变形风险,钢箱梁吊装时倾覆侵限风险,拖拉、横移过程中钢箱梁倾覆风险。针对上述风险源,施工管理角度采取相应的技术及安全卡控措施。

(1)在施工技术措施方面,为避免钻孔桩施工过程引起既有铁路变形,采用回旋钻机、正循环成孔施工工艺,施工过程中注意钢护筒埋设与钻孔施工环节,并做好铁路路基变形沉降观测,对施工过程进行实时调整与控制。

(2)在施工技术措施方面,为保证钢箱梁拖拉横移安装的安全性,共有 7 个工作步骤,第 1 步导梁前端过孔到 12 号墩北侧辅助支架顶重物移运器上;第 2 步导梁前端过孔到京沪铁路上方未侵入京沪铁路下行线正上方位置(临时封锁点内多次拖拉);第 3 步导梁前端到达 11 号墩;第 4 步钢箱梁南侧端头到达 11 号墩就位;第 5 步导梁拆除和钢箱梁顶起 10 cm、拖拉设备拆除、横移轨道及设备安装;第 6 步西幅钢箱梁横移施工;第 7 步西幅钢箱梁就位后钢梁顶起、横移设备拆除、落梁施工、顶梁设备、操作平台拆除吊装。

(3)在施工技术措施方面,在拖拉施工前,在 13 号、12 号、11 号墩盖梁顶搭设操作平台。安装重物移运器、滑轮组、卷扬机和纠偏导向轮,完成各项设备的检查与调试工作后,在封锁点内进行拖拉施工。

(4)在施工技术措施方面,为确保钢箱梁横移过程中的安全,在东西幅盖梁之间需搭设横移支架平台作为钢箱梁横移轨道支撑平台。在钢箱梁横移过程中,为了防止钢箱梁横移过度,必须在 11 号、13 号桥墩西幅桥盖梁钢箱梁底板就位线位置设置 H300 限位型钢。

(5)在施工安全卡控措施方面,为保证既有铁路运营安全,在铁路营业线两侧进行大型机械施工过程中以避免侵入铁路的限界,并做到“一机一人”防护。在钢箱梁跨铁路拖拉施工、钢箱梁横移施工、顶落梁和监测网安装施工过程中需要对既有沪宁城际和京沪铁路进行封锁。封锁时间段内接触网需停电配合。

苏州市星塘街北延工程上跨铁路立交工程在采用上述措施之后总体实施效果良好,在既有铁路采取相应封锁措施的情况下,对既有沪宁城际与京沪铁路未产生影响,保证了既有铁路的安全正常运营。该方法也为类似桥梁上跨既有线施工的风险提供了一种参考解决方法。

第4篇　步履式顶推法桥梁上跨既有铁路施工

11　上海市北横通道上跨铁路咽喉区工程（步履式顶推施工）

11.1　工程概况

11.1.1　案例背景

上海市北横通道新建工程Ⅱ标段跨铁路立交桥工程是北横通道工程的重要节点，是上海市中心城“三横三纵”骨架性主干路网的组成部分，位于上海机务段咽喉区，在既有共和新路南北高架立交东侧新建车道，线路总体呈南北走向，跨越铁路和轨道交通3、4号线。

FB辅道与ZB匝道在跨铁路区段合并，以长度76.1 m，宽度16.8 m的单拱下承式钢结构拱桥跨越铁路机走线及轨道交通3、4号线。主桥结构采用下承式钢结构拱桥，桥梁全长76.1 m。钢桥与既有南北高架路相接，施工需拆除既有南北高架人行道，并与南北高架机动车道相连。根据多方案比选及论证，最终确定采用步履式顶推方案，在铁路南侧场地完成拼装后，自南向北顶推完成桥梁的架设。施工地点如图11-1所示。

图11-1　北横通道跨铁路桥施工地点平面示意

本工程主要从设计角度确定城市中心跨铁路咽喉区大跨度上跨桥施工环境下安全、稳定的跨铁路设计施工方案;从施工角度,优化施工工艺,研究减少在铁路侵限作业的施工内容,提高铁路侵限作业的施工效率的工艺工法,通过减少封锁作业的途径,提高施工速度和经济性,并建立针对此类工程的施工安全控制体系,为后续类似工程的项目管理提供可参考的经验。

11.1.2　桥梁设计方案

主桥结构采用下承式钢结构拱桥,桥梁全长 76.1 m。桥梁计算跨径为 73.805 m,拱肋轴线采用二次抛物线,矢高 14.761 m,矢跨比 1∶5,桥宽 16.75 m。桥梁中间位置设置单片拱肋。全桥共设 11 根吊杆,吊杆采用 GJ15-19 钢绞线及相应的叉耳式锚头,张拉端位于主梁外。桥梁设置四个支座。拱桥位于直线段处,纵坡 2.17%,铁路净空满足大于 6.55 m 要求,轨道交通净空为 6.82 m。桥梁立面布置如图 11-2 所示。

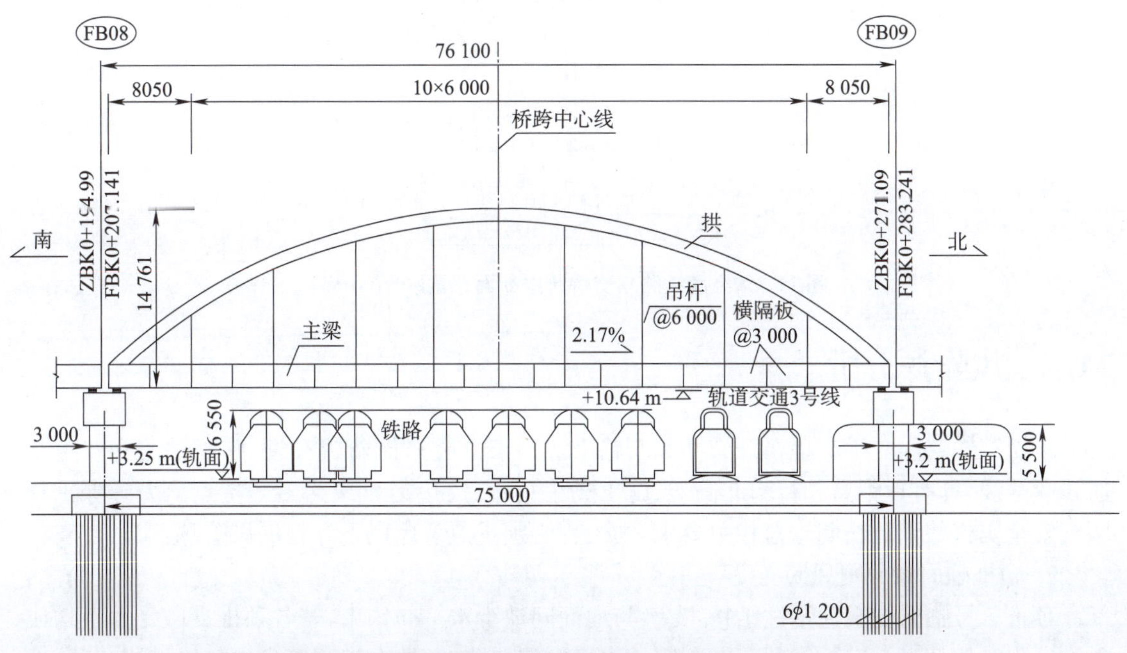

图 11-2　北横通道跨铁路立交桥梁立面布置(单位:mm)

拱肋采用钢箱截面,高 2.0 m,宽 2.0 m,顶板厚 25 mm,底板厚 25 mm,腹板厚 25 mm,在拱脚处拱肋顶板厚 30 mm,底板厚 30 mm,腹板厚 30 mm。全桥拱肋共分 7 段(含拱脚段)。

主梁为箱形截面,高 2.2 m,宽 16.75 m,顶板厚 14 mm,底板厚 20 mm,设四道腹板,每道斜腹板厚 20 mm,直腹板厚 24 mm。拱脚处顶板厚 20 mm,底板厚 28 mm,设四道腹板,每道斜腹板厚 20 mm,直腹板厚 30 mm。全桥主梁共分 9 段(含拱脚段)。

墩身采用双柱式桥墩+盖梁。桥梁基础采用桩基+承台的结构形式。FB07 桩基础采用 14ϕ0.8 m 钻孔灌注桩,承台呈 T 型,厚 2.0 m。FB08 桩基础采用 10ϕ0.8 m 钻孔灌注桩,承台长 11.4 m、宽 4.8 m、厚 2.0 m,跨中断面布置如图 11-3 所示。

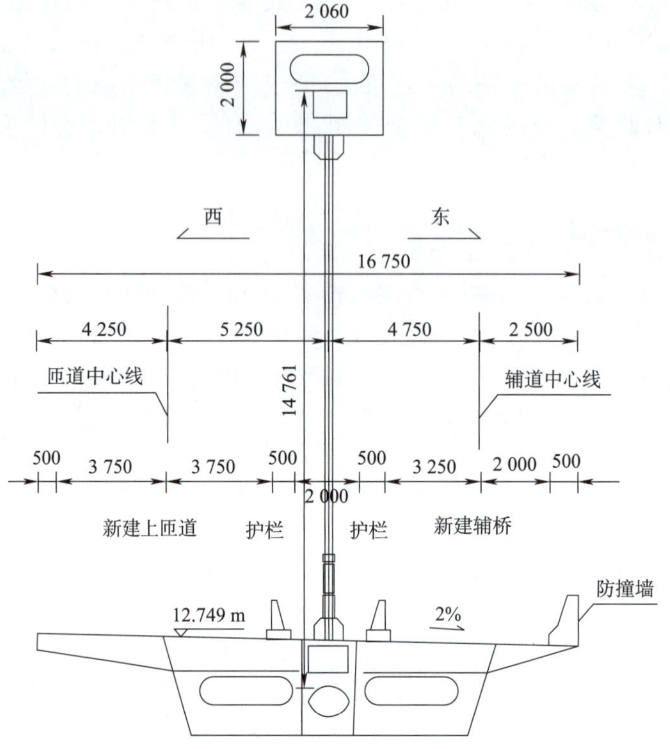

图 11-3　上跨铁路立交桥跨中断面布置(单位:mm)

11.2　风险源分析

本次跨铁路立交桥工程在既有共和新路南北高架立交东侧新建车道,跨越铁路和轨道交通 3、4 号线,具有近距离并行南北高架、施工场地狭小、周边运营线路多等特点。为确保工程顺利安全实施并满足长期运营相关要求,本工程必须重点考虑以下存在的风险源:

1. 顶推临时墩倾覆风险

顶推 5 号临时支墩为钢柱结构,支墩与地面间缺少水平向约束,若各顶推支墩受力不均或顶推速率突然超过一定程度即存在一定的水平倾覆风险,需要在工程管理中加以控制。

2. 顶推临时墩地基承载力不足风险

在钢箱梁的顶推过程中,5 号临时支墩起到重要的支承作用,上海地区软土层密布,如发生基础失稳将会对铁路行车带来灾难性后果,必须在顶推临时墩施工时对其基础承载能力加以控制。

3. 营业线铁路路基失稳风险

承台开挖基坑时会导致周边地表沉降,诱导产生路基水平与竖向变形,反映到轨面即产生几何不平顺,当不平顺超过一定限值,将引发铁路运营安全风险。

4. 既有管线挖断风险

施工场地位于城市中心区域,同时为上海站咽喉区,地上及地下管道、缆线密布。许多管线缺少地面标志,在开挖中很容易被破坏,造成不良的安全影响。因此在施工中需注意对挖断管线风险的控制。

5. 既有铁路接触网触电风险

顶推过程中钢桥底面距离接触网距离为 2.8 m,仅大于安全距离 0.8 m,同时钢桥前端的导梁在顶推过程中,必定要在自重的作用下产生一定的挠度,当挠度超过 0.8 m 时钢梁会带电,对施工作业人员造成触电威胁。

6. 钢桥悬臂过大倾覆风险

本工程钢桥长度 76 m,悬臂端越长,钢桥发生倾覆的危险就越大。同时施工过程存在一定的不可控性,当受力体系与设计方案不一致时,桥梁仍然存在倾覆的风险,影响既有营业线,因此在施工阶段,对桥梁倾覆风险的控制绝对不能放松。

7. 新老桥拼接施工风险

南北高架老桥为钢筋混凝土结构,新建匝道桥为钢结构,刚度不一致的新老桥拼接问题始终是工程界的重难点问题。新老桥刚度、变形不一致会在接缝处产生较大的应力,造成接缝迅速老化、开裂甚至脱落,接缝材料掉落会对下方的铁路行车安全构成威胁。

8. 防撞墙施工风险

防撞墙施工的工作面直接位于铁路及轨道交通线路正上方,防撞墙混凝土的浇筑是施工中的风险点,混凝土浇筑过程中有混凝土掉落到下方,或因为模板锚固不牢脱落将会对下方运营线路造成严重安全影响。

9. 既有老桥切割风险

既有南北高架的人行道拆除施工,位于既有铁路及轨道交通线路正上方,作业面下方为高压接触网及运营中的铁路线路。老桥切割过程中会产生大量的混凝土碎渣、灰尘和冷却水。混凝土碎渣掉落会对下方行车安全造成影响,而灰尘和水流下落则会在高压接触网与防护平台之间产生通电回路,造成触电事故。

10. 防护平台安装及拆除风险

防护平台施工位于既有铁路线路上方,虽然施工期间可以通过接触网配合停电的方式减小触电风险,工作面下方的铁路线路上无法停放任何登高作业的施工机械,对防护平台的安装和拆除带来了极大的困难。防护平台安装时,施工作业人员没有稳定的作业平台,而在防护平台的拆除时,作业面已经形成封闭空间,施工全靠人力无法使用任何机械,但必须保证安装和拆除的过程中所使用的材料不能掉落,以免砸断接触网构成行车事故。

11.3 对策措施

11.3.1 施工技术措施

1. 施工总体方案

本工程调整了施工顺序,将先拆除老桥、后顶推新桥变更为先顶推新桥、后拆除老桥。由于新建桥梁为钢拱桥,新老桥重叠部分的翼缘板可暂时不拼装,待新建钢桥顶进落位后拆除老桥人行道,在老桥人行道完全拆除、预应力补张拉完毕后再拼接新建钢桥翼缘板。该施工顺序的优点是可以将新建的钢桥作为施工作业平台,不必占用南北高架机动车道,极大地缓解了作为上海市南北重要连接的南北高架的交通压力。同时吊机在新桥上作业吊臂可以不必再伸向铁路方向，不再对铁路构成侵限，既减小了涉铁施工的安全风险，也为后续在封锁点外拆除老桥创造了条件。

本工程施工的整体流程如图 11-4 所示。

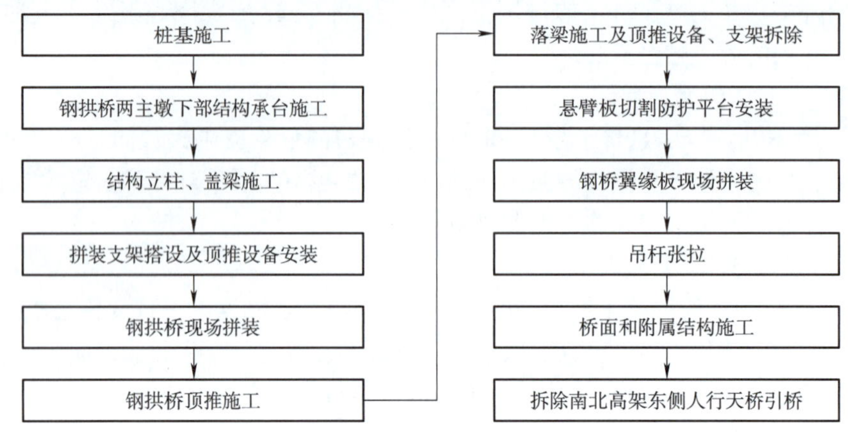

图 11-4 北横通道上跨铁路工程施工工艺流程

2. 桥梁下部结构施工工艺

针对风险源 3，新建钢桥及北侧小箱梁桥桩基采用钻孔灌注桩基础，采用 GPS-20 型回旋钻机，正循环成孔施工工艺。钻孔桩施工前将护筒埋设完成，钻机施工平台位置地面全部硬化，钻机就位后远离铁路侧用缆风绳拉住，确保钻机施工稳定性。

钢桥南侧小箱梁桩基基础均采用 ϕ0.7 m 钢管桩。钢管桩采用定位导向架沉桩的施工工艺，为了使振动对周边环境产生的影响减至最低程度，利用 ICE-70RF 免共振液压振动锤进行沉桩。

承台开挖基坑时，容易造成营业线路基失稳，为保证机务段管内铁路的运营安全，采用四面式支挡，支撑采用型钢做支撑。承台采用明挖法施工，采用扣打拉森钢板桩作为基坑支护措施。为了保证铁路和地铁安全，FB07 号墩距机务段管线铁路插打钢板桩围护后，靠近铁路侧钢板桩不进行拔除，FB08 号墩靠近地铁线路侧同样不进行拔除。

针对风险源 4，为避免挖断既有管线，承台开挖基坑前应当对地上及地下管道、缆线进行充分的实地踏勘，注意对挖断管线风险的控制。施工责任区段内需要迁移的管线、设备提前与设备管理单位协调联系，施工前迁移到位，无须迁移的管线、设备按照设备管理单位要求做好相应保护措施。

3. 顶推临时墩施工工艺

针对风险源 1，对顶推临时墩进行优化设计。

拼装支架采用钢筋混凝土扩大基础，如图 11-5 所示。拼装支架竖向构件采用钢管桩，柱顶以上依次设有横向分配梁、纵向承重梁、短头 H 型钢。钢管柱沿纵桥向布置 2 排，每排 4 根；钢管柱间设置有 16 号槽钢组成的平联及剪刀撑。拼装支架工厂加工，分节运输到工地进行节段间组装。钢板网搭设施工作用平台，防止施工过程中施工人员及施工机具高处坠落。

1～4 号顶推临时墩采用钢筋混凝土扩大基础，竖向构件采用钢管桩，柱顶以上依次设有横向分配梁、纵向承重梁、顶推千斤顶及垫块，如图 11-6 所示。钢管柱沿纵桥向布置 2 排，每排 4 根。柱间采用 16b 双拼槽钢连接，柱顶布设两榀 HN700×300 的工字钢作为纵、横向分配梁。

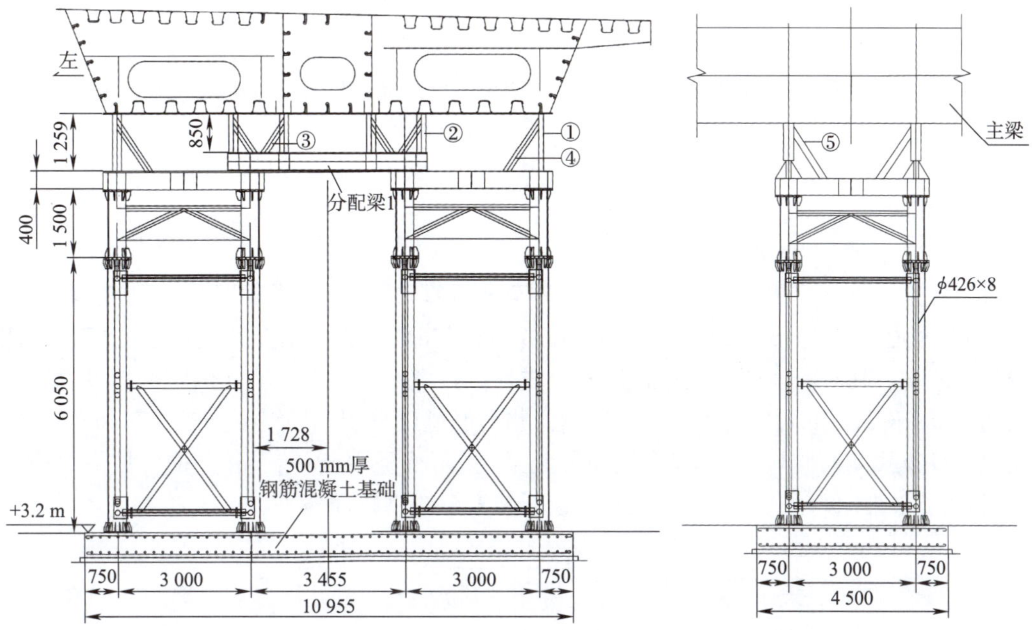

图 11-5　拼装支架横桥向和纵桥向结构示意(单位:mm)

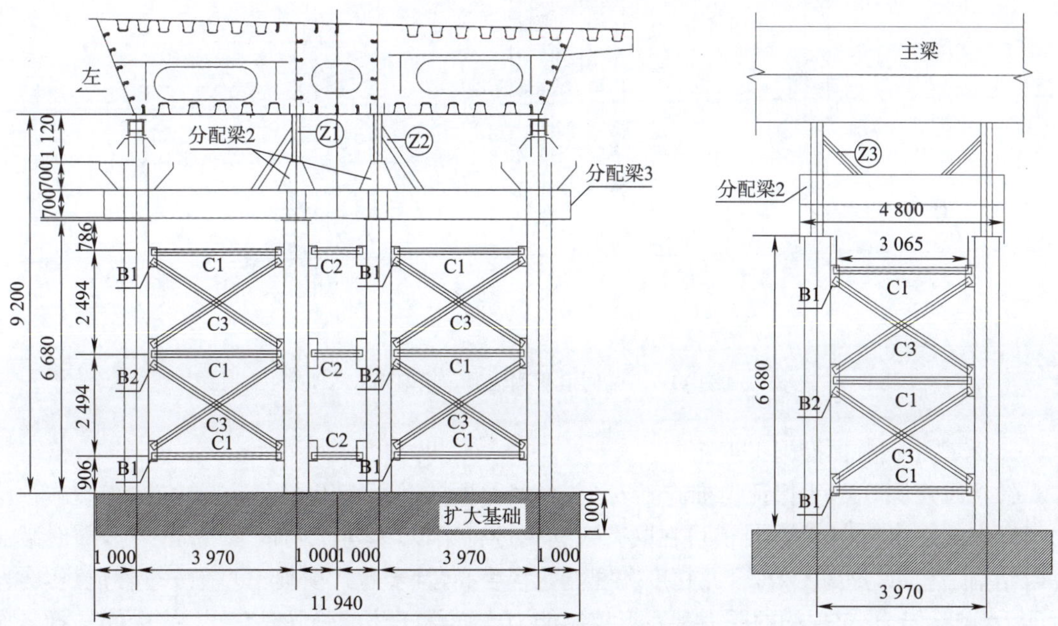

图 11-6　顶推临时墩横桥向与纵桥向结构示意(单位:mm)

在顶推临时墩施工与拆除过程中应注意以下安全施工要求:

由于前端 75 m 悬挑试验的需要,4 号顶推支墩是悬挑受力支墩。根据实际施工工况分析,做悬挑试验时,按照现场地质情况级配换填碎石、宕渣,分层压实,能够满足受力要求。该处地基应预压,以满足施工安全要求。

7号、8号顶推临时墩受力大，扩大基础与永久混凝土承台一同施工，通过钢筋配置类似挑板结构，安装就位后采用70 t汽车吊吊装。且顶推临时墩扩大基础施工完成后不拆除。

在主桥施工完成后对顶推临时墩(拼装支架拆除类同)进行拆除，拆除时按从上到下、从近到远、对称进行的原则进行拆除。拆除时用切割机对钢构件进行切割、横移往东出桥梁投影线，然后用吊车吊出；用破碎机对钢筋混凝土基础进行破碎拆除，破碎时从上往下对基础进行分层破碎拆除。

4. 临时受力墩设计方案

针对风险源2、3，为确保顶推过程临时墩安全可靠，减少顶推悬臂长度，故临时墩位于上海站1006号道岔和1008号道岔之间(安全线需封锁停用)，占用部分供电段水电安装队用房(需拆除26 m)，临时墩南侧最近点距离安全线外钢轨中心线1.88 m，北侧距离地铁3、4号线围墙边为0.5～1.5 m不等，如图11-7所示。临时墩基础采用钢筋混凝土扩大基础，竖向构件采用钢管柱支撑，柱顶以上依次设有横向分配梁、纵向承重梁，顶推设备。钢管柱沿纵桥向布置2排，每排4根，间距3 m。临时墩基础顶面与安全线钢轨面齐平。

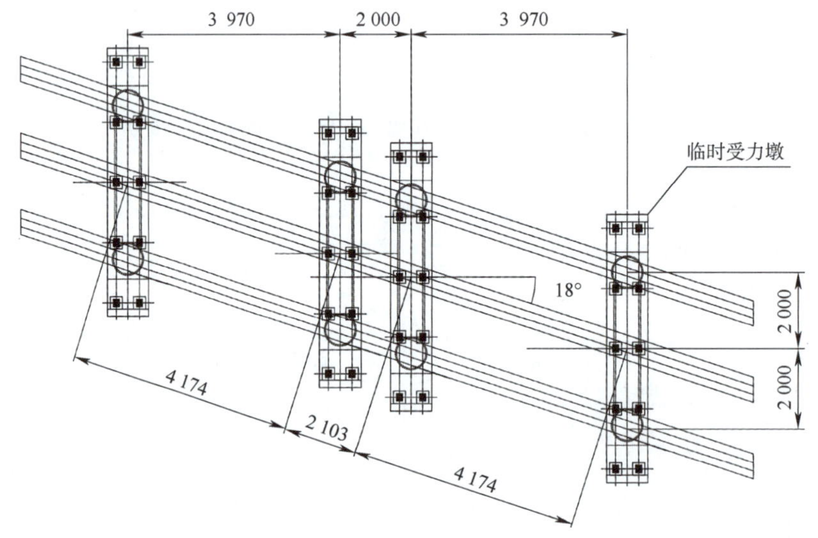

图11-7 临时墩平面位置(单位：mm)

5. 跨铁路钢桥顶推施工工艺

针对风险源5、6，为保证顶推施工安全，对多种顶推桥梁施工方案进行比选，步履式顶推法对既有交通影响小，在顶推前可在既有线远端进行架设，基本上对既有线无干扰，同时减小临时结构工程量，提高工效，合龙精度和智能化程度高，且步履式项推工艺在安全性能、实时监测能力、避险能力、对主梁的受力和线形控制能力方面优于传统拖拉法工艺，故最终选择步履式顶推施工方法。

步履式顶推动作原理是通过顶推装置顶升、平移、落梁和回程4个步骤循还运作来实现桥梁的顶推。首先在支墩顶面布置顶推设备与临时垫梁，已拼梁体荷载通过垫梁传递至墩台，梁体被竖向千斤顶顶起，脱离垫梁，水平千斤顶同步施力，克服滑移面摩擦力，梁体前移一个行程，然后，竖向千斤顶同步缩缸，梁体落至垫梁后，顶推设备的滑箱回至原位，上述4个步骤反复循环，最终实现梁体顶推到设计位置。

本工程钢桥长度 75 m,导梁长度 35 m,总顶程 110 m。步履式顶推速度 2 m/h,全部的顶进施工将在 20 个封锁点内施工完毕。

为保证顶推施工的安全性,模拟计算整个顶推过程中的体系受力,采用 Midas Civil2017 建立了本工程的数值模型,如图 11-8 所示。

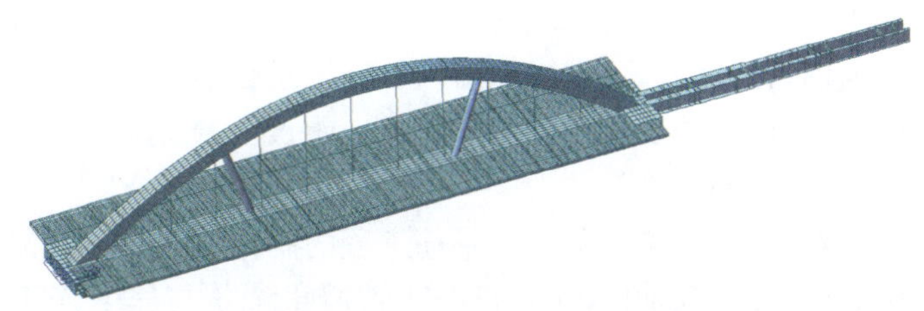

图 11-8　顶推施工计算模型

依托此模型进行了以下 4 方面的计算:顶推过程各支点反力的计算;顶推过程导梁、主梁、拱肋等关键截面的变形计算;顶推过程主梁、拱肋强度及稳定性验算,尤其关注顶推支点(腹板)处的局部稳定性验算;顶推过程导梁强度、稳定性验算,导梁节段之间及导梁与主梁之间螺栓连接的验算。

根据数值模拟计算结果,可以发现模型的受力体系整体是安全的,但在局部最不利的工况下,存在一定的安全隐患,结论如下:

最大挠度控制满足要求,施工过程中主梁腹板和导梁腹板强度、整体稳定、局部稳定均满足要求。导梁根部与主梁连接处螺栓强度能够满足要求,但安全系数不够高,实际施工过程需要增加螺栓数量或增加焊接辅助受力留有适当的富裕度。施工过程结构整体最大正应力与剪应力也均满足强度要求。所以该顶推施工方案满足施工安全控制要求,可以有效避免导梁挠度过大导致的既有铁路接触网存在的触电风险和钢桥悬臂过大倾覆风险。

6. 新老桥拼装施工

针对风险源 7,本工程新建钢桥与既有南北高架预应力混凝土桥纵向拼接,采用上下部结构分离,桥面连续体系,拼缝处铺装层采用 13 cm 的高弹性混凝土,拼缝宽 60 cm。采用高弹性混凝土施工方便快捷,整体性加强,降低了噪声,提高行车舒适性。拼接缝内铺设耐候钢板,耐候钢板在老桥一侧采用横向钢筋限位,在钢桥一侧采用焊钉限位。钢桥面与老桥结构边线预留 5 cm 空隙。拼接缝内的钢板纵向拼缝需避开铁路和轨道交通的接触网位置。施工时,钢板应放置在新老桥结构缝的中间。该方案可以避免新旧结构的相互影响,避免接缝迅速老化,接缝材料掉落对下方的铁路行车安全构成威胁。新老桥拼接缝如图 11-9 所示。

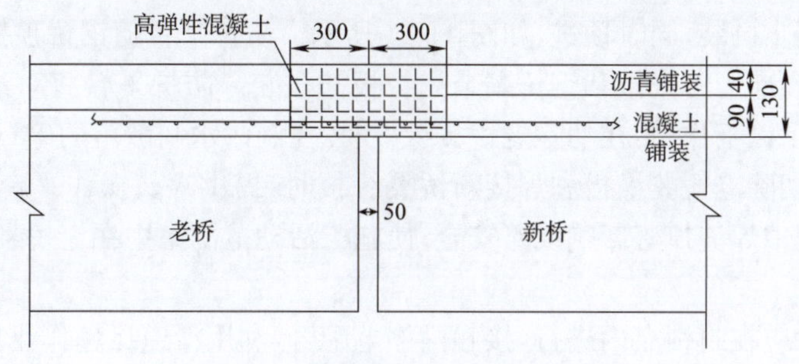

图 11-9　新老桥拼接缝(单位:mm)

7. 防撞墙、防抛网施工工艺

针对风险源 8,为保证防撞墙施工安全,新建钢桥采用 16 mm 厚钢板作为防撞墙模板,钢模板在顶推施工前直接与新建钢桥焊接为一体,随钢桥共同顶推。采用加强型 SS 级混凝土防撞护栏,小箱梁桥采用 SA 级混凝土防撞墙。采用 16 mm 厚钢板作为防撞墙模板,钢板直接与新建钢桥焊接牢固防止掉落,同时也能起到护栏作用,防止顶推过程中积水或杂物从钢桥落向铁路。焊接的防撞墙密封性好,可以确保防撞墙施工过程中混凝土不会掉落到铁路线路,混凝土浇筑可在封锁点外进行,减少了封锁工作时间。混凝土浇筑后钢板可以直接作为桥梁防撞墙的一部分,减少了拆模的工作量。

防撞护栏施工分四部分施工:第一部分为钢筋工程的制作、安装焊接、预埋件安装,第二部分为防撞护栏模板的安装、校正和加固,第三部分为混凝土浇筑与养生,第四部分为护栏附属结构的安装。

防抛网距桥面高度不低于 2.5 m,防抛网底空及网片与立柱间空隙不大于 30 mm,网片钢丝直径不小于 4 mm、网片孔径不大于 25 mm×25 mm,网片采用浸锌浸塑防腐处理。在铁路跨的防抛网和防撞护栏施工需在封锁点内进行。

8. 防护平台施工工艺

针对风险源 9,设计并优化了防护平台,如图 11-10 所示,在防护平台上进行老桥切割施工可以避免过程中产生的大量的混凝土碎渣、灰尘和冷却水掉落,进而对既有铁路产生影响。

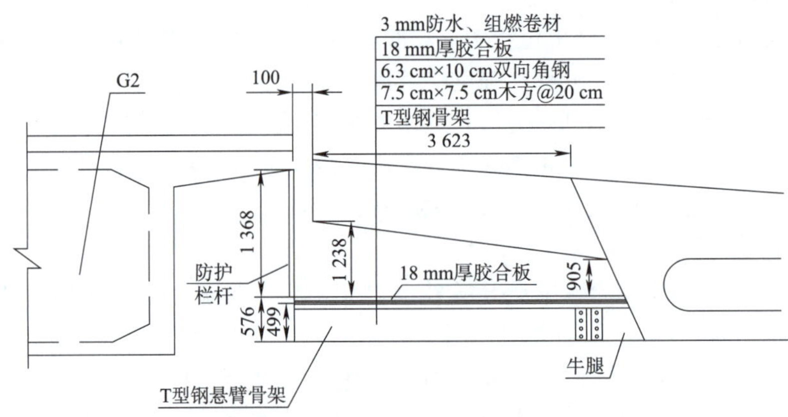

图 11-10　防护平台断面(单位:mm)

针对风险源 10,为保证防护平台的安全施工,本工程在将钢桥顶进提前到老桥拆除之前的前提下,可以将防护平台与顶进的钢桥设计成一个整体,在钢桥拼装时同步将下一步作业的防护平台与钢桥同步拼装,同时顶进,如图 11-11 所示。防护平台随钢桥顶推到位后依次进行老桥的切割、老桥预应力补张拉和钢桥剩余翼缘板的拼装。防护平台将对这几道工序形成全封闭的防护,实现了以下作用:在切除老桥翼缘板时,控制污水和散落的碎石对铁路营业线、轨交线路的影响;在切除老桥翼缘板和焊接新桥翼缘板时,提供人员操作平台;防止新建钢桥翼缘板后装焊接过程中焊渣掉落影响线路安全;使施工活动范围集中在老桥悬臂板端部,减少对既有交通的影响。

防护平台拆除应在封锁点内进行,接触网停电配合,利用滑道运输作业材料应在滑道端部设置可靠的限位装置。为实现防护悬臂平台安全平稳的拆除,缩短防护平台的拆除时间,减少

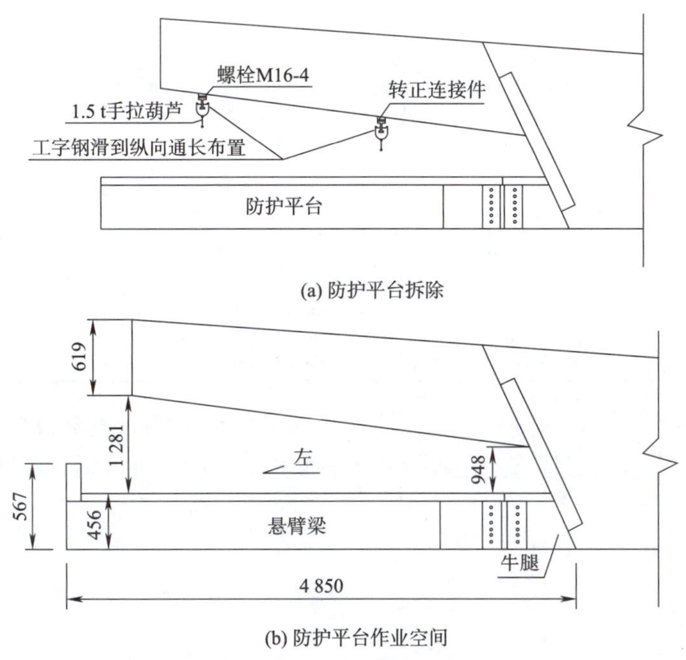

(a) 防护平台拆除

(b) 防护平台作业空间

图 11-11　防护平台作业示意(单位:mm)

使用封锁点,创新性地在钢桥和防护平台拼装施工前提前预留拆除装置,提高拆除施工的施工效率。在翼缘板生产加工时,在翼缘板下部增加两道工字钢滑道,在防护平台拆除时可利用滑道运输将整块防护平台调运出来。

11.3.2 施工安全卡控措施

为防止顶推施工对下方的铁路运输安全造成影响,现场顶推施工应根据天窗点的时间和最不利工况的位置统一规划每日的顶推计划,避免每天的施工停在最不利工况下,且顶推施工的所有千斤顶均由一个指挥中心统一操控,若出现现场停电等应急事件,应准备强制紧停措施或系统及时自动停机。

在防护平台的使用过程中,需注意对防护平台的巡查和维护。防护平台的拆除应在天窗点内进行,接触网停电配合,利用滑道运输作业材料应在滑道端部设置可靠的限位装置。

为确保施工作业人员邻近接触网施工时不受到触电伤害,施工机具、材料、作业人员及所携带的物件、使用的工具等,与接触网和电力线路带电部分必须保持 2 m 以上安全距离。在距接触网带电部分不到 2 m 的区域内作业时,接触网必须停电。在接触网支柱及接触网带电部分 5 m 范围以内的金属结构(包括顶推临时墩、新建钢桥)上均须装设接地线,并做好电阻的测试记录。

为确保施工作业人员进出铁路线路间的施工区域时的安全,施工负责人和与相邻车站提前对接,确定跨越线路进出施工场地的时间和进出场的路线,进出场时必须有防护员防护,跨越线路前需通过对讲机再次与车站联系确认没有来车后快速通过。

为了确保铁路行车及人身安全,顺利完成顶推施工,应做好铁路安全管理防护工作。本工程涉及封锁施工项目主要有:钢拱桥跨铁路施工、临时墩施工、铁路跨防撞墙、防抛网安装、桥面铺装等。该工程封锁施工计划见表 11-1。

表 11-1　北横通道上跨铁路工程封锁施工计划

序号	封锁施工内容	线路封锁、接触网停电情况	天数统计
1	临时墩施工:轨道车配合,临时支墩吊装	京沪联络线封锁天窗点 1:00～3:00,非电气化铁路	5
2	钢拱桥顶推:跨铁路顶推施工	京沪联络线、机务段管线封锁 1:00～5:00,无须停电	10
3	临时墩拆除:轨道车配合,临时支墩拆除	京沪联络线封锁天窗点 1:00～3:00,非电气化铁路	3
4	防护平台安装	京沪联络线、机务段管线停电封锁 1:00～3:00	8
5	桥面系施工(防撞护栏、防抛网)	京沪联络线、机务段管线停电封锁 1:00～3:00	3
6	西侧挑臂安装(含防护平台拆除)	京沪联络线封锁 1:00～4:00	6

在施工工艺措施优化后,调整了施工顺序,将先拆除老桥、后顶推新桥变更为先顶推新桥、后拆除老桥。既有老桥的切割施工在防护平台的保护下不会对下方运营的既有线路构成安全威胁,因此切割老桥施工不需要在封锁点内进行,在确保了施工安全的同时线路封锁天数减少了近 100 天,大大减少对既有铁路运营的影响。

11.3.3　监测与控制

1. 监测总体要求

由于该桥梁上跨咽喉区铁路和轨道交通 3、4 号线,涉及的施工工艺繁多。考虑到单跨系杆拱桥自身的安全要求及施工过程对铁路的影响,为保证工程施工安全、经济、顺利进行,在施工过程中积极改进施工方法、施工工艺和施工参数,确保工程安全,保护既有铁路,需要对施工全过程进行监测。

本工程设置的主要监测内容包括主梁、拱肋应力监测、导梁、撑杆应力监测、顶推施工、吊杆张拉和桥面铺装阶段线型监测、吊杆张拉力监测。设置的监测点能反映监测内容中各要素的特征变化,采取的测试方法、测试仪器得当,符合规范、规程要求,能够及时、准确满足信息化施工的要求。

2. 监测点布置与监测方法

(1)变形监测

主梁按照跨度 4 分点布置一个断面,每个断面布置两个测点,保证每个断面一个有效测点,在导梁的端部和变截面处布置测点,通过接入北斗监测平台的物位计进行自动化实时监测,监测频率为 1 次/5 min,监测截面和测点布置如图 11-12～图 11-14 所示。

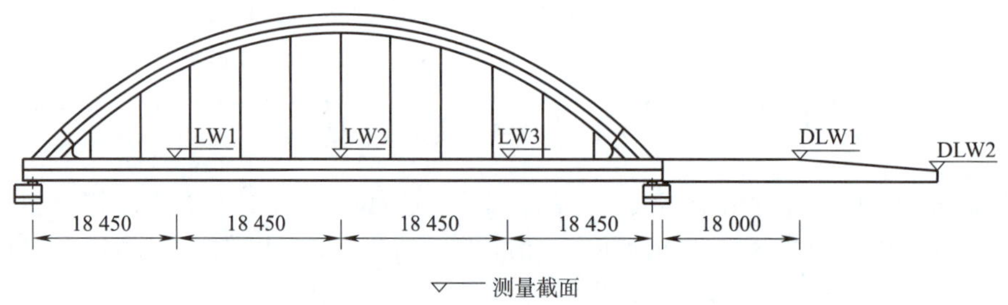

图 11-12　线形测点布置截面(单位:mm)

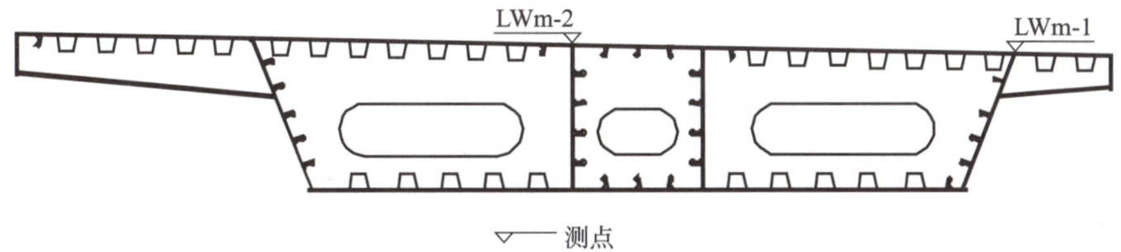

图 11-13　桥面线形横断面测点布置

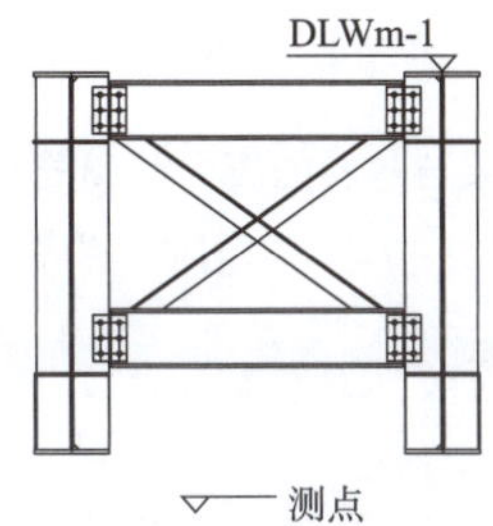

图 11-14　导梁线形横断面测点布置

(2)应力监测

钢箱主梁和拱肋的应力监测截面均为四分之一截面、跨中截面、四分之三截面和拱脚截面,导梁的应力监测截面为导梁根部截面,撑杆的跨中截面为测试截面。应力监测为自动化实时监测,在主梁、拱肋和导梁的应力监测点安装表面应变计(图 11-15),应变计与 NB-IOT 八通道物联网关相连(图 11-16),联网关自动将采集的应变计数据信号实时发送到北斗监测平台,通过北斗监测平台查看应力数据,监测频率为 1 次/5 min,监测截面和测点布置如图 11-17～图 11-20 所示。

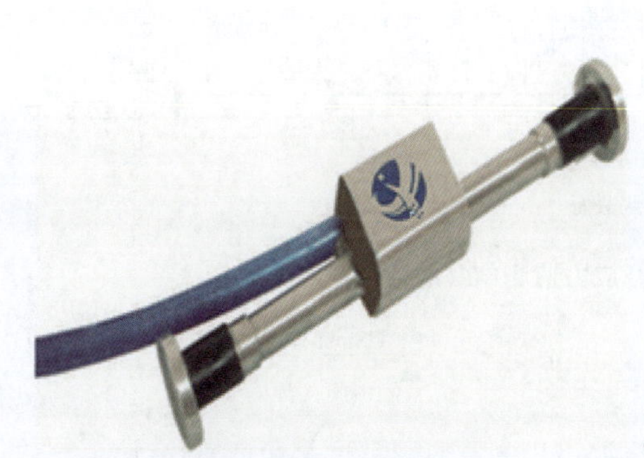

图 11-15　表面应变计

图 11-16　NB-IOT 八通道物联网

(3)吊杆张拉力监测

吊杆张拉力采用 JMM-268 动测仪进行监测,如图 11-21 所示,在吊杆张拉过程中先拉到吊杆力计算值的 20%～30%,然后缓慢拉到吊杆力计算值,校核动测仪频率、张拉力及千斤顶油压表读数。每张拉完一根或一对吊杆,需采集所有已张拉完吊杆的吊杆力数据,与对应工况下的吊杆力理论值进行对比,及时进行调整。

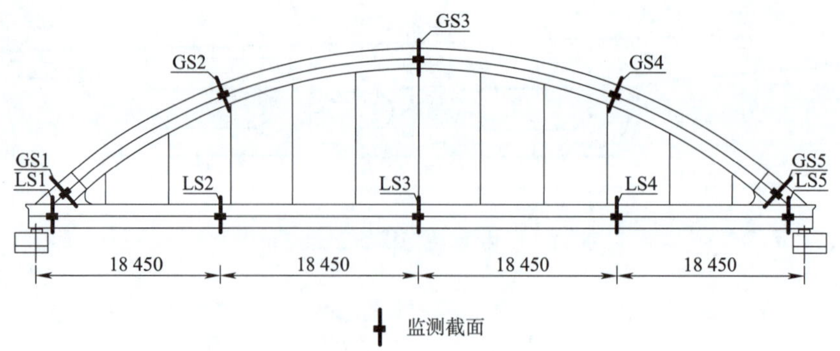

图 11-17　主梁与拱肋的应力监测截面(单位:mm)

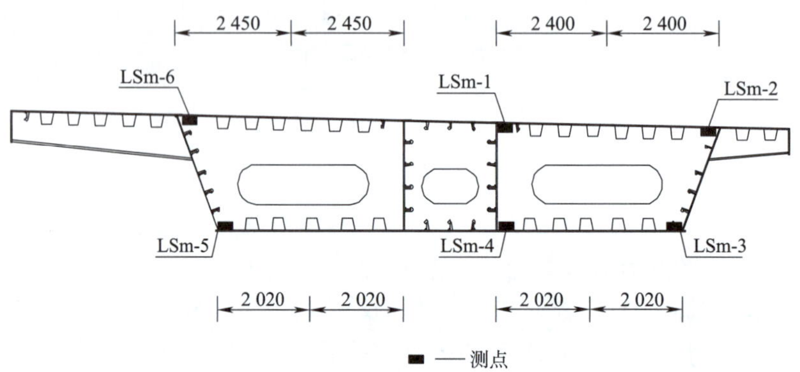

图 11-18　主梁应力监测的截面测点位置(单位:mm)

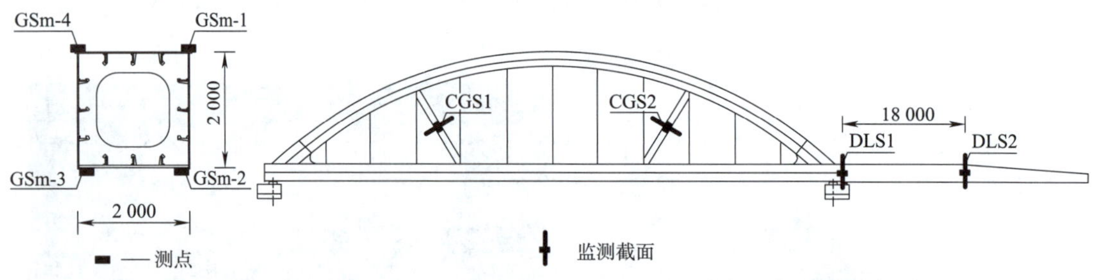

图 11-19　拱肋应力监测(左)和导梁与撑杆应力监测(右)的截面测点位置

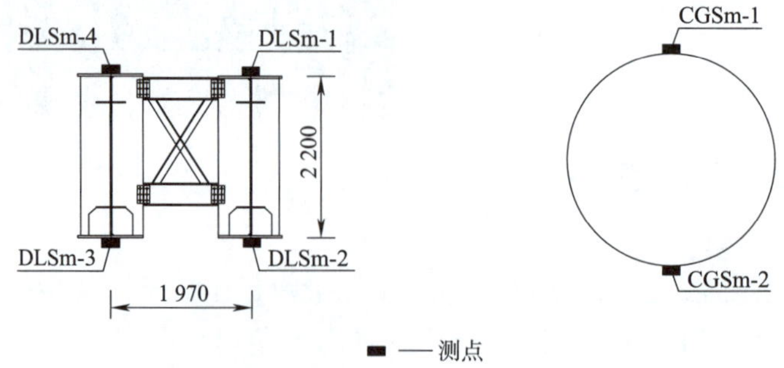

图 11-20　导梁与撑杆应力监测截面测点位置(单位:mm)

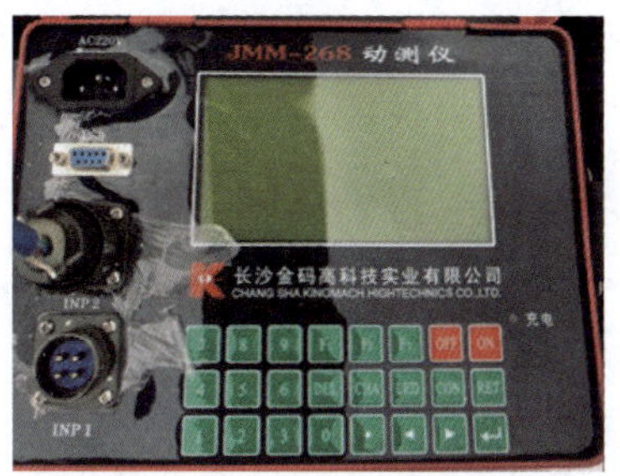

图 11-21 动测仪现场监测

11.4 实施效果

各工况下主梁、拱肋的应力监测数据整理与分析如图 11-22 所示,以最大悬臂试验为例。

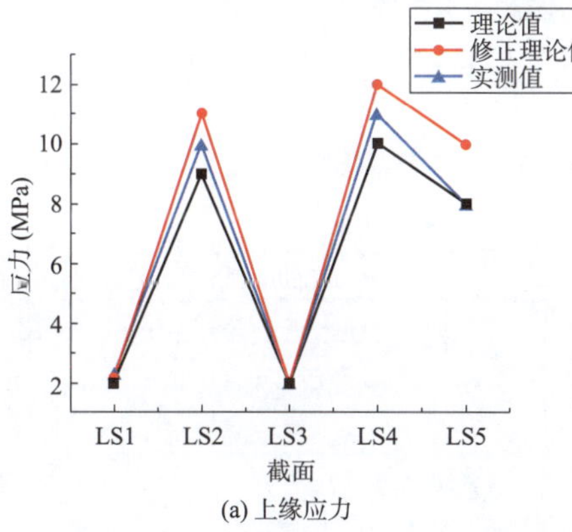

(a) 上缘应力

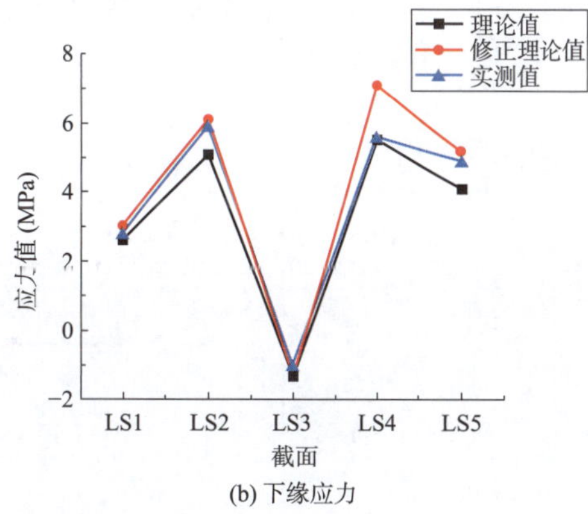

(b) 下缘应力

图 11-22 最大悬臂试验下主梁各监测断面应力数据折线图

注:表中的修正理论值是考虑剪力滞效应后的理论值,正值为拉,负值为压。

由图 11-22 可知,实测值多数在理论值和剪力滞效应影响值之间,且相差较小,说明该阶段主梁和拱肋受力正常。

各工况下导梁应力监测数据整理与分析如图 11-23 所示,仅以 DLS1 上缘测点为例。

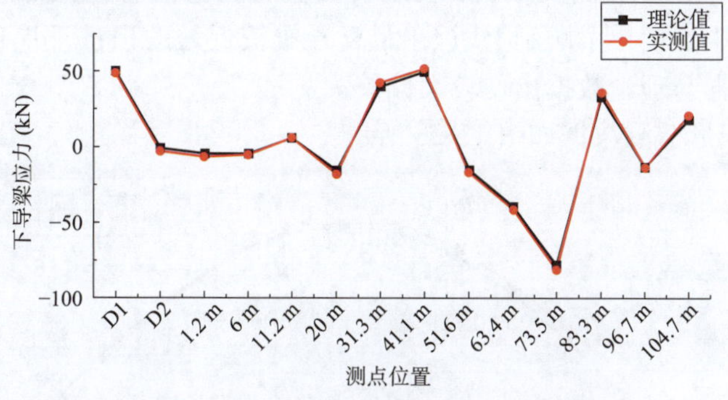

图 11-23 DLS1 上缘导梁应力监测数据折线图

注:横坐标 D1 代表最大悬臂试验工况,D2 代表导梁前端 30 t 顶升力试验工况,1.2 m 代表顶推 1.2 m 时的工况,后面以此类推。正值为拉,负值为压。

由图 11-23 可知,实测值与理论值较为接近,相差较小,表明各阶段导梁受力正常。

由图 11-24 可知,实测值与理论值较为接近,相差较小,表明各阶段撑杆受力正常。

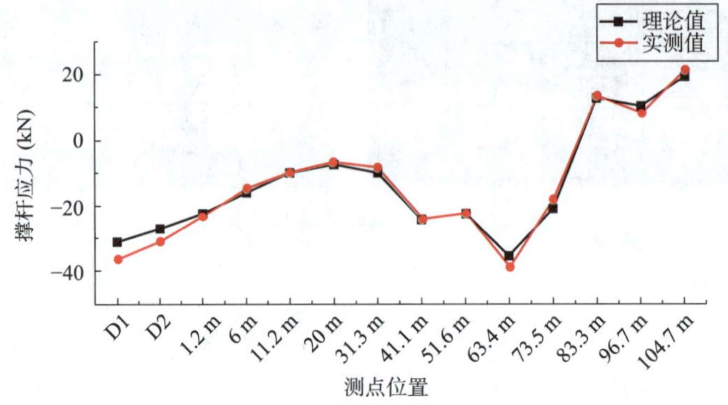

图 11-24　CGS1 上缘撑杆应力监测数据折线图

注:横坐标 D1 代表最大悬臂试验工况,D2 代表导梁前端 30 t 顶升力试验工况,1.2 m 代表顶推 1.2 m 时的工况,后面以此类推。

顶推过程中线型监测结果如图 11-25 所示。

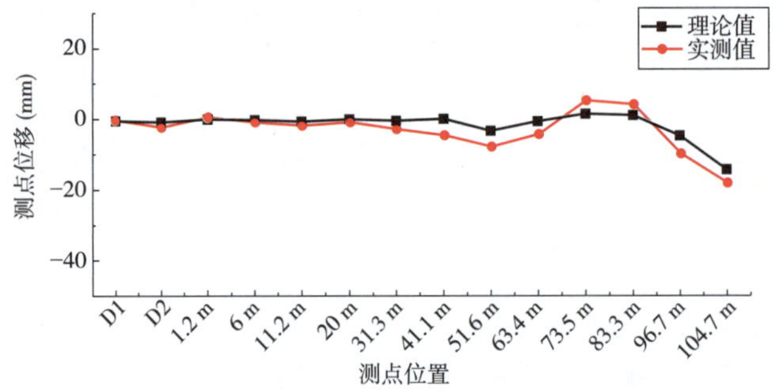

图 11-25　LW1 测点线型监测数据折线图

注:横坐标 D1 代表最大悬臂试验工况,D2 代表导梁前端 30 t 顶升力试验工况,1.2 m 代表顶推 1.2 m 时的工况,后面以此类推。

由图 11-25 可知,顶推施工阶段导梁线形实测值与理论值有较大出入,结合实际施工过程,在实际顶推过程中为使导梁顺利上墩,在距离导梁较近处的顶推千斤顶上加垫钢板,使导梁上翘,导致实测数据与理论数据出现较大偏差。

吊杆张拉后的线形监测数据如图 11-26 所示。

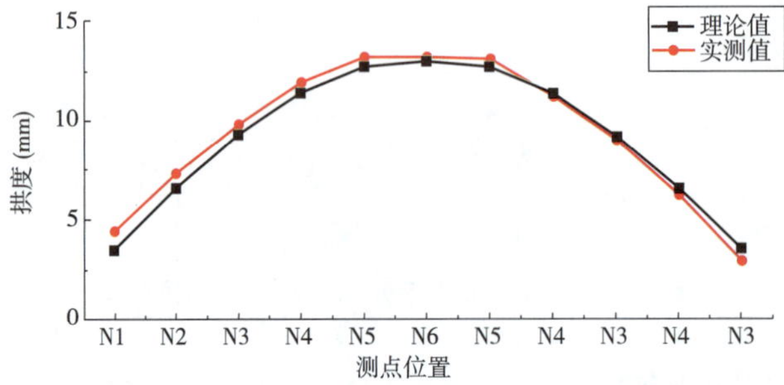

图 11-26　吊杆张拉后和桥面铺装后线形监测数据折线图

由图 11-26 可知，吊杆张拉和桥面铺装阶段主梁实测线形和理论线形较契合，实测值与理论值差值最大未超过 10 mm，符合规范要求。

吊杆张拉力监测结果如图 11-27 所示。

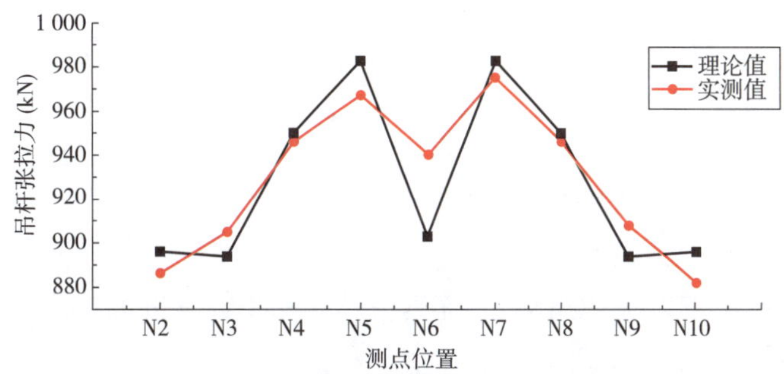

图 11-27　成桥状态下吊杆力监测数据折线图

由图 11-27 可知，通过校验系数对比分析吊杆力理论值和实测值可知，校验系数都在 0.9～1.1 之间，实测吊杆力与理论吊杆力较为接近，达到了吊杆张拉既定目标，效果良好。

综上所述，应力监测结果表明，有效应力测点的计算理论值与实测值较为吻合。结构在全部顶推过程中，应力值在安全允许范围内，结构处于安全状态，不会对既有营业线造成影响。

线形监测的结果分析表明，导梁前端相对根部的挠度值，与理论计算结果一致，但主梁的高程实测值与计算理论值有较大偏差。

由应力监测结果和线形监测结果可知，顶推方案设计较为合理，但在具体实施过程中存在些许问题。在顶推过程中主梁的高程实测值与计算理论值有较大偏差，其原因是在顶推过程中，顶推作业时，因千斤顶支点下加垫的钢板高度与支架设计的高程有较大偏差(多加垫钢板或少加垫钢板)。在顶推过程中，当各千斤顶支点的高程与支架设计的高程有较大偏差时，会使主梁及导梁线形不平顺，易造成结构损伤，应严格控制各千斤顶支点下加垫的钢板高度，尽量使各千斤顶支点的高程保持一致，降低结构损伤的可能性。最终施工完成后如图 11-28 所示。

图 11-28　北横通道上跨铁路咽喉区现场

11.5　小　　结

本章以上海市北横通道新建工程Ⅱ标段跨铁路立交桥上跨铁路咽喉区工程为例，介绍了桥梁上跨既有线施工相关风险源及安全风险防控措施。

桥梁上跨既有线施工风险源主要包括10个方面：顶推临时墩倾覆风险、顶推临时墩地基承载力风险、营业线铁路路基失稳风险、既有管线挖断风险、钢桥前端的导梁在顶推过程中挠度过大产生的既有铁路接触网触电风险、钢桥悬臂过大倾覆风险、新老桥拼接施工风险、防撞墙施工风险、既有老桥切割风险、防护平台安装及拆除的风险。针对上述风险源，从施工管理角度采取相应的技术及安全卡控措施。

(1)为减少封锁点内的施工，提高施工效率以保证工程按期完工，适当调整施工顺序，施工顺序由“先拆后建”改为“先建后拆”，利用新建桥梁作为施工作业平台，减小施工对既有交通的影响，也减小了吊机倾覆到铁路线路的风险。

(2)针对营业线铁路路基失稳风险，新建钢桥及北侧小箱梁桥桩基采用钻孔灌注桩基础以减少对铁路侧的影响。

(3)针对顶推临时墩倾覆风险，优化了顶推临时墩设计，顶推临时墩采用钢筋混凝土扩大基础，竖向构件采用钢管桩；针对顶推临时墩地基承载力风险与营业线铁路路基失稳风险，将两主墩间的临时墩由接应墩变为受力墩，缩短了顶推跨度，提高了抗倾覆安全系数，取消了钢梁后导梁及压重，简化了施工步骤，保证既有线的正常运营。

(4)桥梁顶推过程中步履式顶推法有钢桥悬臂过大倾覆风险、顶推临时墩地基基础失稳、顶推支墩倾覆风险和顶推时钢桥结构受损等问题，采用数值模拟方法计算整个顶推过程中的体系受力，保证顶推施工过程的安全性，并在顶推施工过程中采用有效地监测测量措施进行动态控制，以更好指导顶推施工。

(5)针对新老桥拼接施工风险，采用上下部结构分离，桥面连续体系，拼缝处铺装层采用高弹性混凝土，可以有效避免新旧结构的相互影响，避免接缝迅速老化，接缝材料掉落对下方的铁路行车安全构成威胁。

(6)为保证防撞墙施工安全，优化了防撞墙模板设计，将钢模板作为未来防撞墙的一部分设计，也减小了防撞墙施工对既有铁路线路的安全风险，使防撞墙施工不再占用封锁时间。

(7)针对既有老桥切割风险，为保证既有运营线的安全，减少封锁点内施工内容，本案例创新性设计了悬臂板切割防护平台，防止施工过程中的混凝土块等掉落影响既有线，既有老桥的切割施工无须封锁铁路，大幅提高了施工效率，提高了施工的安全性，该防护平台的设计也可推广至其他桥梁上跨既有线工程中。

(8)针对防护平台安装与拆除风险，为保证防护平台的拆除施工的安全性，在钢桥预制时于翼缘板下方预留用于拆除的滑道，利用滑道运输防护平台部件大幅提高了拆除效率，也最大限度上减小了对既有铁路的影响。

(9)在施工安全卡控措施方面，为确保施工过程的安全，需注意对防护平台和施工设备等及时进行巡查和维护，并确保施工作业人员进出铁路线路间的施工区域时的安全。为保证顶推施工过程中既有线列车运营的安全，在顶推过程中需要对既有线进行铁路封锁。

上海市北横通道新建工程Ⅱ标段跨铁路立交桥上跨铁路咽喉区工程采用上述措施后实施效果良好，结构处于安全状态，且不会对既有营业线造成影响。本案例施工环境苛刻，包含的施工内容复杂，该工程在同类工程中具有一定的代表性，该设计施工方案也为类似桥梁上跨既有线施工的风险提供了一种参考解决方法。

第5篇　转体法桥梁上跨既有铁路施工

12　宁波市轨道交通4号线上跨杭深、萧甬铁路立交工程(小曲率半径桥梁转体法施工)

12.1　工程概况

12.1.1　案例背景

宁波市轨道交通4号线上跨杭深、萧甬铁路工程跨铁路节点桥，这是一座集大跨、小曲率半径、不对称、悬臂浇筑、转体施工于一体的预应力混凝土连续刚构桥，跨铁路转体桥里程桩号范围为SK1＋088～＋389，全长301 m(右线处梁长)，桥跨布置为(68＋138＋95)m跨径(按右线中心线确定，连续刚构)，桥梁位于圆曲线上(曲线半径350 m)。采用预应力混凝土刚构桥，刚构桥主跨138 m一孔跨越萧甬铁路和杭深高铁，墩柱距萧甬铁路边股道中心线约9.98 m，转体梁体距杭深高铁结构边线约20 m，两边接35 m混凝土简支梁，如图12-1所示。

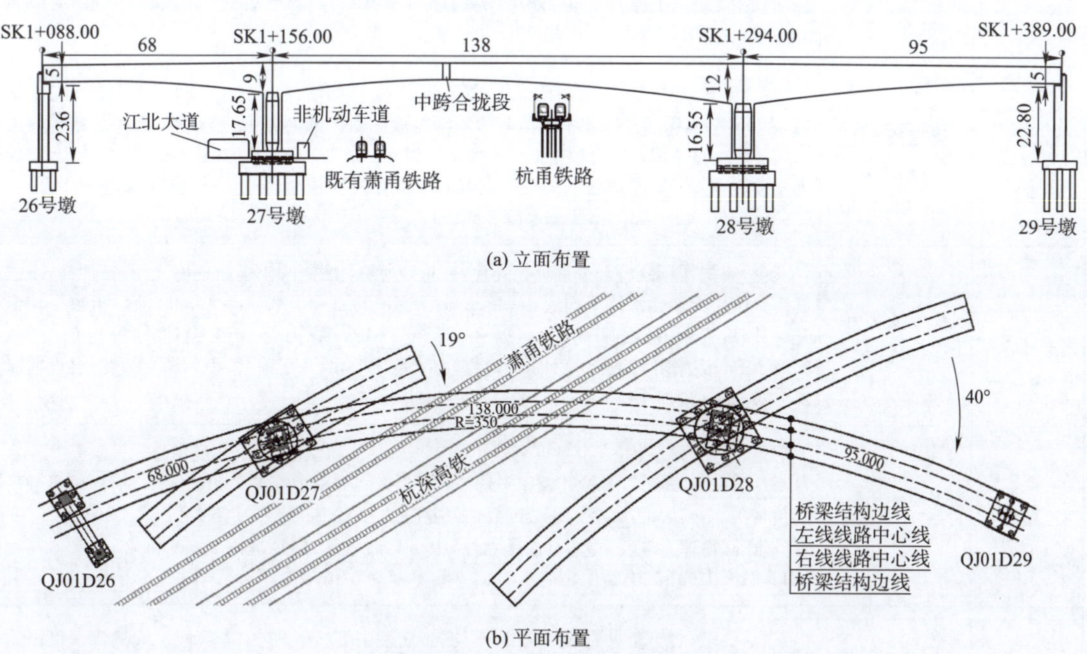

图12-1　宁波市轨道交通4号线上跨铁路桥梁布置(单位：m)

跨越的既有铁路包括萧甬铁路和杭深高铁，萧甬铁路为国内Ⅰ级双线电气化铁路，接触网供电，有砟轨道，混凝土轨枕，无缝铁路，目前客货兼营并通行动车组。4 号线与萧甬铁路交叉处位于铁路下行线里程 K129＋682，线间距约 5.3 m，轨面高程约 4.00 m，一般路基段。

杭深高铁为设计时速 350 km/h 高速铁路，目前运营速度为 300 km/h，为无砟轨道。4 号线与杭深高铁交叉处位于杭深高铁 K296＋892.712，本区段为高架桥，2 股道，接触网供电，轨面高程 15.22 m，双线线间距约 5 m，高架结构总宽约 12 m。

12.1.2　工程地质与水文地质

根据宁波市轨道交通第二轮规划的地层划分原则及本次勘察钻探、室内土工试验结果，结合重型动力触探及标准贯入试验资料，在勘探深度范围内，按地层时代可划分为 10 个工程地质层组，根据成因及物理力学性质划分为 27 个工程地质层，包含素填土、黏土、淤泥、淤泥质黏土、粉质黏土等。

主要涉及的土层概况见表 12-1。

表 12-1　宁波市轨道交通 4 号线土层概况

层号	土　名	土 层 描 述
①$_2$层	黏土 (al-lQ_4^3)	灰褐、灰黄色，可塑为主，往下渐变成软塑，厚层状构造，韧性高，干强度高。该层物理力学性质尚好，液性指数平均值 I_L＝0.72，压缩系数平均值 $a_{0.1\text{-}0.2}$＝0.68/MPa，静力触探锥尖阻力平均值 q_c＝0.80 MPa，侧摩阻力平均值 f_s＝24.09 kPa，层顶埋深 1.0～4.2 m，层顶高程－0.41～1.70 m，层厚 0.2～2.0 m，平均厚度 0.94 m
①$_{3a}$层	淤泥 (mQ_4^3)	灰色，流塑，厚层状，含有机质斑块，局部为淤泥质黏土，高韧性，高干强度。该层天然含水量平均值 ω＝61.9％，天然孔隙比平均值 e_0＝1.678，液性指数平均值 I_L＝1.39，压缩系数平均值 $a_{0.1\text{-}0.2}$＝1.40/MPa，静力触探锥尖阻力平均值 q_c＝0.23 MPa，侧摩阻力 f_s＝13.94 kPa，物理力学性质差，高压缩性，中～高灵敏度，层顶高程－0.53～2.25 m，层厚 0.6～3.3 m
①$_{3b}$层	淤泥质黏土 (mQ_4^3)	灰色，流塑，厚层状，含有机质斑块，局部为淤泥，高韧性，高干强度。该层天然含水量平均值 ω＝46.4％，天然孔隙比平均值 e_0＝1.302，液性指数平均值 I_L＝1.28。压缩系数平均值 $a_{0.1\text{-}0.2}$＝1.08/MPa，静力触探锥尖阻力平均值 q_c＝0.22 MPa，侧摩阻力 f_s＝3.87 kPa，物理力学性质很差，具高压缩性，中～高灵敏度，层顶埋深 0.8～5 m，层顶高程－1.21～0.9 m，层厚 0.6～4.7 m，平均厚度 1.92 m
②$_{2b}$层	淤泥质黏土 (mQ_4^2)	灰色，流塑，厚层状，含少量贝壳碎片，夹粉砂薄层，土质不均匀，土面有光泽，韧性高，干强度高。该层天然含水量平均值 ω＝48.2％，天然孔隙比平均值 e_0＝1.333，液性指数平均值 I_L＝1.41，压缩系数平均值 $a_{0.1\text{-}0.2}$＝1.06/ MPa，静力触探锥尖阻力平均值 q_c＝0.28 MPa，侧摩阻力 f_s＝8.24 kPa，物理力学性质差，具高压缩性，中～高灵敏度，层顶埋深 2.5～7.6 m，层厚 1.1～8.1 m，平均厚度 2.93 m
②$_{2c}$层	淤泥质粉质黏土 (mQ_4^2)	灰色，流塑，厚层状，含少量贝壳碎片，夹粉砂薄层，韧性中等，干强度中等。该层天然含水量平均值 ω＝45.0％，天然孔隙比平均值 e_0＝1.259，液性指数平均值 I_L＝1.54，压缩系数平均值 $a_{0.1\text{-}0.2}$＝0.92/ MPa，静力触探锥尖阻力平均值 q_c＝0.41 MPa，侧摩阻力 f_s＝7.26 kPa，物理力学性质差，具高压缩性，中～高灵敏度，层顶埋深 3.0～14.2 m，层顶高程－11.21～0.09 m，层厚 1.9～16.3 m，平均厚度 9.07 m
③2 层	粉质黏土 (al-mQ_4^1)	灰色，流塑，含少量贝壳碎片，土质不均匀，韧性中等，干强度中等。该层天然含水量平均值 ω＝34.9％，天然孔隙比平均值 e_0＝0.976，液性指数平均值 I_L＝1.38，压缩系数平均值 $a_{0.1\text{-}0.2}$＝0.63/ MPa，物理力学性质较差，具高压缩性，层顶埋深 13.00 m，层顶高程－10.57～－10.48 m，层厚 5.8～6.0 m，平均厚度 5.9 m

续上表

层号	土名	土 层 描 述
④1a层	淤泥质黏土(mQ_4^1)	灰色,流塑,鳞片状构造,土面有光泽,高韧性,高干强度。局部相变为淤泥质粉质黏土。该层天然含水量平均值 ω=47.9%,天然孔隙比平均值 e_0=1.346,液性指数平均值 I_L=1.31,压缩系数平均值 $a_{0.1\text{-}0.2}$=1.00/MPa,静力触探锥尖阻力平均值 q_c=0.85 MPa,侧摩阻力 f_s=12.77 kPa,物理力学性质差,具高压缩性,高灵敏度,层顶高程−18.2～−8.21 m,层厚3.0～25.0 m
④2b层	粉质黏土(mQ_4^1)	灰色,流塑～软塑,具细鳞片状构造,含少量腐殖物,夹粉砂,中等韧性,中干强度。该层天然含水量平均值 ω=35.8%,天然孔隙比平均值 e_0=0.999,液性指数平均值 I_L=1.02,压缩系数平均值 $a_{0.1\text{-}0.2}$=0.61/ MPa,静力触探锥尖阻力平均值 q_c=1.39 MPa,侧摩阻力 f_s=17.19 kPa,物理力学性质较差,具高压缩性,层顶埋深 18.8～36.0 m,层顶高程−35.05～−16.14 m,层厚1.9～8.0 m,平均厚度4.82 m
⑤1a层	黏土(al-lQ_3^2)	黄褐色,可塑,厚层状,局部为粉质黏土,土质尚均匀,高韧性,高干强度。该层天然含水量平均值 ω=29.5%,天然孔隙比平均值 e_0=0.833,液性指数平均值 I_L=0.49,压缩系数平均值 $a_{0.1\text{-}0.2}$=0.26/ MPa,静力触探锥尖阻力平均值 q_c=2.35 MPa,侧摩阻力 f_s=38.57 kPa,物理力学性质较好,具中等偏低压缩性,层顶埋深 28.5～37.0 m,层顶高程−35.75～−25.67 m,层厚1.9～7.6 m,平均厚度4.31
⑤1b层	粉质黏土(al-lQ_3^2)	灰黄色,可塑,厚层状构造,土质不均,韧性中等,干强度中等。该层天然含水量平均值 ω=26.4%,天然孔隙比平均值 e_0=0.730,液性指数平均值 I_L=0.50,压缩系数平均值 $a_{0.1\text{-}0.2}$=0.27/ MPa,静力触探锥尖阻力平均值 q_c=2.62 MPa,侧摩阻力 f_s=63.3 kPa,物理力学性质较好,具中等偏低压缩性,层顶埋深 25.5～35.1 m,层顶高程−33.65～−22.67 m,层厚1.7～6.2 m
⑤2层	粉质黏土(al-lQ_3^2)	灰黄色,软塑为主,局部可塑,厚层状构造,韧性中等,干强度中等。该层天然含水量平均值 ω=30.5%,天然孔隙比平均值 e_0=0.866,液性指数平均值 I_L=0.81,压缩系数平均值 $a_{0.1\text{-}0.2}$=0.34/MPa,物理力学性质较好,具中等压缩性,层顶埋深 29.0～38.0 m,层顶高程−36.3～−26.26 m,层厚0.7～8.6 m
⑤4a层	粉质黏土(mQ_3^2)	灰色,软塑为主,局部为流塑,厚层状,夹粉砂薄层,土质尚均匀,韧性中等,干强度中等。该层天然含水量平均值 ω=33.3%,天然孔隙比平均值 e_0=0.939,液性指数平均值 I_L=0.91,压缩系数平均值 $a_{0.1\text{-}0.2}$=0.48/MPa,静力触探锥尖阻力平均值 q_c=2.43 MPa,侧摩阻力 f_s=55.98 kPa,物理力学性质较差,具中等偏高压缩性,层顶埋深 32.6～43.2 m,层顶高程−39.56～−29.2 m,层厚0.8～15.1 m
⑥1 层	粉质黏土(al-lQ_3^2)	灰绿、灰黄色,可塑,厚层状构造,韧性中等,干强度中等。该层天然孔隙比平均值 e_0=0.749,液性指数平均值 I_L=0.52,压缩系数平均值 $a_{0.1\text{-}0.2}$=0.24/MPa,物理力学性质较好,具中等偏低压缩性,层顶高程−47.16～−32.9 m,层厚0.8～4.0 m
⑥2T层	中砂(al-mQ_3^2)	灰黄色,褐灰色、中～密实,湿,厚层状构造,砂质较不均,局部为粉细砂和圆砾。该层分布不连续,实测标准贯入试验锤击数平均值 N=23.9,物理力学性质较好,具中等偏低压缩性,层顶高程−42.54～−32.47 m,层厚0.3～3.5 m
⑦2 层	粉质黏土(lhQ_3^1)	浅灰、灰色,软塑为主,局部粉粒含量较高呈流塑,厚层状,局部为黏土,含少量腐殖物,土质不均匀,韧性中等,干强度中等。该层天然含水量平均值 ω=30.4%,天然孔隙比平均值 e_0=0.877,液性指数平均值 I_L=0.89,压缩系数平均值 $a_{0.1\text{-}0.2}$=0.44/MPa,物理力学性质一般,具中等压缩性,层顶埋深 43.4～55.2 m,层顶高程−51.94～−40.83 m,层厚1.3～15.8 m
⑪1a层	全风化玄武玢岩(N2s)	棕红色,风化为砂、土状,含少量风化岩石碎块,手捏易碎,岩体基本质量等级Ⅴ级。该层修正后的重型动力触探试验锤击数平均值 $N_{63.5}$=11.1,物理力学性质一般,层顶高程−51.92～−48.78 m,层厚0.2～2.4 m

续上表

层号	土名	土 层 描 述
⑪$_{1b}$层	强风化 玄武玢岩 （N2s）	青灰色，块状构造，气孔结构，节理裂隙发育，风化强烈，岩芯呈块状，岩体破碎，块径以3～5 cm为主，岩质较硬，锤击易碎，岩体基本质量等级Ⅴ级。该层修正后的重型动力触探试验锤击数平均值 $N_{63.5}=15.5$，物理力学性质较好，层顶高程－61.71～－43.0 m，层厚0.3～3.4 m
⑪$_{1c}$层	中风化 玄武玢岩 （N2s）	青灰色，块状构造，气孔结构，节理裂隙较发育，风化程度中等，岩芯呈短柱状及块状，岩体较破碎，岩质属较硬岩，岩体基本质量等级Ⅳ级。物理力学性质好，层顶高程－46.33～－44.0 m，揭露最大厚度8.7 m

地质剖面如图12-2所示。

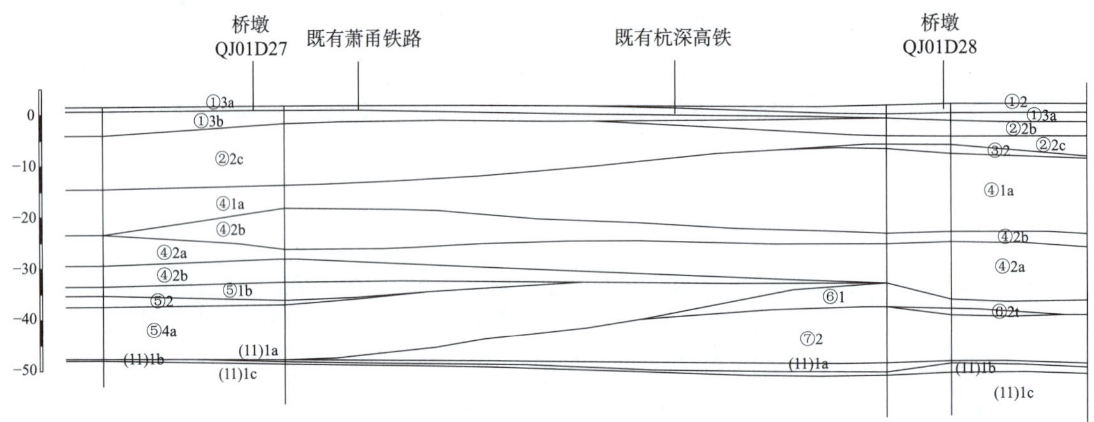

图12-2　宁波轨道交通4号线地质剖面

宁波轨道交通4号线慈城站～慈城新城站区间地表穿过的河流主要有4条：①SK0＋483.356～SK0＋503.121附近的东门桥河流，水深1.0 m左右，河宽20.0 m左右，水面高程1.37 m左右，水流较缓，水动力较弱；②SK1＋162.00附近，位于萧甬铁路北侧的小水沟，水深0.5 m左右，宽度5.0 m左右，水面高程1.92 m左右，水流较缓，水动力较弱；③SK1＋536.00～SK1＋597.600附近的慈江，河宽约45.0 m，水深约4.0 m，水面高程约为1.82 m，浮泥厚度约为0.4 m，水流较缓，水动力较弱；④SK2＋095.000附近建有桥涵，桥涵水流不通，宽度16.0 m左右，桥涵内现为积水，此类桥涵为以后人工开河预留。

根据地下水含水空间介质和水理、水动力特征及赋存条件，拟建场区地下水由浅部土层中的孔隙潜水、孔隙承压水、基岩孔隙裂隙水组成。

因勘察期间为汛期，详勘期间测量潜水位埋深为0.8～2.8 m，高程为0.02～1.85 m。本工点为高架布设，设计水位主要为承台基坑开挖抗浮设计水位及施工期降排水时所需考虑的水位，主要为支护设计所用，承台基坑开挖较浅，对变形控制要求较低，施工时间较短，结合工程的实际及地区经验，可取室外地坪下0.5 m。

12.2　风险源分析

1. 高空坠物、大型设备侵限风险

本工程全部邻近既有线，尤其转体主跨上跨杭深高铁、萧甬铁路，每日列车次数较多（杭深高铁98对,萧甬铁路32对),施工过程中大型机械设备多,若操作不当设备易侵限,影响既有铁路运营安全,安全防护压力极大。

2. 钻孔桩缩径、塌孔风险

防护棚架基础钻孔桩位于萧甬铁路路肩外约50 cm处,所以桩基施工产生的扰动易引发土层的变形破坏,带来塌孔风险,进而导致既有铁路变形超限,危及既有运营铁路的行车安全。而且钻机钻孔、钢筋笼吊装、防护棚架结构吊装施工等施工周期长,安全防护压力大,封锁点内施工内容有限,高风险周期长。

3. 承台基坑开挖引起的变形风险

QJ01D26墩、QJ01D27墩距离萧甬铁路下行线约13.5 m和9.11 m,基坑开挖深度分别为2.94 m和4.2 m。QJ01D28墩位于杭深高铁南侧,距离铁路约20 m,基坑开挖深度约6 m。应选取合适的围护结构和合理的开挖方式。若选取不当,极易致使基坑失去稳定而造成塌方。而且由于开挖方法不适宜、支护不及时或施工不完善以及外力影响也容易导致基坑围护失稳坍塌,进而导致周围土体变形过大影响既有铁路稳定。所以深基坑施工过程中如何保证既有线运营安全,减小既有线沉降,是本工程的重难点之一。

4. 转体施工风险

本工程转体主墩QJ01D27墩球铰直径3 m,球铰吨位0.8万t;QJ01D28墩球铰直径4 m,球铰吨位1.5万t。大直径万吨级球铰现场安装精度要求极高,支架定位控制及高程控制难度大,球铰安装要求高。

曲线半径350 m,为抵消转体时曲线梁在球铰处产生的横向不平衡弯矩,QJ01D27、QJ01D28墩转盘中心与上部结构中心预设0.8 m、2.2 m的横桥向预偏心。实际桥墩转体前,需进行称重试验,以确定真实的结构偏心位置,并通过配重使得实际荷载中心点与球铰中心重合。超小曲线大偏心大跨度转体刚构桥目前为国内首例,转体施工控制难度极大,若控制不当,极易产生倾覆事故,危及既有铁路行车安全。

12.3 对策措施

12.3.1 施工技术措施

1. 总体施工方案

根据宁波城市轨道交通4号线上跨杭深高铁、萧甬铁路工程相关信息以及本工程的特点,拟定本工程的总体施工顺序为先施工转体主桥,在转体主墩施工时同步施工跨铁路防护棚架。整个工程按铁路南、北各设一个区段平行作业。

转体主桥施工顺序及方案为:转体刚构桥先施工28号主墩ϕ2.0 m钻孔桩,27号主墩ϕ2.0 m钻孔桩根据交通导改实施推进进度在场地移交、道路部分导改后及时开始施工,主墩钻孔桩施工过程中同步施工围护桩、高压旋喷桩,而后施工主墩深基坑、下承台、球铰、滑道、上承台、撑脚、牵引系统、墩身及上部挂篮悬浇连续钢构节段、转体、合龙段。

在27号主墩墩身施工完成前需施工跨萧甬铁路防护棚架。

2. 承台与基坑围护方案设计

本工程桥墩基础采用矩形承台,为C40钢筋混凝土结构。跨东城河小里程主墩QJ01D08

墩为门式墩，靠近铁路侧桥墩承台尺寸为5.9 m×5.9 m×2.5 m(横向宽×纵向长×高)，基坑开挖深度约4.4 m；转体小里程边墩QJ01D26为门式墩，靠近铁路侧(南侧)桥墩承台尺寸为6.5 m×6.25 m×2.0 m(横向宽×纵向长×高)，基坑开挖深度约3.0 m，远离近铁路侧(北侧)桥墩承台尺寸为10 m×8.1 m×2.5 m(横向宽×纵向长×高)，基坑开挖深度约4.1 m；转体小里程主墩QJ01D27为薄壁空心异型预应力桥墩，承台尺寸为14.4 m×19.4 m×3.5 m(横向宽×纵向长×高)，基坑开挖深度约4.2 m；转体大里程主墩QJ01D28为薄壁空心异型预应力桥墩，承台尺寸为19.4 m×19.4 m×4.0 m(横向宽×纵向长×高)，基坑开挖深度约6 m。

针对风险源3，为避免承台基坑开挖引起的变形风险，QJ01D08墩靠近铁路侧桥墩承台外边缘距萧甬铁路左线中心线18.5 m，基坑开挖采用钢板桩防护；转体小里程边墩QJ01D26靠近铁路侧(南侧)桥墩承台外边缘距萧甬铁路左线中心线14.3 m，基坑开挖采用钻孔围护桩+高压旋喷桩+冠梁形式进行四面防护，远离铁路侧(北侧)桥墩承台距萧甬铁路左线中心线32 m，基坑开挖采用钢板桩防护；转体小里程主墩QJ01D27靠近铁路侧(南侧)桥墩承台外边缘距萧甬铁路左线中心线9.11 m，基坑开挖采用钻孔围护桩+高压旋喷桩+冠梁形式进行四面防护；转体小里程主墩QJ01D28靠近铁路侧(北侧)桥墩承台外边缘距杭深高铁左线中心线21.1 m，基坑开挖采用钻孔围护桩+高压旋喷桩+冠梁形式进行四面防护。

QJ01D26墩南侧承台基坑围护采用ϕ0.8 m钻孔灌注桩，桩长20 m，桩间距1 m；QJ01D27墩承台基坑围护采用ϕ1.0 m钻孔灌注桩，桩长26 m，桩间距1.2 m；QJ01D28墩承台基坑围护采用ϕ1.0 m钻孔灌注桩，桩长32 m，桩间距1.2 m。

承台尺寸与支护结构见表12-2。

表12-2　承台尺寸及支护结构(m)

序号	墩　号	承台尺寸	基坑深度	支　护　形　式	距既有线间距
1	QJ01D08	5.9×5.9×2.5	4.4	拉森钢板桩+对撑	18.5
2	QJ01D26(北侧)	10×8.1×2.5	4.1	拉森钢板桩+对撑	32
3	QJ01D26(南侧)	6.5×6.25×2.0	3.0	钻孔围护桩+高压旋喷桩+对撑	14.3
4	QJ01D27	14.4×19.4×3.5	4.2	钻孔围护桩+高压旋喷桩+对撑	9.11
5	QJ01D28	19.4×19.4×4.0	6	钻孔围护桩+高压旋喷桩+对撑	21.1

3. 桩基施工工艺措施

本涉铁工程桥梁工程下部结构基础采用钻孔灌注桩基础。转体桥梁桩基共46根，其中ϕ1.5 m钻孔桩18根，ϕ2.0 m钻孔桩28根；跨萧甬铁路防护棚架基础钻孔桩共82根，桩径均为ϕ1.0 m；QJ01D08墩南侧墩钻孔桩共4根，桩径均为ϕ1.5 m；QJ01D26号转体小里程边墩基坑围护桩共40根，桩径均为ϕ0.8 m；QJ01D27号转体小里程主墩基坑围护桩共65根，桩径均为ϕ1.0 m；QJ01D28号转体大里程主墩基坑围护桩共74根，桩径均为ϕ1.0 m，见表12-3。

表12-3　宁波轨道交通上跨铁路工程邻近既有线范围桩基与既有线关系

墩　位	桩径(m)	桩数(根)	桩长(m)	与既有线最短距离(m)
QJ01D26号墩	1.5	10	50.0	13.27
QJ01D27号墩	2.0	12	51.5	10.71
QJ01D28号墩	2.0	16	52.0	23.41
QJ01D08号墩(南侧)	1.5	4	42.5	19.7

续上表

墩　　位	桩径(m)	桩数(根)	桩长(m)	与既有线最短距离(m)
防护棚架	0.8	82	35	5.6
QJ01D26号墩围护桩	0.8	40	20	11.47
QJ01D27号墩围护桩	1.0	65	26	7.31
QJ01D28号墩围护桩	1.0	74	32	16.13

桥梁钻孔桩采用C35水下混凝土灌注，防护棚架钻孔桩采用C30水下混凝土灌注，基坑围护桩采用C25水下混凝土灌注。主线桥钻孔桩均为嵌岩桩，全截面进入中风化玄武玢岩不小于1倍桩径，防护棚架钻孔桩及基坑围护桩按设计桩长控制。

桥墩钻机采用旋挖钻机，其中ϕ1.5 m钻孔桩采用徐工280型旋挖钻机，ϕ2.0 m钻孔桩采用徐工360型旋挖钻；围护桩及防护棚架钻孔桩采用GPS-15型回旋钻。供浆泵选用3PN泥浆泵，主墩ϕ2.0 m钻孔桩钢筋笼吊放采用50 t汽车吊，其余桩基钢筋笼采用25 t汽车吊。导管采用ϕ250 mm丝扣接头型导管，节长为2—3 m，底节长4 m。施工工艺流程如图12-3所示。

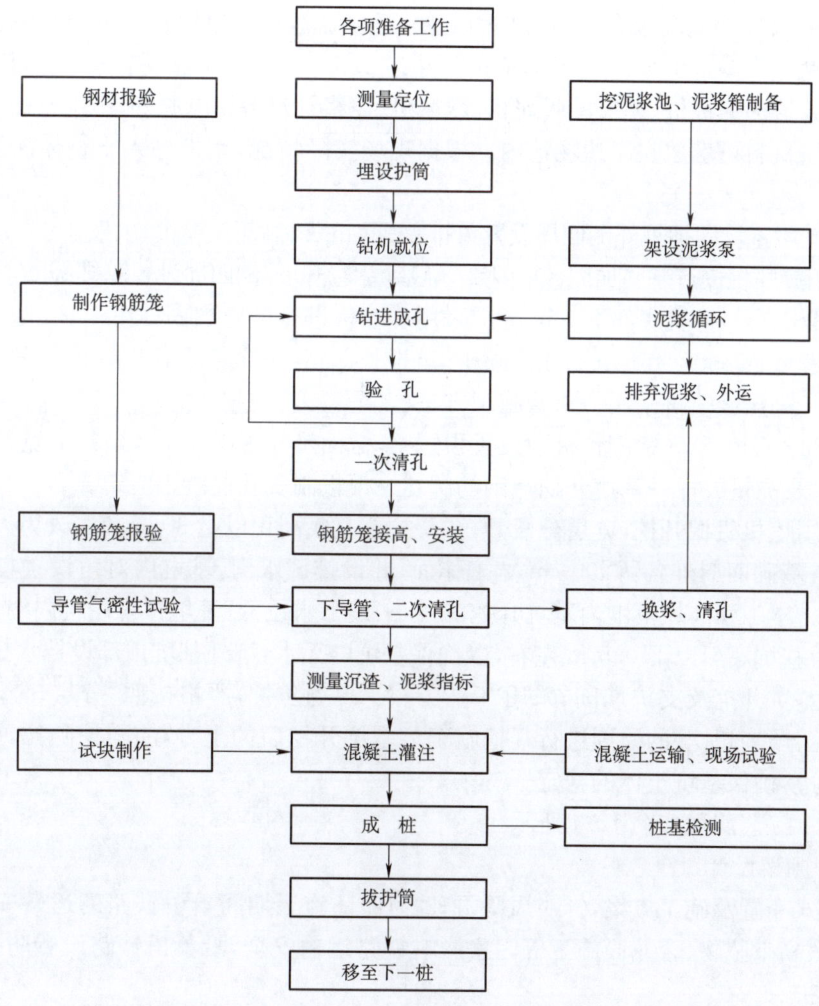

图12-3　宁波轨道交通上跨铁路工程钻孔灌注桩施工工艺流程

(1)针对风险源 2,为防止出现塌孔,应采用如下措施:

①保证钻孔时泥浆质量的各项指标满足规范要求;

②保证钻孔时有足够的水头高度,在不同土层中选用不同的进尺速度;

③起落钻头时对准钻孔中心插入;

④回填砂和黏土的混合物到坍孔处以上 1~2 m 要求重钻;

⑤对于坍孔不严重时,可综合采用加大泥浆比重、加高水头、埋深护筒等措施。

(2)针对风险源 2,为防止出现钻孔偏斜和缩孔,应采用如下措施:

①在安装钻机时使底座水平,起重滑轮、钻头中心和孔位中心三者在一条竖直线上,并经常检查校正;

②在有倾斜的软硬地层钻进时,采取减压低速钻进;

③钻杆、接头逐个检查,及时调整。如遇有斜孔、偏孔时,用检孔器检查探明偏斜和缩孔的位置情况。对于一般的偏孔、缩孔可采用在偏孔、缩孔处反复扫孔;对于偏孔、缩孔严重时回填黏性土或小片石回填到偏斜处,待填料沉实后再重新钻孔纠偏。

4. 承台施工工艺措施

针对风险源 3,为避免承台基坑开挖引起的变形风险,采用单根打入法插打钢板桩。相对桩长的垂直度允许偏差不得超过 2%,前段不超过 2.5%。主要配备履带吊 1 台,打桩锤 1 套,另配备足够数量的钢板桩,相应的吸泥机、压风机、泥浆泵及备用电源等,施工时的辅助作业平台,部分机具、材料可堆放在岸边场地内。根据现场实际情况,钢板桩入土整体深度不小于设计深度。

QJ01D26 墩基坑围护桩外侧四周设置单排 ϕ60@45 cm 高压旋喷桩,单根长 9 m,基坑底部下 3 m 范围采用旋喷桩进行基底加固;QJ01D27 墩基坑围护桩外侧四周设置双排 ϕ60@45 cm 高压旋喷桩,单根长 9 m,基坑底部下 3 m 范围采用旋喷桩进行基底加固;QJ01D28 墩基坑围护桩外侧四周设置双排 ϕ60@45 cm 高压旋喷桩,单根长 9 m,基坑底部下 3 m 范围采用旋喷桩进行基底加固。高压旋喷桩采用二重管施工方法。

QJ01D26~QJ01D28 墩围护桩顶设置顶冠梁,截面尺寸为 1.2 m×1.0 m(宽×高)。冠梁施工工艺流程:测量放样→基槽开挖→钢筋绑扎→模板制安及混凝土浇筑。

基坑采用挖机机械开挖,分层分段开挖,待挖至基底高程以上 30 cm 时,改为人工清底,土方及时运走,基础四周外各留 100 cm 宽工作面,并设排截水沟,基坑内对角设置集水井,用水泵明排积水。本工程涉铁范围内基坑开挖深度小,地下水位低,基坑拟采用坑内明沟加集水井降水,井底为基坑底面以下 0.5 m 左右,以确保基坑内无水,坑外基坑顶部设挡水捻。

应注意基坑开挖及支护期间,采用“一机一人”现场防护,严格按照“分层、分段、平衡、限时、先撑后挖、严禁超挖”的原则进行开挖施工。基坑开挖后的土方,应随挖随拉,严禁将土方堆在基坑周边,确保基坑土体的稳定。

承台施工工艺流程如图 12-4 所示。

5. 防护棚架设计

根据桥式布置及施工方案,针对风险源 1,为保证施工期间萧甬铁路的运营安全,防止施工设备侵限、高空坠物、合龙段施工等因素影响铁路运输安全,沿萧甬铁路设置防护棚架对铁路进行预防护。

安全防护棚架沿既有萧甬铁路两侧搭设。考虑转体桥悬臂施工及墩台均邻近铁路既有

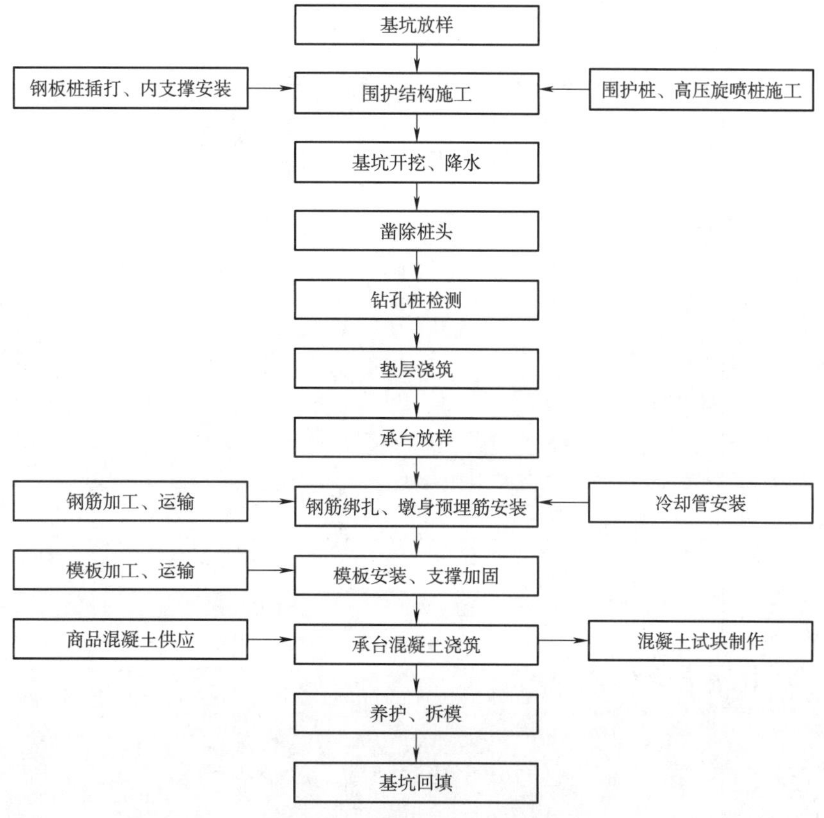

图 12-4 承台施工工艺流程

线,为保证施工期安全,防护棚架长度按 QJ01D26 墩以外 5 m 及合龙段以外 10 m 控制,总长度 161 m,棚顶宽度 18 m。防护棚架横梁底按接触网立柱顶部以上 2 m 控制,两侧立柱按回流线以外 1.5 m 控制,立柱轴线平行距上、下行铁路中心线外均 6 m;棚架底至轨面的高度为 10.2 m,均满足限界要求。

防护棚架基础采用 ϕ800 mm 钻孔灌注桩,纵向中心间距 4 m,桩长 35 m,桩端进入 5-$①_b$ 粉质黏土层,为摩擦桩。钻孔桩上为 C30 钢筋混凝土条形地基承台梁,梁截面尺寸为 1 m×1 m,单侧长度 164 m;棚架立柱采用 ϕ426 mm×10 mm 钢管,顺线路方向间距 4 m,为加强棚架稳定性,在立柱之间设[14a 槽钢剪刀撑,设加劲柱脚钢板(1 100 mm×730 mm×32 mm)和基础 ϕ30 预埋锚栓连接固定。钢管立柱顶纵梁采用 H 型钢(HW400×400×13×21 mm);横梁采用 I40b 工字钢,顺线路方向间距 1 m;棚架顶板自上而下为:5 mm 钢板、铺排方木、I40b 工字钢;棚架顶面设“人”字形排水坡。防护棚架立面如图 12-5 所示。

防护棚架沿既有线布置长 164 m,宽 18 m,净高 11.6 m,防护棚架附加力按照百年一遇风荷载 0.6 kPa、雪荷载 0.35 kPa 列车气动力,进行设计计算;特殊荷载按照棚架顶部施工期内的偶然荷载 2 kN/m^2。

防护棚架两侧立柱顶纵梁采用 H 型钢 HW400×400×13×21,横梁采用 I40b 工字钢,顺线路方向 1 m,立柱采用直径 ϕ426×10 的钢管,顺桥向间距 4 m,为加固棚架稳定性,在立柱之间设[14a 槽钢作为剪刀撑,钢料采用 Q235 钢,棚架顶部自上而下为 5 mm 厚钢板,120×

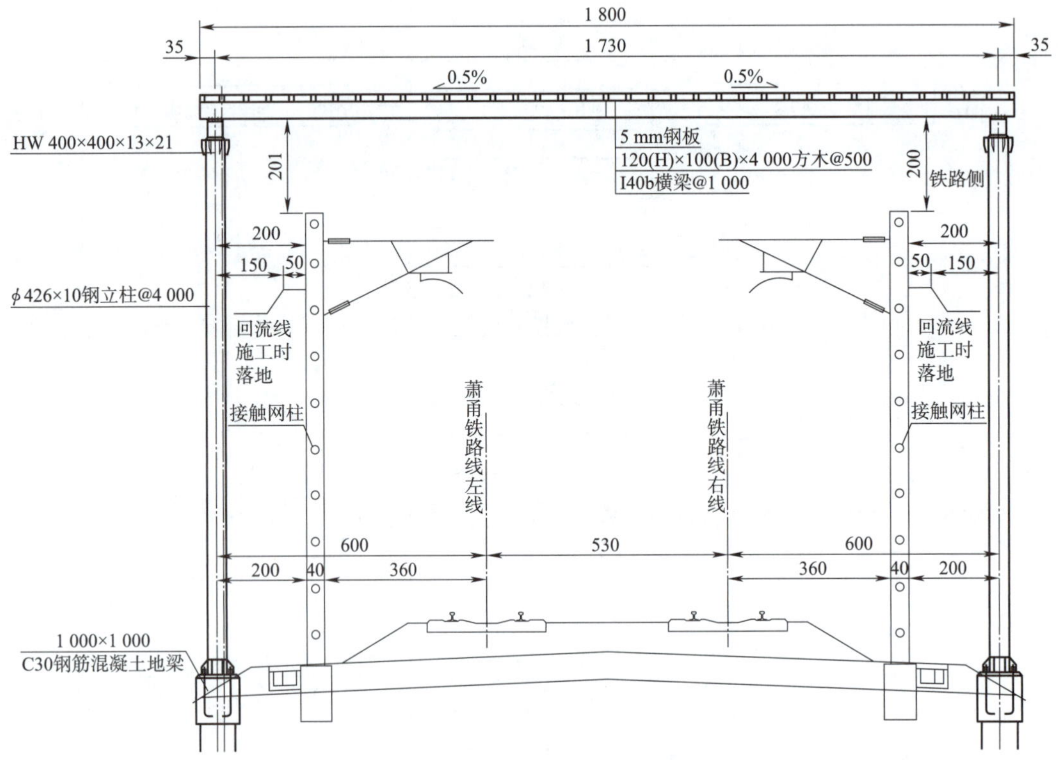

(a) 垂直铁路方向

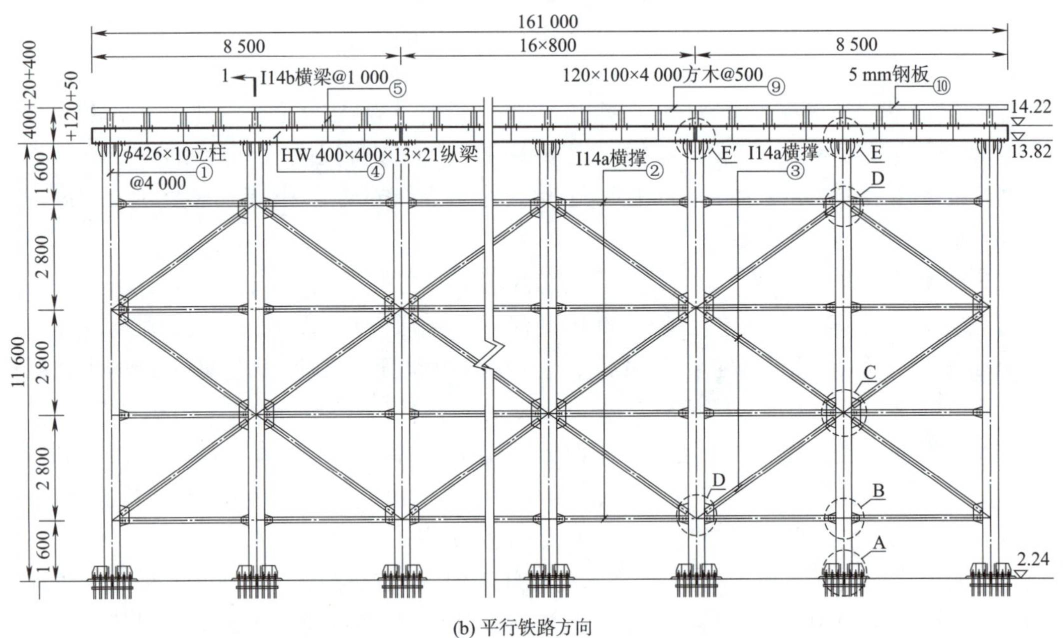

(b) 平行铁路方向

图 12-5　防护棚架立面(单位:mm)

100×4 000@500 的方木,以及 I40b 工字钢。

针对防护棚架优化及施工,将进行专项设计,并编制专项方案进行专家论证。考虑到运营铁路移动防护棚架在强度、刚度和稳定性方面有一定的优化空间,为此,从构件尺寸和棚架结构以及这两者的综合考虑，对既有移动防护棚架进行了设计参数优化。在强度设计值和挠度容许值的双控制标准下，综合优化后的移动防护棚架达到了防护效果的最佳状态。

6. 转体施工工艺措施

本工程转体主桥采用(68＋138＋95)m 转体连续刚构上跨萧甬普铁、杭深高铁。小桩号侧(QJ01D27 墩 T 构)截面：梁高 5～9 m(梁高按 1.8 次变化)，顶板厚度 0.35～0.6 m，腹板厚度 0.5～1.1 m，底板 0.4～1.1 m；顶板宽 11 m，挑臂长度 2.0 m，底板宽度 7.0 m。0 号块长 14 m，对称悬臂浇筑 13 个节段，节段划分为(5×3.0＋8×3.5)m(按结构中心线划分)。

大桩号侧(QJ01D28 墩 T 构)截面：梁高 5～12 m(梁高按 1.8 次变化)，顶板厚度 0.35～0.6～1.1 m，腹板厚度 0.5～0.85～1.5 m，底板 0.4～1.3 m；顶板宽 11 m，挑臂长度 2.0 m，底板宽度 7.0 m。0 号块长 14 m，对称悬臂浇筑 22 个节段，节段划分为(5×3.0＋8×3.5＋9×4.0)m(按结构中心线划分)。

QJ01D26 墩侧边跨合龙段长 2.408 m，现浇段长 15.8 m；QJ01D29 墩侧边跨合龙段长 2.570 m，现浇段长 6.8 m。跨中合龙段长 2.828 m，梁高 5.0 m。

端横梁宽 2.0 m，梁端距分孔线距离 0.2 m；QJ01D27 墩墩顶横隔板厚 1.0 m，间距 4.5 m 布置；QJ01D28 墩墩顶横隔板厚 1.0 m，间距 5.5 m 布置；全桥共设七道横隔板，分别位于 Z8、跨中合龙段、Y16 节段、Y8 节段，横隔板厚 0.5 m，兼做远期预留的体外预应力转向块。端横梁、支点横隔板及跨中横隔板内均设人孔。转体施工工艺流程如图 12-6 所示。

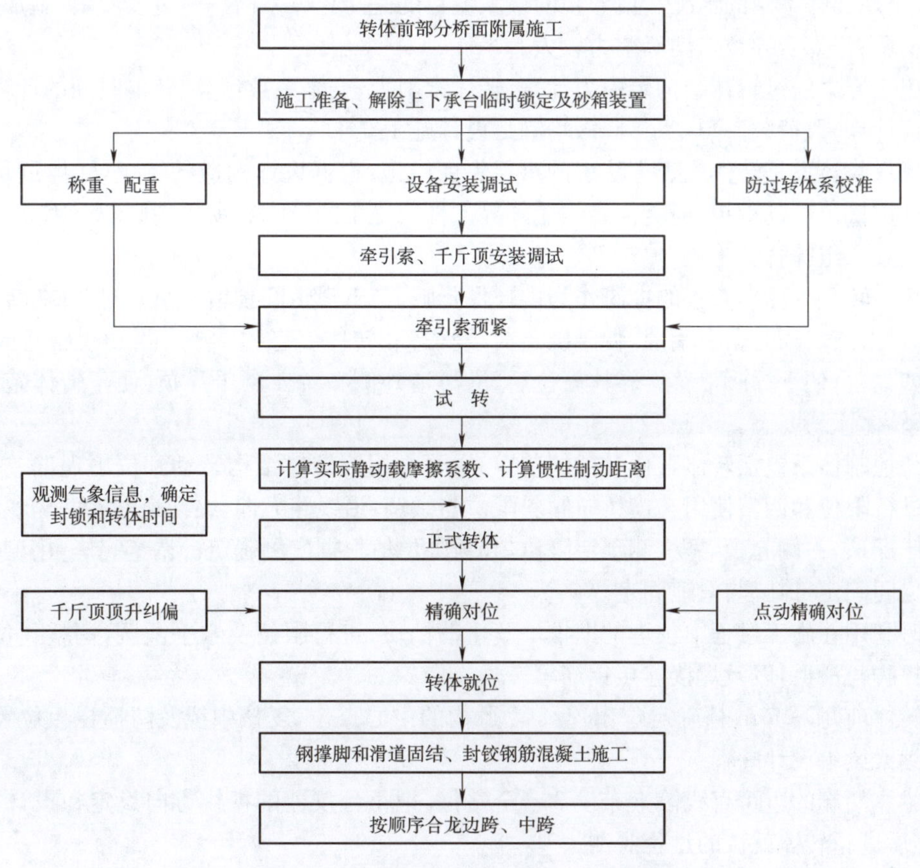

图 12-6　上跨铁路桥梁转体施工工艺流程

针对风险源 4，为避免转体时可能产生的梁体倾覆等施工风险，一般采用梁体偏心方案，即球铰及撑脚共同支承。该转体方案的思路是，在转体过程中转体梁应在梁轴线方向略呈倾斜态势，即应使纵向方向一侧的撑脚落下接触滑道，另一侧的撑脚抬起离开滑道。这样做的好处是使转动体形成球铰及撑脚两点至三点竖向支承，增加了转动体在转动过程中竖平面内的稳定性。

称重完成后为消除不平衡力矩产生对转体的影响，采用试压块在对应的梁段进行配重，以达到平衡的要求。梁顶配重如图 12-7 所示。

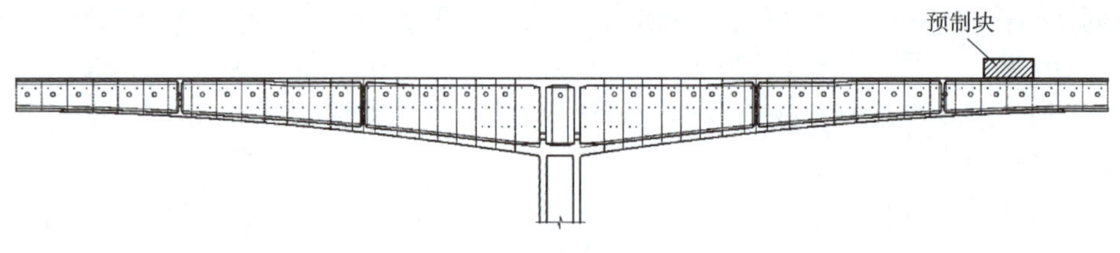

图 12-7　梁顶配重示意

该方案在转体梁的一侧梁端实施配重，配重的大小应保证新的重心偏移量满足 5 cm$\leqslant e \leqslant$15 cm 的要求。其中偏心距的最小值目的是使得体系在转动过程中始终维持向一侧稍微倾斜，呈球铰及撑脚共同支承的状态，如果偏心距很小，转体过程中有可能在偶然的干扰因素下，体系出现摇摆不定的情况。偏心距的最大值目的是防止体系向一侧过度倾斜，施加在此侧撑脚中的压力过大，导致启动牵引力较大。

该施工方案经过转体结构牵引力计算、转体索引力、安全系数计算、转体时间的计算、惯性制动距离计算、风荷载倾覆稳定计算，均满足设计施工要求。

防倾保险体系是转体施工方法中的重要保证措施，根据设计构造的特点，转体过程中，转体的全部重量由球铰承担，但转体结构受外界条件或施工的影响容易出现倾斜。因此，在球铰的一周设置八组撑脚。

利用上转盘上环形布置的撑脚作为内环保险腿，与下滑道间预留 7 mm 间隙，在转体荷载作用下，沿滑道转动时留有间隙，便于确定荷载状态和转体姿态的调整。滑道上清理干净，涂抹黄油四氟粉，便于撑脚滑移。转体就位后，沿滑道外侧布置 4 台千斤顶，便于转体施工过程中，调整转体倾斜姿态。

限位控制体系包括转体限位和微调装置，主要作用为转体结构转动到位出现偏差后需要对转体进行限位和调整使用。横桥向倾斜限位与微调：沿线路方向，在滑道左右两侧各均匀布设 2 台千斤顶，一侧起顶，另一侧预留限位，起顶限位值根据实测确定。调整完毕，用型钢将上下转盘之间固定，撑脚与滑道固定。

同时利用在施工过程中预埋的助推块及止动挡块，进行限位及水平微调，调整到位后，进行固定撑脚与滑道，以及焊接连接钢筋等。

在转体前每隔 5 m 精确定位出连续梁 T 构的中心点位，复核中线及防撞栏板位置，并计算出连续梁梁端设计高程。

在梁体两端的边跨直线段上布设 2 台全站仪，把每台仪器的视线方向设定在设计中心线方向，然后进行转体就位的过程观测。

在连续梁两端各布设一台水准仪，用来观测 T 构端部就位后的梁端顶高程。

转体时当主梁端部即将到达设计位置前0.1 m时，采用点动操作，与测量人员密切配合，利用试转取得的点动数据，通过测量T构端部到设计位置的实际弧线长，确定点动次数。用转体限位装置以防超转，在梁端设置对拉倒链进行水平微调。转体T构转体到位可根据T构两端中线和防撞栏板线重合共同判断。

平面定位后，对转体T构进行水平校正，使用上盘下设置千斤顶和转体T构上的配重调整纵横向高程。高程调整到位后及时用钢锲块塞实焊接撑脚下的空隙，千斤顶回油后，复测高程，如不满足要求则重复以上循环，直至高程满足要求为止。

精确就位后，应立即焊死撑脚及临时固结锁定。组织连接上下承台间钢筋，进行封铰混凝土浇筑施工，以最短的时间完成上下承台永久固结。

梁体转体就位后，在合龙段利用型钢对梁体进行临时锁定，以保证梁体的稳定性，然后进行封铰施工。采用帮条焊焊接预埋上下承台的预埋钢筋，焊缝长度必须满足规范要求。采用二次封铰，第一次封至上盘混凝土底面，待封铰混凝土凝固后用灌浆法密实因混凝土收缩留下的空隙，第二次浇筑封铰混凝土至设计要求，封铰采用C50微膨胀混凝土进行，保证墩身与上下盘间混凝土的整体性。

针对风险源4，为避免转体时可能产生的梁体倾覆风险，经过科学研究，综合运用自适应控制法和预测控制法开展桥梁悬臂施工过程的空间线形控制方法，在施工过程中通过敏感性分析结合现场材料性能试验修正主要状态参数，利用修正模型预测并控制曲线主梁的空间线形，在施工监测中提出相邻时间温度应变推算法消除结构应变连续监测的温度影响，保障了应力监测数据的准确性。结合施工过程仿真分析、参数识别、参数修正等系列手段完成了试点工程小半径曲线连续刚构桥悬臂浇筑空间线形控制，总体上达到立模高程允许偏差±5 mm以内，悬臂浇筑完成后的边、中跨合龙时合龙口两侧的高差在±20 mm以内，箱梁顶底面高程允许偏差$\pm L/5\ 000$(35 mm)以内，主梁中线水平方向允许偏差$\pm L/10\ 000$(17.5 mm)以内，确保转体后顺畅合龙，桥梁线形总体平顺，转体合龙后未产生因压重、纠偏导致的强迫位移。

7. 合龙段施工工艺措施

中跨合龙段吊架采用轻型挂篮，在转体前将合龙段吊架安装在27号墩大里程12号段处，并在小里程对应位置进行等重量同步配重，以确保梁体的平衡，转体就位后，在封锁点内，铺设中跨合龙段处钢轨并固定，吊架采用电机滑移到中跨合龙段位置，并采用葫芦及螺旋千斤顶将吊架提升并加固。吊架接地采用接地铜线对吊架与梁体接地钢筋相连接，以确保吊架无感应电存在。

中跨合龙段吊架前移关键步骤如下：

(1)梁体旋转就位后，在封锁点内，铺设中跨合龙段处的型钢，再铺设相应的钢轨，采用电机将中跨合龙段吊架向28号墩前移4.0 m，确保吊架均匀对称安装在两侧T构上。

(2)吊架加固锁定，安装底板吊杆，使用手拉葫芦及螺旋千斤顶升底模及侧模，使模板与梁端密贴，并对吊架加设接地铜线，与梁体接地相连接。

对中跨合龙段吊架底部加设防护底架，防护体系首先采用槽钢制作一个长13 m、宽5 m、横向间距3 m、纵向间距1 m的钢式框架。框架中间采用∠50×50×4的角钢进行加密，纵桥间距为30 cm，在框架上层安装一层厚15 mm的竹胶板，底部设置1 cm厚橡胶绝缘板，绝缘板与竹胶板采用丝杆连接，丝杆头采用绝缘套包裹，有效的隔离与既有线路带电体之间的静电。框架四周设置高100 cm的绝缘防护围挡，梁体两侧设置高出桥面1.5 m的封闭式防护围挡。

围挡采用型钢与密目铁丝网连接在钢架上。

由于合龙段位于杭深高铁与萧甬线之间，则中跨合龙段施工，按照铁路营业线施工管理办法要求，应在封锁点内进行施工，则中跨合龙段钢筋，模板安装，预应力安装，材料通过机械配合人工调至桥面，位于铁路线路外侧有效安全距离外侧，并采用人工搬运的方式，运输至合龙段作业点，混凝土施工，采用汽车泵在封锁点内，进行浇筑施工作业。

8. 防护棚架施工

防护棚架立柱安装必须在铁路监督计划内进行。按照设计要求在制作场制作立柱并进行编号，出场前进行试拼装，检查螺栓孔位置与预埋螺栓位置是否对应，合格后按照施工计划将立柱运抵现场，吊装前生产副经理到达现场对施工的各项准备工作进行检查；安全员、技术员、驻站防护以及现场防护要到岗到位；立柱吊装采用 25 t 吊车；在立柱上安装拉绳，以便立柱对位以及防止立柱倾向线路一侧；立柱对位后立即拧紧地脚螺栓，并安装剪刀撑。

纵梁的吊装必须在监督计划内进行。纵梁采用 HW400×400×13×21 的 H 型钢制作，纵梁每节段长度按照 H 型钢的供货长度确定。在两侧立柱安装完成后方可逐节段安装纵梁，纵梁接头采用钢板帮焊结构，纵梁在立柱中线两侧 1.2 m 范围内避免出现接头。纵梁吊装采用 50 t 吊车，吊装前在纵梁两端各安装一根拉绳，以便进行纵梁对位，并防止纵梁侵入铁路限界；纵梁对位后立即安装纵梁与立柱间螺栓并将相邻纵梁焊接成整体。

横梁吊装采用一台 50 t 吊车吊装，吊装前在纵梁一端安装一根拉绳控制型钢的方向，横梁在工地焊接好后吊装。横梁吊装前在两端各设一根拉绳，以便横梁对位。横梁对位后应立即安装与纵梁连接螺栓。

防护棚顶安装内容包括：方木、钢板安装。棚顶安装需要的工具、材料由 25 t 吊车调运，吊车必须停放在封锁线路的外侧，吊臂不得碰触接触网及正馈线。横向横梁铺设完成后，铺设方木及钢板。

防护棚架底部为电气化区段，为确保铁路行车安全及棚架施工安全，须对防护棚架进行设置接地处理，整个棚架设置 8 处接地装置，接地装置采用∠10 角钢，打入地下 1.5 m。角钢通过钢筋与立柱基础顶部预埋钢板焊接，形成接地体。

防护棚架的拆除，必须在封锁点内施工，封锁点按照审批的封锁计划进行。拆除过程按照安装的逆过程拆除。

12.3.2 施工安全卡控措施

针对风险源 1，为避免大型设备侵限风险，靠近铁路线路旁的施工用电线路，不得侵入铁路限界内，并应架设稳固，防止列车通过时因风力和振动使电缆线坠落或电线支撑物倒塌，发生侵限事故和影响行车安全。

桩机缆风绳采用 6×19+FC-18.5 mm 规格钢丝绳，一端与机械中部连接，一端与 28 号槽型钢板桩地锚连接。钻机靠近铁路侧设置好硬隔离带和警戒标志。

桩机移动就位在白天进行。当采用吊机吊装就位时，必须采取拉缆风绳的方式，防止机械倾覆侵入既有线范围。

邻近既有线施工范围内施工，存在大量材料吊装和钻孔桩基钢筋笼吊装施工，钢筋笼分节吊装施工，每节长度不大于 9 m。则在施工中应采取有效的安全防护措施，方可进行施工作业，在机械进场前，对机械的各项性能进行检查，确保机械不带病作业，严格控制吊装机械的旋转半径,对吊装的物件进行打捆密实后,进行吊装,吊装中,严格听从指挥人员的指令,方可有效避免吊装材料侵入既有线路,确保既有线路行车安全。钢筋笼或大宗材料吊装时必须拉设绳索进行控制材料的方向,防止侵入铁路限界。并且材料在吊装过程中,严格遵循"一机一人"的防护。当铁路来车时,大型机械停止作业,待车辆通过后继续作业。

在浇筑过程中,制定合理的混凝土罐车行走路线,对泵车支腿的部位采取有效的地基处理,确保机械设备在运输中。浇筑混凝土过程中,不会造成危及铁路行车的事件发生。

为防止高铁桥墩在棚架施工过程中,受机械设备的影响或碰撞,则沿防护棚架施工的区域桥墩,设置防撞墙,并在防撞墙顶部设置防护栏杆。

在转体T构施工中,防护棚架施工、转体施工、中跨合龙段吊架前移、中跨合龙段施工,以及桥面防撞栏板安装、防抛网安装施工,均需在封锁点内进行。封锁施工计划见表12-4。

表12-4 萧甬线施工封锁计划

封锁点	施工项目	单个封锁时间	封锁区间	停电单元	施工封锁等级	配合单位
第1～24个	防护棚架安装与拆除	180 min	萧甬线慈城—宁波北	宁波枢纽01号、02号	Ⅲ	工务/供电/电务/车务
第25个	转体施工	180 min	萧甬线慈城—宁波北、杭深线庄桥—余姚北区间	宁波枢纽01号、02号杭深高铁683号、684号	Ⅱ	工务/供电/电务/车务/维管
第26～27个	中跨合龙段吊架试移、前移、加固	180 min	萧甬线慈城—宁波北、杭深线庄桥—余姚北区间	宁波枢纽01号、02号杭深高铁683号、684号	Ⅲ	工务/供电/电务/车务/维管
第28～35个	中跨合龙段钢筋、模板、预应力、混凝土浇筑	180 min	萧甬线慈城—宁波北、杭深线庄桥—余姚北区间	宁波枢纽01号、02号杭深高铁683号、684号	Ⅲ	工务/供电/电务/车务/维管
第36～38个	中跨合龙段吊架退移	180 min	萧甬线慈城—宁波北	宁波枢纽01号、02号	Ⅲ	工务/供电/电务/车务
第39～48个	防护栏板施工	180 min	萧甬线慈城—宁波北	宁波枢纽01号、02号	Ⅲ	工务/供电/电务/车务
第49～56个	防抛网安装	180 min	萧甬线慈城—宁波北	宁波枢纽01号、02号	Ⅲ	工务/供电/电务/车务
第57～80个	防护棚架拆除	180 min	萧甬线慈城—宁波北	宁波枢纽01号、02号	Ⅲ	工务/供电/电务/车务

12.3.3 监测与控制

1. 监测总体要求

由于宁波轨道交通4号线28号墩在杭深高铁30 m范围内,且施工过程中同时还有围护桩施工、便道施工,均为邻近营业线施工。故在本工程施工期间,需对既有杭深高铁桥墩进行现场巡视及仪器监测,防止施工机械对杭深高铁桥墩造成意外伤害,以及围护桩施工时土体应力对既有杭深高铁桥墩产生不利影响。因此必须加强监测,消除施工隐患,并根据监测成果及时调整施工速率及改进施工方法,确保高铁行车安全。同时监测成果也可验证施工设计理论,为以后的设计提供依据,并可积累一定的施工监测经验。

2. 监测点布置

监测内容为杭深高铁桥墩533～540号共计8个桥墩的水平位移及竖向位移，如图12-8所示。萧甬铁路为铁路路基水平与沉降位移监测(60点)、承台基坑水平与沉降位移监测(24点)，如图12-9所示。

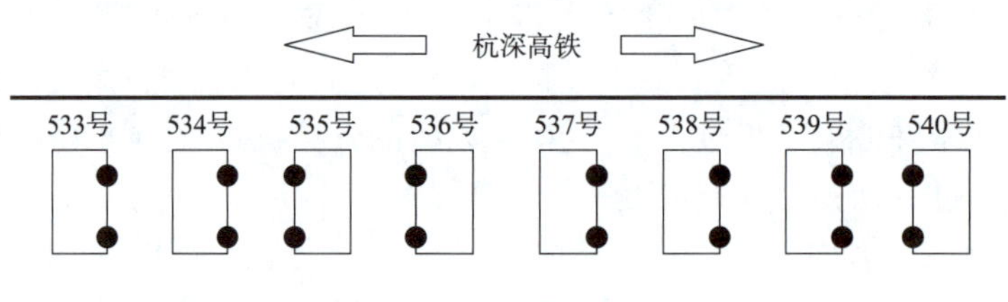

图12-8　杭深高铁桥墩监测点布置

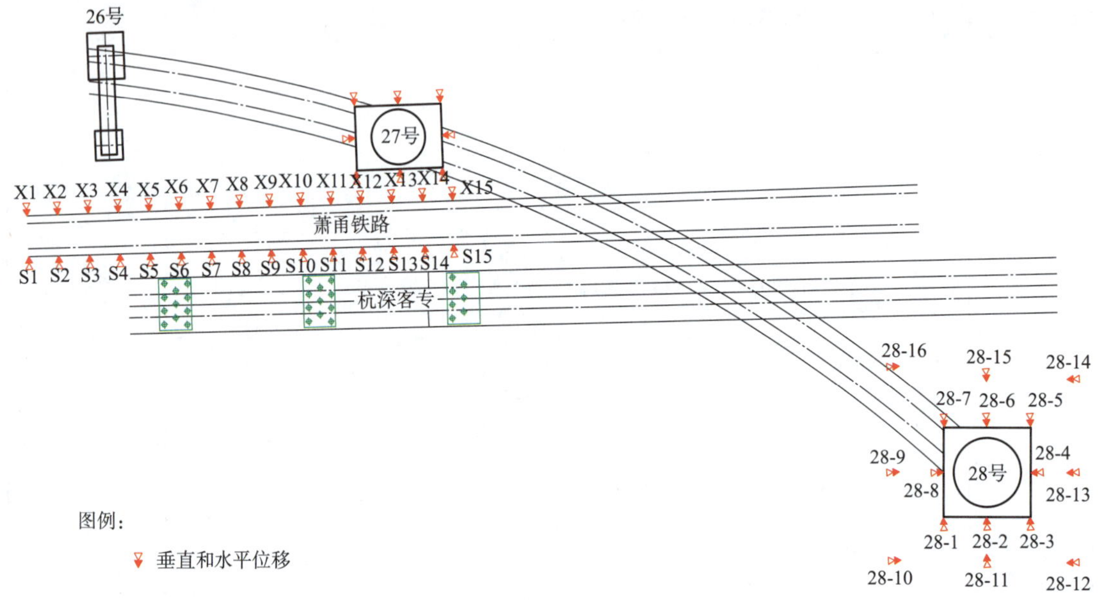

图12-9　萧甬铁路路基监测点布置

3. 监测标准、频次和预警值

根据施工安排，杭深高铁监测频率见表12-5。

表12-5　杭深高铁监测频率

监测对象	施工内容	施工阶段	监测频率
杭深高铁	防护棚架、围护桩施工、钻孔桩施工、基坑开挖、承台施工、墩身施工、转体T构	影响范围内的围护桩施工、钻孔桩施工、基坑开挖、承台施工	1次/2 h
		墩身、转体T构及其他施工期间	1次/6 h
		施工完成后	1次/12 h
		施工完成后，继续监测一段时间，如监测数据已经收敛且连续10天监测数据保持稳定即可终止监测	

续上表

监测对象	施工内容	施工阶段	监测频率
萧甬铁路	基桩施工、承台基坑开挖、承台基坑回填	基桩施工	随时监测且不少于 2 次/1 d
		承台基坑开挖	1 次/2 h
		承台基坑回填第一周	1 次/1 d
		承台基坑回填第二周及以后	1 次/2～7 d
		施工完成后若数据稳定无变化,则停止监测	

监测频率原则上按表 12-5 进行,具体可根据现场实测数据收敛情况,加密或适当降低监测频次。当变形监测数据发现异常时需增加监测频率直至连续监测。现场总监有权根据现场工况情况,要求监测单位加密监测频次。

根据变形监测等级及高铁监测精度要求,设计本项目的监测报警值见表 12-6。

表 12-6 杭深高铁与萧甬铁路变形监测报警值

序号	监测项目	次变化量		累计变化量
		预警值	报警值	
1	杭深铁路桥墩水平位移	±0.8 mm	±1.0 mm	±1.0 mm
2	杭深铁路桥墩竖向位移	±0.8 mm	±1.0 mm	±1.0 mm
3	萧甬铁路路基地表沉降监测	2 mm/2 h、3 mm/d		±10 mm
4	萧甬铁路路基地表水平位移监测	2 mm/2 h、3 mm/d		±10 mm
5	承台基坑垂直、水平位移	3 mm/d		±20 mm

4. 应急预案

若发生基坑坍塌、吊装侵限、吊机倾覆、接触网断线、高出坠物等突发事件可能影响营业线行车安全时,立即停止施工,现场人员立即通知现场负责人和安全人员,并及时进行抢修。

12.4 实施效果

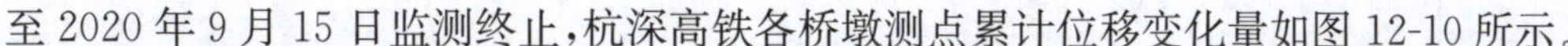

至 2020 年 9 月 15 日监测终止,杭深高铁各桥墩测点累计位移变化量如图 12-10 所示。

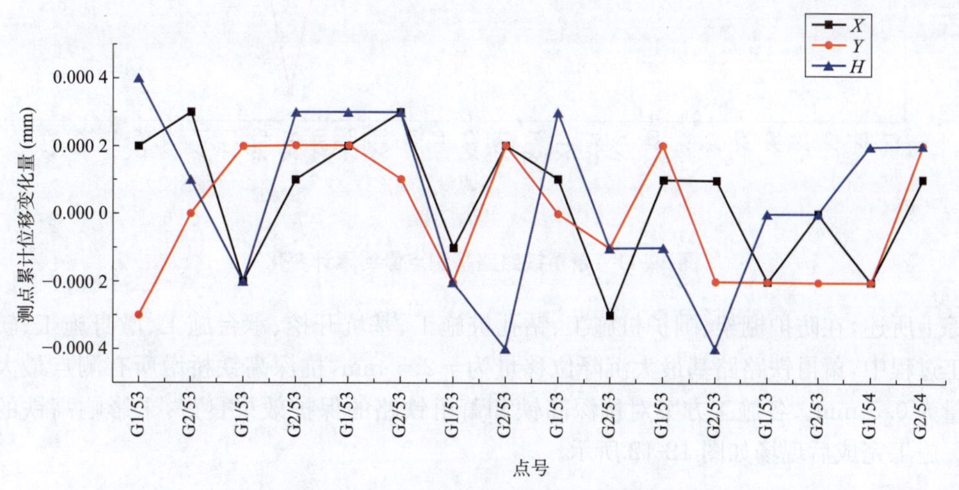

图 12-10 杭深高铁桥墩测点累计位移变化量

根据图 12-10 所示，施工过程中，高铁桥墩所有测点监测位移量始终位于±0.8 mm 的预警值范围内，满足上海局集团公司对高铁桥墩变形值±1 m 的控制值要求。监测成果表明，宁波市轨道交通 4 号线上跨杭深高铁、萧甬铁路工程施工对杭深高铁的影响较小，在正常范围内，对铁路运营不会产生不利影响，杭深高铁可以安全正常运营。

从图 12-11 可以看出，在整个施工期间，萧甬铁路路基沉降位移所有观测点均在 1.5～−2.5 mm 区间内波动，最大沉降位移量出现在 2019 年 5 月 18 日 S17 号观测点，为−2.5 mm，萧甬线上下行线所有日变化量和累计变化量均未超出预警值和报警值。

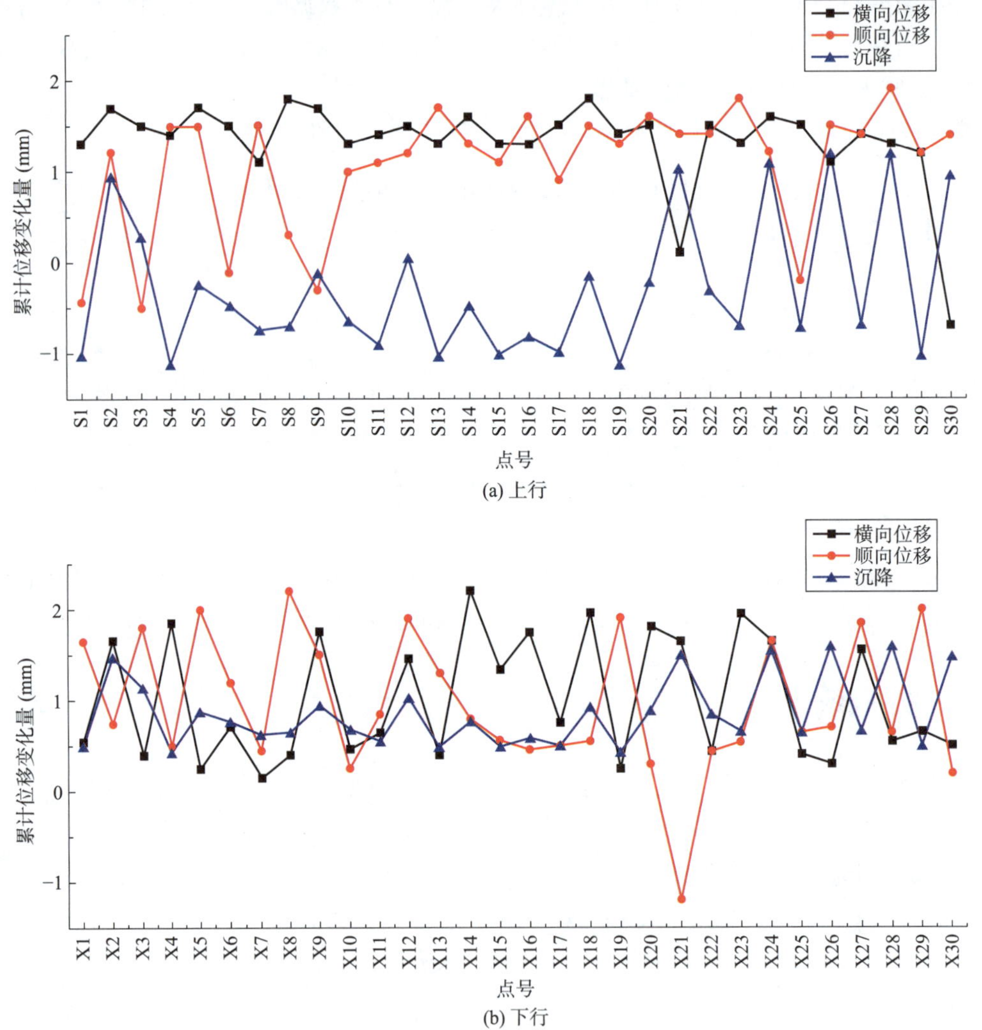

图 12-11　萧甬铁路路基测点最终累计变化

综上所述，在防护棚架、围护桩施工、钻孔桩施工、基坑开挖、承台施工、墩身施工、转体 T 构施工过程中，萧甬铁路路基最大沉降位移量为−2.5 mm，杭深高铁桥墩所有测点最大监测位移量为 0.5 mm。各施工方案对杭深高铁和萧甬铁路的保护效果良好，未影响高铁的正常运营。施工完成后现场如图 12-12 所示。

图 12-12 宁波轨道交通 4 号线上跨铁路施工完成后现场

12.5 小 结

本章以宁波市轨道交通 4 号线上跨杭深高铁、萧甬铁路立交工程为例,介绍了转体法桥梁上跨既有铁路施工的相关风险源及安全防护措施。本工程中桩基采用钻孔灌注桩采用全套管跟进施工,承台基坑采用单根打入法插打钢板桩与高压旋喷桩围护,转体施工采用梁体偏心方案,以及运用自适应控制法和预测控制法等设计施工方案是合理的,同时辅助以既有铁路的几何状态监控,达到安全施工的目的。

转体法桥梁上跨既有铁路施工的风险源主要包括 4 个方面:高空坠物、大型设备侵限风险,钻孔桩缩径、塌孔风险,承台基坑开挖引起的变形风险,转体施工风险。针对上述风险源,从施工管理角度采取相应的技术及安全卡控措施。

(1)在施工技术措施方面,为避免高空坠物和大型设备侵限,沿萧甬铁路设置防护棚架对铁路进行预防护。同时针对防护棚架优化及施工进行专项设计,从构件尺寸和棚架结构以及这两者的综合考虑,对既有移动防护棚架进行了设计参数优化,使其达到最佳状态,有效保护既有铁路运营安全。

(2)在施工技术措施方面,为避免钻孔桩缩径、塌孔风险,桩基施工采用全套护筒跟进施工工艺,由于施工地点距离既有铁路桥墩与路基较近,因此通过全套管跟进到底可有效避免土体坍塌的风险,减少对既有铁路的干扰风险。

(3)在施工技术措施方面,为避免承台基坑开挖引起的变形风险,进行基坑开挖的维护方案设计必须谨慎,故设计基坑开挖采用钻孔围护桩+高压旋喷桩+冠梁形式进行四面防护,保证既有铁路不受基坑开挖的扰动。基坑采用挖机机械开挖,分层分段开挖,采用坑内明沟加集水井降水,以确保基坑内无水,坑外基坑顶部设挡水捻,保证基坑的稳定性,不会对既有铁路产生影响。

(4)在施工技术措施方面,为避免转体时可能产生的梁体倾覆等施工风险,需进行不对称偏心转体专项设计方案,同时设置防倾保险体系、限位控制体系来保证转体桥梁施工安全。经过科学研究与专家论证,综合运用自适应控制法和预测控制法开展桥梁悬臂施工过程的空间线形控制方法。

(5)在施工技术措施方面,针对大型设备侵限风险,在防护棚架、桩基承台等施工过程中,当采用吊机吊装就位时,必须采取拉缆风绳的方式,防止机械倾覆侵入既有线范围。靠近铁路侧设置好硬隔离带和警戒标志。

(6)在施工安全卡控措施方面,为避免大型设备侵限风险,靠近铁路线路旁的施工用电线路,不得侵入铁路限界内,当采用吊机吊装就位时,必须采取拉缆风绳的方式,防止机械倾覆侵入既有线范围。钢筋笼或大宗材料吊装时必须拉设绳索进行控制材料的方向,防止侵入铁路限界,并严格遵循"一机一人"的防护。为确保施工过程中既有铁路的运营安全,在转体T构施工、防护棚架施工、转体施工、中跨合龙段吊架前移、中跨合龙段施工,以及桥面防撞栏板安装、防抛网安装施工,均需在既有铁路单个封锁时间为180 min的封锁点内进行施工。

宁波市轨道交通4号线上跨杭深高铁、萧甬铁路立交工程在采用上述措施后总体实施效果良好。在既有铁路采取相应封锁措施的情况下,通过不断研究探索,形成了较好的桩基、承台基坑、防护棚架与转体桥梁施工的工艺和方法,对高铁桥墩与铁路路基的保护效果总体较好,未影响既有铁路正常运营。该方案也为类似转体法桥梁上跨既有铁路施工的风险提供了一种参考解决办法。

13 312国道苏州东段改扩建工程昆山段涉铁立交工程(V构桥梁转体法施工)

13.1 工程概况

13.1.1 案例背景

312国道苏州东段改扩建工程昆山段涉铁立交工程位于昆山市巴城镇,道路中心线对应铁路里程为京沪线下行K1390+045.6、沪宁高铁K62+127、京沪高铁K1257+091.40。项目起于娄江互通节点,与KS3标段相接,沿南堰头街上跨君子亭路、金陵东路,随后向北依次采用42 m跨度预制小箱梁跨越京沪铁路、34 m宽2×66 mV构悬浇转体连续梁上跨沪宁高铁,落地后采用双幅地面桥下穿京沪高铁丹昆特大桥4094～4096号桥墩,终点与苏州工业园区阳澄湖大道相接。主线桥标准段桥宽31 m,其中上跨沪宁高铁桥面宽34 m,为双向六车道;下穿京沪高铁地面桥分左、右两幅设置,左幅总宽为18～24.8 m,右幅总宽18～24 m。君子亭路设互通式立体交叉匝道桥2座,标准桥宽8.5 m。既有312国道～金陵东路段地面道路为南堰头街,总宽为34～44.5 m,设双向四车道、非机动车道及人行道。起讫桩号为K67+671.4～K70+507.657,线路全长2.836 km,其中主线高架全长1.963 km,上下匝道桥2条,下穿地面桥长0.084 km,道路长约0.789 km。工程与既有铁路相对位置如图13-1所示。

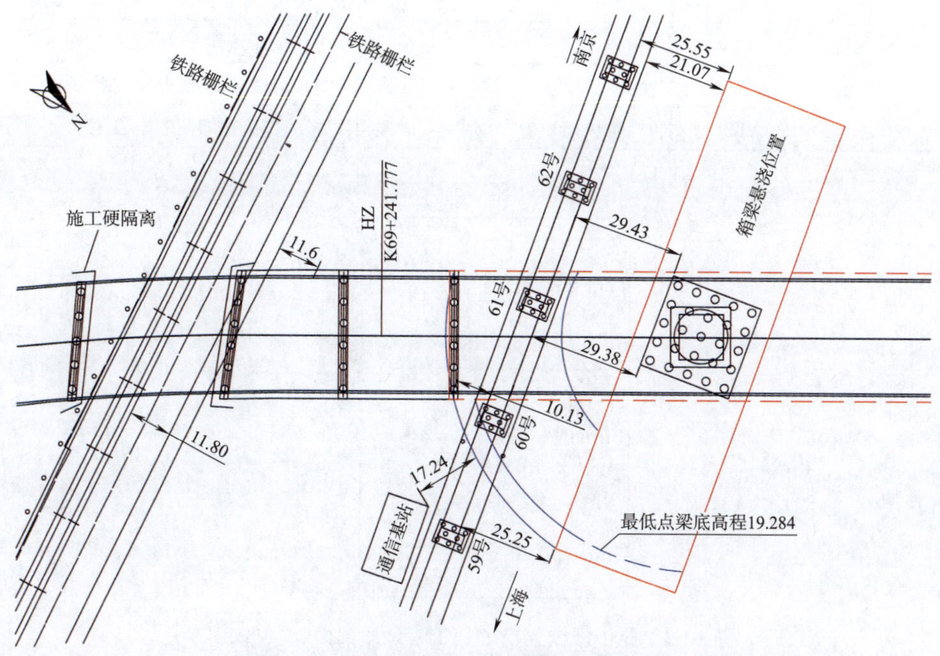

图13-1 昆山涉铁立交工程与铁路位置关系平面(单位:m)

其中，公路桥梁上跨沪宁高铁V构桥梁段位于直线上，公路设计线与铁路法线交角为19.58°。现浇转体箱梁在铁路北侧采用悬臂现浇施工，梁体外缘距沪宁高铁回流线最不利距离为19.79 m。箱梁顺时针转体过程中依次跨越77号接触网腕臂柱并置于79号接触网腕臂柱上方(对应箱梁翼缘，翼缘板距箱梁边线3.04 m)，转体过程中悬臂端头与通信基站最近距离为17.243 m，施工及建成后高架桥对通信基站均没有影响，经现场实测，77号接触网腕臂柱柱顶高程为16.640 m，顺时针转体过程中有底板划过，底板最低点高程19.284 m，净高2.644 m；79号接触网腕臂柱柱顶高程为17.553 m，在箱梁翼缘下方，对应箱梁翼缘底高程为20.017 m，净高为2.464 m，箱梁转体过程中梁底与回流线最小距离为1.307 m；转体就位后承力索距箱梁梁底最小距离为2.505 m。

13.1.2 工程地质与水文地质

昆山境内河流汇归为南北两脉，以吴淞江为界，南部为淀泖水系，北部为阳澄水系。近代筑沪宁铁路，因铁路桥梁的束水作用，沪宁铁路成为阳澄、淀泖水系的实际分界线。昆山地区气候湿润温暖，雨量充沛，降雨在年内主要集中在5～9月的梅雨期和台汛期。

工程沿线对本工程建设有影响的地下水主要为潜水及微承压水。潜水主要赋存于浅部黏性土层中，勘察期间测得潜水初见水位高程为1.20～1.40 m，测得其稳定水位高程在1.30～1.60 m。微承压水主要赋存于③$_3$粉土夹粉砂、④$_2$粉砂夹粉土层中，勘察期间测得其稳定水位高程在1.00～1.20 m。

各工程地质层性质见表13-1，地质剖面如图13-2所示。

表13-1 昆山涉铁立交工程各土层工程性质

序号	岩土名称	厚度(m)	基本承载力σ_0(kPa)	状态
①$_3$	素填土	2.5	70	主要由黏性土组成，土质不均匀
③$_1$	黏土	4.5	190	可塑～硬塑，压缩性中等，工程特性良好
③$_2$	粉质黏土	1.0	150	夹粉土薄层，压缩性中等，工程特性中等
③$_3$	粉土	2.5	120	夹粉质黏土薄层，压缩性中等，工程特性中等
④$_2$	粉土	4.3	160	夹粉质黏土薄层，压缩性中等，工程特性中等

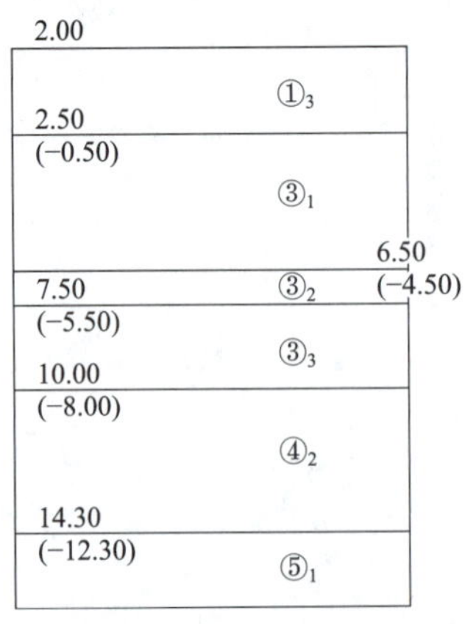

图13-2 昆山涉铁立交工程工程地质剖面(单位:m)

13.2　风险源分析

本立交工程上跨京沪铁路及沪宁高铁，施工期间确保铁路安全是本工程的重中之重。施工过程中，邻近营业线的钻孔灌注桩、系梁、立柱、盖梁施工、跨铁路架梁及桥面附属施工、箱梁先悬浇后转体施工等都需要铁路相关部门的配合，涉及营业线施工的一系列安全问题，是该工程最大的特点和施工重难点。

1. 钻孔桩施工缩径、塌孔风险

123～124 号、126～127 号墩、下穿左右幅 1～12 号墩及支护桩共计 327 根桩，钻孔桩施工时可能会发生缩径、塌孔等不利因素，钻孔桩施工不可避免地干扰附件地层原有的平衡状态，引起地层应力重分布和变形，使邻近的既有铁路发生附加变形，影响既有运营铁路的行车安全。

2. 承台基坑开挖引起的既有铁路变形风险

转体主墩承台尺寸为：下承台 25.3 m×25.3 m×4.0 m，上承台 ϕ14.5 m×1 m+16 m×16×2 m，基坑 30.3 m×30.3 m×5.6 m，单体混凝土量达 1 940 m^3，对基坑支护稳定、模板工程、混凝土浇筑质量要求较高。若开挖方法不适宜、支护不及时、施工不完善，以及外力影响也容易导致基坑围护失稳坍塌，进而导致周围土体变形过大，影响既有铁路稳定。

3. 转体施工风险

上跨沪宁高铁 V 构梁转体角度 70°，转体重量约 2.14 万 t，采用 2.5 万 t 球铰。跨铁路箱梁转体过程中将有以下 3 种风险：千斤顶反力座变位或损坏的风险；转体过程中时可能千斤顶油管存在损伤漏油风险或撑脚压死导致无法转动风险；转体过程中结构整体倾覆风险。

4. 高空坠物、大型设备侵限风险

高空坠物、大型设备侵限风险主要包括以下 6 个方面：钻孔桩施工大型机械倾覆风险；桥墩立柱高度最高 19.9 m，立柱、盖梁施工时钢筋和模板的失稳倾覆风险；架桥机过孔过程中可能失稳掉落风险；架桥机运梁过程中梁片上的松动混凝土可能掉落至接触网的风险；悬浇挂篮施工过程中倾覆或施工杂物掉落风险；V 构转体邻营施工期间，松动混凝土及桥面杂物易掉落到接触网，影响铁路行车安全。

13.3　对策措施

13.3.1　施工技术措施

1. 承台与基坑围护方案设计

本工程主墩 M127 号承台位于沪宁高铁北侧，为台阶式，分上下两层，上承台由方形上盘与圆转台组成。方形上盘边长 16 m，高 2 m；圆转台直径 14.5 m，高度 1 m。下承台顺桥向 25.3 m，横桥向宽 25.3 m，高 4.0 m。主墩工作坑尺寸为 30.3 m×30.3 m，深度 5.6 m。

针对风险源 2，为避免承台基坑开挖引起既有铁路变形的风险，主墩承台边距沪宁高铁线路中心为 28.91 m，开挖前需对既有沪宁高铁路基进行防护。工作坑四周先设置两排 ϕ60 cm 水泥搅拌桩止水帷幕（桩长 8 m，桩间距 0.4 m，水泥掺量为 30%），确保止水幕墙形成封闭整体，然后再进行防护桩施工。靠铁路侧止水幕墙距沪宁高铁承台最小距离为 22.70 m。防护桩采用直径 1.25 m 的钻孔灌注桩(桩长 15 m,桩间距 1.5 m,共 88 根),顶部设冠梁,如图 13-3 和图 13-4 所示。

水泥搅拌桩按设计要求密扣布置。防护桩施工遵循从铁路内侧往外侧施工,间隔跳孔施工的原则,混凝土灌注完成 3 天后施工邻桩。

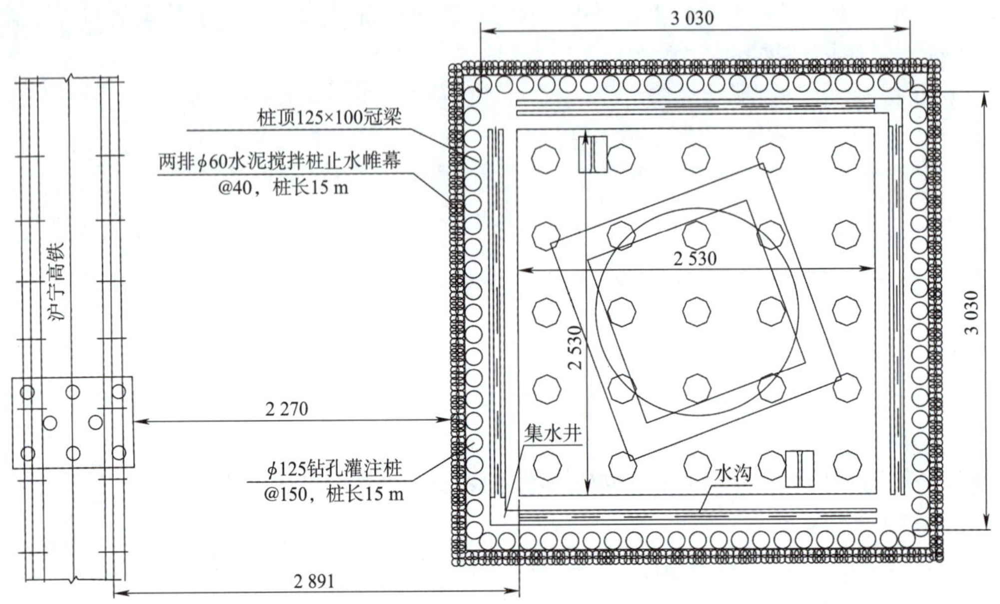

图 13-3　基坑支护平面布置(单位:cm)

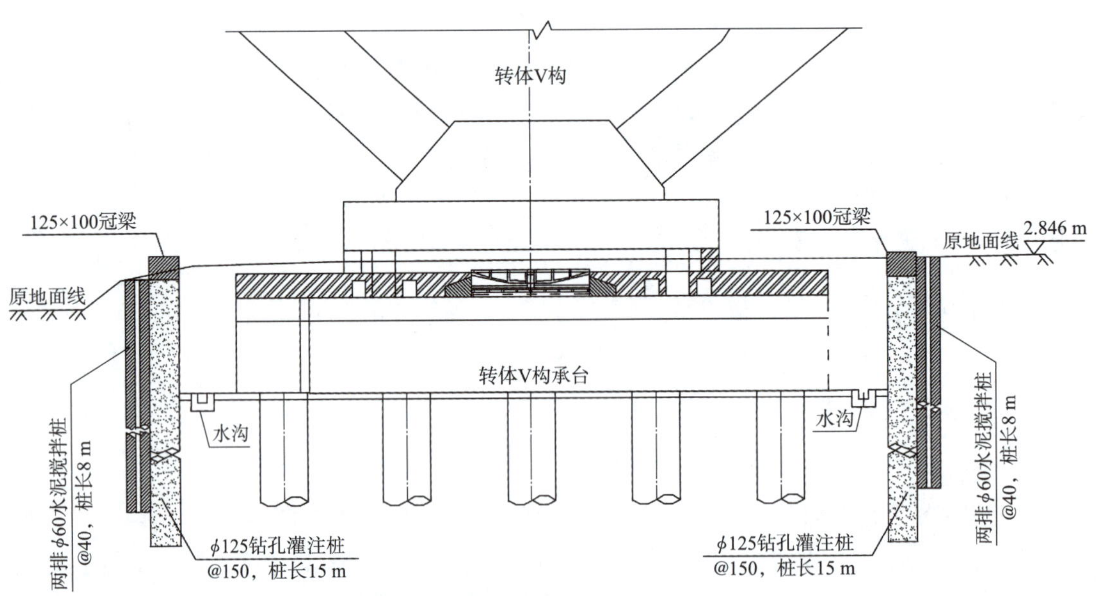

图 13-4　基坑支护断面布置(单位:cm)

2. 钻孔灌注桩施工

本工程上跨主线 123～124 号、126～127 号墩、下穿左右幅 1～12 号墩及支护桩共计 327

根桩为邻近营业线施工，需按相关管理规定设置缆风绳、接地及硬隔离。上跨主线 123～124 号及 126 号墩桩径为 2 000 mm，桩长 65 m；127 号主墩桩径为 2000 mm，桩长 80 m。采用 FXZ-300 型车载反循环钻机，钻机主机外形尺寸为 5.7 m×2.4 m×7.5 m，主机重量 20 t。123 号墩桩基中心与京沪铁路线路中心最小距离为 11.80 m，桩架与回流线最不利距离为 6.17 m；124 号墩桩基中心与京沪铁路线路中心最小距离为 11.60 m，桩架与回流线最不利距离为 6.29 m；126 号墩桩基中心与沪宁高铁线路中心最小距离为 10.05 m，桩架与回流线最不利距离为 3.90 m，如图 13-5、图 13-6 所示。

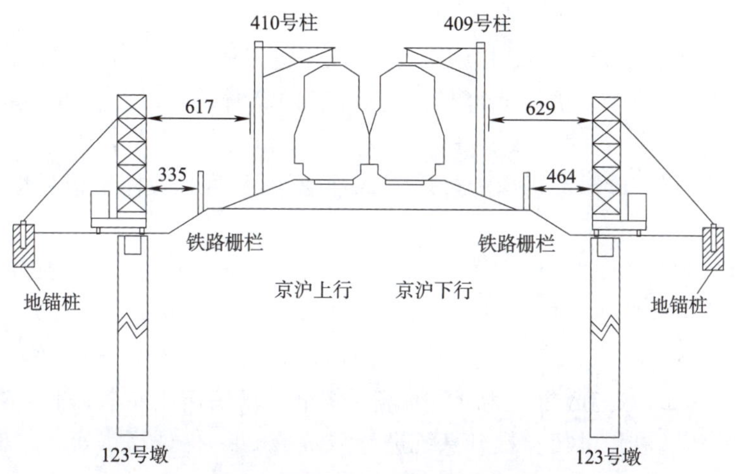

图 13-5　最不利桩位与京沪铁路位置关系断面（单位：cm）

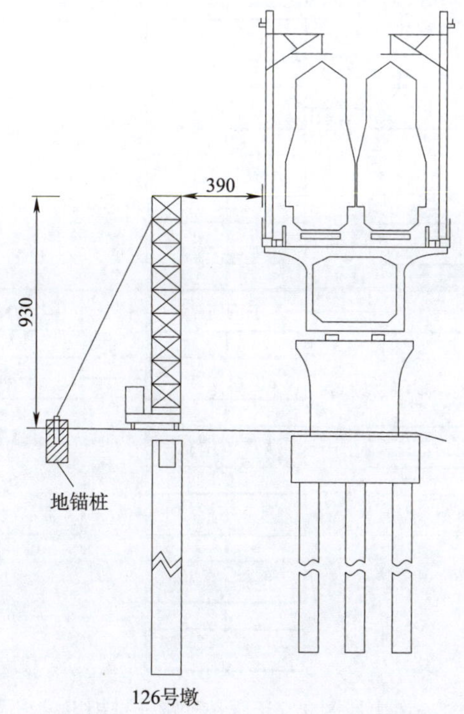

图 13-6　最不利桩位与沪宁高铁位置关系断面（单位：cm）

钻孔施工应根据地质情况、设计桩长、桩径以及施工条件选择钻机类型，同时应兼顾施工工期、经济成本等影响因素。本桥邻近既有线桩基均采用回旋钻进行施工。

钻孔桩护筒开挖采用机械开挖的方式，钢护筒埋设好后，对桩位地面进行必要的填平处理，铺设枕木以保证钻机在钻孔过程中不下沉。钻机就位后其底座应平稳、水平，钻架竖直，且保持钻头或钻杆中心与桩位中心在一铅直线上，偏差不得大于 5 cm。钻机就位后，进行缆风绳拉设固定。缆风绳采用直径不小于 9 mm 的钢绞线，锚固端应有足够抗拔力，不得将钢绞线系于树根、电杆或块石上。缆风绳与地锚间采用与钢绞线拉力相适应的花篮螺栓拉紧，垂度不大于 $0.01L$（L 为长度）；缆风绳与地面夹角不大于 60°。

针对风险源 1，邻近桥墩下部结构施工时，可以通过采取以下措施预防塌孔：

(1)提高护筒埋设效果。护筒底部易冲刷，埋设护筒时，周边用黏土风层夯实，保证护筒稳定。

(2)降低钻机进尺速度。钻进速度过快，孔壁得不到及时有效保护极易塌孔，需把进尺速度控制在合理区间。

(3)压缩工序时间。将卸钻杆、下钢筋笼时间、下导管时间进行合理分配压缩，在保证质量的同时力争最早灌注混凝土。

桩基钢筋笼为 12 m 一节，每节重量为 2.4 t，采用 1 台 25 t 吊机吊放钢筋笼。吊机杆长 17.2 m，作业半径 8 m，额定起重量为 9.6 t，满足钢筋笼吊装作业要求。下穿高铁部分钻孔桩钢筋笼按 3.5 m 一节，利用桩机自提升系统进行钢筋笼安装，保证高铁安全。具体施工工艺流程如图 13-7 所示。

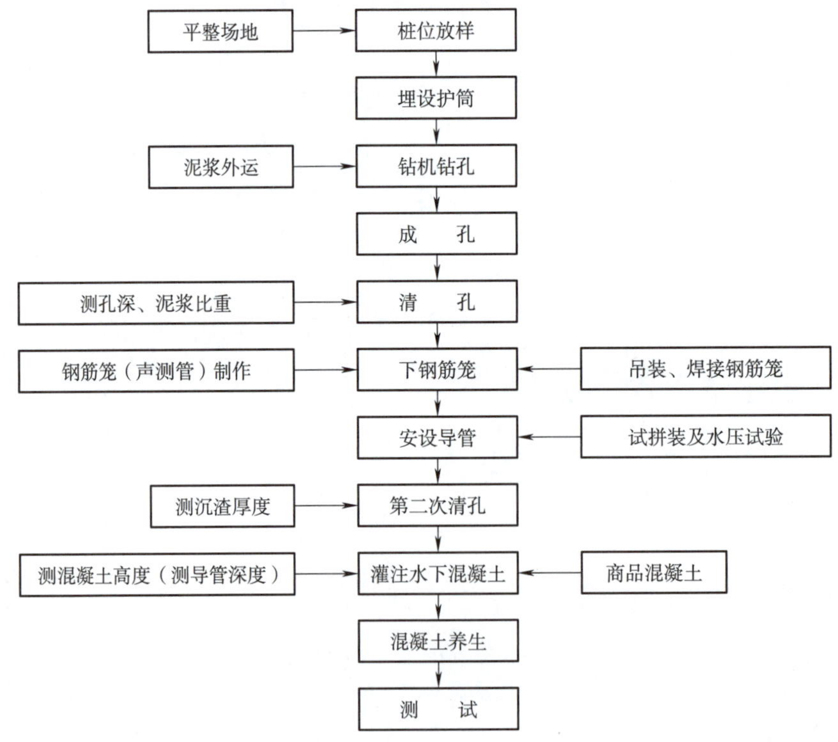

图 13-7　昆山涉铁立交工程钻孔灌注桩施工工艺流程

3. 主墩承台、地系梁施工工艺

(1)主墩施工工艺

针对风险源 2，为保证承台基坑开挖安全，开挖前，放出承台中心十字线和开挖边界线，并在基坑顶面开挖边线外设置防水土埝和排水沟，防止地面水流入坑内。开挖从一侧向另一侧顺序进行，人工配合进行修整，并加强路基边坡的位移监测和巡查，如有异常立即停止进行，查明原因采取措施后方可继续施工。施工中应做好基坑防水和避免地表径流进入基坑。如在雨季施工，预备专门的防洪排水设备。混凝土养生水应注意水量，防止水流浸泡基坑。开挖过程中，坑内设置排水沟和集水井，使用水泵及时将坑内集水排出坑外，保证施工过程在无水状态下持续不断地进行。开挖到位后，在坑底挖沟和集水井，然后用潜水泵抽出。基底的开挖宽度宽出基础 1 m 以外，以保证有排水沟、立模和人工操作的净空。待桩头破除后浇筑混凝土垫层。基坑开挖后要尽快进行钢筋、模板、混凝土灌注等工作，缩短基坑暴露时间。基坑开挖前，要在靠近铁路侧设置警戒线，保证线路安全。

为防止施工对既有线路稳定造成影响，在邻近铁路的承台外围设置钢板桩围护，钢板桩打设前通知工务部门/高铁维修段到现场监护施工，打拔围护桩时派专人进行“一机一人”专人防护，此范围内钢板桩作为一次性投入，施工结束后不再拔除。

基坑挖土过程中做好线路观测和围护桩位移观测，发现异常情况及时回填，确保安全。当沿线路侧基坑边坡单日位移达 2～3 mm 且不收敛时或累计位移达 10 mm 时、当其余三面基坑位移达 4～5 mm 且不收敛时或累计位移达 30 mm 时，应立即采取人工挖卸载和拉锚等抢险方案。如位移仍不收敛，对基坑应立即回填，重新审定加固方案。

(2)承台施工工艺

承台为大体积混凝土结构，应采取有效措施以降低水化热和内外温差。控制大体积混凝土的水灰比，夏季施工时降低骨料温度，加强养护，控制拆模时间和拆模温度等。选用普通硅酸盐水泥，掺加适量的粉煤灰、减水剂以降低水化热。采用有利于降低水化热的混凝土配比并考虑结构混凝土的耐久性等措施。

承台钢筋采用钢筋加工车间集中加工，运到现场进行绑扎。钢筋原材及绑扎质量符合规范要求。承台模板采用竹胶板拼装而成。模板制作质量及安装质量符合规范要求。大体积混凝土浇筑内设置冷却水管，施工时进水管口、出水管口温度差应控制在 15 ℃～20 ℃。应做好温度监测，控制好温差。冷却水管采用热传导性能好并有一定强度的 $\phi 32\times 3.5$ mm 的热轧无缝钢管，水平向间距为 2 m，竖向层间距为 1 m，如图 13-8 所示。

图 13-8　冷却管施工现场

下承台混凝土分 2 次灌注，第一次设置承台内钢绞线，第二次预埋安装滑道和球铰支撑架。下承台施工完成后，在顶面安装下球铰，浇筑球铰固定块。

(3)地系梁施工

123 号、124 号及 126 号墩地系梁顶均与桩顶齐平，减少了地系梁的开挖深度。地系梁尺寸为 4.787 m×1.5 m×1.8 m，开挖深度为 2.18～2.46 m，123 号、124 号墩采用 6 m 钢板桩进行基坑支护，126 号墩采用 1∶1 放坡开挖施工。同时在施工过程中加强对路基的观测，确保铁路安全。邻近铁路各地系梁参数见表 13-2。

表 13-2　邻近铁路地系梁参数(m)

墩号	系梁高度	系梁顶高程	系梁底高程	地面高程	开挖深度
123	1.80	1.35	−0.45	1.58	2.18
124	1.80	0.579	−1.221	1.14	2.461
126	1.80	2.058	0.258	2.45	2.292

123 号墩基坑边与京沪上行线铁路中心最不利距离为 9.21 m，钢板桩与回流线最不利距离为 5.22 m；124 号墩基坑边与京沪下行线铁路中心最不利距离为 9.07 m，钢板桩与回流线最不利距离为 5.38 m；根据相关要求，123 号、124 号墩钢板桩距路堤坡脚 3 m 至 8 m 内在封锁条件下施工。封锁结束后，施工完后在工务段监护下同步检查确认，对线路、通信、信号设备、施工现场一切构造物或堆积材料机具检查确认无安全隐患后，通过施工负责人同意后方可解除一切防护措施。126 号墩采用 1∶1 放坡开挖施工，基坑边与沪宁高铁承台最不利距离为 3.23 m，如图 13-9 和图 13-10 所示。

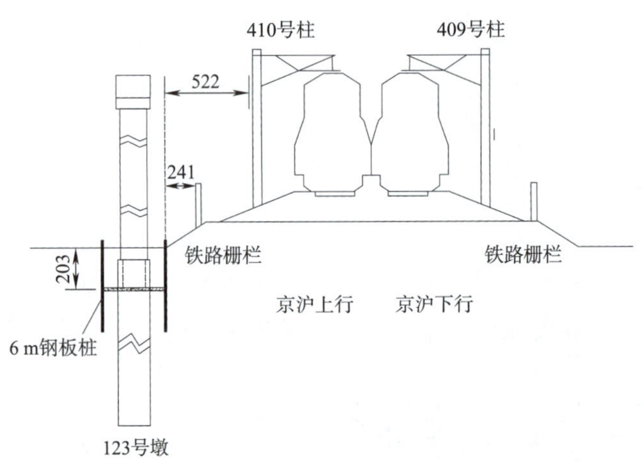

13-9　承台施工基坑与京沪铁路最不利关系断面(单位:cm)

基坑挖土过程中做好线路观测，发现异常情况及时回填，确保安全。当沿线路侧基坑边坡单日位移达 2～3 mm 且不收敛时或累计位移达 10 mm 时、当其余三面基坑位移达 4～5 mm 且不收敛时或累计位移达 30 mm 时，应立即采取人工挖卸载和拉锚等抢险方案。如位移仍不收敛，对基坑应立即回填，重新审定加固方案。

4. V 型钢构墩施工

M127 号主墩 V 型斜腿为预应力钢筋混凝土板式结构，斜腿轴线与水平面交角 41.8°、

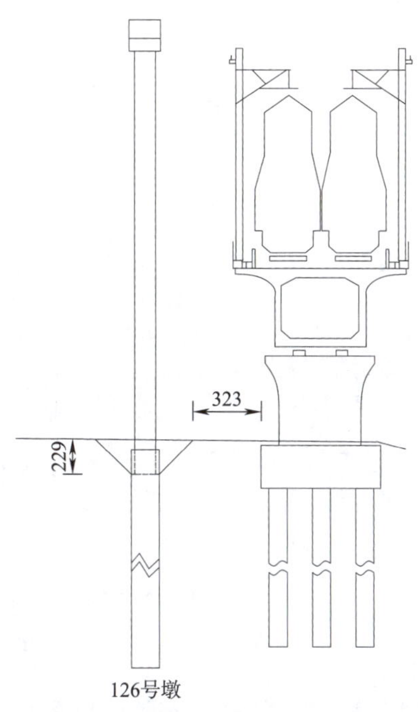

图 13-10　承台施工基坑与沪宁高铁最不利位置关系（单位：cm）

39.2°，上下固结，斜腿长约为 11.52 m、10.78 m，横向顶部与固结处箱梁底同宽 19.94 m，底部与上承台固结处宽度为 12 m，斜腿厚 3.0 m，两斜腿通过 3.3 m 高墩座与承台连接，V 腿与主梁形成比例协调的三角框架。V 腿共分为 2 个节段分开浇筑，并布置预应力束，预应力钢束采用 12ϕ_s15.2 钢绞线。

施工整体流程：V 型墩底座脚施工→安装 V 腿支撑架、底模→绑扎钢筋、预埋预应力管道、立模→灌注 V 腿混凝土。

针对风险源 3、4，为保证转体施工的安全性，V 构施工采用钻孔灌注桩基础＋钢管柱＋分配梁支撑体系，将 0 号块支架与 V 构斜腿独立设计，避免了支承于 V 构斜腿上的支架与两侧桩基础产生不均匀沉降的风险，有效防止箱梁及 V 构斜腿混凝土开裂。V 构斜腿采用分段浇筑、张拉方案，简化了支架结构设计、减小了结构受力。同时，施工过程中优化配合比有效控制混凝土水化热，避免大体积混凝土开裂确保其耐久性。

V 型刚构墩采用两腿支撑体系独立设计方案。每条斜腿延纵桥向各布置 6 排 ϕ609×16 钢管柱。钢管柱充分利用下承台及冠梁作为柱底基础，其他采用直径 ϕ0.8 m，20 m 长钻孔灌注桩作为柱底基础，与主墩钻孔桩同步施工，施工过程中注意提前预埋好法兰盘。柱顶设置沿纵桥向、斜率与 V 腿一致的双拼 I40 工字钢，工字钢与立柱顶面钢板焊接。型钢顶面横桥向间距 30 cm 的 I22b 工字钢分配梁，梁顶为 V 腿钢模。具体布置如图 13-11 所示。

V 腿钢筋主筋 ϕ28，上端伸入箱梁底板内约 1.0 m，下端伸入墩座内约 1.5 m，分两节段安装到位，钢筋做好预留。

V 腿侧模全部采用定型钢模板。为了模板的安装到位，在施工前现场先将斜腿支撑体系安装好，作为模板安装的依托。待测定支撑体系顶面高程无误后，V 腿外侧模板安装时分别从上、下游滑入就位，自下而上逐块安装。上、下游端侧模直接采用吊机配合安装就位。两侧端

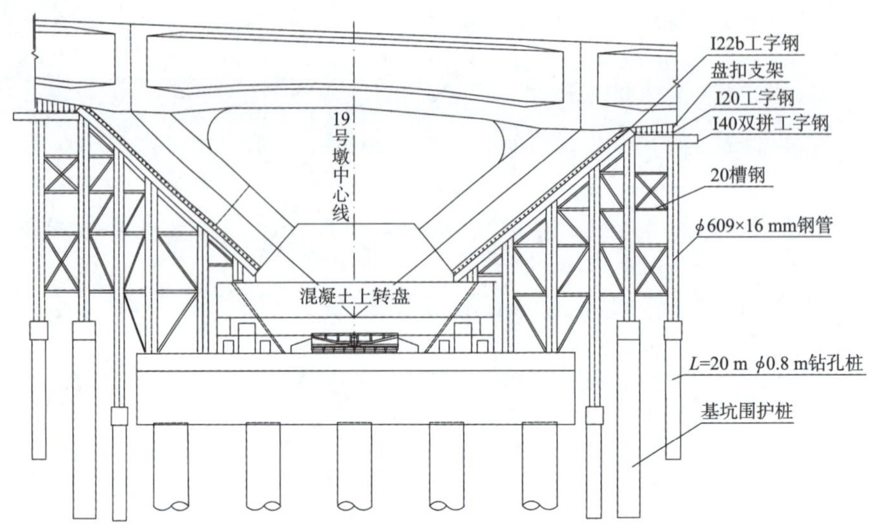

图 13-11　V 腿施工支撑纵断面布置(单位:cm)

模固定采用外拉杆对拉螺栓联结。

灌注 V 腿混凝土分两次进行,第一次灌注至墩座上 V 腿 6.14 m(5.68 m)段,第二次为箱梁底,为了保证支撑体系的稳定,灌注中尽量对称进行。为了振捣密实,灌注应缓慢进行,每层浇筑不得大于 30 cm。

V 腿施工前,将球铰转动撑角与滑道间间隙利用楔形钢块进行抄死、限位加固;施工过程特别是混凝土浇筑过程中需严密监测支撑体系的沉降位移及钢模板的稳定情况,施工过程应平稳快速进行。

V 腿钢筋施工过程中,预留振捣孔,防止因振捣不到位出现蜂窝麻面等现象。考虑 V 型刚构墩墩顶位于 0 号块箱梁底板下方,为防止 V 腿在 0 号块施工过程中出现开裂的可能,V 腿支撑体系待 0 号块施工完成后与 0 号块支撑体系一并拆除。

5. 悬浇箱梁施工

上跨沪宁高铁采用 2×66 m 先悬浇后平面转体施工,位于铁路 30 m 范围内,桥面纵坡为 −3.97%,桥面净宽 34 m,底板宽为 19.94～23.69 m,两侧悬臂板长各 4.0 m,悬臂板端部厚 25 cm,根部厚 60 cm。转体前与沪宁高铁平行方向、采用悬臂挂篮法施工,全长共划分为13 个梁段,0 号梁段长 37.0 m,1～3 号梁段长 3.5 m,4～11 号梁段长 4.0 m,12 号梁段长 3.4 m,13 号梁段长 1.5 m。0 号块采用钢管贝雷托架法施工,1～13 号节段均采用挂篮法施工,不设后浇段。箱梁悬浇状态距沪宁高铁回流线最小距离为 19.79 m,距线路中心最小距离为 25.25 m。

(1)0 号块箱梁施工

支撑体系:考虑 V 腿结构的特殊性,0 号块采用托架法施工。0 号块箱梁混凝土现浇的主要承重结构,要求其具有足够的强度和刚度。0 号托架由钢管立柱通过横桥向 I56b 工字钢及分配梁形成空间刚架结构,托架顶面搭设满堂式盘扣支架。柱基础利用 V 腿基础、下承台及冠梁作为支撑基础。立柱采用 ϕ609×16 mm 钢管,柱顶沿纵桥向设置双拼 I40 工字钢,型钢顶面铺设间距 60 cm I56b 工字钢及间距 30 cm I12 工字钢分配梁。梁顶搭设盘扣式满堂支架作为箱梁底模、侧模的支撑结构。为保证施工期间线路运行安全,在靠沪宁高铁侧设置防护网和防电绝缘板。支架安装完毕后,采用 1.2 倍实际施工荷载预压,用砂袋或定型钢块作压重荷载,以消除非弹性变形。

模板安装:模板采用方木作模板骨架,胶合板作面板,面板与方木间用铁钉连接;内模采用竹胶板作面板,方木作模板的骨架,腹板处设对口拉杆。

钢筋施工:箱梁 0 号段钢筋是整个箱梁钢筋中最复杂的部分,主要有 0 号段横隔梁钢筋、底板钢筋、腹板钢筋及顶板钢筋组成。为便于施工减少相互干扰,其绑扎顺序为:底板钢筋→横隔梁→腹板钢筋→顶板钢筋。

预应力管道安装:0 号段预应力管道较为密集,纵向、竖向均有,在绑扎钢筋的同时安装预应力管道,要求管道定位准确,管道平顺不得有死弯,管道接头使用外套管且接头封密防止漏浆。预应力管道安装时进行严密检查,不得有漏洞,脱节等现象。

混凝土浇筑:箱梁混凝土采用泵车泵送入模,插入式振捣器捣固。梁部混凝土的浇筑分两次进行。第一次浇筑底板和腹板部分,第二次浇筑顶板部分,两次浇筑的接茬部位按施工缝处理。

预应力张拉:待弹性模量均达到 100%、混凝土强度达到 90%以上且龄期不小于 7 天方可进行预应力张拉施工。采用双端同步张拉,应力、应变双控,以应力为主,应变校核,纵向束张拉时横桥向左右对称,张拉顺序按设计逐束张拉。

(2)悬浇段施工

悬浇段施工工艺流程如图 13-12 所示。

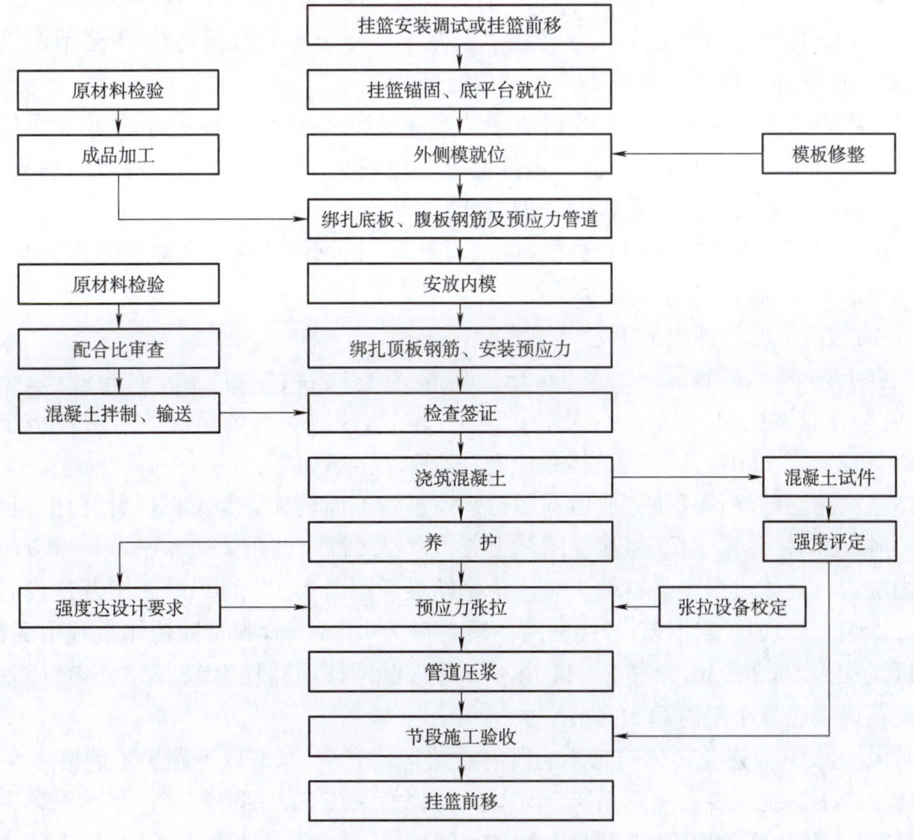

图 13-12　昆山涉铁立交工程悬浇段施工工艺流程

施工挂篮采用液压菱形挂篮，主要由主桁架、行走及锚固系统、吊带系统、底平台系统、模板系统组成。该挂篮承载能力和刚度大，机械化程度高，操作方便快捷、安全可靠，如图 13-13 所示。

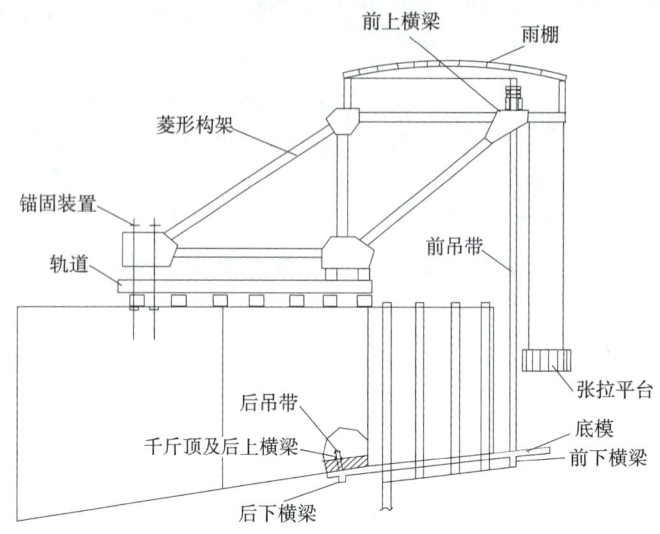

图 13-13　主桥挂篮侧面示意

连续梁 1～13 号节段采用菱形挂篮悬臂浇筑。0 号块施工完毕后，在 0 号块上安装挂篮，经验收合格且试压后进行 1 号节段悬浇施工。施工 1 号节段时挂篮连体，1 号节段施工完毕后，挂篮解体成各独立体系平衡施工 2 号及以后节段。

箱梁节段混凝土采用泵送一次浇筑成型。灌注顺序为：横向对称进行，纵向由外向内分层浇筑。浇筑过程中两端平衡进行，混凝土自重偏差控制在±3%范围内。混凝土初凝后，及时覆盖土工布并安装自动喷淋装置确保养护湿度。

悬臂施工按照对称平衡的原则进行，控制两悬臂上部不平衡荷载，除了施工机具外，不得堆放其他物品和材料，以免引起挠度偏差。

6. V 构箱梁平面转体施工工艺

本工程上跨沪宁高铁采用 2×66 mV 构箱梁平面转体施工，桥面净宽 34 m，纵坡 −3.97%，转体总重量约 2.14 万 t，采用 2.5 万 t 球铰，顺时针转体角度 70°，对应沪宁高铁里程为 K62+127，交叉角度 70°，转动体系设置在 M127 号墩位置。

梁体在铁路北侧浇筑张拉完成后利用封锁点进行平面转体。箱梁顺时针转体过程中依次跨越 77 号接触网柱并置于 79 号接触网柱上方，79 号接触网柱距梁边水平距离 3.04 m，对应箱梁翼缘位置。转体过程中悬臂端头与通信基站最近距离为 17.243 m，施工及建成后对通信基站没有影响。经现场实测，77 号接触网柱顶高程为 16.64 m，顺时针转体过程中底板划过，最低底板高程为 19.284 m，净高 2.644 m。79 号接触网柱顶高程为 17.553 m，转体就位后承力索距离箱梁梁底最小距离 2.505 m。

针对风险源 3，为避免转体施工影响既有铁路运营安全，采取以下施工工艺措施。

平转法施工系统主要由承重系统、牵引系统、平衡系统三大部分组成。承重系统主要由上转盘、下转盘和转动球铰构成，上转盘支撑转动结构，下转盘与桩基础相连，通过上转盘对下转盘的转动达到转体目的。牵引系统由牵引设备、牵引反力支座、助推反力支座构成。平衡系统由结构物本身、钢管混凝土圆形撑脚、砂箱构成。主要流程包括下球铰安装、滑道安装、上球铰与聚四氟乙烯复合夹层滑片安装、撑脚及砂箱安装、上转盘安装,下面为各部分施工工艺的细节。

(1)下球铰安装

下球铰安装步骤为:第一次混凝土顶面凿毛、清理→下转盘球铰型钢底座初步定位→绑扎下承台二次混凝土钢筋→精确定位及调整底座→固定→浇筑混凝土→安装下转盘球铰→浇筑球铰固定块。下球铰构造如图13-14所示。

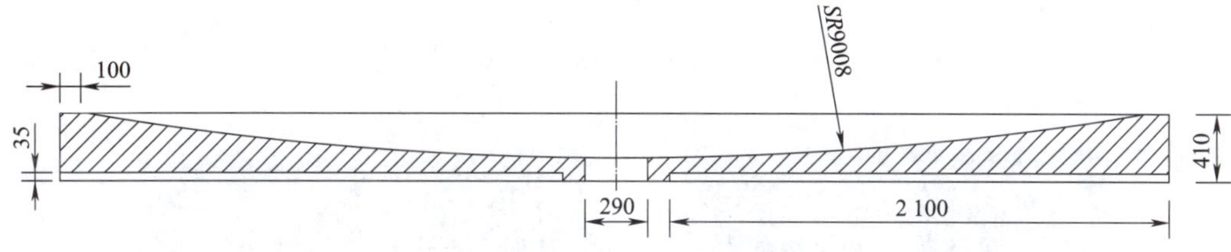

图13-14 下球铰构造示意(单位:mm)

下承台第一次混凝土顶面凿毛、清理后,预埋固定滑道钢板螺栓。初步定位型钢底座中心十字线。准备工作完成后,按照设计及规范的要求进行钢筋的绑扎。当普通钢筋与型钢底座发生冲突时,应适当移动普通钢筋。钢筋绑扎完成后对型钢底座进行精确调整,确定中心位置,然后依靠固定调整螺杆上下转动调整高程。精确定位及调整完成后,对型钢底座的中心、高程、平整度进行复查,经检查合格后对其进行固定。混凝土的浇筑关键在于混凝土的密实度、浇筑过程中下转盘球铰应不受扰动、混凝土的收缩不至于对转盘产生影响。

安装下转盘球铰时,严格控制好精度。球铰转动中心容许安装误差:顺桥向±1 m,横桥向±1.5 mm,球铰按照顶口应水平,其顶面任意两点误差不大于1 m。

(2)滑道安装

为了减小撑脚与下转盘的接触摩擦,撑脚支撑面置于同一水平面内,从而使转体发生轻微倾斜时,仍能平稳运行。在撑脚的下方设有1.2 m宽的滑道,滑道中心的直径为12.5 m,滑道由5 mm厚四氟乙烯滑板、3 mm厚不锈钢板及30 mm厚滑道钢板贴面组成(图13-15),滑道钢板固定在环形滑道骨架上。滑道钢板采取分节段拼装,在盘下利用调整螺栓调整固定,要求整个滑道面在同一水平面上,其相对高差不大于1 m。待滑道骨架和滑道安装调平之后与下承台第二次混凝土浇筑时一次浇筑完成使其成为一个整体。

(3)上球铰、聚四氟乙烯复合夹层滑片安装

下承台浇筑完成后,将转动中心轴的钢棒放入下转盘预埋套管中,然后进行下球铰聚四氟乙烯复合夹层滑片和上球铰安装,聚四氟乙烯复合夹层滑片的极限抗压强度大于180 MPa。聚四氟乙烯复合夹层滑片安装前,先将下球铰顶面及孔内清理干净,并将球面吹干。根据聚四氟乙烯复合夹层滑片的编号将其安放在相应的镶嵌孔内。

聚四氟乙烯复合夹层滑片安装(图13-16)完成后,保证其顶面位于同一球面上,误差≤0.2 mm。检查合格后,在球面上各聚四氟乙烯复合夹层滑片间涂抹黄油聚四氟乙烯粉,使黄油聚四氟乙烯粉均匀充满聚四氟乙烯复合夹层滑片之间的空间,并略高于聚四氟乙烯复合夹层滑片,保证其顶面有一层黄油聚四氟乙烯粉。

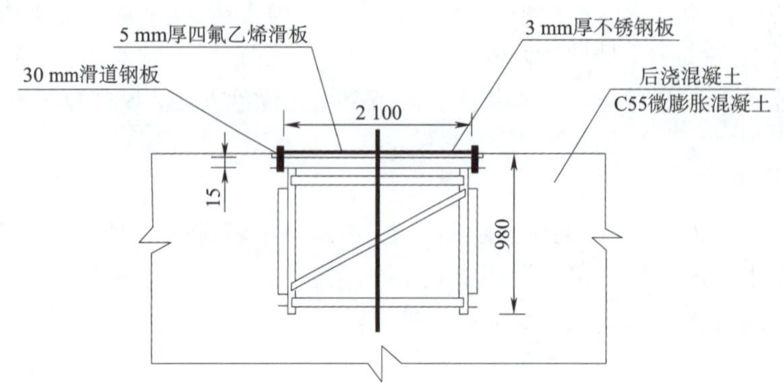

图 13-15 型钢骨架安装立面(单位:mm)

(a) 滑片安装

(b) 黄油聚四氟乙烯粉施工

图 13-16 下球铰聚四氟乙烯复合夹层滑片安装

(4)撑脚及砂箱安装

单个上转盘设双圆柱式永久撑脚 8 件,三圆柱式临时撑脚 4 件,均由壁厚 24 mm 的 ϕ1 000 钢管混凝土组成,下设 30 mm 厚钢板。撑脚在工厂整体制造后运进现场,在下转盘混凝土浇筑完成,上球铰安装就位时即安装撑脚,安装撑脚时确保撑脚与下滑道的间隙符合设计要求。转体前在滑道面内铺装不锈钢板及聚四氟乙烯板。

砂箱由 ϕ790 mm、厚度为 20 mm、高度为 58 cm 的钢管与 ϕ850 mm、厚度为 20 mm、高度为 58 cm 钢管组合而成,砂箱内填充干燥石英砂。砂箱底部根部设置卸砂孔,脱架时拧去螺栓,让砂流出或用水冲出即可。砂箱均匀布置在撑脚之间,设 8 组,每组两对,如图 13-17 所示。

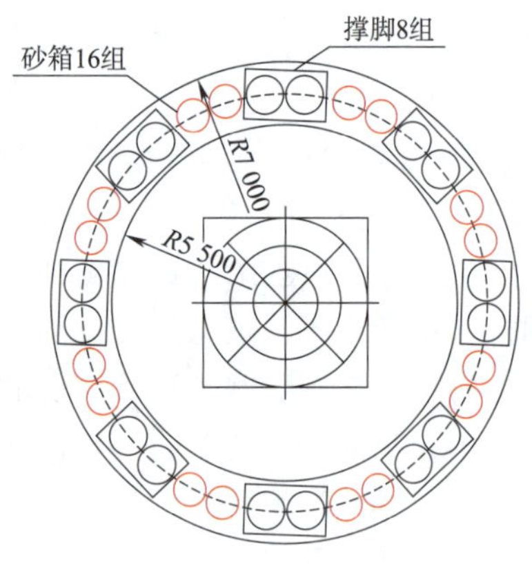

图 13-17 撑脚及砂箱安装示意(单位:mm)

(5)上转盘安装

上盘由方形上盘与圆转台组成。方形上盘边长 16 m,高 3 m。圆转台 ϕ14.5 m,高度 1 m。转台内预埋转体牵引索,预埋端采用 P 型锚具,同一对索的锚固端在同一直径线上并对称于圆心。每根索埋入转盘长度大于 3 m,每对索的出口点对称于转盘中心。牵引索外露部分圆顺地缠绕在转盘周围,并做好保护措施。待上盘混凝土达到设计强度后,进行整个转动系统支承体系的转换。施加转动力矩，使转台绕球支座中心轴转动。检查运转是否正常，测定其摩擦系数，为正式转体施工提供依据。

(6)箱梁平面转体施工

水平转体施工是本工程施工的重点核心部分。转体施工在天窗点内进行，根据计算及沪宁高铁运输情况，上报本次转体封锁施工计划 240 min，其中转体时间约 85 min，转体角度 70°。主墩转体角速度 $\omega \leqslant 0.02$ rad/min，主梁端部水平线速度 $v \leqslant 1.0$ m/min。桥面系在正式转体前须全部完成(仅靠 M126 号墩侧预留 3 m 防撞墙后浇)。转体完成后，在 V 形墩墩底上、下转盘间用型钢将上下转盘抄死。

转体施工前，首先进行转体牵引力、安全系数及转体时间计算。然后对承台预埋钢筋及墩身钢筋进行调整，保证在转体过程中不发生干扰，转体完成后进行恢复并连接。解除上下转盘临时锁定装置，锁定装置使用氧气、乙炔将限位的工字钢进行错位切除，切除高度为 5 cm，切除位置位于工字钢的 1/3 处，切除方向沿转体方向放坡切除，坡度为 20%。临时固结装置拆除。在 M126 号、M128 号墩内侧提前搭设箱梁转体就位后临时支撑平台，平台尺寸为 25 m×3 m。利用临时支撑平台上的千斤顶，精确调整梁体端部高程，并采取措施抄垫。由于 M126 号墩距沪宁高铁最小仅 7.9 m，为保证线路安全，M126 号墩一侧的临时支撑平台采用直径 ϕ0.8 m，长 20 m 的钻孔灌注桩和承台基础，M128 号墩一侧的临时支撑平台采用长 20 m，ϕ800×10 钢管桩基础。上部均为 ϕ609×16 mm 钢管立柱，设纵横向剪刀撑平联，柱顶设双拼 56a 工字钢和 120a 工字钢分配梁，钢板采用 16 mm 厚花纹钢板。临时支撑平台平面布置如图 3-18 所示，M126 号临时支撑平台断面如图 3-19 所示。

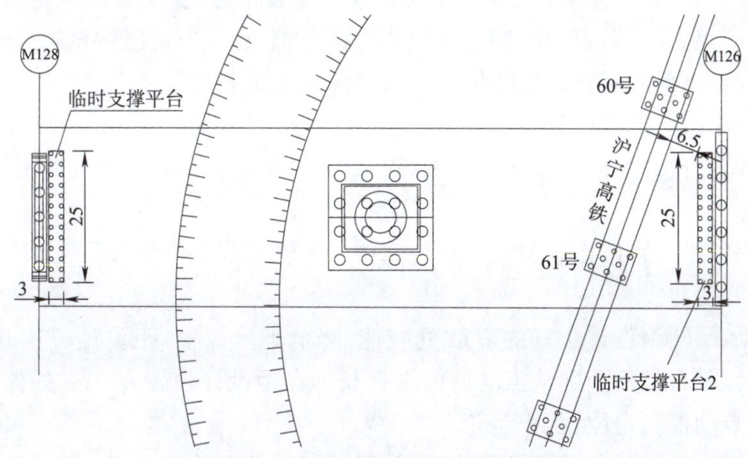

图 13-18　临时支撑平台平面布置(单位：m)

同时要进行转体的平衡控制，混凝土浇筑过程中对箱梁顶、底面高程进行严格控制并记录混凝土浇筑数量。整理混凝土浇筑记录，计算混凝土不平衡重和结构不平衡力矩。梁部本身对于转体结构物轴心来说是对称结构，但由于纵坡影响使其产生不平衡力矩。梁部施工完成、挂篮拆除后，进行 48 h 的全天候观测。在梁下利用千斤顶进行等力、不等力反顶称重并观测变化，根据观测数值进行分析，确定不平衡重调整值，称重委托有专业资质的单位进行。称重完成后根据转体结构物不平衡力矩，在梁上采用钢制配重进行加载配重，并在上转盘上安装转动刻度标尺，用于转体过程中转体角度的宏观控制尺。

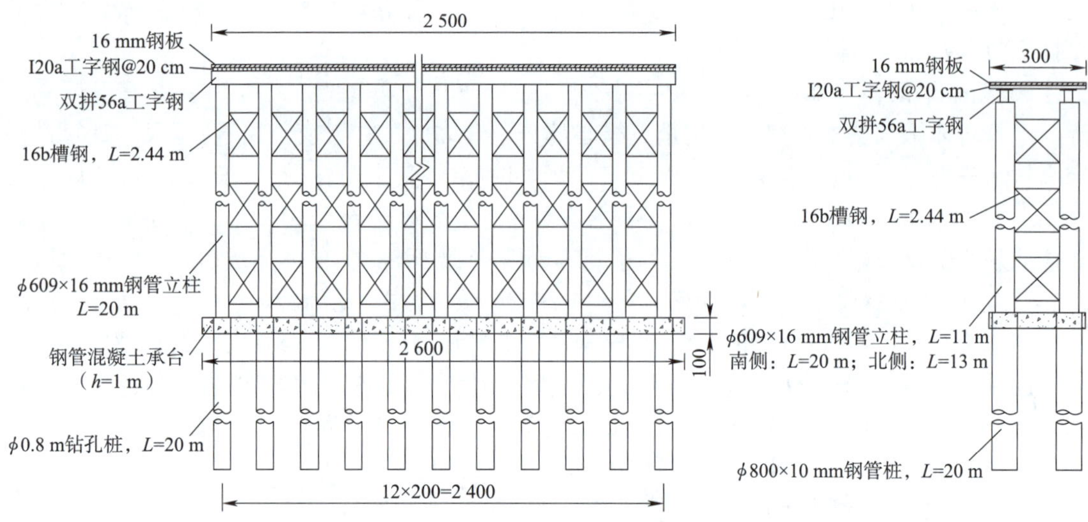

图 13-19 M126 号临时支撑平台横断面(单位:cm)

之后进行设备安装调试与牵引索安装,转体上转盘埋设有两束牵引索,每束由 22-ϕ15.2 mm 钢绞线组成。预埋的牵引索经清洁各根钢绞线表面的锈迹、油污后,逐根顺次沿着既定索道排列缠绕,穿过 ZLYZ-400 型连续顶推千斤顶。牵引索的另一端应先期预埋入上转盘混凝土体内,作为牵引索固定端。

在试转过程中,检查转体结构是否平衡稳定,有无故障,关键受力部位是否产生裂纹。如有异常情况,则应停止试转,查明原因并采取相应措施整改后,方可继续试转。

试转后无异常情况后进行正式转体。正式转体施工工艺如下:

①同步张拉牵引千斤顶(ZLYZ-400 型),吨位达到计算动摩阻力。

②助推千斤顶分级加力,按 200 kN 一级分级加力,直至撑脚走板水平位移观测确定启动,并记录静摩阻力。

③根据上报审批的转体作业封锁点进行转体。平转过程中测量人员反复观测箱梁轴线偏位,梁端部位高程变化。

④匀速转动,平转距设计位置约 1 m 处减速,降低平转速度,距设计位置 0.5 m 处,采取点动操作,并与测量人员配合确认点动后梁端弧长。在距设计位置 0.1 m 处停转,测量轴线,根据差值,精确点动控制定位,防止超转。

⑤转体就位后,精确调整转体倾斜位置,并用型钢将上下转盘抄死。临时墩墩顶与梁底先行抄死。防止梁体在外力作用下摆动。

⑥梁体利用临时支撑平台上的千斤顶,精确地调整梁体端部至设计高程。待 M126 号、M128 号墩永久支座安装施工完成后,再拆除临时支撑平台。

转体过程中,需要对梁部各结构进行控制测量,在距主墩中心两端的翼缘板边各布置 5 个高程点,共计 10 个高程点,桥中心布置 4 个坐标点。以测量桥的整体平衡性、V 腿的垂直度和桥的轴线正确性。

分别在铁路以北和铁路以南架设全站仪,以控制点为后视进行测量。全站仪观测 H1～H10 高程点。在旋转过程中进行不间断的观测,如发现测出的高程和旋转前相差较大时(超出3 cm误差),及时通知指挥组,采取措施,使桥的整体平衡在旋转过程中得到有效控制。

两台全站仪在测高程的间隙时间观测主墩上的直尺,以便观测主墩垂直度在旋转过程中是否保持一致。如有倾斜超过3‰时,及时通知指挥组,采取措施,使主塔在整个旋转过程中得到有效的控制。

当旋转接近设计轴线时,通过全站仪测S1～S4,算出桥的方位角及其与桥的设计方位角的差值,通知指挥组还需旋转的角度。当方位角差值在规范允许的误差范围之内时,即轴线误差在10 mm之内时,通知指挥组停止旋转。

由于上下转盘之间间隙为2.0 m,转体撑死后立即组织人员对此部分空隙进行混凝土封盘施工,采用C50的微膨胀混凝土封闭。考虑从承台外边至球铰外边距离有5.5 m,在上承台预留的4个压浆孔内往空隙部分注同混凝土强度等级纯水泥浆,确保封固密实。

13.3.2　施工安全卡控措施

本桥转体跨越京沪铁路、沪宁高铁上方并下穿京沪高铁,施工期间确保铁路安全是本工程的重中之重。针对风险源1～4,为保证施工过程中既有营业线的安全,采取如下措施:

1. 下部结构施工安全管理措施

为了确保线路行车及人身安全,根据相关文件安全规定以及营业线施工安全相关要求,应杜绝任何重大行车事故和人身伤亡事故发生。

钻机就位后其底座应平稳、水平,钻架竖直,且保持钻头或钻杆中心与桩位中心在一铅直线上,偏差不得大于5 cm。钻机就位后,进行缆风绳拉设固定,缆风绳应采用直径不小于9 mm的钢绞线,禁止采用尼龙绳、麻绳、钢筋等材料替代。

成品钢筋笼制作完成后,起吊前须经项目部和监理验收通过后方可安排吊装,施工之前检查吊车各部技术状况应处于良好状态,重点检查操纵装置、液压装置、安全装置和钢丝绳等,检查符合要求,方准吊装,严禁吊车“带病”作业。吊车作业时站位在远离既有线位置,吊车作业人员持证上岗,吊装时派专业人员指挥和专业安全人员防护,做到“一机一人”防护。当列车通过时,必须停止装卸、回转等作业,防止侵限。

桥墩立柱、盖梁施工时必须确保钢筋骨架稳定性,利用缆风绳固定立柱、盖梁模板,缆风绳布置方式同钻孔桩机,吊机摆放位置与铁路垂直,伸臂和收臂均朝线路的反方向,吊装期间大臂与铁路平行。禁止大臂面朝铁路方向作业,吊装作业期间所有吊物均用缆风绳拉住,防止吊物晃动影响行车。

在钻孔桩及地系梁施工过程中,还应加强铁路路基变形观测,路基变形速率较快或有持续变形时,增加观测频率,并根据观测结果调整施工。当路基水平位移或垂直位移达到预警/报警值时,必须停止施工。线路沿线材料、工器具做到堆码整齐,满足安全技术相关规定,严禁侵限。

铁路两侧桩基施工前需与铁路相关部门签订安全协议,摸清地下管线,需特别注意铁路电缆的位置,需与设备管理单位一同对埋设电缆位置进行确认。对施工范围30 m以内采用安全防护网进行隔离,靠近铁路侧采用绿丝网进行围护。

2. 跨线转体施工安全控制措施

由于转体工程难度大、程序复杂、作业机械多,故要求转体施工前应建立统一的指挥机构,并配备通信联络工具。转体施工中应听从统一指挥,发现问题或隐患应及时报告,并随时处理。跨线转体期间,需派专人对施工区段线路进行巡视检查,一经发现问题,立即上报及时处理,确保线路安全。千斤顶张拉系统操作人员严格执行有关操作规程,服从命令,听从指挥,做到班前检查,班后保养,发现故障及时清除,确保设备处于良好状态。在转体施工前应全面检查所用机具设备及各项安全防护设施的落实情况,并增设漏电保护装置。将梁体与大地间设置接地线,防止铁路高压电产生静电击伤作业人员。

转体就位后,迅速进行转体体系固定,同时对施工范围内的线路和限界进行清理、检查,确认无误后,方可报开通线路。V 构转体邻近营业线施工期间,每日施工完毕后桥面的机具和杂物及时清理,保持梁面整洁、干净,防止大风把杂物吹落到接触网,影响铁路行车安全。

3. 既有铁路封锁措施

本工程主线 123～124 号、126～127 号墩、V 构梁悬浇为邻近营业线施工(邻近营业线线路中心小于 30 m),按相关文件规定纳入邻近营业线施工安全监督计划进行管理。对京沪铁路主跨架梁及桥面系作业、沪宁高铁 V 构转体需进行线路封锁施工。具体施工封锁计划见表 13-3。

表 13-3　上跨施工封锁计划

序号	等级	线路	行别	施工项目	施工日期	施工时间	施工内容
1	Ⅲ	京沪线	上	钢板桩施工	2019-6-20	封锁 90 min	距坡脚 3～8 m 范围内钢板桩施工
2	Ⅲ	京沪线	下	钢板桩施工	2019-6-21	封锁 90 min	距坡脚 3～8 m 范围内钢板桩施工
3	Ⅱ	京沪线	上/下	架桥机过轨	2019-10-14	封锁 70 min	铁路跨架桥机主梁过轨
4	Ⅲ	京沪线	上/下	架桥机前支腿过轨	2019-10-15	封锁 60 min	铁路跨架桥机前支腿过轨
5	Ⅱ	京沪线	上/下	首片箱梁架设	2019-10-16	封锁 70 min	铁路跨首片箱梁架设
6	Ⅲ	京沪线	上/下	箱梁架设、桥面系施工	2019-10-17～10-31	封锁 70 min	铁路跨第 2～12 片箱梁架设,同步进行湿接缝盖板安装;铁路北侧邻跨边梁(1 号、13 号)架设
7	Ⅲ	京沪线	上/下	桥面系施工	2019-11-4～11	封锁 70 min	铁路跨横隔梁、湿接缝、桥面铺装混凝土施工
8	Ⅲ	京沪线	上/下	桥面系施工	2019-11-12～11-25	封锁 70 min	铁路跨移动模架、防撞墙、防抛网施工
9	Ⅱ	沪宁高铁	上/下	V 构箱梁转体	2020-7-10	封锁 240 min	V 构箱梁转体施工
10	Ⅲ	京沪线	上/下	箱梁架设	2020-9-5～6	封锁 70 min	架桥机架设 K126 孔边梁(1 号、13 号)

注:1～8 与 10 施工地点在唯亭—昆山上行 K1389＋860～K1390＋015、下行 K1389＋985～K1390＋113,9 施工地点在阳澄湖—苏州工业园区上行 K62＋036～＋203、下行 K62＋036～＋203。

13.3.3 监测与控制

1. 监测总体要求

本工程在既有线路两侧施工钻孔桩、地系梁,需开挖、开钻,为防止开挖、开钻对线路造成影响,保持铁路长期处于符合铁路技术标准所规定的良好状态,需要对铁路路基和桥墩等进行监测,使线路经常处于完好状态,保证列车按照规定的速度,平稳、安全和不间断地运行。在本工程施工过程中需要监测的项目有铁路路基和桥墩的沉降位移监测。

2. 监测点布置

根据设计要求,将所有变形监测点布设在桥墩上,采用 AB 胶水将 L 型监测棱镜固定于桥墩上。墩身底部设置 1 个沉降观测(条件允许时可利用既有沉降观测点)、墩顶左右各设 1 个水平位移观测。在测试桥墩的三维变形时,考虑桥墩及承台为一刚性体,因此在每个桥墩上布置 3 个变形监测点即可反映该桥墩三维变化量,即 7 个桥墩上共计布设 21 个监测点。测点布置如图 13-20 和图 13-21 所示。

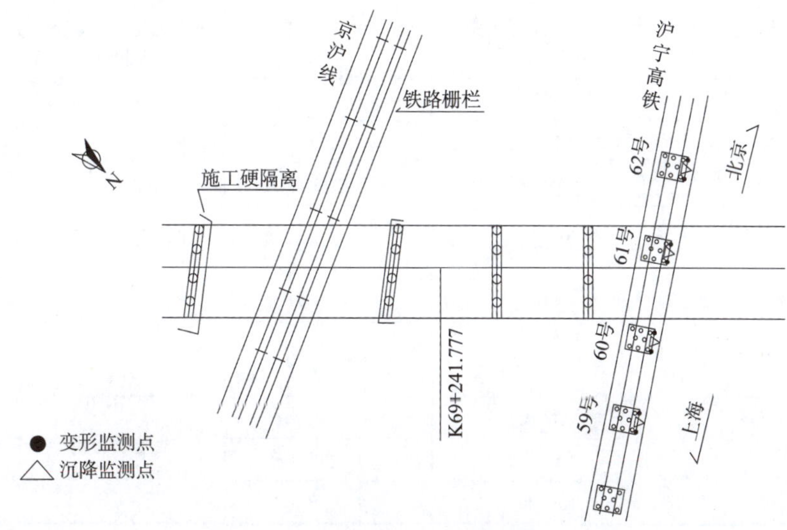

图 13-20　监测点平面布置

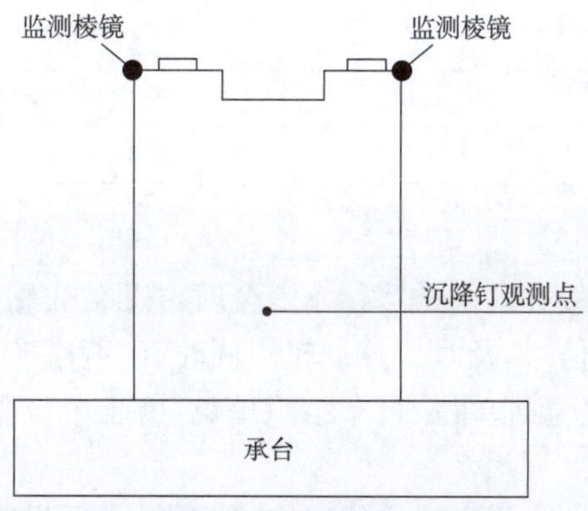

图 13-21　桥墩监测点布置

铁路位移沉降观测点沿铁路两侧分别埋设,其观测桩设在铁路两侧路肩或高铁桥墩墩柱处,沿铁路线方向,路基平均每 10 m 设置一处监测断面。

根据既有线路基特点,钻进前在京沪铁路路基两侧路肩上按间距 10 m 布设共计 14 个沉降观测点。钻进过程中,每 2 h 观测 1 次,路基变形速率较快或有持续变形时,观测频率不少于 1 次/h,并根据观测结果调整打桩速率。当路基水平位移或垂直位移变化量大于 2 mm/d,或累计变化量大于 10 mm 时必须停止施工,等到路基、轨面稳定后方可继续施工。遇有塌孔时应及时回填黏土到塌孔处以上1～2 m,保持一段时间后重钻。施工结束后应继续加强观测,时间不少于3天,频次不少于2次/天,变形观测应做好观测记录并经观测人员签认。

3. 监测标准、频次和预警值

由于施工过程中不确定性因素多,为确保施工过程中沪宁高铁线路运营安全,必须进行同步跟踪监测。根据变形监测等级要求设计本项目的监测计划、监测频率与监测报警值,见表13-4和表13-5。

表13-4 沪宁高铁监测计划及监测频率

<table>
<tr><th>施工阶段</th><th>观测期限</th><th>观测频次</th><th>备　注</th></tr>
<tr><td>施工前</td><td>3天</td><td>1次/12 h</td><td>设置观测点、进行首次观测</td></tr>
<tr><td>钻孔桩</td><td>100天</td><td>1次/2 h</td><td rowspan="7">如有变化加密频次</td></tr>
<tr><td>立柱、中系梁、盖梁</td><td>120天</td><td>1次/4 h</td></tr>
<tr><td>基坑开挖</td><td>30天</td><td>1次/2 h</td></tr>
<tr><td>承台、V腿、球铰体系安装、V构梁悬浇</td><td>240天</td><td>1次/4 h</td></tr>
<tr><td>架桥机过孔、架梁</td><td>50天</td><td>1次/6 h</td></tr>
<tr><td>横隔梁、湿接缝、防撞墙、防抛网等桥面系</td><td>23天</td><td>1次/12 h</td></tr>
<tr><td rowspan="3">施工后延测</td><td>7天</td><td>1次/24 h</td></tr>
<tr><td>8～15天</td><td>1次/2 d</td><td rowspan="2">后期数据稳定则结束观测,如数据仍异常则继续观测,直至数据稳定</td></tr>
<tr><td>16～30天</td><td>1次/5 d</td></tr>
</table>

表13-5 沪宁高铁监测警戒值(mm)

序号	监测项目	24 h变化量		累计变化量
		预警值	报警值	
1	桥墩水平变形	±0.8	±1.0	±1.0
2	桥墩沉降	±0.8	±1.0	±1.0

4. 应急预案

若发生结构整体倾覆事故并危及铁路行车安全时,按照“先防护、后处理”的原则,首先在事故地点两端设置移动停车信号,及时拦停列车。同时,向两端车站值班员、上海东华地方铁路开发有限公司调度室、设备管理单位、行车组织单位、施工单位主管领导等,及时、如实地上报,配合相关单位进行抢修。

若发生桩基塌孔、边坡失稳、塌方造成线路变形超限,必须果断采取措施,立即停止施工。第一发现人员首先高声呼喊,及时通知现场负责人和现场安全员,如桩基塌孔(流沙)、基坑涌水量大、涌砂严重等应直接回填处理。如现场有人受伤,需拨打抢救电话120,向当地医院求救,现场可视情况进行包扎、止血等应急处理,并按以下步骤防护。

第一步:防护人员立即报告车站及相关设备管理单位,并快速穿过隔离栅栏应急通道进入相应的受影响营业线路区域。

第二步:观察现场情况,如造成既有路基塌陷或线路变形超限影响营业线行车安全的,防护员应立即用厂制短路铜线进行线路顶红短路,同时立即向车站及相关设备管理部门汇报现场情况,启动应急预案,寻求援助。

第三步:如果已经有列车驶入该区间,应立即急速奔向列车,向列车显示停车信号,白天用红色信号旗,夜晚用红色灯光,拦停列车。

第四步:抢修前需在现场显著位置安放应急程序铭牌,详细写明步骤及内容,并设好防护。线路抢修时必须有设备管理部门安全监督人员在场,组织人员、机具、设备配合站段抢修线路,及早恢复通车。

13.4 实施效果

自2019年5月31日起,在沪宁高铁K62+127处,对桥墩监测水平位移点59号S1~62号S8,沉降点59号C1~62号C4总计12个监测点进行水平位移、沉降监测。本项目监测周期分3个阶段,工程开工阶段监测、主要施工阶段监测和工程收尾阶段监测。2019年8月28日在施工单位基坑开挖、钻孔桩、桩基施工中调整为1次/2 h不间断监测直至施工完成,2021年8月10日调整为每周1次监测直至2021年10月15日测量结束。

根据现场施工环境,共布设监测点水平位移8个及沉降监测点4个,累计监测数据如图13-22与图13-23所示。

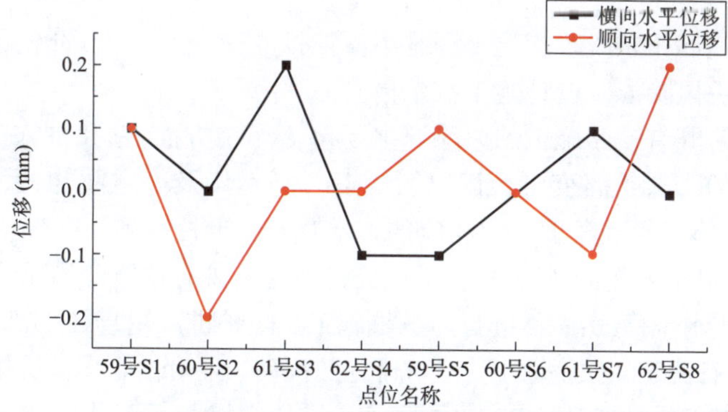

图13-22 桥墩监测点水平位移监测

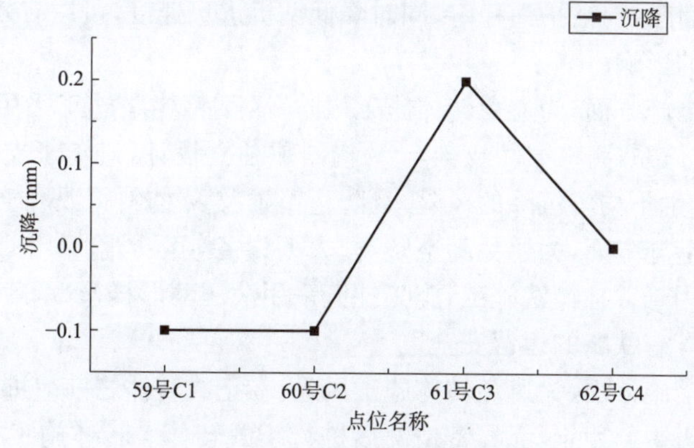

图13-23 桥墩监测点沉降监测

根据监测数据可以看到，沪宁高铁 K62＋127，59 号 S1～62 号 S8 桥墩监测水平位移点 8 个，59 号 C1～62 号 C4 沉降监测点 4 个，监测地点未出现数据变化，各项监测数据均在警戒值范围之内。综上所述，上述设计施工方案对既有沪宁高铁的保护效果良好，未影响既有铁路的正常运营。完工现场如图 13-24 所示。

图 13-24　昆山涉铁立交工程完工现场

13.5 小　　结

本章以 312 国道苏州东段改扩建工程昆山段涉铁立交工程为例，介绍了转体法桥梁上跨既有铁路施工的相关风险源及设计施工技术措施。

转体法桥梁上跨既有铁路施工的风险源主要包括 4 个方面：钻孔桩施工缩径、塌孔风险，承台基坑开挖引起的既有铁路变形风险，转体施工风险，以及高空坠物、大型设备侵限风险。针对上述风险源，从施工管理角度采取相应的技术及安全卡控措施。

(1)在施工技术措施方面，为避免承台基坑开挖引起的既有铁路变形风险，工作坑四周先设置两排水泥搅拌桩止水帷幕，然后再进行防护桩施工。防护桩采用直径 1.25 m 的钻孔灌注桩，顶部设冠梁，保证既有沪宁高铁桥墩不受基坑开挖的扰动。还应做好深基坑排水工作，同时为保证大体积混凝土的施工质量，应预埋冷却水管，通入循环冷却水，降低混凝土水化热温度。

(2)在施工技术措施方面，为避免钻孔桩施工缩径、塌孔风险，钻孔桩施工过程中要提高护筒埋设效果，埋设护筒时，保证护筒稳定，同时降低钻机进尺速度，可以有效避免土体坍塌的风险，减小对既有铁路的影响。

(3)在施工技术措施方面，为避免转体施工风险，V 型钢构墩施工采用钻孔灌注桩基础＋钢管柱＋分配梁支撑体系，将 0 号块支架与 V 构斜腿独立设计，避免了支承于 V 构斜腿上的支架与两侧桩基础产生不均匀沉降的风险，且防止箱梁及 V 构斜腿混凝土开裂。

(4)在施工技术措施方面，为避免高空坠物、大型设备侵限风险，转体前沿沪宁高铁方向、铁路 30 m 范围内采用悬臂挂篮法施工，施工挂篮采用液压菱形挂篮，承载能力和刚度大，安全可靠，可以有效保证既有铁路的运营安全。

(5)在施工技术措施方面，为避免转体施工风险，在正式转体之前应进行试转，在试转过程中，检查转体结构是否平衡稳定，无异常情况后进行正式转体。转体施工在天窗点内进行，同时要进行转体的平衡控制，并做好设备安装调试与牵引索安装。

(6)在施工技术措施方面，为避免大型设备侵限风险，钻机就位后，进行缆风绳拉设固定，吊车作业时站位在远离既有线位置，且所有在 30 m 以内铁路施工机械均采取“一机一人”防护。

(7)在施工安全卡控措施方面，为保证施工过程中既有线运营安全，在高空作业的时候应该注意人身安全和对既有铁路的保护，跨线转体期间，需派专人对施工区段线路进行巡视检查，发现故障及时清除，确保设备处于良好状态。转体就位后，迅速进行转体体系固定，同时对施工范围内的线路和限界进行清理、检查，确认无误后，方可报开通线路。桥面系作业、沪宁高铁 V 构转体需进行线路封锁施工。

312 国道苏州东段改扩建工程昆山段涉铁立交工程在采用上述措施后总体实施效果良好，在既有铁路采取相应封锁措施的情况下，形成了较好的桥梁桩基、承台基坑与 V 型钢构桥转体施工的工艺和方法，对既有铁路保护效果较好，未影响正常运营。该方案也为类似转体法上跨既有铁路施工提供了一种参考解决办法。

14 上海市漕宝路快速路转体主桥新建工程（超宽异形钢连续梁 T 构桥平衡转体施工）

14.1 工程概况

14.1.1 案例背景

上海市漕宝路快速路转体主桥新建工程跨铁主桥采用异形连续钢箱梁 T 构桥，由东往西依次跨越机场联络线(在建、双线)、沪昆高铁(运营、双线)、沪苏湖铁路(在建、双线)、沪昆铁路(迁改、单线)共 7 条铁路线路。桥梁跨径布置为 2×95 m，采用连续钢箱梁 T 构桥方案，整幅布置，桥面宽度变化范围为 40.5～99.3 m。桥梁施工主要采用平面转体施工工艺，转体角度为 105.8°，转体重量约 16 850 t。桥梁转体如图 14-1 所示。

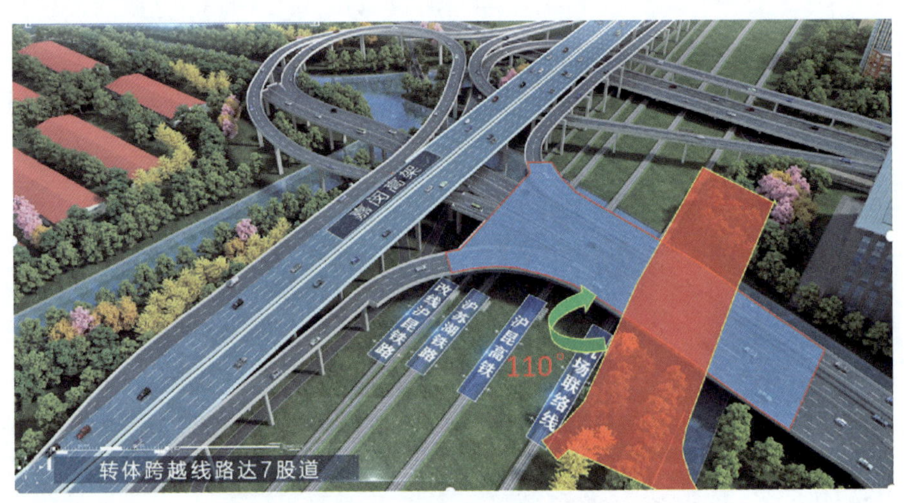

图 14-1　上海市漕宝路快速路桥梁转体平面示意

钢箱梁主梁采用整体超宽异形三维不对称钢梁结构，为适应 5 条道路的并线要求，钢箱梁梁高呈不均匀变化，桥梁主墩与钢箱梁固结。主墩处钢箱梁主线高度 5.2 m，梁端高度 3.5 m。主桥北侧为接入嘉闵高架，EN 匝道位于 6.4%的纵坡上，并高出主线约 2～4.5 m。为减小钢箱梁悬臂端挠度，主梁上设置临时索塔及拉索，索塔高度约 27 m。

桥总宽为 40.5～99.8 m。转体施工桥梁跨径布置除避开竖河路的车行道外，应满足两侧施工场地的限制要求。由于桥梁宽度较大，桥梁转体前横位预制拼装期间，与沪杭铁路距离要求不小于 15 m，且主墩基础施工不影响在建机场联络线板桩基础。受以上条件控制，配跨由于桥宽度较主跨小，为平衡重量并尽量减小对周边建筑物影响，桥梁跨铁路跨径采用 95 m。

由于桥梁宽度、跨径均较大，桥式采用两跨 T 构箱梁，梁高 3.5～5.2 m。北侧 EN 匝道与南侧桥梁高差约 2～4.5 m，南侧四条匝道线路高程一致，为方便转体施工，并尽量减少对铁路运营的影响，采用异形整体钢箱梁结构设计。纵桥向立面图如图 14-2 所示。

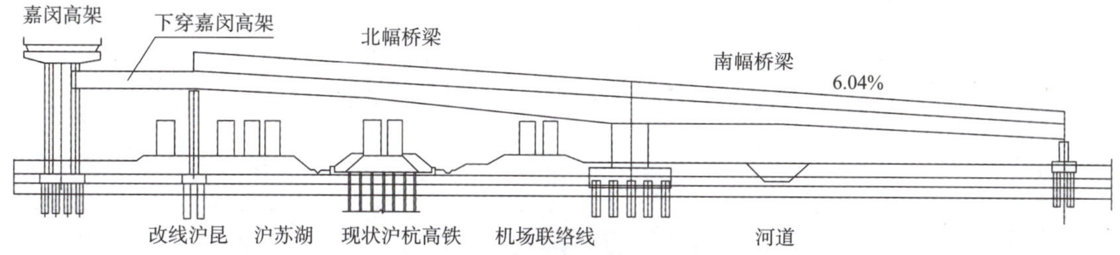

图 14-2 上海市漕宝路快速路桥梁纵桥向立面

14.1.2 与既有铁路关系

桥梁施工转体前钢梁与沪昆高铁平行拼装，主要采用炮撑支架体系。钢箱梁分为 149 节段(含索塔 8 个节段)在沪昆高铁东侧平行区域进行拼装，钢梁拼装距离既有沪昆高铁距离 22.4～24.5 m，与既有沪昆高铁高差为 9.388～21.906 m，既有沪昆铁路施工地点中心与沪昆高铁相交里程为 K4＋080，按照钢梁施工的范围影响长度为 232 m，影响范围内线路里程为 K3＋968～K4＋200。转体前桥梁与既有铁路关系参数见表 14-1，平面关系如图 14-3 所示。

表 14-1 上海市漕宝路快速路新建桥梁转体前与既有线路关系参数(m)

位　置	铁路栅栏距离	沪昆高铁距离	轨道高程	梁顶高程	支架高度	备　注
北侧梁端	13.1	24.5	6.428	15.816	5.92	东侧接收墩
主墩梁端	12.3	23.3	6.428	21.83	9.86	
南侧梁端	10.9	22.4	6.428	28.334	15.51	西侧接收墩

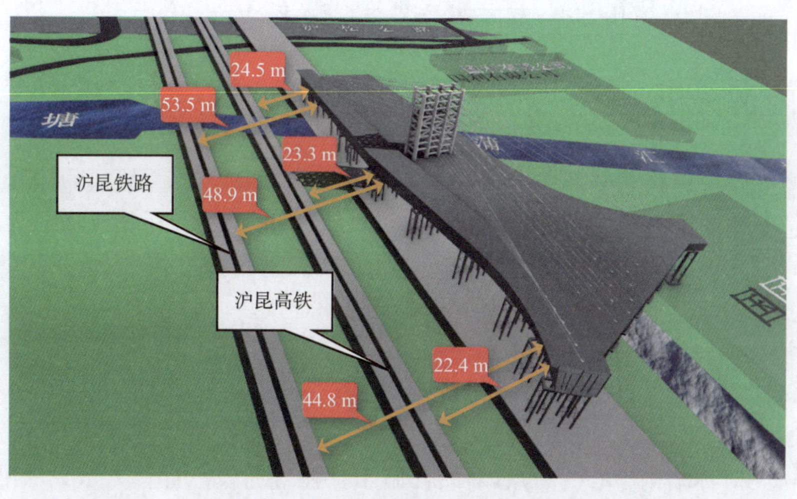

图 14-3 转体主桥转体前与铁路平面关系

桥梁转体后转体主桥由东往西依次跨越机场联络线(在建、双线)、沪昆高铁(运营、双线)、沪苏湖铁路(在建、双线)、改线沪昆铁路下行线共 7 条铁路线路，相交里程分别 DK5＋610、K4

+080、D1K6+140、K32+060，相交角度约为79°，转体主桥墩柱与沪昆高铁距离为40.5 m，与沪昆铁路距离为66.2 m。转体后桥梁与既有铁路关系参数见表14-2，平面关系如图14-4所示。

表14-2　上海市漕宝路快速路新建桥梁与相交铁路关系参数(m)

线路名称	交叉里程	轨面高程	限界要求	梁底控制高程	梁底设计高程
机场联络线	DK5+610	6.5	7.25	14.5	16.056
沪昆高铁	K4+080	6.428	7.25	14.428	18.759
沪昆普铁(既有)	K32+060	5.95	7.25	13.950	19.668
沪苏湖铁路	D1K6+140	5.95	7.25	13.950	19.668
改线沪昆铁路	K32+060	5.95	7.96	14.41	19.916

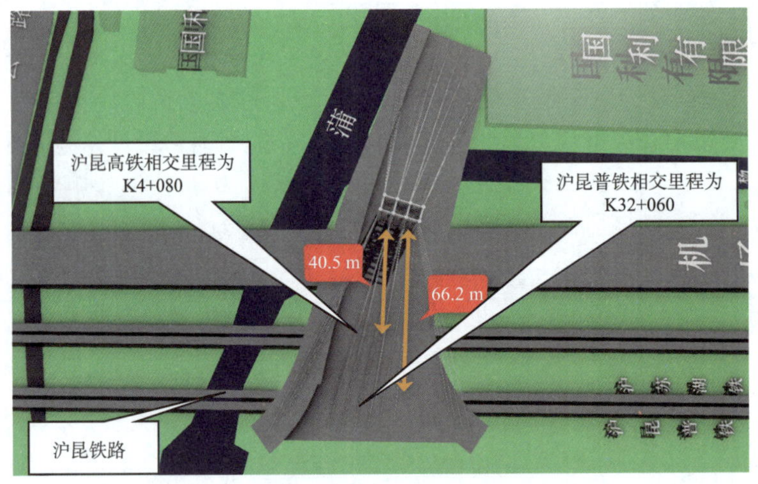

图14-4　转体主桥与铁路平面关系(单位:m)

14.2　风险源分析

上海市漕宝路快速路立交2条主线及3条匝道并线，形成了超宽异形极不对称钢连续梁整体转体跨越改线沪昆铁路、沪苏湖铁路、沪昆高铁、机场联络线。桥梁纵横向为不对称结构，转体稳定性问题突出，所跨越高速铁路列车车次频率高，运行速度快，安全防护等级高。项目施工控制节点较多，安全、高效的推进施工是本工程的难点。

1. 异形桥梁结构转体过程中倾覆风险

转体桥梁跨径布置为(95+95) m钢箱梁T构，桥梁宽度40.5～99.3 m，转体重量约16850 t，桥梁结构的平面布置极为异形，受力极为特殊，存在桥式平面曲线变宽大(40.5～99.8 m)、全桥无对称结构中心的特点，对转体施工存在普通设计计算方法无法准确找出转体重心的技术难点，且所跨越铁路防护要求高，转体实施难度大。若控制不当，极易产生倾覆，造成严重的后果，影响既有铁路运营安全。

2. 转体梁端下挠过大和临时索塔扭曲变形风险

对于此项大跨径T构，转体时会面临转体梁端下挠大问题，设置临时索塔可有效解决梁端下挠大的问题。由于梁体宽幅大、横桥向梁高变化大,因此梁体梁端横桥向的挠度差较大,横桥向斜拉索的布置数量以及索力相差大,顺桥向主梁宽度变化大,东侧梁体宽度约 40.5 m,西侧梁体宽度曲线增宽至 99.3 m。以上因素造成临时索塔在横桥向以及顺桥向所承受的索力相差较大,索塔容易产生扭曲变形,进而导致桥梁的破坏,影响既有线行车安全。

14.3　对策措施

14.3.1　施工技术措施

1. T 构桥钢—混凝土墩梁固结节点构造设计

钢—混凝土墩梁固结节点构造是 T 构桥的关键构造之一,其设计、施工质量直接关系桥梁结构安全,是 T 构桥设计的主要技术难题和关键技术。针对风险源 1,为保证转体施工过程中的安全性,此 T 构桥钢—混凝土墩梁固结节点采用格构式密布剪力钉及 PBL 键,同时设置竖向预应力钢筋的设计形式。中主墩墩顶 2 m 为钢一混凝土结合段与钢箱梁固结,顺桥向宽约 6 m,横向宽约 16.5 m,如图 14-5 所示。

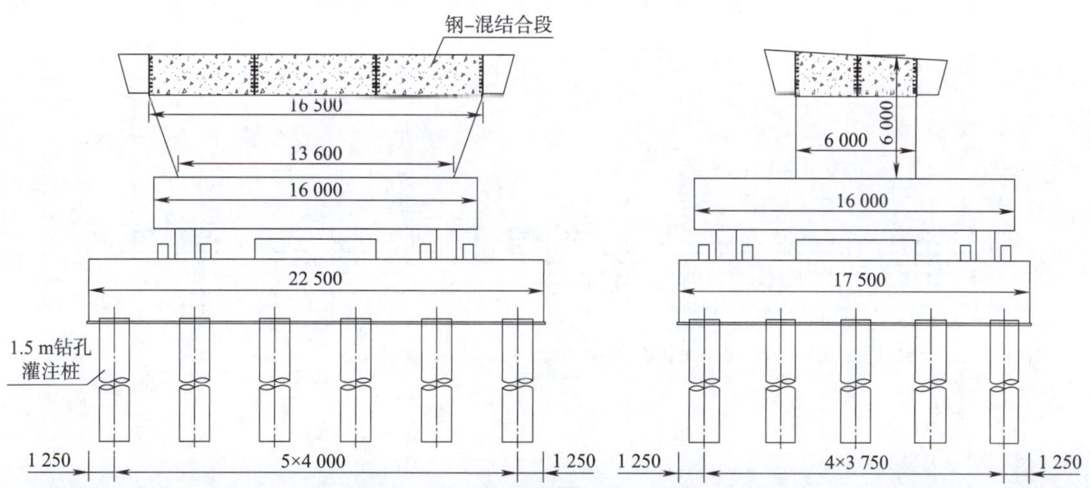

图 14-5　中主墩构造(单位:mm)

T 构桥钢—混凝土墩梁固结节点格构舱室由钢箱梁底板及舱室纵横向隔板组成,舱室内部填充混凝土,钢箱梁底板及舱室纵横向隔板上密布 PBL 剪力键及剪力钉共同保证墩梁力的可靠传递和扩散,如图 14-6、图 14-7 所示。设置竖向预应力钢束可为钢—混凝土墩梁固结节点处的混凝土提供有效的压应力储备,同时可有效抵抗中主墩上部的弯矩,如图 14-8 所示。

2. 临时索塔结构设计

跨铁主桥由于桥面宽幅大、变化多,东侧梁体宽度约 40.5 m,西侧梁体宽度曲线增宽至 99.3 m。梁体非对称特性和自重均较大,不利于转体施工。针对风险源 2,为避免转体梁端下挠过大的风险,经检算需通过设置临时索塔及斜拉索、桥面配重以满足转体要求。

由于桥位距虹桥机场约 3 km,属于航空限高区域,依据航空限高要求建筑物顶高程不得超过 49.3 m。为满足桥下铁路净空要求,初步设计主桥梁体主墩处顶面高程为 19.9 m,索塔高度设置为 27 m,塔顶高程 46.9 m。索塔及斜拉索布置如图 14-9 所示。

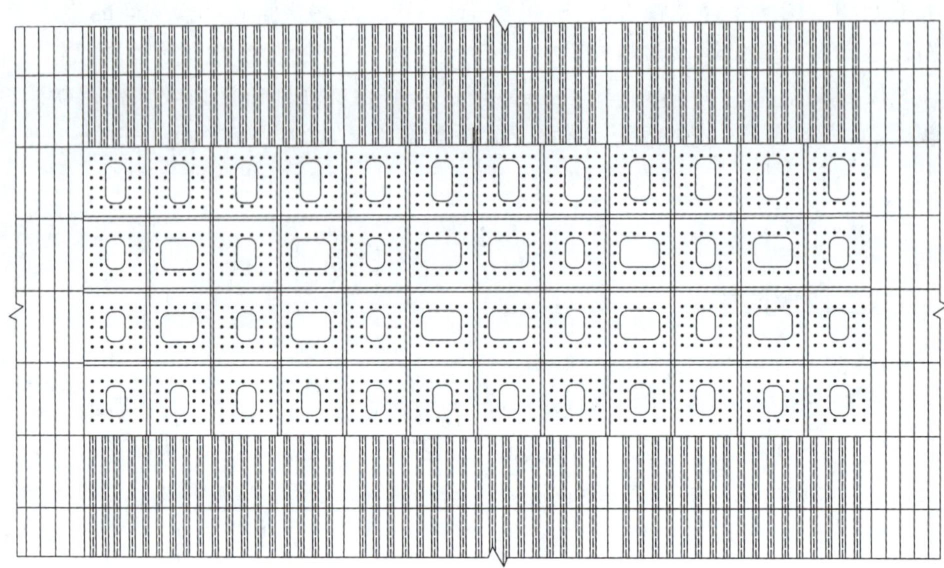

图 14-6　钢箱梁中主墩处底板平面布置

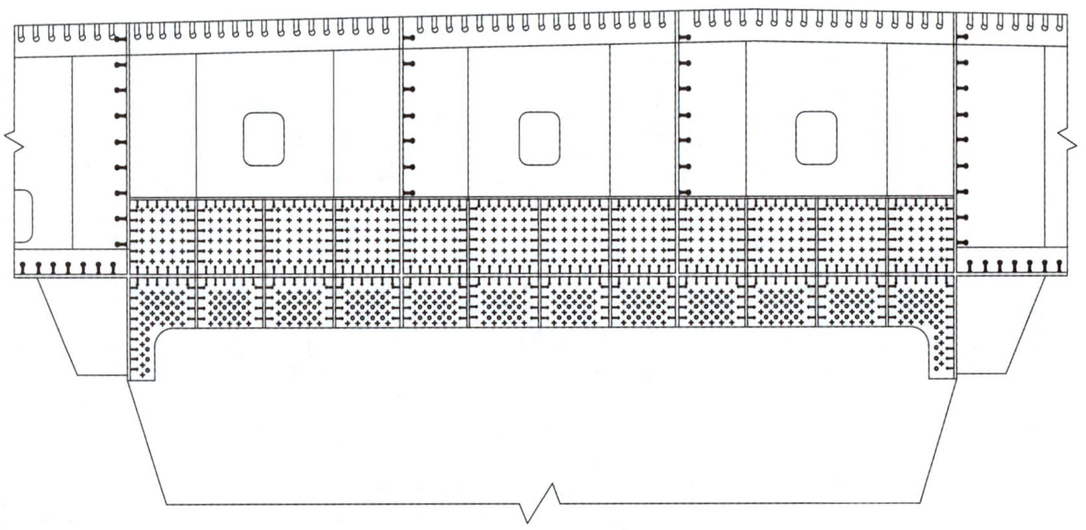

图 14-7　T 构桥钢—混凝土墩梁固结断面

由于斜拉索与主梁平面的夹角较小，斜拉索为主梁提供竖向力较小，采用上述临时索塔结构，可布置的斜拉索的数量又较少，斜拉索索力已超过现有斜拉索规格能够提供的索力，同时由于主梁在横桥向的竖向挠度相差较大，此临时索塔结构形式不合理。

针对风险源 2，为避免临时索塔扭曲变形的风险，在上述研究的基础上，建立三维数值模拟模型，对索塔结构进行优化计算，根据计算结果，调整临时索塔构造设计及斜拉索锚点布置。临时索塔优化采用桁架式钢管柱结构，增加斜拉索横桥向锚点布置，利于桥梁平衡控制，减小斜拉索索力，分散的斜拉索可有效控制主梁在横桥向的竖向挠度差。最终优化后的三维模型如图 14-10 所示。

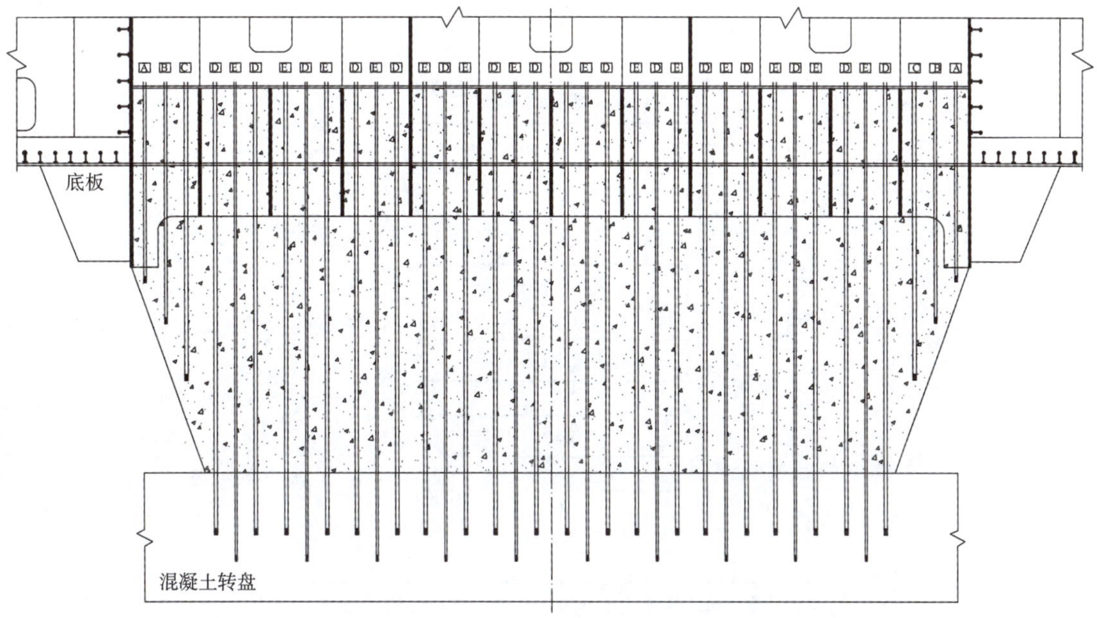

图 14-8　T 构桥钢—混凝土墩梁固结预应力束断面

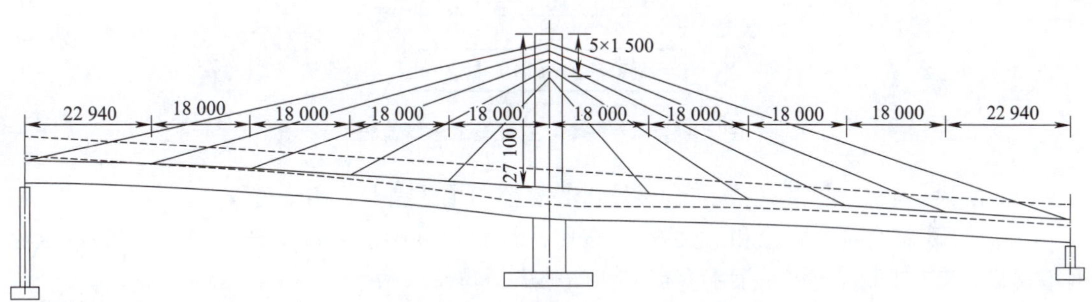

图 14-9　索塔立面布置(单位:mm)

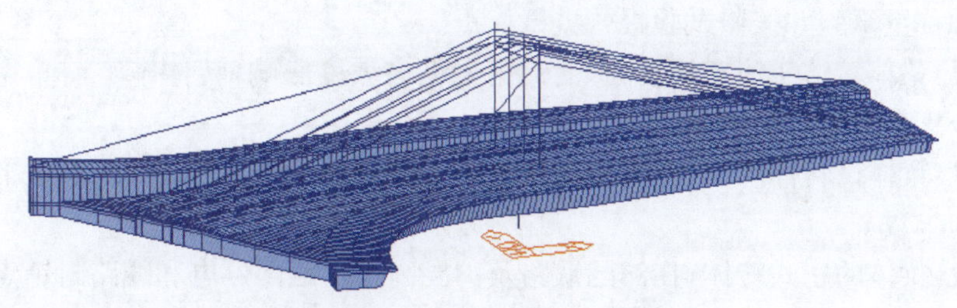

图 14-10　索塔结构验算三维模型

3. 整体施工流程

跨铁转体主桥按照涉铁文件及设计文件要求,转体前需完成的主要工程量有:跨铁附属结构(外侧防撞墙、防灾系统及防抛网)、桥梁预配重、临时拉索张拉及落架、梁体整体喷漆、称重配重、转体碰撞部分支架拆除;转体结束后主要的工程量有:承台封铰施工、拉索卸载落梁、拆除临时拉索、拆除索塔及配重、完成剩余桥面附属结构。施工流程如图 14-11 所示。

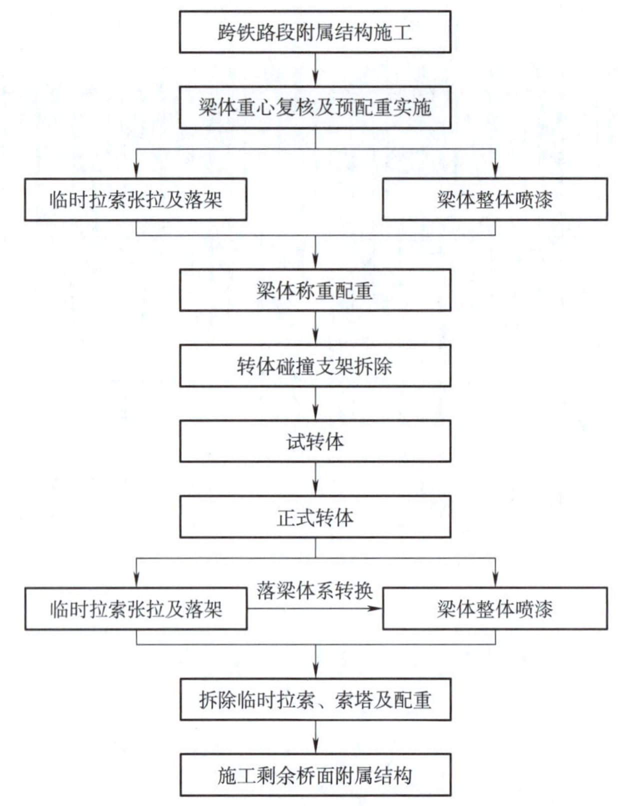

图 14-11　跨铁转体主桥施工总体流程

第一阶段:预配重阶段,主要包含梁体重心复核和预配重安装实施过程。

第二阶段:临时拉索张拉和落梁阶段,按照设计张拉顺序及张拉力进行临时索张拉,割除钢箱梁临时支撑型钢,使钢箱梁由多点支承向独塔斜拉桥转换。

第三阶段:梁体的整体喷漆阶段;钢箱梁落架完成后,完成钢箱梁外表面涂装。

第四阶段:称重配重阶段,主要包含配重的调整和精确称重配重,委托具有相应资质的单位进行钢箱梁称重试验并按照试验报告进行配重。

第五阶段:梁体转体碰撞支架拆除,受钢箱梁纵向坡度影响,转体施工前需完成对影响转体施工的部分支架进行拆除。

第六阶段:梁体试转体阶段,在沪昆高铁封锁点内进行钢箱梁试转,获得钢箱梁正式转体所需相关技术参数。

第七阶段:梁体的正式转体,在沪昆铁路及沪昆高铁接触网停电和线路封锁点内进行钢箱梁转体至设计位置,确保平面位置和高程复核设计要求。

第八阶段:钢梁落梁体系转换阶段,转体桥转体施工完成后,完成承台封铰施工,安装边墩永久支座,按照设计张拉顺序逆向进行临时拉索卸力,使钢箱梁由独塔斜拉桥向两跨钢箱梁转换。

第九阶段:成桥阶段,在落梁完成后,拆除临时拉索及临时索塔,施工桥面附属及桥面铺装,完成桥梁施工。

4. 转体平衡配重

桥梁在设计阶段由于结构异形造成纵横桥向重量分布极不平衡,针对风险源 1,为避免异形桥梁结构转体过程中倾覆风险,桥梁转体施工需使桥梁从多点支承状态转化为独塔斜拉桥状态,需在精确称重前预估不平衡力矩。并对桥梁实施预配重,以减少桥梁结构重量分布不平衡所产生的偏心距,有效抵消桥梁在球铰处产生的不平衡弯矩,使转体结构纵横向在正式称重前理论上已经处于平衡状态,大大缩短了称重配重的时间,减少了转体结构在少约束状态下的放置时间,进而减小了安全风险和有利于转体前结构状态的保持。

通过理论计算预配重目标值,以及基于三维CAD的钢箱梁重心复核得到初始偏心后,在设计图纸提供的配重方案基础上,充分考虑转体前已完成钢箱梁节段、临时索塔、桥面附属(如防撞墙、栏杆、防抛网)等其他荷载物的重心坐标,进行精确配重计算,调整配重数量、位置,控制偏心在容许范围内,提出调整方案,使得偏心弯矩小于转动铰的摩擦力矩,在报设计确认后,实施现场配重。最后再结合现场称重试验进行最终的配重调整,达到精确配重的目的。配重在钢箱梁分段吊装完毕,并焊接结束后进行,采用配重钢板和钢锭对EN匝道和北侧桥面进行预配重,设计配重总重量为1 940 t。配重分布见表14-3,位置如图14-12所示。

表14-3 转体桥配重分布

序号	设置位置	配重面积(m^2)	配重(kN/m^2)	配重量(t)
1	EN匝道中部	665.2	8.4	559
2	主桥西北侧	150.3	8.4	126
3	主桥东北侧	697.4	18	1255

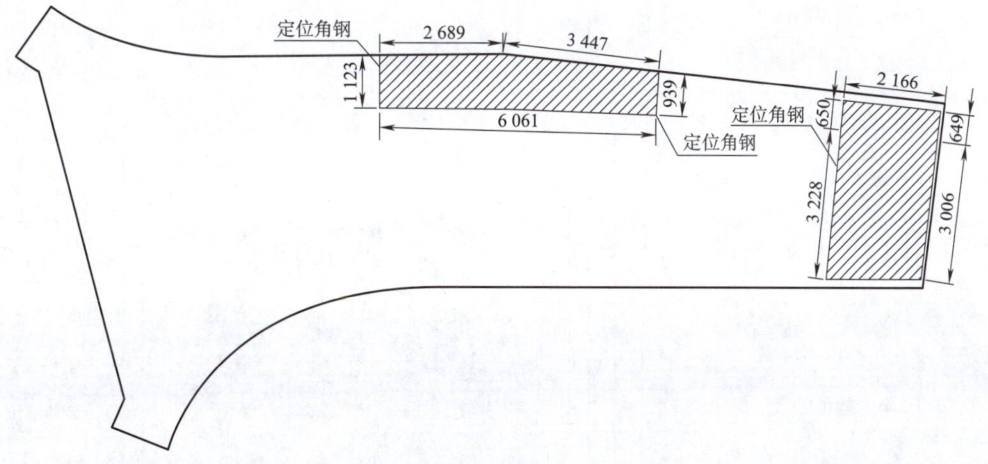

图14-12 转体桥配重设计(单位:mm)

注:阴影为配重。

为了保证桥梁转体的顺利进行,在转体前、预配重安装完成后进行转动体称重试验,测定转动体T构的偏心距、不平衡力矩、上下球铰间的摩阻力矩及摩擦系数,并据此进行平衡配重,为转体施工的指挥和决策提供依据,保证转体阶段的结构安全。

5. 转体施工技术措施

(1)转体系统总述

转动体系主要有承重系统、牵引系统和平衡系统三大部分构成。承重系统由上转盘、下转盘和转动球铰构成,下转盘为支撑转体结构全部重量的基础,上转盘是转体结构的重要结构,上下转盘之间设转动球铰，通过球铰使上转盘相对于下转盘转动，达到转体目的。本桥选用两套 LSD4000 型连续顶推千斤顶。转体过程在撑脚与滑道之间设置滑板，并在滑板底面涂一层润滑脂。平衡系统由结构本身、上转盘共设 8 组撑脚组成。转动体系立面布置如图 14-13 所示，平面布置如图 14-14 所示。

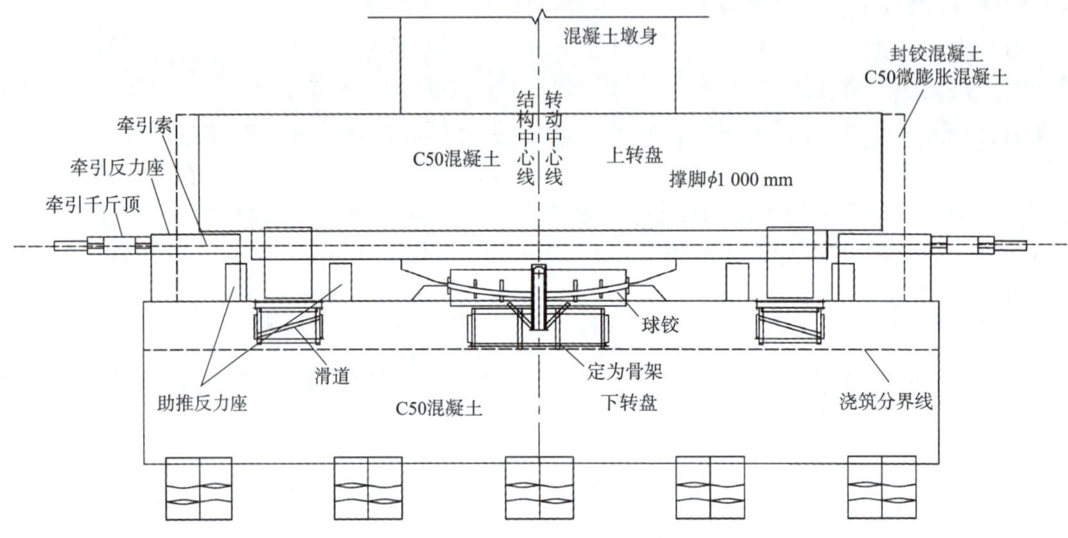

图 14-13　转动体系立面布置

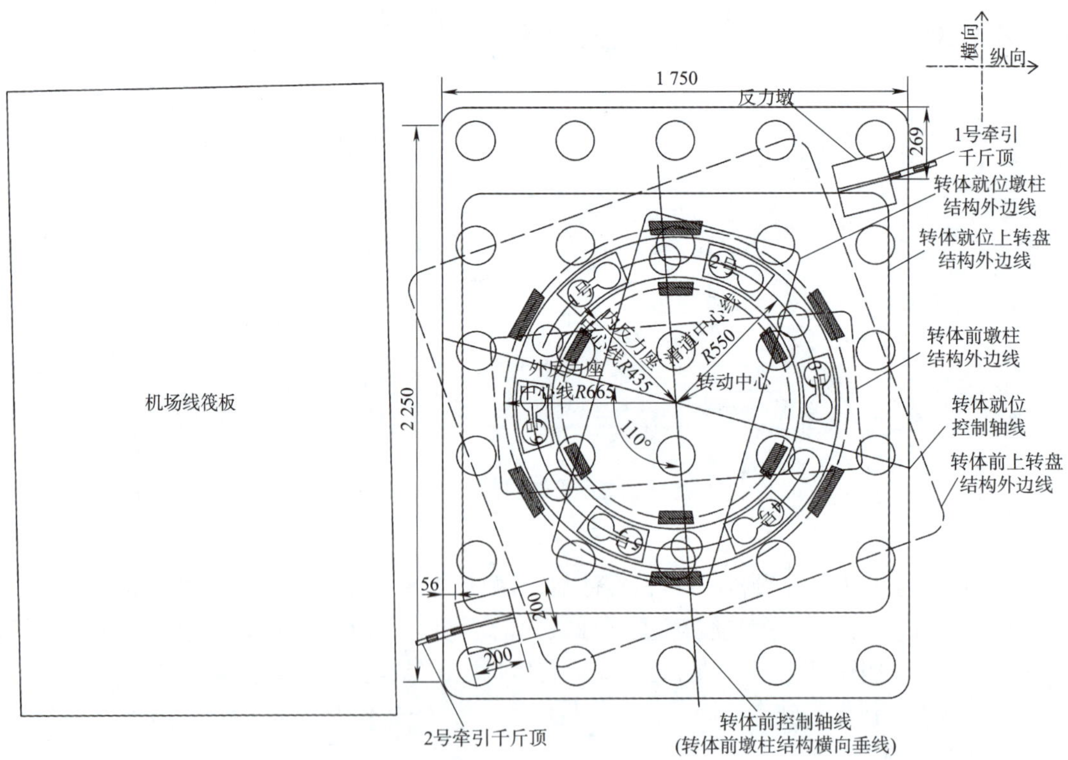

图 14-14　转动体系平面布置(单位：mm)

钢箱梁转体施工是本方案的核心部分。转体是通过在上下转盘内设置球铰，以千斤顶牵引预埋在转盘及撑脚内的牵引索带动上转盘以球铰销轴为中心旋转来实现的。为确保施工顺利完成，转体前做详细的现场调研及施工准备，并进行试转，通过试转调整参数后进行正式转体，转体结束后，进行约束固定。本跨桥梁转体顺时针旋转110°，转体过程在封锁点内进行。

球铰系统包含下球铰、上球铰、销轴、滑道、撑脚、反力座四氯乙烯板等。下转盘为支承转体结构全部重量的基础。下转盘上主要构件为下球铰及骨架、撑脚的环形滑道及骨架等。上转盘上主要构件为上球铰、撑脚等，牵引系统主要包括牵引反力座和牵引索，采用千斤顶拉动钢绞线带动转盘旋转的方式，转盘转角110°。转体主桥牵引系统平面如图14-15所示。

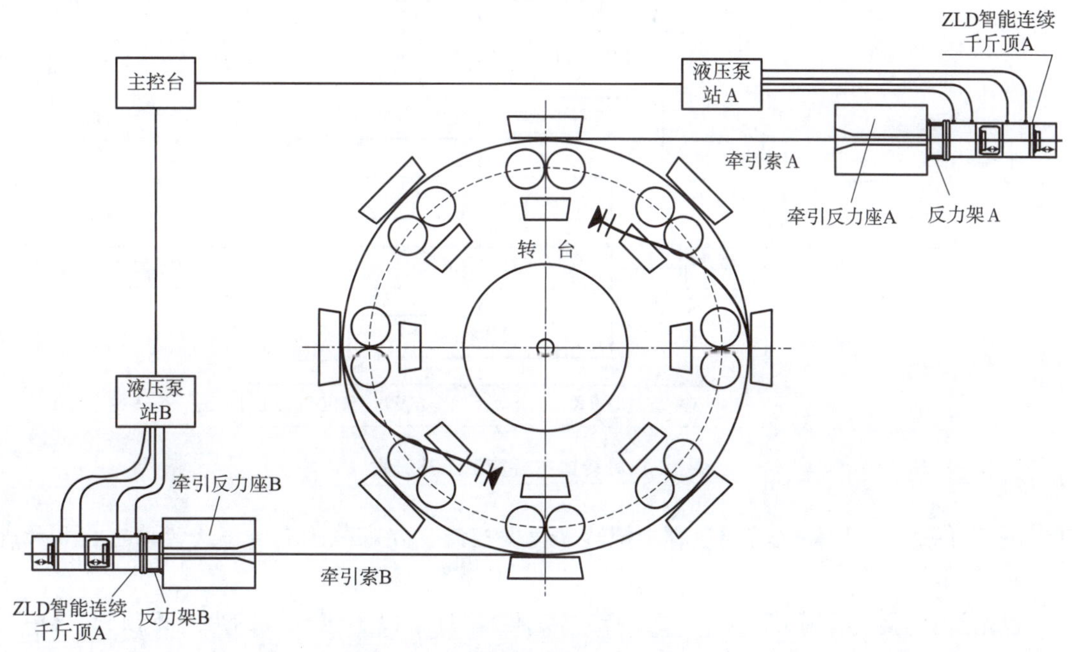

图14-15　转体主桥牵引系统平面示意

主牵引索为21-ϕ15.2钢绞线，共两束，反力作用在主反力座上。牵引索锚固端埋入上转盘内，锚固端采用P锚，埋入深度不小于5 m，牵引索需匀顺地绕在上转盘周圈上，并设置必要的支撑钢筋，使牵引索绕在同一高度。转体总重约为15 988.4 t，单个牵引千斤顶采用张拉吨位不小于400 t的连续千斤顶。实际摩擦系数根据称重以及试转得到的张拉力进行计算。辅助助推系统由助推分配梁及助推千斤顶组成，安装于转盘的钢管撑脚与助推反力座之间。每个撑脚下采用2台100 t千斤顶、分配梁采用200×200的H型钢，助推系统用于克服静、动摩擦力矩间的差值，使整个转体启动。

转体主桥施工工艺流程如图14-16所示。

(2)试转体施工

在正式转体施工之前需要进行试转，根据转体主桥与既有沪昆高铁的位置关系，在试转前，提前向相关部门提报施工计划。试转前全面检查一遍牵引动力系统、转体体系、位控体系、防倾保险体系是否状态良好，检测整个系统的安全可靠性。同时由测量和监控人员对转体系统进行各项初始资料的采集，建立主桥墩转动角速度与梁端转动线速度的关系，准备对转体全

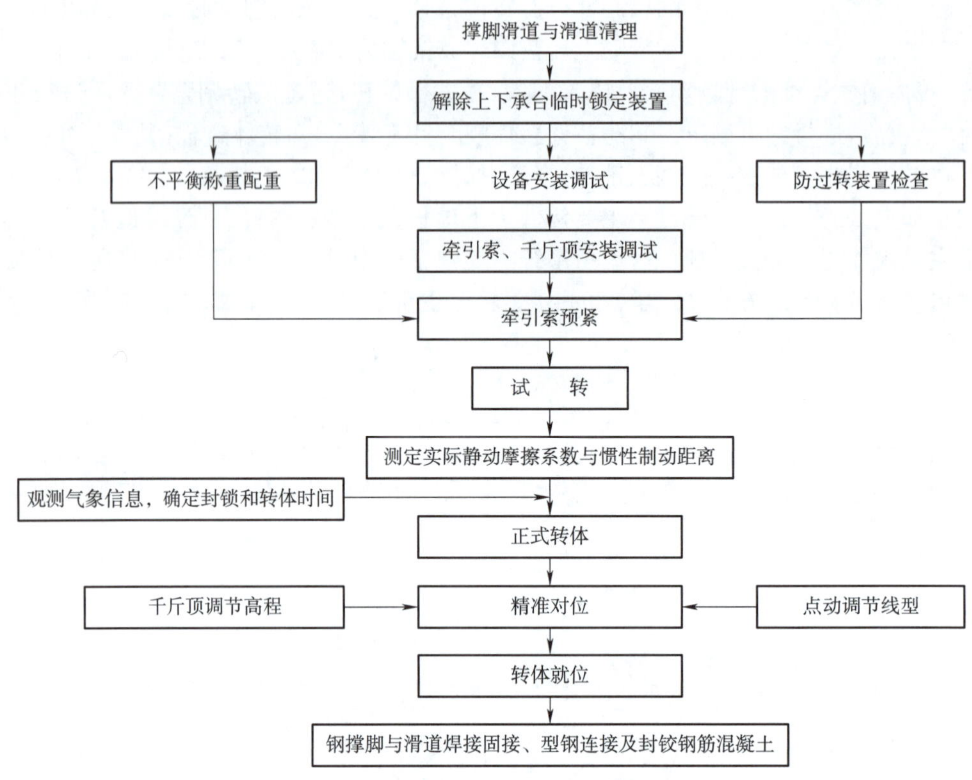

图 14-16　转体主桥施工工艺流程

过程进行跟踪监测，以便在转动过程中把转动速度控制在要求范围内。正式转动之前 3 天进行试转。

首先预紧钢绞线，用 LSD4000 型千斤顶将钢绞线逐根以 1～5 kN 的力进行预紧，再用牵引千斤顶在 2 MPa 油压下对整束钢绞线整体预紧，预紧应采取对称进行的方式，并应重复数次，以保证各根钢绞线受力均匀，使同一束牵引索各钢绞线持力基本保持一致，预紧过程中应注意保证 21 根钢绞线平行水平地缠于上转盘上。再合上主控台及泵站电源，启动泵站，用主控台控制两连续千斤顶同时施力试转，若不能转动，则以事先准备好的助推千斤顶同时出力，以克服超常静摩阻力来启动桥梁转动，若还不能启动，则应停止试转，另行研究处理。

试转完成后对上下转盘采取临时固定措施，对撑脚使用钢楔块进行塞死，采用钢板将临时锁定工字钢进行焊接，保证临时固结效果，正式转体时直接切断。

(3)正式转体施工

正式转体施工流程如下：

①转体操作组指挥得到总指挥下达的转体开始命令后，对主墩主控台操作员传达转体命令。连续转体过程中转体操作组指挥根据现场反馈的情况，分别对主控台操作员下达加快、减慢、暂停、点动、停止、关机等命令。

②匀速转动，转动至距设计位置约 1 m 处减速，降低转动速度。

距设计位置 0.1 m 处，采取张拉牵引千斤顶点动操作，并与测量人员配合确认点动后梁端弧长变化。

③考虑钢箱梁转体的平稳和安全,取 1.71 m/min 为平转设计线速度,设计角速度为 1.03°/min。

④启动动力系统设备,并使其在“自动”状态下运行。

⑤每个转体使用的对称千斤顶的作用力始终保持大小相等、方向相反,以保证上转盘仅承受与摩擦力矩相平衡的动力偶,无倾覆力矩产生。

⑥设备运行过程中,各岗位人员的注意力必须高度集中,时刻注意观察和监控动力系统设备和转体各部位的运行情况。如果出现异常情况,必须立即停机处理,待彻底排除隐患后,方可重新启动设备继续运行。

(4)施工过程控制措施

针对风险源 1,为避免异形桥梁结构转体过程中倾覆风险,采取以下转体施工中的控制措施。

精确就位:轴线偏差主要采用连续千斤顶点动控制来调整,根据试转结果,确定每次点动千斤顶行程,换算梁端行程。每点动操作一次,测量人员测报轴线走行现状数据一次,反复循环,直至转体轴线精确就位。若转体到位后发现有轻微横向倾斜或高程偏差,则采用千斤顶在上下盘之间适当顶起,进行调整。

防倾保险体系:防倾保险体系是转体施工方法中的重要保证措施。根据设计构造的特点,转体过程中,转体的全部重量由球铰承担,但转体结构受外界条件或施工的影响容易出现倾斜。因此,须设置内环保险腿和调整倾斜的千斤顶。利用上转盘环形布置的撑脚作为内环保险腿,与下滑道间预留 18 mm 间隙,在转体荷载作用下,沿滑道转动时留有间隙,便于确定荷载状态和转体姿态的调整。滑道上清理干净,涂抹黄油四氟粉,放置 5 mm 四氟滑板,便于撑脚滑移。沿滑道外侧布置 4 台 500 t 千斤顶,便于转体施工过程中,调整转体倾斜姿态。

限位控制体系:转体桥限位体系采用 I45 工字钢组合而成,I45 工字钢垂直埋设于下转盘顶,以滑道为中心,两侧 178 cm 各一根,工字钢单根长度 3.04 m,其中伸入上承台 50 cm、伸入下承台 104 cm,预埋的工字钢比设计位置大 1 cm,碰撞面粘贴 1 cm 厚减振橡胶板。转体施工前,预埋的工字钢作为临时锁定装置功能,待转体前即可对临时锁定工字钢进行割除,割除后发挥防超转限位装置的功能,转角 110°。转体前在限位工字钢上贴 1 cm 厚橡胶垫,转动到位后去除橡胶垫,然后点动牵引千斤顶,进行精确就位。

14.3.2 施工安全卡控措施

在转体前,应当检查滑道和转体设备是否完好,做好转体的准备工作。进一步做好人员分工,根据各个关键部位、施工环节,对现场人员做好周密部署,各司其职,分工协作,由现场总指挥统一安排。设备运行过程中,各岗位人员坚守岗位,时刻注意观察,监控动力设备和转体各部位的运行情况,并做好记录。

在转体就位处设置限位装置,并安排技术人员在两个转盘附近负责读转盘上标识的刻度,随时与总指挥联系。为防止超转现象,在转体接近设计位置时,停止自动牵引操作,采用点动控制精确定位。

在转体施工过程中还应注意穿钢绞线时不能交叉、打搅和扭转,所用的钢绞线应尽量左、右旋均布;前后顶的行程开关位置要调整好,既不能让行程开关滑板碰坏行程开关,又不能因距离太远而使行程开关不动作;千斤顶的安装应注意和钢绞线方向一致;前、后千斤顶进油嘴,回油嘴与泵站的油嘴必须对应好，不能装错；油管和千斤顶油嘴连接时，接口部位应清洗、擦拭干净；严格防止砂粒、灰尘进入千斤顶；卸下油管后，千斤顶和泵站的油嘴应加防尘螺帽，以防污泥进入；控制系统在运行前一定要经过空载联试，确认无问题后方可投入使用；非系统人员请勿更改接线；牵引系统操作人员在系统运行过程中严禁站在千斤顶后；所有工作人员必须严格遵守有关安全施工操作规程。

为避免转体施工影响既有铁路运营安全，转体当日Ⅱ级封锁时间为沪昆高铁(00:00～04:00)共 240 min；沪昆铁路(00:00～03:30)共 210 min。作业内容为钢箱梁转体 105°及梁体精调和锁定，沪昆高铁 633、634 及沪昆铁路 106、107 供电单元同步停电，在虹桥站(高铁)、七宝站(铁路)登销记具体封锁计划，见表 14-4。

表 14-4　转体施工营业线封锁计划

序号	等级	线路	行别	施工项目	施工地点	施工时间	施工内容
1	Ⅱ	沪昆高铁	上下行	钢箱梁转体施工	七宝线路所—春申线路所(K3+580～K4+400)	00:00～04:00(封锁 240 min)	沪昆高铁 633、634 供电单元 00:30～04:00 间停电 210 min
2	Ⅱ	沪昆铁路	上下行	钢箱梁转体施工	七宝—李家塘(K31+700～K32+787)	00:00～03:30(封锁 210 min)	沪昆铁路 106、107 供电单元 00:30～03:30 间停电 180 min

14.3.3　监测与控制

1. 监测总体要求

邻近营业线施工过程中将不可避免地对周边的地层产生扰动，从而可能引起地基的附加沉降及水平变形。对于沪昆铁路路基而言，沉降和水平变形将影响铁路轨道平顺性。一旦轨道变形过大超出控制标准，直接危及行车安全。为了及时掌握施工过程中既有铁路线路的动态信息并及时反馈给各相关部门，指导施工，对邻近营业线施工范围内的铁路相关设备实施监控量测，具有十分重要的意义。本项目监测范围包括转体主墩及转体接受墩施工范围向外延长 30 m 沪昆高铁，监测项目为轨道竖向位移、轨道水平位移、路基竖向位移、路基水平位移。

在转体施工过程中，需要对试转体及转体前后的主梁变形、索力变化、主梁应力变化、主塔应力变化、主塔位移变化、主墩应力变化、球铰姿态变化、球铰撑脚应力变化进行控制。针对各施工流程，主要进行监测控制的内容见表 14-5。

表 14-5　转体桥梁主要监控阶段及监控项目

施工过程	监控内容	
转体施工	转盘姿态及撑脚应力监控	
	索塔、主梁及桥墩应力监控	
	试转过程监控	转盘偏转监控
		撑脚应力监测
	正式转体过程监控	转盘偏转监控
		主梁关键断面应力监测
		辅助索塔应力监控
		转盘姿态及撑脚应力监控

续上表

施工过程	监 控 内 容
转体后索力放松及落架施工过程	主梁应力及线形监控
	主塔应力及线形监控
	斜拉索索力监控
	桥墩应力监控
	支座反力计算与控制

2. 监测点布置

本次监测范围内沪杭高铁路基段为无砟轨道，对路基段沪杭高铁 K3＋920～K4＋240 支承层布置监测点。沪杭高铁 K3＋920～K4＋240 监测范围内每隔 20 m 设置 1 个监测断面，上、下行线各设置 1 个支承层监测点，两股道共布设 17 个断面，合计布设 34 个监测点。

主塔应力监测采用智能型温度振弦式应变计配合全自动数据采集设备进行测试，主塔根部 TS 应力测试断面合计 8 个，共计 12 个测点，测点编号为 TS1～TS12，随主桥施工工况变化对关键截面进行监测。

主塔位移监测采用双轴倾角传感器＋全自动采集设备进行测试，主塔端部 TP 位移测试断面的双轴倾角传感器共计 8 个测点，测点均安装在主塔柱顶部位置，监测塔柱纵横桥向偏转角，测点编号为 TP1～TP8。

主梁应力监测采用智能型温度振弦式混凝土应变计配合全自动数据采集设备进行测试，主梁共计 6 个应力测试断面，合计 54 个主梁应力测点，测点编号为 S1～S12，随主桥施工工况变化对关键截面进行监测。

主墩应力监测采用智能型温度振弦式应变计配合全自动数据采集设备进行测试，主墩 DS 应力测试断面合计 6 个测点，测点编号为 DS1～DS6，随主桥施工工况变化对关键截面进行监测。

主墩球铰应力监测采用智能型温度振弦式应变计配合全自动数据采集设备进行测试，主墩 ZDCJ 应力测点合计 4 个，测点编号为 ZDCJ-1～ZDCJ-4，主墩球铰姿态监测采用智能型温度静力水准仪配合全自动数据采集设备进行测试，主墩 QJPW 球铰姿态测试静力水准仪合计 4 个测点，测点编号为 QJPW-1～QJPW-4，后期随主桥施工工况变化对关键截面进行监测。

主桥索力监测采用索力动测仪进行索力测试，主桥共计 48 根索，测点编号为 M1～M24，S1～S24 随主桥施工工况变化对全桥索力进行监测，测试频率为施工步变动前后，主要控制施工步为拉索、脱架、转体等。

对转体桥梁的监测点主要布设在主塔、主梁、桥墩。由于篇幅有限，本处仅展示主塔应力、位移及主梁线型测点布置，如图 14-17～图 14-19 所示。

3. 监测标准、频次和标准值

为确保既有铁路的安全，针对本工程综合考虑临近营业线施工内容对铁路的影响程度的不同，制定相应的监测频率，施工影响较小阶段，适当降低监测频率。对转体桥梁的测试频率均为每 10 min 取数一次。

具体既有铁路监测频率见表 14-6，监测报警值见表 14-7。

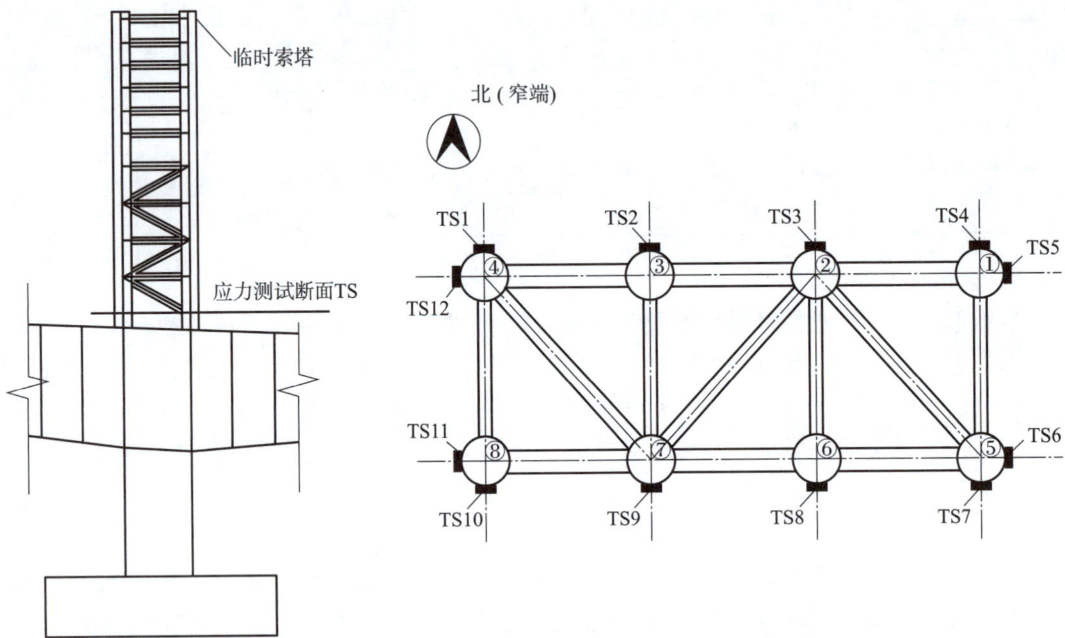

图 14-17　主塔应力监测布置

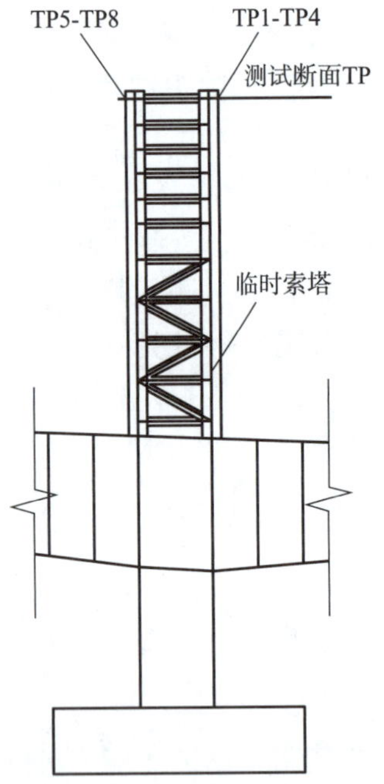

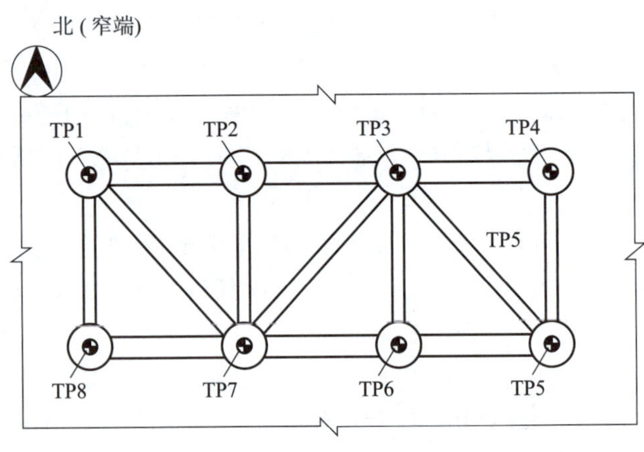

图 14-18　主塔位移监测布置

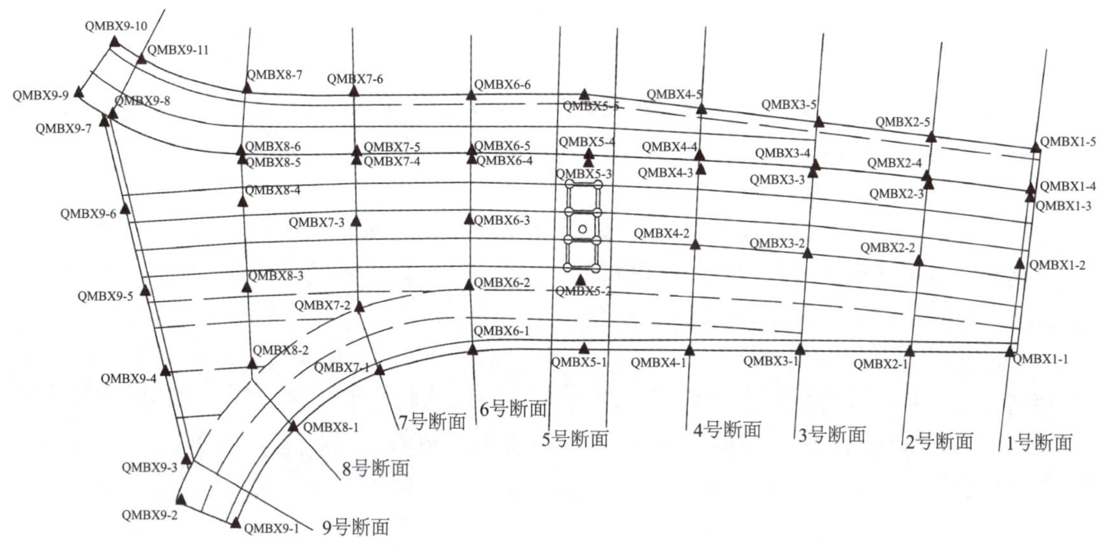

图 14-19 主梁线形测点布置

表 14-6 上海市漕宝路快速路主桥施工监测频率

工点名称	铁路名称	监测内容	监测阶段		
			初始值采集	施工阶段	后续监测
转体刚桥主墩范围	沪昆高铁上下行	支承层竖向位移及水平位移	施工前1周	①桥梁桩基施工阶段②承台基坑开挖阶段③下部结构施工阶段④拼装基础施工阶段	延续3个月

表 14-7 上海市漕宝路快速路主桥施工监测报警值(mm)

监测项目	单日预警值	单日报警值	累计量报警值
路基竖向及水平位移	±0.8	±1	±2
支承层竖向及水平位移	±0.8	±1	±2

为避免施工中出现结构位移与应力过大,控制结构的安全度,保障各施工步骤的平稳进行,施工监控单位在监控过程中应建立大桥的施工监控预警系统,对关键工序阶段主要构件控制截面的应力和变形进行设置预警值,提出应对措施。

4. 应急预案

在转体过程出现机械故障时,现场施工负责人第一时间向驻站联络员、车站值班员汇报情况,同时立即组织设备组人员对转体设备进行更换,设备组由液压、机械、控制方面的专家及经验丰富的技术人员组成,在转体过程中,紧急情况下可以随时启动应急程序。同步控制分别由相应的控制系统自动进行,依靠指挥协调进行同步控制,确保符合设计要求。当同步性超出技术要求,停机并及时调整相应控制点速度。拽拉系统的千斤顶、泵站、控制系统出现故障,立即由专业工程师进行检查,以最快的时间排除故障。

若转体不能正常启动,可借助已经安装到位的两台助推系统千斤顶均匀加力,使结构转动。但当牵引系统两台千斤顶、两台助推系统千斤顶均加载时,转动体仍然不转动,此时应检查撑腿与滑道之间是否有杂物将其卡住,是否涂抹润滑剂,滑道在此处是否不平整。此时可利用千斤顶前、后顶同时起动、手动增加牵引力使转动体转动。

在转体过程中，若牵引系统设备发生故障发生故障，维修人员要立即对设备进行维修，如发现短时间内不能修复，要立即通知施工负责人进行设备更换，确保转体的顺利进行。

转体过程中，监控人员突然发现梁端高程出现突变，应立即通知施工负责人，暂停转体，并对梁端高程进行及时复测，确保测量无误后，检查梁体是否开裂，若发现存在开裂，会同设计、监理等相关单位共同研究后处理。

在转体过程中，转速观察人员发现转速突然增加，应立即通知施工负责人暂停转体，检查以下部位：滑道出现局部下坡，若存在，可降低牵引力，缓慢转体通过下坡段；千斤顶操作台出现失误，牵引力突然增大，应降低牵引力直至箱梁转速达到设计要求。

如果撑脚落在滑道上不影响转体，一般情况可以继续进行转体施工。一旦撑脚与滑道抵住，转体无法正常进行时就停止转动，采用称重时的方法顶起转动体，再加配重块，继续进行平衡转体。一般在试转后不会出现转动时由平衡转为不平衡的情况。在试转时出现情况变化，及时进行处理。

14.4 实施效果

采取上述设计与施工措施后，拉索脱架阶段、称重阶段以及试转体阶段的监测结果如图 14-20、图 14-21 所示，受篇幅限制，本处只展示主塔应力、位移、主梁线型一个测点的监测结果。

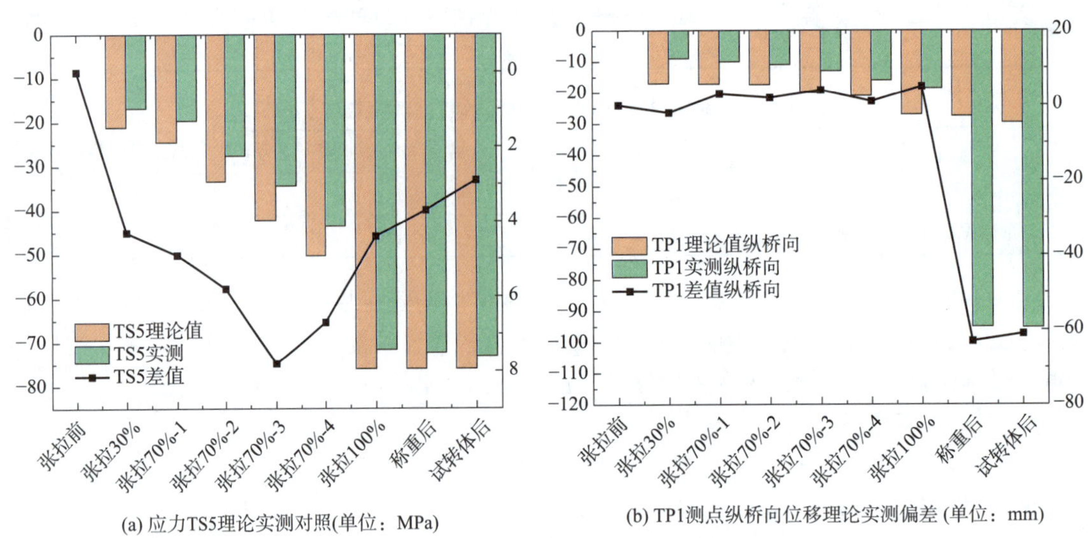

(a) 应力TS5理论实测对照(单位：MPa)　　(b) TP1测点纵桥向位移理论实测偏差 (单位：mm)

图 14-20　主塔应力与位移理论实测对照

结合所有监测数据，可以得到以下结论：

主梁实测应力与监控计算理论值基本吻合，实测值均小于理论值，实测变化趋势与计算趋势基本相同，拉索脱架、称重及试转体阶段，主梁应力状态基本合理可控。

主塔实测应力与监控计算理论值基本吻合，实测值均小于理论值，实测变化趋势与计算趋势基本相同，拉索脱架、称重及试转体阶段，主塔应力状态基本合理可控。

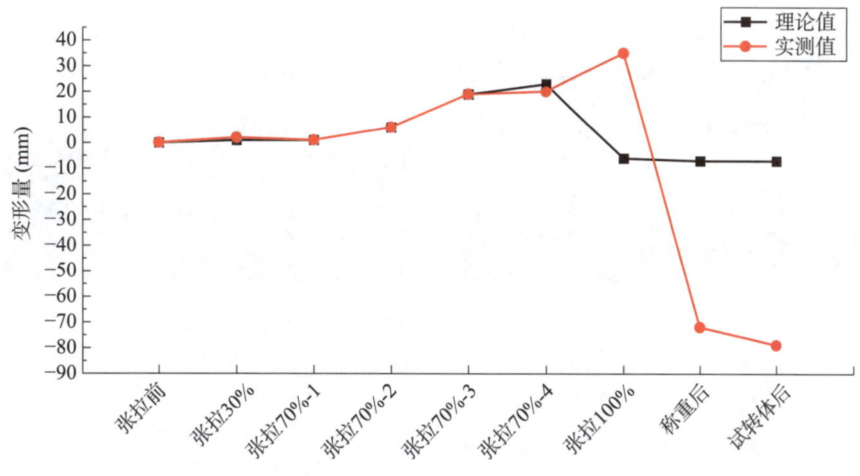

图 14-21　主梁 1 号段面平均变形对比

主墩实测应力与监控计算理论值基本吻合,实测值均小于理论值,实测变化趋势与计算趋势基本相同,拉索脱架、称重及试转体阶段,主墩应力状态基本合理可控。

上承台撑脚实测应力变化不大,撑脚基本不受力,主桥转体过程中几乎全部由球铰承受反力,转体系统的受力状态基本合理可控。

主梁实测变形与监控计算理论值基本吻合,变化趋势与计算趋势基本相同,称重阶段球铰发生微偏转,主梁整体绕球铰发生刚体转动,主梁整体呈东北角下挠,西南侧上翘的现象,转体期间主梁线形姿态趋于稳定态,主桥线形可暂不作调整,待主桥转体完成后再一次性调整主桥线形,主梁线形姿态基本合理可控。

主塔实测变形比监控计算理论值略大,变化趋势与计算趋势基本相同,主塔实测线形偏大可能与塔梁栓接拼装间隙有关,称重阶段解除球铰约束后,球铰发生微偏转,主塔绕球铰发生刚体转动,主塔整体变形较大,转体期间主塔线形姿态趋于稳定态,主塔非桥梁永久受力结构,且关键部位受力均小于理论计算状态,主塔线形可暂不作调整,主塔目前受力变形状态基本合理可控。

墩球铰及上承台在张拉脱架期间发生整体变形,未见明显不均匀变形现象,称重阶段,解除球铰约束后,球铰发生微偏转,整体上承台呈北侧下挠,南侧上翘,整体姿态与梁体偏转姿态吻合,试转体阶段主桥球铰及上承台变形基本稳定,未出现异常偏转。拉索脱架、称重及试转体阶段,主墩球铰姿态及偏位状态基本合理可控。

张拉脱架阶段主桥整体索力偏小;称重前后主桥成桥索力变化不大,索力较为对称,索力状态基本合理可控;试转体前后主桥成桥索力变化不大,索力较为对称,索力状态基本合理可控;所以整体施工方案安全可控。

同时在转体施工过程中沪昆高铁和沪昆铁路各项监测数据均在报警值范围之内。综上所述,上述设计施工方案对既有铁路的保护效果良好,未影响既有铁路的正常运营。完工现场如图 14-22 所示。

图 14-22　上海市漕宝路快速路转体主桥完工现场

14.5 小　　结

本案例以上海市漕宝路快速路转体主桥新建工程为例，介绍了超宽异形钢连续梁 T 构桥平衡转体施工的相关风险源及安全风险防控措施。

超宽异形钢连续梁 T 构桥平衡转体上跨既有铁路施工的风险源主要包括 2 个方面：异形桥梁结构转体过程中倾覆风险、转体梁端下挠过大和临时索塔扭曲变形风险。针对上述风险源，从施工管理角度采取相应的技术及安全卡控措施。

(1)为避免上述风险，T 构桥钢一混凝土墩梁固结节点采用格构式密布剪力钉及 PBL 键，同时设置竖向预应力钢筋的设计形式。

(2)为避免上述风险，经检算需通过设置临时索塔及斜拉索、桥面配重以满足转体要求。为避免临时索塔扭曲变形的风险，建立三维数值模拟模型对索塔结构进行计算，根据计算结果调整临时索塔构造设计及斜拉索锚点布置。

(3)在施工技术措施方面，为避免上述风险，需在精确称重前预估不平衡力矩，并对桥梁实施预配重，转体前、预配重安装完成后再进行转动体称重试验，并据此再次进行平衡配重。

(4)在施工技术措施方面，为避免上述风险，轴线偏差主要采用连续千斤顶点动控制来调整，并采取相应控制措施，例如防倾保险体系、限位控制体系。转体过程中也应注意匀速转动，采取合理的速度。同时千斤顶的作用力始终保持大小相等、方向相反，以保证上转盘无倾覆力矩产生。

(5)在施工安全卡控措施方面，为保证施工安全，在转体施工过程中还应注意穿钢绞线时不能交叉、打搅和扭转，所有工作人员必须严格遵守有关安全施工操作规程。为避免转体施工影响既有铁路运营安全，转体当日需要对沪昆高铁和沪昆铁路进行封锁。

上海市漕宝路快速路转体主桥新建工程在采用上述措施后总体实施效果良好，在既有铁路采取相应封锁措施的情况下，形成了较好的超宽异形钢连续梁 T 构桥平衡转体施工的工艺和方法，对既有铁路保护效果较好，未影响正常运营。该方案也为类似超宽异形钢连续梁 T 构桥转体法上跨既有铁路施工提供了一种参考解决办法。

专题三

邻近既有铁路施工

概　　述

在本专题中，按工程的施工位置划分，邻近既有铁路施工主要分为邻近既有铁路基坑施工、近距离并行既有铁路桥梁施工、邻近既有铁路爆破施工、新建铁路与既有铁路拨接施工。按上述分类方法，本专题分为四篇，每一篇中的典型案例也主要介绍了相应的风险源与设计施工技术措施。本专题也为不同类型的邻近既有铁路施工提供了相应的参考解决方案。

第 1 篇邻近既有铁路基坑施工部分包括 2 个案例。该类工程的风险源主要包括 5 个方面：基坑安全与地表沉降风险；高铁位移风险；基坑开挖风险；高铁邻近施工风险；施工扰动风。针对上述风险，解决方案一般为对基坑施工采取微扰动技术，包括使用独特多孔管和强制吸浆装置进行 MJS 成桩；同时开展邻近深基坑的既有结构变形分析，实施全封闭止水和加强地下连续墙质量控制；对既有线路进行必要的封锁和限速。

第 2 篇近距离并行既有铁路桥梁施工部分包括 2 个案例。该类工程的风险源主要包括 3 个方面：钻孔桩和承台施工引起既有铁路桥墩或路基变形的风险；大型机械倾覆风险；顶推或吊装施工梁体倾覆风险。针对上述风险，解决方案一般为桩基施工采用全套护筒跟进施工工艺；基坑开挖前先进行围护结构施工；横移架设钢桁梁采用地面吊车膺架法由中间对称向两侧拼装；顶推施工则采用大跨度钢桁梁多点浮托顶推方案。在施工过程中对既有铁路实行必要的封锁与限速措施。

第 3 篇邻近既有铁路爆破施工部分包括 1 个案例，选取了新建金台铁路（林家岙隧道）工程进行分析。该类工程的风险源主要包括 4 个方面：爆破振动引起既有铁路隧道变形风险；隧道进出口爆破飞石对既有铁路的影响；岩爆风险；新建隧道与既有铁路隧道渗水涌水风险。针对上述风险，解决方案一般为采取光面爆破、控制爆破措施；采用微差控制爆破技术合理控制爆破规模；采用近体防护保证填塞长度和填塞质量；利用线路封锁点进行爆破施工。

第 4 篇新建铁路与既有铁路拨接施工部分包括 2 个案例。该类工程的风险源主要包括 3 个方面：邻近营业线施工吊装作业侵限风险；便梁倾覆及胀轨风险；大型机械设备侵入既有线风险。针对上述风险，解决方案一般为严格“大机风控”制度，防止材料和机械侵入安全界限；采用临时线路和工具轨换铺法；用无轨测量和线索不落地技术提前定测以减少拨接对运营线影响。另外涉及桥涵接长施工时采用 D24 便梁架空加固线路，并做好便梁接地和限位装置。同时采用永临结合方式施工，施工期间实行慢行或封锁措施。

各类型邻近既有铁路施工相应的设计与施工技术措施在下面的案例分析中也分别进行了详细阐述。

第 1 篇　邻近既有铁路基坑施工

15　上海市轨道交通市域线机场联络线工程（地下连续墙施工）

15.1　工程概况

15.1.1　案例背景

上海市轨道交通市域线机场联络线连接上海虹桥与浦东机场，并实现与市中心区交通的快速换乘。在明挖与盾构区间过渡段，1 号风井与明挖区间最深段基坑（DK6＋490.1～＋646.2）长距离并行既有沪杭高铁路基，基坑总长 156.1 m。工程场地位于上海软土地区，四周环境复杂，基坑西侧为沪杭高铁，距沪杭高铁路基坡脚的最近距离仅为 10.6 m，场地东侧为杨新竖河，河堤护岸与基坑距离最近约 11.4 m。平面位置关系与基坑周边环境概况如图 15-1 和图 15-2 所示。

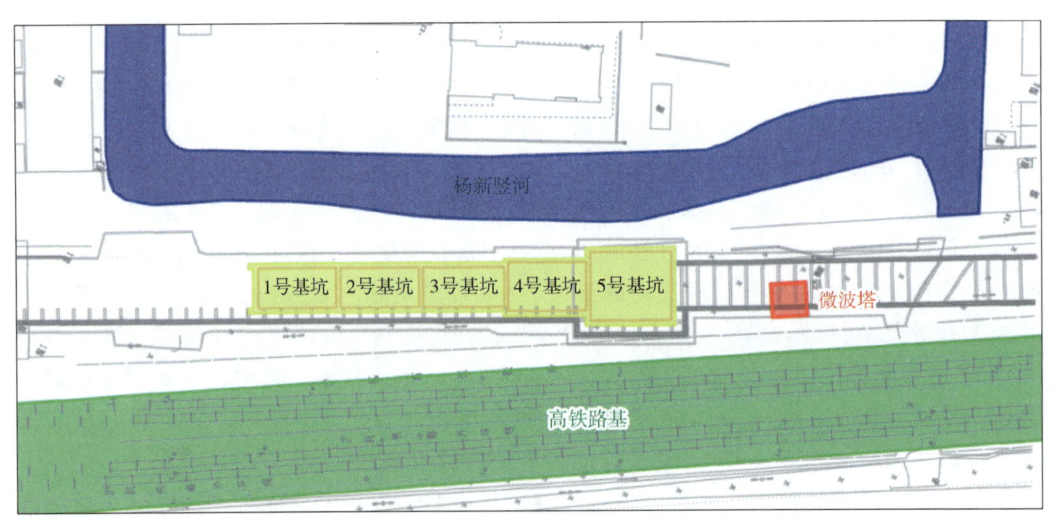

图 15-1　1 号风井及明挖区间最深段基坑与沪杭高铁平面位置关系

为减少相邻基坑开挖的互相影响，本工程采取隔坑开挖方式分阶段施工，设置中隔墙将区间划分为 5 个基坑，基坑开挖深度随里程增加逐渐增加（16.6～25.5 m），其中 1～4 号基坑为明挖区间最深段基坑，5 号基坑为 1 号风井基坑，总体施工顺序共分为三个阶段。

第一阶段：所有基坑围护结构及地基加固施工；

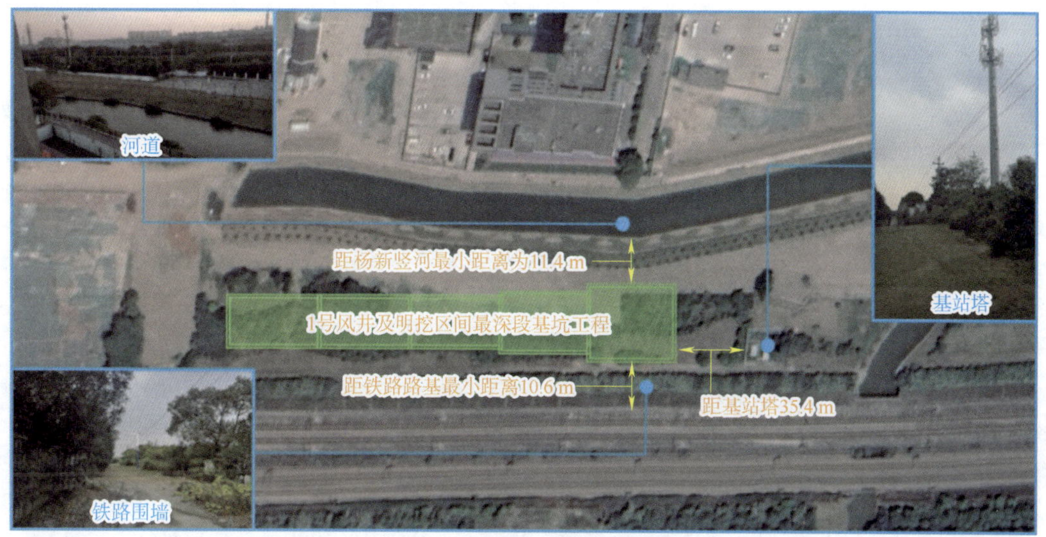

图 15-2　基坑周边环境概况

第二阶段:1、3、5 号基坑开挖施工,开挖完成后进行主体结构施工;

第三阶段:2、4 号基坑开挖施工,开挖完成后进行主体结构施工。

基坑邻近沪杭高铁轨道结构为 CRTSⅡ型板式无砟轨道,路基基础采用 0.5 m 厚的 C30 钢筋混凝土筏板与桩长 33 m、直径 0.6 m、桩间距 3 m 的钻孔灌注桩加固,按正方形布置,桩底位于⑦$_1$ 砂土层,边坡下部采用直径 0.5 m 的搅拌桩加固。高铁全线最高设计时速为 350 km,根据铁路安全运营要求,在基坑开挖至 6 m 时,相应区段限速 120 km/h。

由于基坑开挖深度大,周边土体土质较差,并且近距离并行沪杭高铁,势必会对周边环境和既有高铁路基产生不利的影响。因此如何采取安全有效的防护措施,减少和控制基坑开挖与主体结构施工过程中对铁路路基的扰动成为整个施工的关键。

15.1.2　工程地质与水文地质

本工程沿线水系发育,河港纵横交错,除黄浦江外,沿线主要河流宽度约 20 m 左右,河水水位主要受大气降水及潮汐影响。地下水类型主要为松散岩类孔隙水。(微)承压水埋深一般在 3~11 m,均低于潜水水位,并呈年周期性变化。

土层情况见表 15-1。

表 15-1　上海机场联络线工程各土层参数

地层编号	地层名称	常规物理指标参数					抗剪强度指标				压缩指标参数		基本承载力 σ_0 (kPa)	岩土施工工程分级
							直剪快剪		直剪固快					
		天然含水量 w (%)	天然密度 ρ (g/cm³)	孔隙比 e	塑性指数 I_P	液性指数 I_L (%)	内摩擦角 ϕ (°)	黏聚力 c (kPa)	内摩擦角 ϕ (°)	黏聚力 c (kPa)	压缩系数 a_v (MPa)	压缩模量 1~2 Es (MPa^{-1})		
①$_3$	江滩土												60	Ⅰ
②$_1$	粉质黏土	32.14	1.90	0.91	16.69	0.68	10.38	16.37	17.15	20.08	0.47	4.56	120	Ⅱ

续上表

地层编号	地层名称	常规物理指标参数					抗剪强度指标				压缩指标参数		基本承载力 σ_0 (kPa)	岩土施工工程分级
							直剪快剪		直剪固快					
		天然含水量 w (%)	天然密度 ρ (g/cm³)	孔隙比 e	塑性指数 I_P	液性指数 I_L (%)	内摩擦角 ϕ (°)	凝聚力 c (kPa)	内摩擦角 ϕ (°)	凝聚力 c (kPa)	压缩系数 a_v (MPa)	压缩模量 1～2 E_s (MPa^{-1})		
②$_3$	砂质粉土	29.25	1.93	0.82	9.69	0.69	22.58	17.08	28.70	6.80	0.21	10.66	100	Ⅱ
③$_1$	淤泥质粉质黏土	42.55	1.77	1.20	15.84	1.32	6.79	6.23	17.93	12.40	0.71	3.32	55	Ⅱ
③$_2$	砂质粉土	27.86	1.92	0.80					33.25	5.00	0.21	10.12	100	Ⅱ
④$_1$	淤泥质黏土	47.09	1.74	1.33	19.22	1.27	6.58	9.13	12.57	13.22	0.99	2.55	80	Ⅱ
④$_2$	砂质粉土	28.86	1.89	0.85	11.40	0.60			32.75		0.22	9.71	120	Ⅱ
⑤$_1$	黏　土	38.21	1.80	1.10	16.98	0.96	7.75	11.27	16.23	15.33	0.60	3.63	100	Ⅱ
⑤$_2$	砂质粉土	28.49	1.90	0.83	10.63	1.06	19.45	19.00	30.69	8.86	0.25	9.04	120	Ⅱ
⑤$_{3\text{-}1}$	粉质黏土	32.97	1.85	0.96	14.57	0.86	11.63	13.38	20.38	17.65	0.42	4.90	120	Ⅱ
⑤$_{3\text{-}2}$	粉质黏土夹砂质粉土	25.01	1.94	0.75	17.17	0.55			31.61	6.00	0.20	10.29	120	Ⅱ
⑤$_4$	粉质黏土	24.60	1.99	0.71	15.20	0.42	0.00	0.00	13.50	40.00	0.30	5.64	150	Ⅱ
⑥	粉质黏土	25.32	1.98	0.73	15.88	0.38	15.64	28.10	16.00	42.00	0.26	6.98	180	Ⅰ
⑦$_1$	砂质粉土	26.95	1.94	0.77	9.25	0.44	28.47	15.09	31.38	10.04	0.18	10.69	150	Ⅱ
⑦$_2$	粉　砂	24.56	1.97	0.71	7.23	0.23	27.45	21.00	32.52	3.33	0.14	13.45	180	Ⅰ
⑧$_1$	粉质黏土	33.70	1.86	0.97	16.44	0.74	12.27	22.00			0.47	4.19	120	Ⅱ
⑧$_2$	粉质黏土与粉砂互层	27.00	1.90	0.82	9.73	0.67	12.82	11.00			0.33	6.17	150	Ⅱ
⑨	粉　砂	26.24	1.94	0.75					30.75		0.12	14.77	180	Ⅰ

15.1.3 基坑围护设计方案

本工程采用隔离桩＋地下连续墙基坑围护的加固方法，解决了基坑开挖深度大产生的自身变形与高铁变形控制问题。围护加固结构平面设计与横断面如图 15-3 和图 15-4 所示。防护措施见表 15-2。

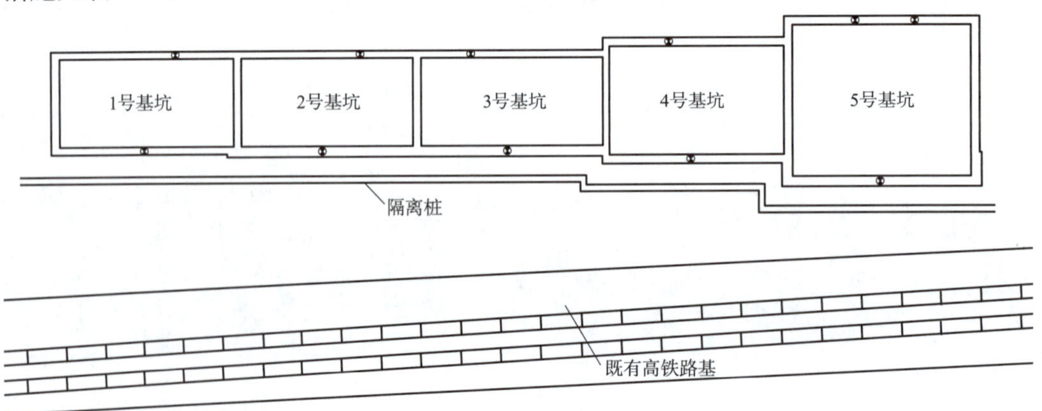

图 15-3　围护结构平面设计(DK6＋490.1～＋646.2)

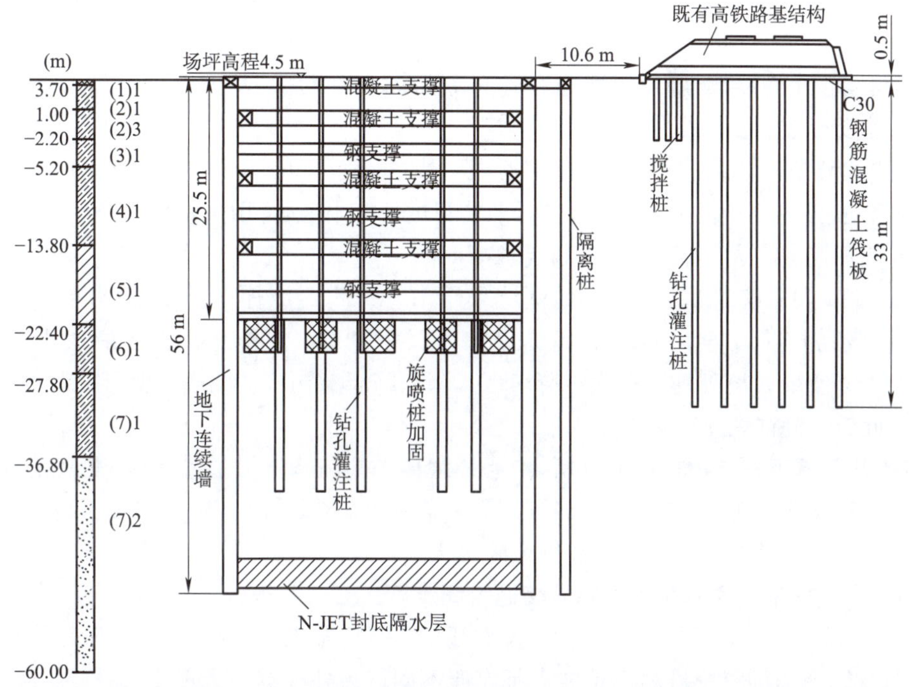

图 15-4 围护结构横断面布置(DK6+490.1～+646.2)

表 15-2 基坑防护措施(m)

序号	里　程	基坑宽度	基坑深度	地墙深度	地墙厚度	支 撑 布 置
1号坑	DK6+490.1～+521.25	14.5	16.6～17.5	40	1.2	混凝土支撑:一、四道 钢支撑:二、三、五道
2号坑	DK6+521.25～+551.95	14.5	17.5～18.3	41	1.2/1.5	混凝土支撑:一、四道 钢支撑:二、三、五道
3号坑	DK6+551.95～+583.7	14.5	18.5～22.9	50	1.2/1.5	混凝土支撑:一、四道 钢支撑:二、三、五、六道
4号坑	DK6+583.7～+614.4	17.7	22.9～23.8	52	1.2/1.5	混凝土支撑:一、四、五道 钢支撑:二、三、六道
5号坑	DK6+614.4～+646.2	25	25.5	56	1.2/1.5	混凝土支撑:一、二、四、六道 钢支撑:三、五、七道

15.2 风险源分析

本新建机场线线路基坑开挖平行于既有沪杭高铁正线,具有近距离并行既有高铁、基坑开挖深度大、周边土体土质较差、周边环境保护要求较高等特点。为确保工程顺利安全实施并满足长期运营相关要求,本工程必须重点考虑以下存在的风险源:

1. 承压水层引起的基坑安全风险

该项目工程环境保护等级为一级,场区周边的沪杭高铁坡脚离基坑边仅 10.6 m,在承压含水层减压降水影响范围之内,是工程建设期间的重点保护对象,若地下水风险控制不当,环境变形风险极高，进而导致周围地表沉降，产生高铁路基变形。同时，1 号风井最大开挖深度 25.5 m，地下连续墙深 56 m，插入比为 1.17。施工基坑全封闭止水后，基坑内外水头差较大，对地下连续墙止水性能、坑底封闭性能提出很高要求。

2. 高铁变形控制要求高

地下连续墙施工，基坑降水和开挖都会导致周边地表沉降，诱导产生铁路基床水平与竖向变形，反映到轨面即产生几何不平顺，当不平顺超过一定限值，将引发铁路安全运营风险。

3. 基坑开挖深度大，自身变形控制要求高

1 号风井最大开挖深度为 25.5 m，基坑采用 1.2 m/1.5 m 厚的地下连续墙围护，墙趾最深为 56 m，极易产生安全风险。故基坑保护等级为一级，要求围护墙体最大水平位移≤0.14%H(35.7 mm)，坑外地表最大沉降≤0.1%H(25.5 mm)，基坑自身变形控制标准高。

4. 邻近沪杭高铁大型机械施工

1 号风井基坑工程与沪杭高铁并行，中心线距离约 20 m，施工工艺繁多，尤其是各项工艺涉及的大型机械设备施工，如成槽机、履带吊、三轴桩机、RJP 桩机、N-jet 桩机、高压旋喷桩机等，其中 500 t 履带吊的施工对沪杭高铁风险最大。

5. 施工场地有限，场地部署和场内交通组织难度大

深基坑施工大致分为围护结构施工、土方开挖和结构施工三个阶段，各个阶段中所使用的大型施工机械，所需的材料堆放场地要求都有所不同。另外根据设计要求，1 号风井分 5 个基坑、两个阶段施工，根据节点工期要求，存在基坑加固和土方开挖搭接施工。在不同区域和不同阶段的施工过程中，场地部署和场内交通组织必须紧随施工工作进行调整，并满足现实工作的基本需要。

15.3 对策措施

15.3.1 施工工艺及措施

1. 总体方案

基于设计方案，本工程采用明挖顺作法施工，基坑围护支撑结构采用隔离桩＋地下连续墙＋内支撑型式，除 2～5 号基坑靠近高铁路基侧采用 1.5 m 厚地下连续墙外，其余地下连续墙均为 1.2 m 厚，围护结构深度 40～56 m，沿基坑深度方向采用钢筋混凝土＋伺服钢支撑进行支护。

基坑基底采用 ϕ850@600 mm 旋喷桩抽条加高铁侧裙边加固，裙边宽度为 3 m，加固深度为地面至开挖面以下 3 m，抽条宽度为 3 m，加固深度 3 m。基坑内、外侧均采用单排 ϕ850 三轴搅拌桩进行地下连续墙槽壁加固，地下连续墙接缝处采用单根 ϕ2 400 mm RJP 旋喷桩进行抗渗处理。1 号基坑和 2 号基坑地下连续墙底部采用 ϕ2 400 mm RJP 工法进行 4 m 厚的满堂隔水加固，3～5 号基坑地下连续墙底部采用 ϕ3500@2200 mm N-jet(大直径高压旋喷桩)工法进行 5 m 厚的隔水封底处理，加固地层位于地连墙底上部 1 m 处。

在邻近沪杭高铁侧，距围护结构外侧 3 m 位置打设一排 ϕ1000@1300 mm 的钻孔灌注桩做隔离，桩长与地连墙同长。钻孔桩顶部采用系梁与地连墙的顶冠梁连接，系梁水平间距为 6 m。

施工的整体流程如图 15-5 所示。

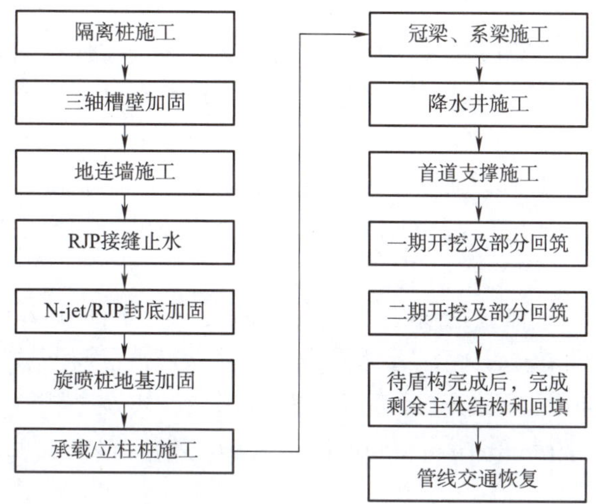

图 15-5 基坑围护施工工艺流程

2. 施工工艺技术措施

针对风险源 1、2、3,为保证高铁与自身安全控制要求,对隔离桩+地下连续墙的基坑围护施工工艺进行重点施工组织设计。

地下连续墙施工工艺中要重点加强地下连续墙施工质量的控制,尤其是做好接头质量的控制,严格按照工艺验施工 RJP 止水桩,做好地连墙 RJP 接缝止水和开挖封底阶段控制。

基坑内外两侧槽壁加固采用 ϕ850 三轴搅拌桩进行加固,坑内侧间距 1 800 mm,外侧套接一孔,桩长 22 m。

RJP 工法桩直径 2 400 mm,加固范围为地墙槽壁加固桩底至地连墙墙底,上部穿越三轴搅拌桩应引孔实施,竖向与搅拌桩应有不小于 1 m 的搭接。

1 号基坑和 2 号基坑地下连续墙底采用 ϕ2 400 mm RJP 工法进行满堂加固,加固层底高程为地下连续墙底高程+1 m,加固厚度为 4 m。

3~5 号基坑地下连续墙底部采用 ϕ3500@2200N-jet 工法进行封底处理,加固厚度 5 m,加固地层位于地连墙底上部 1 m 处。

基坑内设计的工程桩主要为抗拔桩、承载桩及立柱桩,采用泥浆护壁钻孔灌注桩施工工艺,桩径均为 1 000 mm,共 64 根。基坑外并行高铁一侧钻孔灌注桩距离基坑围护结构 3 m,距离铁路围墙最近距离约 3 m。施工选用 GPS-15 型工程钻机,原土自然造浆护壁法钻进,钻至设计高程后即终止,进行清孔,安放钢筋笼,下入导管后进行第二次清孔,钢筋笼的长度与焊接质量、孔底高程、泥浆指标等均符合设计的规范要求后,进行混凝土灌注,直至规定高程为止,钻孔中及混凝土所排出的泥浆通过现场泥浆固化处理中心进行分离处理。

在承压水控制方面,针对风险源 1,本工程采用地下连续墙、墙缝三轴搅拌桩+RJP 工法桩的方式阻断侧向水的渗流路径,墙趾处设置 N-jet 或 PJP 封底隔水层阻断底部承压水。虽有封底隔水层隔断承压水,但考虑坑内承压水降深幅度较大,N-jet 或 RJP 封底效果存在不确定性,故在坑内设置降水井对⑤$_{42}$、⑦$_1$ 承压水层进行封闭式降水,降水井滤管位于封底隔水层以上。坑内对承压水进行“按需降水”,降低承压水头,控制承压水突涌危险,坑外设置回灌井确保周围水位稳定。基坑开挖之前，进行抽水试验，初步评估降水对坑内外的影响。基坑施工期间，坑内封闭式降水，坑外及时进行回灌，全过程对水位、基坑支护结构、高铁路基进行观测。

基坑底部采用 ϕ850@600 三重管旋喷桩进行裙边＋抽条加固，抽条加固深 3 m，裙边宽 3 m，抽条宽度 3 m，间距 3 m，裙边加固深度为地面至开挖面以下 3 m，宽度 3 m，采用 XP-30 高压旋喷桩机施工。

基坑开挖须在降水施工 15 天后进行，坑内降水深度控制在坑底以下 1.0 m。土方开挖按照每个基坑竖向分层的方式进行，上下、前后形成一个连续的开挖作业面，采用挖机配合克令吊整体开挖。

表层土在路面破除后整体开挖，表层土开挖至混凝土支撑底 10 cm，然后施作冠梁及混凝土支撑。第一道混凝土支撑施工完成并达到设计强度 80%后进行基坑土方开挖。根据土方开挖原则，基坑土方竖向根据开挖面至支撑位置进行分层，共分为 5～7 大层，每一大层根据支撑竖向间距又分为若干小层，每小层高度以不超过 2 m 为宜；每个基坑放坡开挖，土方开挖一般土层按不陡于 1∶3 控制，砂性土层按不陡于 1∶4 控制，动态总坡度不陡于 1∶3 控制；由挖机配合向克令吊装车，随撑随挖。基底以上 0.3 m 由人工进行清底，清底完成后及时封底，每个基坑封底完成后进行结构底板施工。待后期盾构完成后，进行剩余主体结构和回填。

开挖施工过程中应注意：(1)分层分块开挖。根据土方开挖原则，基坑土方竖向根据开挖面至支撑位置进行分层，共分为 5～7 个大层。开挖深度 13 m 深度以内土方采用小型挖掘机开挖，配合长臂挖机出渣；13 m 深度以下采用小型挖掘机开挖，配合克令吊出渣。有斜撑的 1、3、5 分坑，每个分坑每层土方先开挖四个边角，再开挖中间核心土，开挖边角时应先挖非高铁侧、后挖高铁侧；挖一个边角后，随即安装完成支撑。无斜撑的 2、4 分坑，由较浅一侧向较深一侧随挖随撑。(2)合理控制每层、每道工序作业时间。控制土方开挖、钢支撑安装的每层施工时间为 5～6 天，控制土方开挖、混凝土支撑施工完成且达到设计要求强度的每层施工时间为 11～13 天，控制最后一层封底层施工完成且达到设计要求强度的时间为 9～10 天，最深的 5 号分坑施工总体时间为 62 天。

支撑体系采用混凝土支撑与伺服系统钢支撑组合的型式，在开挖过程中，伺服系统 24 h 实时监控钢支撑轴力和基坑变形，通过在千斤顶端头加装位移传感器，地连墙两侧加装激光位移传感器，进行位移测量，掌握基坑变形数据，低压自动伺服、高压自动报警，全方位有效控制基坑变形。当某一层钢支撑安装完毕且平衡以后，方可继续向下挖土，该过程中，应对本层钢支撑各项参数进行重点监控。若基坑支护结构变形趋势增大，为限制变形，系统会加大轴力，增加轴力应采用分级加载，每次增加轴力不超过轴力设定值的 10%，轴力增加完成后 4～6 h 后重点关注围护结构变形。若变形收敛则停止加载，若继续快速增大，则进行下一级加载，直到围护结构变形收敛。

15.3.2 施工安全卡控措施

1. 基坑施工安全管理

针对风险源 4，为避免大型机械施工对沪杭高铁的影响，施工前，编制专项施工方案和应急预案，经铁路部门评审后严格执行，并在开始前做好应急准备工作。大型机械现场施工，基坑内应设置重载便道，保证大型机械的平稳施工；为减小地下连续墙钢筋笼吊装风险，靠近高铁一侧钢筋笼吊装时，需在封锁点内进行，采用双机抬吊一次整体吊装入槽，同时结合高精度实时监测数据,通过信息化手段对邻近高铁的大型设备进行实时监控、区域预警和投屏反馈,实现大型设备现场管控智能化,提升安全防控效率。

针对风险源 5,应当组织各专业施工单位一同参与场地布置,力求合理布置现场,保证现场布置合理;针对不同施工阶段,对该施工阶段的空闲场地加以利用,尽可能地增加场地利用率,从而达到方便施工的目的。

2. 基坑施工期间铁路封锁

1 号风井靠近高铁侧地连墙钢筋笼吊装需在封锁点内施工,1 号风井共计 80 幅地连墙,根据分幅情况,其中 42 幅在封锁点内作业,封锁时间集中在 2020 年 5～10 月,共计 42 个封锁点,封锁时间为 0:00～4:00。

3. 基坑施工期间铁路限速慢行

1 号风井基坑开挖深度超过 6 m 后,需对沪杭高铁限速,限速 120 km/h。现场限速时间:从 2021 年 3 月 9 日 04 时 00 分起至 10 月 15 日 24 时 00 分止,共计 220 天。

另外基坑施工期间根据路基变形值大小制定慢行期间应急预案,以保证基坑施工期间既有铁路行车安全。路基变形控制值与列车速度对应见表 15-3。

表 15-3 路基变形控制值与列车速度对应一览表

<table>
<tr><th>方 向</th><th>工 况</th><th>路基变形控制值(mm)</th><th>高低/轨向(mm)</th><th>列车速度(km/h)</th></tr>
<tr><td rowspan="2">垂 向</td><td>单 点</td><td>22</td><td rowspan="2">15</td><td rowspan="4">120</td></tr>
<tr><td>相邻同向</td><td>44</td></tr>
<tr><td rowspan="2">横 向</td><td>单 点</td><td>16</td><td rowspan="2">12</td></tr>
<tr><td>相邻同向</td><td>32</td></tr>
<tr><td rowspan="2">垂 向</td><td>单 点</td><td>30</td><td rowspan="2">19</td><td rowspan="4">80</td></tr>
<tr><td>相邻同向</td><td>60</td></tr>
<tr><td rowspan="2">横 向</td><td>单 点</td><td>22</td><td rowspan="2">15</td></tr>
<tr><td>相邻同向</td><td>44</td></tr>
<tr><td rowspan="2">垂 向</td><td>单 点</td><td>36</td><td rowspan="2">22</td><td rowspan="4">45</td></tr>
<tr><td>相邻同向</td><td>72</td></tr>
<tr><td rowspan="2">横 向</td><td>单 点</td><td>28</td><td rowspan="2">18</td></tr>
<tr><td>相邻同向</td><td>56</td></tr>
</table>

15.3.3 监测与控制

1. 监测总体要求

1 号风井深基坑工程与沪杭高铁并行,距线路中心最近距离约 20 m,属于邻近营业线施工,涉及的施工工艺繁多。为保证工程施工安全、经济、顺利进行,在施工过程中积极改进施工方法、施工工艺和施工参数,最大限度减小地层变形,确保工程安全,保护周围环境,需要对施工全过程进行监测。

监测内容应全面反映工程施工中围护结构水平变形、坑外地表沉降以及高铁路基变形特征变化,设置的监测点能反映监测内容中各要素的特征变化,采取的测试方法、测试仪器得当,符合规范、规程要求,能够及时、准确地满足信息化施工的要求。

2. 监测点布置

该工程监测包括围护结构水平变形、坑外地表沉降以及高铁路基变形。新建1号风井及明挖区间最深段基坑与并行沪杭高铁路基段监测点平面布置情况如图15-6所示。其中基坑围护结构深层水平位移监测点共11个(CX1-1～CX1-2、CX2-1～CX2-2、CX3-1～CX3-2、CX4-1～CX4-2、CX5-1～CX5-3);坑外地表沉降监测点共20个(DB1-1～DB1-4、DB2-1～DB2-4、DB3-1～DB3-4、DB4-1～DB4-4、DB5-1～DB5-4);在基坑并行高铁路基段靠近新建基坑一侧相应位置布设路基监测点(路肩位置)共11个(XL4+940～XL5+100)。

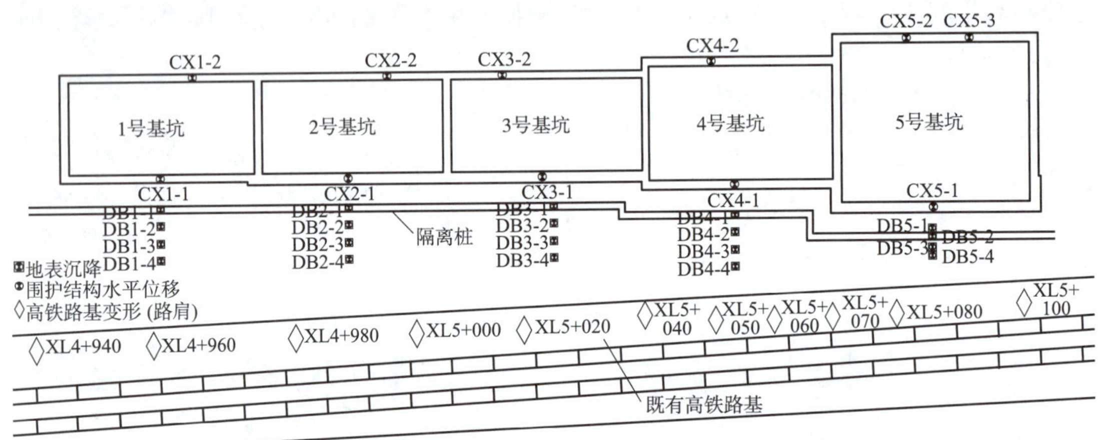

图15-6 围护结构、地表及高铁路基监测点平面布置示意

3. 监测标准、频次及预警值

采用常规水准监测方法,测量频次为1～2次/d。

在既有线不限速的情况下,本工程对既有高速铁路监测单日预警值为±0.8 mm,单日报警值为±1 mm,累计量报警值为±2 mm,具体预警值和报警值情况见表15-4。

表15-4 高速铁路监测预警值与报警值(mm)

检测项目	单日预警值	单日报警值	累计量报警值
路基竖向及水平位移	±0.8	±1	±2
底座板竖向及水平位移	±0.8	±1	±2
桥墩横向及水平位移	±0.8	±1	±2

4. 应急预案

(1)若围护结构发生渗水与漏水,当围护漏水不太严重时,可以剔凿清理漏水点、插设导流管、涂抹封堵材料、封堵导流管或在地下连续墙外侧注浆处理或在地下连续墙内侧漏水点下方水平注浆。若出现严重管涌,把预先加工好的封堵钢板贴置于地下连续墙面上,漏水点与导流钢管正对,水流通畅。打入膨胀螺栓,使封堵钢板固定牢固。用棉沙拌合油脂材料作为封边材料,用扁状钢钎沿封堵钢板四周缝隙打入,使封堵钢板与地下连续墙之间缝隙填充密实,然后用堵漏灵或快硬水泥封堵钢板周边。关闭阀门。在地下连续墙外侧注浆处理,或在地下连续墙内侧漏水点下方1 m左右位置处水平注浆处理。

(2)若基坑渗漏并轻微涌泥涌沙,坑内袋装水泥填压,坑外引孔注入双液浆或聚氨酯,预计需要时间为 5～6 h;无效后,坑内垂直振入注浆管,注入双液浆或聚氨酯,预计需要时间为 2～3 h。若大量涌泥涌沙甚至坑底出现管涌,坑内直振入注浆管,注入双液浆或聚氨酯,无效后,及时进行坑内回灌。

(3)若发生坑底隆起现象,应立即停止开挖,疏散险情现场人员,并应立即加设基坑外沉降监测点。根据土体隆起情况,可采用回灌土方、水的方法,直至基坑外沉降趋势收敛方可停止回灌和回填。

(4)若基坑坍塌,立即疏散现场人员,如有人员受伤,应立即对受伤人员进行现场救援,并尽快与 120 急救中心取得联系,详细说明事故地点、严重程度,并安排人员到路口接应。加强排水、降水措施。加强支护如支撑、加桩板等,对边坡薄弱环节进行加固处理。

(5)若围护结构产生侧向位移过大或位移发展速度过快,可以快挖快撑,开挖后及时架设钢支撑减小基坑变形。根据监测数据实时动态分析,检查支撑轴力,给需要再次施压的支撑施加压力。及时封闭基底,开挖至设计高程后立即浇筑垫层封闭基底,及时浇筑地板。减小基底围护结构变形。坑内变形过大时,增加钢支撑数量。

(6)若既有沪杭高铁沉降位移超限,开挖前完成基坑周边回灌井及观测井,开挖过程中对水位进行监测,同时第三方监测单位进行沪杭高铁监测点初始值采集,开挖过程中每天对监测点进行监测,如水位变化异常、变形超过警戒值,立即停止土方开挖,采取基坑内回灌措施。若在挖土过程中发生塌方或流沙等情况,危及线路安全,现场人员应迅速向施工负责人报告、通知驻站联络员及防护人员,并立即向调度汇报情况,驻站联络员应立即向车站值班员汇报情况,防护人员应遵循“先防护,后处理”的原则,将防护标志及用具向外侧延伸,拦停一切驶向施工现场的列车,再配合铁路部门进行抢险处理。

15.4 实施效果

1. 围护结构水平变形

随着基坑开挖深度与结构尺寸逐渐增加,围护结构水平变形最大值逐渐增大,最大值为 34.6 mm,发生在 5 号基坑的 CX5-3 测点,最小值为 10.1 mm,发生在 2 号基坑的 CX2-1 测点,如图 15-7 所示。这是因为 2 号基坑开挖时相邻基坑已开挖完毕,周边环境整体刚度较大使得开挖引起的变形较 1 号基坑更小。此外,由于 2～5 号基坑靠近高铁路基侧采用 1.5 m 超厚地连墙,相较另一侧 1.2 m 地连墙有更好的变形控制效果,因此各基坑地连墙累计水平变形最大值均位于远离高铁路基侧,总体变形控制效果较好。

2. 坑外地表沉降

各基坑开挖完成时靠近路基一侧坑外地表沉降数据如图 15-8 所示。由图可知,除 1 号基坑外,其余基坑外地表竖向变形表现为隆起,这可能是由于基坑内支撑结构采用伺服钢支撑,伺服钢支撑在开挖阶段施加了较大的轴力,使得基坑围护结构上部向坑外变形,带动周边地表土体上升。

1 号基坑所在地表竖向变形表现为沉降,最大值为 −14.06 mm,发生这种现象的原因是 1 号基坑外区域为重车作业区,地表长期受压超载使得地表土体沉降较大。距离基坑地连墙外边缘 10 m 以外相关区域地表沉降均在 ±2.5 mm 以内,对既有高铁路基竖向变形影响很小,一定程度上能够反映出隔离桩对土体变形有较好的隔断效果。

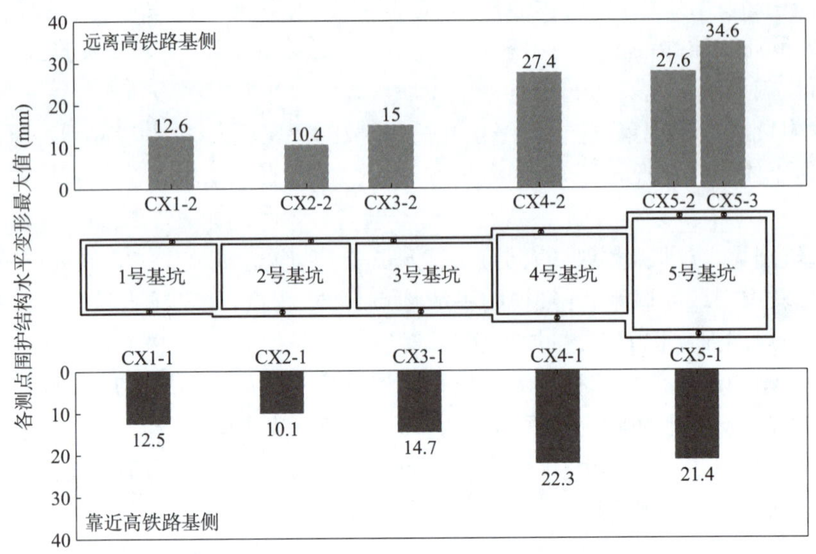

图 15-7　各测点围护结构水平变形最大值

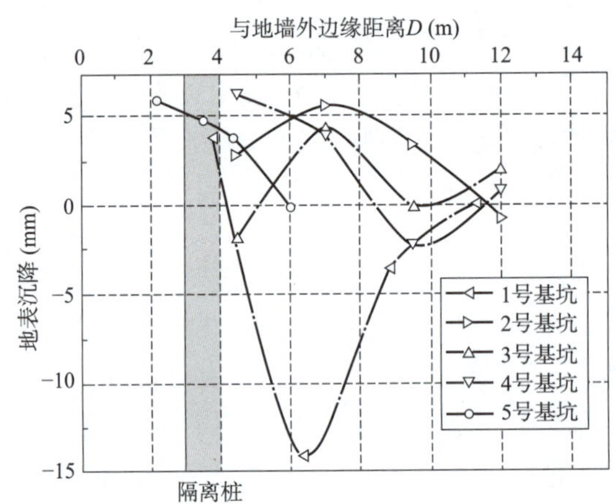

图 15-8　靠近路基侧基坑外地表沉降

3. 高铁路基变形

基坑开挖完成时对应的沪杭高铁路基变形如图 15-9 所示。其中,竖向变形负值表示路基沉降,水平变形负值表示路基向基坑方向变形。由图可知,随着基坑开挖进行,高铁路基路肩位置产生向基坑侧的水平变形,截至所有基坑开挖完毕时,高铁路基水平变形最大值为－3.2 mm,位于 5 号基坑对应的 XL5＋070 和 XL5＋080 测点。其原因可能为:5 号基坑开挖深度较大,开挖至软弱地层较深位置时变形发展快,而混凝土支撑强度发展周期相对较长,使得 5 号基坑对应的高铁路基水平变形迅速发展。虽然该部分测点超过报警值,但对监测报警数据进行对比、分析和多次论证,及时将基坑维护结构、支撑等周边环境和围护体系的监测数据反馈到各参建单位,针对报警区域提出各项合理化措施与建议,现场也及时安排人员进行添乘,添乘情况良好,人体平稳,添乘仪无偏差,同时确认车添乘重点关注,均反映良好。天窗点内也利用零级轨检车进行线路测量并及时进行数据分析对比,线路数据正常无变化,线路状况稳定,确保工程施工对周边环境的影响降到最低,最终未对基坑施工、高铁路基造成实质性安全影响。同时,高铁路基各监测点竖向变形最大值为 1.3 mm,小于工程监测报警值,说明基坑开挖期间对路基竖向变形控制效果更好。

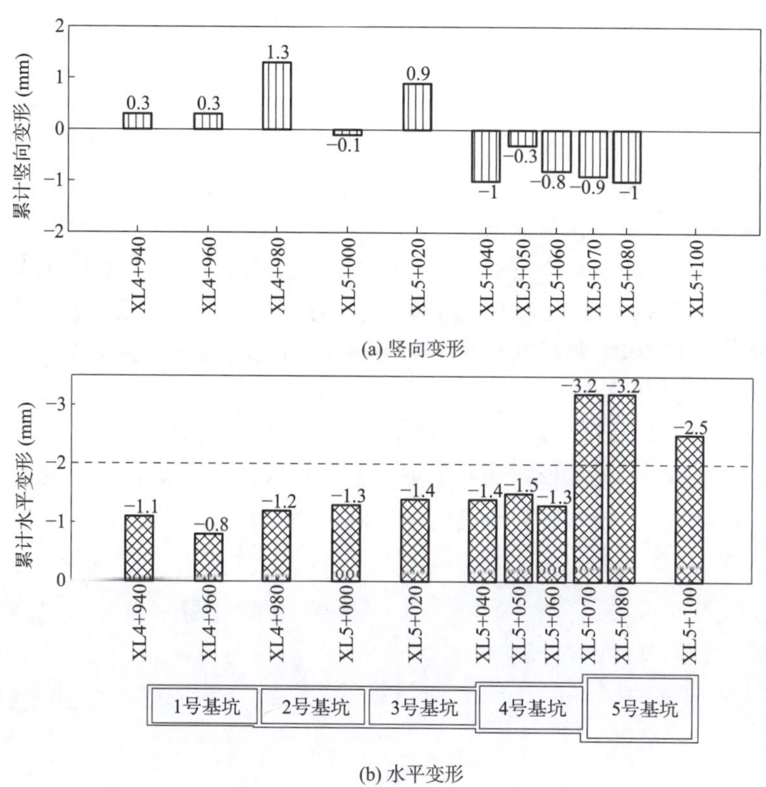

图 15-9　高铁路基各测点累计变形

综上所述,所有基坑开挖完毕时,高铁路基段竖向变形则控制在±2 mm 以内,在开挖期间相应区段限速的情况下,超厚地连墙和隔离桩防护加固措施对高铁路基的保护效果总体较好,未影响高铁正常运营。

15.5 小　　结

本章以上海市轨道交通市域线机场联络线工程为例,介绍了邻近既有线深基坑开挖施工相关风险源及安全风险防控措施。本工程中新建机场线线路基坑开挖平行于既有沪杭高铁正线,采用隔离桩+地下连续墙结构设计是合理的,同时应加强施工过程中的既有高铁的几何状态监控,达到安全施工的目的。

邻近既有线深基坑开挖施工风险源主要包括以下 5 个方面:承压水层引起的基坑安全风险和周围地表沉降风险,高铁变形控制要求高的风险,基坑开挖深度大、自身变形过大的风险,邻近沪杭高铁大型机械施工的风险,施工场地有限,场地部署和场内交通组织难度大。针对上述风险源,从施工管理角度采取相应的技术及安全卡控措施。

(1)在施工技术措施方面,针对承压水层引起的基坑安全风险和周围地表沉降风险,深基坑开挖过程中应注意止水,当既有高铁在承压含水层减压降水影响范围之内时,在施工基坑全封闭止水后，基坑内外水头差较大，需要加强地下连续墙施工质量的控制，提高地下连续墙止水性能。

（2）在施工技术措施方面，针对高铁变形控制要求高和基坑开挖自身变形过大的风险，围护结构水平变形、坑外地表沉降和高铁路基变形是指导基坑开挖施工的关键，施工过程中需要根据监测数据实时对施工工艺措施进行动态控制，重点加强地下连续墙施工质量的控制，以更好地指导施工。

（3）在施工安全卡控措施方面，针对邻近沪杭高铁大型机械施工的风险，以及施工场地有限，场地部署和场内交通组织难度大，为确保基坑施工安全，施工前编制专项施工方案和应急预案，做好应急准备工作，施工时，保证大型机械的平稳施工，减小机械运作高度，通过信息化手段进行安全监控，以保证施工全过程大型机械的安全可控。同时针对不同施工阶段，对该施工阶段的空闲场地加以利用，增加场地利用率，方便施工。为确保邻近既有线深基坑开挖施工和既有线列车运营的安全，需要对既有线实施封锁和限速措施，并根据现场施工情况对封锁计划和铁路限速进行实时调整。

上海市轨道交通市域线机场联络线工程在采用上述措施后总体实施效果良好。在开挖期间相应区段限速的情况下，超厚地连墙和隔离桩防护加固措施对高铁路基的保护效果总体较好，未影响高铁正常运营。该方案也为类似紧邻既有高铁深基坑施工的风险提供了一种参考解决方法。

16　海安市火车站旅客地道(西延改造)工程(MJS 微扰动成桩施工)

16.1　工程概况

16.1.1　案例背景

海安站站房综合楼建筑长度 140.2 m,宽度 40.9 m。综合楼主体二层,局部四层。站房由变形沉降缝分成三段,两侧附属用房为钢筋混凝土框架结构,中央候车厅二层结构采用预应力混凝土框架结构,屋盖部分采用钢网架。站房基础为独立扩大基础,采用后注浆钻孔灌注桩。海安站为线侧下式车站,3 台 7 线,基本站台 1 座,岛式站台 2 座。

本次改造范围为:

(1)目前中间站台旅客出站通过既有地道楼梯踏步及扶梯上站前平台后下地下停车场,改造后既有地道延长 48 m(三期)与新增通道连接(一期),中间站台旅客出站通过新延长地道直接进入地下停车场,且同步将出站检票功能挪至地下。

(2)新建旅客地道长度 92 m(一期、二期),二期在站房南侧消防通道位置,地道建成后基本站台旅客出站通过新建地道楼梯及扶梯进入地下通道,到达地下停车场。

(3)既有出站厅地道建成后,在地道(三期)上方新增框架结构 2 层办公用房(890 m^2)。

既有海安火车站下挖人工通道改造项目周围环境复杂,距既有大跨度站房桩基承台仅 0.95 m,且水平距离 5.5 m 处有一高 50 m 的浅基础结构通信铁塔,同时毗连铁路。改造过程中基坑开挖深度约 11 m,开挖宽度 6.2～17.44 m,基坑施工过程中对既有结构物的变形影响成为该项目是否成功的关键。

三期共分为两步施工,在开挖前对既有地道端部进行封堵。

第一步:施作围护桩+桩间止水→施工基底满堂加固桩→开挖东侧 24 m 基坑,开挖至第一道混凝土支撑位置→施作第一道混凝土支撑→依次分层放坡开挖至第二道钢支撑位置→架设第二道钢支撑→开挖至基坑底,施作基底垫层、部分底板及防水层→待底板达到设计强度后,拆除第二道钢支撑→浇筑剩余侧墙、顶梁、顶板→待顶板混凝土达到设计强度后,拆除第一道混凝土支撑→回填、恢复路面。

第二步:开挖西侧 24 m 基坑,开挖至第一道混凝土支撑位置→施作第一道混凝土支撑→依次分层放坡开挖至第二道钢支撑位置→架设第二道钢支撑→开挖至第三道钢支撑位置→架设第三道钢支撑→开挖至基坑底,施作基底垫层、部分底板及防水层→待底板达到设计强度后,拆除第二道、第三道钢支撑→浇筑剩余侧墙、顶梁、顶板→待顶板混凝土达到设计强度后,拆除第一道混凝土支撑→回填、恢复路面。

由于软土具有含水量高、压缩性高、强度低、触变性强等工程性质,在软土地基上进行开挖必然会使得土体产生较大程度的位移。针对在邻近既有结构物处开挖深基坑这一实际问题，如何采取措施控制既有结构物的位移发展，减小其不均匀沉降，确保既有结构稳定安全，是整个施工的关键。

16.1.2 工程地质与水文地质

施工场地区域地貌主要有第四系全新冲积、海积素填土、粉质黏土、粉土、粉砂，上更新统冲积粉质黏土、粉土、粉砂等。

基坑范围内土层主要为第四系全新统，自上而下分层评述如下：

①素填土：褐黄色，潮湿，松散，站台雨篷两端含植物根系，中部多为建筑垃圾及粉土，全场分布，揭露层厚 0.3～4.6 m，实测击数平均值(下同)N=5.5 击。

②$_1$粉土：褐黄色、灰黄色，潮湿，中密，含铁质锈斑及云母碎屑，黏性较重，韧性差，干强度中等，摇振反应迅速，全场分布，揭露层厚 0.90～4.50 m，N=5.7 击，f_{ak}=110 kPa。

②$_2$粉砂：浅灰色，饱和，稍密，成分以石英、长石为主，含云母碎屑，局部夹粉土薄层，全场分布，揭露层厚 0.90～7.00 m，N=8.1 击，f_{ak}=80 kPa。

②$_3$粉砂：深灰色，饱和，中密，成分以石英、长石为主，含云母碎屑，偶见贝壳，局部夹粉土薄层，全场分布，揭露层厚 6.30～30.20 m，N=22.9 击，f_{ak}=110 kPa。

②$_{31}$粉土：深灰色，潮湿，中密，含少量粉砂，局部可见腐殖质，韧性差，干强度中等，摇振反应较迅速。局部分布，层厚 1.90～4.50 m，N=15.60 击，f_{ak}=110 kPa。

地基土物理特性及围护设计参数见表 16-1。

表 16-1　海安站旅客地道工程土层参数

序号	土层名称	含水率 w (%)	比重 G_s	重度 γ	孔隙比 e_0	压缩系数	压缩模量 (MPa)	黏聚力 c (kPa)	内摩擦角 (°)
②$_1$	粉土	27.9	5.40	19.0	0.847	0.239	7.72	19.6	23
②$_2$	粉砂	24.3	5.40	19.4	0.73	0.13	13.31	(17.8)	(6)
②$_3$	粉砂	34.2	5.39	18.2	0.979	0.347	6.57	25.4	8.5

注：括号内参数为经验值。

16.2 风险源分析

本工程为改造工程，因在既有海安站四周及出站厅内，施工场地狭小，地线管线较多，施工工期紧张，施工过程工序较多，基坑开挖深度较大，桩基施工因在既有站房桩基边缘进行打桩，防止桩基塌孔及施工 MJS 桩时对既有站房桩基造成扰动，造成既有站房受影响。为保证既有线行车安全、乘客人身的安全，确保工程顺利安全实施并满足长期运营相关要求，本工程必须重点考虑以下存在的风险源：

1. 扩建基坑挖土卸荷对邻近站房扰动的风险

扩建基坑挖土卸荷可能会对基坑外侧土体周边环境产生一定的影响甚至破坏，如产生裂缝、错位、沉陷和坍塌等。为保证基坑围护结构及施工期间铁路设备的安全，应对其进行全方位监测，及时判断工程的结构安全，确保铁路路基、接触网、雨棚立柱及基坑变形在可控范围，对可能发生的事故提供及时、准确的预报，避免恶性事故的发生。

2. 既有站房地表变形风险

因为施工过程中挤土效应对周边产生相对较大影响,施工过程中地内压力增大,也会导致站台地表隆起,对站台造成损坏。

3. 钻孔桩施工塌孔风险

本工程基坑开挖深度较大,控制基坑变形、确保基坑稳定和控制地表沉降也是本工程的关键,基坑围护结构钻孔桩施工若控制不当,会产生塌孔,进而引起既有铁路和站房的变形,造成危险。

16.3 对策措施

16.3.1 施工工艺及措施

1. 扩建基坑开挖方案

针对风险源 1,扩建基坑分为一期、二期和三期工程(图 16-1)。一期、二期工程开挖面积较大,施工作业面狭小,需对二期南侧(绿化带位置)填筑 4 m×51 m 施工平台作为临时便道。基坑由东至西,由北至南方向进行分层开挖,开挖完成后进行分节段主体工程施工。三期工程范围位于原出站厅内(原出站厅宽 9 m,净空 8.1 m),受施工场地所限,基坑开挖方向由东至西进行分层开挖。开挖完成后进行分节段主体工程施工。

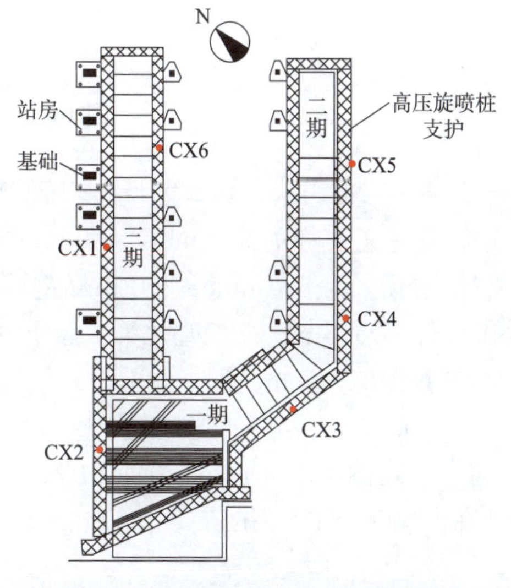

图 16-1 扩建基坑施工总体平面布置

2. 扩建基坑支护方案

针对风险源 1,设计了扩建基坑支护方案。

一期基坑位于站前广场,深度为 7.2~11 m,基坑底下 4 m 范围内采用 ϕ800@500 mm 高压旋喷桩满堂加固,基坑南、北、西三侧采用单排 ϕ800@1000 mm 钻孔桩(桩长 17.3 m)+双排 ϕ800@500 mm 高压旋喷桩(桩长 21.3 m)支护,基坑东侧利用原有钻孔桩+单排 ϕ800@500 mm 高压旋喷桩(桩长 21.3 m)支护,如图 16-2 所示。西侧基坑内设两道 600 mm×600 mm 混凝土支撑,南侧基坑内设置两道支撑(局部设置三道支撑),第一道为 600 mm×600 mm 混凝土支撑,第二道(第三道)为 ϕ 609 mm,t=16 mm 钢支撑,冠梁采为 800 mm×800 mm 钢筋混凝土结构。一期地下通道为框架式结构,通道长 51.63 m,宽 17.44 m。一期基坑第一层土方开挖至冠梁以下 50 cm,施工冠梁和第一道混凝土支撑,开挖深度为 1.9 m。第二层土方开挖至第二道钢支撑以下 50 cm,安装钢围檩和钢支撑,开挖深度为 5.3 m。第三层土方开挖坑底以上 10 cm,剩余土方采用人工清理,开挖深度为 3.8 m,共计开挖深度为 11 m。

二期基坑位于站房南侧,最大深度为 10.43 m,基坑底下 4 m 范围内采用 ϕ800@500 mm 高压旋喷桩满堂加固,基坑南侧采用单排 ϕ800@1000 mm 钻孔桩(桩长 21 m)+双排 ϕ800@500 mm 高压旋喷桩(桩长 24 m)支护,基坑北侧采用单排 ϕ800@1000 mm 钻孔桩(桩

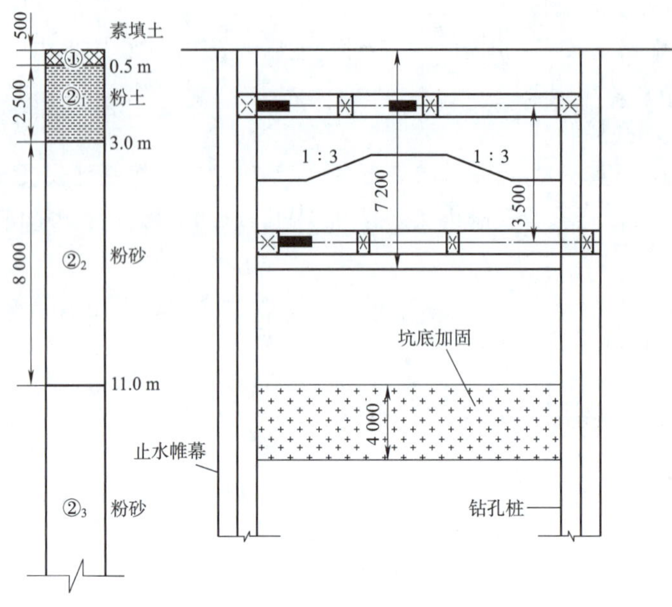

图 16-2　一期基坑剖面(单位:mm)

长 21 m)+MJS1800@1100 mm 高压旋喷桩(桩长 24 m)支护,如图 16-3 所示。基坑内设三道支撑,第一道支撑为 600 mm×600 mm 混凝土支撑,第二道、第三道为 ϕ609 mm,t=16 mm 钢支撑,冠梁采为 800 mm×800 mm 钢筋混凝土结构。二期地下通道为框架式结构,通道长 30.2 m,宽 6.2 m。二期基坑第一层土方开挖至冠梁以下 50 cm,施作冠梁和第一道混凝土支撑,开挖深度为 2 m。第二层土方开挖至第二道钢支撑以下 50 cm,安装钢围檩和钢支撑,开挖深度为 4.15 m。第三层土方开挖至第三道支撑以 50 cm,安装钢围檩和钢支撑,开挖深度为 2.4 m。第四层土方开挖至坑底以上 10 cm,剩余土方采用人工清理,开挖深度为 1.88 m,共计开挖深度为 10.4 m。

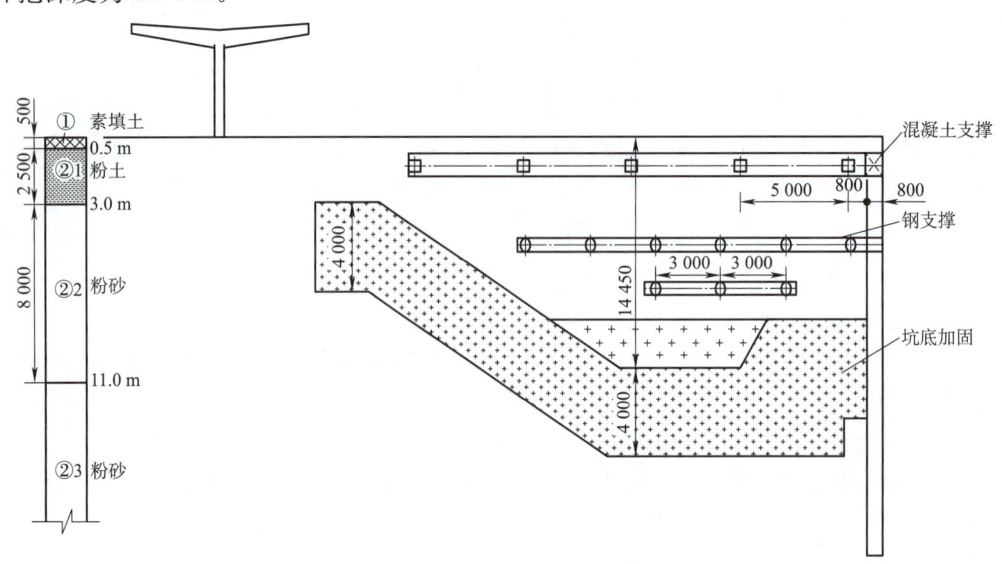

图 16-3　二期基坑剖面(单位:mm)

三期基坑位于既有站厅下，南、北两侧紧贴站房基础，最大深度为 10.66 m，基坑底下 4 m 范围内采用 ϕ1800@1100 mm MJS 满堂加固，基坑南、北两侧采用单排 ϕ800@1000 钻孔桩(桩长 21 m)＋MJS1800@1100 mm(桩长 24 m)支护，如图 16-4 所示。基坑内设两道(局部三道支撑)，第一道支撑为 600 mm×600 mm 混凝土支撑，第二道、第三道为 ϕ609 mm，t=16 mm 钢支撑，冠梁为 800 mm×800 mm 钢筋混凝土结构。三期地下通道为框架式结构，通道长 48 m，宽 5.1 m。三期基坑第一层土方开挖至冠梁以下 50 cm，施作冠梁和第一道混凝土支撑，开挖深度为 2 m。第二层土方开挖至第二道钢支撑以下 50 cm，安装钢围檩和钢支撑，开挖深度为 5.35 m。第三层土方开挖至第二道支撑以下 50 cm，安装钢围檩和钢支撑，开挖深度为 1.4 m。第四层土方开挖至第三道支撑以下 50 cm，安装钢围檩和钢支撑，开挖深度为 1.6 m。第五层土方开挖至坑底以上 10 cm，剩余土方采用人工清理，开挖深度为 1.76 m，共计开挖深度为 10.66 m。

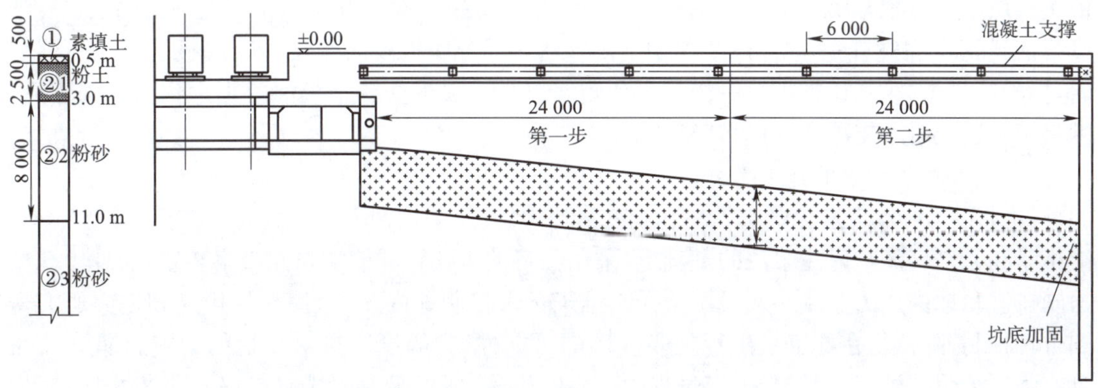

图 16-4　三期基坑剖面(单位：mm)

3. 扩建基坑施工工艺措施

针对风险源 1，为避免扩建基坑挖土卸荷对邻近站房扰动的风险，基坑土方开挖过程中掌握好“分层、分段、对称、平衡、限时”五要点，遵循“纵向分段、横向分块、开槽支撑、先撑后挖、竖向分层开挖、严禁超挖、快速封底施作底板”的施工原则。严格控制分段开挖时两头的土体坡度，确保土坡稳定，基坑应采用分段开挖，分段长度不宜大于 30 m。

无垫层坑底最大暴露面积不得大于 200 m^2，暴露长度不得大于 25 m，暴露时间不得超过 12 h，垫层应浇筑至围护墙边。采用机械挖土时，为防止坑底土体的扰动，应保留 300 mm 厚的土采用人工挖平。土方开挖时严禁基坑周围堆放弃土，挖出的土体必须及时运走，严禁在铁路保护范围内堆放，基坑顶面四周严禁堆放物体，同时严禁车辆在基坑四周行走。基坑开挖过程中，围护结构一旦出现渗漏水现象，必须及时采用快硬水泥或聚氨酯进行止水堵漏。

一期总体施工工艺流程：施作围护桩＋桩间止水→施工基底满堂加固桩→开挖至第一道混凝土支撑位置→施作第一道混凝土支撑→依次分层放坡开挖至第二道钢支撑位置→架设第二道钢支撑→开挖至基坑底，施作基底垫层、部分底板及防水层→待底板达到设计强度后，拆除第二道钢支撑→浇筑剩余侧墙、顶梁、顶板→待顶板混凝土达到设计强度后，拆除第一道混凝土支撑→回填、恢复路面。

二期总体施工工艺流程：既有承台进行注浆加固→施作围护桩＋桩间止水→施工基底满堂加固桩→开挖至第一道混凝土支撑位置→施作第一道混凝土支撑→依次分层放坡开挖至第

二道钢支撑位置→架设第二道钢支撑→开挖至第三道钢支撑位置→架设第三道钢支撑→开挖至基坑底，施作基底垫层、部分底板及防水层→待底板达到设计强度后，拆除第二道、三道钢支撑→浇筑剩余侧墙、顶梁、顶板→待顶板混凝土达到设计强度后，拆除第一道混凝土支撑→回填、恢复路面。

三期总体施工工艺流程：三期共分为两步施工，在开挖前对既有地道端部进行封堵。第一步：先施作围护桩＋桩间止水→施工基底满堂加固桩→开挖东侧 24 m 基坑，开挖至第一道混凝土支撑位置→施作第一道混凝土支撑→依次分层放坡开挖至第二道钢支撑位置→架设第二道钢支撑→开挖至基坑底，施作基底垫层、部分底板及防水层→待底板达到设计强度后，拆除第二道钢支撑→浇筑剩余侧墙、顶梁、顶板→待顶板混凝土达到设计强度后，拆除第一道混凝土支撑→回填、恢复路面。

第二步：开挖西侧 24 m 基坑，开挖至第一道混凝土支撑位置→施作第一道混凝土支撑→依次分层放坡开挖至第二道钢支撑位置→架设第二道钢支撑→开挖至第三道钢支撑位置→架设第三道钢支撑→开挖至基坑底，施作基底垫层、部分底板及防水层→待底板达到设计强度后，拆除第二道、第三道钢支撑→浇筑剩余侧墙、顶梁、顶板→待顶板混凝土达到设计强度后，拆除第一道混凝土支撑→回填、恢复路面。

4. MJS 微扰动成桩施工工艺

针对风险源 2，为避免既有站房地表变形风险，施工采用 MJS 微扰动成桩施工工艺。MJS 工法是在原来高压喷射注浆法的基础上，采用独特的多孔管和前端强制吸浆装置，实现了孔内强制排浆和地内压力监测。通过调整强制排浆量来控制地内压力，使深处排泥和地内压力得到合理控制，降低了在施工中出现地表变形的可能性，大幅度减少对环境的影响。MJS 工法具有强制吸浆装置，强制排走施工过程中产生的废浆，通过吸浆管选择较好的排浆场所，对周边环境污染少。而传统的高压喷射注浆废浆是利用气升效果，通过注浆管与原状土的环状空隙排出地表自流，受排浆场所限制，不利于环境保护。MJS 工法钻头前端安装有压力传感器装置，排浆量可以根据孔内压力进行调节。孔内压力较高时，通过油压接头来控制吸浆孔的开启大小，从而调节泥浆排出量使其达到控制土体内压力值范围，避免出现挤土效应，大大减小了施工中出现地表变形、建筑物开裂、构筑物位移等情况发生。而传统高压喷射注浆法没有配备压力传感装置，也无法调节孔内压力，会因为挤土效应对周边产生相对较大影响。MJS 工法采用约 40 MPa 的超高压喷射，注浆流量约在 90～130 L/min，提升速度在 2.5～4 cm/min，一般可形成直径 5.2 m 左右的加固桩体。直接采用超高压水泥浆液喷射成桩，再加上稳定的同轴高压空气的保护和对地内压力的调整，使得成桩质量较好。MJS 工法最大有效加固深度可达 100 m，可在净高 3.5 m 以上隧道内、室内及相对狭小的空间施工，适应性强。MJS 工法可以“全方位”进行高压喷射注浆施工，可以进行水平、倾斜、垂直各方向施工。

MJS 桩采用 P45.2 级普通硅酸盐水泥，直径 1 800 mm，水泥掺量不小于 40%，采用垂直施工方式，单桩成桩采用摆喷，水泥浆液的水灰比宜为 1.0。水泥浆液压力 40 MPa，水泥浆液流量 90～130 L/min，提升速度为 4 cm/min。MJS 桩施工工艺流程如图 16-5 所示。

针对风险源 2 和 3，桩基施工在既有站房桩基边缘进行打桩，故防止桩基塌孔及施工 MJS 桩时对既有站房桩基造成扰动，防止既有站房桩基受影响为该工程重难点。因此，现场试验分为：①现场施工桩基，开展静载试验，确保施工的桩基与高铁站房桩基承载力一致；②采用 MJS 施工方法，监测 MJS 施工对邻近桩基的影响。

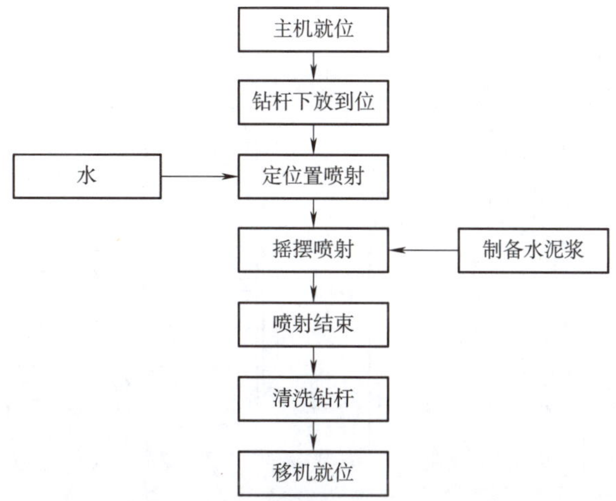

图 16-5　MJS 桩施工工艺流程

为了确保测试结果的真实性和准确性,在海安高铁站房附加施工两根钻孔灌注桩,如图 16-6(a)所示,开展单桩承载力试验,测量其单桩承载力能否满足设计要求,且与高铁站房桩基承载力一致。桩基直径和长度分别为 0.6 m 和 20 m,与高铁站房桩基尺寸一致,MJS 桩施工对邻近桩基影响的平面布置如图 16-6(b)所示,MJS 桩与测试桩的距离与实际工况一致。现场设置干扰源模拟 MJS 施工对既有站房桩基的影响,测定在 MJS 桩施工的条件下,邻近桩基的沉降和水平向位移。

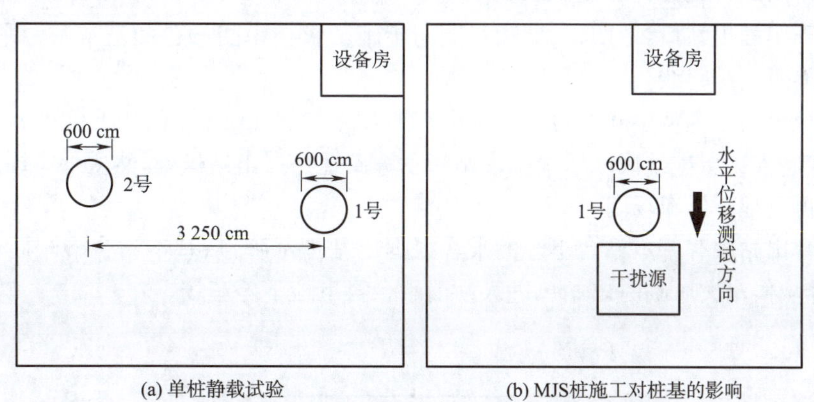

(a) 单桩静载试验　　(b) MJS桩施工对桩基的影响

图 16-6　MJS 桩施工对邻近桩基影响的平面布置

通过开展静载试验,确定了测试桩的竖向承载力。对比分析高铁站房的单桩受力后,利用单个千斤顶与堆重反力平台对 1 号测试桩桩顶施加 1 350 kN 的恒荷载,如图 16-7 所示。干扰源与测试桩的水平距离为 2.0 m(与基坑—站房桩基的距离一致),测量 MJS 桩基施工引起的 1 号测试桩的水平和竖向位移。水平和竖向位移值由安装在基准梁与测试桩间的百分表测读。MJS 桩施工完毕后,每 30 min 测读一次桩顶竖向位移和水平位移,直至结束。

根据测试结果,海安站房桩基承载力设计的安全系数(FOS)为 2.0。为了模拟海安站房桩基的真实承载力,对测试桩顶施加 1 350 kN 的竖向恒载。MJS 桩施工作用下,测试桩远离干扰源且产生隆起变形,且水平位移和隆起随时间增加有稳步增加的趋势,最终趋于稳定。

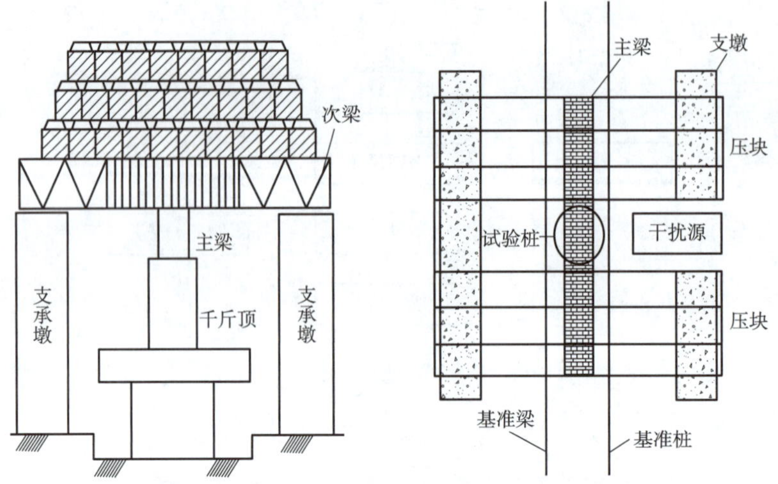

图 16-7　MJS 桩施工对测试桩影响的装置示意

MJS 桩施工引起测试桩的最大水平位移和沉降分别为 0.16 mm 和 0.22 mm，其数值远小于《建筑基坑工程监测技术规范》中基坑支护结构报警值规定的 20～30 mm（按一级基坑），表明此工程采用 MJS 微扰动施工技术将对邻近桩基影响甚微，效果显著。

16.3.2　施工安全卡控措施

乘客临时出站路线设计如图 16-8 所示。

三期位于车站出站口，一期、二期和三期同步施工影响中间站台和基本站台乘客出站，需要增设乘客临时出站路线。

中间站台出站旅客从中间站台下车的乘客通过楼梯进入天桥，再从天桥进入车站二层进站大厅，乘客进入二层进站大厅后根据出站指示牌到达一层出站口处，然后乘客通过出站口进入站前平台再下地下停车场。

基本站台出站旅客基本站台下车的乘客根据出站指示牌，从基本站台下车后进入候车大厅，然后乘客从候车大厅临时出站口进入站前平台再下地下停车场。

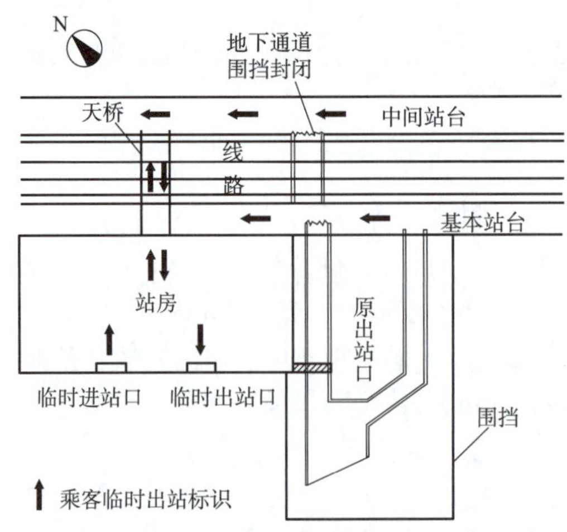

图 16-8　临时乘客出站及围挡平面

16.3.3　监测与控制

1. 监测总体要求

根据本工程基坑支护设计内容以及《上海铁路局工务安全管理办法》(上铁工〔2017〕382号)等相关规范规程的要求,为保证基坑围护结构及施工期间铁路设备的安全,应对其进行全方位监测。通过监测工作的实施,掌握在该项目施工过程中各结构的变化,为建设方及相关方提供及时、可靠的数据和信息,评定施工对工程结构的影响,及时判断工程的结构安全,确保铁路路基、接触网、雨棚立柱及基坑变形在可控范围,对可能发生的事故提供及时、准确的预报,避免恶性事故的发生。

鉴于本工程的复杂性,施工可能会对基坑外侧土体周边环境产生一定的影响甚至破坏,如产生裂缝、错位、沉陷和坍塌等,因此在工程施工期间不仅要考虑到工程自身的安全,同时也要考虑到周边环境的安全和稳定。监测为工程建设方提供可靠的数据和信息,监测的数据和资料可以按照安全预警办法发出预警和报警信息,可以对安全和质量事故做到防患于未然。

通过监测信息反馈和施工中的地质调查,及时调整施工技术参数和采取相应的工程措施,优化施工工艺,达到工程优质、安全施工、经济合理、施工快捷的目的,并为今后类似工程提供借鉴。

通过监测结果分析及相关原始数据的采集,为工程科技攻关和科研创新提供理论依据。

2. 监测点布置

监测点布置如图16-9、图16-10所示。

(1)基坑及其外缘两侧30 m范围内的地面建(构)筑物(包含站房、通信铁塔等)。

(2)以施工地道中心线分别向两侧外扩各30 m范围内的宁启铁路路基、接触网立柱、站台雨棚立柱。对应施工里程:宁启铁路K201+992～K202+052,长度60 m。

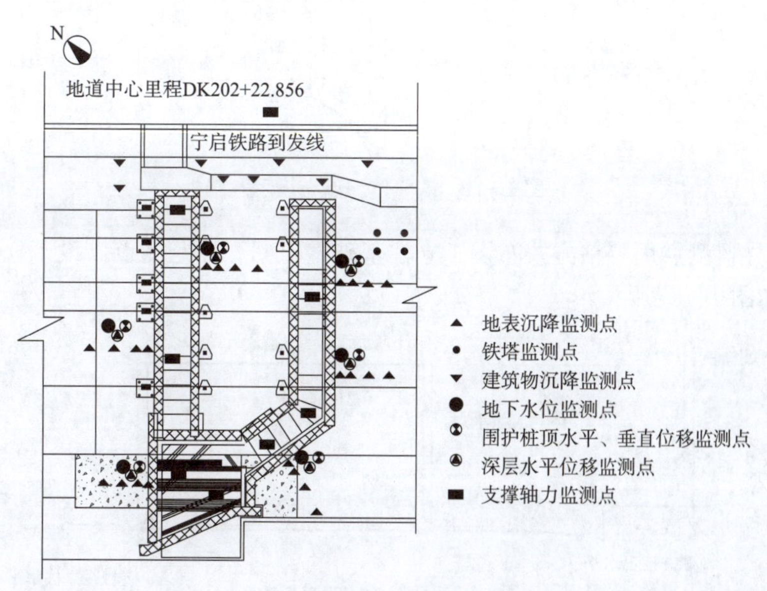

图16-9　基坑监测点布设示意

路基监测点自宁启铁路K201+992开始,至K202+052结束,布设于股道之间。共布设

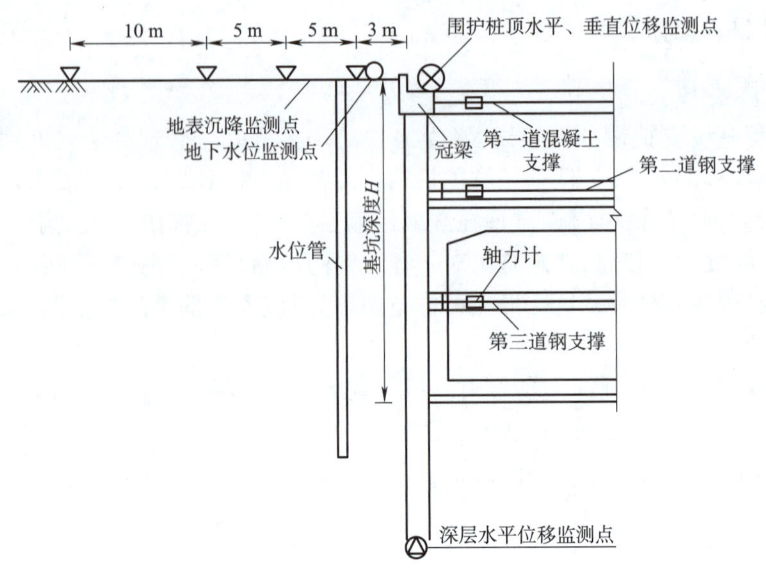

图 16-10　基坑监测点位布设立面

21 个点。点位间距为 10 m。接触网立柱监测点布设于立柱基础，共布设 8 个点，点位间距 20 m。雨棚立柱监测点布设于立柱之上 0.5～0.8 m 处，如图 16-11 所示。

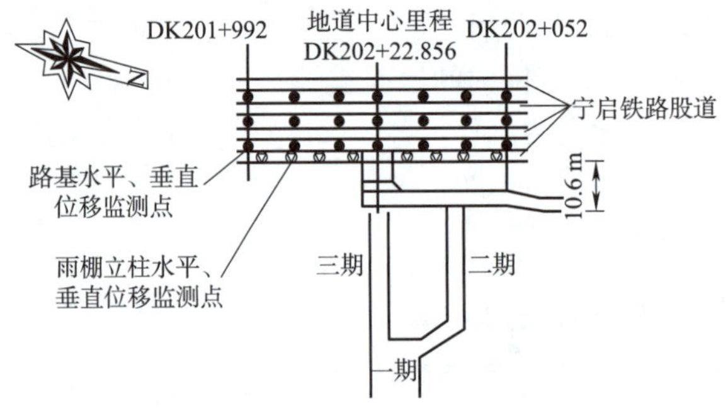

图 16-11　铁路监测点布设示意

接触网立柱监测点用胶粘方式布设于立柱基础。雨棚立柱监测点布设于立柱底部 0.5～0.8 m 之间，如图 16-12 所示。

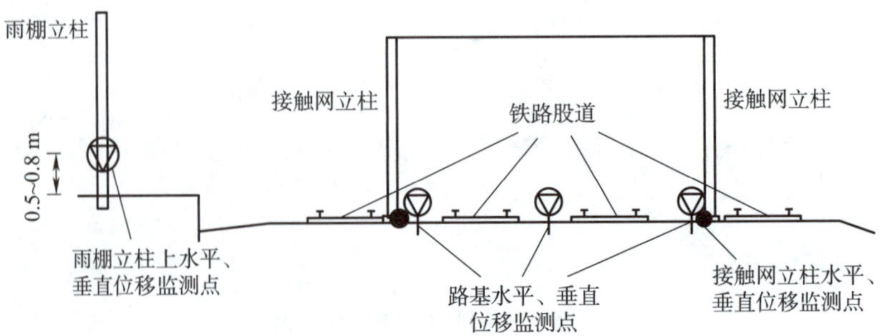

图 16-12　铁路监测点位布设立面

3. 监测标准、频次及预警值

基坑监测内容：围护墙（边坡）顶部水平位移、垂直位移；深层水平位移；支撑轴力；周边建（构）筑物沉降；周围地表沉降；地下水位。

铁路路基监测内容：铁路路基的垂直位移、水平位移；接触网立柱的垂直位移、水平位移；雨棚立柱的垂直位移、水平位移。

基坑监测频率与施工进度相结合，根据基坑施工的不同阶段，合理调整监测频率。铁路结构监测频率在基坑施工期间为 1 次/2 h，在完工后第 1～10 天监测频率为 4 次/d，第 11～20 天为 1 次/d，第 21～30 天为 1 次/2 d。

基坑与铁路监测预警值与报警值见表 16-2 所示。

表 16-2　基坑与铁路监测预警值与报警值（mm）

监　测　项　目	24 h 变化量		累计变化量	
	预警值	报警值	预警值	报警值
围护结构墙（边坡）顶部垂直位移	±2.4	±3.0	±3.0	±20
围护结构墙（边坡）顶部水平位移	±2.4	±3.0	±3.0	±20
深层水平位移	±2.4	±3.0	±3.0	±20
支撑轴力	—		支撑轴力设计值 70%	
周边地表沉降	±1.6	±2.0	±1.6	±2.0
建（构）筑物沉降	±1.6	±2.0	±1.6	±2.0
地下水位	±400	±500	±800	±1 000
地下管线	±2.4	±3.0	±24	±30
宁启铁路路基垂直、水平位移	±1.6	±2.0	±8.0	±10.0
宁启铁路接触网、雨棚立柱垂直、水平位移	±1.6	±2.0	±4.8	±6.0

4. 应急预案

若发生钻孔桩塌孔事故，现场停止施工作业。在设备管理单位的监护下，现场施工负责人立即组织挖机对塌孔处进行回填黄黏土，将孔内泥浆挤出至泥浆池，直至泥浆全部流出。同时现场技术人员对塌孔位置处沉降观测桩进行观测，对比塌孔前后观测数值是否出现变化，当路基垂直沉降大于 2 mm/d，或累计沉降大于 10 mm 时，必须报设备管理单位对线路维修，待路基、轨面稳定后方可施工。施工结束后，应继续加强观测，时间不少于 3 天，观测频率不少于 2 次/d，变形观测做好记录并经观测人员签认。

若发生基坑坍塌、流沙、涌水等事故，可参考 15.3.3 节应急预案。

16.4　实施效果

各监测项目累计变形最大值见表 16-3。

由表 16-3 可以看出，建筑物、桩顶、深层土体、地表等位移累计变形均变化不大，最大值均在规范允许范围内。

沿三期基坑纵向和横向的房屋沉降如图 16-13 所示。越靠近三期基坑的角点，沿基坑纵向的房屋沉降越小。房屋与基坑的水平距离达到 $2H_e$（基坑最终开挖深度）时，沿基坑横向的房屋沉降可忽略不计。现场监测数据显示基坑施工引起的高铁站房沉降很小,最大值不超过1.5 mm。

表 16-3　各监测项目累计变形最大值(mm)

序号	监测项目	24 h 变形最大值及点名		累计变形最大值及点名		24 h 变化值	24 h 变化值	累计变化值	累计变化值
		测点编号	变化值	测点编号	变化值	预警值	预警值	预警值	预警值
1	建筑垂直位移	JZ14	−0.2	JZ19	−2.1	±1.6	±2.0	±16	±20
2	信号塔垂直位移	XH4	−0.2	XH2	−1.6				
3	地表垂直位移	DB1−2	−0.4	DB6-4	−1.3				
4	桩顶垂直位移	ZD6	0.2	ZD1	2.1	±2.4	±3.0	±16	±20
5	桩顶水平位移	ZY6	0.2	ZY6	2.7				
6	深层土体位移	CX01	0.6	CX06	3.7				
7	地下水位	SW6	10.0	SW6	50.0	±400	±500	±800	±1 000
8	支撑轴力	ZC1-1	0.4	ZC1-1	−43.1	支撑轴力设计值 70%			

注:第一道支撑设计轴力为 2 170.5 kN,第二道钢支撑轴力为 2 445.3 kN,第三道钢支撑设计轴力为 2 834.7 kN。

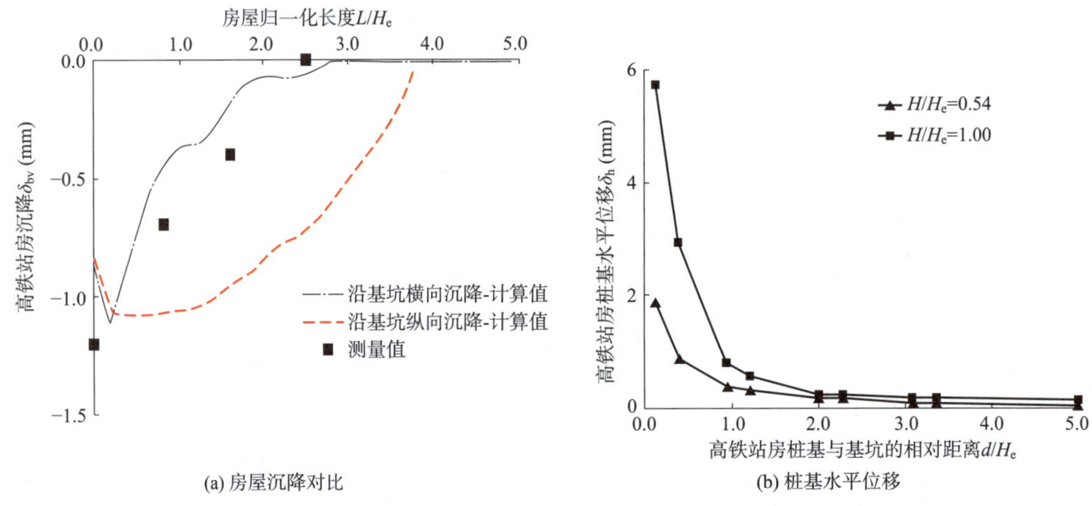

图 16-13　基坑施工引起的建筑物变形

由于站房桩基础嵌入到粉砂层中,基坑施工引起的上部建筑物沉降很小。然而,基坑施工到坑底后,围护结构中部产生了较大的水平位移。因此,深层土体水平位移必然诱发站房桩基变形。结果发现,基坑施工导致高铁站房桩基的水平位移指向坑内。基坑开挖至 5.25 m 和 9.8 m 时,最靠近基坑侧的桩基产生了较大的水平位移,分别为 1.78 mm 和 5.73 mm。随着站房桩基远离基坑,桩基的水平位移急剧降低。当站房桩基与基坑围护结构的距离达到 $1.5H_e$ 时,桩基水平位移接近于零。

综上所述,基坑范围内主要为力学性质较好的粉砂,且基坑开挖宽度小,存在明显的三维约束效应。测量的围护结构最大侧向变形为 0.26% H(基坑开挖深度),围护结构顶部和深层位移均满足《建筑基坑工程监测技术规范》支护结构顶部和深层水平位移限制要求。

开挖至坑底后,第一道混凝土支撑和第二道钢支撑产生的最大压力分别为 1 671 kN 和 853.1 kN,对应的最大压应变分别为 0.0186%和 0.0136%,远小于混凝土和钢材的极限抗压应变。

施工到基坑底部时,测量的最大墙后土体沉降为 0.032% H_e(3.2 mm),远小于 Peck(1963)给出的 1% H_e,表明海安高铁站房基坑改造工程对邻近土体和构筑物的影响很小。

基坑开挖宽度从 0.83H_e 增加到 2.0H_e 时,桩基最大水平位移增加了 29.7%,继续增加基坑开挖宽度至 3.0H_e 后,桩基最大水平位移几乎未有变化。因此,基坑开挖宽度对既有站房桩基的影响相对较小。

工程施工完成后旅客地道现场如图 16-14 所示。

图 16-14　海安市火车站旅客地道现场

16.5　小　　结

本章以海安市火车站旅客地道(西延改造)工程为例,介绍了邻近铁路站房深基坑开挖施工相关风险源及安全风险防控措施。本工程中邻近铁路站房钻孔灌注桩结合 MJS 止水围护结构设计是合理的,同时应加强施工过程中的既有站房和铁路的几何状态监控,达到安全施工的目的。

邻近铁路站房深基坑开挖施工风险源主要包括以下方面:基坑围护结构钻孔桩施工对站房扰动的风险,扩建基坑挖土卸荷对邻近站房影响的风险;施工场地有限,邻近站房场地部署组织难度大。针对上述风险源,从施工管理角度采取相应的技术及安全卡控措施。

(1)在施工技术措施方面,针对上述风险源,在邻近铁路站房钻孔灌注桩结合 MJS 止水围护结构微扰动施工控制关键技术,解决小近距下基坑施工困难和施工进度慢等问题,并确保既有结构物的安全。采用独特多孔管和前端强制吸浆装置的 MJS 成桩工艺,使深处排泥和地内压力得到合理控制,解决了对既有桩基平台影响的难题。

(2)在施工技术措施方面,开展了考虑土体小应变刚度特性的三维数值分析,建立基坑—结构物相互作用的三维精细化模型,动态模拟了基坑支护及其开挖全过程,为实时评估紧邻深基坑建筑物安全提供了支撑,确定经济高效的抗变形控制方案,为工程实践提供了设计指导。

(3)在施工技术措施方面,研究了紧邻深基坑既有结构物变形影响分析及优化控制方案,提出了紧邻深基坑既有结构物变形的预测图表，为既有结构物变形分析及扩建基坑优化方案提供指导。

(4)在施工安全卡控措施方面，针对邻近铁路站房施工的风险，以及施工场地有限，邻近站房场地部署组织难度大为确保施工安全，施工前，编制专项施工方案和应急预案，做好应急准备工作，施工时，保证大型机械的平稳施工，合理选择机械，通过信息化手段进行安全监控，以保证施工全过程大型机械的安全可控。另外为确保邻近既有线深基坑开挖施工和出站乘客的人身安全，需要对站房原有出站口进行全封闭，制定了乘客出站路线方案，确保车站正常的运行。

海安市火车站旅客地道(西延改造)工程通过实践运用，形成了一套详细的施工技术和施工方法，在施工中的关键工序进行科技攻关、工艺创新、优化资源合理配备，既节省了工程成本、提高了工效，又保证了工程的安全、质量、工期和环保目标的实现，对今后的同类地下空间施工有着很好的指导和借鉴意义。

第 2 篇　近距离并行既有铁路桥梁施工

17　南京宁和城际板桥河涉铁段工程（钢桁梁吊装与横移施工）

17.1　工程概况

17.1.1　案例背景

南京宁和城际在板桥河段为过江高架。板桥河位于南京市雨花台区板桥街道境内，板桥河段涉铁工程分为左、右两线，左线位于沪汉蓉铁路上游侧，右线位于京沪高铁下游侧，如图 17-1 所示。板桥河为通江河道，主要为行洪通道，河口宽约 84 m，河底宽约 36.7 m，河底高程 3.8 m 左右。板桥河段涉铁工程左、右线在河道范围内的长度为 174 m(右线)、255 m(左线)，桥址距离板桥河河口约 1.8 km。

京沪高铁与沪汉蓉铁路跨越板桥河段采用 32 m、24 m 简支梁，京沪高铁 J16～J19 号墩、沪汉蓉铁路 H16～H19 号墩位于河道中。

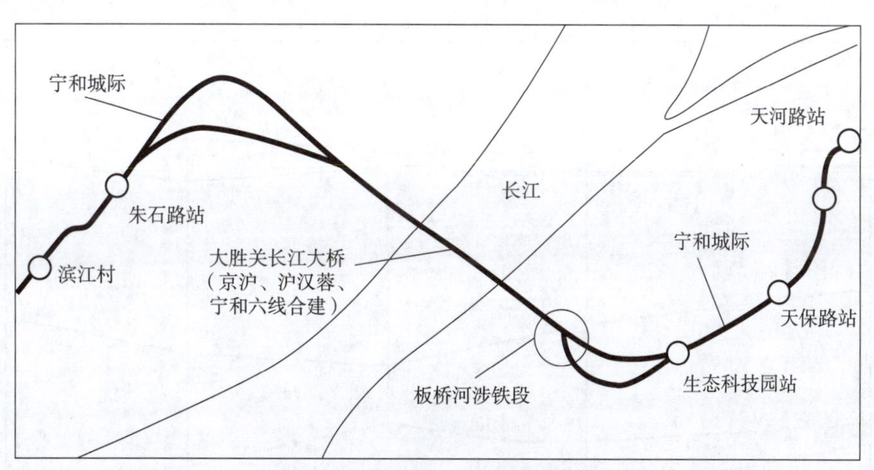

图 17-1　板桥河段涉铁工程区域示意

距拟建板桥河段涉铁工程最近的是京沪高铁与沪汉蓉铁路大胜关长江大桥南岸引桥，该桥位于宁和城际左、右线桥梁中间。京沪高铁与沪汉蓉铁路均为双线，线间距分别为 5 m 与 4.6 m。京沪高铁与沪汉蓉铁路最小线间距为 10.2 m。

宁和城际右线箱梁外缘与京沪高铁箱梁外缘最近距离为 1.6 m，宁和城际左线箱梁外缘与沪汉蓉铁路箱梁外缘最近距离为 1.8 m。宁和城际右线钢桁梁边缘与京沪高铁梁体边缘最小距离为 0.5 m,宁和城际左线钢桁梁边缘与沪汉蓉铁路梁体边缘最小距离为 1.2 m。

17.1.2 工程地质与水文地质

施工场地处于长江漫滩地貌单元。场地覆盖层表层为填土,厚度一般,局部厚度较大,松散～较松散,工程地质性质差,桩基持力层位于 K_1g-2 弱风化粉砂岩层。本段地质资料(自上而下)见表 17-1,地质剖面如图 17-2 所示。

表 17-1 板桥河段涉铁工程主要地层地质描述

时代成因	层号	地层名称	状态	特征描述	层厚(m)
Q_4^{al}	①-2b2-3	素填土	松散	稍湿～湿,软～可塑状粉质黏土组成,局部可见植物根茎,夹有少量碎石	0.6～3.3
Q_4^{al}	②-2b4	淤泥质粉质黏土	流塑	灰色,饱和,高压缩性,干强度低,韧性低,局部夹薄层粉土,具有水平沉积层理	24.8～31
Q_4^{al}	②-3d1-2	粉砂夹中粗砂	中密～密实	灰黄色、灰色,湿,密实,中压缩性,干强度和韧性低,夹薄层粉质黏土	15.1～19.6
Q_4^{al}	②-4e	细圆砾土	密实	灰、灰褐色及浅灰色,饱和,密实,卵石成分以火成岩、石英岩为主	1.2～1.9
Q_4^{al}	③-2c-d1-2	粉土夹粉砂	中～密实	灰、浅灰色,饱和,中～密实,中压缩性,干强度和韧性低,夹薄层粉质黏土	6.9～10.8
K_1g	K_1g-1	强风化泥质粉砂岩	硬土状	棕红色、褐红色,砖红色,风化强烈,岩石结构完全破坏,岩芯呈砂土状	7.7～3.7
K_1g	K_1g-2	弱风化泥质粉砂岩	块状～短柱状	棕红色、褐红色,中等风化,局部夹有中风化粉砂质泥岩或中风化泥岩	

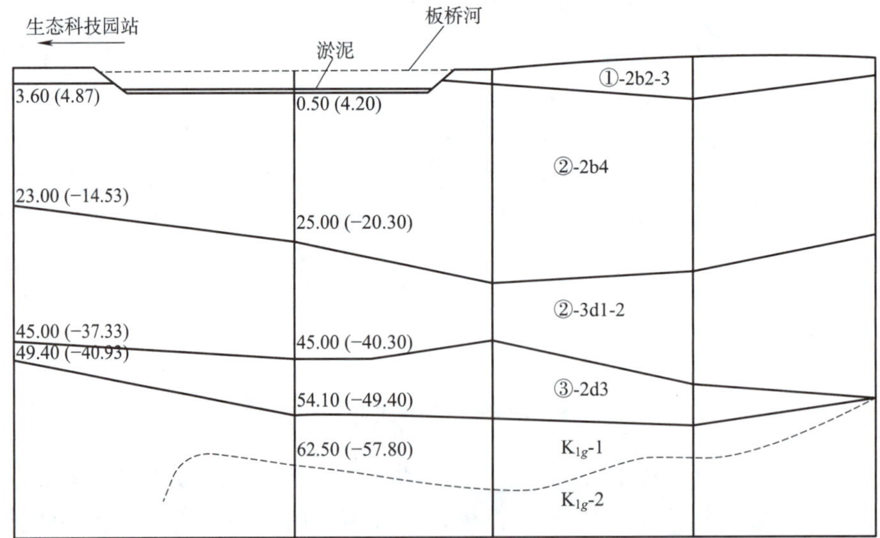

图 17-2 板桥河段涉铁工程地质剖面

17.1.3　整体设计方案

本施工范围分为左线 SZZ034～SBZ005，该段包括 1 联 30 m+40 m+30 m 单线连续梁+1 跨 86 m 钢桁梁+1 联 2×33 m 单线连续梁，右线 SBY019～SBY025，该段包括 1 联 2×25 m 单线连续钢箱梁+1 跨 96 m 钢桁梁+1 跨 28 m 单线简支梁。平面布置如图 17-3 所示。

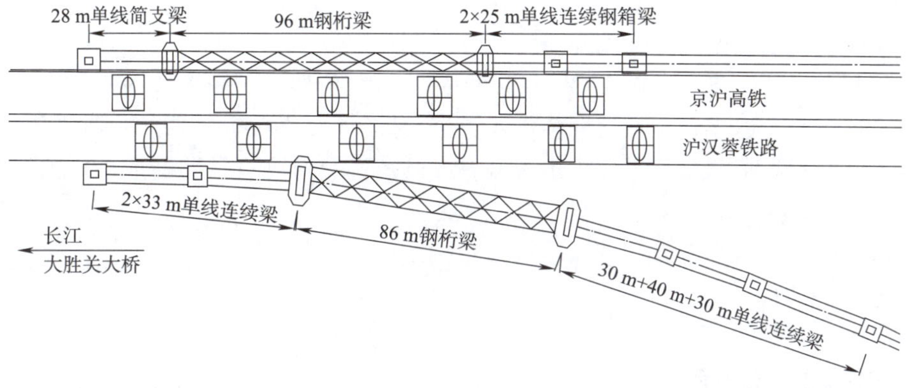

图 17-3　板桥河段涉铁工程平面

基础采用钻孔灌注桩+承台，除左、右线钢桁梁承台采取异型承台，墩身采用圆柱形实体墩门式墩外，其余承台为常规矩形承台，墩柱采用直柱形墩柱，立面中间刻槽，四边及槽口均倒圆角，其中墩台桩基概况见表 17-2。现浇梁采用等高截面梁及不等高截面梁。钢桁梁结构形式为无竖杆三角形桁式。桥面结构采用正交异性钢桥面板，桁梁结构为整体节点的板桁组合钢结构。

表 17-2　墩台桩基概况

墩台编号	桩基直径(m)	桩基根数(根)	桩长(m)
ZBZ001	1.5	6	51
ZBZ004	1.5	6	66
ZBZ005	1.5	4	66
SBY020	1.0	4	60
SBY021	1.5	6	61
SBY024	1.5	6	58

17.2　风险源分析

板桥河段涉铁工程涉及的施工项目较多，桩基距离既有铁路距离很近，主要影响到京沪高铁与沪汉蓉铁路 15～20 号墩，安全风险较大，上部结构有现浇连续梁、现浇简支梁、钢箱梁吊装及钢桁梁拼装、横移等结构形式，施工跨板桥河的钢桁梁还需搭设临时支墩钻孔平台、横移临时支墩等。施工过程中为了确保铁路运营安全，本工程必须重点考虑以下存在的风险源：

1. 钻孔桩、承台施工引起既有铁路桥墩变形风险

板桥河段桥墩距离既有沪汉蓉铁路和京沪高铁较近，采用的全回转钻机施工工艺在钻孔

桩施工时可能会发生塌孔等不利因素，同时施工对地层产生的扰动，引起桥梁基础变形，进而影响到桥梁上部、轨道结构的变形。

2. 大型机械倾覆与侵限风险

施工钻机和混凝土灌注机械均靠近铁路，大型机械倾覆、侵限及可能会碰撞桥墩，具有一定的安全隐患。同时钢桁梁与钢箱梁吊装均为大型机械作业，存在机械倾覆碰撞高铁桥墩的施工风险，吊装工序同时存在高空坠落、机械伤害等安全隐患。

3. 钢桁梁横移过程偏差与倾覆风险

钢桁梁横移位于高支架上施工，桁架高度较高，右线桁架顶与高铁桥面基本齐平，横移精度要求高，限位难度大，多台千斤顶同步作业操作，对操作人员的操作要求高，前期滑道设施等需精确处理，若处理不当，横移过程中出现偏差或倾覆都会对既有铁路造成一定的风险，危及行车安全。

17.3 对策措施

17.3.1 施工工艺及措施

1. 全回转钻孔桩施工措施

针对风险源 1，为避免钻孔桩、承台施工引起既有铁路桥墩变形的风险，为了减少钻孔桩对地层的扰动，邻近高铁桥墩的桩基施工均采用护筒跟进的施工方法钻孔（全套管旋压跟进法），护筒跟进至桩底。采用 JAR200H 全套管全回转钻机进行施工，具有环保效果好，噪声低，振动小，成桩和成孔质量高，可配合不同的抓斗以适用于各种土层等优点。全套管全回转钻机施工工艺流程如图 17-4 所示。

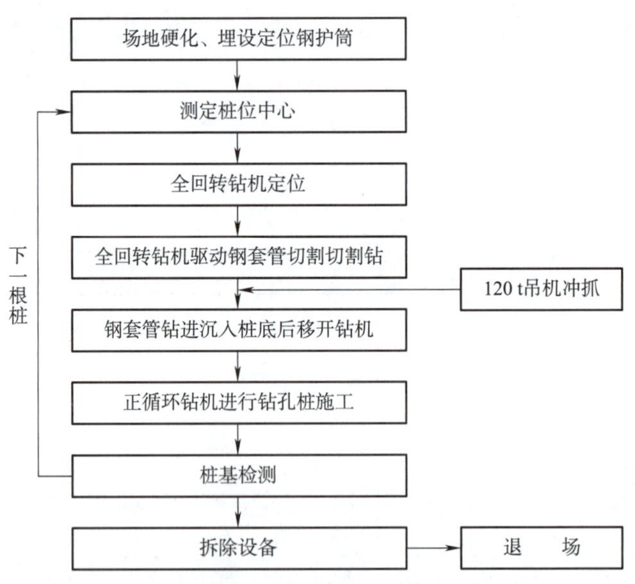

图 17-4　全套管全回转钻机施工工艺工艺流程

在钻机钻孔过程中，必须加强对预埋在土体中的压力盒及位移尺进行观测和数据的读取频率，发现数据异常立刻停止施工，大型设备工作时对土侧压力同样会对存在风险。首先选用

SBZ001-1 桩基作为试桩，对试桩过程中压(拔)管时对地基作用力参数进行采集，对周边土的扰动的情况进行监测，做好试桩过程中不同土层钢套管跟进时扭矩参数的记录。试桩成功后，按照桩位与高铁的距离由近及远逐排跳桩施工。全回转钻机使用的是高硬度钢板卷管，为防止钢套管变形，施工时不可在非垂直状态下钻进。

在履带吊行走前，首先在铁路范围外沿履带吊行进路线一侧按照承台高度浇筑混凝土，在混凝土外侧埋设土压力盒，收集履带吊在行进过程中不同深度和位置所产生的应力与应变信息，用以指导对既有承台受力情况的修正。

全回转钻机在钻进过程中护筒底部始终预留一定厚度的土作为封底，防止钻进过程中因内外高差产生的管涌并引起高铁桥墩土体的沉降。一般土层或者岩层预留厚度为2 m，粉砂层预留厚度为 5 m。

在邻近铁路的 SZZ011 承台，外围设置钢板桩围护，钢板桩打设前通知工务部门到现场监护施工，打拔围护桩时派专人进行“一机一人”专人防护，且距离线路 8 m 范围内的钢板桩在天窗点内施工，此范围内钢板桩作为一次性投入，施工结束后不再拔除。

针对风险源 2，为避免大型机械倾覆与侵限风险，钻孔桩施工时，必须确认钻机作业高度，并拉缆风绳，防止钻机、混凝土泵车倾覆侵限或砸坏行车设备。缆风绳设置三根，沿铁路方向两侧各一根、背对铁路方向一根，缆风绳采用 12 mm 的钢丝绳，锚固端采用钢筋混凝土基础，缆风绳与地面夹角 45°。钻孔桩吊放钢筋笼中正面不得面对铁路，吊笼过程中控制猛烈碰撞。列车通过时停止吊笼作业。

2. 承台围护开挖施工工艺

针对风险源 1，为避免承台施工引起既有铁路桥墩变形的风险，本项目承台施工与既有铁路距离很小，需采用设置墩边安全防护与拉森板桩＋搅拌桩止水帷幕等措施来减少施工对既有铁路的影响。

采取逐个施工方式。基坑开挖前先进行围护结构施工，围护结构采用 18 m 拉森Ⅳx 型桩，钻孔桩外侧设置 ϕ0.7@0.5 m 双轴搅拌桩止水帷幕，承台围护拉森桩长 18 m，止水桩长 9 m。围护桩桩顶设置 0.8 m×0.6 m 混凝土顶圈梁，围护桩中心轴线距承台边线 1 m，防止基坑开挖时对高铁桥墩土体的扰动。承台钢筋提前制作，20 m 以外堆放，集中人力快速绑扎。基坑垫层及结构混凝土采用早强混凝土，以便提前进入拆模作业，拆模后快速压实回填。

在桩基施工前，需对承台进行围护施工，围护结构分部如图 17-5、图 17-6 所示。

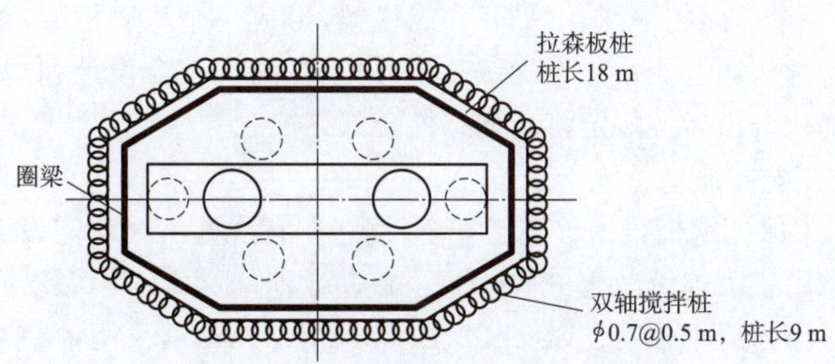

图 17-5　主墩承台围护结构平面示意

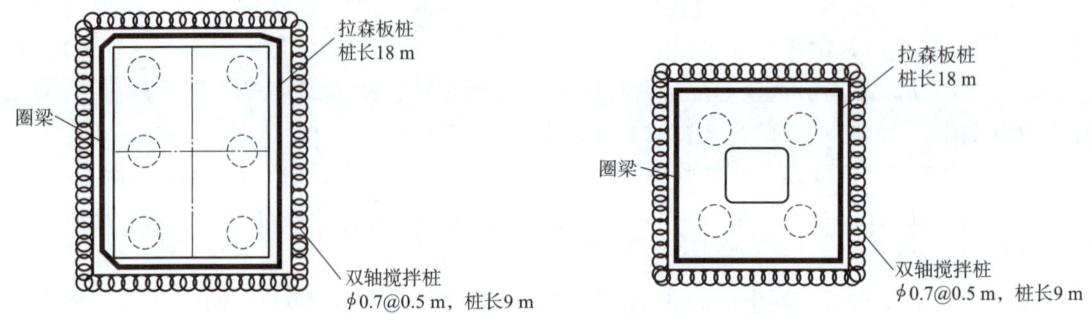

图 17-6　长形临时承台与方形承台围护结构平面示意

施工现场采用 2 台双轴搅拌桩机进行施工，水泥采用散装水泥，在搅拌桩机旁边设置一处水泥浆搅拌坑进行水泥浆的现场搅拌。

施工流程：测量放样→水泥浆搅拌→钻机就位→钻机钻进并进行三搅两喷→成孔、钻机移位。

3．钢桁梁吊拼装工艺措施

钢梁构件制作主要在工厂内完成，钢梁在工厂试拼装合格后，进行拆分。为便于工地正确安装，拆分前应对各个节段和部件进行编号，并在两端标注节点序号，以防现场安装时搞混杆件的位置和方向，保证运输及现场安装顺利进行。

针对风险源 2，为避免大型机械倾覆与侵限风险，确保桥上钢梁拼装定位准确、施工安全，尽量减少吊车移动次数，同时为了加快施工进度，拼装采取对称分节间拼装方法，具体拼装顺序：E0-E1 节间下弦→另一侧下弦→横梁及下平联→纵梁→侧腹杆、上弦→另一侧腹杆、上弦→上平联（节间拼装完成）→进入下一节间拼装。拼装需根据拼装顺序制定杆件发送表和组拼图并将各杆件出厂编号与组图进行仔细核对，确定符合后，方可组拼，腹杆组件拼装时采用槽钢支撑定位。

拼装前应复查钢桁梁弦杆、斜杆等杆件两端拼接部分的宽度，如相邻两根弦杆的宽度误差大于 2 mm 时，应加垫经喷砂处理过的薄钢板。根据设计图和工厂提供的技术资料，逐件校核弦杆、斜杆、节点板等编号是否正确，并特别注意因起拱原因钉孔距不相平行的上弦节点板，分清正常、伸长、缩短等类型。确定杆件组拼办法，绘制预拼图，做好预拼前的准备工作。然后根据设计提供的预留拱度值，计算出各节间节点的高程，在贝雷梁上用枕木一次垫足。按拼装顺序在支架上拼装第一个节间的下弦、下平联和纵横梁，形成一个牢固框架，再对已拼好的钢梁轴线和预拱度进行检查，通过测量检查确认其中心位置、高程符合设计和规范要求，如有偏差利用千斤顶调整，确认合格后按规定将高强螺栓全部终拧。

4．钢桁梁横移工艺措施

针对风险源 3，为保证钢桁梁横移施工安全，线路左右线施工时均需设置临时支墩搭设临时平台，临时平台采用三跨连续梁形式，平台两端基础 ZL01、ZL04、YL01、YL04 采用钢筋混凝土扩大基础，板桥河内跨中临时支墩 ZL02、ZL03、YL02、YL03 采用 ϕ0.6 m 钢管桩基础，桩长为 40 m，每墩施工 6 根钢管桩。钢桁架拼装平台采用贝雷梁拼装而成，贝雷梁中心线分别与下弦杆中线对齐，每条下弦杆下布置 7 排 321 型贝雷梁作为承力结构。贝雷梁底部安装双拼 HN700×300 型钢分配梁。横向滑移轨道采用 2×HN700×300 型钢＋双拼 P50 钢轨制作而成,采用焊接固定于支撑墩顶部,基础采用 ϕ1.5 m 钻孔灌注桩＋ϕ1.2 m 立柱形式,如图 17-7 所示。经过承载能力与稳定性验算后,该临时支墩设计方案满足安全性要求。针对风险源 1,为避免钻孔桩施工引起既有铁路桥墩变形的风险,施工仍采用护筒跟进的施工方法钻孔(全套管旋压跟进法)。

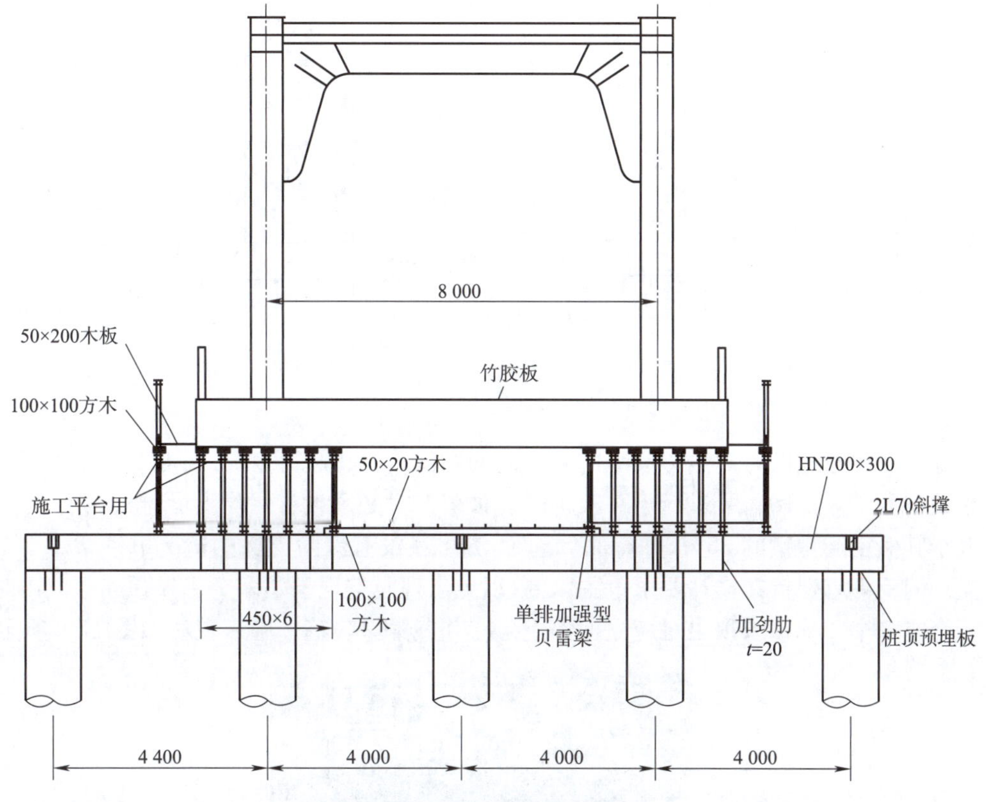

图 17-7　临时支墩纵桥向示意(单位:mm)

针对风险源 3,为避免吊装时触碰既有线问题,减少对既有线行车影响,同时避免钢桁梁横移过程偏差与倾覆,横移架设钢桁梁方案是在桥梁右侧设置临时中间支墩(钢管支架＋顶面贝雷片纵梁),采用地面吊车膺架法由中间对称向两侧拼装,拼装完成后用千斤顶沿滑道梁将钢桁梁顶推 20.8 m 至桥位处,调整钢桁梁的水平位置后,用千斤顶将钢桁梁架落在支座上,然后拆除滑道梁及临时支架,浇筑钢筋混凝土桥面板,安装钢桁梁附属设备,完成钢桁梁全部施工。

钢桁梁施工流程:桩基和墩台施工完成→桥位旁边搭设临时支墩和膺架→拼装简支钢桁梁→简支钢桁梁平移到位→混凝土梁板施工和附属设施施工。

针对风险源 3,横移梁施工过程中采用在横移滑道梁端部顶推装置,缓慢横移钢桁梁到梁的设计位置。落梁就位形成简支钢桁梁结构。

钢桁梁横移系统包括上滑道、下滑道、NGE 滑板、钢绞线、千斤顶、油泵及操作台。滑道、滑道梁均采用 56b 工字钢拼装,上滑道底部嵌入 3 cm 厚高强度 NGE 滑板。

牵引装置采用 2 台牵引千斤顶,安装于滑道梁底部,并在上滑道梁穿入 2 束钢绞线并锚固,钢绞线另一端分别与千斤顶连接。千斤顶、油泵及油管路安装完毕后,设备调试及试拉正常后进行钢桁架横移,如图 17-8 所示。

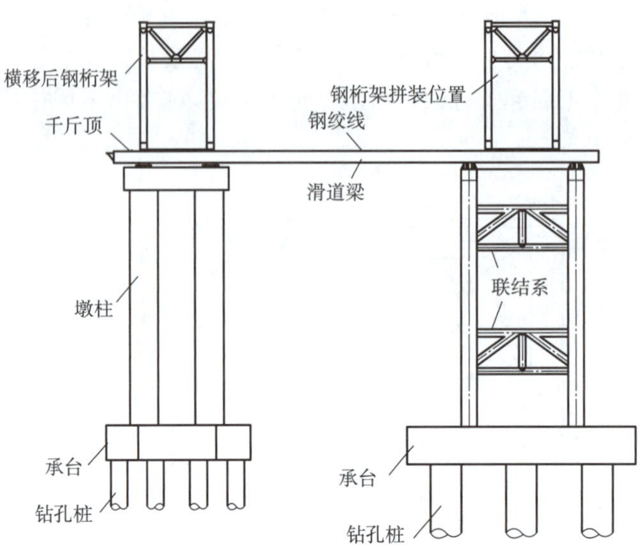

图 17-8　钢桁梁横移平面示意

在施工时要注意随时观测钢梁纵向和横向的高低差。每起落 5 cm 高度要停止一下，测量两桁高差不大于 3 cm 时，才进行下一次顶落。顶落梁时必须设有保险支垛。只有当千斤顶受力不大于其额定起重量的 30%，并有保险箍时，方可在没有保险支垛的情况下落梁。下落时，一个支点的反力宜保持在设计要求范围以内，以免出现脱空现象。多个千斤顶连通使用时，当发现一个或多个千斤顶未顶出时应立即停止泵有并旋紧保险箍。施工现场如图 17-9 所示。

图 17-9　钢桁梁横移实景

17.3.2　施工安全卡控措施

针对风险源 2，为避免大型机械倾覆与侵限风险，须严格做到以下几点：

(1)吊机司机遵守起重机安全操作规程，启动前检查各安全装置是否齐全可靠，钢丝绳及连接部位应符合规定，燃油、润滑油、冷却水等均应充足。启动后检查仪表指示，再空载运转，确认无异常后方可开始吊装作业。

(2)吊车行走站位处，对道路进行加固，上铺设路基箱，防止地基承载力不足使吊车倾覆。

(3)作业后,臂杆应转至顺风方向,并降至40°～60°之间,吊钩提升到接近顶端的位置。各部制动器保险固定,操作室和机棚都要关门加锁。

(4)高空、地面之间用对讲机通信联络,禁止喊叫指挥。起重指令应明确统一,严格按"十不吊"操作规程执行。

根据设计图纸及现场情况,本项目右线2跨钢箱梁吊装及左右两侧的钢桁梁横移施工须纳入京沪高铁及沪汉蓉铁路维修天窗施工,施工前报请设备管理单位派人现场监护,根据总体施工计划,纳入天窗点施工计划见表17-3。

表17-3　线路封锁项目及计划

序号	施工项目	封锁时间	备　注
1	右侧钢桁梁横移	3 h	维修天窗
2	左侧钢桁梁横移	3 h	维修天窗
3	右线钢箱梁吊装	3 h	维修天窗

17.3.3　监测与控制

1. 监测总体要求

京沪高铁、沪蓉铁路部分桥墩、桥梁的监测是此次宁和城际跨板桥河桥梁工程施工中的个重要组成部分。为保证施工能够安全、顺利进行,最大限度减小既有铁路桥墩变形,确保工程安全,保护周围环境,需要对施工全过程进行监测。

监测内容应全面反映工程施工中既有铁路桥墩变形特征变化,观测项目和测点布置应满足施工过程的要求,监测内容应能全面监控高铁构筑物结构的工作性状,对各种内外因素所引起的相互作用,都应统一考虑。安全监测设计随工程施工的推进,出现新问题时要及时补充或修改监测设计。

同时明确重点监测段落,由于京沪高铁19号墩已经发生了偏移,应作为重点监测段落,监测工作中,增加该段落的监测频次,着重对其数据进行分析。

(2)监测点布置

根据通视条件和现场条件,在京沪高铁15～20号桥墩,沪汉蓉铁路15～20号桥墩的墩顶、墩身和梁面上布设棱镜作为监测点。其中桥墩上部布设2个,桥墩下部布设2个,沉降监测点布设位置如图17-10所示,平面位移监测点点位布设(以京沪高铁15号墩为例)如图17-11所示。

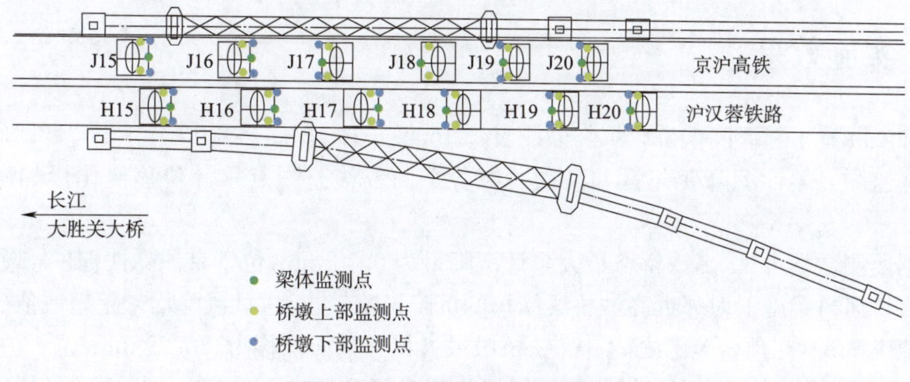

图17-10　沉降监测点布置示意

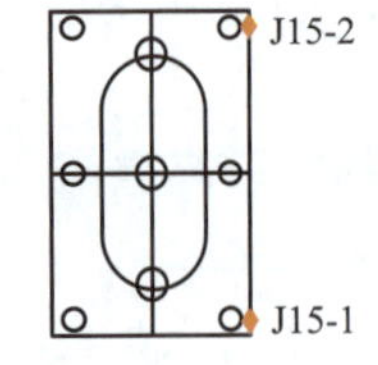

(a) 京沪高铁15号桥墩俯视图

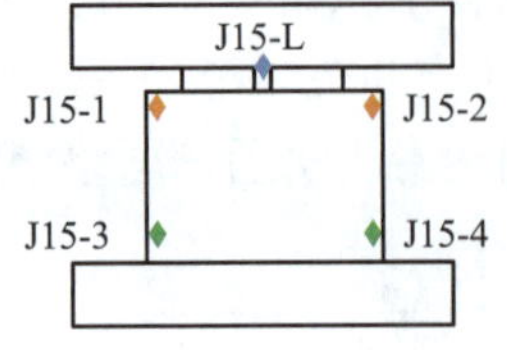

(b) 京沪高铁15号桥墩侧面图

◆ 桥墩上部监测点，西侧编号为J15-1，东侧编号为J15-2

◆ 桥墩下部监测点，西侧编号为J15-3，东侧编号为J15-4

◆ 梁体监测点，编号为J15-L

图 17-11　平面位移监测点布设示意

3. 监测频率及报警值

本项目京沪高铁、沪汉蓉铁路桥墩及箱梁变形预警及报警值设置见表 17-4。

表 17-4　桥墩和梁体变形监测预报警值(mm)

监测项目	沉降变化量预警值	沉降变化量报警值	顺桥向位移预警值	顺桥向位移报警值	横桥向位移预警值	横桥向位移报警值
桥墩和梁体	±0.8	±1	±0.8	±1	±0.8	±1

各施工阶段对应的监测频次见表 17-5。

表 17-5　施工阶段沉降监测频次

施工进度	监测频率
桩基础施工	6 次/d
承台围护、开挖至浇筑完成	4 次/d
承台浇筑后第一周	2 次/d
承台浇筑后第二周	1 次/d
承台浇筑后第三周至桥墩浇筑完成	1 次/2 d
梁部施工	2 次/d

附属工程完成后延续监测 1 个月后位移趋于稳定则结束观测。反之继续观测，直至位移趋稳。监测过程中，位移量达到警戒值或发生突变时加密监测频次。

17.4　实施效果

宁和城际施工邻近高铁桥墩沉降监测自 2016 年 6 月 13 日至 2017 年 9 月 18 日，高铁桥墩各沉降监测点累计沉降变化量和高铁桥墩各平面位移监测点累计位移变化量如图 17-12 所示。

根据监测数据可见，高铁桥墩最大累计沉降量为 0.30 mm，位于京沪高铁 J18 号墩。宁和城际跨板桥河桥梁施工对邻近高铁桥梁结构的沉降影响较小，累计沉降均未超警戒值(累计沉降报警值 1 mm)，在预警范围之内。高铁桥墩最大累计平面位移为－0.29 mm，位于沪汉蓉铁路 H19 号墩顺桥向方向。宁和城际跨板桥河施工对邻近高铁桥梁结构的平面变形影响较小，

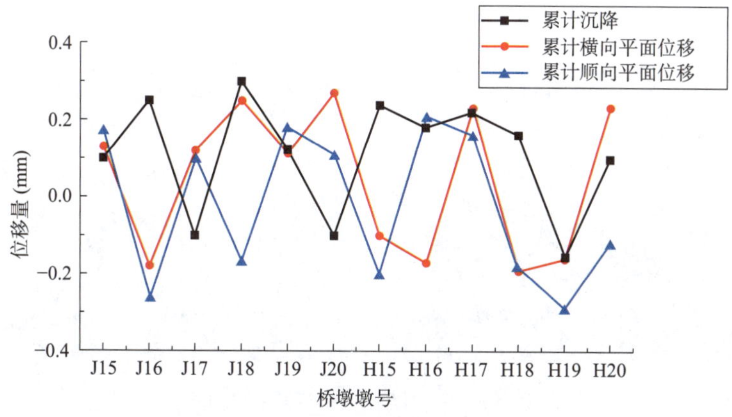

图 17-12　高铁桥墩位移监测变化量

注:沉降值下沉为"+",上升为"−"。

横向及顺向累计位移量均在警戒值(累计位移量报警值 1 mm)范围之内。

宁和城际施工邻近高铁桥墩的倾斜位移监测自 2016 年 6 月 13 日至 2017 年 9 月 18 日止,高铁桥墩各倾斜位移监测点累计位移变化量如图 17-13 所示。

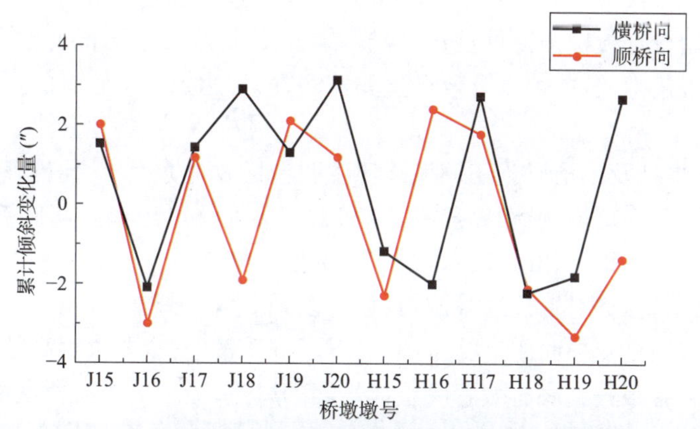

图 17-13　高铁桥墩倾斜监测变化量

由图 17-13 可见,高铁桥墩最大累计倾斜位移为−3.3″,位于沪蓉铁路 H16 号墩顺桥向方向。宁和城际跨板桥河施工对邻近高铁桥梁结构的倾斜位移变形影响较小,横向及顺向累计倾斜位移量均在警戒值(累计倾斜位移量报警值 9.2″)范围之内。

综上所述,宁和城际跨板桥河桥梁工程施工期间对邻近高铁沉降影响较小,本次、累计沉降量均未超出警戒值;对邻近高铁桥墩、桥梁的横向和顺向的平面位移影响较小,本次、累计位移变形量均未超出警戒值;对邻近高铁桥墩的倾斜位移影响较小,本次、累计倾斜位移量均未超出警戒值。因此南京市宁和城际轨道交通一期工程跨板桥河并行段桥梁工程施工对邻近京沪高铁和沪蓉铁路结构变形变化影响较小,在安全警戒值范围内。安全完工后现场如图 17-14 所示。

图 17-14　宁和城际板桥河段完工现场

17.5　小　　结

本章以南京宁和城际板桥河段涉铁工程为例，主要介绍了邻近既有高铁线进行全套管钻孔及钢桁梁施工安全风险源及防控措施。本工程施工场地处于长江漫滩地貌单元，工程地质性质差，涉及桩基、承台、墩柱及上部结构施工等。本工程中邻近铁路钻孔灌注桩采用全套管跟进施工、承台采用拉森板桩＋搅拌桩止水帷幕结合设计是合理的，同时加强施工过程中的钢桁梁吊拼装、横移工艺把控，并辅以有效合理的监测方案，达到安全施工的目的，不影响既有线安全运营。

邻近既有高铁桩基及钢桁梁施工的风险源主要包括3个方面：钻孔桩、承台施工引起既有铁路桥墩变形风险，大型机械倾覆与侵限风险和钢桁梁横移过程偏差与倾覆风险。针对上述风险源，从施工管理角度采取相应的技术及安全卡控措施。

在施工工艺措施上，针对上述风险源，具体可以采取以下措施：

(1)桩基施工采用全套护筒跟进施工工艺，对成桩质量、安全要求很高，距离既有高铁桥墩较近，可以通过全套管跟进到底有效解决土体坍塌的风险，减少对既有桥墩的干扰风险。

(2)基坑开挖前先进行围护结构施工，采取逐个施工方式，围护桩中心轴线距承台边线1 m，防止基坑开挖时对高铁桥墩土体的扰动。

(3)针对钢桁梁横移过程偏差与倾覆风险，为保证钢桁梁横移施工安全，线路左右线施工时均需设置临时支墩搭设临时平台，临时平台经过承载能力和稳定性验算后保证了钢桁梁横移过程的安全性。

(4)为避免大型机械倾覆与侵限风险，钢梁构件制作主要在工厂内完成，确保桥上钢梁拼装定位准确、施工安全，尽量减少吊车移动次数，同时为了加快施工进度，拼装采取对称分节间拼装方法。

(5)横移架设钢桁梁方案是在桥梁右侧设置临时中间支墩(钢管支架＋顶面贝雷片纵梁)，采用地面吊车膺架法由中间对称向两侧拼装，拼装完成后用千斤顶沿滑道梁将钢桁梁顶推8 m至桥位处，调整钢桁梁的水平位置后，用千斤顶将钢桁梁架落在支座上，然后拆除滑道梁及临时支架，浇筑钢筋混凝土桥面板，安装钢桁梁附属设备，完成钢桁梁全部施工，可有效解决吊装时触碰既有线问题，减少对既有线行车影响。

在施工安全卡控措施方面,为避免大型机械倾覆与侵限风险,吊机司机吊装过程中应遵守起重机安全操作规程,起重指令应明确统一,严格按“十不吊”操作规程执行。为保证项目施工过程中既有营业线列车的安全,右线2跨钢箱梁吊装及左右两侧的钢桁梁横移施工纳入京沪高铁及沪汉蓉铁路维修天窗施工。

南京宁和城际板桥河段涉铁工程在采用上述措施之后总体实施效果良好,通过逐步探索、实践运用,形成了可靠、操作性强的施工工艺和方法,施工中对关键风险点进行科技攻关,优化各种资源配置,通过有效组织,减少浪费,提高了施工工效,保证了工程的安全、质量、工期和环保目标的实现,对后续类似项目有良好的指导借鉴作用。

18　长湖申线航道西延配套项目涉铁工程（半悬臂浮托顶推施工）

18.1　工程概况

18.1.1　案例背景

长湖申线航道西延工程配套项目宣杭铁路湖州西至湖州段改建工程为既有宣杭铁路湖州西至湖州段东侧新建双线，设计线路绕行起讫里程为 GDK130＋000～GDK132＋920.5，改建长度 2.921 km，含特大桥 1 座。

主要工程内容包括：该段范围内路基、轨道、桥涵等相关工程。其中路基段 1.5 km，桥梁段 1.42 km，桥梁采用 32 mT 型简支梁和 96 m 钢桁梁。另外航道部分为既有铁路湖州大桥上游 50 m 至宣杭铁路新桥位下游 50 m 共计 168.8 m 的航道土方、护岸等工程。

湖州特大桥在 GDK131＋286.93～385.73(19～20 号墩)之间跨既有长兴港航道，上部结构采用 1-96 m 钢桁梁；在 GDK131＋941.63～DK132＋040.43(37～38 号墩)之间跨西苕溪航道，上部结构采用 1-96 m 钢桁梁跨越，如图 18-11 所示。

图 18-1　湖州特大桥地理位置及周边环境

桥梁段主要作业项目:邻近营业线桩基作业、吊装作业、混凝土浇筑作业等。

路基段主要工程项目:区间路基土石方和地基处理、混凝土骨架+植草防护、桩板式挡土墙防护、土工合成材料、线路防护栅栏、混凝土及砌体等附属工程,以及与路基同步施工的电缆槽、接触网支柱基础、综合接地引入等相关路基工程。

18.1.2 工程地质与水文地质

本工程沿线地貌形态主要分为湖绍积平原和侵蚀剥蚀丘陵。湖绍积平原区主要位于线路两端,地形开阔平坦,沟渠、道路交错,高程在 4～7 m 之间,浅部地层以粉质黏土、淤泥质粉质黏土等为主。侵蚀剥蚀丘陵区主要位于线路中部 K132+150 附近区域,地形起伏较大,高差在 15 m 左右,北面坡度约 29°,南面坡度约 12°。岩性以凝灰岩为主,表层有少量第四系覆盖,厚度较薄,局部基岩裸露。山体植被发育良好。具体地质分类和工程性质见表 18-1。

表 18-1 长湖申线航道西延配套项目涉铁工程地质分类和工程性质

序号	岩土名称	状 态	埋深(m)	层厚(m)	基本承载力 σ_0(kPa)
①	素填土	杂色、黄灰色、灰褐色、松散	0～2.8	2.8	
②	粉质黏土	灰黄色,软塑,局部硬塑	2.8～4.5	1.7	110
③$_1$	淤泥质粉质黏土	灰色,流塑,局部为软塑	4.5～6.1	1.6	70
④	粉质黏土	褐黄色、棕黄色,硬塑	6.1～12.5	6.4	140
⑤$_2$	卵(漂)石	灰褐色、青灰色,中密～密实	12.5～17.8	5.3	420
⑦$_1$	全风化凝灰岩	灰褐色、灰黄色,全风化,原岩结构构造完全破坏	17.8～19.5	1.7	180
⑦$_2$	强风化凝灰岩	灰黄色,强风化,原岩结构构造大部分破坏	19.5～24.4	4.9	400
⑦$_3$	弱风化凝灰岩	灰黄色、青灰色和紫红色,弱风化,原岩结构构造部分破坏	24.4～36.5	12.1	1200

桥梁涉及航道为长湖申线航道和梅湖线航道,涉及河流主要为长兴港和苕溪,分别与改建宣杭铁路在上行 GDK131+295.20 和 GDK131+964.30 处相交。交汇处长兴港河宽约 112 m,水深约 5.0 m,现状/规划航道为限制性Ⅲ级航道,最高通航水位+2.66 m,最低通航水位+0.66 m,水流速度 1.0～1.2 m/s。西苕溪河宽约 78 m,水深约 6.5 m,现状/规划航道为限制性Ⅲ级航道,最高通航水位+2.70 m,最低通航水位+0.80 m,水流速度 1.0～1.2 m/s。

18.2 风险源分析

本项目存在航道封航要求严格,岸侧地形、地质条件较差,施工质量及成本要求较高等条件限制,且所使用的浮托顶推法架设钢桁梁设备较复杂,对人工操作要求高,且很难控制顶推质量等问题。因此本工程必须重点考虑以下存在的风险源:

1. 钻孔灌注桩施工过程塌孔、偏孔和缩径等风险

钻机未处于水平位置或施工场地未整平及压实,在钻进过程中发生不均匀沉降,容易导致偏孔。地质构造中含有软弱层,在钻孔通过该层中,软弱层在土压力的作用下,向孔内挤压形

成缩孔,甚至会产生塌孔现象。地质构造中塑性土层,遇水膨胀,也会形成缩径现象,进而对周围土体产生扰动变形影响既有铁路运营安全。

2. 架设临时支架等结构时地基承载力不足风险

钢桁梁结构形式不复杂,但杆件几何尺寸大、自重大,单个节间重量达到 1 280 kN,总重超过 10 000 kN,因此钢桁梁施工难度及风险均较大。由于钢桁梁重量大、浮托顶推支架要求高,桥位地质属软弱地层、工程地质条件差,增加了钢桁梁拼装、架设施工的难度。因此在设临时支架及滑道结构时,需注意地基受力集中导致地基承载力不足的风险。

3. 顶推施工钢桁梁倾覆风险

顶推过程施工控制难度较高,且设备制造过程存在几何尺寸上的精度误差,因此存在顶推施工设备侵入铁路营业线风险。传统顶推浮托施工工艺一般为单支点驳船支墩支撑,可一次性就位带动钢桁梁达到设计位置,而本工程钢桁梁主墩离河岸较远、桥位与护岸斜交、上游不远处有既有老桥桥墩及锥形护坡,驳船支墩无法直接到达钢桁梁指定节点位置,又受航道航线限制,无法搭设主墩临时支架平台

4. 大型机械倾覆风险

本工程中施工大型机械涉及吊车、顶推系统、浮托系统等,存在机械倾覆碰撞既有线的施工风险,吊装工序同时存在高空坠落、机械伤害等安全隐患。钢桁梁结构简单但杆件几何尺寸大、自重大,邻近既有线施工需严防杆件在运输、吊装、拼接过程中存在的失稳、倾覆等风险。

5. 拨接施工对既有铁路设备的影响

在既有线上施工过程中对既有线行车会产生较大的影响,尤其是线路拨移施工直接影响到行车安全,需严防施工过程中对施工设备、上道作业人员及既有线行车运输安全等产生的风险。

18.3 对策措施

18.3.1 施工技术措施

1. 桥梁桩基施工技术措施

湖州特大桥采用 1.0 m 和 1.5 m 桩径两种桩径,选用钢护筒跟进的钻孔灌注桩形式。根据地质情况采用旋挖钻机或冲击钻机。其中 0 号台～1 号墩岩层为灰岩,采用冲击钻施工;其余墩位岩层为凝灰岩,可采用旋挖钻机施工。考虑现场道路情况,20～37 号墩钻孔桩也采用冲击钻施工。

根据铺架顺序、工程数量、桥梁孔跨特征和现场地质地貌情况,采用分区段平行作业组织桩基施工,小里程桩基整体优先施工,96 m 钢桁梁特殊孔跨墩台钻孔桩基础优先组织施工。钻孔桩护筒采用 10 mm 钢板卷制,直径比桩径大 20 cm。泥浆采用开挖砌筑泥浆池的方法集中制备,每两个墩位共用一座泥浆储备池和沉淀池,泥浆储备池和沉淀池设在两墩之间,泥浆采用泥浆泵循环周转。钢筋笼统一在钢筋加工场集中加工,汽车吊安装。混凝土由拌和站集中生产,罐车运输,导管法灌注水下混凝土。钻孔灌注桩的施工工艺如图 18-2 所示。

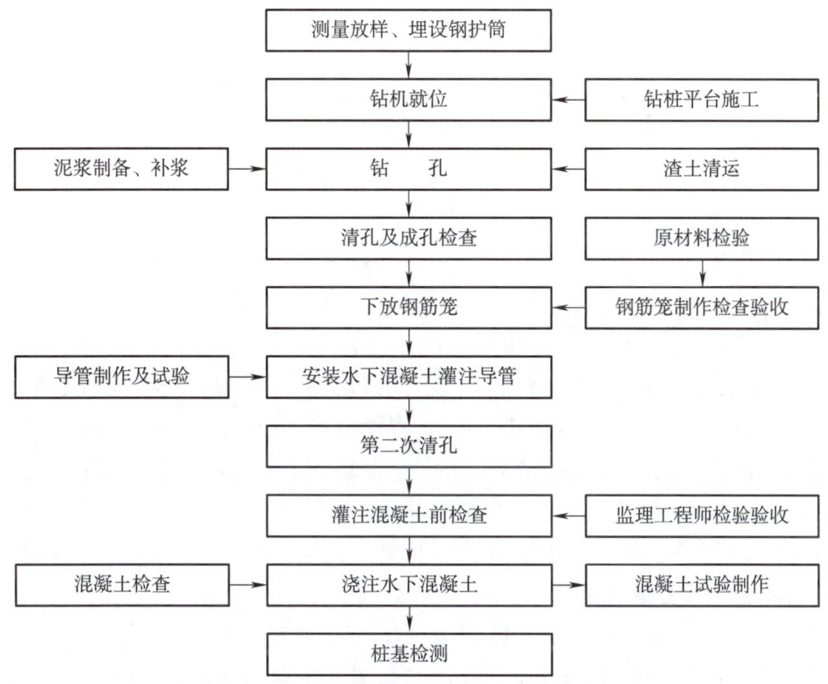

图 18-2　湖州特大桥钻孔灌注桩施工工艺流程

钻孔桩施工平台为填筑 50 cm 厚建筑垃圾,尺寸比承台各边宽出约 2 m,形成稳固的钻孔平台。

19、20、37、38 号墩分别跨越长兴港及西苕溪航道,施工前,与当地海事、航道部门进行沟通,办理相关施工手续。19 号墩承台约 1/5 承台处于堤岸内,3 根桩处于河道内,先插打钢板桩,然后填土形成钻孔桩平台,钻孔桩采用旋挖钻机施工。20 号墩位于长兴港河道中,钻孔桩施工前在临河面插入 9 m[32a 槽钢桩形成围堰后,填筑素土,高程与地面齐平,钢板桩内侧四周铺设沙袋以防冲刷,然后在整个承台区域填筑 30～50 cm 厚碎石垫层,形成稳固的钻孔平台。在土围堰施工完毕后进行钻孔灌注桩施工。采用打桩船插打槽钢桩,土围堰平台尺寸比拉森钢板桩围堰各边大 4 m,尺寸为 20.8 m×16.8 m。

护筒采用厚度 10 mm 的钢板制作成整体钢护筒,直径比设计桩径大 20 cm,长度 3.0 m,强度高、刚度大、适应性强,有利于实现机械化作业,加快施工进度。护筒埋深要求在地面以下不小于 2.0 m,顶端高出地面 0.3 m。钻机就位后,用大于护筒直径的钻头施钻至护筒埋设底高程,安装护筒,检查护筒中心和垂直度符合要求后四周分层夯填黏土。

钢护筒埋设好后,对桩位地面进行必要的加固处理,铺设钢板以保证钻机在钻孔过程中不下沉。桩机就位时,保持平稳,不发生倾斜、位移。根据测量所放桩孔中心,将钻机中心对准桩孔中心,并保证钻杆中心同桩孔中心在同一铅垂线上。为准确控制钻孔深度,在机架上或机管上作出孔深控制标志,以便在施工中进行观测、记录。钻机就位误差要求为水平高差不超过 3 mm,中心偏差不大于 15 mm。

旋转钻机开钻时宜低档慢速钻进,钻至护筒下 1 m 后再以正常速度钻进。钻进速度应与实际的岩层相适应,根据取出的渣样判断岩层。在易坍孔的砂土、软土等土层钻孔时,宜采用低速、轻压钻进。根据设计文件判断，本桥的剩余钻孔桩多为全风化、强风化、弱风化凝灰岩，强度相对较高，不容易发生坍孔现象。

冲击钻初钻时进尺适当控制，采用小冲程，使最初成孔竖直、圆顺，防止孔位偏心、孔口坍塌。进入正常钻进后，采用 4～5 m 中、大冲程，但最大冲程不超过 6 m。钻进过程中及时排渣，并保持泥浆的密度和黏度。同时经常注意地层的变化，在地层的变化处均应捞取渣样，判断地质的类型，填入记录表中，并与设计提供的地质剖面图相对照。如达不到设计要求的入岩深度，及时上报监理工程师，申请加长入岩深度，或者与地质报告不相符，及时上报监理工程师和设计单位，钻渣渣样均编号保存，以便分析备查。钻孔作业要连续进行，不得间断，因故必须停钻时，孔口应加盖，并严禁把冲击锥留在孔内，以防埋钻。

冲程要根据地层土质情况来定，一般在通过厚的土层时，用高冲程，通过松散、砂砾石土层时，用中冲程，在易坍塌或流沙地段用小冲程。冲程过高，对孔底扰动大，易引起塌孔，冲程过小，则钻进速度较慢。通过漂石或岩层时，如孔底表面不平整，须先投入小片石将表面垫平，再用十字形冲击锥进行冲击钻进，防止产生斜孔、坍孔故障。另外还要注意均匀放松钢丝绳的长度，否则松绳过少，形成“打空锤”，使钻机、钻架、钢丝绳受到较大意外冲击荷载，遭受损害。松绳过多，容易引起钢丝绳纠缠事故。

为了确保钻孔桩成孔质量，在钻进过程中采用探孔器经常检查成孔直径、垂直度，在成孔第一次清孔后采用探孔器、孔径、倾斜度进行监测，采用测绳检测孔深、桩底沉渣厚度，并对清孔后泥浆各项指标等进行检测，自检合格报监理工程师验收后，进入下一道工序的施工。

钢筋笼在钢筋加工场地内统一进行钢筋笼制作，运至现场使用 25 t 汽车吊安装，之后安装导管。

桩身混凝土采用水下 C30 混凝土，浇筑前提前做好各种准备工作，防止坍孔和泥浆沉淀过厚。浇筑混凝土采用导管法，导管用大于 ϕ25 cm 的钢管制作。导管使用前作水密、承压和接头抗拉等试验，保证导管不漏水。导管内壁做到光滑、顺直、和无局部凹凸，各节导管内径大小一致，偏差限值为±2 mm。导管顶部设漏斗、储料斗。储料斗储放灌注首批混凝土必需的储量。

灌注开始后，控制浇筑节奏，连续进行，保证中途不停工。在灌注过程中，做好防止混凝土拌和物从漏斗顶溢出或从漏斗外掉入孔底，并注意观察管内混凝土下降和孔内水位升降情况，及时测量并记录导管埋置深度和混凝土面高度，正确指挥导管的提升和拆除。导管提升时保持轴线竖直和位置居中，逐步提升。导管的埋深一般控制在 2～4 m 范围内。灌注首批混凝土时，导管埋入混凝土中的深度保持不小于 1 m。为清除浮浆确保桩顶质量，钻孔桩混凝土浇筑连续进行施工，并在桩顶设计高程以上加灌一定高度，灌注后桩顶高程略大于设计高程 1 m，此段混凝土待基坑开挖后凿除，凿除时防止损毁桩身。

若在施工过程中发生孔口坍塌及钻孔偏斜超限时，应立即拆除护筒并回填钻孔，重新埋设护筒再钻。若发现含有软弱层或塑性土时，要注意经常扫孔和采取钢护筒跟进的措施防止缩孔。

2. 桥梁墩柱施工措施

涉及邻近既有线施工项目包括：开挖回填、桩头破除、钢筋绑扎、模板安拆、混凝土浇筑。

墩身钢筋施工前，先搭设脚手架。墩身脚手架采用扣件式脚手支架，沿墩身周围布置并注意为墩身模板的吊装预留足够空间。墩身脚手架间距为 120 cm×120 cm，步距 180 cm，在外层脚手架长边方向每 4.8 m 设置一道剪刀撑,短边方向两侧各设置一道剪刀撑。在绑扎墩身钢筋过程中,利用脚手管将墩身钢筋笼固定在支架上。脚手架顶高程高于墩身支墩垫石 1.5 m,两层脚手架之间搭设梯道,梯道采用 ϕ48×3.0 mm 钢管搭设,钢管上采用竹板满铺,竹板上设置防滑条,在外层脚手架设置密目网并挂警示牌。对处于承台外的梯道基础进行平整,对局部的软弱土进行换填并压实,承台外的作业脚手架底部均下垫木板。

先进行墩身及托盘部分的钢筋绑扎施工,并将墩顶支承垫石部分钢筋进行预埋。墩身及托盘钢筋绑扎、预埋件预埋完成后,进行墩身及托盘部分的钢模板拼装立模,模板拼装立模完成后进行墩顶部分钢筋预埋施工,在全部钢筋绑扎及预埋件施工完成后,经项目部检查合格后报监理验收合格后,方可进行墩身及托盘部分混凝土浇筑施工。混凝土施工完成后进行墩顶部分钢筋绑扎。

模板进场前技术人员要进行各项指标验收及编号,模板在使用前必须进行试拼,试拼合格后方可使用。使用前必须用磨光机打磨除锈。为防止模板接缝漏浆,采用玻璃胶对模板接缝进行封堵,模板根部采用水泥砂浆封堵。

模板采用拉杆加固,拉杆采用双螺帽进行加固,在出模板拉杆眼处设置一个钢筋连接套筒,套筒外端套一根 PVC 管穿出模板上的拉杆眼,这样在拆模时可将模板外侧拉杆先行拆除,然后再拆除模板,拆模后拉杆眼应及时修补。为了确保墩身的稳定及垂直度,模板安装侯在四周采用缆风绳固定。

在邻近既有铁路施工过程中还应注意以下几点:

(1)桥墩施工时必须确保钢筋骨架稳定性,利用缆风绳固定立柱模板,缆风绳布置方式同钻孔桩机,吊机摆放位置与铁路垂直,伸臂和收臂均朝线路的反方向,吊装期间大臂与铁路平行。禁止大臂面朝铁路方向作业,吊装作业期间所有吊物均用缆风绳拉住,防止吊物晃动影响行车。

(2)桥墩脚手架搭设前先进行原地面硬化处理,保证支架承重后不出现偏斜状况。搭设时立杆的竖起的方向应顺线路(平行于线路的走向),背向线路方向拉缆风进行固定和加固,拆除时倒下的方向应顺线路或背线路方向。

(3)桥墩在施工中,搭设钢管脚手架并在铁路侧随搭随挂安全密布网进行防护,防止落物侵入铁路限界。脚手架搭设完一层后应立即安装接地线,并进行测试合格后才可继续向上接高。

(4)桥墩钢筋绑扎:竖向布置的钢筋向上传递时应顺线路方向,且穿入脚手架内向上竖。

(5)桥墩模板安装:立柱模板为定制钢模分段吊装组拼,进行安装和拆除模板施工时驻站联络员到相邻车站办理登记、以对讲机对现场进行安全控制。

(6)吊机作业及悬臂汽车泵浇筑混凝土时应有专人指挥,严禁吊机扒杆、汽车泵悬臂从铁路上空横向跨越及侵入电气化铁路限界施工。

(7)墩身施工时均在铁路栅栏网外施工,施工机具、材料都在栅栏网防护外,以既有的栅栏网为界进行防护。

3. 钢桁梁桥施工方案设计与数值模拟计算

本桥采用陆地支架上组拼,整体半悬臂浮托顶推法架设。工况复杂,在施工中辅以浮墩等关键设施。96 m 钢桁梁桥型为无竖杆整体节点平行弦三角桁架下承式有砟桥面简支钢桁梁。上下弦杆截面均采用焊接箱型断面,腹杆截面主要形式为箱型,部分杆件为工型截面。主桁计算跨度 96 m,全长 98.5 m,桁高 13.6 m,横桥向支座中心距为 12.4 m。单根杆件最大约 25.3 t,单座钢桁梁总重约 1 452 t。96 m 钢桁梁如图 18-3 所示,横断面如图 18-4 所示。

图 18-3 96 m 钢桁梁

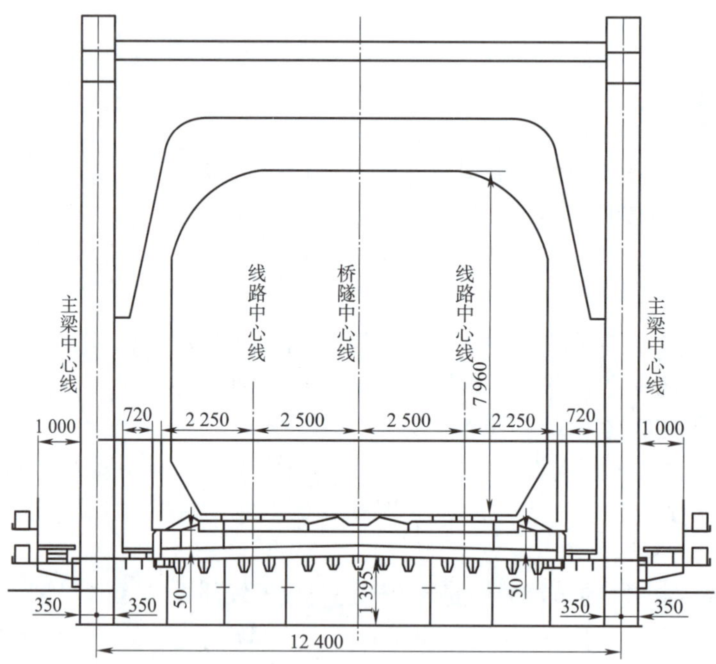

图 18-4 96 m 钢桁梁横断面(单位:mm)

传统的河道上架设钢桥梁一般为河内打桩,搭设支架,在桥位区拼装桥梁,需长时间封航或限制性通航,审批手续复杂,安全隐患高,经济效益差。随着水运行业的大力发展,越来越多的航道进行了改造、升级,因桥梁建设而长时间封航或限制性通航将造成极大的负面影响,驳船作为支点的顶推技术应运而生。至今,国内已成功实施二十余例驳船作为支点的顶推项目,但部分内河航道因存在边坡,丰水期、枯水期水位高差大,单艘驳船作为支点时对桥梁有一定的局限性,本技术将传统的单艘驳船为支点改进为两艘驳船支点转换,在经过大量的计算、多次专家论证后,顺利实施,保证了既有航道和邻近铁路的安全。

对悬臂法、顶推法、浮运法和浮托顶推法进行对比分析,确定了钢桁梁施工的最优方案是:利用桥台后方场地进行钢桁梁整体拼装,然后采用钢桁梁前端浮托、后端顶推的方法即“浮托顶推法”将钢桁梁纵移至预定桥位。这种方法能够充分利用现有场地,减少对航道与既有铁路的影响,施工进度、安全能够控制,成本投入相对经济。

针对风险源 3,提出三种解决方案:①主墩搭设临时支架作为接送平台辅助驳船就位;②对护岸进行处理;③驳船一次就位。经过综合对比分析,进行课题研究,对现有的浮托法进行改进,与以往采用单点浮托技术不同,由于梁体跨度长、质量大,岸侧地形复杂,因此建议采用多点浮托技术来实现顶推架设。浮托结构采用钢管格构式墩,格构式墩设置在驳船里。架设前进水下沉,驳船移动至设计支撑位置,通过两岸地锚固定浮墩位置,排水上浮后支撑钢桁梁,随顶推前进,第二、第三艘驳船到位上浮,全部支撑后,三艘驳船按照设计方式交替前进、固定,最终完成顶推架设。

通过研究顶推过程中的关键参数问题,可以为顶推工艺的优化给出可靠的参考依据,从而能够经济合理的安排施工过程。建立的有限元模型如图 18-5 所示。

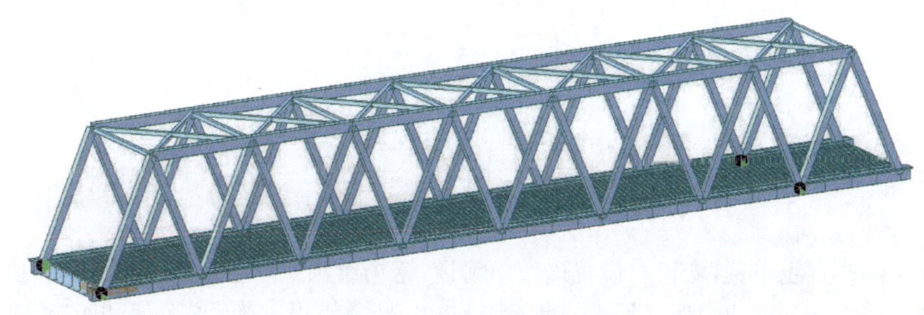

图 18-5　顶推过程有限元模型

由有限元计算分析可知,钢桁梁顶推过程中最大的悬臂长度为 3 个节段。为保证施工效率,同时兼顾施工地形和水文要求,可认为在顶推的初期,使梁体向前悬臂 3 个节段是合理的。前端由浮墩支撑后,可以保持两个节段的悬臂,这样做可以在最后的驳接时留出足够的调整空间,同时避免在顶推过程中的不稳定性。由于顶推的前段采用浮墩支撑,钢桁梁在全过程中受到流水,侧向风等因素的影响导致施工控制的难度较大。采用单支点的方案会导致驳船吃水深度增大,可能发生搁浅倾覆等施工风险。其次,过多的增加浮墩数量会加大施工控制的复杂程度。由于驳船在顶推过程中都是无动力的,姿态的调整受到岸侧牵引控制,浮墩数量的增加,无疑将大大增加控制难度,并且于成本控制并不经济。

本方法确定三个控制参数,分别为最大悬臂长度、支点数量、支撑位置。一般最大悬臂长度限定了浮托顶推的应用灵活性,如确定首艘驳船支撑位置,浮托到位后的驳接长度等,一般确定悬臂长度后,可以根据计算承载能力来选择浮墩的形式,在本案中限定驳船为浮运平台,其稳定性和经济性较好,因此通过承载能力的核算可以确定所需驳船的数量。在此基础上,通过研究改变支点的位置将对支撑反力和钢桁梁内力造成较大的影响,因此确定浮墩的支撑位置是确定施工方案的重点,此外支撑位置和支撑数量还影响到施工控制过程中的稳定性因素,需要综合考虑。

结合上述数值模拟研究结果,给出合理的大跨度钢桁梁多点浮托顶推的施工方案,该方案保证了施工过程中航道与既有铁路的运营安全。

4. 钢桁梁多点浮拖顶推技术

顶推施工步骤优化之后，钢桁梁架设整体施工流程如图 18-6 所示。

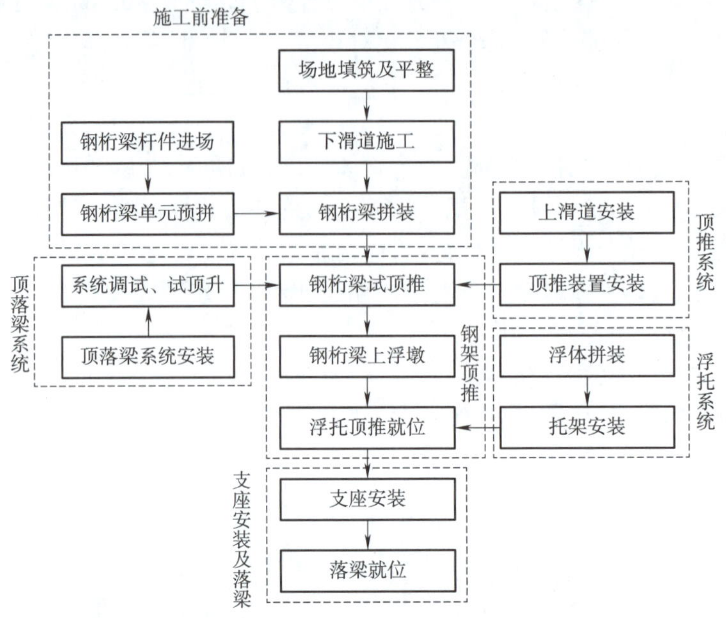

图 18-6　跨河桥梁钢桁梁施工流程

拼装支架按直线布置，支架上设置连续下滑道，钢桁梁预拱度通过改变上弦拼接缝尺寸的方法实现。以长兴港支架为例，沿 20 号承台外向 23 号墩搭设支架，支架为 ϕ610×12.5 钢支撑钢立柱上设分配梁(双拼工字钢)、下滑道主梁(H 型钢组合箱梁截面)，并采用[20 槽钢进行连接，支墩基础为 300×600 矩形截面 C30 混凝土条形基础。条基下地基进行灰土换填，振动压路机碾压，再填筑 100 cm 厚建渣，根据计算验收其承载力。支架搭设完成，按 1.1 倍荷载对支架进行预压，检查支架的稳定性，消除非弹性变形，如图 18-7 所示。

图 18-7　平台支架

下滑道滑移轨道支架主梁采用双拼焊接 H 型钢组成箱型组合截面，H 型钢截面尺寸为 HN700 mm×300 mm×13 mm×24 mm。根据钢桁梁主桁布置形式滑移轨道主梁在桥宽方向共布置 2 道，每组主梁上布置 2 根 P60 钢轨作为滑移轨道。上滑道采用载重滚动小车，摩阻系数可取 0.05～0.10，滚动摩阻力小，所需的顶推力较小。

19～20号跨钢桁梁在湖心岛岸边所设临时支架上拼装，37号～38号跨在南侧路基上进行拼装。针对风险源4，杆件拼装前，按照杆件拼装顺序图拼装钢桁梁，钢桁梁杆件拼装一般由下而上，先下平面后立面，要尽快形成闭合稳定的结构体系，然后安装上平面。在一个立面内先拼装下弦、桁梁和桥面板纵梁、桥面板单元、后装竖杆、斜杆、上弦、桁梁(桥门架)、上平联。还应注意吊机的起吊能力和最大吊距，杆件的供应，先装杆件不得妨碍后装杆件，上下体系两桁对称架设，避免偏载。

钢桁梁用吊车吊装到临时墩上，用钢垫板作为支座。钢垫板、千斤顶的安放位置必须确保钢箱梁对称受力、受力均匀。钢支座应事先安入准确，每一临时墩顶的钢垫高度应按梁底设计高度进行控制，并接近在一个水平高度内，以保持钢桁梁支撑稳定。

装卸吊装作业时，应防止钢桁梁杆件相互碰撞，且严禁锤击杆件损伤钢桁梁焊缝，不得损坏和污染杆件栓群摩擦面。为防止整体节点杆件在装卸、倒运翻身过程中操作不当引起杆件的变形，必须设计专用吊具，制订详细操作细则，并严格执行。

在钢桁梁主桁节点下方指定位置利用千斤顶试顶钢桁梁，确保满足顶升条件，通过各台千斤顶读数计算出钢桁梁总重。称重后继续同步顶升，使顶升高度满足滑移轨道及台车安装条件。

千斤顶顶升后，在钢桁梁移动方向精确放样，安装P60钢轨作为钢桁梁滑移轨道。滑移轨道安装完成后，在指定节点下方安装滚动台车及其上千斤顶，并通过同步控制系统确保每组台车上方千斤顶受力相同。在钢桁梁尾部轨道上安装1台推力100 t的液压自锁千斤顶，施加钢桁梁前进的推力，千斤顶通过扣件与钢梁尾部载重台车连接。

钢桁梁重量较大，对浮托过程的安全稳定性要求较高，在保证纵向位移速度的前提下，需尽量降低其横向位移，因此，根据速度、稳定性要求，设计一种载重滑动小车。

钢桁梁总重1 452 t，最大支点反力约645 t，每侧各322.5 t。每组载重滚动小车承载力按800 t设计制作，共制作6组。滚轮小车下部为滚轴履带式结构，设计为凹型反扣在2根P60钢轨上(钢轨间距0.95 m)，上部为铰接支承结构。载重滚动小车委托专业厂家进行细化设计和制作。

液压自锁顶推装置(图18-8)由每组滚轮小车上面安装2个400 t油缸，用于在平移过程中地面出现沉降时调整钢桁梁四个支撑点的水平高度，顶推采用2个100 t，行程为1 000 mm的油缸。顶推平移系统由重载滚轮小车、沉降间隙补充油缸、顶推油缸、液压夹轨器、顶推液压泵站和夹轨器泵站等组成，每个油顶提供100 t水平顶推力利用计算机同步控制技术，确保油顶顶推点保持同步推进。

图18-8 顶推装置

梁体顶升的重点在于保持梁结构的完整性，防止由于顶升作用点的不同步导致梁体扭曲而出现裂缝等各种病害。本工程采用 PLC 液压同步顶升控制系统为国内目前最为先进的同步顶升控制系统。

三艘驳船浮墩支架形式一致，采用 ϕ610×12.5 钢支撑立柱上设纵横向分配梁，分配梁设临时支座与钢桁梁临时连接。临时支座委托专业厂家设计，由伺服系统、千斤顶、侧向限位组成，用于浮托过程中位移补充。为防止支座滑移，采用钢丝绳将钢桁梁两侧和浮墩支架进行捆绑。在船舱搭设支架前，在船舱底铺设 20 mm 厚钢板对舱底进行加固，然后用仪器将各个柱脚中心位置标注出来，再将各中心的纵横方向连成直线，以这些基线安装柱脚，拼装支架。每根 ϕ610×12.5 钢支撑底端法兰盘与钢板焊接连接，钢支撑中间与船舱顶口采用型钢进行焊接连接，并设置剪刀撑，确保浮墩体系的稳定性。本工程将 19～20 号墩跨长湖申线航道下游约 400 m 处航道左岸水域作为浮墩临时拼装场地。首先在浮墩拼装水域对驳船进行加固处理，然后利用岸上汽吊进行拼装浮墩上支架，如图 18-9 所示。

图 18-9　浮墩支架

钢桁梁顶推前，应测量检查桥梁中线、墩台跨距、支座垫石的位置、尺寸、顶面高程及平整度和锚固螺栓预留孔的位置尺寸，符合设计要求和规范规定方可进行顶推架设。支座垫石顶面应划线标明支座下座板的纵、横中心线，桥墩顶面应划线标明其纵、横中心线和按施工工艺设计要求设置中线及高程标点。

通过千斤顶同步顶升钢桁梁。钢桁梁尾部液压自锁千斤顶同步顶推钢桁梁前进，钢桁梁悬臂三节段后，首艘浮船就位，继续顶推前进，其后每顶推一节段就位一艘浮船，并将驳船固结成整体，直至三艘浮船就位。

步骤 1：在支架上顶推 32 m，使钢桁梁 E0′节点到达主墩正上方，如图 18-10 所示。

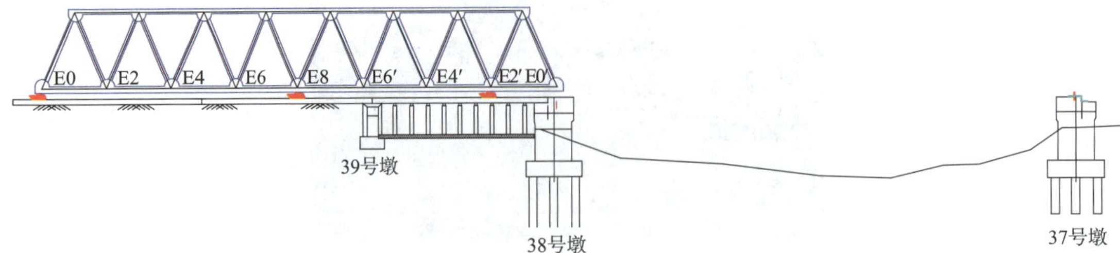

图 18-10　顶推施工步骤 1 示意

步骤 2:在正式封航前,将钢桁梁向前顶推 36 m,使其悬臂 3 节段。浮墩 A 压水,做好准备。

步骤 3:开始封航后,浮墩 A 移至 E2′节点下,设置四个地锚将浮墩固定后,抽水上浮,顶撑钢桁梁,如图 18-11 所示。

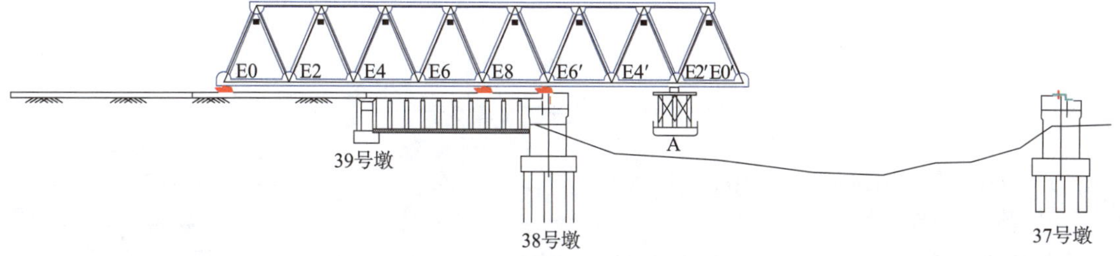

图 18-11 顶推施工步骤 3 示意

步骤 4:在 E6′节点下临时操垫,将小车移至 E6、E8 节点下,继续顶推 12 m。

步骤 5:浮墩 B 移至 E4′节点下,抽水上浮,顶撑钢桁梁。将浮墩 A、B 采用刚性连接临时形成整体,并重新拉设好地锚,E6、E8 小车移至 E4、E6 节点,如图 18-12 所示。

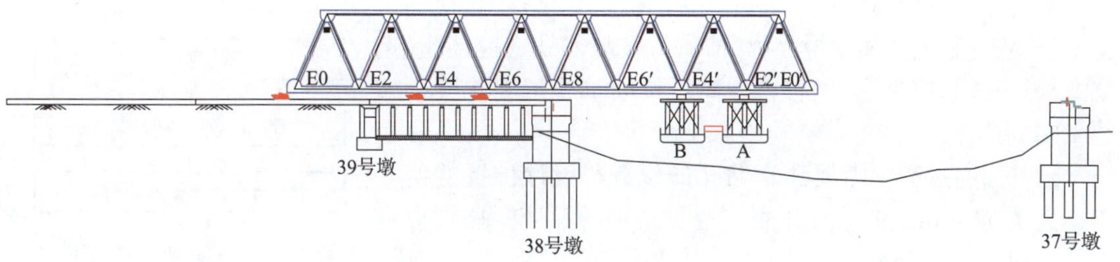

图 18-12 顶推施工步骤 5 示意

步骤 6:继续顶推 12 m,浮墩 C 移至 E6′节点下,抽水上浮,顶撑钢桁梁。将浮墩 B、C 采用刚性连接临时形成整体,并重新拉设好地锚,如图 18-13 所示。

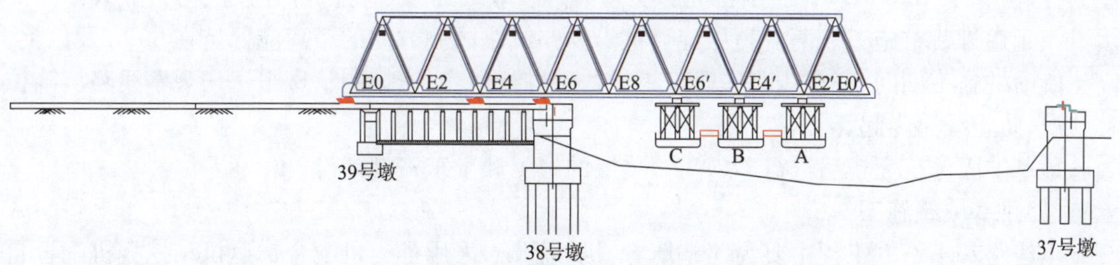

图 18-13 顶推施工步骤 6 示意

步骤 7:继续顶推 24 m,断开浮墩 A、B 之间连接,浮墩 A 压水下沉,撤出浮墩 A,如图 18-14 所示。

步骤 8:继续顶推 12 m,钢桁梁达到设计位置。精确对位,拆除载重滚动小车,顶升落梁,撤除 B、C 浮墩,安装支座。

顶推施工完成后安装支座,钢桁梁就位后,通过支撑钢管配合千斤顶落梁,精准就位。

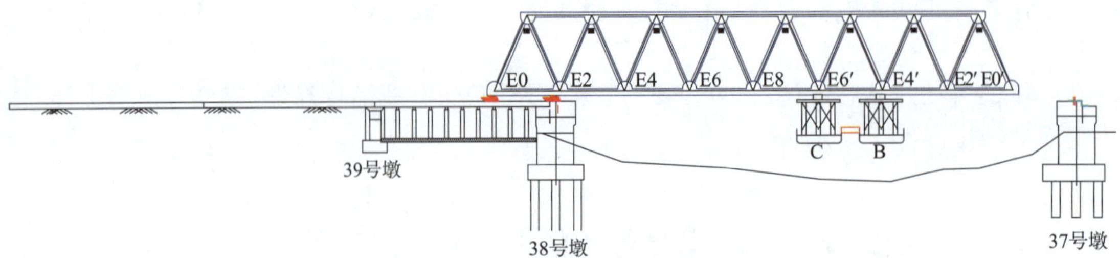

图 18-14　顶推施工步骤 7 示意

5. 路基段施工措施

(1)地基加固施工

路基填筑施工前先进行地表处理及地基加固处理。土质地基地段,路基填筑前均进行地基应力条件分析。填筑前,先进行填筑压实试验,确定满足压实要求的各项工艺参数,再推广到大面积施工。

地基加固施工主要采用水泥搅拌桩和高压旋喷桩施工,多向搅拌桩拟采用四搅二喷工艺,包括:①桩机就位;②预搅钻进至设计高程;③反转喷浆搅拌提升;④重复喷射钻进搅拌;⑤重复搅拌提升;⑥成桩完毕、移位。高压旋喷桩施工工艺流程如图 18-15 所示。

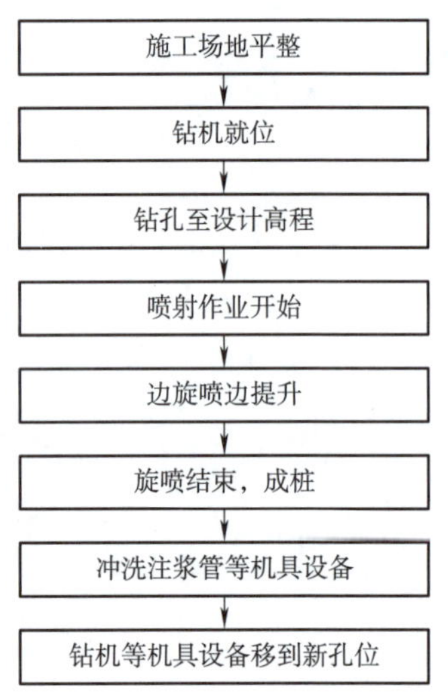

图 18-15　湖州特大桥旋喷桩施工工艺流程

地基加固过程中需要注意钻孔的位置与设计位置的偏差不得大于 50 mm。将旋喷管插入地层预定的深度。插管也可与钻孔两道工序合二为一,即钻孔完成时插管作业同时完成。在插管过程中,为防止泥沙堵塞喷嘴,可边射水、边插管,水压力一般不超过 1 MPa。若压力过高,则易将孔壁射塌。

根据现场地质情况,高压旋喷桩均在慢行期间施工,施工时为确保既有线行车安全,喷浆压力控制在 24 MPa 以内。施工中先施工最靠近营业线的 3～5 排桩,并按照与营业线的距离由近及远逐排跳桩施工。两台高压旋喷桩沿铁路线路同侧方向的距离应保持在 30 m 及以上。高压旋喷桩施工期间,安排线路作业班组对线路进行巡养,安排测量班组密切观察线路沉降位移状况,防止线路隆起。

地基加固施工完毕后进行砂(碎石)垫层的施工和土工格栅铺设。

(2)路基填筑施工

本线路基土石方工程主要为路基填方,机械施工,采用推土机配合铲运机和挖掘机配合自卸汽车施工,压路机碾压。

区间路基土石方利用借土改良,在填料集中拌和站拌和,用自卸汽车运往现场填筑。路基与桥涵两侧设置倒梯形过渡段。路堤填料摊铺使用推土机进行初平,再用平地机进行精平。A 组填料摊铺采用摊铺机进行。

路基填筑施工前先进行地表处理及地基加固处理。土质地基地段,路基填筑前均进行地基应力条件分析。填筑前,先进行填筑压实试验,确定满足压实要求的各项工艺参数,再推广到大面积施工。在作业区内桥台等构筑物混凝土达到设计强度、地基处理完成、路堤地基条件评估合格,埋设完沉降观测设备后开始分层施工。

路基施工前,先挖好路基坡脚两侧排水沟,及时砌筑施工,确保排水畅通,雨季雨水不至于浸泡路基。

路基填筑施工过程中,对沉降观测桩附近和过渡段靠近构筑物 2.0 m 范围内,采用小型冲击夯进行碾压。

过渡段是路基工程与其他工程的衔接过渡部位,本工程过渡段包括路基与桥过渡段、路基与横向结构物过渡段等。过渡段采用级配碎石填料填筑,级配碎石填料就近采购运至现场填筑。作为与过渡段衔接的桥台等结构物均提前安排施工。当桥台施工完成并到达强度,地基处理完成后,立即进行过渡段的填筑,以便加长过渡段静置自稳的时间,进一步减小工后沉降量。

为了保证过渡段填筑质量,原则上过渡段与相邻路堤应按水平分层同时填筑。但确有困难不能同时施工的,为保证路基施工进度,采取在桥台后预留一定长度的路堤填筑段并做出台阶,待过渡段施工条件成熟后与过渡段一起施工。

本工程路基帮宽段共两处,帮宽段施工时每次开挖台阶,台阶高度 1 m,为防止路基坍塌,开挖前采用钢轨桩防护既有路基,钢轨高 1 m,埋入路基深度 0.5 m,钢轨间距 0.6 m,钢轨内侧设置挡板,砟脚外挡板高度 0.5 m,砟脚内挡板高度 1.5 m。路基填料施工时每次厚度 30 cm,填料完成后振动碾压。路基填料碾压、铁路限界内钢轨桩均在封锁天窗内进行,碾压时,线路工对施工范围及两侧各 20 m 线路进行巡查,施工完毕后确认线路几何状态后方可开通线路。路基施工严格遵循自下而上开挖,当天开挖当天碾压到位,如遇特殊情况开挖后不能当天施工,台阶挡板外采用土袋或砟包进行堆砌。施工下一台阶时,先按要求设置好钢轨桩及挡板后,方可拔出上一台阶钢轨桩,钢轨桩拔出后在路基空洞处灌沙压实。

既有路基帮填地段采取既有路基边坡逐层开挖台阶,新线路基分层帮填的方案。边坡开挖台阶采用机械配合人工进行。

6. 线路拨接施工措施

本项目线路拨接分为上、下行。下行线:宣城端拨接长度 201 m,最大拨移量 3.906 m;杭州端拨接长度 141 m,最大拨移量为 2.542 m。宣城端下行线拨接起止里程 K130+019～+220;杭州端下行线拨接起止里程 K132+720～+861。上行线:宣城端拨接长度 227 m,最大拨移量 6.939 m;下行线利旧长度为 90 m,最大拨移量 2.661 m;杭州端拨接长度 176 m,最大拨移量为 5.159 m;下行线利旧长度为 110 m,最大拨移量为 5.489 m。宣城端上行线拨接起止里程 K129+993～K130+220,利用下行线起止里程 K130+220～+310;杭州端上行线拨接起止里程 K132+720～+896,利用下行线起止里程 K132+610～+720。

针对风险源 5,为保证既有铁路安全,对拨接施工进行专项施工方案设计,本项目 2018 年 11 月 10 日封锁下行线路,对下行线两端进行龙口拨接,并进行大机两捣一稳养护作业,达到开通条件。紧接着利用电务后续封锁下行线信号调试时间(约 5 h)和后续至次日 5:00 封锁前,两线间作业。利用既有下行线线路进行拨移,连接新建上行线作为预铺段。2018 年 11 月 11 日封锁上行线路进行上行线拨接施工、大机抬道捣固施工。

具体施工方法:下行线封锁点开始后,两组大机从湖州站开出,停在两端拨接口的既有宣杭铁路线上,然后分别将宣杭线既有两段线路拨接至已预铺完毕的新建线路,根据预先计算的抬道量调整线路纵断面,采用起道机及小型振捣机械进行抬道作业及线路方向调整。分别将宣杭线既有下行 K130+019～+220 与 K132+720～+861 两段线路拨移，与新线路连通。新旧轨相接处采用夹板连接。人工整道并配合小型振捣机械作业完毕后，两组大机进入施工区段分别对两端拨接区段线路进行两捣一稳养护及整道作业，两组大机完成作业任务后沿宣杭线下行各自开回车站。

18.3.2 施工安全卡控措施

针对风险源 4，为避免大型机械倾覆侵限风险，在线路拨接施工中，轨道车、大机捣固车在工程线运行时限速 5 km/h。当轨道车、大机捣固车在同一条线上时，两车间保持不小于 15 m 的安全距离，作业期间实行“一机一人”盯岗作业，且操作人员持证上岗。工程线多种大型机械，不作业时设置铁鞋等限位措施防止溜动。进入工程线后，临时拨线，轨道车和大机分开在上行和下行施工作业。

所有在 30 m 以内邻近营业线施工机械均采取“一机一人”防护。测量放样时，现场安排防护员跟着测量人员，且防护人员按要求与驻站联络员每隔 3～5 min 联系 1 次，确保施工安全。线路起道、拨道及整修都采用人工配合小型捣固机械进行施工。所有作业人员必须经培训，并考试合格，方可上岗作业。进入施工现场所有涉及邻近营业线施工的软基加固地段，施工时每台机具须设置缆风绳，以提高机具稳定性能，缆风绳宜采用直径不小于 9 mm 的钢绞线，禁止采用尼龙绳、麻绳、钢筋等材料替代，锚固端确保有足够抗拔力，不得将钢绞线系于树根、电杆或块石上。缆风绳与地锚间应采用与钢绞线拉力相适应的花篮螺栓拉紧，垂度不大于 0.01L（L 为长度），缆风绳与地面夹角不宜大于 60°。结合现场实际，在施工便道内侧沿线每隔 5 m 设置一根地锚桩，搅拌桩施工期间通过缆风绳固定在相应的地锚桩上。

本工程在既有线上施工，车流密度大，施工过程中对既有线行车会产生较大的影响，尤其是线路拨移施工直接影响到行车安全。为确保营业线行车安全，在施工过程中进行部分既有线封锁安排见表 18-2。

表 18-2 宣杭既有线封锁安排

施工地点	行别	封锁里程	作业时间	具体作业内容	等级
宣杭线湖州西—湖州站	下行	K130+010～K132+915	13:00～16:00	①对下行线两端进行龙口拨接；②进行大机养护，达到开通条件；③杭州工务段配合施工	Ⅲ
宣杭线湖州西—湖州站	上、下行	K130+000～K132+915	16:00～5:00（次日）	①利用电务后续封锁下行线信号调试时间（约 5 h）②利用既有下行线线路进行拨移，连接新建上行线作为预铺地段	
宣杭线湖州站—湖州西	上行	K132+900～K129+980	5:00～8:00	①对上行线两端进行龙口拨接；②对拨接后线路进行大机养护，达到开通条件；③杭州工务段配合施工	Ⅲ
湖州西站与湖州站区间	宣杭铁路	K130+100～+358 K132+575～+760	2018-1-1～1-5； 2018-1-8～1-12	路基帮宽施工（既有路基开挖、路基摊铺碾压、既有铁路防护栅栏移设）	Ⅲ

K130+320～+540 段地基加固采用桩径 0.6 m 高压旋喷桩，桩间距 2 m，梅花形布置，桩长 3 m，共计 1 540 根。计划采用一台高压旋喷桩基施工，施工工期约 38 天；K132+480～

＋570 段地基加固采用桩径 0.6 m 高压旋喷桩，桩间距 1 m，桩长 7 m，共计 1260 根，预计施工工期 30 天。为确保既有线行车安全，高压旋喷桩施工时，对既有宣杭下行线进行限速，慢行施工不进行接车防护。

为降低施工对运输的影响，路基帮宽与加固慢行施工同时进行，见表 18-3。

表 18-3 宣杭既有线限速安排

时　间	区　间	限速要求	施　工　内　容
2017-12-1～ 2018-1-31	宣杭下行 K130＋320～＋570	60 km/h	K130＋320～＋540 处路基高压旋喷桩施工 K132＋480～＋570 处路基高压旋喷桩施工
			K130＋358～＋575 处路基帮宽施工 K132＋290～＋575 处路基帮宽施工

18.3.3 监测与控制

1. 监测总体要求

为了测定改建铁路桩基施工期间，随着地基土的不断压缩而产生膨胀挤压，变形体周边环境等的平面位置或高程随施工阶段的变化而产生的位移大小、位移方向，主要对铁路桥墩和铁路路基等方面进行监测。当位移量超过警戒线时及时报警，以便施工单位采取有效措施进行技术处理，确保施工安全有序进行。通过进行整体变形分析，有效验证设计参数。

2. 监测内容与监测点布置

本工程监测内容为既有路基竖向与水平位移、既有宣杭铁路桥墩和既有商合杭铁路墩柱水平与竖向位移。既有铁路的监测点布置见表 18-4。

表 18-4 宣杭铁路和商合杭铁路测点布置与数量

序号	监测项目	测点布置	单位	数量	测点编号	里　程　范　围
1	路基竖向位移	路基坡脚	点	82	XL1～XL82	GDK130＋320～＋800 GDK132＋570～＋910
2	路基水平位移	路基坡脚	点	82	XL1～XL82	GDK130＋320～＋800 GDK132＋570～＋910
3	既有桥墩竖向位移	墩柱底部四角	点	16	XD1～XD16	GDK131＋260～＋330 GDK131＋970～GDK132＋020 既有桥墩位置详见测点分布
4	既有桥墩水平位移	墩柱底部四角	点	16	XD1～XD16	GDK131＋260～＋330 GDK131＋970～GDK132＋020 既有桥墩位置详见测点分布
5	商合杭墩柱竖向、水平位移	墩柱底部四角	点	20	SD1～SD20	GDK130＋790～＋860 GDK130＋170～＋300 墩柱位置详见测点分布

监测点布置如图 18-16～图 18-18 所示。

3. 监测频次和预警值

根据相关设计图纸、有关规范和类似工程经验确定本标段监测各项目的报警值与监测频次，见表 18-5 和表 18-6。

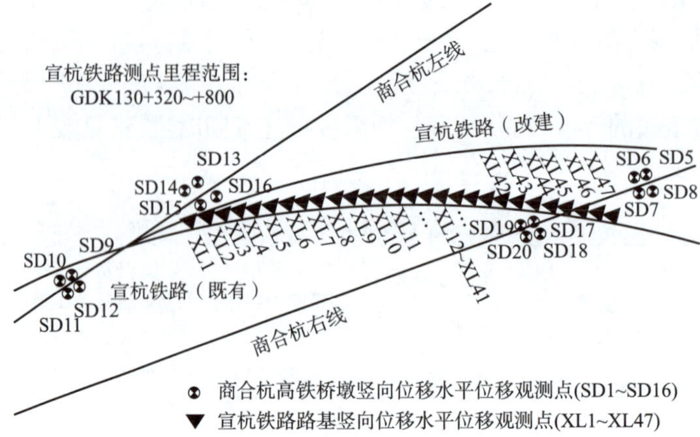

图 18-16 既有宣杭铁路 GDK130＋320～GDK130＋800 路基测点布置

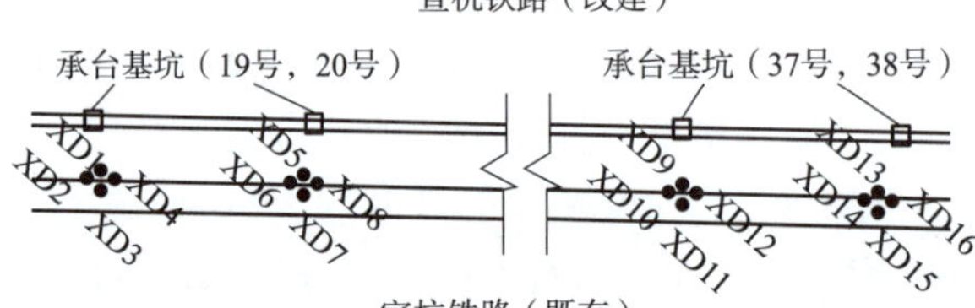

图 18-17 既有宣杭铁路桥墩测点布置

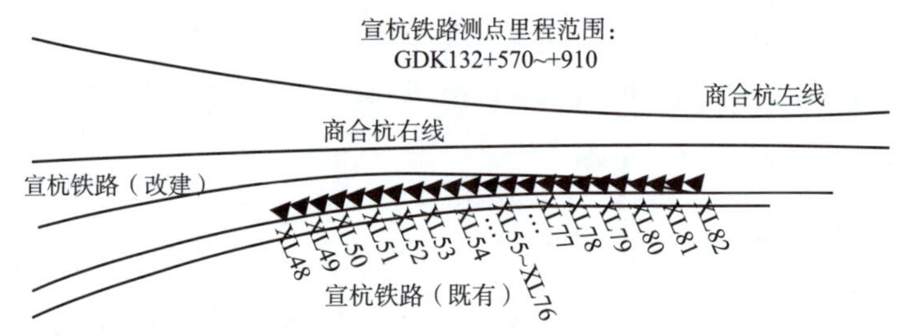

图 18-18 既有宣杭铁路 GDK132＋570～＋910 路基测点布置

表 18-5 宣杭铁路和商合杭铁路监测报警值

序号	监 测 内 容	日报警值	累计报警值(mm)	里 程 范 围
1	既有铁路桥墩竖向水平位移	2 mm/d	＜4	GDK131＋260～＋330 GDK131＋970～GDK132＋020
2	商合杭桥墩竖向位移	1 m/d	＜3	GDK130＋790～＋860 GDK130＋170～＋300
3	路基竖向位移	2 mm/d	＜10	GDK130＋320～＋800 GDK132＋570～＋910
4	路基水平位移	2 mm/d	＜10	GDK130＋320～＋800 GDK132＋570～＋910

表 18-6 铁路路基桥墩监测频率

施工工况	监测频率
施工前	测 2 次
铁路线 30 m 范围内,桩基施工	路基既有桥墩便梁支墩 2 次/d
改建路基施工	路基既有桥墩 1 次/d
铁路线 30 m 范围内,旋喷加固施工	路基 12 次/d
承台基坑开挖	基坑 2 次/d
商合杭桥墩	1 次/d
施工结束	1 次/2 d,监测稳定后结束

注:特殊情况如铁路线路路基、铁路桥墩监测数据达到报警值情况下,观测频率可增加到 1 次/2 h。

18.4 实施效果

1. 顶推浮托施工实施效果

钢桁梁顶推浮托完毕,并精准落梁就位,钢桁梁顶推浮托耗时两天半完成,达到预定目标。特别是顶推浮托驳船就位过程,通过精心组织,三艘驳船依次就位,均在 3 h 内完成,整个顶推浮托过程运行平稳,安全可靠。

2. 铁路路基竖向位移水平位移监测

至施工结束时,铁路路基沉降测点 XL82 累计下沉-4.9 mm,测点亦受桩基施工和施工重车荷载的综合影响,铁路路基 XL60 测点累计沉降曲线如图 18-19 所示。整个施工期间,未出现大范围沉降或路基下陷现象发生。

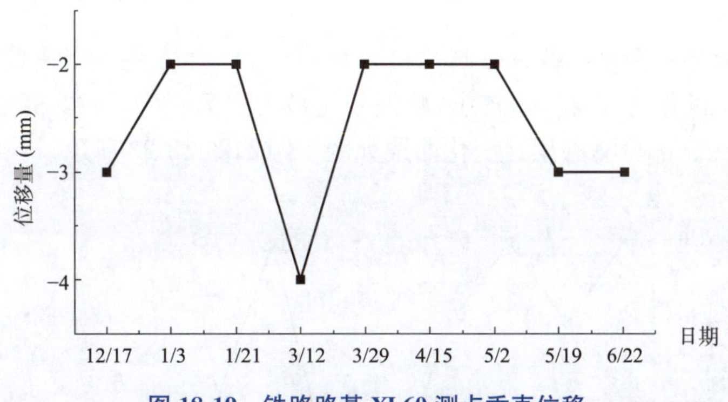

图 18-19 铁路路基 XL60 测点垂直位移

至基坑施工结束时,铁路路基水平位移测点 XL60 累计位移-3.0 mm,测点亦受桩基施工和施工重车荷载的综合影响,需要密切关注路基位移动态发展趋势,整个施工期间,未出现大范围位移或路基偏移现象发生。

3. 既有宣杭桥墩竖向位移和水平位移监测

在施工区域 20~40 处既有桥墩的竖向及水平位移监测变得尤为重要,要时刻进行巡视检查,密切关注既有桥墩的动态发展趋势。由于此既有桥墩距离施工区约为 23 m,整体上既有桥墩各测点沉降数据变化在-6.4~0 mm 之间。水平位移在-2.0~0 mm 之间 . XD11 测点累计下沉－1.55 mm，XD9 水平位移最大变化－2.0 mm。部分桥墩的竖向位移与水平位移随时间变化曲线如图 18-20 和图 18-21 所示。

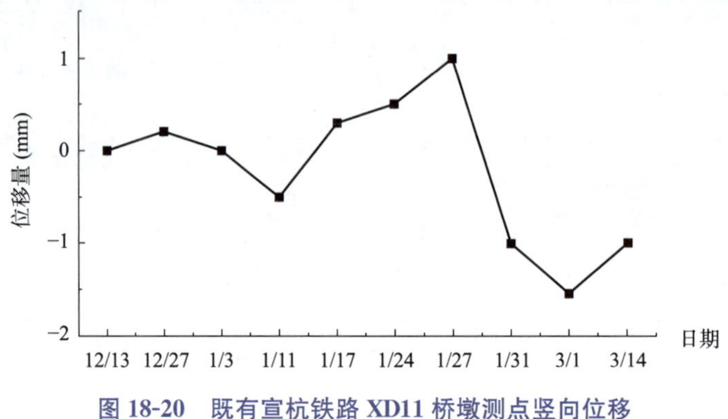

图 18-20　既有宣杭铁路 XD11 桥墩测点竖向位移

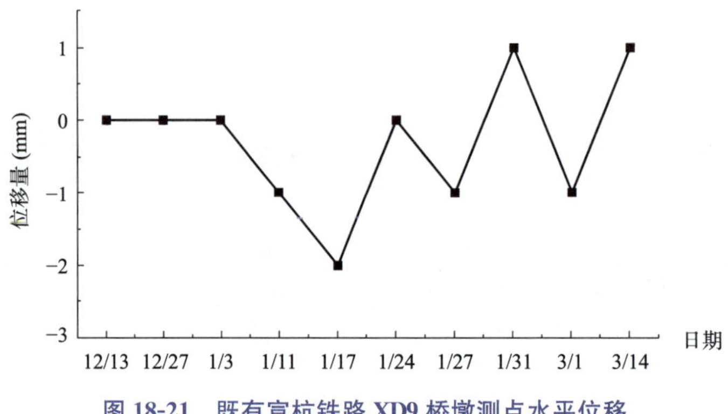

图 18-21　既有宣杭铁路 XD9 桥墩测点水平位移

4. 商合杭桥墩竖向和水平位移监测

施工过程中对商合杭桥墩影响较小，数据变化最大点为：竖向位移 SD8－0.30 mm，水平位移 SD5－2.0 mm。部分测点累计变化曲线如图 18-22、图 18-23 所示。

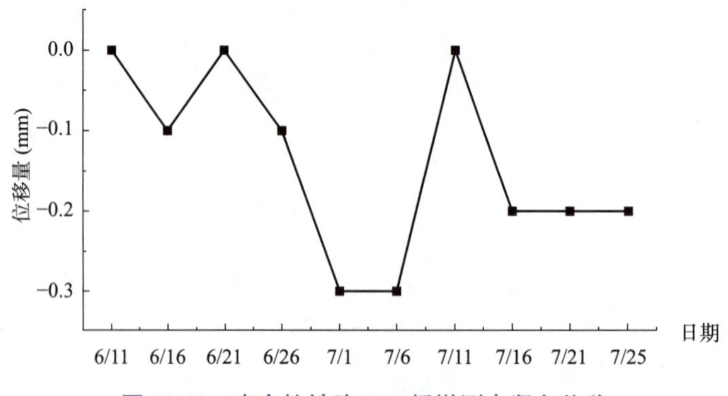

图 18-22　商合杭铁路 SD8 桥墩测点竖向位移

综上所述，虽然 37 号承台基坑等部分测点超过报警值，但对监测报警数据进行对比、分析和多次论证，及时将基坑维护结构、支撑等周边环境和围护体系的监测数据反馈到各参建单

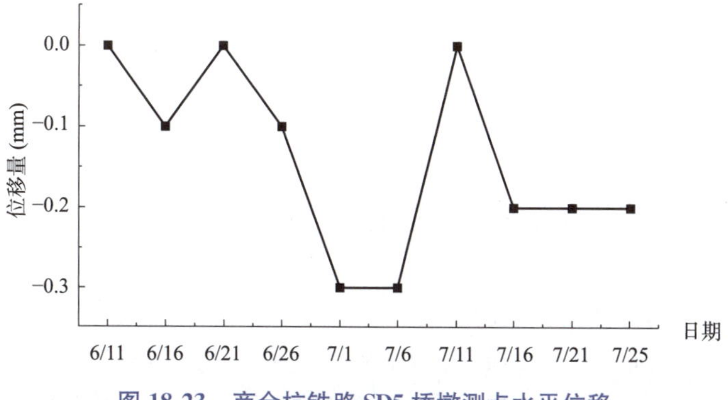

图 18-23　商合杭铁路 SD5 桥墩测点水平位移

位,针对报警区域提出各项合理化措施与建议,与各参建单位共商对策,确保工程施工对周边环境的影响降到最低。至监测工作结束,最终未对基坑施工、周边环境造成实质性安全影响。施工完成后新建宣杭铁路现场照片如图 18-24 所示。

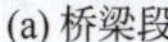
(a) 桥梁段

(b) 路基段

图 18-24　新建宣杭铁路现场

本工程施工过程中,信息化施工监测是确保基坑稳定、铁路线路安全运营的重要措施,也为优化设计及合理组织施工提供可靠的信息,实践证明进行围护体系、铁路路基、周边环境监测是十分必要的。本工程施工过程中的监测数据为基坑安全、铁路路基状态提供了准确的预报,保证了既有铁路的安全。

18.5　小　　结

本章以长湖申线航道西延配套项目涉铁工程为例,介绍了上跨既有线钢桁梁顶推施工的相关风险源及安全风险防控措施。由于本工程所涉及的梁体跨度长、质量大,桥位岸侧地形复杂,因此采用多点浮托技术来实现顶推架设,可以有效保护既有航道与铁路,同时辅助以既有铁路与和周围环境的监测,达到了安全施工的目的。

本既有铁路改建施工的风险源主要包括 5 个方面:钻孔灌注桩施工过程塌孔、偏孔和缩径等风险，架设临时支架等结构时地基承载力不足风险，顶推施工钢桁梁倾覆风险、大型机械倾覆风险和拨接施工对既有铁路设备的影响风险。针对上述风险源，从施工管理角度采取了相应的技术及安全卡控措施。

(1)在施工技术措施方面，为避免顶推施工钢桁梁倾覆风险，保证顶推施工的安全，对施工过程的关键参数进行研究，提出顶推架设的主要限制因素，之后通过对最大悬臂长度、支撑点数量、支撑位置等关键参数的计算和模拟，对施工步骤和工艺进行优化，最终给出合理的大跨度钢桁梁多点浮托顶推的施工方案。

(2)在施工技术措施方面，为避免钻孔灌注桩施工过程塌孔、偏孔和缩径等风险，选用钢护筒跟进的钻孔灌注桩形式。根据地质情况，凝灰岩层采用旋挖钻机，灰岩地层采用冲击钻机。

(3)在施工技术措施方面，为避免施工机械倾覆、构件掉落侵入既有铁路，桥墩施工时利用缆风绳固定立柱模板，桥墩脚手架搭设时立杆的竖起的方向应顺线路，背向线路方向拉缆风进行固定和加固，拆除时倒下的方向应顺线路或背线路方向，并在铁路侧随搭随挂安全密布网进行防护，防止落物侵入铁路限界。

(4)在施工技术措施方面，为避免顶推施工钢桁梁倾覆风险，保证桥梁顶推施工安全，采用陆地支架上组拼，整体半悬臂浮托顶推法架设。在施工中辅以浮墩等关键设施，采用同步千斤顶和滚动小车相结合的顶推装置，顶推纵移钢桁梁，可保证钢桁梁移动平稳，保证了航道和既有铁路的运营安全。

(5)在施工技术措施方面，为避免路基坍塌风险，路基填筑施工前先进行地表处理及地基加固处理。地基加固施工主要采用水泥搅拌桩和高压旋喷桩施工，为防止坍塌，路基开挖前采用钢轨桩防护既有路基，路基填料施工时每次厚度 30 cm，填料完成后振动碾压。其中路基填料碾压、铁路限界内钢轨桩均在封锁天窗内进行。

(6)在施工安全卡控措施方面，为避免大型机械倾覆侵限风险以及拨接施工对既有铁路设备的影响风险，采取的措施同 17.3.2 节。另外，线路拨接期间既有线实行封锁措施，高压旋喷桩施工时，对既有宣杭下行线进行限速，确保了行车安全。

长湖申线航道西延配套项目涉铁工程在采用上述措施之后总体实施效果良好，保证了桥梁、路基、轨道等方面的施工安全，且未影响既有线的正常运营。该方案为类似的既有铁路线改建施工提供了一种参考解决方法。

第 3 篇　邻近既有铁路爆破施工

19　新建金台铁路(林家岙隧道)工程

19.1　工程概况

19.1.1　工程概述

新建林家岙隧道穿行于丘陵区,地形起伏大,海拔高程 15～486 m,相对高差 120～470 m,自然坡度 15°～35°,山体一般为薄层第四系土层覆盖,植被茂盛,隧道最大埋深约 462 m。本隧道位于台州南货运线上,为客货共线电气化铁路隧道,设计时速为 120 km。

新建林家岙隧道起讫里程为 LDgK3＋721～LDgK8＋654,全长 4 933 m,本隧道与既有营业线黄毛山隧道并行,与营业线间距为 35～300 m,其中隧道进口与既有营业线间距为 35 m,出口与既有营业线间距为 36.5 m,对应既有营业线里程为 K470＋063～K474＋996,具体位置关系见表 19-1 和图 19-1。

表 19-1　林家岙隧道与既有杭深铁路黄毛山隧道位置关系

林家岙隧道里程范围	杭深线甬台温段里程范围	既有构筑物	既有隧道(延米)	净距范围(m)
LDgK3＋721～＋805	K470＋063～＋167	隧道	104	34～50
LDgK3＋805～LDgK4＋120	K470＋167～＋462	隧道	295	50～100
LDgK4＋120～LDgK7＋955	K470＋462～K474＋297	隧道	3835	≥100
LDgK7＋955～LDgK8＋565	K474＋297～＋907	隧道	610	50～100
LDgK8＋565～＋654	K474＋907～＋996	隧道	89	30～50

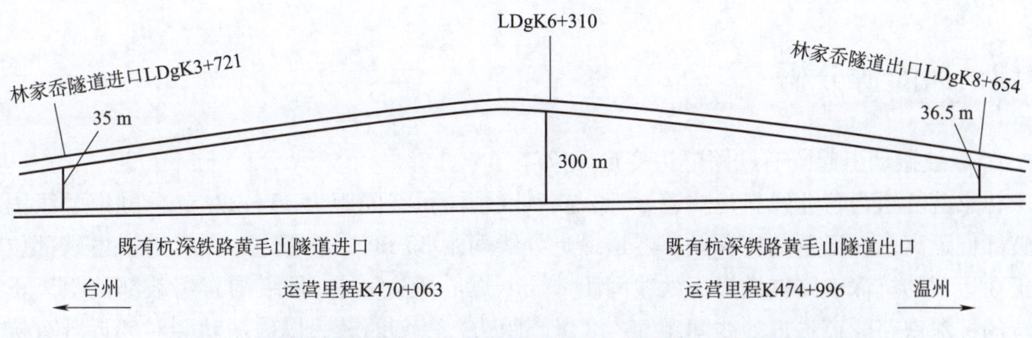

图 19-1　林家岙隧道与既有杭深铁路甬台温段黄毛山隧道对应关系

既有杭深铁路永宁江特大桥为电气化双线大桥,位于林家岙隧道西侧,全长 2 490.16 m,

位于杭深铁路台州站与黄毛山隧道之间。靠近桥台的桥墩距离林家岙隧道最为靠近，距离76号桥墩（桥墩高度5 m）约50 m。新建金台铁路林家岙隧道与既有杭深铁路黄毛山隧道并行，且两端近中间远，隧道沿南北走向，距杭深铁路最小线间距在LDgK3+721处，为35 m，距杭深铁路最大线间距在中间部分，超过300 m。既有杭深铁路黄毛山隧道为电气化双线隧道，全长4 906 m，隧道中心运营里程K472+535，进口处路肩高程10.94 m，出口处路肩高程11.70 m。围岩以Ⅱ、Ⅲ级居多，进口处为Ⅳ级围岩，出口处为Ⅴ级围岩。隧道位于近直线地段，内铺有砟轨道。

19.1.2 工程地质与水文地质

林家岙隧道进出口处为树林，洞身植被茂密，隧道穿行于丘陵区，地形起伏大，高程15～486 m，相对高差120～470 m，自然坡度15°～35°，山体一般为薄层第四系土层覆盖，植被茂盛，隧道最大埋深约462 m。

隧道地址区属于亚热带气候，四季分明，温暖湿润，日照充足，冰雹灾害主要出现在3～8月间，为浙江省多雹中心地带之一，年平均气温18.3 ℃，7月平均气温29.4 ℃，极端最高气温为40.1 ℃，1月平均气温6.8 ℃，极端最低气温为−4.5 ℃，年平均降雨量1 689.6 mm，最大年降雨量2 134.6 mm。

依据工程地质调绘及区域地质资料，隧址区地层岩性主要为：第四系全新统残坡积粉质黏土、粗角砾土、碎石土；下伏基岩为侏罗系上统凝灰岩、凝灰质砂岩、流纹岩。线路区在大地构造上属华南褶皱系，为加里东期褶皱回旋之年轻地台，中生代岩浆活动强烈。次级构造单元为临海一台州凹陷，线路通过地区构造复杂，由于凝灰岩及侵入岩质地坚硬，故在遭到区域性挤压应力作用后，常常产生断裂，而不易产生明显的褶皱构造。隧道区域构造以断裂变形为主，褶皱构造不发育，断裂以北北东及北西为主。北北东断裂多为张扭性断裂，潜火山岩及岩脉常沿破碎带侵入；西北断裂多为张性、张扭性断裂。受断裂及岩脉侵入作用影响，测区地质结构较复杂，岩体节理裂隙发育，且多为闭合性质，岩石较破碎。

地下水主要为基岩裂隙水，赋存于基岩的节理、风化裂隙及构造破碎带中，由于赋水空间连通性差，分布不均匀，本区位于地下水补给区而大气降水多以地表径流排向区外，地下水补给来源相对贫乏，基岩裂隙水总体水量较小，在断层带、节理密集带，侵入接触带等段落水量较大。同时本隧道地下水主要受地表水下渗影响，局部赋存少量基岩裂隙水，隧道洞身通过地段富水性差，为弱富水区。

19.2 风险源分析

1. 爆破振动引起既有铁路隧道变形风险

林家岙隧道为营业线新建隧道，线路与营业线并行，线间距为35～271 m。隧道Ⅴ级围岩爆破部位距离正在运营的杭深铁路隧道最近处线间距35 m（爆心距边），Ⅳ级围岩爆破部位距离正在运营的杭深铁路隧道最近处线间距42 m（爆心距边），Ⅱ、Ⅲ级围岩爆破部位距离正在运营的杭深铁路隧道最近处线间距55 m（爆心距边）。因此，较大爆破振动会对邻近既有杭深铁路隧道安全造成严重影响，严重的会使既有营业线隧道变形超限，营业线运营安全压力较大。

2. 隧道进出口爆破飞石对既有铁路的影响

爆破飞石是指爆破时个别或少量脱离爆堆、飞得较远的石块或碎石。爆破飞石往往是造成人员伤亡、建筑物和仪器设备等损坏的主要原因。隧道进口距离既有杭深铁路永宁江特大桥大桥约 40 m,隧道进出口爆破飞石必须严格控制。若爆破施工产生的飞石落到正在运营的邻近既有杭深铁路线上,将对既有铁路设施和列车运营安全产生影响。

3. 岩爆风险

隧道 LDgK5+350~+790 段埋深在 390~462 m 之间,为高应力区,开挖过程中可能有岩爆发生。并且冲击地压造成大量岩石崩落,产生巨大声响和气浪冲击,不仅威胁新建隧道的安全,振动波也可能危及既有杭深铁路,使之产生变形,影响既有铁路行车安全。

4. 新建隧道与既有铁路隧道渗水涌水风险

隧道洞身 LDgK4+615~+700 右侧约 195 m 处为白龙凹水库,LDgK7+270~+410 右侧约 65 m 处为天打岩水库,最小埋深为 59.8 m。施工过程中的扰动可能使水库内地表水和隧道洞身穿越段落的地下水联通,进而发生隧道渗水、涌水风险。

19.3 对策措施

19.3.1 施工技术措施

1. 爆破参数及方案设计

金台铁路林家岙隧道工程暗挖段(LDK3+721~LDK8+654)隧道长 4933 m,采用短台阶法、全断面法及两台阶法施工。隧道(LDgK3+721~+805)距营业线路最近距离 35 m、最远距离 50 m,采用封锁施工,控制最大爆破振动值为 3 cm/s;隧道(LDgK3+805~LDgK8+565、营业线 K470+236~K474+106)段,距营业线路最近距离 50 m、最远距离 300 m,采用监督计划,控制最大爆破振动值为 1 cm/s。

考虑到金台铁路林家岙隧道沿线紧邻既有杭深铁路线,对爆破振动、地表沉降控制要求较高,针对风险源 1,为避免爆破振动引起既有杭深铁路隧道变形风险,经过论证,采取光面爆破。具体方案如下:

V级围岩采用短台阶法的开挖方式。爆破循环进尺取为 0.8 m。整个断面分上下两个开挖区,开挖顺序如图 19-2 所示。主要爆破参数和工艺设计见表 19-2。

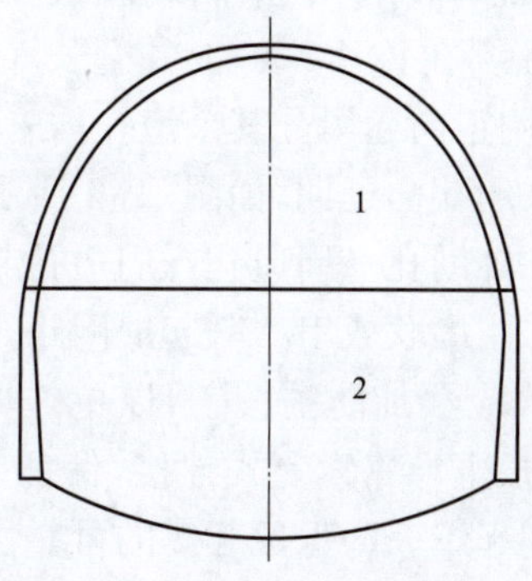

图 19-2 短台阶法施工顺序

表 19-2　Ⅴ级围岩爆破参数

开挖顺序	孔　类	间距(m)	孔深(m)	单孔装药量(kg)	炮孔数(个)	总装药量(kg)
1	周边孔(光面)	0.5	0.8	0.16	21	3.36
	掏槽孔		1.00	0.8	4	3.2
	辅助孔	0.9	0.8	0.4	38	15.2
	底孔	0.9	0.8	0.5	10	5.0
2	周边孔(光面)	0.5	0.8	0.16	22	3.52
	辅助孔	0.9	0.8	0.4	39	15.6
	底孔	0.9	0.8	0.5	10	5.0
总装药量(kg)	52.43		断面积(m^2)	69.72		
总炮孔数(个)	144		循环进尺(m)	0.8		
炸药单耗(kg/m^2)	0.94		循环挖方量(m^2)	55.77		

Ⅳ级围岩(与营业线距离超过 100 m 部分)按隧道施工图设计图纸中的二台阶法步骤进行爆破开挖和支护,二次衬砌可以在爆破开挖围岩变形基本稳定后施作。为了减小爆破对基岩的损伤和光滑平整性,爆破时隧道拱墙部位进行光面爆破。爆破设计采用气腿式风钻打孔,炮孔直径 42 mm,控制每循环进尺 1.2 m。

Ⅳ级围岩(与营业线距离 50～100 m)按隧道施工图设计图纸中的二台阶法步骤进行爆破开挖和支护,二次衬砌可以在爆破开挖围岩变形基本稳定后施作。为了减小爆破对基岩的损伤和光滑平整性,爆破时隧道拱墙部位进行光面爆破。爆破设计采用气腿式风钻打孔,炮孔直径 42 mm,控制每循环进尺 1.2 m。

Ⅱ、Ⅲ级围岩(与营业线距离 50～100 m)采用全断面法步骤进行爆破开挖,爆破设计采用气腿式风钻打孔,炮孔直径 42 mm,控制每循环进尺 1.2 m。

Ⅱ、Ⅲ级围岩(与营业线距离 100 m 以外)采用全断面法步骤进行爆破开挖,爆破设计采用气腿式风钻打孔,炮孔直径 42 mm,控制每循环进尺 2.5 m,掏槽孔均采用二级复式楔形掏槽进行布置,如图 19-3 所示。由于岩性的不同,炮孔布置在施工时应根据实际情况进行适当调整。

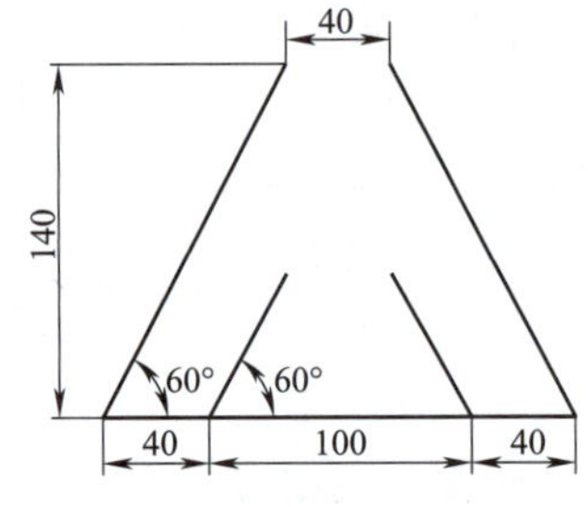

图 19-3　二级复式楔形掏槽

(单位:cm)

周边孔(预裂爆破炮孔和光面爆破炮孔)采用间隔装药,即将炸药卷按设计间隔距离捆绑在竹片(条)上并全长贯穿导爆索,孔底略增加药量,采用正向起爆。其余炮孔均采用连续不耦合装药,(必要时可采用耦合装药),采用反向起爆,并采用孔内延期,如图 19-4 所示。

隧道开挖起爆顺序:掏槽孔→辅助孔→周边孔。周边孔起爆顺序:帮孔→顶孔→底孔。

根据起爆顺序,导爆管连接采用串联或串并联起爆网路,每把不超过 10 根(发),用 2 发导爆管瞬发雷管传爆,每个传爆点均应严加防护覆盖,以免炸坏网路。最后用 2 发瞬发雷管起爆。周边孔内引出的导爆索用两根主导爆索复式连接,保证起爆的可靠性。两根主导爆索连出后,根据起爆顺序与导爆管相连起爆。为保证起爆的可靠性和准确性,各炮眼雷管段数应与起爆顺序相同。在药包加工时,根据断面尺寸及网路连接要求,导爆管雷管预先留有足够的长度。本次采用一个作业断面多组簇联连接,采用瞬发雷管(反向安装)作为引爆雷管,用胶布包

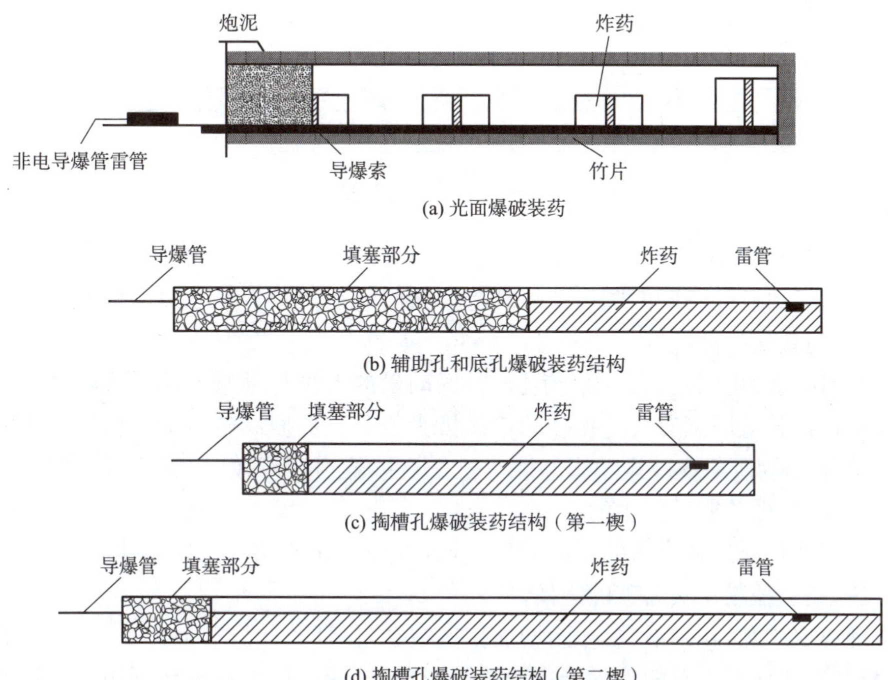

图 19-4 爆破装药结构

扎在离一簇导爆管自由端内大于 15 cm 以上处,按各类炮眼的段别装填好后开始 10 发一组簇并联连接。同时根据不同围岩采用的不同开挖方法及单响允许最大药量,短台阶法开挖爆破采用的起爆网络如图 19-5 所示。

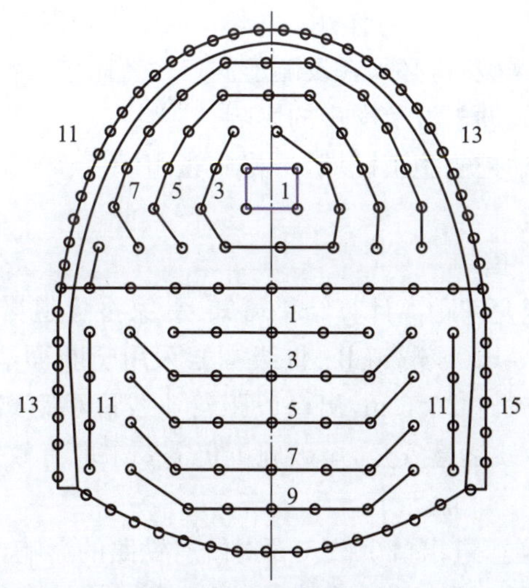

图 19-5 短台阶法开挖爆破网络(单位:cm)

2. 施工总体流程

林家岙隧道施工的整体流程如图 19-6 所示。

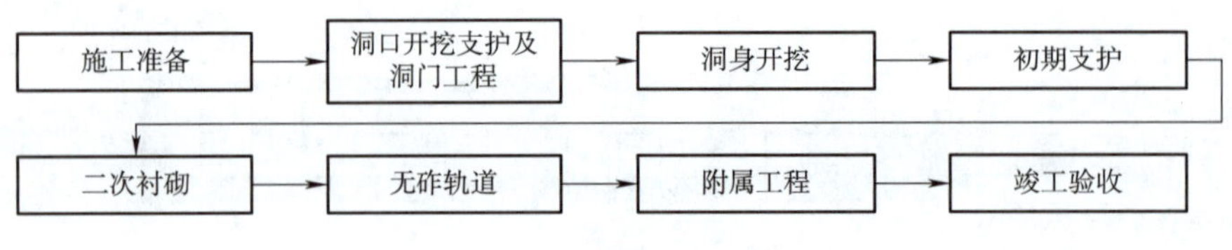

图 19-6　林家岙隧道施工工艺流程

3. 爆破施工工艺措施

针对工程实际情况，不同的围岩及与既有铁路间的距离，采用不同规模的爆破，并结合爆破振动监测实施爆破振动控制。

炸药爆炸作用使周围被保护物产生振动，振动量的大小与爆破方法、爆破规模、到爆源的距离、地质地形条件等因素有关。振动的传播极为复杂。根据爆破振动产生的原因和传播规律，针对风险源1，为避免爆破振动引起既有杭深铁路隧道变形风险，施工过程中一般可采取以下技术措施降低爆破振动产生的影响。

(1)结合现场情况选择合适的开挖循环进尺，保证钻孔的质量。控制孔深，采用"短进尺，弱爆破"方法，结合控制每次爆破的规模。

(2)合理布置炮孔，孔网参数合适，增加掏槽空孔，保证每次爆破效果良好，使爆破时炸药能量最大限度转化成对岩石的破碎能。增加周边减振空孔，增大振动传播阻力。爆破参数及安全控制措施必须在试爆及振动监测的基础上加以适当调整，并随着爆破点岩性变化、与既有线间距的变化，及时做出调整。

(3)合理控制爆破规模，严格控制最大单响药量，并通过试验性爆破及振动监测，调整优化爆破设计，达到控制爆破振动的目的。

(4)采用微差控制爆破技术，合理分段，施工时网路连接正确，确保按顺序起爆。

(5)由于冲击波在隧道壁内的反射作用，冲击波强度大，相应爆破噪声也比较强，传播较远。因此，在该复杂环境中爆破时，必须在及隧道洞口设置阻波、降噪排(网)架，洞内设置二重阻柔性波帘幕，阻挡削弱爆破冲击波及噪声的影响。

(6)划分不同的爆破振动控制施工区域，严格施工组织安全管理，精心施工，保证钻孔、装药、联网等工序质量。

4. 隧道进出口飞石防护措施

由爆破个别飞散物安全允许距离计算结果可知，林家岙隧道爆破无防护时爆破飞石影响隧道爆破最远距离可达 37.8 m(该隧道Ⅱ、Ⅲ级围岩采用全断面法开挖，距洞口最小距离为 84 m)。洞口段爆破时飞石最远 29.6 m，出口段距营业线最小距离为 35 m，飞石不会影响营业线安全。但是为确保营业线运营安全，爆破施工仍需要采取有效措施，严格控制爆破飞石对既有铁路线的影响范围。

针对风险源 2，为避免隧道进出口爆破飞石对既有铁路的影响，需要的防护措施如下：

(1)近体防护：在爆破部位，孔与孔之间先放置一些沙袋(蛇皮袋内装黄沙，可顺带压住雷管)，沿炮孔轴线按 1 m×1 m 矩形排列，空隙处用稻草捆(直径 30 cm)铺满，要求基本找平，上铺两层橡胶带(炮被)纵横交错，要求排列紧凑，橡胶带(炮被)与地面之间保持 20～40 cm 的空间，之上再铺一层竹脚手片(脚手片规格 1.4 m×1 m)。脚手片需用钢管固定，之上再加一层钢丝安全网，以阻挡飞石溢出，所有的覆盖物覆盖面积需超出爆破面积 2 m^2，在覆盖物上加设配重,配重采用砂袋,如图 19-7 所示。

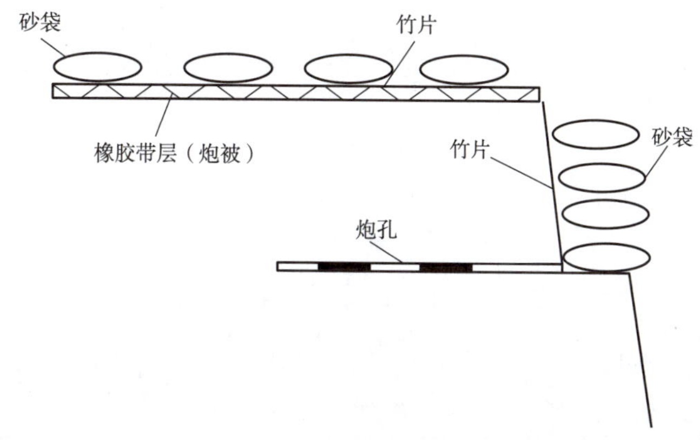

图 19-7 近体防护示意

(2)填塞:保证填塞长度和填塞质量,堵孔采用钻孔尾粉或黄沙和黄泥拌和而成的堵塞材料,并用竹竿或木棍捣密实,堵孔长度不小于最小抵抗线。防止爆生气体沿该弱面冲出而形成飞石。

(3)飞石防护架:为进一步确保爆破飞石安全,在爆破区朝附近保护方向搭设飞石防护排架,飞石防护架采用钢管、扣件、毛竹脚手片等搭设。根据现场保护物的与爆破点的距离,排架搭设高度 6 m、长度 35 m,防护架靠近爆破点测安装一层毛竹脚手片,防护架后方需设置斜撑,如图 19-8 所示。

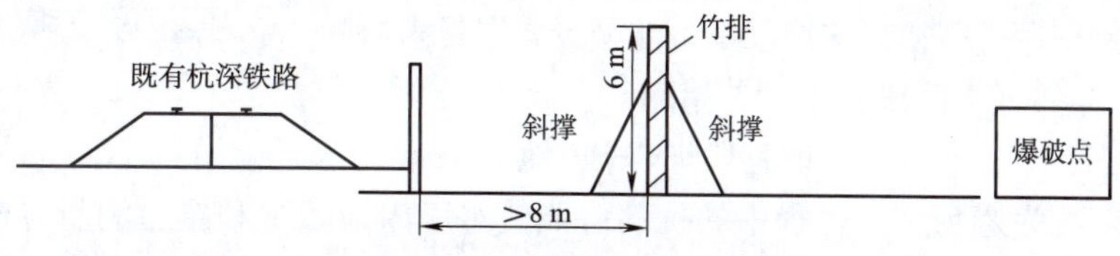

图 19-8 既有线防护排架示意

(4)选取合理的装药结构、爆破参数和排间起爆时差。根据现场实际情况,及时调整爆破自由面,使之不朝向周边建(构)筑物及营业线方向。采用松动爆破,遵循“多钻孔、少装药”原则,适度降低炸药单耗,以减弱爆破有害效应的产生。做好特殊地形地质条件的处理,当存在与临空面贯穿的断层带或其他软弱破碎带时,应适当调整装药位置。

(5)进洞口采用机械开挖,隧道施工双向开挖,隧道爆破飞石仅限于隧道内,出口采用飞石防护措施,可有效抑制爆破飞石。同时严格按爆破飞散物安全允许距离范围边界设置警戒,严防无关人员进入爆区,所有大型机械设备,撤离至安全区域。

5. 岩爆地段施工技术措施

隧道 LDgK5+350~+790 段埋深在 390~462 m 之间,为高地应力区,开挖过程中可能有岩爆发生。针对风险源 3,为减少岩爆对新建隧道和既有杭深铁路隧道产生的影响,根据岩爆等级采取相应措施,见表 19-3,以达到软化围岩、释放应力、保护人员及设备、保证结构安全等目的,并结合调整隧道施工工艺,尽量减小岩爆的危害。

表 19-3　岩爆地段辅助施工措施

辅助施工措施		目　　的	岩　爆　分　级		
			微弱岩爆	中等岩爆	强烈岩爆
超前措施	开挖超前导坑	超前释放部分应力			1
	超前钻孔爆破	破碎围岩释放应力		1	1
	超前钻孔注浆	软化围岩降低脆性		1	1
开挖后措施	开挖面喷雾射水	软化围岩降低脆性	1	1	
	径向钻孔注水	软化围岩降低脆性		1	1
施工工艺	部分开挖、短进尺光面爆破	弱化岩爆程度	1	1	1
加强支护	钢架/网喷混凝土、超前锚杆及加长系统锚杆	弱化岩爆程度、加强支护强度			1

岩爆地段还要注意以下几点：

(1)施工时做好超前预报，选择好施工开挖方法及防护措施。

(2)提高光面爆破效果，以达到开挖轮廓线圆顺，减小应力集中。选用与硬岩相匹配的高猛度、高威力的水胶炸药。周边眼间距较无岩爆地段适当加密，周边眼采用 ϕ20 小药卷不耦合装药，以减少爆破对围岩的影响。

(3)可选用预先释放部分能量的方法，如超前钻孔释放能量应力和喷射高压水冲洗法，先期将岩层的原始应力释放一些，以减少岩爆的发生。

(4)初期支护紧跟开挖面施工。支护的方法是在爆破后立即向拱部及侧壁进行喷射混凝土，再加设锚杆及钢筋网进行初期支护。尽可能减少岩层暴露时间，减少岩爆发生和确保人身安全。

6. 隧道下穿邻近水库段施工工艺措施

隧道 LDgK4＋590～＋670 里程段埋深浅，地表为常流水且上游约 195 m 处为白龙乔水库，针对风险源 4，为避免施工过程中的扰动可能使水库内地表水和隧道洞身穿越段落的地下水联通，发生隧道渗水涌水风险，上半断面(LDgK4＋627～＋638 除外)采用超前周边注浆和拱部 ϕ42 超前小导管注浆加固地层和堵水。LDgK7＋430～＋530 受断层影响且线路上游约 100 m 处有一水库，该里程段隧道上半断面采用超前周边注浆和拱部 ϕ42 超前小导管注浆加固地层和堵水。

注浆孔扩散半径 1.5～2 m，孔底间距 3 m 布置，每一循环共设 3 环 37 个注浆孔。注浆孔开孔直径不小于 108 mm、终孔直径不小于 90 mm，孔口管采用 ϕ108 mm、壁厚 5 mm 的热轧无缝钢管，孔口管应埋设牢固，并有良好的止浆措施。钻孔和注浆顺序由外向内，同一圈孔间隔施工，注浆形式采用后退式注浆，岩层破碎容易造成塌孔时，采用前进式注浆。钻进时遇涌水或因岩层破碎造成卡钻时，停止钻进，进行注浆扫孔后再进行钻进。

注浆材料：采用水泥水玻璃双液浆和水泥浆液(水灰比 1∶1)。

注浆压力：注浆处静水压力加上 0.5～1.5 MPa 进行。

单孔结束标准：注浆压力逐步提升至设计终压，并继续注浆 10 min 以上；注浆结束时的进浆量小于 20 L/min；检查孔涌水量小于 0.2 L/(m·min)；检查孔钻取岩心，浆液充填饱满。

全段结束标准：所有注浆孔均已符合单孔结束条件，无漏注现象；注浆后预测涌水量小于 3 m^3/(m·d)；浆液有效注入范围大于设计值。

注浆完毕后,在开挖轮廓线范围内打设检查孔,检测注浆效果,每循环设检查孔 5 个,其中拱部 2 个,左右边墙各 1 个,底部 1 个,检测孔 ϕ110 mm,长度约 27 m,平均出水量<0.2 L/min,也可采用任一孔出水量<5 L/min;压水检查,在 1 MPa 压力下,吸水量<2 L/min;加固体抗压强度不小于 3 MPa;岩体 RQD 指标达到 75～80。满足上述条件,则认为注浆达到效果,注浆达到效果后方可进行开挖。注浆检查孔在注浆效果检查完成后及时采用 M10 水泥砂浆进行全孔封堵。

19.3.2 施工安全卡控措施

针对风险源 3、4,做好超前地质预报工作,采用地质调查、弹性波反射、地质雷达、超前钻孔和加深炮孔等多手段预报方式对掌子面前方围岩情况进行探测预报。同时在开挖完成后,及时布设监控量测点,并按规定频次进行测量,及时分析测量数据。通过监控量测和超前地质预报来指导现场施工,保证施工安全。施工过程中若出现异常情况,必须停止开挖作业施工,并及时联系设计等相关单位,采取有效防治方案后方可继续作业。

针对风险源 1,为确保爆破工程的安全,爆破工作开始前,必须确定危险区的边界,并设置明显标志。地面爆破应在危险区的边界设置前哨,有通道经常处于监视之下。警戒范围应距放炮地点不少于 200 m。点炮人员必须选择安全躲炮地点,点完炮后立即进入安全区。预警信号发出后爆破警戒范围内开始清场工作。起爆信号应在确认人员、设备等全部撤离爆破警戒区,所有警戒人员到位,具备安全起爆条件时发出。起爆信号发出后,准许负责起爆的人员起爆。安全等待时间过后,检查人员进入爆破警戒范围内检查,确认安全后,方可发出解除爆破警戒信号。在此之前,岗哨不得撤离,不允许非检查人员进入爆破警戒范围。爆破后,爆破员必须按照规定的等待时间进入爆破地区,检查有无危石、支护破坏和盲炮等。只有确定爆破安全后,经爆破负责人同意,方准生产人员进入爆破地点。未使用的爆破器材及时退库,处理瞎炮收集的、不宜使用的炸药、雷管、传爆线等爆破器材退库后,另行按有关要求集中处理。

隧道爆破施工因受既有杭深铁路天窗点时间(00:00～凌晨 4:00,共 4 h)的限制,需采取夜间施工,距离小于 50 m 时采取封锁计划利用天窗点进行爆破施工,距离大于 50 m,采取监督计划利用行车间隙进行爆破施工。

19.3.3 监测与控制

1. 监测总体要求

爆破振动强度用介质质点的运动物理量来描述,包括质点位移、速度和加速度。但大量工程实践观测表明,爆破地震破坏程度与振动速度大小的相关性比较密切,故在实际测试中,大都采用质点振动速度作为衡量地震波强度的标准。《爆破安全规程》(GB 6722)规定,以地表质点振动速度和振动频率作为爆破振动安全判据。因此,为保证既有铁路隧道结构的爆破振动安全,控制爆破振动满足振速控制要求,本次测试采用质点振动速度作为主测试量,爆破振动频率作为评价隧道洞身和附属结构以及洞口周边建筑物的辅助测试量,炸药爆炸引起岩石内部质点振动采用合速度作为测试量。同时在施工过程中应当根据现场情况积极改进爆破施工方法、工艺和爆破参数,确保工程安全,确保邻近既有杭深铁路的安全运营。

2. 监测点布置与监测方法

结合本项目的开挖特点、施工方法、测试条件以及振速控制要求等内容，测点布设如下：

既有杭深铁路黄毛山隧道（邻近新建林家岙隧道），K470＋063～＋462，长 399 m 范围每 25 m 设置一个监测断面（共 17 个监测断面），K470＋462～＋297，长 3 835 m 范围每 100 m 设置一个监测断面（共 40 个监测断面），K474＋297～＋996，长 699 m 范围每 25 m 设置一个监测断面（共 29 个监测断面），共 86 个监测断面。监测断面分布见表 19-4。

每个监测断面的迎爆侧边墙上布设一个爆破振速监测点，每个测点布置垂直方向、水平方向和水平切向 3 个传感器。为准确获得该区域的爆破振动衰减规律，传感器安装在迎爆侧既有隧道边墙的拱腰部位。

表 19-4　黄毛山隧道监测断面分布

林家岙隧道里程范围	杭深线里程范围	既有构筑物	既有隧道（延米）	净距范围（m）	断面间距（m）	断面数量
LDgK3＋721～LDgK4＋120	K470＋063～＋462	隧道	399	34～50	25	17
LDgK4＋120～LDgK7＋955	K470＋462～K474＋297	隧道	3835	≥100	100	40
LDgK7＋955～LDgK8＋654	K474＋297～＋996	隧道	699	50～100	25	29

3. 监测频率及容许值要求

《爆破安全规程》(GB 6722)规定：交通隧道低频爆破振动安全允许振速 10 cm/s，参考《铁路工程爆破振动安全技术规程》(TB 10313)，隧道爆破振动容许值见表 19-5。

表 19-5　隧道爆破振动容许值

铁路隧道类型	安全允许振速		
	＜10 Hz	10～50 Hz	50～100 Hz
单线隧道	8～10	10～13	13～15
双线隧道	7～8	8～10	10～13

注：①隧道服务年限每增加 10 年，爆破振动容许值应降低 8%；
②严重漏水或有病害的隧道，其爆破振动容许值应进行专门论证。

根据以往类似工程经验，考虑到邻近既有杭深铁路永宁江特大桥、黄毛山隧道安全的重要性，铁路已运营数年，从结构安全考虑，取爆破振动速度控制值为 3 cm/s。如果结合爆破振动监测，能将爆破振动控制在 1 cm/s 以内，振动仅相当于列车运行产生的振动，爆破不会对铁路运营产生影响。故监督计划进行爆破施工，振速控制在 1 cm/s。对于爆破振动监测频率为每炮监测。

4. 应急预案

(1)施工过程中若发生意外事故挖断管线或埋设电缆危害行车安全，现场临时用电发生人员触电伤害时，现场防护员必须立即通知车站及相关设备管理单位。

(2)如发现有飞石侵入营业线，现场施工负责人（或者现场防护人员）在事发的第一时间采取防护措施，并立即使用通信工具通知驻站联络员，由驻站联络员向车站行车室值班人员报告，请求扣发通往该路段的列车。

19.4 实施效果

为了确保观测成果的真实可靠,每次测振前均检查监测点 Z 方向铅直,X 方向指向爆源为水平径向,Y 方向为水平切向以校核监测点的稳定性、可靠性,观测结果显示在观测期间监测点保持稳定。该项目从 2017 年 12 月 2 日开始首次观测,至 2020 年 6 月 12 日结束监测。为方便了解爆破施工期间的测振情况,将该工程各监测点的振动速度最大值、最大合成值进行统计,见表 19-6 所示。

表 19-6 既有杭深铁路黄毛山隧道爆破监测结果

爆破位置	测点编号	测点位置	爆破最大振速	累计监测次数
林家岙隧道进口	1、2	既有杭深铁路黄毛山隧道	2018.9.6 11:21 振速值为 1.189 9 cm/s 2018.9.26 10:34 振速值为 1.133 5 cm/s 2018.10.8 23:10 振速值为 3.059 1 cm/s 2018.10.11 23:06 振速值为 3.236 6 cm/s 2018.11.3 23:13 振速值为 3.218 5 cm/s 2018.11.30 11:07 振速值为 1.188 2 cm/s 2019.3.2 11:18 振速值为 1.147 9 cm/s 2019.3.5 12:18 振速值为 1.114 7 cm/s 2019.4.20 20:28 振速值为 1.107 5 cm/s 2019.6.21 22:45 振速值为 1.055 9 cm/s	360
林家岙隧道浅埋段	1	既有杭深铁路黄毛山隧道	2019.5.30 16:53 振速值为 1.161 1 cm/s	511
林家岙隧道出口	1、2、3	既有杭深铁路黄毛山隧道	2018.9.8 22:30 振速值为 1.165 7 cm/s 2018.9.25 12:07 振速值为 1.069 8 cm/s 2018.9.26 8:34 振速值为 1.162 9 cm/s 2018.9.27 22:25 振速值为 2.672 9 cm/s 2018.10.12 18:08 振速值为 1.311 4 cm/s 2018.10.19 12:01 振速值为 1.014 1 cm/s 2018.11.10 20:15 振速值为 1.800 6 cm/s 2019.4.22 12:10 振速值为 1.142 4 cm/s 2019.4.27 23:17 振速值为 1.119 6 cm/s 2019.5.6 11:25 振速值为 1.102 2 cm/s 2019.5.16 10:52 振速值为 1.115 6 cm/s	588

林家岙隧道进口端:试爆爆破振速 3.219 2 cm/s,最大单响药量 7.2 kg;2017 年 12 月 15 日爆破振速 3.219 2 cm/s,最大单响药量 6.2 kg;2018 年 1 月 16 日爆破振速 1.13 cm/s,最大单响药量 4.8 kg;2018 年 2 月 3 日爆破振速 1.19 cm/s,最大单响药量 5.2 kg;2018 年 3 月 24 日爆破振速 1.13 cm/s,最大单响药量 6.0 kg;2018 年 4 月 1 日爆破振速 1.064 4 cm/s,最大单响药量 4.0 kg;2018 年 6 月 9 日爆破振速 1.077 8 cm/s,最大单响药量 5.4 kg。

林家岙隧道出口端:2018 年 3 月 25 日爆破振速 1.296 4 cm/s,最大单响药量 9.2 kg;2018 年 3 月 25 日爆破振速 1.362 4 cm/s,最大单响药量 17.6 kg;2018 年 3 月 30 日爆破振速 1.007 8 cm/s,最大单响药量 13.6g;2018 年 5 月 14 日爆破振速 1.982 1 cm/s,最大单响药量 12 kg;2018 年 6 月 15 日爆破振 1.114 4 cm/s,最大单响药量 6 kg;2018 年 6 月 23 日爆破振速 1.220 7 cm/s,最大单响药量 4.8 kg;2018 年 6 月 23 日爆破振速 1.175 7 cm/s,最大单响药量 4.8 kg;2018 年 6 月 26 日爆破振速 1.198 9 cm/s,最大单响药量 5.6 kg,其余振速均控制

在 1 cm/s 以内。

从隧道爆破试爆开始，共完成爆破 135 次，爆破振速误超 1 cm/s 有 14 次，其中振速值为 1.0078～1.362 4 cm/s 的有 12 次，比例为 8.96%，其余爆破振速大部分集中在 0.7～1.0 cm/s 之间，比例为 59.7%，且通过铁路设备管理单位对既有隧道结构物及既有设备同步进行检查反馈情况看，标段爆破施工未对既有结构物和设备造成影响。所以爆破振速在 1～3 cm/s 并不会对既有设备产生影响。采用光面爆破、控制爆破措施以及超前钻孔注浆措施可以有效减小爆破振动对既有杭深铁路隧道的影响。

19.5 小 结

本章以新建金台铁路(林家岙隧道)工程为例，介绍了邻近既有铁路爆破施工的相关风险源及安全风险防控措施。本工程中采用光面爆破、控制爆破以及超前钻孔注浆措施是合理的，可以有效减少爆破振动、飞石等对既有铁路隧道的影响，同时也应当加强对既有铁路隧道的振动、几何形态监控，达到安全施工的目的。

邻近既有铁路爆破法施工风险源主要包括 4 个方面：爆破振动引起既有铁路隧道变形风险、隧道进出口爆破飞石对既有铁路的影响、岩爆风险、新建隧道与既有铁路隧道渗水涌水风险。针对上述风险源，从施工管理角度采取相应的技术及安全卡控措施。

(1)在施工技术措施方面，针对爆破振动引起的既有铁路隧道变形风险，采取光面爆破、控制爆破措施，遵循“短进尺，弱爆破，管超前，严注浆，短开挖，强支护，快封闭，勤量测”的原则，设计合理的爆破参数、装药结构、起爆顺序和爆破网路等。爆破参数及安全控制措施必须在试爆及振动监测的基础上加以适当调整，并随着爆破点岩性变化、与既有线间距的变化，及时做出调整。同时采用微差控制爆破技术，合理控制爆破规模，调整优化爆破设计，达到控制爆破振动的目的。

(2)在施工技术措施方面，针对隧道进出口爆破飞石对既有铁路的影响风险，采用近体防护，保证填塞长度和填塞质量，搭设飞石防护排架，进洞口采用机械开挖，隧道施工双向开挖的施工技术措施，可以有效抑制爆破飞石。

(3)在施工技术措施方面，针对岩爆风险和新建隧道与既有铁路隧道渗水涌水风险，采取开挖超前导坑、超前钻孔爆破、超前钻孔注浆、拱部 $\phi42$ 超前小导管注浆加固地层等辅助施工措施，做好超前预报，同时初期支护紧跟开挖面施工，达到堵水、软化围岩、释放应力、保证既有铁路隧道结构安全等目的。

(4)在既有施工安全卡控措施方面，为保证爆破施工的安全，应做好超前地质预报工作，爆破工作开始前，必须确定危险区的边界，并设置明显标志。距离小于 50 m 时采取封锁计划利用天窗点进行爆破施工；距离大于 50 m，采取监督计划利用行车间隙进行爆破施工。即使不对既有线营运产生影响，仍时刻关注既有铁路隧道的振动与变形情况，随时调整运营方案。

新建金台铁路(林家岙隧道)工程在采用上述措施时总体实施效果良好，在爆破施工的过程中保证了施工安全，且未影响既有铁路隧道的正常运营。该方案为类似邻近既有铁路爆破施工面临的风险提供了一种参考解决办法。

第4篇　新建铁路与既有铁路拨接施工

20　引江济淮工程引起沪蓉铁路改建工程

20.1　工程概况

20.1.1　案例背景

本工程为引江济淮工程引起沪蓉铁路改建工程，为保证运河河道河面净宽、净高要求，特对本区段范围内铁路线路局部地段进行改造，涉及沪蓉铁路改建。改线范围为 K488＋500～K493＋040，改线长度 4.55 km，改建线路轨道采取换铺法施工。

沪蓉改线按 250 km/h 标准设计，曲线半径为 5 000 m、8 000 m。该段铁路改建范围为既有沪蓉线 K488＋500～K493＋040 之间上下行线路，全长4.55 km，其中直线地段 1.116 km，曲线地段 3.424 km。线路改建起点及终点均位于直线段，与既有线连通时上下行同时拨接。沪蓉改线线路拨接如图 20-1 所示。

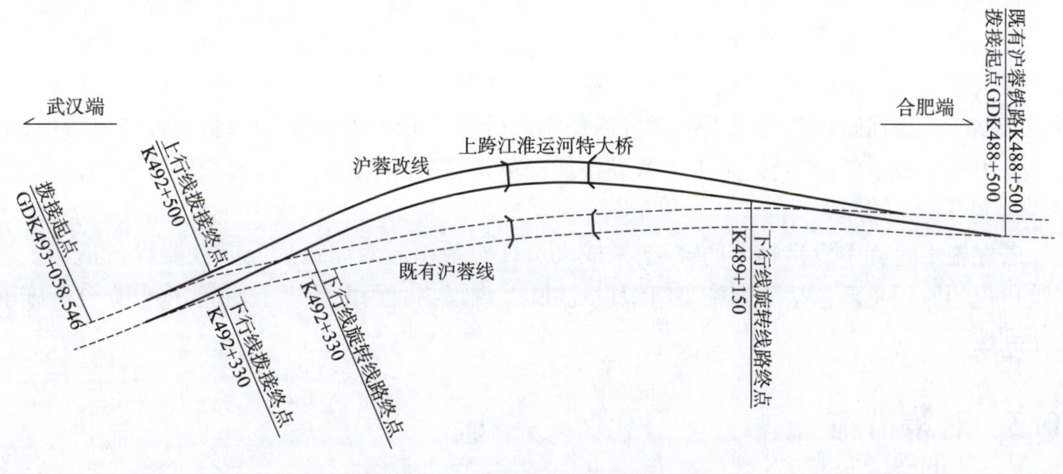

图 20-1　沪蓉铁路改建拨接示意

20.1.2　工程地质与水文地质

合肥市肥西县属亚热带湿润性季风气候区，气候温和，四季分明，雨热同季，无霜期长。多年平均气温 15.8 ℃，历年最高气温 39.6 ℃最低气温－15 ℃；年平均降雨量 1 074.9 mm，年最大降雨量 1 446.3 mm，年最小降雨量 703.9 mm；年平均风速 2.6 m/s，历年最大风速 22.0 m/s，

1、10、11、12 月多西北风，2～3 月多东风，4～9 月多东南风。

地下水主要为第四系孔隙潜水，较发育，埋深 0～3.4 m。受大气降水及地表水影响，水量较丰，地表水具溶出性弱侵蚀。

河漫滩区及一级阶地表层为(1)$_0$$Q_4^{al}$ 粉土，黄褐色，中密，厚约 3.3～4.5 m，局部为(1)Q_4^{al} 粉土，黄褐色，中密～密实，层厚约 0～3.3 m；其下为(2)Q_4^{al} 粉质黏土，灰白色～黄褐色，硬塑，层厚约 0～5.3 m；下为(3)细砂，褐黄色中密，饱和，局部其下为(3)$_1$ 粉土，棕黄色，密实，饱和；下伏(4)$_1$K2z 泥质砂岩，红棕色，全风化，土柱状，层厚约 10.37～17.0 m；其下为(4)$_2$K2z 泥质砂岩，红棕色，强风化，短柱状，遇水易软化。

20.2 风险源分析

本案例技术方案复杂，施工体量庞大，安全压力大、多专业立体交叉施工，是国内首例高速铁路双线同时拨接的改建工程，也是引江济淮全线重难点和控制性工程之一。此次铁路拨接工程涉及线路 4 540 m，涉及工务、电务、通信、供电作业，期间要完成线路拨移、钢轨合龙、接触网转线、道砟填充、大机捣固、开通试验等多个施工项目，具有施工时间长、影响面积大、涉及专业多、时间要求紧、验收标准高等特点。为确保工程顺利安全实施并满足长期运营相关要求，本工程必须重点考虑以下存在的风险源。

1. 邻近营业线施工吊装作业侵限风险

若吊装过程中侵入既有营业线，会影响既有铁路的运营安全。该风险出现的可能原因主要包括吊机吊装作业，支腿不牢固，未严格执行“一机一人”防护制度；防护人员未进行安全教育培训，安全意识淡薄。

2. 施工大型机械设备倾覆风险

若大型机械设备倾覆，可能会侵入营业线，直接影响到营业线运营安全、造成人员伤亡或者设备损坏。该风险出现的原因主要包括操作人员对施工环境不熟悉，对机械性能不掌握；地基承载力不足或平整度不够；施工机械设备状态不良；安全措施不到位，现场监管不到位。

3. 施工触电伤害

若在施工过程中发生触电伤害，会造成人员伤亡或引起短路造成既有铁路设备损坏。该风险出现的原因主要包括用电施工组织设计缺陷、现场临时用电管理不规范、用电安全措施落实不到位。

20.3 对策措施

20.3.1 施工技术措施

1. 总体施工方案

针对风险源 1、2，为保证既有运营线的安全，应合理设计铁路拨接施工方案。沪蓉改线线路拨接前，对线路预铺地段轨道采用工具轨换铺法施工。

500 m 长钢轨进场后采用换铺法铺设无缝线路，并进行线路大机捣固和精调（轨道精调委托合肥工务段）、接触网及四电工程施工。相关设备施工结束后，经设备管理单位验收合格后

在封锁点内进行沪蓉线线路拨接(上、下行线路同步拨接)。

第一步:完成改沪蓉线路基、桥涵施工,经验收合格后铺设轨道。

第二步:预铺改沪蓉线线路中部(除两端拨接龙口)轨道,采用工具轨换铺法完成改沪蓉线无缝线路换铺、应力放散锁定、长轨条焊接、线路上砟起道、大机捣固(四遍,两捣一稳)。

第三步:两端龙门口拨接,启用改线线路(本次龙门口拨接上、下行同步拨接,一次封锁施工)。

上行线两端龙门口,开通上行改线线路,大机组配合施工,两捣一稳作业后,第一列限速45 km/h,第二列限速60 km/h,第三列起限速80 km/h。

下行线两端龙门口,开通下行改线线路,大机组配合施工,两捣一稳作业后,第一列限速45 km/h,第二列限速60 km/h,第三列起限速80 km/h。

第四步:拨接线路捣固、应力放散锁定、钢轨铝热焊焊接、阶梯提速。

上、下行改线线路两端拨接口线路应力放散、钢轨焊接。

大机捣固,阶段提速:封锁拨接当天开通第一列限速45 km/h,第二列限速60 km/h,第三列起限速80 km/h,焊接、放散后第二次捣固后第一列限速80 km/h,第二列起限速120 km/h,线路运营30天后改线线路第三次线路捣固后第一列限速120 km/h,第二列限速160 km/h,第四次捣固养护后限速第一列限速160 km/h,第二列起限速200 km/h,最后一次根据线路检查养护情况,捣固后恢复常速。

2. 沪蓉线接触网过渡工程施工方案

接触网过渡工程施工对专业性要求较高,开始施工前应完成测量、预安装位置标记等准备工作,组织施工人员进行岗前技能与安全培训,施工单位准备配套的防护装备并制定施工安全规范。

沪蓉线接触网拨接时,轨道施工所占用空间较大,只有确定轨道施工流程结束后,才能定位接触网,应严格遵循施工原则,做到拨接口、接触网坚持最小工作量和“先通后调”原则。

现场安装该线路拨接涉及线路、信号、接触网等多专业,现场施工相互交叉影响较多,拨接开通前工程线接触网无法跨线路带电。在施工方案的选择研讨过程中,再次重申在正式方案中明确各专业施工时间及完成情况,合理分配施工时间。将接触网的热滑时间修改至线路开通后第一趟通行试验车辆进行,避免工程线提前带电影响沪蓉线运营安全。

工程上下行线路同时拨接开通(同向拨移线路),因新建下行接触网、正馈线等跨越既有上行接触网设备(带电),无法满足2 m以上安全距离。根据现有施工工艺及施工能力,当天架设接触网线及正馈线等线索施工周期长且施工人员需求量大,线索架设后调整工程量巨大,影响线路拨接开通。在该次施工方案的选择研讨过程中,根据施工难度及经济对比分析,确认了新建下行前期架设过渡线索过渡开通,后期要点更换的施工方案,虽增加了施工天窗数量,但减少单次施工人员数量及施工时间,减少对既有线路运营安全的影响。电力牵引改造分为如下步骤实施。

第一步新建沪蓉线接触网施工:首先利用邻近营业线施工进行接触网基坑开挖及基础浇筑,利用汽车吊车组立新建线路处支柱(两端接口除外),同步进行接地极埋设及腕臂及金具安装等施工,利用邻近营业线施工进行附加导线架设及调整(两端接口除外),施工完毕后安排设备管理单位进行验收、克缺。

待站前沪蓉线上下行正线线路成型后,利用邻近营业线施工人工进行承力索线架设及调整(两端接口除外)。施工便线拨接后,轨道车从施工便线经过工程线进入新建沪蓉线,利用轨道车进行承导线恒张力架设施工(Ⅰ-2、Ⅰ-3、Ⅰ-0、Ⅱ-2、Ⅱ-3、Ⅱ-0 锚段承导线 7.6 条/km),同时进行接触网吊弦安装、下锚调整及接触悬挂调整等施工,施工完毕后安排设备管理单位进行验收、克缺。利用激光测距仪测量数据及车梯模拟受电弓进行冷滑试验。施工现场如图 20-2 所示。

图 20-2　拨接前承导线架设施工

第二步两端拨接口:先利用营业线施工组立两端接口处支柱及横梁,利用轨道车组立支柱 N1～N15(其中 N2、N4、N6、N8、N10、N12、N14 不组立),NZ1(组立)、NZ2(组立)、G1～G22、N131～N149 共 46 个支柱(其中 N138、N140、N142、N144、N146、N148 不组立),架设 G1-G2、G3-G4、G5-G6、G7-G8、G9-G10、G11-G12、G13-G14、G15-G16、G17-G18、G19-G20、G21-G22 共 12 组硬横梁,19 根吊柱并安装腕臂及金具,再进行附加线安装,进行人工架设及调整附加导线并对调整完毕的附加导线进行验收克缺。新建上行附加线位于横梁上行侧,既有上行附加线改移至横梁上方过渡通过,既有下行附加线改移至横梁下行侧过渡通过。新建下行附加线位于横梁上行侧。其中,AFII-1 锚、PWII-1 锚从 G2 支柱起锚至 N16 支柱落锚全长 368.24 m;AFII-4 锚、PWII-4 锚从 N136 号起锚至既有 N148 支柱落锚全长 468.36 m;AFI-1 锚、PWI-1 锚从 G1 支柱起锚至 N15 支柱落锚全长 368.24 m;AFI-4 锚、PWI-4 锚从 N137 起锚至既有 147 支柱落锚全长 468.36 m。针对风险源 3,为避免施工触电风险,附加线不与新建附加线连接,避免工程线未开通前带电。利用营业线施工,安装腕臂并将横梁处接触悬挂改移至新吊柱及横梁支柱处进行悬挂并调整,利用轨道车拆除影响上行线路拨接的既有支柱(既有 N131～N139、既有 N1～N11,共计 20 个)。拨接前 3 天将新建线 AF 线、PW 线与既有线对接,AF 线提前带电。

拨接当天将拨接口既有接触网Ⅰ-1、Ⅱ-1、Ⅰ-4、Ⅱ-4 锚段拨移至新建线位置,与新建线形成锚段关节,与既有线接火。

拨接口锚段架设新建沪蓉线开通后,接触网基础开挖及浇筑 18 处。利用营业线施工进行新增支柱组立 18 个(轨道车组立),腕臂安装,悬挂倒接,利用轨道车拆除过渡硬横梁及钢管柱,更换拨接口 GⅠ-1 锚、GⅠ-4 锚、GⅡ-1 锚、GⅡ-4 锚四个锚段接触线,悬挂方式改为弹性链型悬挂。

线路恢复运行后,应组织专业人员分班分组对线路进行全面巡检,检查线路运行弓网指标是否正常,确保高速列车的运营安全。封锁施工过程中临时新增的栅栏门应参考原先的摆放情况进行恢复,并对现场的封锁料具进行清理。接触网施工作业流程如图 20-3 所示。

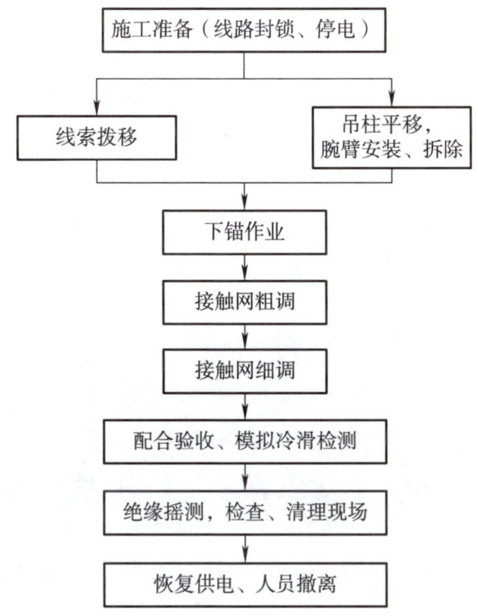

图 20-3　接触网施工作业流程

为保证接触网施工安全，施工过程中需要注意的细节及详细工作如下：

(1)拨接前接触网施工

首先在审图中发现原设计中拨接口锚段过长，拨接期间工作量较大，铁路停电封锁时间不满足施工要求。及时向设计院提出减小拨接段锚段长度，会同建设、设计、监理、运营单位开会并形成会议纪要确定将拨接口处锚段缩小，确保拨接当天工作量最小。

定测是施工起点和工作重点，严格遵循施工图纸要求测量、核对施工现场的实际状况，以铺轨桩点、轨面高程为基础，结合现场状况、工程技术标准合理制定施工技术方案。激光水平仪、激光测距仪、接触网多功能激光测量仪等是测量悬挂点、定位点、支柱位置的必要仪器。在施工定测、复核数据过程中，现场定位支柱基础、吊柱、导线底座等的安装位置准确，并且将其逐一反映在硬横梁上，为后续施工做好准备。

接触网基坑无轨测量技术是以接触网施工平面图为依据，测量原则是以交桩测量为重点，请铺轨单位线路专业向施工单位交桩：相关平面系坐标点及水准点，并双方签字确认，熟悉掌握线路参数。

根据测量现场轨面上空净空及车辆的动态包络线要求，计算复核吊柱长度。根据吊弦布置位置，利用激光测量仪器分别对曲内、曲外、直线进行现场测量，保证测量数据准确，通过计算软件的不断优化调整，提高腕臂、吊弦计算精度。

根据计算数据预制吊弦、腕臂，将拨接口硬横梁区段既有吊弦更换为新可调吊弦，将腕臂更换为新腕臂。减小拨接当天腕臂、吊弦更换的工作量，做到永临结合。

根据测量位置，提前安装吊柱。吊柱在侵限位置不满足在测量位置安装条件的，根据现场情况就近安装在不侵限位置，当天吊柱安装只平移不拆旧不装新，保证线路轨道拨接人员安全，减少交叉施工。拨接当天在硬横梁上方实现平移施工。

附加导线提前改移、新建线附加导线提前与既有附加导线连接，新建线提前带电，减少拨接当日附加导线施工工作量。

接触悬挂更改:因弹性链型悬挂较为复杂,调整工作量大,拨接后线路进行限速措施,在后期进行逐级提速,在恢复常速前简单链型悬挂满足运营要求,为了减小拨接当日工作量,拨接前将弹性链型悬挂改为简单链型悬挂。在恢复常速前将简单链型悬挂改为弹性链型悬挂。

(2)拨接当天接触网施工

拨接当天主要采用交叉区段线索不落地技术和无交叉区段人工拨移技术。

拨接当日与轨道专业交叉施工严重,为保证正点开通、线材成品保护、减小与轨道的交叉作业,在接触网拨移施工中保证线索不落地尤为关键,必须采取固定措施,改进施工方法,保证线索不落地。

交叉区段线索不落地技术是通过滑轮组将既有线临时锚固在靠近新线方向最后一组硬横梁处,为保证承导线同时拨移,在锚固反方向加装临时中锚绳。

硬横梁区段拨移时,不拆除吊弦,承力索和接触线双线同时拨移。为保证拨移时线索不落地,在硬横梁下方加装一根临时横向承力索,将需要拨移的线索从承力索座取出,通过滑轮将既有线索悬挂在横向承力索进行拨移,拨接龙口处线索通过横向吊索悬挂无落地改移就位,将线索悬挂在拨移后线路位置腕臂承力索座内。做到交叉区段拨移线索不落地,实现拨接施工时交叉干扰小。

无交叉地段人工拨移时需要紧密组织,提前模拟演练,在保证安全质量的前提下高效完成,为后续调整争取时间。针对施工中可能遇到的操作要点、注意事项及关键问题等进行总结,以最经济和最快速的施工组织设计和工机具安排达到施工的要求。

因利旧锚段比拨移后锚段长,故需要在新锚段位置断线。无交叉区段人工拨移技术是首先将人工拨移段承力索从承力索座取出后用滑轮悬挂,然后用两个紧线器在需要断线处两边固定在线索上,分别用两个滑轮组对向拉紧线器,待断线处线索松弛后进行断线,断线后缓缓松开拨移侧滑轮组将线索落到地面。

无交叉作业区段线索落地后,通过人工迂回将线索改移至新建线位置,与新建线并网,有序改移完成吊弦安装、承力索归位、落锚、调整,实现大机捣固前双线线索改移到位。现场施工如图 20-4 所示。

图 20-4　拨接当天接触网拨移

(3)施工后期接触网换线技术

拨接开通后需要将拨接口人工放线部分承导线采用恒张力放线车进行更换,接触悬挂改为正式安装。过渡工程的拆除及部分正式工程量的实施要减少对既有运输的影响,主要是减少换线数量，减少营业线天窗点数量。

在锚段两侧锚柱同时将既有接触线减小部分张力变成硬锚，检查补偿装置并把坠砣提升至预定位置做好起、落新锚准备工作，下锚侧准备好接触线下锚用的滑轮组；接触线架设及接触线中心锚结安装；接触线悬挂倒接、横向电连接及关节电连接安装，接触网调整；拆除既有接触线。

20.3.2　施工安全卡控措施

本次拨接工程相对复杂，封锁点施工次数较多，临时过渡、线路封锁较为复杂，因此在施工过程中，应特别重视施工安全。

(1)成立以项目主管领导为主的安全领导小组，制订切实可行的安全生产管理制度，实行安全生产岗位责任制，加强营业线施工安全教育。加强对营业线施工的安全防护，在过渡施工过程中，采取车站、施工地点两端和施工地点三个位置防护员联防，确保过渡施工的安全。防护员在防护过程中，必须配齐安全防护用品，并能正确熟练地使用。

(2)针对风险源1、2，为避免邻近营业线施工吊装作业侵限风险与施工大型机械设备倾覆风险，邻近营业线施工大型机械作业必须严格落实“一机一人”防护规定；补充大型机械站位图，明确与线路对应关系；所有施工机械必须由资质胜任人员操纵和指派专人指挥、专人防护，坚决杜绝违章操纵和违章行驶。邻近线路的大型机械作业要严格按照邻近营业线施工有关安全控制措施执行，落实施工单位和监理单位的巡视、监管责任。

(3)针对风险源3，为避免施工人员触电风险，进入电气化区段作业人员和携带物件(如长杆、导线、工具等)与接触网带电部分，必须保持2 m以上的距离，与回流线有1 m以上的距离。接触网停电作业时，按规定验电接地。网上作业人员严禁超范围进入带电区作业。电气化区段作业人员按规定正确佩戴和使用耐高压的绝缘防护用品，如高压绝缘手套、绝缘鞋、绝缘垫等。

(4)封锁施工结束前，施工负责人安排专人对施工地段沿线检查，如发现材料、器具堆码摆放侵入铁路限界以内，影响开通行车安全时，及时向施工负责人汇报，施工负责人尽快组织将侵限料具拉离铁路限界外，排除险情。

(5)开通后沪蓉线长安集至南分路站间上、下行线K488＋100～K517＋090处第1列限速45 km/h禁止放行旅客列车、第2列限速60 km/h、第3列限速80 km/h。其他限速：开通后沪蓉线长安集站至南分路站间上、下行线K488＋500～K493＋040处，第1列限速45 km/h(不为载客的动车组列车)、第2列限速60 km/h、第3列限速80 km/h。其中开通后第1列、第2列、第3列限速由列车调度员发布调度命令。

具体封锁施工见表20-1。

表20-1　沪蓉线路拨接具体作业类别划分

施工日期	等级	线别	施工地点区段	施工类型	施工时间(min)	施工内容及影响范围	防护方式
2020-11-1～2021-3-16	邻近	沪蓉线	K488＋500～K489＋400、K492＋100～K493＋040	B类		铺设工程线，采用工具轨铺设改线线路，人工捣固养护、拉平道砟，长轨进出、换铺长轨、接触网改造施工	驻站、一机一人防护

续上表

施工日期	等级	线别	施工地点区段	施工类型	施工时间(min)	施工内容及影响范围	防护方式
2021-3-17	Ⅲ	沪蓉线	K488+500～K489+150、K492+330～K493+040	封锁	240	桩位布置，数据采集	驻站、现场及远端防护
2021-3-18	Ⅱ	沪蓉线	K488+500～K489+150、K492+330～K493+040	封锁、慢行	420	上、下行线线路拨接，大机、挖机、装载机配合施工，大机两捣一稳作业、限速 80 km/h	驻站、现场及远端防护
2021-3-19	Ⅲ	沪蓉线	K488+500～K489+150、K492+330～K493+040	封锁、慢行	300	上行线路轨温锁定、应力回收，钢轨焊接、限速 80 km/h	驻站、现场及远端防护
2021-3-20	Ⅲ	沪蓉线	K488+500～K489+150、K492+330～K493+040	封锁、慢行	300	下行线路轨温锁定、应力回收，钢轨焊接、限速 80 km/h； 上行线大机两捣一稳作业、提速至 120 km/h	驻站、现场及远端防护
2021-3-21	Ⅲ	沪蓉线	K488+500～K489+150、K492+330～K493+040	封锁、慢行	300	下行线大机两捣一稳作业、提速至 120 km/h	驻站、现场及远端防护
2021-4-18	Ⅲ	沪蓉线	K488+500～K489+150、K492+330～K493+040	封锁、慢行	300	上行线大机两捣一稳作业、提速至 160 km/h	驻站、现场及远端防护
2021-4-19	Ⅲ	沪蓉线	K488+500～K489+150、K492+330～K493+040	封锁、慢行	300	下行线大机两捣一稳作业、提速至 160 km/h	驻站、现场及远端防护
2021-4-20	Ⅲ	沪蓉线	K488+500～K489+150、K492+330～K493+040	封锁、慢行	300	上行线大机两捣一稳作业、提速至 160 km/h	驻站、现场及远端防护
2021-4-19	Ⅲ	沪蓉线	K488+500～K489+150、K492+330～K493+040	封锁、慢行	300	下行线大机两捣一稳作业、提速至 160 km/h	驻站、现场及远端防护
2021-4-20、21	Ⅲ	沪蓉线	K488+500～K489+150、K492+330～K493+040	封锁、慢行	300	上行线大机两捣一稳作业、提速至 200 km/h	驻站、现场及远端防护
2021-4-22、23	Ⅲ	沪蓉线	K488+500～K489+150、K492+330～K493+040	封锁、慢行	300	下行线大机两捣一稳作业、提速至 200 km/h	驻站、现场及远端防护

20.3.3 监测与控制

1. 监测总体要求

为保证施工期间营业线的安全，对本工程拨接施工过程中邻近营业线 30 m 范围内的路基等进行监测。通过及时采集现场监测数据，判别既有营业线的安全状况，为邻近营业线施工提供数据保障，及时改进施工方法，同时也为营业线的安全运营保驾护航。

2. 监测点布置

既有沪蓉铁路路基测点布置如图 20-5 和图 20-6 所示。

3. 监测标准、频次和预警值

施工监测频率见表 20-2。

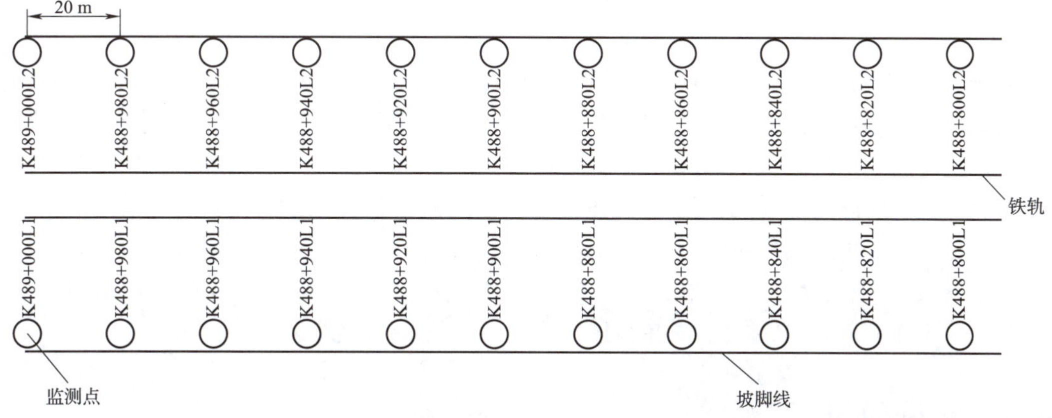

图 20-5 新建沪蓉铁路 K488＋800～K489＋000 里程段路基测点布置

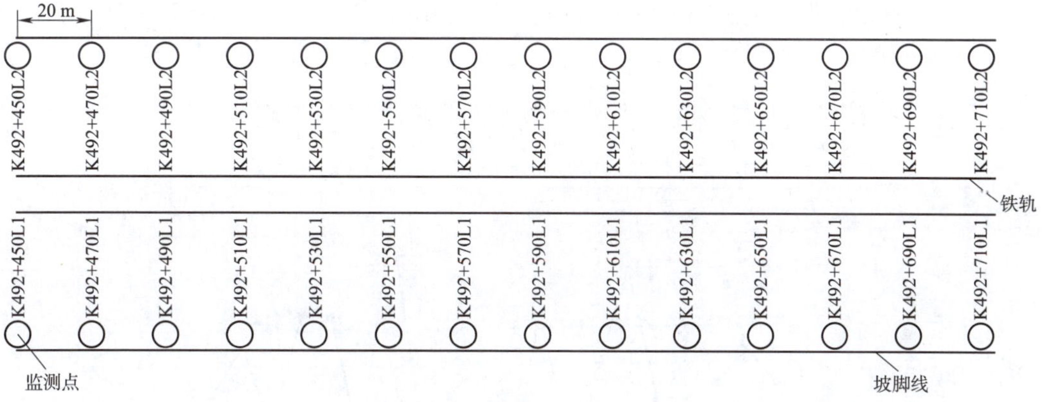

图 20-6 新建沪蓉铁路 K492＋450～＋700 里程段路基测点布置

表 20-2 邻近营业线施工监测频率

监测项目	监测频次	备　注
铁路坡脚位移	施工过程中 1 次/2 h	邻近路基
铁路轨道路基沉降	施工过程中 1 次/2 h	

施工完成后，监测两次若数据稳定收敛则监测频率更改为 1 次/3 d，若监测两次数据持续稳定收敛则更改为 1 次/7 d，之后更改为 1 次/15 d，监测 3 个月后沉降及平面位移变形趋于稳定，则结束观测。否则，延长观测期，直至沉降及平面位移变形均趋于稳定。监测报警值见表 20-3。

表 20-3 沪蓉铁路路基监测报警值

报警标准	单日报警值	累计报警值	控制值
路基沉降	±2 mm	±10 mm	—

4. 应急预案

(1)若发生触电、静电伤人事件，应迅速判明触电位置，根据不同的触电原因，迅速制定施救措施，按规定停电，若不能停电时应采取有效措施(用绝缘棒移走电源，穿绝缘服、绝缘手套)

使触电者迅速脱离电源，并立即组织对触电人员进行抢救。

(2)抢险措施应本着“先通车、后恢复”的原则进行。若发生接触网断线事故时，抢险机具、人员进入现场后，应先将影响行车的接触网线索、材料撤出铁路建筑接近限界以外，并固定好，确保铁路行车能正常进行。得到事故险情通报后，项目部抢修领导小组组长命令抢修小组立即出动，驻站联络员到达车站调度所，申请封锁线路，并向项目部抢修领导小组组长汇报，项目部抢修领导小组组长第一时间通知局指、设备管理单位。下达封锁指令后把紧线器安装在断线位置的左右各 3 m 处，手扳葫芦、滑轮组等将承力索紧起，做接头。接触线断线立即将备用线盘吊至线路，进行接触线换线，恢复原有张力、吊弦、定位偏移等，检查确认高度，确保机车顺利通过，申请开通线路。抢险工作完成后，必须在相关单位监控人员的确认下，才能恢复铁路行车。

20.4　实施效果

既有沪蓉铁路在拨接施工完成后于 2021 年 11 月 19 日结束监测，最后一天各测点的累计沉降如图 20-7、图 20-8 所示。

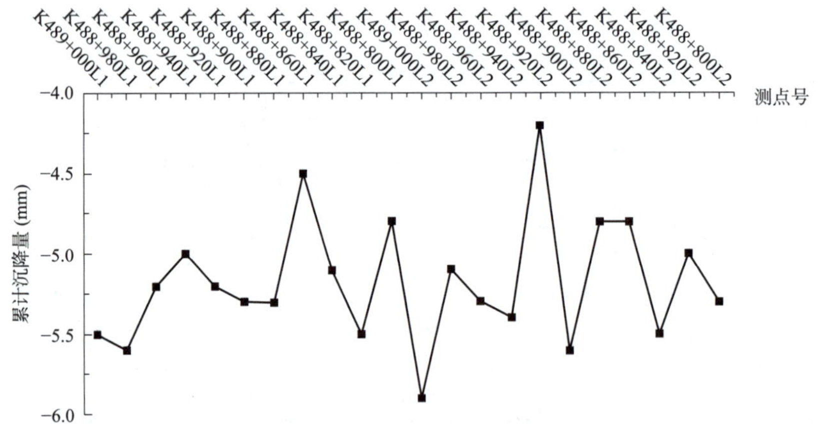

图 20-7　新建沪蓉铁路 K488＋800～K489＋000 里程段各测点累计沉降

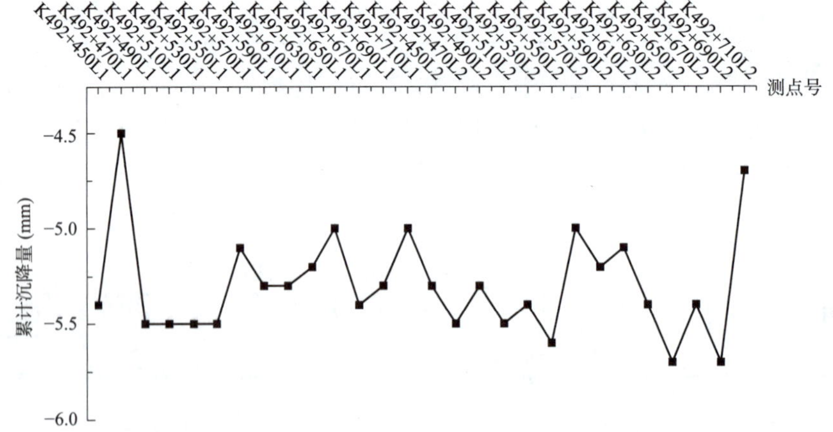

图 20-8　新建沪蓉铁路 K492＋450～＋700 里程段各测点累计沉降

根据上述监测结果可以看出，各项监测数据无异常突变，单次沉降量与累计沉降变化量且均未超过报警值，故新建沪蓉铁路 K488＋800～K489＋000、K492＋450～＋700 段处于安全受控状态。上述拨接施工方案未对既有运营线产生影响，保证了既有铁路的安全。安全完工后效果如图 20-9 所示。

图 20-9　沪蓉铁路改建工程完工后效果

20.5　小　　结

本章以国内首例高速铁路双线同时拨接的改建工程——引江济淮工程引起沪蓉铁路改建工程为例，介绍了高速铁路双线拨接施工的相关风险源及安全风险防控措施。

高速铁路双线拨接施工的风险源主要包括以下 3 个方面，邻近营业线施工吊装作业侵限风险、施工大型机械设备倾覆风险、施工触电伤害，从施工管理和监测角度采取相应的技术及安全卡控措施。

(1)在施工技术措施方面，为避免邻近营业线施工吊装作业侵限和施工大型机械设备倾覆风险，应合理设计铁路拨接施工方案。沪蓉改线线路拨接前，对线路预铺地段轨道采用工具轨换铺法施工，新建工程联络线与宁西上行线连接处采取临时线路拨接方式连接。

(2)在施工技术措施方面，为减少对既有运营线的影响，减少拨接天窗时间，须结合接触网基坑无轨测量技术提前对现场进行定测复核，并完成拨接口线索架设。在接触网拨接施工当天接触网施工采用交叉区段线索不落地技术和无交叉区段人工拨移技术。因拨接口线路未完成拨移，无法使用轨道车恒张力架设接触线，采用人工架线，后期根据要求更换拨接口接触线。

(3)在施工技术措施方面，高速铁路过渡工程施工中采用永临结合方式，充分利用既有接触网设备，部分地段采用新建工程一次安装到位，特殊地段采用临时过渡支柱(或装置)悬挂安装既有接触网，注意减少对既有线路的影响，确保设备运营安全。

(4)在施工安全卡控措施方面，针对上述风险源，为防止施工材料、机械侵入营业线设备安全界限，吊机、挖掘机等大型机械严格按照“大机风控”制度管理，专人指挥、“一机一人”防护，同时防止杂物坠落侵入营业线设备安全限界。为避免触电风险，进入电气化区段作业人员和携带物件与接触网带电部分必须保持 2 m 以上的距离，与回流线有 1 m 以上的距离。另外施工期间对沪蓉线实行慢行和封锁措施，施工完毕后恢复至原速度。

综上所述，本次引江济淮工程引起沪蓉铁路改建工程是国内首例高速铁路双线同时拨接的改建工程，也是引江济淮全线重难点和控制性工程之一。此次信号专业施工，系统调试复杂、影响范围大，涉及 4 个调度台、10 个车站，影响范围 90 km。电气化专业施工，首次挑战高铁双线同时拨接接触网改造，施工工程量巨大，涉及拆除腕臂、吊柱、保护线，安装吊柱、腕臂、定位、吊弦，进行承导线拨移和接触网精调作业，涉及硬横梁吊柱调整 24 处，腕臂拆除、调整 15 处，接触网精调 5.5 条公里，过渡施工技术复杂，调整精度要求高。

引江济淮工程引起沪蓉铁路改建工程在采用上述措施后总体实施效果良好。在施工期间相应区段限速或封锁的情况下，采取的保护措施保护效果总体较好，同时，也未发生异物入侵营业线设备安全限界的情况，保障了既有线路安全运营。上述高速铁路双线拨接施工方案也为类似拨接工程提供了参考。

21　安徽首矿大昌金属材料有限公司铁路专用线工程

21.1　工程概况

21.1.1　案例背景

安徽首矿大昌铁路专用线项目从阜六铁路吴集站南咽喉引出，于阜六铁路与济广高速公路之间吴集站南端并行等高设站。施工内容包括：路基、桥涵、轨道、房屋、站场建筑物等项目。其中接轨站吴集站改造工程包括：吴集站线新建到发线 1 条、有效长 1 050 m，机待线 1 条、有效长 50 m。专用线作业场工程：按照“两场夹三线”设置，集装箱装卸线2 条，有效长 950 m，机走线 1 条，机走线端部兼作机待线。装卸线两侧分别设置正面吊作业场 930 m×22.2 m，正面吊作业场边缘距离装卸线线路中心 2.3 m。铁路集装箱平车与集装箱卡车间“不落地”吊装敞顶集装箱模式，作业场不设置集装箱堆场，占地面积 270 余亩。项目地理位置如图 21-1 所示，新建专用线平面如图 21-2 所示。

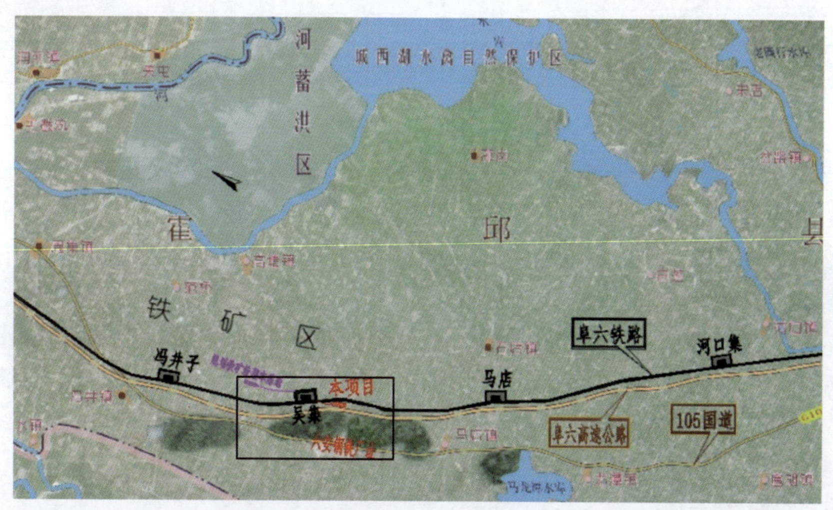

图 21-1　专用线项目地理位置示意

21.1.2　工程地质与水文地质

本工程场地位于霍邱县内，宏观地貌属江淮丘陵，微地貌单元为冲洪积地貌。拟建场地较为起伏，场地分布有水塘(沟)。

拟建场地由巨厚的第四纪冲积物堆积构成，勘察揭示的地层岩性主要为淤泥、素填土、黏

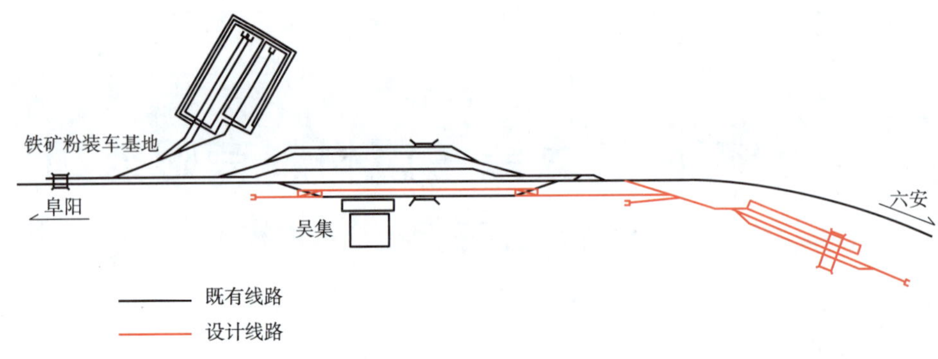

图 21-2 新建专用线平面示意

土。根据土层物理力学性质,可将勘察所揭示的土层自上而下分为 3 层:第(0)层淤泥、第(1)层素填土、第(2)层黏土。上部(0)～(1)层为第四纪新近回填、堆积及淤积层(Q_4^{ml+l}),(2)层为第四纪晚更新世冲积层(Q_3^{al})。

(0)层淤泥分布于部分沟塘底部,灰色,灰黑色,流塑状态,高压缩性,含有杂物。

(1)层素填土分布于整个场地,灰褐、灰黄色,松散状态,以粉质黏土为主,含少量植物根茎,表层分布少量建筑垃圾,局部含稍密状态的粉土层,高～中压缩性。

(2)层黏土分布于整个场地,灰黄色,硬塑状态,中压缩性,含铁锰结核。

根据静力触探试验、标准贯入试验、土层其他物理力学指标,结合附近场地工程经验,综合提出各土层主要设计参数建议取值见表 21-1。

表 21-1 专用线土层设计参数取值

层序	岩 性	承载力特征值 f_{ak}(kPa)	压缩模量 $E_{s1\text{-}2}$(MPa)
(1)	素填土	80	3.0
(2)	黏 土	250	10.5

勘察揭示的土层中,素填土属中等透水层,黏土属微透水层。勘察揭示的地下水为潜水。潜水位于上部(2)层黏土层中,主要由大气降水补给,排泄以大气蒸发为主,并与周围潜水侧向互补,水量较少,水位平缓,随季节性变化,变化幅度在 4.0 m 左右。

根据本项目地下水水质分析报告及区域水文地质资料综合分析,该场地地下水以 HCO_3-Ca 与 HCO_3-Na 型为主,矿化度较小,地下水及土对混凝土结构及结构中的钢筋具有微腐蚀性。

21.2 风险源分析

1. 加固桩基施工引起的塌孔风险

部分路基加固区域邻近既有铁路路基,所以桩基施工产生的扰动易引发土层的变形破坏,带来塌孔风险,进而导致既有铁路变形超限,危及既有运营铁路的行车安全。

2. 基坑坍塌风险

邻近铁路基坑开挖施工时,若开挖方法不适宜、支护不及时或施工不完善以及外力影响易发生失稳垮塌风险,对铁路路基造成扰动,影响铁路运营安全。

3. 便梁倾覆及胀轨风险

便梁的稳定性对铁路运行安全至关重要。如果便梁出现问题,如结构损坏、支撑不足等,便有可能导致便梁倾覆。若便梁倾覆,可能会破坏铁路设施,如铁轨、道岔、信号系统等,导致铁路运行故障和安全威胁,影响既有铁路运营。

4. 大型机械设备侵入既有线风险

本工程桩基施工需要采用旋转式钻机,桩机若遇到大风天气或控制不当易向铁路侧倾倒,另外轨道车起吊作业时易侵入邻线限界,进而引起既有铁路运营安全。

21.3 对策措施

21.3.1 施工技术措施

本工程施工内容包含路基、桥涵、轨道、房屋、给排水、站场建筑等工程,施工内容较繁杂。本节主要对涉铁的路基、桥涵和轨道工程进行介绍。

1. 整体施工方式及流程

(1)路基工程

土石方施工采用机械化作业,挖掘机挖装,自卸汽车运输,推土机摊平,平地机整形,人力辅助。与既有线连接处挖台阶处理,填筑中随路基面一同碾压,保持整体稳定性。桥涵处预留施工缺口。按“先主体后附属”安排施工,施工前做好临时防排水设施,保证既有线路堤的稳定。首先进行路基基底处理,砍伐树木及挖树根,清除非适用填料,原地碾压,既有线侧路基帮宽拆除边坡防护及挖台阶,路基填筑分段进行,做到随挖随填随压,确保行车安全。随着路基填筑,随后进行路基刷坡及边坡防护施工。

(2)桥涵工程

本次工程共新建、改建桥涵 10 座。根据路基施工顺序及关键节点,优先安排吴集站桥涵施工。圆涵施工顺序:基础→预制涵节→涵节安装→防水层→翼墙→涵侧回填砂加碎石夯实→锥体砌筑。矩形涵施工顺序:路基加固→基础→涵节制安→防水层→翼墙→涵侧回填砂加碎石夯实→锥体砌筑。框构桥施工顺序:路基加固→线路防护→涵基础→制安钢筋→模筑底板混凝土→模筑箱身及箱顶混凝土→防水层→翼墙→涵侧回填砂加碎石夯实→锥体砌筑。

(3)轨道工程

全线共铺轨 5.071 km、铺岔 9 组(含交叉渡线 2 组)、铺砟 1.514 2 万 m^3。工程采用普通轨道人工铺轨方式,预铺砟(底砟)及上砟整道。根据路基填筑进展情况,进行预铺砟,首先检查道床顶面高程及纵横坡,合格后铺筑底砟并压实,然后再铺面砟。待铺轨完成后,及时进行补上面砟,起道、拨道、捣实作业,整修道床以及沉降整修和大型机养。

(4)吴集站站改过渡方案

吴集站与专用线同时展开施工。吴集站线路作业为营业线施工。本工程在吴集站工点需进行 2 组交叉渡线插铺、1 组单开道岔插铺。道岔插铺施工需对正线进行封锁,施工级别为营业线Ⅲ级施工。

2. 路基加固工程

本路基工程工作量主要集中在专用线作业场。地基处理采用高压旋喷桩,桩长 6.5 m,桩径 0.6 m,间距 1.5 m,掺量 45%。高压旋喷桩加固区距离既有 2 道线路中心距离为 6.5 m,旋喷桩施工钻孔采用旋转式钻机,旋喷注浆加固。高压旋喷桩施工工艺流程如图 21-3 所示。

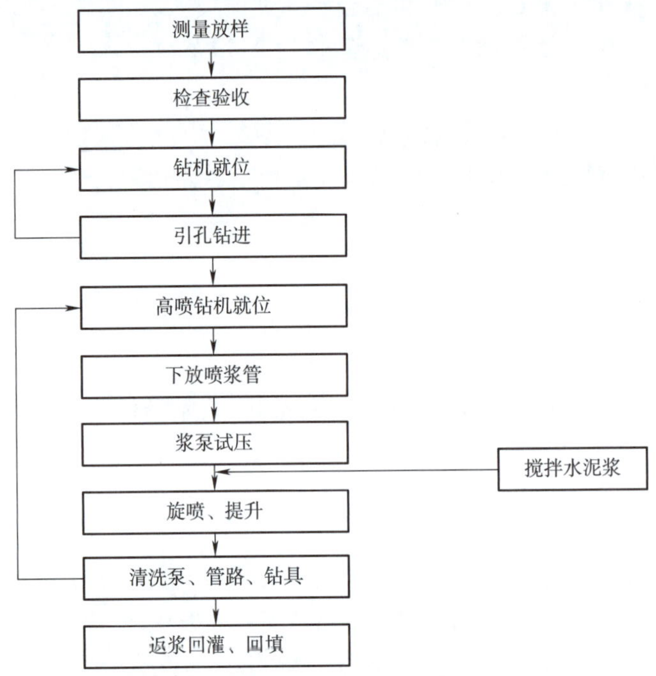

图 21-3　专用线项目高压旋喷桩施工工艺流程

注浆前应全面检查注浆设备与材料,包括注浆泵、拌浆储浆系统、高压注浆管压力表水电及其他机械零件。在插管前先检查管路是否畅通,密封圈是否完好无损,丝口是否连接严密。发现问题应即时修理或更换,以保证浆液体能按要求进入。插管到位后,先做高压试喷,调整参数达到要求方可进行喷浆作业。

旋喷桩施工钻孔采用旋转式钻机,双管旋喷注浆加固。注浆采用 P·O42.5 的普通硅酸盐水泥,所用水泥各项测试技术指标符合现行国家标准,颗粒大于 0.5 mm 的水泥不得用于注浆,水泥出厂期超过 3 个月,使用前应进行各项技术指标复查实验。

施工前先进行场地平整,挖好排浆沟池。钻机开钻前必须用水准尺校平,保持机身水平,就位后,钻杆与钻孔保持垂直。钻进时应保持中速,遇硬层应减速慢钻,以防卡钻。

拌浆操作人员应严格按配比配料,浆液应经过充分搅拌经筛网过滤后,在不断搅拌之中予以注浆。喷浆作业时,应检查注浆流量、压力,旋转提升速度等。由上而下进行喷射注浆时,注浆管分段提升的搭接长度不得小于 100 mm。

正式注浆后切勿随意中断,力求连续作业,以保证成桩质量。若高压喷射注浆过程中出现压力骤降、上升或大量冒浆等异常情况时,应查明产生的原因并及时采取措施。

旋喷桩顶应保证 0.5～1 m 空钻长度。相邻桩体的作业间隔时间不应少于 36 h,间距不小于 1.2 m。根据桩基布置情况,现场按照与营业线的距离由近及远逐排跳桩施工。

列车临近前 1 000 m 必须停止作业,作业人员要服从现场防护人员的安排。邻近营业线 30 m 内高压旋喷桩施工时必须采取慢行,夜间禁止施工。如发现路基、轨道有变化要立即停止施工,并采取紧急措施,并向邻近车站值班员报告。

3. 路基填筑施工

路基施工前应做好地表排水疏干措施，清除地表杂草和整平地面，建筑弃砟应全部挖除，并回填合格填料，路堤地段挖除表土换填合格填料厚不小于 0.3 m。换填土压实后方可进行地基处理施工，压实标准同路基本体要求。

路基施工采用分层回填，分层回填厚度 30 cm。路堤地面横坡大于 1∶5 地段采用挖台阶处理，台阶宽不小于 2.0 m。

阜六改建地段进行路基帮宽施工时，新建路基与原有路基接茬处采用倒台阶的方式进行接茬处理，台阶宽度不大于 1.0 m，台阶倾斜角度以 5°～15°为宜，保证新、旧路基贴合紧密，不会出现滑动错位。

路基基床分层填筑，基床表层厚度 0.6 m，基床底层厚度 1.9 m。站线路基路肩施工高程至以下 0.3 m 部分为基床表层，其下 0.9 m 为底层。基床表层采用 A 组填料，基床底层采用改良土，基床以下采用改良土进行填筑。

专用线路基基床分层填筑，基床表层厚度 0.3 m，基床底层 0.9 m。路基路肩施工高程至以下 0.3 m 部分为基床表层，其下 0.9 m 为底层。基床表层采用 AB 组填料，基床底层采用改良土，基床以下采用改良土进行填筑。

边坡高度 $H<4$ m 时，采用液压喷播植灌、草进行边坡防护。边坡高度 $H\geqslant4$ m 时，采用截水骨架内液压喷播植草护坡或土工网分层加筋结合截水骨架内液压喷播植草防护。当路堤边坡高度≥6 m 且路堤本体填料为非硬块石时，边坡采用平铺土工格栅分层加固。

路堤坡脚外设置不小于 1 m 宽的天然护道，路堤边坡设有防护工程时设置浆砌片石脚墙，脚墙尺寸(高×宽)：1.0 m×0.6 m 或 1.5 m×0.7 m。

路基填筑施工需开挖既有路堤边坡台阶时，应严格控制开挖长度和高度，开挖既有路堤边坡台阶必须当天恢复，防止塌方影响既有路堤边坡稳定。

4. 基坑开挖施工措施

本工程 4 处框架涵施工与吴集站新建综合楼需开挖基坑。基坑采用挖掘机开挖，基底预留 20～30 cm 人工清底，保证原状地基不受扰动。有地表水时利用围堰防护明排或修导流坝导流。基坑内设排水沟和集水井排水，保证坑底干燥。挖至基底高程时，按照地质资料核实地层土质，验证基底承载力，如不合格采取压实、换填等处理。合格的基坑底在报请监理复检批准后，迅速进行基础施工，防止晾槽引起水浸和风化，影响地基承载力。

相邻基坑开挖时，应遵循先深后浅同时进行的施工程序。挖土自上而下水平分段分层进行，边挖边检查坑底宽度及坡度，1∶1.5 放坡，不够时及时修整。

及时检查基坑底高程和基坑底宽度，同时要求坑底凹凸不超过 1.5 cm。

在基坑四侧或两侧挖好临时排水沟和集水井，应预防基坑外露的时间内下雨时造成基坑积水和基坑塌方。在基坑的底放坡边上挖一条沟，再在基坑的角落上集中排水，以防下雨基坑积水。

在基坑边缘上侧临时堆土或堆放材料以及移动施工机械时，应与基坑边缘保持 1 m 以上的距离，以保证坑边直立壁或边坡的稳定。

待土方挖至设计高程后，经建设、设计、监理单位验收后立即浇捣混凝土垫层，避免地基土长时间暴露。混凝土垫层浇捣采用平板振动器振捣密实。

土方开挖过程中必须按设计要求做好监测工作。开挖过程中要随时注意基坑周围的安全。

本工程4处框架涵均为现浇，其施工工艺流程如图21-4所示。

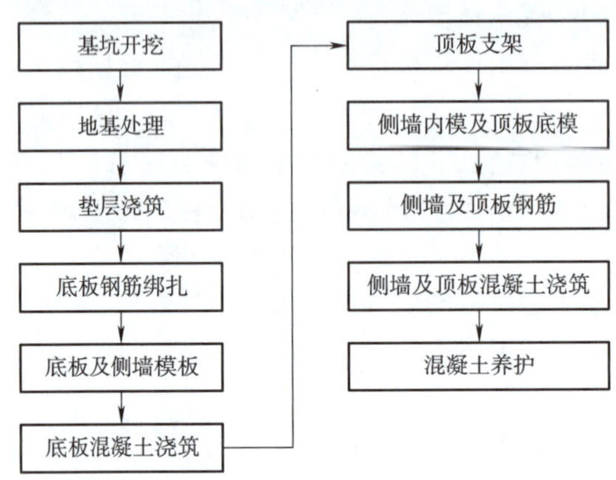

图21-4　专用线项目框架涵施工工艺流程

吴集站内4处桥涵接长，基坑开挖时沿路基坡脚侧设置钢板桩，以防路基土体坍塌。钢板桩施工工艺流程：钢板桩检验→钢板桩矫正→板桩定位放线→挖沟槽→钢板桩插入和预打→沉打钢板桩→开挖至围檩位置→设置围檩→土方开挖→坑内主体结构施工→填土及拆除围檩→回填。

钢板桩施工采用测量定位、逐根打入的施工方法。打桩前先破除原路面结构层约60 cm，按设计钢板桩位置向外移动10 cm定出施打钢板桩轴线。在钢板桩的锁口内涂油脂，以方便打入和拔出，并将桩尖处的凹槽底口封闭，避免泥土挤入。钢板桩堆放场地要平整坚实，底层垫枕木，堆高不超过5层。

为了保证钢板桩位置的准确性，利用钢围檩作钢板桩安装导梁。为保护钢板桩垂直打入后板桩墙面平直，打设方法选用屏风法施工。采用单层导梁，2×I45工字钢制作，每10～20块钢板桩组成一个施工段，对每一个施工段，先将其两端1～2块钢板桩打入，严格控制其垂直度，用电焊固定在导梁上，然后从一端开始逐块插打。为防治打入时钢板桩扭转，造成钢板桩前的锁口，或者在钢板桩与导梁之间的两边空隙内设一只定榫滑轮支架，阻止板桩下沉中的转动。围檩不能随钢板桩的打设而产生下沉和变形，且导梁位置应尽量垂直，并不能与钢板桩碰撞。

钢板桩采用屏风式打入法施工，该方法不易使板桩发生屈曲、扭转、倾斜和墙面凹凸，打入精度高，易于实现封闭合龙。用打桩机将钢板桩放至插桩位置，插桩时锁口对准。每一流水段落的第一块钢板作为定位桩，应先沿钢板桩的行进方向反向倾斜8°左右，再开动振动锤，利用振动力把桩沉至离地面1 m左右停止(防止施工打第二根桩时因摩擦过剧而把第一根桩带入土中)。

为防止打桩时把相邻的已打桩高程的桩因摩擦作用而带入土中，要求每打好一根桩就要在顶部用电焊与相邻的桩相固定，连接成一片，加大抗摩擦力。

为保证桩的垂直度，钢板桩施打过程中应对导向围檩进行测量，用两台全站仪加以控制，为防止锁口中心线位移，可在打桩行进方向的钢板桩锁口处设卡板，阻止板桩位移，同时在围檩上预先标出每块钢板桩位置，以便随时检查纠正。打桩开始第一、二块钢板桩的打设位置和方向要精确，使起导向样板的作用，故每入土 1 m 测量一次。在插打过程中随时测量监控每块桩的斜度不超过 2%，出现倾斜和锁口结合部有空隙，可用轴线修正法修正，如发现过大倾斜时，要用钢丝绳拉住桩身，边拉边打逐步纠正。当偏斜过大不能用拉齐方法调正时，拔出重打。

钢板桩施打就位后，利用导梁复位至围檩位置，设置固定牛腿托住围檩。在土方开挖前必须安装好横向支撑，报监理工程师验收合格后方可进入下道工序施工。

5. 既有线路加固施工

桥涵接长施工时采用 D24 便梁架空加固线路。在接长涵施工前，先进行便梁支墩施工。本工程便梁支墩采用 C30 钢筋混凝土独立支墩的形式，支墩尺寸为 2.5 m×1.5 m×0.6 m。

限位装置采用短钢轨制作，施工支墩时在预埋设位置预留孔洞，待混凝土浇筑完成，便梁架设到位后插入限位装置对便梁纵横位置进行固定，两组便梁之间位置同样设置限位装置，以确保两条线便梁能够分别达到限位要求而不相互影响，如图 21-5 所示。

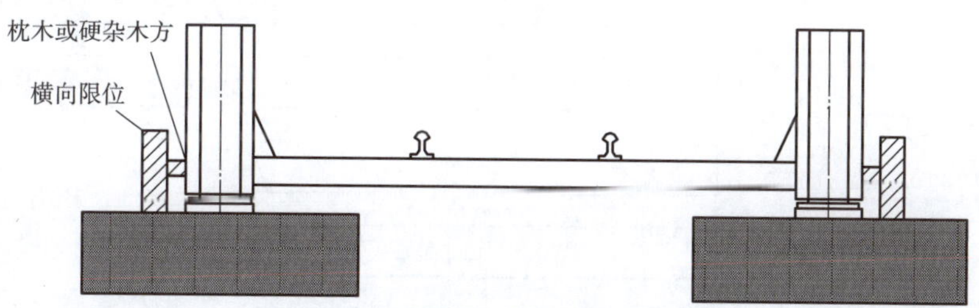

图 21-5　便梁横向限位装置横断面

施工便梁用铁路专用平板车及轨道吊运至现场。便梁架设期间施工线路必须慢行至 45 km/h。在便梁装卸时，需对线路进行封锁施工，在装卸便梁时事先对轨道吊司机进行交底，明确工作内容及注意事项，在作业过程中设专人进行跟班防护。施工区域为电气化区段，当装卸便梁封锁施工时需对接触网进行停电时，必须收到电调发出的确认停电通知单后方可施工。

抽换横梁均在铁路封锁点内进行。安装横梁的位置应与主梁连接一致，所以事先应将枕木间距适当调整，塞入横梁时要对准主梁联结板并定位，同时上好扣件，垫好橡胶轨垫。便梁拼装完成后邀请电务部门对便梁进行绝缘测试，并做好便梁接地和限位装置。

便梁纵移或架设时，线路中心道砟需做好保护措施，防止因道砟不稳定造成的轨道超限。对道砟的保护措施为：使用 ϕ25 的钢筋打入基底不小于 30 cm，间距不大于 1 m，钢筋上部采用高强尼龙绳稳固与轨枕上，钢筋前方插入竹胶板保护道砟。

施工便梁拆除前应对便梁范围内的线路进行道砟补充和捣实，在封锁命令下达后，将便梁配件与主梁分离，主梁被吊离待确认停电后，及时抽去钢枕并补充道砟，当线路整修至达到恢复常速条件后方可取消线路的慢行。

6. 道岔插铺施工措施

吴集站新建轨道工程对既有站线改造，涉及营业线施工安全压力大，施工时间紧张，施工难度大，需要认真组织安排确保顺利完成道岔插铺施工。道岔插铺施工流程如图 21-6 所示。

第一步，封锁吴集站既有 1 道，铺设新Ⅱ道线路，铺设 21～23 号、25～27 号及 16～18 号、

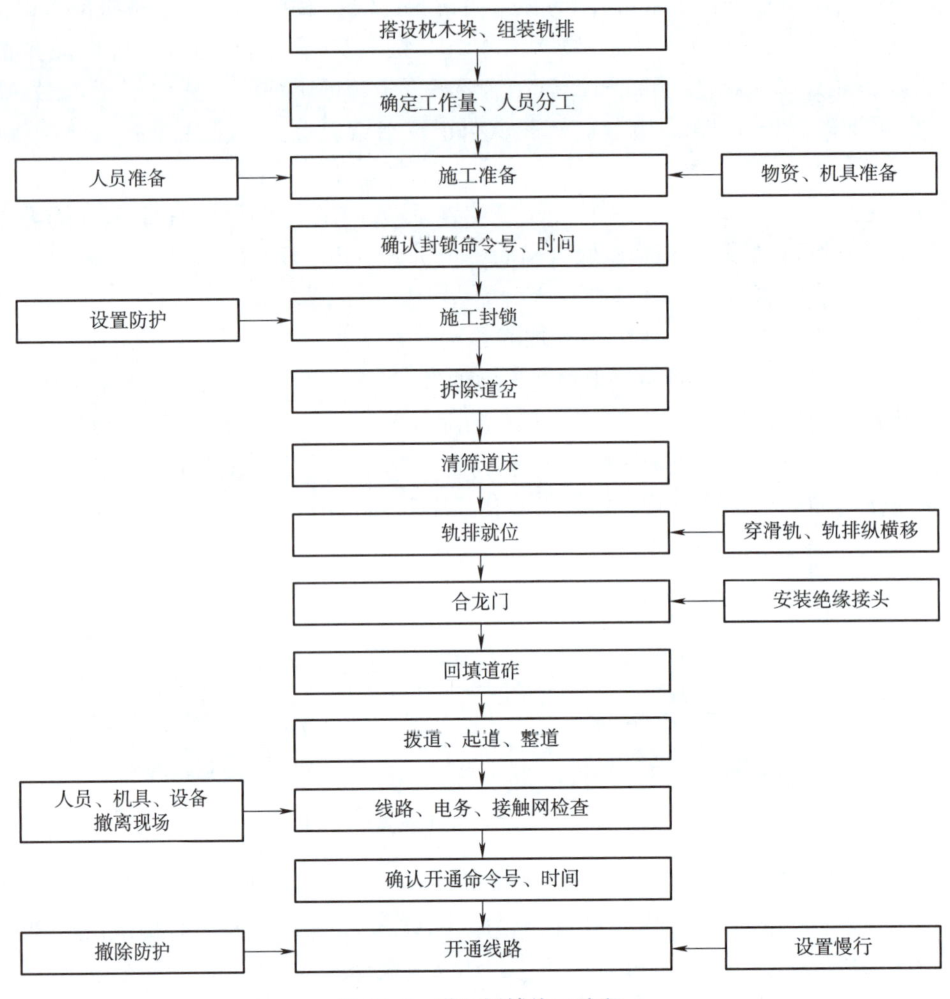

图 21-6　道岔插铺施工流程

20～22 号 2 组交分道岔，铺设 25 号岔前机待线线路，后连接 21～19 号、16～新 14 号(既有 8)岔间线路，后开通新Ⅰ、Ⅱ道。

第二步，就位铺设 2 号、4 号道岔，预铺 6 号道岔，铺设 4～20 号岔间线路。

第三步，要点插铺 6 号道岔，连接 4～6 号岔间线路，后开通往专用线作业场线路。

(1)应力放散

线路道岔拆除、插铺正线道岔前需对该段无缝线路进行应力放散，施工结束后进行无缝线路锁定。

应力放散以一个单元轨条为施工单位，进行局部切割放散。进行应力放散时一端应设置临时缓冲区，其临时缓冲区应按不少于两轨三缝设置，且长度不短于 22 m。其伸缩区长度必须满足 75 m。应力放散的轨条长度为施工作业长度加施工作业地段前后各 75 m，计 2.7 km。临时缓冲区和伸缩区设置在直线段。

放散切割前在切割点外方和放散轨条与相邻轨条交界点外方各不少于 75 m 范围复紧扣件，达到规定扭矩，在规定位置处做好位移观测标记，并派专人负责位移观测工作，发现异常应及时处理。

施工影响范围的无缝线路及前后短轨地段道床肩宽必须满足不少于400 mm，堆高砟肩不少于150 mm；轨枕和扣件必须齐全、无缺损失效，接头和轨枕扣件扭矩分别达到700～1 100 N·m；同时加强作业测温和记录工作；施工工点处应备好防胀轨的应急机具。

(2)无缝线路的锁定

拨道、插铺道岔施工结束后应及时在轨温低于或等于中和轨温的时期内对无缝线路进行焊接恢复，要求恢复后的无缝线路相邻单元轨条锁定轨温差不大于5 ℃，同一区间内单元轨条的最低、最高锁定轨温差不大于10 ℃，同时放散长度应向两端各伸100 m。

当放散后的无缝线路恢复到原单元轨条的锁定轨温时可按原单元轨条锁定轨温控制管理。当恢复后的锁定轨温与原单元轨条不一致时应按新单元轨条进行控制管理，即区间或跨区间无缝线路各单元轨条的划分按长钢轨应力放散并锁定后的实际长度确定，并要求按铁路规定要求重新设置纵向位移观测标桩。

(3)既有线硬隔离设置

封锁股道与未封锁股道间的物理隔离采用脚手架上挂密目网(上面设置三角警戒绳)措施，正线施工上下行间隔离也采取以上措施。

(4)既有道岔拆除、正线换铺线路及拆除站线道岔

轨排组装前，在预铺位置处先搭设枕木垛，人工组装。

拆除正线道岔换铺轨排需要点封锁线路，本次施工计划每个封锁点内拆除道岔换铺轨排。拆除道岔采用机械为主，人工辅助作业，每组道岔配备挖机进行道床清理，道岔拆除。每组道岔轨排利用专用道岔插铺设备进行轨排横移到位，点内利用小型养路机械捣固。

道岔拆除的旧轨料临时堆放路肩，利用封锁点收集零星轨料。大型道岔配件采用轨道车集或收集堆码在线路限界外。

(5)道岔插铺

道岔预铺采用人工抬摆道岔料、人工组装的施工方法。

道岔插铺需要点封锁线路，人工拆除线路，每组道岔配备挖机进行道床清筛；每组道岔利用挖机进行道岔纵移到位，人工整修线路。

首先起新道岔、横滑轨垫走行轮；按规定联系明确锁闭道岔，人员提前到位，钉闭器等工具准备齐全；根据当天日计划，驻站联络员提前拟定好施工登记内容，做好施工准备；小挖掘机做好进入封锁区段配合施工准备。

在封锁命令下达后，按规定设置施工防护，确认“两横一纵”导线设置。挖机根据施工需要，进入封锁线路，运行至指定位置停放。锯轨，松扣件，人工拆除钢轨至指定位置。清筛道床，污砟外运，清筛至规定深度，人工配合小挖机整平，清挖深度不低于350 mm，回填清砟。穿横滑轨，进行道岔横移。横移就位后，安装四平小车，利用既有轨道作为滑轨，P60挖机配合进行纵移新岔至设计位置。道岔纵移至设计位置后，利用高行程千斤顶抬起整组道岔，在岔枕下垫枕木头，架空新道岔，抽出四平小车及纵向滑轨。落架子，逐步抽除枕木头，测量线间距拨道，拨正道岔大方向。在岔口用拉伸器纵移道岔，配轨合龙门，连接接头或安装快速夹具。电务打齐连接线，拆除“两横一纵”导线，供电部门接触网测量，电务关门调试。回填道砟，起道捣固，检查线路。线路检查确认，撤除防护，开通线路。

21.3.2 施工安全卡控措施

1. 施工安全管理措施

施工期间，对开挖施工区域的通信缆线、信号设备及电缆、电力电缆、电力架空线等既有现状进行详细的现场调查，必须进行挖探，探明开挖施工区域范围内的缆线、设备等详细敷设路径，结合施工及调查的情况，对施工区域的通信、信号、电力设备、缆线进行有效防护。需要防护的电缆采用槽钢防护，防护钢槽应保证结构稳固，并做好防火和接地措施。防护区域的电缆应做好电缆型号标、警示牌等标识。定期对防护的电缆进行巡视，发现任何问题或潜在风险及时与设备管理单位、四电施工单位沟通并妥善处置。

为防止大型机械侵限事故，设备选用坚持技术先进、安全可靠、节能环保、经济适用的原则。设备操作人员上岗前须经技能培训并持证上岗；特种作业人员必须按照有关规定经过专业安全技术培训，并取得特种操作资格证书后方可上岗作业，严禁无证上岗。铁路保护区范围内的施工大型机械设备实行"一机一人"防护，防护人员未到场禁止施工，机械钥匙由防护人员保管。设备使用过程中做到定人、定机、定岗并严格执行安全技术交底、交接班、日常检查等制度。操作人员按照本机说明书规定，严格执行设备定期、不定期检查制度，作业班组每天进行检查，对检查中查出的安全问题，按照"三不放过"的原则进行调查处理，制定防范措施，防止机械事故的发生。

桩架在铁路外侧设置缆风绳，防止桩机向铁路侧倾倒。缆风绳采用直径不小于 9 mm 的钢绞线，锚固端有足够抗拔力，缆风绳与地锚间采用花篮螺栓拉紧，垂度不大于 $0.01L$（L 为长度），缆风绳与地面夹角不大于 60°。

轨道车起吊作业前要先打好支腿，使轴箱弹簧处于松弛状态。由两名及以上司机对四个支腿的状况确认后，方可作业。在复线或站场作业时，相邻线路若未封锁，车体部位不得侵入邻线限界。在接触网带电时，不得在车正上方进行起重作业，在进行其他作业时必须有现场负责人指挥作业，在接触网附近作业时吊臂及吊件的任何部位要与带电部分保持 2 m 以上距离。

施工机械在距离接触网支柱及带电部分 5 m 以内，均需装设接地线；距接触网带电部分 2～4 m 间作业必须由网工监护；距接触网带电部分 2 m 以内作业必须停电和接地；达不到上述要求的严禁施工。

2. 施工慢行

桥涵接长施工时，便梁加固线路 4 处（K74＋089、K75＋346、K75＋583、K75＋775.5）。K74＋089 处桥涵接长加固到发线 1 道，1 道车速不大于 45 km/h，期间 1 道线路不限速。K75＋346、K75＋583、K75＋775.5 三处桥涵接长时便梁加固吴集站正线Ⅱ道线路，线路限速 45 km/h。

K75＋480～＋520 处路基右侧高压旋喷桩加固路基施工期间，按相关规定线路限速 60 km/h。桥涵接长与高压旋喷桩加固路基同时施工，线路按 45 km/h 限速，限速范围：K75＋300～＋800。施工完成后，线路阶梯性提速后恢复常速，先限速 45 km/h，后限速 60 km/h 24 h，后限速 80 km/h 24 h，后 120 km/h 一列后恢复常速。

阜六线吴集站行车密度：昼夜 10 对，正线运行速度：120 km/h，天窗修时间段：周一～周四，上午 6:10～8:10，下午 13:10～15:10。

3. 施工封锁

本工程施工便梁加固线路拟采用铁路专用平板运输，轨道吊配合装卸。共投入 4 组 D24 型便梁 4 处加固线路，架拆 8 组次，线路放散 2 处，道岔插入，施工过渡等封锁施工计约 30 次。

装卸便梁时，本线接触网须停电配合。便梁吊装期间，其邻线（3 道，K75＋346）需同时封锁 15 min，接触网不停电。具体施工计划提前一个月上报，以上海局集团公司批复的正式计划为准。

21.3.3　实施效果

按照上述设计施工措施及相关施工要点，施工得以顺利进行，均取得了满意的结果，最终的既有铁路路基与轨道变形均未超限，保证了既有线的安全，如图 21-7 所示。

图 21-7　铁路专用线完工后现场

21.4　小　　结

本章以安徽首矿大昌金属材料有限公司铁路专用线工程为例，介绍了软土地区接轨工程安全风险防控，介绍了专用线工程中的路基、桥涵与轨道工程所涉及的风险源及安全防控措施。

软土地区接轨工程的主要风险源有 4 个方面：加固桩基施工引起的塌孔风险、基坑坍塌风险、便梁倾覆及胀轨风险和大型机械设备侵入既有线风险。针对上述风险源，从施工管理角度采取相应的技术及安全卡控措施。

（1）在施工技术措施方面，为避免加固桩基施工引起的塌孔风险，保证路基施工安全，本工程路基工程地基处理采用高压旋喷桩，旋喷桩施工钻孔采用旋转式钻机，旋喷注浆加固。路基基床分层填筑，当需要开挖既有路堤边坡台阶时，应严格控制开挖长度和高度。

（2）在施工技术措施方面，为避免基坑坍塌风险，工作坑分层分段开挖，在基坑四侧或两侧挖好临时排水沟和集水井，应预防基坑外露的时间内下雨时造成基坑积水和基坑塌方。同时基坑开挖时沿路基坡脚侧设置钢板桩，以防路基土体坍塌。

（3）在施工技术措施方面，为避免便梁倾覆及胀轨风险，涉及桥涵接长施工时采用 D24 便梁架空加固线路，并做好便梁接地和限位装置。涉及吴集站新建轨道道岔插铺施工时，线路道岔拆除、插铺正线道岔前需对该段无缝线路进行应力放散，施工结束后进行无缝线路锁定。同时封锁股道与未封锁股道间的物理隔离与正线施工上下行间隔离采用脚手架上挂密目网措施。

(4)在施工安全卡控措施方面，为避免大型机械设备侵入既有线风险，桩机在铁路外侧设置缆风绳，轨道车起吊作业前要先打好支腿，防止桩机向铁路侧倾倒。铁路保护区范围内的施工大型机械设备实行“一机一人”防护，防止大型施工机械侵入既有线事故的发生。

(5)在施工安全卡控措施方面，为保证既有线运行安全，在部分施工过程中实行限速措施。桥涵接长施工时，部分线路限速 45 km/h。在邻近路基高压旋喷桩加固路基施工期间，所有线路限速 60 km/h。桥涵接长与高压旋喷桩加固路基同时施工时，所有线路按 45 km/h 限速。

安徽首矿大昌金属材料有限公司铁路专用线工程在采用上述措施后总体实施效果良好。在既有铁路采取相应慢行、封锁措施的情况下，对既有铁路未产生影响，保证了既有铁路的安全正常运营。该方法也为类似软土地区接轨工程施工的风险提供了一种参考解决方法。

同时本项目推进铁路专用线建设是国家优化调整运输结构，打赢蓝天保卫战，更好发挥铁路在综合交通运输体系中骨干作用的战略决策部署。随着专用线建设深入推进，各项政策文件将逐步落地落实，通过路地企各方理念转变，达成共识，共同努力形成以市场为主体、多方合作共赢的专用线建设格局，建立权责清晰的行之有效的沟通协调机制，为加快专用线建设创造有利条件，早日打通铁路运输“最后一公里”，实现以铁路为核心的多式联运格局，高标准建设专用线工程，高质量践行双循环载体。

专题四

既有铁路改建施工

概　　述

本专题共包括2个案例，主要介绍了既有铁路桥梁维修改造工程与桥型改建（简支梁桥改建为箱涵）工程。本专题分为两篇，每一篇中的典型案例也主要介绍了相应的风险源与设计施工技术措施。本专题也为不同类型的既有铁路改建施工提供了相应的参考解决方案。

第1篇公铁两用桥维修改造施工部分包括1个案例，选取了南京长江大桥公路桥维修改造工程进行分析。该类工程的风险源主要包括4个方面：防护棚架安装及拆除过程的构件掉落及坍塌风险；提升站基础施工引起既有桥墩变形风险；钢主梁架板机前移过孔过程中的倾覆风险和触电、火灾、营业线设备损坏风险。针对上述风险，解决方案一般为维修改造总体遵循维持现有宽度的原则；对防护棚架的服役全过程开展防护体系的风险控制研究；防护棚架采用倒退拆除的方法；架板机拼装遵循自下而上的顺序；防护棚架搭设利用检修道配合施工。

第2篇简支梁桥改建为箱涵施工部分包括1个案例，选取了新长铁路既有丁溪河中桥拓浚防护工程进行分析。该类工程的风险源主要包括5个方面：基坑安全与地表沉降风险；高铁位移风险；基坑开挖风险；高铁邻近施工风险；施工扰动风。针对上述风险，解决方案一般为基坑支护结构采用排桩支护；顶进工作坑和既有桥下土体采用压密注浆处理；采用滚筒放散法对施工区域的无缝线路进行应力放散；对老桥进行加固措施对既有桥墩进行包箍；合理设计箱涵顶进施工方案；施工阶段对既有铁路采取限速或封锁措施。

各类型既有铁路改建施工相应的设计与施工技术措施在下面的案例分析中也分别进行了详细阐述。

第 1 篇　公铁两用桥维修改造施工

22　南京长江大桥公路桥维修改造工程

22.1　工程概况

22.1.1　案例背景

南京长江大桥是长江上第一座由中国自行设计和建造的双层式公铁两用特大桥梁，具有极大的经济、政治和战略意义，创造了中国桥梁建设史上的许多新纪录，具有划时代的里程碑意义。南京长江大桥铁路桥是京沪铁路大干线上跨越长江的关键工程，而公路桥既是我国华东地区重要的过江通道，亦是南京市长江两岸的交通枢纽。大桥自 1968 年全面建成通车至今，在铁路、公路、城市交通中发挥了巨大作用，为国家、区域及地方的经济发展做出了卓越贡献，如图 22-1 所示。

图 22-1　南京长江大桥正桥

公路桥为上层结构，其正下方的双轨复线铁路桥连接津浦铁路与沪宁铁路干线，是国家南北交通要津和命脉。综合考虑南京长江大桥的历史意义、文物属性、病害特点、结构及交通现状、经济及交通发展等多方面因素，需要对南京长江大桥进行维修改造。为了保证干线铁路的运营安全，在维修改造前，在涉铁的公路桥与铁路桥面之间搭设防护棚架以隔离和防护既有铁路线，同时防护棚架也作为公路桥维修改造的施工平台。

22.1.2　施工区域与既有营业线相对位置关系

本工程分为正桥、涉铁引桥两大区域，公路桥面位于铁路面正上方，由于南京长江大桥铁路线为京沪铁路线大干线，运输繁忙，此次公路桥维修改造工程是在不中断铁路运营情况下进行。为不影响铁路正常运营，在施工前须在涉铁的公路桥和铁路桥面之间搭设防护棚架对铁路进行全面隔离和防护，同时铁路防护棚架作为公路桥维修改造的平台。正桥和涉铁引桥施工区域如图 22-2、图 22-3 所示。

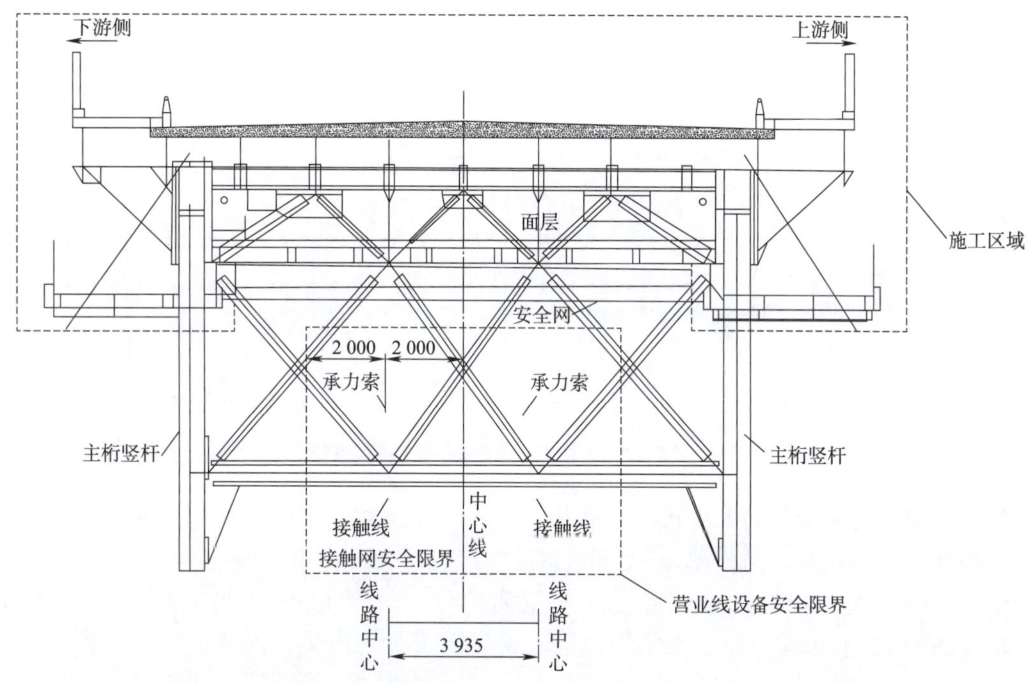

图 22-2　南京长江大桥正桥施工区域与铁路设备关系示意(单位:mm)

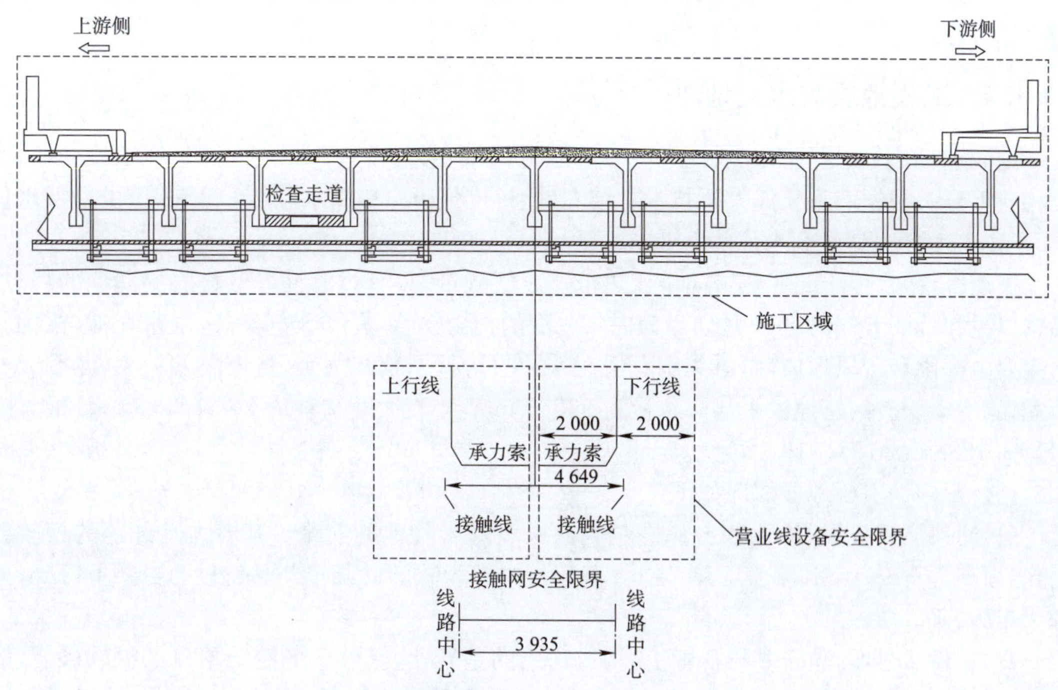

图 22-3　南京长江大桥涉铁引桥施工区域与铁路设备关系示意(单位:mm)

22.1.3 钢主梁构造设计

南京长江大桥公路桥维修改造涉铁工程公路正桥维修改造，采用正交异性钢主梁更换原混凝土桥面板。更换后的钢主梁由面板、纵肋(梁)、横(肋)梁及其加劲组成，其中纵梁布置及纵梁间距与原设计一致，如图 22-4 所示。

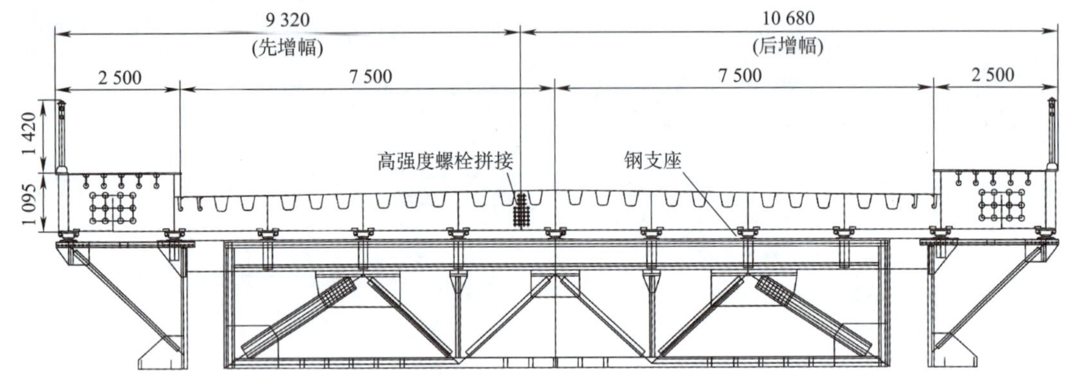

图 22-4 南京长江大桥公路桥钢主梁构造(单位：mm)

钢主梁横桥向跨中梁高 800 mm，面板厚 16 mm，板顶设 1.5%的双向排水坡，为承载桥面铺装等桥面设施恒载及公路活载，其下部设置 U 型纵肋及板肋。U 型纵肋间距为 550 mm、板厚 8 mm，U 肋顶宽 300 mm、底宽 196 mm、高度 260 mm。板肋有 220 mm×16 mm、200 mm×12 mm、200 mm×16 mm 三种。倒 T 形纵梁下翼缘板底面与横梁下翼缘板底面平齐，纵梁腹板厚 16 mm，底板宽 400 mm，厚 20 mm。U 肋、板肋和纵梁的跨距都是 2.667 m+2.666 m+2.667 m，并且全桥连续。顺桥向设倒 T 形横梁(肋)，横梁、横肋腹板遇纵梁腹板断开，与纵梁腹板焊接连接。纵、横梁下缘与钢支座采用高强螺栓连接。

22.1.4 工程地质与水文地质

地表水、地下水受降水或长江水位多重控制，雨季水量增大，水位上升，长江水位高，其水位相应上升。根据南京长江大桥技术总结文件，桥位处历史最高水位 10.22 m，历史最低水位 1.54 m，二十年一遇最高水位为 9.3 m。

据调查，南京位于北亚热带向中亚热带过渡气候带，具有过渡性、季风性、湿润性的特点。春季以风和日丽天气为主，6 月前后为一年一度的梅雨季节，夏季天气炎热，雨水充沛，汛期暴雨主要由梅雨和台风形成，雨量集中发生在 6～9 月，秋季秋高气爽，昼夜温差较大，冬季天气晴朗，寒冷干燥。南京地区平均降水量为 995.3 mm，年最大降水量为 1 621.3 mm，日最大降水量为 198.5 mm。

正桥及涉铁引桥地质情况如下：

(1)浦口岸桥头堡，位于基岩深槽左侧的一级基岩阶地的前缘。基岩为暗红色的松软砂岩，岩面高程−68.0 m，覆盖层厚 74 m；上部与中部为软塑砂黏土与粉细砂，共厚约 43 m；下部为粗砂、砾砂层。

(2)正桥 1 号墩，位于基岩深槽上，构成深槽的基岩，为暗红色的胶结不良的松软砂岩，极限抗压强度很低。深槽底高程约为−90.0 m。深槽中的覆盖层，厚达 90 多米；上部为厚约

12 m的软塑砂黏土；中部为厚约26 m的粉细砂；下部为粗砂、砂砾层。高程－50.0 m以上的粗砂、砾砂层中夹有细砂层，层次剧变，土质不均。高程－50.0 m以下的粗砂、砾砂与圆砾土，层次规则，土质均一，压实较紧密。

(3)正桥2～7号墩，位于基岩深槽右侧的一级基岩阶地上，阶地宽度900 m，前缘高程－62.0 m，后缘高程－57.0 m，阶地前缘在1号与2号墩之间，离2号墩中心约30 m。阶地面上的覆盖层厚度约35.0 m，主要为细沙，底部有厚约5～15 m粗砂、砾砂层，组成阶地的基岩。2号、6号墩为砂质页岩夹砂岩，但6号墩砂岩比较松软；3号、5号墩为砂纸页岩与砂岩互层；4号墩以砂岩为主，夹砂质页岩；7号墩为粘土质页岩。基岩阶地面平坦，各个桥墩范围内的基岩面也很平坦，一般岩面高差仅为0.2～－0.5 m。风化层厚度为1.0～1.5 m，新鲜岩面也很平坦，最大高差在1.5 m以内。在桥墩范围外的断层破碎带处，风化层有厚达5～6 m。

(4)正桥8号、9号墩及南京岸桥头堡，位于二级基岩阶地上。二级基岩阶地宽1 400 m，阶地前缘高程－52.0 m，后缘高程－47.0 m，一级阶地与二级阶地的分界点在7号与8号墩中间。其中，8号、9号墩阶地面上的覆盖层厚度约40 m，主要为细砂；桥头堡处阶地面上的覆盖层厚度约59.0 m，为砂黏土与粉细砂互层，底部有厚约4.0 m的租砂层。两个取百处的基岩皆为角砾岩，色淡红，角砾大小不一，稀密不匀，从砂砾带20 cm以上的漂石都有，一般以2～5 cm为主。岩面平坦，风化层很薄。

22.2 风险源分析

本工程由于作业线长、施工任务重、工序复杂、危险因素较多，为防止安全事故的发生，针对本工程施工特性，必须重点考虑以下存在的风险源：

1. 防护棚架安装及拆除过程的构件掉落及坍塌风险

在防护棚架安装及拆除过程中，工作人员可能没有按照规范要求进行作业，或者操作不当，导致构件掉落或坍塌。在设计与施工阶段，若构件质量不合格如钢材材质不足、焊缝不合格等，这些因素可能导致构件掉落或坍塌。同时在防护棚架安装过程中，可能由于安装不当而导致构件掉落或坍塌。

2. 提升站基础施工引起既有桥墩变形风险

塔式起重机基础采用4根ϕ1500 mm钻孔桩基础，桩顶采用8.5 m×8.5 m×2.2 m承台，施工过程中钻孔灌注桩施工产生的扰动易引发土层的变形破坏，进而导致既有桥墩变形超限，对原桥梁基础产生影响，危及既有运营铁路的行车安全。

3. 钢主梁架板机前移过孔过程中的倾覆风险

若架板机结构计算抗倾覆稳定系数过小，架板机在前移过孔过程中若架板机轨道固定不牢靠，或者风力过大都可能产生钢主梁架板机的倾覆风险，进而影响到下方既有铁路线的运营安全。

4. 其他安全风险

在本工程施工中，触电、火灾、营业线设备损坏、行车安全事故和吊装安全事故是本工程存在的最大的施工风险，一旦发生将造成巨大的灾难和损失。

22.3 对策措施

22.3.1 施工技术措施

1. 维修改造设计方案总体思路

由 2016 年对南京长江大桥公路桥进行的评估试验主要得出以下结论：主桥桥面板存在较多的横向裂缝、纵向裂缝、斜向裂缝、网状裂缝，其中部分裂缝有渗水现象，网状裂缝占桥面板面积的 12.4%。桥面板承托位置普遍存在裂缝，10%的裂缝处渗水严重。人行道板、行车道板局部存在混凝土剥落、露筋现象，共计发现 89 处。检测到的行车道钢纵梁上砂浆垫层共计有 200 处破损、掉块。人行道钢纵梁上砂浆垫块普遍存在破损、碎裂。钢纵梁共计发现 34 处裂纹。两侧人行道下方的纵梁(Z1、Z9)，上、下翼缘板均有起皮锈蚀现象，局部锈蚀严重。伸缩装置渗水处人行道托架存在轻微锈蚀。其余钢纵梁(Z2～Z8)在桥面板承托位置渗水处均存在轻微锈蚀的现象。所以后续不能完全保证铁路与公路的安全运营。

综合考虑南京长江大桥的历史意义、文物属性、病害特点、结构及交通现状、经济及交通发展等多方面因素，确定南京长江大桥维修改造的设计思路如下：保持外观风貌不变，遵循"修旧如旧"原则，外观维修出新；消除结构安全隐患，提高结构耐久性能，改善行车舒适性；维持原设计荷载标准汽—18 级，本次维修改造不提高荷载等级；维持桥面现有横断面布置，保持四车道和双侧人行道布置不变；结构受力体系基本不变。正桥及双曲拱桥主体结构保持现有受力体系，研究引桥 T 梁结构简支、桥面连续的可行性；维修改造不增加结构恒载；维修改造过程中，公路与铁路之间完全隔离，确保铁路的安全运营。

2. 维修改造设计方案

维修改造总体遵循维持现有宽度的原则，正桥横桥向布置为 2.5 m 人行道+15 m 机动车道+2.5 m 人行道，总宽 20 m。根据 2016 年检测报告及桥梁目前存在的病害问题，综合考虑了桥梁维修改造期间及后期运营安全监测及日常养护的方便等，引桥则根据南、北岸涉铁引桥 T 梁目前存在的病害，依照维修设计的原则，其维修重点是消除可能的安全隐患，以耐久性维护、功能性恢复为主，并恢复行车的舒适性。正桥和引桥维修改造内容见表 22-1。

表 22-1　南京长江大桥公路桥引桥和正桥维修改造内容

部　　位	维修改造内容	病害/现状/备注
正桥主桁	杆件更换	锈蚀严重杆件，主要为托架杆件
	钢桁杆件涂装防护	防护棚架以上部分
正桥行车道结构	行车道板改造	正交异性钢结构行车道板
	取消公路钢纵梁	
	桥面铺装改造	
正桥横梁	横梁及托架加劲改造	
	横梁增加制动撑杆	每联固定支座所在横梁

续上表

部　位	维修改造内容	病害/现状/备注
正桥桥面系及附属设施	人行道改造	改为钢结构
	人行道栏杆改造	仅包括踢脚改造
	防撞护栏改造	
	排水系统改造	
	检修小车改造	12 台检查车更换
引桥桥墩	局部破损、露筋	缺陷修复、防护涂装
引桥支座	支座倾斜变形较大；局部垫石破损	耐久性维护，部分支座修复；垫石缺陷修复
引桥主梁	局部存在非结构性裂缝	裂缝修复、防护涂装
引桥桥面铺装	坑槽、破损，主梁上拱引起桥面不平顺	铣刨后重新铺设，通过铺装垫层使纵向线形平顺
引桥伸缩装置	严重堵塞、锚固混凝土破损	全部拆除
引桥防撞护栏	—	全部更换

3. 总体施工流程与步骤

根据本工程施工内容及工程特点，针对上述风险源，首先进行防护棚架的安装，正桥与引桥防护棚架共用封锁点同步进行。提升站在此期间同步实施，确保其在防护棚架安装期间完成。

正桥桥面系改造考虑全断面进行，在防护棚架安装完成约 90%后，从桥中心往两侧倒退拆除桥面系，托架、横梁等钢结构维修加固紧随其后进行，然后从两侧桥头堡往桥中心安装钢桥面板。在钢桥面板安装约三个半月后，即从桥头堡往桥中心同步进行防护棚架纵梁及面层的拆除。在钢桥面板全部安装完成后，即开始进行防护棚架剩余吊挂结构的拆除。

引桥防护棚架搭设完成后，即开始进行涉铁引桥维修加固改造，优先保证大堡及小堡之间的 T 梁维修加固，为后续提升站施工创造条件。涉铁引桥防护棚架的拆除与正桥防护棚架共用封锁点同步进行。全桥总体施工流程如图 22-5 所示。

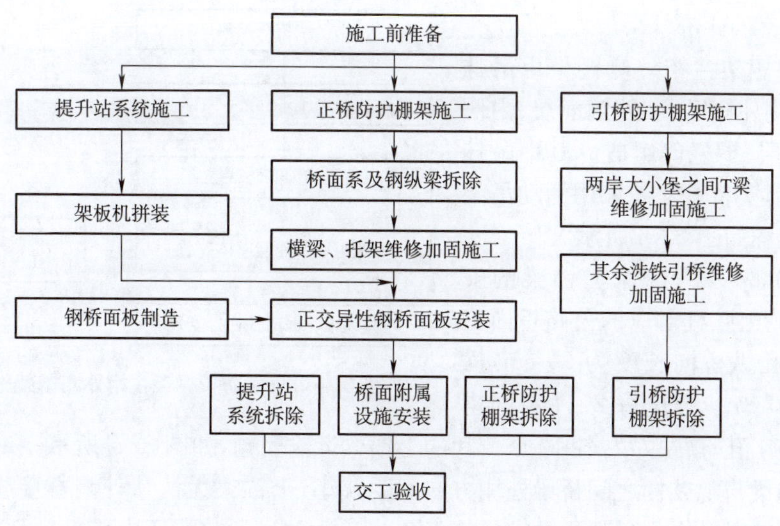

图 22-5　南京长江大桥公路桥总体施工流程

4. 正桥防护棚架的施工与拆除

针对风险源1,同时为保护既有线运营安全,保障维修加固顺利进行,上海东华地方铁路开发有限公司对防护棚架的服役全过程开展防护体系的风险控制研究。南京长江大桥公路桥维修改造工程中防护棚架的服役全过程风险控制包括三个主要且相对独立服役环节:防护棚架的施工(C1)、防护棚架的使用(C2)、防护棚架的拆除(C3)。针对每一个施工环节,建立了一套可针对大型涉铁桥梁改建工程的防护体系的风险评估与管理的办法。该方法具体如下:

(1)利用系统动力学模型研究了大型涉铁桥梁施工防护体系同质风险因素耦合过程和异质风险耦合过程,研究了大型涉铁桥梁施工防护体系风险耦合计算模型。以解释结构模型为基础研究了大型涉铁桥梁施工突发事件的演化层次结构模型,计算结果表明行车冲突事件的演化过程最复杂、火灾爆炸事件的演化过程最简单。

(2)基于突变理论建立了大型涉铁桥梁施工安全脆性度计算模型,计算了不同突发事件情况下大型涉铁桥梁施工安全各个子系统的脆性度的大小,分析了4种类型的突发事件的演化机理。

(3)在结构方程模型的理论研究基础上,对涉铁桥梁改建施工安全影响因素中的潜变量和观测变量进行确定,并在此基础上假设各潜变量之间的关系,构建模型,最后进行问卷设计。在实际调研获取数据之后,对问卷进行信度、效度分析和因子分析,在此基础上,对模型进行拟合和模型修正。

(4)对施工棚架受到重物掉落而产生的冲击应力进行了概率分析。为减小随机分析过程的计算量,提出了基于现场冲击试验结果的冲击力简化模型。采用ABAQUS有限元软件建立有效的有限元模型,通过该模型对冲击荷载作用下的施工棚架进行动力响应分析。在概率分析中考虑材料性能、几何形状、荷载和模型作为随机源,用拉丁超立方抽样获取样本并通过计算绘制施工棚架钢梁与木板的概率密度曲线和最大冲击应力的随机分布,采用蒙特卡罗方法进行计算钢梁和木板的失效概率。此外,通过偏相关系数PCC评估随机参数的敏感性,并根据敏感性分析结果对典型参数进行分析得出施工棚架的易损构件,并给出相应的优化方案及优化方案的评价。

正桥防护棚架主桁外侧棚架由吊挂结构、吊挂结构外侧纵梁、外侧面层、内侧纵梁、内侧面层、护栏等组成。其中吊挂结构构件零散,安装过程需采用活动吊架辅助。施工流程如图22-6所示。

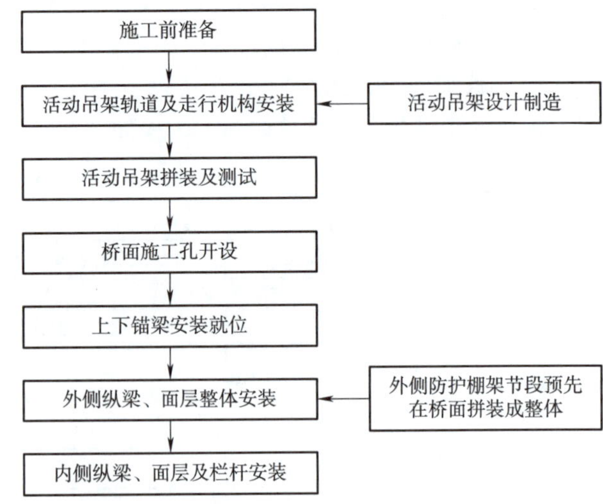

图22-6　正桥防护棚架主桁外侧棚架施工流程

针对风险源1,为确保上锚梁的安装,考虑在主桁上弦杆对应的公路桥面上开设施工孔,孔纵桥向长度为80 cm,横桥向宽度为60 cm。考虑每20个节间中间设置一个施工孔,解决左右各10个节间的上锚梁运输问题,如图22-7所示。

由于钢纵梁与上弦杆之间桥梁外侧方向间距狭小,上锚梁无法从外侧直接放置于上弦杆上,所以上、下锚梁及小型材料机具需从施工孔或者活动吊架放置于上弦杆内后,通过人工倒运至安装位置后进行安装。上、下锚梁的安装主要施工流程:施工准备→上弦杆加劲板安装→

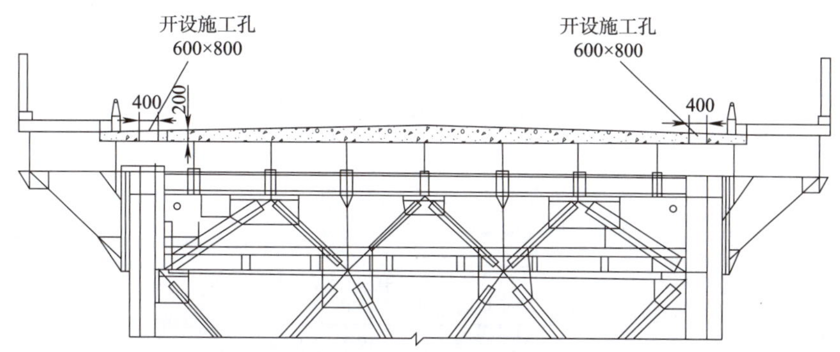

图 22-7 施工孔开设示意(单位:mm)

上锚梁安装→对拉螺杆及下锚梁安装。

在两个以上节间吊挂结构安装完成后,采用吊机辅助安装吊挂结构外侧纵梁及面层,利用封锁点外时段,在桥面进行外侧防护棚架节段的拼装。封锁点内线路封锁后,采用吊机将外侧防护棚架节段整体吊装至主桁外侧。利用倒链拖拉至安装位置后安装先竖向吊带,再安装斜吊带后,吊机松钩。安装外侧棚架后续节段,并进行纵桥向拼接。依次铺设防水透气膜及花纹钢板。

在吊挂结构外侧棚架安装完成后,以其作为施工平台,进行内侧分配纵梁及面层安装,吊机将分配纵梁吊至外侧平台上,采用人工+小型机具方式倒运至内侧并调整就位固定,安装纵梁间横联。依次铺设厚木板、防水透气膜及花纹钢板面层,如图 22-8 所示。

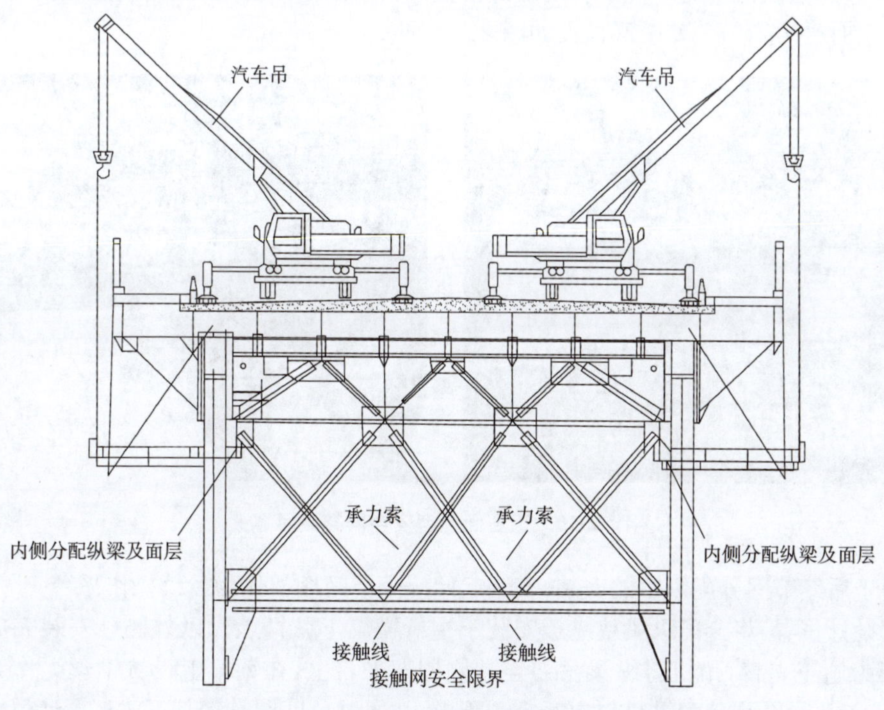

图 22-8 吊挂结构内侧纵梁及面层安装施工示意

在上、下游吊挂结构区域棚架形成 6 个节间以上后,即可利用外侧已经形成的施工平台进

行主桁内侧棚架的安装。正桥主桁内侧防护棚架施工根据工艺不同分初始节间安装施工、后续节间安装施工，施工流程如图 22-9 所示。

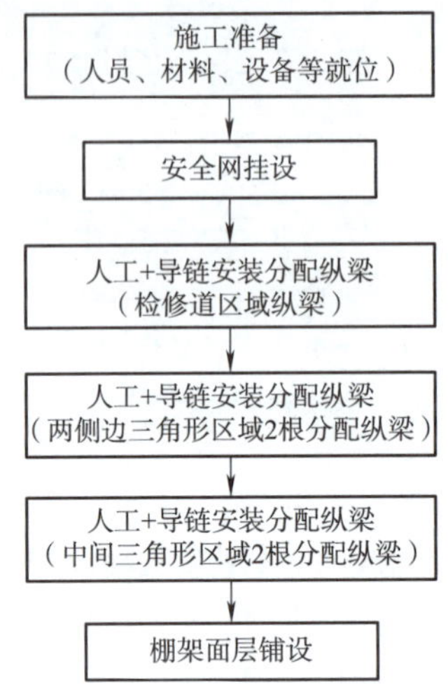

图 22-9　正桥主桁内侧棚架起始节间安装施工工艺流程

下层阻燃型安全网挂设前，首先在两侧吊挂结构之间挂设 4 根 ϕ12 钢丝绳，并将钢丝绳收紧固定在吊挂结构内侧分配纵梁预先加工的挂钩上，作为阻燃型安全网挂设的防坠支撑。

为避免桥梁发生火灾，将待拼装的阻燃型安全网拼接成一张整网(8 m×12 m)，并卷成一卷，然后通过绳索从另一侧平台牵引至设计位置并安装固定。安全网牵引端设置两根牵引绳，以确保牵引时受力均匀。安全网挂设如图 22-10 所示。

图 22-10　下层阻燃型安全网挂设示意

为便于后续节间分配纵梁的安装，安装起始 5 个节间棚架作为后续操作平台。

根据设计位置，将分配纵梁垫座板安装于主桁横梁下弦杆上。以外侧已安装完成的吊挂区域棚架为施工平台，吊机将纵梁吊装至外侧棚架平台上，在钢梁上设置钢丝绳作为导链吊点，通过人工＋导链将分配纵梁斜向插入主桁内，并通过角度调整将其下放至设计位置。

分配纵梁精确调整就位后，依次安装纵梁间连接系，与分配纵梁上加劲板螺栓连接。安装限位 U 型螺栓，使分配纵梁与主桁横梁下弦杆固定，避免纵梁纵向滑移，之后进行面层安装。

以起始节间作为施工平台，采用拖拉法进行后续节间棚架的安装，具体安装工艺及方法如下：分配纵梁预拼接长；利用邻近施工计划，在已经形成的起始节间棚架上，通过拼接板将分配纵梁两两对接接长，形成6个节间48 m长的分配纵梁单元；利用V停封锁点，在主桁内侧横梁上安装辗轴，辗轴通过垫座板固定于下横梁下弦杆之间，安装方案如图22-11所示。

对于检修道区域的纵梁，由于既有节点板的影响，纵梁纵向无法接长，无法采用拖拉法，只能单根安装。首先在纵梁下方安装木垫块，通过铁丝与检修道钢结构绑扎固定，然后采用人工＋导链将分配纵梁从外侧棚架平台斜插入人行道区域并调整就位安装。

在每道横梁区域安排两个作业人员，首先前端通过人工＋导链纵向牵引分配纵梁向前移动至辊轴上方，横梁处作业人员辅助向前拖拉；拖拉就位后，采用导链将分配纵梁提升并调整下放至设计位置；纵梁与已安装节间分配纵梁进行连接；依次循环作业再将接长的分配纵梁拖拉就位安装，至整跨纵梁全部拖拉就位安装完成，如图22-11所示。

图22-11　纵梁拖拉法施工

纵梁安装就位后，依次安装纵梁间连接系，当连接系与纵梁加劲板螺栓孔对孔存在偏差时，采用导链进行微调即可。在纵梁拖拉就位后，将辗轴从横梁下弦角钢的缝隙中拔出，并转移至下一个安装部位。最后进行面层安装。

在防护棚架安装至检查小车区域时，根据现场对检查小车构造的详细调查，拆除方案如下：首先利用垂停点在检查小车下方挂设钢丝绳及安全网，再利用V停点拆除两侧检查小车面层木板，中间检查小车木板面层通过垂停封锁点进行拆除。木板面层拆除后，对检查小车两片纵梁间的横联进行拆除。横联拆除完成后，纵梁通过辗轴整体转移至相邻已安装按成的棚架表面进行分割拆除。

在正桥钢桥面板安装开始约三个半月且已安装钢桥面板验收合格后，即开始进行已安装钢桥面板验收合格区域的防护棚架拆除施工。

(1)主桁内侧棚架拆除

防护棚架采用倒退拆除的方法，利用主桁内侧后续未拆除棚架及外侧棚架作为施工平台，按照安装工艺的逆序逐步倒退拆除防护棚架。

正桥主桁内侧防护棚架拆除根据施工工艺不同分为标准节间拆除和末节间拆除。其中，标准节间纵梁均采用拖拉法进行拆除，每6个节间为一个单元，封锁点内拖拉至后方棚架平台后，再利用邻近计划解除节段间螺栓连接，解体后再利用外侧平台将构件转运至公路桥面，依次类推进行后续主桁内侧棚架拆除施工。每个区域最后2个节间纵梁采用人工＋倒链的方式拆除，旋转角度后通过外侧棚架平台转运至公路桥面。拆除工艺流程如图 22-12 所示。

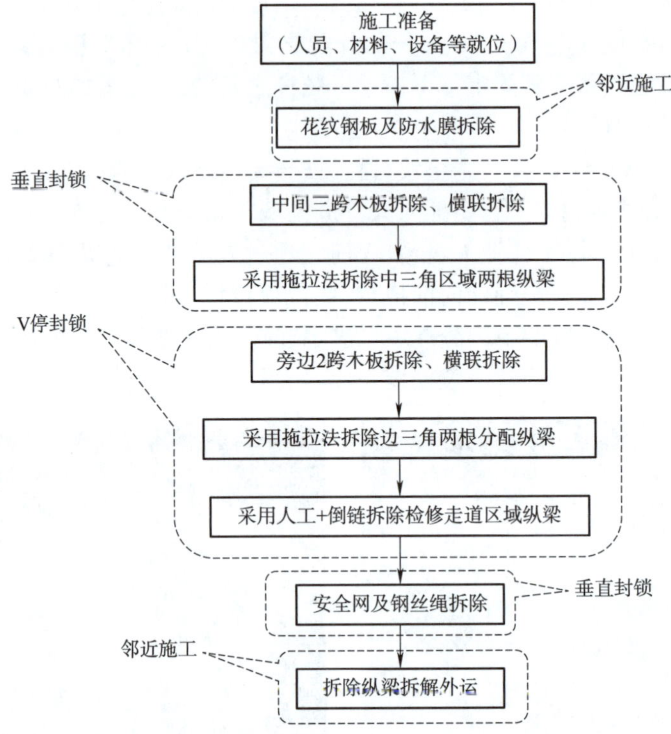

图 22-12　正桥主桁内侧棚架拖拉法拆除施工工艺流程

(2)主桁外侧棚架拆除

内侧区域棚架平台包括内侧踢脚板、安全立网、内侧栏杆、木板面层、内纵梁及横联。拆除施工方法如图 22-13 所示。

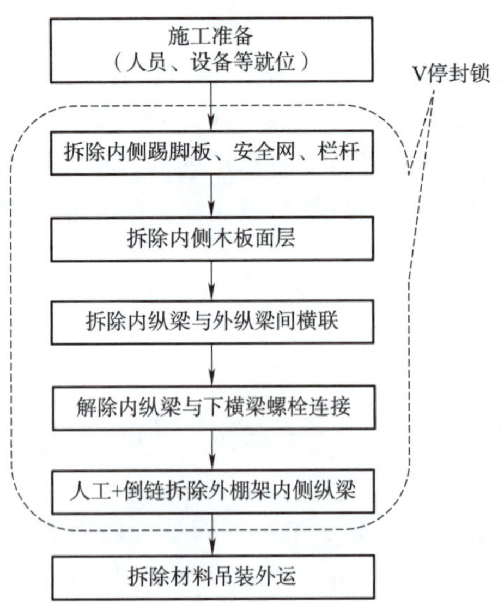

图 22-13　主桁外侧棚架内侧分配纵梁拆除工艺流程

(3)吊挂结构拆除

在正交异性钢桥面板安装完成后拆除吊挂结构。分为四个区域7个作业面同步展开施工。吊挂结构拆除作业面布置如图22-14所示。

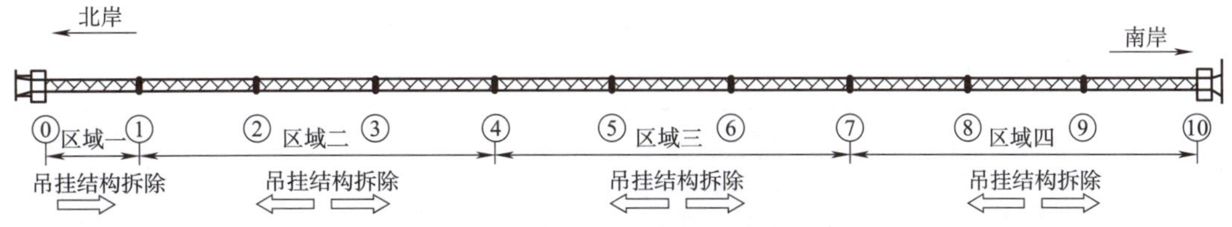

图 22-14 吊挂结构拆除平面布置示意

活动吊架平台就位后,解除斜吊杆端部螺栓连接,拆除斜杆,吊机吊装至公路桥面。采用临时杆件将下锚梁、吊杆及下横梁连接成一个整体后,下横梁与活动吊架平台横移车临时固定,解除上下锚梁间的对拉螺杆连接。横移车将下锚梁、吊杆及下横梁整体横移至外侧,解除与横移车的临时固定后,吊机整体吊装至公路桥面。拆除上锚梁及加劲板。将上锚梁及加劲板转移至检修道上,利用导链下放至活动吊架平台上,再采用吊机吊装至公路桥面。依次类推,至全桥吊挂结构全部拆除完成,然后拆除活动吊架平台。

5. 引桥防护棚架的施工与拆除

针对风险源1,为避免防护棚架安装及拆除过程的构件掉落及坍塌风险,引桥防护棚架利用墩顶作为起始施工平台,首先在墩顶支座垫石上挂设环向钢丝绳,两墩之间挂设18根钢丝绳,作为支撑绳,然后从一侧墩顶将另外一侧墩顶摊铺开的安全网牵引至本侧墩顶预设的环向钢丝绳上固定,形成梁底安全防护网。从墩顶依次向前搭设挑梁、木板,待挑梁部分安装完成后,进行吊杆及横杆安装。采用人工+导链将纵梁拖拉横移至设计位置并与横梁螺栓固定。纵梁全部搭设完成后进行横梁安装,采用吊机+三角桁架将横梁吊装下放至预设位置后人工牵引拖拉就位。

引桥防护棚架施工过程中,材料运输考虑利用桥面人井通道下放至墩顶,或者通过桥面吊机将材料、构件下放至墩顶两侧盖梁上,再转运至施工部位。

单跨防护棚架施工工艺流程如图22-15所示。

由于小堡内T梁没有马蹄,结构型式不同于其他孔T梁防护棚架,且墩顶空间有限,不具备施工条件,拟考虑利用两侧已经形成的防护棚架及电缆槽道作为施工平台,具体施工工艺和方法如下:

首先利用小堡两侧的窗户为平台,在垂直封锁点内,拉设4根钢丝绳并预紧固定,作为安全网的防坠支撑。然后将待安装的安全网预先卷好放置于小堡一侧窗户楼梯处,在安全网一端设置牵引绳,通过铁路面作业人员传递至另一侧楼梯内作业人员手中。另一侧作业人员通过牵引绳将安全网牵引至另一侧,并固定牢固。

在两端相邻跨防护棚架安装完成后,利用其作为施工平台,利用相邻跨与小堡间的检查走道,将纵梁拖进小堡内。每次拖一根纵梁进入小堡内后,在小堡墩顶(宽度50 cm),设置小型反力架,悬挂起吊纵梁至墩顶。依次从检查走道侧向另一侧逐根安装纵梁,完成纵梁安装。

利用电缆槽走道作为施工平台及材料运输通道,首先安装电缆槽区域的吊杆及横杆,吊杆与挑梁螺栓固定,然后安装下横杆,与吊杆螺栓固定。利用电缆槽走道依次安装纵梁及横梁结

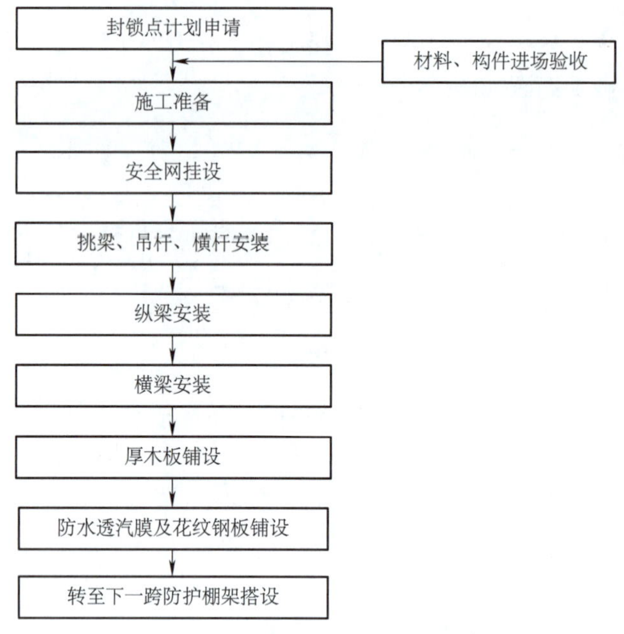

图 22-15　引桥单跨防护棚架施工工艺流程

构。在已形成的纵横梁结构上铺设木板面层、防水透气膜及花纹钢板。依次类推，以电缆槽走道及已经形成的区域棚架横向搭设其余 T 梁间的棚架结构，至小堡内棚架结构全部安装完成。

引桥棚架的拆除按照后装先拆的原则进行，另外根据要点施工的特点，在拆除过程中只解除一个点内所要拆除的构件，以免松动构件在点外时间影响行车及旅客安全。棚架拆除主要分三部分，第一部分为覆盖在平台面的脚手板、防水透气膜、花纹钢板及栏杆等附属结构，第二部分为平台面下支承的横梁和纵梁，第三部分为吊挂结构挑梁及吊杆。防护棚架拆除前，将棚架底部安全网重新安装到位并固定牢固，确保拆除过程中无构件螺栓下坠而影响行车设备安全。

引桥棚架面层拆除拟采用分块人工依次拆除，逐块拆除从墩顶运输至桥面。横梁拆除按照安装的逆操作进行拆除，吊机辅助吊装至桥面并运输至桥下指定位置。吊挂结构利用辅助钢管脚手平台，按照与安装相同的方式进行拆除，拆除的构件通过人井通道转移至桥面，或者通过墩顶盖梁两侧区域吊装至公路桥面。梁底防护棚架拆除完毕后，根据安全网搭设方法逆序拆除安全网及钢丝绳。

6. 提升站系统施工

根据总体施工组织设计及进度计划安排，南北岸分别设置 1 台提升站，均采用 STL1000 动臂塔式起重机。提升站系统施工前，通过南京长江大桥技术总结、竣工图纸及相关资料，调查提升站基础所在位置地质状况、周边构造物结构，避免对原有构筑物造成影响。为满足后续施工需求，南、北岸提升站同步施工，总体施工流程如图 22-16 所示。

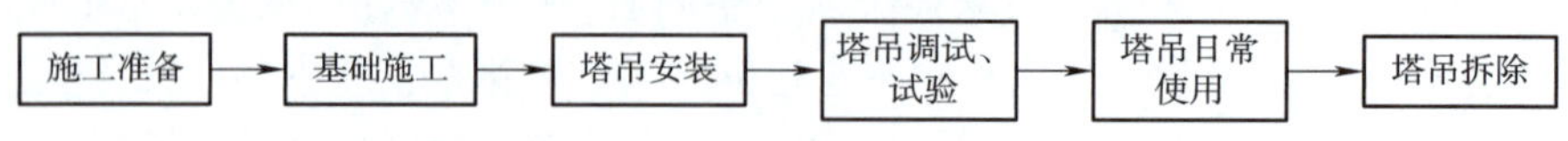

图 22-16　提升站系统施工流程

塔式起重机基础采用4根1500 mm钻孔桩基础，桩顶采用8.5 m×8.5 m×2.2 m承台的形式。施工流程：施工准备→桩基础施工→承台施工。针对风险源2，为避免提升站基础施工引起既有桥墩变形风险，采用下述施工措施。

(1)桩基础施工

桩基础施工采用钻孔灌注桩形式，流程如图22-17所示。

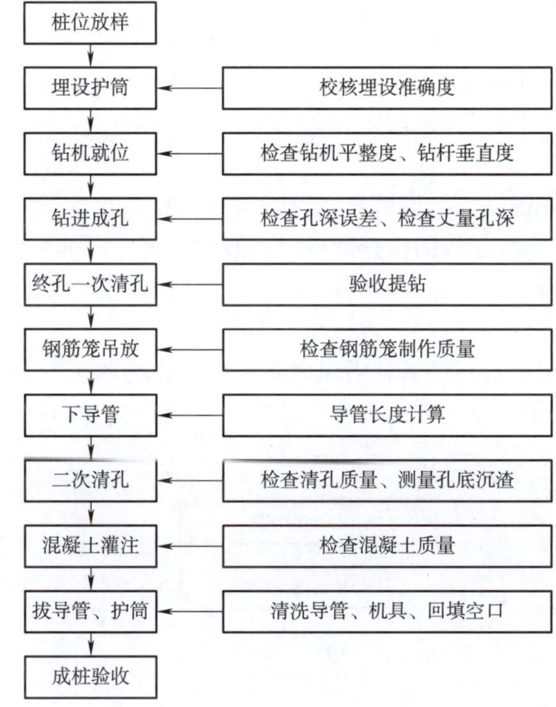

图22-17　桩基础施工流程

(2)承台施工

承台采用埋置式钢筋混凝土承台，尺寸为8.5 m×8.5 m×2.2 m，承台埋地深度为0.7 m。承台布置如图22-18所示。在承台施工时按要求埋设塔式起重机基础预埋件。

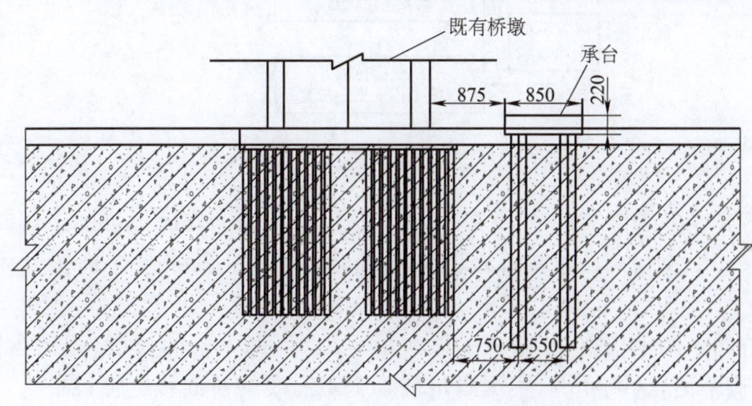

图22-18　承台布置示意(单位：cm)

(3)塔式起重机安装

扩大基础强度符合规范要求后,即可开展塔式起重机的安装工作,塔式起重机安装由专业安装公司进行安装,严格按塔式起重机安装说明书进行,参加塔式起重机安装人员,必须经专门培训,经考试合格后持证上岗。参加塔式起重机安装人员必须戴安全帽,高空作业人员要系好安全带,穿好防滑鞋和工作服,作业时要统一指挥,动作协调,防止意外事故发生。

塔机安装施工流程:塔机基础安装→标准节安装(至少 2 节)→顶升套装安装→回转总成安装→平衡臂安装→塔头安装→配重安装→臂架安装→穿绕钢丝绳→塔机顶升→安装完成。

7. 原正桥公路桥面系拆除施工

在桥面系拆除正式施工前,将桥面原过江缆线、照明设施、电力设施、安防监控等设施进行改移和拆除。

桥面系拆除时应首先拆除人行道部分,包括栏杆、人行道板、防撞护栏、路缘石等,并加强对人行道下有无管线、结构状态等的检查和检测。然后铣刨桥面铺装层,检查行车道板的完整程度,放样行车道板划分板块,按照放样的板块大小、位置、重心等设置吊点并切割。然后利用隔离防护棚架作为施工平台,解除行车道板与公路纵梁的锚固连接。利用桥面吊装设备将行车道板吊离桥面并运输至桥下。最后利用隔离防护棚架作为施工平台,解除公路纵梁与横梁之间的螺栓锚固连接,利用桥面吊装设备将公路纵梁吊离桥面并运输至桥下。拆除行车道板总体流程如图 22-19 所示。

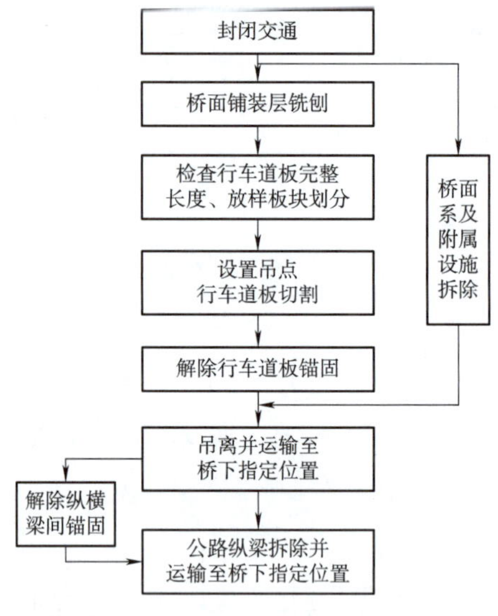

图 22-19 桥面系拆除总体施工流程

正桥拆除时总体分为南北两个区域全断面展开,每个断面设两个拆除工作面,为保障施上时的吊装安全及通航安全,吊机旋转方向为道路内侧,两个拆除工作面错开 30 m 以上,如图 22-20 所示。

综合考虑桥面板的单块重量、吊机的最大吊装距离、钢纵梁的长度、每次运输桥面板的重量、桥面板的运输距离,选取经济、实用满足现场施工需要的桥面板运输设备。

8. 正桥公路面正交异性钢板面板施工

钢桥面板提升站位于南北桥头建筑大小堡之间,钢桥面板通过提升站提升至桥面后通过

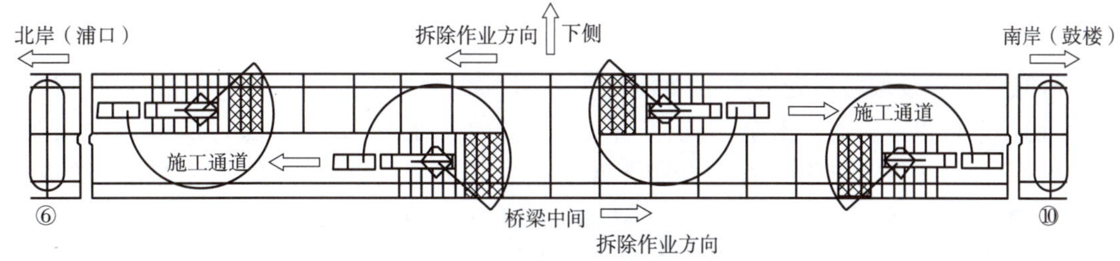

图 22-20　桥面系拆除平面布置示意

桥面运板小车运输至架板机位置，再采用架板机进行安装作业。钢桥面板的架设分别由桥梁两端 0 号、10 号墩向桥中心进行架设，在 5 号墩墩顶进行合龙。钢桥面板安装总体施工方案如图 22-21 所示。

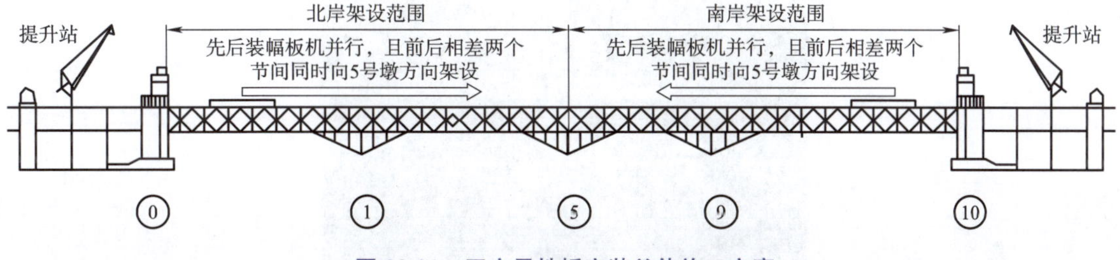

图 22-21　正交异性板安装总体施工方案

针对风险源 3，为避免钢主梁架板机前移过孔过程中的倾覆风险，主桥钢桥面板施工内容主要包括钢桥面板及附属钢结构制造运输、架板机拼装、钢桥面板架设、钢桥面板安装、涂装以及钢桥面附属结构安装等。钢桥面板架设主要包括钢桥面板的吊装、定位及临时连接等工序，钢桥面板安装主要指钢桥面板的永久连接(包括焊接及高栓终拧)完成并形成体系的过程。钢桥面板安装施工流程如图 22-22 所示。

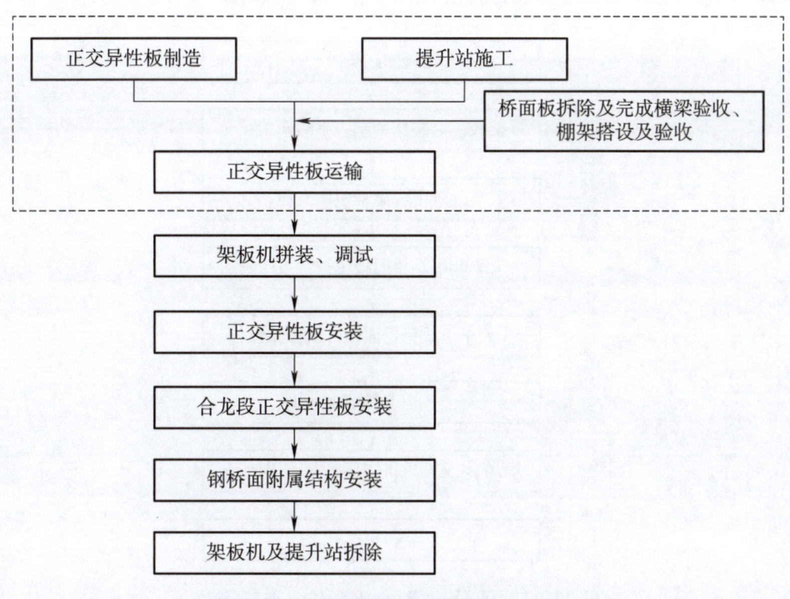

图 22-22　正交异性板安装施工流程

主桥钢桥面板架设拟通过 4 台定制架板机完成，共 400 块钢桥面板，包括 20 块宽度为 9.32 m 的先装块、200 块宽度为 10.68 m 的后装块。架设原则：先先装块后后装块，先横向连接后纵向连接，后装块落后先装块 1 块板的间距。

为确保架板机运行时的安全，架板机拼装的主要内容有：架板机主梁、天车系统、横梁及支腿钢结构组件。拼装遵循自下而上的顺序，架板机主梁现场起吊拼装，前、中、后支腿的拼装，供电系统的安装，液压提升系统的安装、架板机整机的运行调试，交接工作等。

为确保提升站在施工过程中不发生倾覆等事故，南、北两岸采用动臂塔机提升钢主梁上桥，提升吊具选用直径 36 mm 镀锌纤维芯钢丝绳，选用额定荷载为 35 t 的卸扣，在提升钢主梁上桥时塔机起升速度控制在 0～15 m/min 之间，塔机向大堡方向旋转时旋转速度控制在 0.6 r/min 以内。主要提升步骤：钢桥面板垂直提升，钢桥面板提升至桥面结构以上后，进行旋转（旋转方向为大堡方向），最后钢桥面板就位。提升现场如图 22-23 所示。

图 22-23　钢主梁提升上桥

钢桥面板架设前，完成对应部位的托架及钢横梁加固改造并验收合格，托架、横梁、螺栓经检查、修复并验收合格，完成支座下摆安装并验收合格。架板机主要工作为将钢桥面板从平板车上起吊运输并放置就位，架板机架设钢桥面板施工流程如图 22-24 所示。

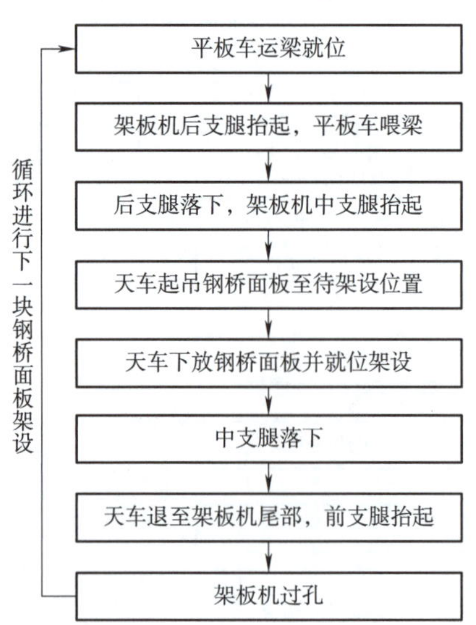

图 22-24　架桥机架设钢桥面板施工流程

每块钢主梁节段吊装到位后，连接步骤：横梁支座连接→支座和钢主梁栓接→焊接马板→纵横梁腹板、底板螺栓连接→面板焊接→更换腹板冲钉→板肋及U肋嵌补段焊接。为保证架设过程稳定、安全，每架设一块钢主梁必须完成纵向拼接板安装后方可进入下一步施工。

在钢桥面板安装施工过程中需要注意下面几点：

(1)钢主梁下放就位精调前由现场带班人员测量钢主梁与既有桥梁结构温度，同时记录前块钢主梁支座位移量，认真填写测量记录表。

(2)钢主梁初步就位后，施工人员须借助架板机及导链、千斤顶等小型机械设备对钢主梁进行精确定位，精调后方可进行钢主梁连接。

(3)纵梁底板、腹板拼接板施工完成后，进行接口对接错边调整，即采用压力和火焰矫正的方法进行局部调整，保证板面错边不大于1.0 mm(由于吊装时的受力状态与预拼装时受力状态不一致，使非匹配件连接部位板面发生错边)。

(4)在施焊前应根据技术规范及设计要求，工地焊接应做工艺评定，编制工地焊接工艺操作规程，并严格按工艺进行工地焊接。

(5)一联桥面板拆除完成后，监控单位测量每道横梁顶面高程，并将数据及时反馈给设计院，待全桥横梁顶面高程测完后，设计院拟合桥梁纵向线形确定是否需要调节支座高度，若需要则在支座底设置调节垫板，调节垫板的厚度由设计院给出。

(6)支座成品安装完成后，测量一道横梁上11个支座顶面高程，以同一道横梁上高程最大的数值为基准通过调高垫板调节其余支座高度，使同一横梁上的支座顶面高程一致。支座安装完成后每个支座四角高差控制在2 mm以内。

(7)对不同工况下上弦杆挠度和应力进行监测，通过和理论计算值的比较，及时调整误差，确保桥梁结构施工安全。监测钢主梁安装线形变化，发现问题及时调整。

9. 涉铁引桥维修加固施工

北岸涉铁引桥T梁桥的维修主要包括(不含文保内容)主体结构的混凝土缺陷修复、防护涂装、桥面系的拆除与修复、支座的修复、附属设施的更新。维修加固施工流程如图22-25所示。

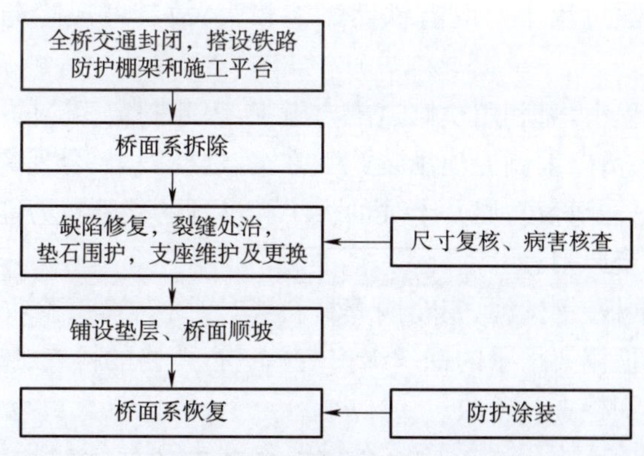

图22-25　南京长江大桥涉铁引桥T梁桥维修施工流程

公路引桥施工期间，为确保施工通道的顺畅，桥面系拆除时采用半幅施工，先上游后下游。拆除施工步骤：施工准备→路灯拆除→栏杆拆除→人行道板拆除→铺装层铣刨→人行道防撞护栏拆除。

针对风险源 1，为避免对既有铁路造成影响，公铁分叉曲线段铁路线上方人行道板拆除、安装采用移动防护平台，如图 22-26 所示。移动防护平台由压重平台和防护平台组成，压重平台由 5 根工字钢组成，防护平台由 3 根角钢组成，压重平台和防护平台通过角钢焊接连接。移动防护平台宽 4.2 m，长 6.15 m，压重平台距离路面约 1.7 m，平台面层与引桥吊挂棚架面层一致。防护平台在静止状态和走行状态时需考虑配重，静止状态时需临时固定走行轮。

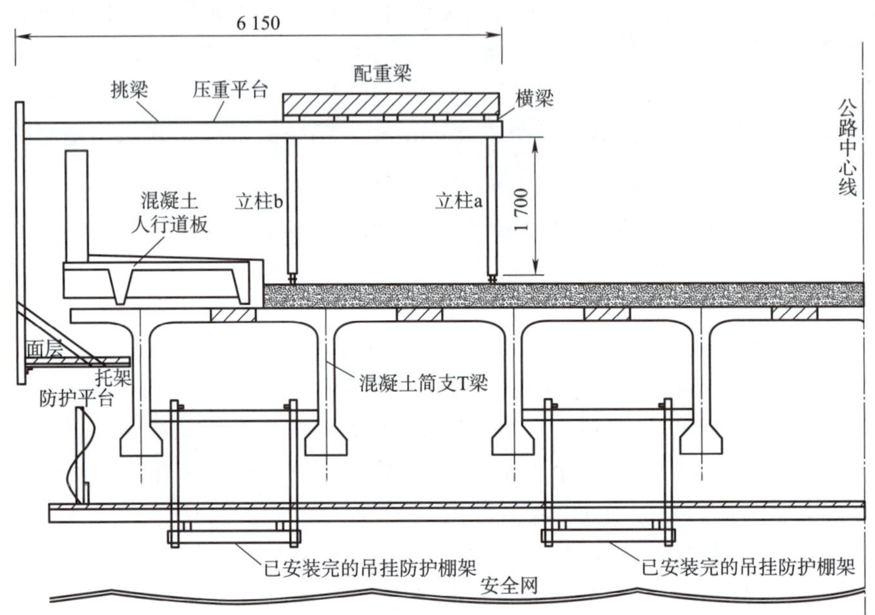

图 22-26　公铁分叉处曲线外侧移动防护平台布置(单位:mm)

22.3.2　施工安全卡控措施

防护棚架安装及拆除过程中对既有铁路影响较大，故针对风险源 4，提出以下专项安全措施。

在防护棚架搭设过程中，需利用检修道配合施工，因此制定相应的措施确保人身、行车、设备安全。吊装前，施工人员以编制专项吊装施工方案，选择安全、合理的吊装方式，明确构件的重心、吊点、以及钢丝绳长及直径，以及卡环的大小和吊耳的破断拉力能否承受构件的重量，确保构件吊装满足平衡稳定原则。

防护棚架钢构件、木板、钢丝绳、安全网等材料经过严格检查、验收，符合相关图纸与规范要求。引桥墩身之间防护棚架承重的钢丝绳安装前进行严格的检查、验收，安装完成后对钢丝绳及锚固等位置进行详细检查及验收。

防护棚架施工选择在封锁点内施工，在封锁点结束之前，材料、设备固定牢固，作业人员全部退出施工作业区。内侧防护棚架初始节间安装完成后，应在初始节间两端端头位置设置踢脚板及临时防护栏杆，防止在初始节间作业时高空坠物。为防止防护棚架施工期间物件坠落，棚架安装前在公路横梁、横联下撑杆处分别设置一层密目安全网，以避免小型工具坠落。

防护棚架安装严格按照设计要求进行，纵横梁连接紧固，达到设计承载要求。防护棚架上施工荷载应控制在设计允许范围内，不得超载堆放施工材料、设备。为确保防护棚架施工区域的临边作业安全，在防护棚架两侧设置人行护栏立柱、踢脚板和安全网，人行道护栏栏杆立柱与分配梁焊接成整体。

由于防护棚架上方有防水薄膜、木板等可燃材料，施工过程中应采取对切割、焊接作业专项防护、加强日常巡检等有效防火措施确保施工安全。

涉铁引桥防护棚架拆除过程中，在T梁间横隔板上设置纵向钢丝绳，两端锚固于端横隔板上预留孔洞上，作为施工过程中“安全生命线”，如图22-27所示。

图22-27　涉铁引桥施工安全生命线

在钢丝绳拆除作业时，必须设置牵引绳，从一端缓慢传递至另一端，且每侧两个人，避免一个操作失误导致钢丝绳滑落。

外侧棚架平台吊带拆除前，在外侧平台上设置3～4根倒链，避免单根倒链失效造成构件失稳，增加构件拆除的安全储备。受力体系转换过程中，缓慢放松倒链，使吊挂系统受力逐步转换至吊机和倒链上。

防护棚架拆除过程中，对锚梁对拉螺杆、吊带等部位进行检查，确保其锚固系统处于正常工作状态。同时，严格执行防护棚架设计荷载要求，解体的构件及时转运至公路桥面，不得集中堆放于防护棚架平台上。

施工现场设施回收箱，拆除过程中的螺栓、螺帽、开口销等小型构件及时放入回收箱中集中回收，避免构配件遗留滑落至铁路面或航道。构件吊装前，应提前清除临时构件及载荷，避免吊装过程中，临时构件失稳造成构件坠落。

防护棚架拆除实行带班作业，由项目部管理人员带领作业人员进场作业，严格按照营业线施工操作规程执行，不抢点、不超范围施工、不延点。V停封锁施工作业时，遵循“邻线来车、本线停止作业”的要求，避免对邻线运营列车造成影响。

为了确保铁路行车及人身安全，顺利完成施工，应做好相应的安全管理防护工作。目前，该区间封锁点时间段为周一到周四，封锁点类型为150 min V停封锁点、90 min垂直封锁点，该工程封锁施工计划见表22-2、表22-3。

表 22-2　正桥防护棚架安装营业线施工封锁计划

序号	施　工　内　容	封锁时间	封锁日期
1	主桁外侧吊挂结构安装、分配纵梁、横联及栏杆安装、木板面层安装；主桁内侧起始节间及后续节间旁边 2 跨木板面层铺设	京沪线上行封锁 150 min	2016-12-20～2017-9-30
		京沪线下行封锁 150 min	
2	活动吊架安装、施工孔开设，主桁内侧起始 5 节间旁边 3 排垫座板安装、旁边 3 个间距横联安装；主桁内侧后续节间旁边 3 根分配纵梁、垫座板及横联安装；泄水管拆除、旁边检修小车拆除	京沪线上行封锁 150 min	2016-12-20～2017-9-30
		京沪线下行封锁 150 min	
3	钢丝绳及安全网挂设，主桁内侧起始 5 节间 8 根分配纵梁、中间 2 根纵梁之间横联、中间 3 跨木板面层安装，主桁内侧后续节间中间三角形区域两根纵梁、垫座板及横联安装、中间 3 跨木板面层铺设，中间检修小车拆除	京沪线上、下行封锁 90 min，垂直封锁点	2017-3-1～2017-8-31

表 22-3　引桥防护棚架安装营业线施工封锁计划

序号	施　工　内　容	封锁时间	封锁日期
1	旁边两排吊挂结构的安装，纵梁安装，旁边木板铺设、护栏安装	京沪线上行封锁 150 min	2016-12-20～2017-9-30
		京沪线下行封锁 150 min	
2	第三排吊挂结构的安装，纵梁安装，旁边横梁安装，旁边木板铺设	京沪线上行封锁 150 min	2016-12-20～2017-9-30
		京沪线下行封锁 150 min	
3	钢丝绳及安全网挂设，中间区域一排吊挂结构安装，中间纵梁安装，中甲衡量安装，中间木板铺设	京沪线上、下行封锁 90 min，垂直封锁点	2017-3-1～2017-8-31

防护棚架拆除位安装过程的逆序，营业线施工封锁计划基本相同。

22.3.3　监测、控制与实施效果

1. 监测总体方案

为保证施工过程中及时掌握结构实际状态，对施工步骤及控制条件做出调整，防止施工中的误差累积，在保证结构安全的基础上使维修改造施工完成后线形与内力状态符合设计要求，施工中按要求必须进行施工同步监控。

南京长江大桥公路桥维修改造工程施工监控的目的是确保在维修改造全过程各工况结构均处于符合规范和设计要求的受力状态下，即施工过程安全可控，万无一失，并对施工过程进行必要的优化论证分析，方便施工，高效、快捷的完成施工任务。维修改造完成后结构受力合理，线形平顺，并对改造前后的状态进行对比、全面评估改造的效果，顺利实现维修改造的目标。

为了实现对桥梁维修施工过程的 24 h 实时监控，使得桥梁管理人员既可以实时直观的监控桥梁施工，又可以在第一时间对发生的异常事件加以关注，预防事态的严重化，确保桥梁施工的安全顺利进行，实现桥梁建设的现代化管理模式，本工程施工现场建立视频监控系统，实现对桥梁施工现场的实时监控，并可与各单位建立远程视频监控连接，使得领导层能对所属的桥梁项目实现远程全局把控，大大提高工作效率。

2. 应急预案

若发生高空坠物、机具设备侵限、信号中断影响行车安全事故，各类管线损坏造成通讯、信号中断、停电等事故，以及高处坠落、施工触电、高空坠物、机械伤害、车辆碾压、列车碰撞等人员伤亡事故时，首先坚持“先防护、后处理”的原则，防止事态进一步扩大。现场施工员、安全员及最早发现者应立即向施工负责人报告，对列车行车安全构成威胁的要同时向行车组织部门报告，并采取一切办法处理和消除事故隐患，防止事态进一步扩大。调度接到事故报告后，应迅速通知有关部门、施工队，查明事故地点、时间、原因和危害程度，同时通知应急救援指挥组成员及各专业救援队伍迅速赶往事故地点。

3. 实施效果

按照上述给出的设计施工措施、施工要点，对南京长江大桥的维修改造施工得以顺利进行，未发生重大安全事故，各结构未发生较大变形，说明南京长江大桥公路桥维修改造涉铁工程未对既有铁路产生影响。施工完成后南京长江大桥如图 22-28 所示。

图 22-28　完工后南京长江大桥现场

22.4　小　　结

本章以南京长江大桥公路桥维修改造涉铁工程为例，介绍了大型涉铁桥梁改建工程安全风险防控措施。本工程中由于南京长江大桥为公铁两用桥，在公路桥维修改造的同时不影响既有铁路运营，施工过程中对安全性要求高。

大型涉铁桥梁改建工程风险源主要包括 4 个方面：防护棚架安装及拆除过程的构件掉落及坍塌风险、提升站基础施工引起既有桥墩变形风险、钢主梁架板机前移过孔过程中的倾覆风险和触电、火灾、营业线设备损坏等风险。针对上述风险源，从施工管理角度采取相应的技术及安全卡控措施。

(1)在施工技术措施方面，为避免防护棚架施工过程中产生的各种风险，对防护棚架的服役全过程开展防护体系的风险控制研究，建立了可针对大型涉铁桥梁改建工程的防护体系的风险评估与管理的方法，保证了既有铁路的安全。

(2)在施工技术措施方面，为避免防护棚架安装及拆除过程的构件掉落及坍塌风险，首先安装吊挂结构外侧棚架，再以其作为施工平台，进行内侧分配纵梁及面层安装。防护棚架采用倒退拆除的方法，三角区域纵梁采用拖拉法拆除，检修走道区域采用人工＋倒链方法拆除，利用主桁内侧后续未拆除棚架及外侧棚架作为施工平台，按照安装工艺的逆序逐步倒退拆除防护棚架。

（3）在施工技术措施方面，为避免提升站基础施工引起既有桥墩变形风险，提升站系统基础采用钻孔灌注桩，承台采用埋置式钢筋混凝土承台，待扩大基础强度符合规范要求后，再进行塔式起重机的安装工作。施工过程进行严格控制，尽量避免对既有桥墩产生影响。

（4）在施工技术措施方面，为避免钢主梁架板机前移过孔过程中的倾覆风险，架板机拼装遵循自下而上的顺序，钢桥面板架设前，完成对应部位的托架及钢横梁加固改造并验收合格，每块钢主梁节段吊装到位后，借助架板机及导链、千斤顶等小型机械设备对钢主梁进行精确定位，精调后及时进行钢主梁连接。

（5）在施工技术措施方面，为防止火灾发生，防护棚架上方有防水薄膜、木板等可燃材料，施工过程中应采取对切割、焊接作业专项防护，加强日常巡检等有效防火措施确保施工安全。

（6）在施工安全卡控措施方面，在防护棚架搭设过程中，需利用检修道配合施工，并严格检查各构件材料质量，棚架安装前在公路横梁、横联下撑杆处分别设置一层密目安全网，以避免小型工具坠落。拆除过程中，在 T 梁间横隔板上设置纵向钢丝绳，两端锚固于端横隔板上预留孔洞上，作为施工过程中“安全生命线”。同时施工现场设回收箱，拆除过程中的螺栓、螺帽、开口销等小型构件及时放入回收箱中集中回收，避免构配件遗留滑落至铁路面。

（7）在施工安全卡控措施方面，为确保施工过程中既有京沪线的运营安全，对京沪线分时段采取封锁措施，封锁点类型包括 150 min V 停封锁点、90 min 垂直封锁点。

南京长江大桥公路桥维修改造涉铁工程在采用上述措施后总体实施效果良好，施工过程中保证了施工安全，且未影响既有线正常运营。该方案也为类似大型涉铁桥梁改建工程面临的风险提供了一种参考解决方法。

第2篇　简支梁桥改建为箱涵施工

23　新长铁路既有丁溪河中桥拓浚防护工程

23.1　工程概况

23.1.1　案例背景

丁溪河中桥位于东台市境内，桥址处属于苏北滨海平原区，场地地势较平坦，河流两岸地面高程3～4 m，两侧稻田、村庄遍布其中。既有丁溪河中桥位于兴化站～东台站区间，桥梁全长81.40 m，桥宽6 m，桥上线路为直线段，平坡。该桥上部结构为3-24 m预应力混凝土简支T梁，桥墩为1.1 m×3.4 m的钢筋混凝土圆端形桥墩，桥台为耳墙式桥台，墩台基础均采用ϕ0.55 m预应力管桩，持力层位于粉砂层，如图23-1所示。

图23-1　既有丁溪河中桥

因桥梁承台实际尺寸与竣工资料不符，竣工资料为4.4 m，实际为5.0 m，桩基位置难以测定，为满足航道要求，并避免箱身顶进施工对新长铁路既有桥的现状的影响，进行设计变更。

改建后桥梁形式为(16＋17.5＋16)m箱涵，既有桥台与箱涵之间的空隙用C20混凝土填充密封，箱涵间用C30混凝土钢筋混凝土浇筑形成护壁，与箱涵边墙形成封闭围护体系，再用C20混凝土将箱涵之间空隙填充密封。箱涵箱身底板底高程为－5.19 m，如图23-2所示。

图 23-2　新建丁溪河中桥

23.1.2　工程地质与水文地质

根据勘察结果，桥址场地钻探深度范围内所揭示的土层，按其成因类型及土的性状分为人工堆土和自然沉积土。简化的地质剖面图如图 23-3 所示，地基土的基本承载力及桩基设计参数见表 23-1。

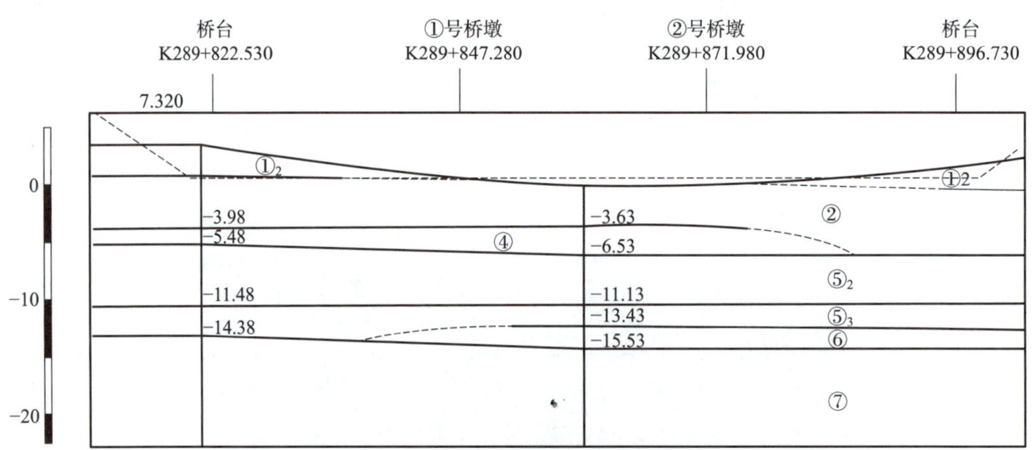

图 23-3　丁溪河中桥桥址地质剖面(单位：m)

表 23-1　丁溪河中桥桥址地基土基本承载力及桩基设计参数

土层层号	岩土名称	地基承载力基本允许值(kPa)	桩侧土的摩阻力标准值(kPa)
A	杂填土	—	—
①$_2$	粉质黏土	90	35
②	粉质黏土	70	27
④$_1$	粉　土	80	30
⑤$_2$	粉　土	180	63
⑤$_3$	粉质黏土	120	36
⑥	粉　土	120	38
⑦	粉　土	190	50
⑧$_1$	粉质黏土	120	37

桥址区地表水主要为丁溪河河水，水质一般，未见污染现象。

本场地地下水的主要类型为潜水和弱承压水，潜水赋存于上部黏性土中，主要接受地下径流及大气降水，地表水入渗补给，水量较一般。地下水主要以地下径流、大气蒸发及人工开采为主要排泄方式。根据地质报告，场地环境水对混凝土有微腐蚀性，对钢筋混凝土结构中的钢筋，除部分桥梁环境水在干湿交替情况下具有弱腐蚀性外，在长期潜水情况下具微腐蚀性。

23.2　风险源分析

丁溪河中桥位于新长铁路兴化站～东台站区间，中心里程 K289＋859.630，距离东台站 6 km。桥上线路为直线段，纵断面为平坡。为确保该工程顺利安全实施并满足长期运营相关要求，本工程必须重点考虑以下风险源：

1. 工作基坑坍塌风险

该基坑开挖深度大，开挖深度为 6.84～10.86 m，超过 5 m，若未按规定支护，可能会致使边坡(或基坑)失去稳定而造成塌方。同时在地下水和地表水的作用下，由于排水、降水措施不当，一方面土层受水的影响而湿化，黏聚力降低，另一方面由于土方的流失，在重力作用下失去稳定；在挖方时由于操作方法不当出现掏空现象，使土体失去稳定，导致工作基坑坍塌，进而导致周围土体变形过大影响既有铁路桥梁稳定。

2. 围护结构桩施工引起的既有铁路桥墩变形风险

围护结构桩的施工过程会使既有桥墩周围的土壤结构发生变化，土壤的密度、含水量等参数会发生变化，从而使得桥墩的承载能力发生变化。其次，围护结构桩的施工可能会破坏既有桥墩周围的地质结构，导致桥墩基础的稳固性受到影响，进而影响既有铁路，导致铁路运行存在安全隐患。

3. 箱涵顶进引起的承台变形风险

河道内箱身顶进时，因老桥承台、墩身加固后作为便梁支墩基础，且顶进箱涵与既有承台间只有 10 cm 间隙，若顶进过程中控制不当发生偏移，易发生箱涵前端与既有桥墩台身承台接触，导致箱涵与铁路结构破坏，影响既有铁路运行安全。

4. 填充混凝土产生裂纹风险

由于箱涵之间填充混凝土体积大，混凝土水化热集聚在结构内部不易散发出去，造成内外温差过大，混凝土表面可能出现过大拉应力而产生裂纹。

23.3　对策措施

23.3.1　施工技术措施

1. 总体施工方案

根据本工程特点，结合现场实际情况，本工程主要施工步骤如图 23-4 所示。

在方案实施过程中，充分考虑春运期间不干扰正常的铁路运营，计划老桥加固及便梁支墩等在春运前完成，待春运结束立即组织架设便梁、老桥拆除 T 梁、箱涵顶进施工及既有桥拓浚防护工程等的施工，确保在汛期前竣工。

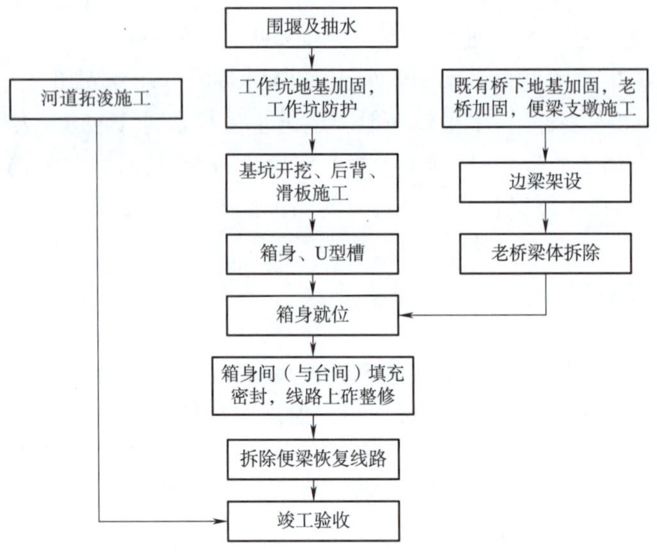

图 23-4　丁溪河中桥总体施工流程

2. 基坑围护桩施工措施

拟建场地位丁溪河河道，开挖深度范围内主要有杂填土、粉质黏土和粉土。工作坑距既有桥中线位置 7 m，北侧河岸村道距基坑坡顶 8 m，南侧河岸为农田，距北侧桥台 15 m 线路位置有 2.5 m×2.5 m 下穿铁路涵洞。由于该工程基坑开挖深度为 6.84～10.86 m，超过 9 m，经过组织专家论证，编制了专家论证安全专项施工方案。

针对风险源 1、2，为避免基坑开挖过程中发生坍塌以及避免引起的既有铁路桥墩变形，基坑支护结构采用排桩支护，东西侧为单排桩，南北侧为双排桩，双排桩桩间布设水泥搅拌桩，排桩外侧以拉森钢板桩作为止水帷幕。工作坑采用管井降水，待地下水降到工作坑底高程下开挖工作坑。本方案主要考虑在工作坑顶截水、工作坑内南北侧各设一道浆砌片石水沟和两个集水井有组织排水等措施来排除地表水及雨水对基坑安全的影响。

支护桩采用旋挖桩，桩径为 1 m，桩长有 15 m、20 m 两种，如图 23-5 所示，桩身通长配筋，桩身混凝土强度等级为 C25，桩顶设置高度 1 m×桩径尺寸宽度的 C25 混凝土桩连墙、锚梁。

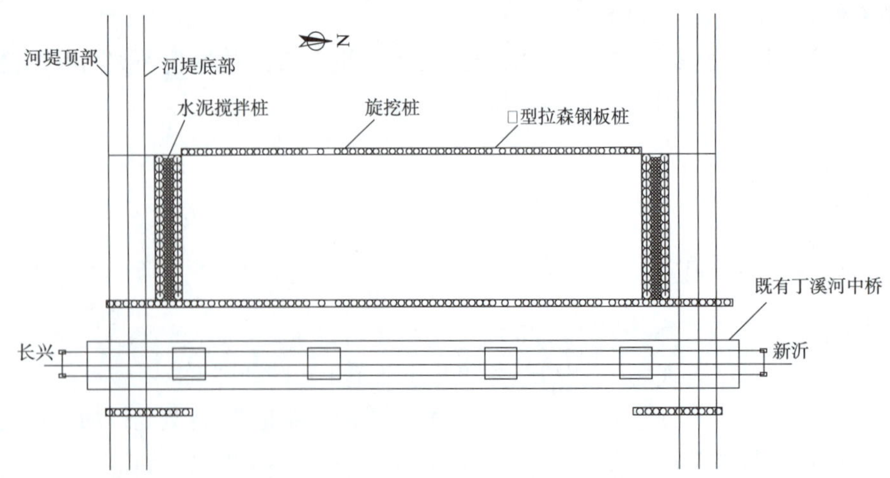

图 23-5　丁溪河中桥顶进工作坑布置

南北两侧双排桩桩间布设水泥搅拌桩对桩间土体进行加固，桩径 0.5 m，桩长 10 m，桩间距 0.75 m。

为避免采用水泥搅拌桩作为止水帷幕对既有桥下土体造成的扰动，影响既有线运营，工作坑外侧采用Ⅳ型拉森钢板桩形成密闭体系作为止水帷幕。工作坑前排桩、后背桩内侧拟采用高压旋喷桩作为止水帷幕，成桩桩径 0.5 m，咬合长度 150 mm。

针对风险源 2，为避免对既有桥下土体的扰动，本工程既有桥桥台路基边坡防护及工作坑围护结构采用钻孔灌注桩。丁溪河中桥于既有桥台路基边坡外侧均采用 ϕ1.0 m 钻孔桩对路基边坡进行防护。工作坑均设置在既有桥梁右侧，结构形式相同。工作坑两侧施工双排 ϕ1.0 m 钻孔桩，工作坑后背采用单排 ϕ1.0 m 钻孔桩，基坑前采用单排 ϕ1.0 m 钻孔桩围护。钻孔灌注桩施工工艺流程如图 23-6 所示。

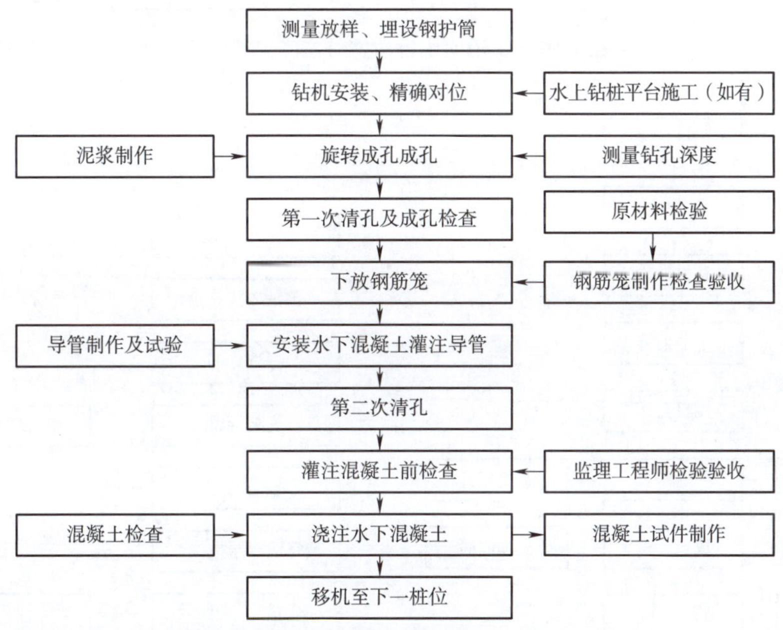

图 23-6　丁溪河中桥钻孔桩施工工艺流程

针对风险源 2，本工程为避免对既有桥下土体的扰动，影响既有线运营，工作坑两侧双排桩桩之间采用 ϕ50 cm 水泥搅拌桩，桩长 10 m，正方形布置(间距 0.75 m)。搅拌桩水泥掺入量不少于 15%～20%，90 d 龄期无侧限抗压强度平均值不小于 1.2 MPa。顶进工作坑前排桩、后背桩内侧拟采用高压旋喷桩作为止水帷幕，成桩桩径为 0.5 m，咬合长度 150 mm。施工流程如图 23-7 和图 23-8 所示。

工作坑外侧采用Ⅳ型拉森钢板桩形成封闭体系作为止水帷幕。拉森钢板桩施工工艺流程如图 23-9 所示。

针对风险源 2，为避免对既有桥下土体的扰动，拉森钢板桩施工过程中需要注意以下几点：

(1)拉森钢板桩采用履带式液压挖土机带液压振锤的锤机施打，施打前先查明地下管线、构筑物情况，测放出支护桩中心线。

(2)拉森钢板桩的设置位置要符合设计要求，以防偏位影响主体结构施工。

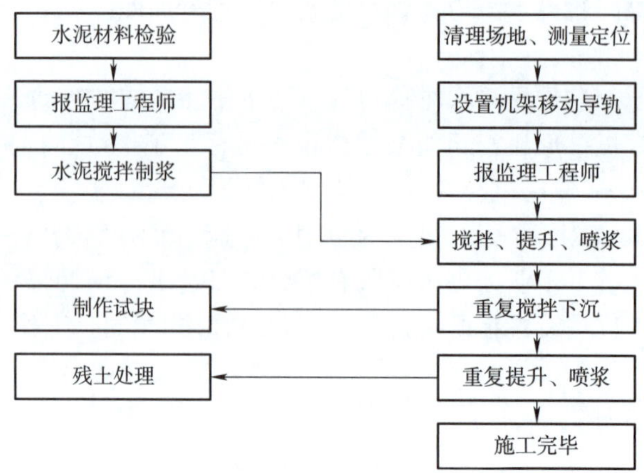

图 23-7　丁溪河中桥搅拌桩施工工艺流程

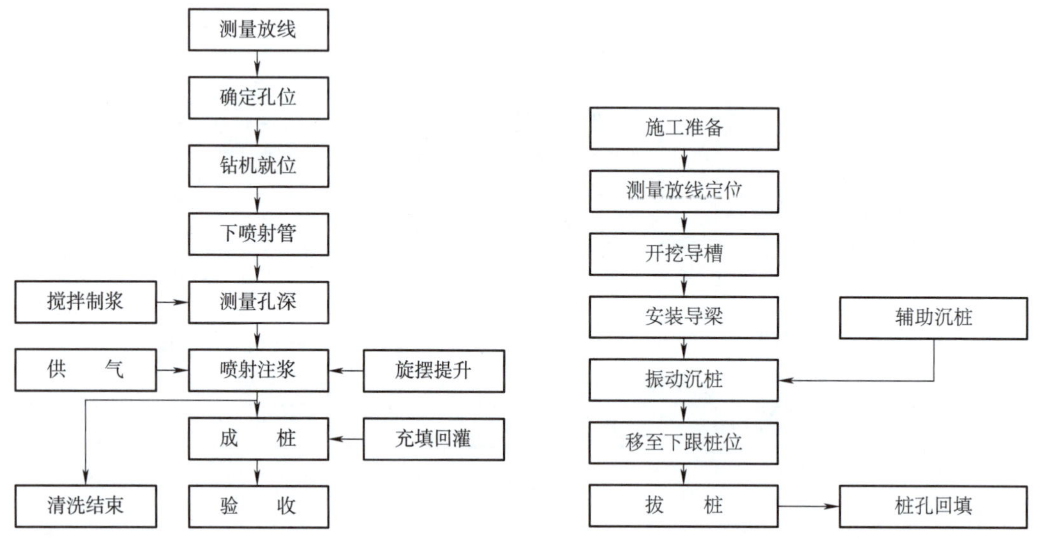

图 23-8　丁溪河中桥高压旋喷桩施工流程

图 23-9　丁溪河中桥拉森钢板桩施工工艺流程

(3)打桩前,对钢板桩逐根检查,剔除连接锁口锈蚀、变形严重的钢板桩,不合格者待修整后才可使用。

(4)基坑护壁钢板桩的平面布置形状应尽量平直整齐,避免不规则的转角,以便标准钢板桩的利用和支撑设置。

(5)在打桩及打桩机开行范围内清除地面及地下障碍,平整场地,做好排水沟,修筑临时道路。

(6)施打前板桩咬口处宜涂抹黄油以保证施打的顺利和提高防水效果。

另外在邻近既有铁路的桩基础施工前,为避免桩基施工对铁路路基的影响,在桩机上张拉缆风绳和设置地锚的加固措施,防止其因意外因素倾覆而影响既有铁路的行车安全,以确保邻近铁路营业线施工和铁路运输的安全。

桩机具安装、地基处理范围的场地须无障碍物并平整、夯实,能承载桩机具的工作压力。当地基松软不良时,桩机具下应加铺垫枕木或钢板防护。地锚采用 2 m 长槽钢埋入地面以下周围用 1 m×1 m×1 m 的混凝土锚固。并严格按照检算要求设置。地锚在每个钻孔背离营业线位置两侧各设置 1 个。地锚随桩机具移位而不断更换位置。从桩机具架顶拉两根缆风绳(背离营业线人字形布置),缆风绳与地面夹角不大于 60°,防止机具倒向营业线方向的缆风绳,缆风绳采用 $\phi\geqslant9$ mm 钢绞线。

3. 地基加固施工工艺措施

为避免对既有桥下土体的扰动,影响既有线运营,顶进工作坑和既有桥下土体采用压密注浆处理。压密注浆在施工围堰施工和抽水施工完成后,进行施工。压密注浆施工工艺流程:孔位放样→沉管→浆液拌制→提升注浆→结束(往复进行)。

首先按设计沿基坑围护外圈向内进行布置,孔距为 1 m,排距 1 m,梅花形布置。先对顶进工作坑施工,然后是既有桥下段。

先进行围护外排注浆孔布置和注浆,分段施工,待该段外排布孔、注浆完成后,再重新按原外排的成孔、注浆顺序进行内排注浆孔布置、注浆。成孔注浆管采用 $\phi25$ 镀锌钢管,采用平板振动机振入土体,按每节长 1.2 m 丝口套接,直至注浆管达到设计深度。浆液搅制应尽量靠近注浆施工区域内搭设拌浆平台和料棚,用以储存水泥、磨细粉煤灰等材料;浆液经搅拌机拌和后输入储浆筒备用。浆液拌制时应按操作规定操作拌制。注浆自下而上分层注入,分层厚度小于 400 mm,水泥注浆率为 20%。注浆深度 8 m,浆流量 10 L/min,注浆压力在 0.2~0.3 MPa。注浆时注意对线路、便梁支墩的观测。注浆完毕后,应用清水冲洗管中的残余浆液。

4. 工作坑开挖、箱涵预制场地及后背梁施工措施

针对风险源 1,为保证基坑开挖的安全,工作坑采用管井降水,待地下水降到工作坑底高程下开挖工作坑。工作坑自后背处向前挖,先浇筑后背梁,再向前开挖 5 m 左右即浇筑工作坑底板,底板上设置导向墩。施工期间经常抽水保持工作坑干燥无水。

工作坑挖至高程后,对地质进行监测。确定地质承载能力,必须满足现浇涵节的地基承载力要求。为保证基坑边坡的稳定,基坑开挖前在基坑坡顶上设置沉降观测点,并定期专人观测做好记录。基坑开挖后,坡顶沿基坑走向设置混凝土排水沟,以防雨天雨水冲刷基坑,影响基坑稳定。

工作坑内南北侧各设一道浆砌片石水沟和两个集水井,将水汇集到集水坑内用水泵排泄到附近水沟内流放。施工前编写深基坑专项施工方案报业主审批后实施。

箱形桥采用 C40 混凝土,抗渗等级 P8。预制前首先做好测量定位工作,使箱身中心线,工作坑底板中心线及顶进就位中心线均在一条直线上。

预制步骤:工作底板及后背墙施工完毕后,在工作坑底板润滑隔离层上预制箱涵,中跨箱涵身底板施工完成,开始预制侧墙及顶板时,预制边跨框架涵身底板。开口箱与箱涵同步预制。同时做好测量定位工作,应使涵身中缝线、工作坑底板中心线和顶进桥位的中心线三者均在一直线上。

涵身预制的施工程序:在工作坑底板上安好涵身底板模→绑扎底板钢筋→浇筑底板混凝土→养护→安内模→绑扎侧墙及顶板钢筋→安外模→灌筑侧墙及顶板混凝土→养护→拆模→安装钢刃脚→作涵身防水层及润滑设施。

为保证基坑内无积水,在工作坑四周挖好排水沟和集水井,施工期间及时排除雨水、地表水和渗入的地下水。基坑开挖到位后,及时按图纸做碎石垫层、滑板、导向墩、后背梁。滑板采

用C25钢筋混凝土。滑板下每隔2 m设置一道混凝土锚梁和导向墩，导向墩与边墙间距为5 cm，滑板混凝土要求振捣密实，表面平整度在2 m长度范围内凹凸差不超过3 mm。施工时采用方格网控制高程法：用直径16 mm钢筋头埋入基坑内，分成2 m×2 m方格网，在灌筑混凝土时按点找平，以控制滑板面高程，待混凝土初凝后，再在其上涂刷石蜡机油润滑层，要求表面光洁平滑，在润滑层上及时粘铺塑料薄膜，以防止框构滑板与滑板粘连，减少启动阻力。同时，严格按图纸和规范施工，确保后背墙的结构尺寸和施工质量，保证顶进时提供足够反力。

5. 应力放散及无缝线路恢复

为保证既有铁路运营安全，防止轨道产生变形，在箱涵顶进施工前，施工区域的无缝线路需要进行线路应力放散，拟采用滚筒放散法施工。具体施工方法如下：

(1)测量轨温，确定施工时钢轨的温度在设计锁定轨温范围内时，采用滚筒放散法进行施工。

(2)解除本次待放散单元轨节和上次已放散线路末端25～75 m长度范围内的所有扣件。抬起钢轨，每隔10 m在轨底垫一个滚筒。使钢轨达到自由伸缩状态。

(3)在待放散钢轨长度范围内每隔100 m左右设1处临时位移观测点。

(4)在线路放散全长范围内每300～500 m左右设1处撞轨点，用撞轨器沿放散方向撞击钢轨，同时用手锤敲击钢轨轨腰，使钢轨能够自由伸缩，严禁敲击轨头及轨顶面，观测各点的位移量变化情况。当钢轨位移发生反弹且各点位移变化均匀时，则视为钢轨达到自由伸缩状态，此时停止撞轨；否则，应检查滚筒有无倾斜、脱落，钢轨有无落槽及撞击力不够等现象。

(5)钢轨应力放散均匀后撤掉滚筒，使长轨平稳地落入承轨槽内，同时检查胶垫，有错位者纠正。

(6)迅速上好距单元轨节末端25～75 m范围内的全部扣件，并上紧无孔钢轨接头，此时视为长轨已锁定。测量并记录此25～75 m范围内上扣件开始和结束时的轨温，取其平均值作为实际锁定轨温填入记录表。同时将作业人员均布在放散长轨范围内，由两端向中间“隔二上一”上紧扣件。

(7)扣件“隔二上一”上完后，进行另一股钢轨的放散作业，待本单元轨节两根钢轨全部放散完后，补齐所有扣件。

6. 老桥加固施工

针对风险源3，为避免箱涵顶进引起的承台变形风险，本工程老桥加固采用对既有桥墩表面凿毛洗净，钻孔植筋，对既有桥墩进行包箍，扩大桥墩尺寸，作为便梁支墩基础；在桥墩、台顶帽上现浇混凝土支墩作为便梁支墩。具体桥墩加固构造如图23-10所示。

钢筋及混凝土施工前采用电动凿毛机对老混凝土面进行凿毛处理。为避免电动凿孔机破坏主筋，探测主筋位置后，在墩身及顶帽混凝土面进行凿孔，达到设计孔深后用高压风枪清除孔内杂物，再拌和黏结剂灌入孔中，最后插入钢筋锚固。混凝土凿毛和植筋采用搭设双排脚手架作为操作平台，脚手架离开墩身35 cm，脚手架间距1.5 m×1.5 m，步距1.8 m。

墩身加厚混凝土采用组合钢模板施工，组合钢模板尺寸为1.5 m×1.0 m，面板厚6 mm，横竖向楞为50×6 mm钢板条，间距30 cm，模板间采用螺栓连接。钢模板采用在墩身上锚固ϕ16 mm圆钢作为拉杆固定，锚固深度20 cm，拉杆横向间距0.8 m，竖向间距0.6 m，模板外侧横向设置双排48 mm钢管作为围檩。

下部结构施工放样时. 对设计图中的线路资料、墩台里程、墩合高程、河道高程、净空等进

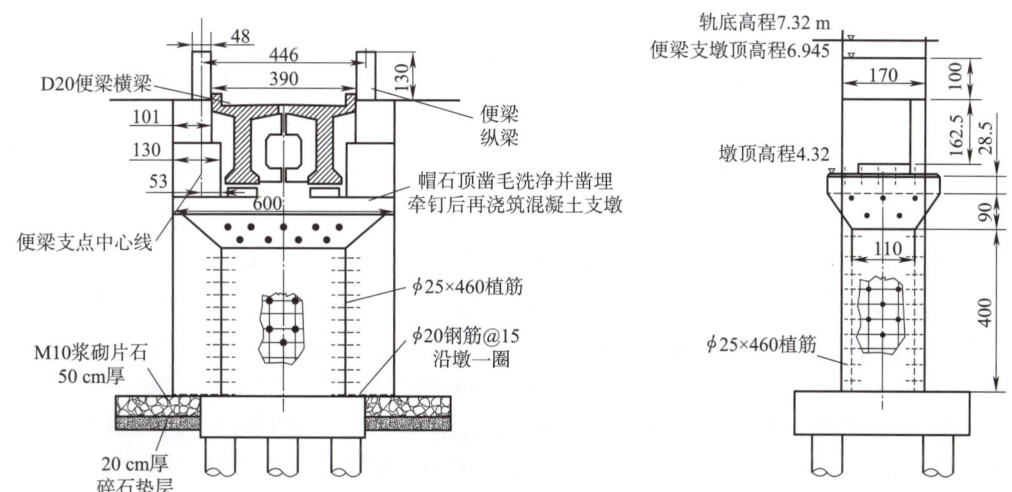

图 23-10　丁溪河圆端形桥墩加固构造(单位:cm)

行相互校核,确认无误后,方可开始施工。在对既有中桥进行防护加固期间,对营业线做好观测,并根据实际加固效果调整相关措施。

7. 便梁支墩施工与老桥 T 梁拆除施工

在桥墩、台顶帽上现浇混凝土支墩作为便梁支墩。帽石、顶帽凿毛清洗干净并凿埋牵钉后在浇筑混凝土支墩。桥台台后 16 m 处按照设计要求开挖便梁支墩,浇筑混凝土。开挖时对道床进行挡护,防止道砟滑坡。便梁支墩浇筑前预埋工字钢作为便梁横向、纵向限位装置。

在拆除既有 T 梁以及顶进箱身时采用 D 型施工便梁架空线路,D 型施工便梁架设及拆除计划采用线路封锁施工,具体实施严格按批准的施工计划执行。架设便梁前拆除既有桥人行道,局部凿除 T 梁翼缘板及挡砟墙,便梁采用高位架设。

每孔 T 梁拆除施工顺序:既有桥下和左侧地基处理→采用万能杆件搭设平台→铺设移梁轨道→梁体切割→梁中段落至移梁轨道上→横移至 D 型便梁以外→吊装至桥下→两端梁体纵移至 D 型便梁下移梁轨道上→横移出 D 型便梁以外→吊装至桥下。

地基处理:贝雷梁所搭设的平台在老河道内,在桥梁每跨跨中位置(桥下)进行地基加固,作为移梁平台的中间支撑的基础。

搭设平台:跨中位置用钢管柱作为中间支撑,既有承台上植筋浇筑混凝土立柱(可用作日后填充混凝土),作为移梁平台的两边支撑;在各支撑上架设贝雷梁,上面铺设横移轨道。桥台承台上直接架设贝雷梁。

T 梁拆除:先在梁体上钻孔,将链锯穿入,然后进行切割,第一次切割位置分别在 T 梁端头 2 m 的位置。切割后,将 T 梁中段梁体落至平台上,然后再切割成四块。T 梁两端梁体首先向中间纵移至墩身、墩帽以外,再落梁至平台上。顶进前方可将梁段依次横移到侧面。每座桥逐孔进行拆除,每孔梁按上述步骤依次进行拆除。施工前编写便梁架设及 T 梁拆除专项施工方案报业主审批。

8. 箱涵顶进施工

河道内箱身顶进时,因老桥承台、墩身加固后作为便梁支墩基础,且顶进箱涵与既有承台间只有 10 cm 间隙,所以箱涵顶进方向尤为重要。针对风险源 3,为避免箱涵顶进引起的承台变形风险，应合理设计箱涵顶进施工方案。

顶进顺序：先顶进中跨下箱涵，再依次顶进边跨下箱涵。每次顶进作业前凿除顶进方向上的围护钻孔桩，横移出老桥梁段。

顶进即是开动高压油泵，使千斤顶受液压力而产生顶力，推动涵身前进，每镐的顶程，通常的情况下为 190～800 mm。涵身前进后使千斤顶的活塞回复原位，在空挡处填放顶铁，以待下次开镐，如此循环往复，直至涵身就位。

箱身的顶进速度主要取决于顶进前方出土，挖土时尺寸及坡度应根据土和线路加固情况确定，不宜超挖，则应按千斤顶的行程挖掘，即挖面的坡度一般控制在 1∶0.8～1∶2 之内，如土质稳定，坡度可以适当放陡。开挖面的宽度亦根据土质确定，但应预留 10 cm 厚的土层，即比箱身外轮廓小 10 cm。开挖底面应高于箱身底面 5～10 cm，如土质松软，开挖底面应适当提高。

开挖时需要注意下面几项：列车通过时不挖土，避免列车通过时震动大，造成塌方；挖土人员应离开开挖面 1 m 以外；机械设备发生故障时不挖土；较长时间不顶进时不挖土；交接班前不挖土；挖土时如发生塌方，影响行车安全时，应迅速组织抢修加固；挖土工作应与观察人员紧密配合，随时根据箱身顶进的偏差情况改进挖土方法。

安放顶铁或顶柱必须保持与顶桥轴线顺直一致，与横梁垂直，每行顶铁和顶柱要与千斤顶成一直线，各行长度应力求一致。

按顶进长度随时更换或填补不同规格的顶铁或顶柱。为了保证顶柱的受压稳定，一般在顶杆与横梁间用螺栓联结牢固，并每隔 6～8 m 顶柱设置一道横梁，使传力均匀及横向稳定，顶进时应注意观察顶柱受力情况，防止崩出伤人。

与箱身底板的后背墙接触的横梁顶铁，如有间隙必须用适当的薄铁板楔紧，并用稀的 1∶3 水泥砂浆填补灌缝，要求所有顶铁必须楔紧。各行顶铁松紧程度应力求一致。楔紧顶铁时不得用锤猛击，以免铁垫板卷边，不易楔平楔严，如发现有卷边飞刺，应修整后再用。

箱身在工作坑底板上方顶进，应特别注意涵身的中线方向，一经吃土，应组织加快挖土出土速度，实行三班倒连续作业，保持箱身不断顶进。

顶进箱身应在列车运行间隙进行，严禁在列车通过线路时顶进。为了保证安全，洞内和线路防护人员规定一定的联系制度，使洞内外密切配合，步调一致。

当顶进时发现前端与既有桥墩台身承台可能接触时，应及时纠正方向，并加强观察。桥涵顶进最终容许误差：中线误差不得大于 10 cm。高程误差不得大于顶程的 1%，但偏高不得超过 15 cm，偏低不得超过 20 cm。

安放顶铁或顶柱必须保持与顶桥轴线顺直一致，与横梁垂直，每行顶铁和顶柱要与千斤顶成一直线，各行长度应力求一致。

按顶进长度随时更换或填补不同规格的顶铁或顶柱。为了保证顶柱的受压稳定，一般在顶柱与横梁间用螺栓联结牢固，并每隔 6～8 m 顶柱设置一道横梁，使传力均匀及横向稳定，顶进时应注意观察顶柱受力情况，防止崩出伤人。

与箱身底板的后背墙接触的横梁顶铁，如有间隙必须用适当的薄铁板楔紧，并用稀的 1∶3 水泥砂浆填补灌缝，要求所有顶铁必须楔紧。各行顶铁松紧程度应力求一致。楔紧顶铁时不得用锤猛击，以免铁垫板卷边，不易楔平楔严，如发现有卷边飞刺，应修整后再用。

9. 空隙填充密封(大体积混凝土)施工措施

针对风险源 4，由于箱涵之间填充混凝土体积大，混凝土水化热集聚在结构内部不易散发，造成内外温差过大，混凝土表面可能出现过大拉应力而产生裂纹，进而影响铁路运营的安全性。根据有关规定，大体积混凝土的中心温度与表面温度之间的差值以及混凝土表面温度与室外空气中最低温度之间的差距均应小于 20 ℃，以保证混凝土结构的施工质量。

(1)合理选择原材料，优化混凝土配合比。采用水化热较低的水泥，降低混凝土在凝结过程中产生的水化热；改善骨料级配，掺加粉煤灰和外加剂，在保证混凝土强度的前提下，尽可能降低水泥用量和水化热。

(2)预埋冷却水管。在混凝土内预埋冷却水管，通过冷却水管内水的热交换作用和循环流动，由循环水带出混凝土内水化热的热量，降低混凝土结构内的温度以达到减少内外温差的目的。每层冷却水管均在混凝土浇筑至水管高程后，根据温升情况开始通水，通水流量应根据温控计算结果确定，确保水流降温效果。施工时要做好进出水温的测量记录，以便调整控温措施。

(3)减小浇筑层厚度，加快混凝土热量散发速度。

(4)降低混凝土入模温度。混凝土内部温度是水泥水化热的温升、浇筑温度和结构的散热温降等各种温度的叠加，因此，降低混凝土入模温度，可有效降低混凝土内部温度。具体方法为:混凝土材料要遮盖，避免日光暴晒，并用冷却水搅拌混凝土，以降低温度。

(5)加强填充体混凝土养护，混凝土表面终凝后覆盖保温并保持表面潮湿。

(6)加强混凝土内部温度测量监控。为测定混凝土结构内部温度，在混凝土中埋设热敏电阻元件，随时观察内外温差变化情况；测定混凝土温升峰值及其达到所需的时间，定期记录冷却水管进、出水的温度，绘制混凝土内部温度变化曲线。根据观测结果确定冷却水管通水量、通水时间和蓄热养护时间等，以降低混凝土内外温差。

23.3.2 施工安全卡控措施

防护桩施工时需采用跳槽施工，并派专人密切监视铁路线路，如发生路基沉陷等危及铁路运输安全的情况发生，应立即停止施工，并采取相关措施。在冠梁上设置观测桩，监测基坑变形。

钢筋断料、配料、弯料等工作在地面进行，避免在高空操作。在安装成品钢筋时，经常检查模板脚手架是否安全。焊机必须接地，以保证操作人员安全。对于接焊导线及焊钳连接导线处，都应有可靠的绝缘。大量焊接时，焊接变压器不得超负荷，升温不得超过 60 ℃，为此，要特别注意遵守焊机负载规定，以免过分发热而损坏。

为确保既有铁路运行安全，采用慢行限速和封锁措施，营业线慢行施工计划见表 23-2，营业线封锁施工计划见表 23-3。

表 23-2　丁溪河中桥营业线慢行施工计划

序号	施工内容	日　期	列车通过速度
1	桥下地基加固(压密注浆)	2016 年 12 月 5 日～12 月 25 日	限速 60 km/h
2	桥墩加固	2016 年 12 月 5 日～12 月 31 日	限速 60 km/h
3	便梁支墩施工	2016 年 12 月 21 日～1 月 12 日	限速 60 km/h
4	简支 T 梁切割、移梁及吊装	2017 年 3 月 11 日～4 月 20 日	限速 45 km/h
5	箱涵顶进	2017 年 4 月 21 日～4 月 30 日	限速 45 km/h

表 23-3 丁溪河中桥营业线封锁施工计划

序号	施工内容	日　期	施工等级	封锁时间	封锁次数
1	应力放散	2017 年 2 月 22 日	Ⅲ	150	1
2	穿钢枕	2017 年 2 月 23 日～2017 年 3 日月 1	Ⅲ	150	5
3	卸组装便梁	2017 年 3 月 2 日～2017 年 3 月 8 日	Ⅲ	150	5
4	拆除便梁、恢复线路	2017 年 5 月 8 日～2017 年 5 月 15 日	Ⅲ	150	3

在施工期间对既有铁路采取物理隔离措施:施工责任区段内,线路两侧已设置钢制隔离网。丁溪河工点有供当地百姓过河的通道,在桥上进行作业时封闭该通道,疏导至围堰顶预留通道。原通道入口安排专人管理,杜绝闲杂人员进入,并设置警示牌。

23.3.3 监测、控制与实施效果

1. 监测总体要求

为保证基坑在开挖暴露期间的安全,保证邻近建筑物和周边管线的正常使用,施工过程中基坑支护监测涉及支护结构监测及周围环境监测,内容有基坑坡顶水平位移和垂直位移、地表裂缝、坡顶建(构)筑物变形、降雨洪水与时间关系、支护结构变形、地下水和渗水与降雨关系等。通过监测取得数据,指导基坑工程施工安全。

2. 监测点布置

根据本工程特点确定的量测项目有基坑围护桩顶水平位移及竖向位移、土体深层水平位移、河道河堤竖向位移等。测点布置如图 23-11 和表 23-4 所示。

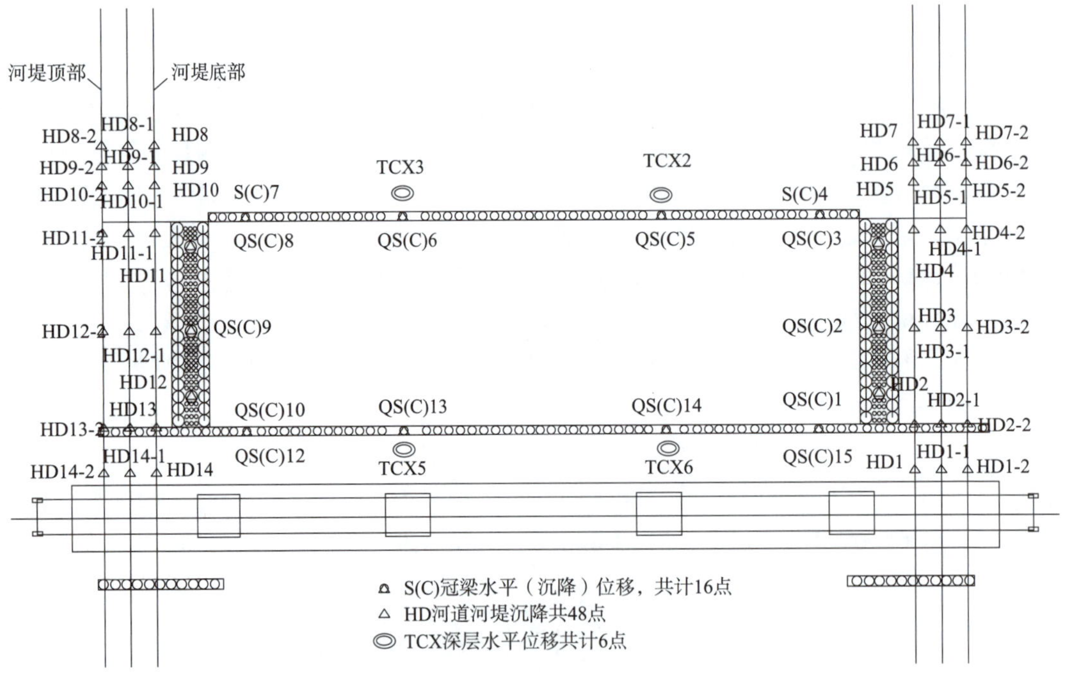

图 23-11 丁溪河中桥监测点布置

表 23-4 丁溪河中桥监测项目

序号	监测项目	位置或对象	测试仪器	测 点 布 置
1	围护结构水平位移	围护结构上端部	全站仪	根据现场施工情况布设 16 个
2	围护结构竖向位移	围护结构	水准仪、铟钢尺	根据现场施工情况布设 16 个
3	土体深层水平位移	围护结构外 1 m 范围内土体	侧斜管、测斜仪	根据现场施工情况布设 6 个
4	河道河堤竖向位移	河道河堤上范围土体	水准仪、铟钢尺	根据现场情况布设 42 个

3. 监测标准、频次和预警值

结合本工程的特点，根据相关技术规范，各检测项目报警值见表 23-5，监测频率为1 次/d。

表 23-5 丁溪河中桥监测报警值

监测项目	报 警 值	
	累计值	变化速率
基坑周围河堤沉降	50 mm	3 mm/d
围护结构顶部水平位移	30 mm	2 mm/d
围护结构顶部竖向位移	30 mm	2 mm/d
土体深层水平位移	40 mm	2 mm/d

4. 应急预案

(1)若线路出现紧急故障，如大型机械侵限等危及行车安全的情况，现场防护人员遵循“先防护，后处理，宁停勿撞”的原则，拦停一切驶向施工现场的列车。

(2)卸便梁和移便梁时若发生便梁倾覆，危及行车安全时，立即封锁线路，拦停来车，并立即向车站值班员汇报，通报工务和运输部门及设备管理单位，同时立即组织吊车、油顶、葫芦等设备到位，组织抢修人员(以线路施工人员为主)到位，在最短的时间内将便梁扶正固定(要求不超过 40 min)。

(3)施工中如遇特殊情况不能在规定的封锁时间内完成过轨任务时，须提前 30 min 申请顺延封锁时间(提前 20 min 完成登记)，并组织相关人员认真分析，积累经验，对于在该封锁时间内未完成的工作在下次封锁点前重新调整实施方案，合理安排下次封锁施工中的作业任务。

(4)若发生路基塌方、挖断光电缆、触电伤害等事故，参考 2.3.3 节的应急预案。

5. 实施效果

施工过程中均按设计要求顺利实施，基坑周围河堤沉降、围护结构顶部位移和土体深层水平位移均控制在了预期范围内，说明上述设计、施工措施对既有铁路安全未产生影响。

23.4 小 结

本章以新长铁路既有丁溪河中桥拓浚防护工程为例，介绍了既有铁路桥梁改建工程全风险防控。本工程将既有铁路的预应力混凝土简支 T 梁改建为三孔分离式箱涵，涉及的施工工艺复杂。

既有铁路桥梁改建工程的风险源有以下 4 个方面：工作基坑坍塌风险、围护结构桩施工引起的既有铁路桥墩变形风险、箱涵顶进引起的承台变形风险和填充大体积混凝土产生裂纹的风险。针对上述风险源，从施工管理角度采取相应的技术及安全卡控措施。

(1)在施工技术措施方面，为避免工作基坑坍塌风险和围护结构桩施工引起的既有铁路桥墩变形风险，基坑支护结构采用排桩支护，东西侧为单排桩，南北侧为双排桩，双排桩桩间布设水泥搅拌桩，排桩外侧以拉森钢板桩作为止水帷幕。工作坑采用管井降水，保证基坑开挖过程的施工安全。

(2)在施工技术措施方面，为避免对既有桥下土体的扰动，影响既有线运营，顶进工作坑和既有桥下土体采用压密注浆处理。压密注浆在施工围堰施工和抽水施工完成后进行施工。

(3)在施工技术措施方面，为保证既有铁路运营安全，防止轨道产生变形，在箱涵顶进施工前，采用滚筒放散法对施工区域的无缝线路进行应力放散。

(4)在施工技术措施方面，为避免箱涵顶进引起的承台变形风险，老桥需要进行加固措施，加固采用对既有桥墩表面凿毛洗净，钻孔植筋，对既有桥墩进行包箍，扩大桥墩尺寸，作为便梁支墩基础。在桥墩、台顶帽上，现浇混凝土支墩作为便梁支墩。

(5)在施工技术措施方面，为避免箱涵顶进引起的承台变形风险，应合理设计箱涵顶进施工方案，随时根据箱身顶进的偏差情况改进挖土方法。安放顶铁或顶柱必须保持与顶桥轴线顺直一致，与横梁垂直，每行顶铁和顶柱要与千斤顶成一直线，各行长度应力求一致，保证箱涵顶进稳定不产生偏差。

(6)在施工技术措施方面，为避免填充的大体积混凝土产生裂纹风险，可以采取优化混凝土配合比、预埋冷却水管、减小浇筑层厚度，加快混凝土热量散发速度、降低混凝土入模温度等措施，保证大体积填充混凝土的施工质量。

(7)在施工安全卡控措施方面，在桥下地基加固(压密注浆)、桥墩加固、便梁支墩施工、简支T梁切割、移梁及吊装和箱涵顶进施工阶段对既有铁路采取限速措施；在应力放散、穿钢枕、卸组装便梁、拆除便梁施工阶段对既有铁路采取封锁措施。

新长铁路既有丁溪河中桥拓浚防护工程在采用上述措施之后总体实施效果良好，在基坑开挖、围护桩施工和箱涵顶进过程中保证了施工安全，且未影响既有线的正常运营，保证了改建后铁路的运营安全。该方案为类似既有铁路桥梁改建工程面临的风险提供了一种参考解决方法。